Georg Schima
Der Aufsichtsrat als Gestalter des Vorstandsverhältnisses

Karl Hempel gewidmet, dem unersetzlichen Freund und Ratgeber.

Georg Schima

Der Aufsichtsrat als Gestalter des Vorstandsverhältnisses

facultas

Bibliografische Information Der Deutschen Nationalbibliothek

Die Deutsche Nationalbibliothek verzeichnet diese Publikation in der Deutschen Nationalbibliografie; detaillierte bibliografische Daten sind im Internet über http://dnb.d-nb.de abrufbar.

Alle Angaben in diesem Fachbuch erfolgen trotz sorgfältiger Bearbeitung ohne Gewähr, eine Haftung der Autoren oder des Verlages ist ausgeschlossen.

Copyright © 2016 Facultas Verlags- und Buchhandels AG
facultas, Stolberggasse 26, 1050 Wien, Österreich
Alle Rechte, insbesondere das Recht der Vervielfältigung und der Verbreitung sowie der Übersetzung, sind vorbehalten.
Satz: Wandl Multimedia-Agentur
Druck: Ueberreuter Druckzentrum GmbH
Printed in Austria
ISBN 978-3-7089-1363-6

Vorwort

Das vorliegende Werk hat eine spezielle Entstehungsgeschichte.
Für das im Jahr 2010 im selben Verlag erschienene und von *Susanne Kalss* und *Peter Kunz* herausgegebene „Handbuch für den Aufsichtsrat" verfasste ich den Beitrag „Die Begründung, Gestaltung und Beendigung der Vorstandstätigkeit durch den Aufsichtsrat". Mangels beschränkender Vorgaben durch die Herausgeber geriet der Beitrag zu einem „Buch im Buch" und hatte schließlich einen Umfang von 240 Druckseiten.
Als die Herausgeber des Handbuches Anfang 2015 eine Neuauflage planten, wurde mir bedeutet, meinen Beitrag wesentlich, nämlich auf rund ein Drittel, zu kürzen.

Solchen Vorgaben (nämlich drastischen Kürzungen) fügt sich ein Autor ungern, im Dienste der Sache aber letztlich doch.

Weil ich aber die umfassende Arbeit an der ersten Auflage nicht auf diese Weise brach liegen lassen wollte, entstand der Plan, den Beitrag aus dem Handbuch einerseits zu aktualisieren und andererseits nochmals deutlich zu erweitern und solcherart als eigenes Buch herauszubringen.
So entstand das vorliegende Werk, das grundsätzlich der Gliederung meines Beitrages aus der ersten Auflage des Aufsichtsrats-Handbuches folgt, gegenüber diesem aber einen um 40 bis 50 % gewachsenen Umfang hat.
Die Erweiterungen betreffen einerseits die Vertiefung mancher Themen, andererseits aber auch komplett neue Abschnitte wie zB eine ausführliche Darstellung der Bonifikationsregelungen in Kreditinstituten oder die Abschnitte über „transaktionsbezogene Vergütungen und Vergütungen von dritter Seite" und das Kapitel „Corporate Opportunities".

Das Buch versucht, alle jene Themenbereiche zu behandeln, wo der Aufsichtsrat der Aktiengesellschaft als deren Vertreter in irgendeiner Weise auf das Vorstandsverhältnis und die Rechtsstellung von Vorstandsmitgliedern einwirkt. Damit ist der Bogen weit über die Befassung mit der körperschaftsrechtlichen Bestellung (bzw Abberufung) und der schuldrechtlichen Anstellung hinaus gespannt.
Vielmehr werden auch Themen wie die Geltendmachung von Schadenersatzansprüchen gegen (ehemalige) Vorstandsmitglieder ausführlich erörtert oder ganz spezielle Aspekte wie der Umgang mit der ad hoc-Publizität bei Veränderungen im Vorstand. Nicht wenige Rechtsprobleme sind bisher noch nie so ausführlich – oder gar nicht - in Österreich behandelt worden. Hoffentlich merkt man dem Werk auch meine rund 25jährige anwaltliche Beratungspraxis im Zusammenhang mit Vorstands- und Aufsichtsratsfragen an.

Mein Dank gebührt zunächst dem Verlag und Herrn *Peter Wittmann*, der meiner Idee, ein eigenes Buch zu machen, von Anfang an mit vorbehaltloser Zustimmung gegenüberstand und der dessen termingerechtes Erscheinen zum „Österreichischen Aufsichtsratstag" am 25. Februar 2016 ermöglichte.

Eine Person muss ich im Zusammenhang mit der Gestaltung des Werkes besonders hervorheben. Frau *Mag Valerie Toscani,* zunächst als wissenschaftliche

Mitarbeiterin und dann als Rechtsanwaltsanwärterin bei der Kunz Schima Wallentin Rechtsanwälte OG beschäftigt, hat mich bei der Aktualisierung der aus dem Aufsichtsrats-Handbuch stammenden Vorlage und auch bei der Ergänzung ganzer Kapitel in einer Weise unterstützt, die weit über die herkömmliche Hilfe beim Suchen und Aktualisieren von Quellen hinausgeht. Ihre inhaltlichen Beiträge machen sie zu einer logischen Co-Autorin für eine – hoffentlich in ein paar Jahren mögliche – Folgeauflage.

Danken möchte ich meiner Assistentin *Christina Pollmann, MBA*, die das Werk umfassend betreut, viele Bänder geschrieben und sich in der organisatorischen Koordination hervorgetan hat. Und Dank gebührt auch den allesamt bei der Kunz Schima Wallentin Rechtsanwälte OG beschäftigten Juristen *Mag Birgit Kravagna*, *Mag Sophie Mantler* und *Mag Dominik Prankl* sowie *Philipp Hempel*, die unter großem Zeitdruck sich der Fahnenkorrektur widmeten.

Für kritische Kommentare zum Werk bin ich jederzeit dankbar und hoffe, dass es sowohl die juristische Diskussion bereichert als auch der Praxis wertvolle Hilfestellungen bietet.

Georg Schima, im Jänner 2016

Inhaltsverzeichnis

	RZ	Seiten
Vorwort	11	5
Abkürzungsverzeichnis	11	11
Literaturverzeichnis	11	15
I. Normative Grundlagen	11	25
II. Auswahl und Bestellung des Vorstandes	13	31
A. Die Auswahl des Vorstandes	13	31
1. Kardinalaufgabe des Aufsichtsrates	13	31
2. Ausschreibung bei staatsnahen Unternehmen	19	37
B. Die Bestellung des Vorstandes	37	48
1. Rechtsnatur und Formerfordernisse der Bestellung	37	48
2. Zuständigkeit	43	53
3. Bestellungsvoraussetzungen, Eignungserfordernisse und Zustimmungsvorbehalte	51	59
4. Bestellungsdauer	58	66
5. Wiederholte Bestellung	61	69
6. Die Bestellung von Aufsichtsratmitgliedern zu Vertretern verhinderter Vorstandsmitglieder	67	74
7. Fehlerhaftes Mandat und fehlerhafter Anstellungsvertrag	87	89
a) Gründe und Geltendmachung der Fehlerhaftigkeit	87	89
b) Rechtsfolgen für Geschäftsführungs- und Vertretungshandlungen	104	95
c) Rechtsfolgen für den Anstellungsvertrag	110	97
C. Der mehrgliedrige Vorstand	118	101
1. Geschäftsordnung und Geschäftsverteilung	118	101
2. Vorstandsvorsitzender	124	106
3. Sprecher des Vorstandes	130	110
4. Unverträglichkeiten im Vorstand	132	111
III. Der Vorstands-Anstellungsvertrag	137	115
A. Formale Fragen	137	115
1. Abschlusskompetenz und Formerfordernisse	137	115
2. Bestellungen ohne Anstellungsvertrag	150	124
3. Anstellungsdauer	156	127
4. Arbeitnehmereigenschaft	163	132
5. Arbeitnehmerähnlichkeit	175	139
B. Anstellungsvertragsinhalt	182	144
1. Gedanken zur Vertragsfreiheit	182	144
2. Grenzen durch StellenbesGesetz und Schablonenverordnung	186	148

3.	Regelung der Tätigkeit des Vorstandsmitgliedes	204	162
	a) Ressortvergabe	204	162
	b) Konzernmandatsklauseln	205	163
	c) Wiederbewerbungs- und Konzernbeschäftigungsklauseln	210	167
4.	Wettbewerbsverbot	216	170
5.	Regelung von Interessenkonflikten	226	174
6.	Corporate Opportunities	231	177
7.	Vorstandsentgelt	238	182
	a) Gesetzliches Angemessenheitsgebot	238	182
	b) Rechtsfolgen unangemessener Vergütung	250	188
	c) Veröffentlichung der Vergütung	258	195
	d) Feste und variable Bezüge (Bonifikationen)	267	197
	e) Bonusregelungen in Kreditinstituten	276	201
	f) Fringe benefits	305	224
	g) Vertragliche Abfertigung und BMSVG	309	226
	h) Change of Control-Klauseln	323	237
	i) Nachlaufklauseln	331	241
	j) Barabfindung der Restlaufzeit	334	243
	k) Anerkennungsprämien (appreciation awards)	339	245
	l) Zahlungen für geräuschlose Trennung	350	251
	m) D&O-Versicherung	356	254
	n) Aktienoptionen	383	265
8.	Vergütungen von dritter Seite und transaktionsbezogene Vergütungen	385	267
9.	Ersatz von Strafen, Verteidigungs- und Vertretungskosten	390	272
10.	Urlaub	405	277
11.	Nachvertragliches Wettbewerbsverbot	407	278
12.	Beendigungsklauseln	411	279
	a) Kündigungsklauseln	411	279
	b) Koppelungsklauseln	414	280
	c) Vertragliches Rücktrittsrecht	417	282
	d) Anrechnung anderweitigen Verdienstes	420	283
13.	Schiedsklauseln	433	289

IV. Die Beendigung der Vorstandsfunktion ... 443 — 292

A.	Abberufung	443	292
1.	Wichtiger Grund und Aufsichtsratsverantwortung	443	292
2.	Grobe Pflichtverletzung	448	295
3.	Unfähigkeit zur ordnungsgemäßen Geschäftsführung	465	306
4.	Entziehung des Vertrauens durch die Hauptversammlung	468	308
5.	Sonstige Abberufungsgründe	473	310
6.	Unverzügliche Geltendmachung, Nachschieben von Abberufungsgründen, Rechtsschutz	477	311

		a) Zur Verfristung des Abberufungsrechts	477	311
		b) Das Nachschieben von Abberufungsgründen	479	312
		c) Rechtsschutz gegen die Abberufung	485	314
	7.	Auflösung des Anstellungsvertrages	489	315
B.	Rücktritt		495	317
C.	Einvernehmliche Auflösung		508	325
D.	Suspendierung		511	327
E.	Beendigung des Mandats bei Umgründungen		516	329
	1.	Umgründungen mit Untergang eines Rechtsträgers	518	330
	2.	Formwechselnde Umgründungen	527	333
	3.	Umgründungen ohne Untergang eines Rechtsträgers	533	335
F.	Veränderungen im Vorstand und ad hoc-Publizität		538	337

V. Die Geltendmachung von Ersatzansprüchen gegen Vorstandsmitglieder 559   348

A.	Untersuchungen durch den Aufsichtsrat		559	348
	1.	Beauftragung von Sachverständigen	559	348
	2.	Überwachungsmaßnahmen betreffend Aufsichtsratsunterlagen und Informationsbeschränkungen	566	352
B.	Geltendmachung durch den Aufsichtsrat		580	359
C.	Gebundenes Ermessen des Aufsichtsrates		585	361
D.	Generalbereinigungsvereinbarungen		597	366
	1.	Aktienrechtliche Verzichtssperre	597	366
	2.	Haftungsfreistellung durch Stimmrechtsbindung der Aktionäre?	603	369
	3.	Keine Haftungsfreistellung bei Pflichtverletzung gegenüber der AG	608	372

Abkürzungsverzeichnis

aA	anderer Ansicht
aaO	am angegebenen Ort
ABGB	Allgemeines Bürgerliches Gesetzbuch
ABl	Amtsblatt der Europäischen Union (früher der EG)
Abs	Absatz, Absätze
aE	am Ende
AEU	Vertrag über die Arbeitsweise der Europäischen Union
aF	alte Fassung
AG	Aktiengesellschaft
AGG	Allgemeines Gleichbehandlungsgesetz
AktG	Aktiengesetz
aM	anderer Meinung
Anh	Anhang
AnwBl	Anwaltsblatt
AOG	Aktienoptionengesetz
ArbVG	Arbeiterverfassungsgesetz
arg	argumentum
ARHdb	Arbeitshandbuch
Art	Artikel
ASoK	Arbeits- und Sozialrechtskartei
AT	Allgemeiner Teil
AuvBZ	Akt unmittelbarer verwaltungsbehördlicher Befehls- und Zwangsgewalt
AVG	Allgemeines Verwaltungsverfahrensgesetz
AWG	Abfallwirtschaftsgesetz
BB	Betriebsberater
BG	Bundesgesetz
BGBl	Bundesgesetzblatt
BGH	Bundesgerichtshof
BGHZ	Bundesgerichtshof in Zivilsachen
BlgNR	Beilagen zu den Stenographischen Protokollen des NR
BM	Bundesminister
BMLFUW	Bundesminister(ium) für Land- und Forstwirtschaft, Umwelt und Wasserwirtschaft
BMVIT	Bundesminister(ium) für Verkehr, Innovation und Technologie
BMWFJ	Bundesminister(ium) für Wirtschaft, Familie & Jugend
BörseG	Börsegesetz
BMSVG	Betriebliches Mitarbeiter- und Selbständigenvorsorgegesetz
BRG	Betriebsrätegesetz
B-VG	Bundes-Verfassungsgesetz
BVG	Bundesverfassungsgesetz
BWG	Bankwesengesetz
bzw	beziehungsweise
CEBS-Guidelines	Committee of European Banking Supervisors
CFO	Zeitschrift für Finance & Controlling

D&O	Directors-and-Officers
dAktG	deutsches Aktiengesetz
DAX	Deutscher Aktienindex
DB	Der Betrieb
ders	derselbe
dgl	dergleichen
dh	das heißt
di	das ist
dies	dieselben
DRdA	Das Recht der Arbeit
ds	das sind
DStR	Deutsches Steuerrecht
dzt	derzeit
E	Entscheidung
EB	Erläuternde Bemerkungen
Erk	Erkenntnis
ErlRV	Erläuterungen zur Regierungsvorlage
et al	et alii
EuGH	Europäischer Gerichtshof
EuR	(Zeitschrift für) Europarecht
EU	Europäische Union
EvBl	Evidenzblatt der Rechtsmittelentscheidungen in der ÖJZ
f	folgende
ff	und die folgenden
FMA	Finanzmarktaufsicht
FN	Fußnote
FS	Festschrift
G	Gesetz(e)
GA	Gutachten
GedS	Gedenkschrift
GeS	Zeitschrift für Gesellschaftsrecht und angrenzendes Steuerrecht
GesRZ	Zeitschrift für Gesellschafts- und Unternehmensrecht
GGBG	Gefahrgutbeförderungsgesetz
ggf	gegebenenfalls
GJ	Geschäftsjahr
GmbH	Gesellschaft mit beschränkter Haftung
GP	Gesetzgebungsperiode
grds	grundsätzlich
GWR	Gesellschafts- und Wirtschaftsrecht
GZ	Geschäftszahl
hA	herrschende Ansicht
hM	herrschende Meinung
Hrsg	Herausgeber
IA	Initiativantrag
idF	in der Fassung
idgF	in der geltenden Fassung

idR	in der Regel
idS	in diesem Sinn
idZ	in diesem Zusammenhang
ieS	im engeren Sinn
inkl	inklusive
IRÄG	Insolvenzrechtsänderungsgesetz
iSd	im Sinne des, der
iSv	im Sinne von
iZm	im Zusammenhang mit
JAP	Juristische Ausbildung und Praxisvorbereitung
JBl	Juristische Blätter
KVI	Kollektivvertrag für Angestellte der Versicherungsunternehmen, Innendienst
leg cit	legis citatae
Lit	Literatur; litera
Mat	Materialien
mAnm	mit Anmerkung von
maW	mit anderen Worten
mE	meines Erachtens
MinE	Ministerialentwurf
Mio	Millionen
mN	mit Nachweisen
MünchHdbGesR	Münchener Handbuch des Gesellschaftsrechts
mwN	mit weiteren Nachweisen
nF	neue Fassung
NGO	Non Governmental Organisation
NJW	Neue Juristische Wochenschrift
Nov	Novelle
NR	Nationalrat
NStZ	Neue Zeitschrift für Strafrecht
NSW	Nachschlagewerk des Bundesgerichtshofes
NZ	Österreichische Notariats-Zeitung
NZG	Neue Zeitschrift für Gesellschaftsrecht
oÄ	oder Ähnliches
ÖBA	Österreichisches Bankarchiv
ÖCGK	Österreichischer Corporate Governance Kodex
og	oben genannte
OGH	Oberster Gerichtshof
ÖJT	Österreichischer Juristentag
ÖJZ	Österreichische Juristenzeitung
ÖLZ-LSK	Österreichische Juristen Zeitung-Leitsatzkartei
ÖZW	Österreichische Zeitschrift für Wirtschaftsrecht
RÄG	Rechnungslegungs-Änderungsgesetz
RdW	Österreichisches Recht der Wirtschaft

Red	Redaktion
RL	Richtlinie
RS	Rechtssache
Rsp	Rechtsprechung
RV	Regierungsvorlage
Rz	Randzahl; Richterzeitung
s	siehe
StenProt	Stenographische Protokolle
StGB	Strafgesetzbuch
StGG	Staatsgrundgesetz
StPO	Strafprozessordnung
SV	Sachverständiger, Sachverständige
SZ	Entscheidungen des Obersten Gerichtshofes in Zivil- und Justizverwaltungssachen
ua	unter anderem
uä	und Ähnliche(s)
UGB	Unternehmensgesetzbuch
UN	United Nations
uU	unter Umständen
Verf	Verfasser
VfGH	Verfassungsgerichtshof
VfSlg	Fortlaufende Sammlung der Beschlüsse und Erkenntnisse des Verfassungsgerichtshofes
vgl	vergleiche
Vorbem	Vorbemerkungen
VorstAG	Vorstandsvergütung-Angemessenheitsgesetz
VStG	Verwaltungsstrafgesetz
VwGG	Verwaltungsgerichtshofgesetz
VwGH	Verwaltungsgerichtshof
VwSlg	Fortlaufende Sammlung der Beschlüsse und Erkenntnisse des Verwaltungsgerichtshofes
wbl	Wirtschaftsrechtliche Blätter
WM	Zeitschrift für Wirtschafts und Bankrecht
Z	Ziffer
ZAS	Zeitschrift für Arbeits- und Sozialrecht
zB	zum Beispiel
ZFR	Zeitschrift für Finanzmarktrecht
ZGR	Zeitschrift für Unternehmens- und Gesellschaftsrecht
ZHR	Zeitschrift für das gesamte Handels- und Wirtschaftsrecht
ZIP	Zeitschrift für Wirtschaftsrecht
ZP	Zusatzprotokoll
zT	zum Teil
zutr	zutreffend

Literaturverzeichnis

Österreich

Aburumieh, Interimistische Bestellung eines Aufsichtsratsmitglieds zum Vorstandsmitglied, Aufsichtsrat aktuell 2010, 9.
Aicher/Kalss/Oppitz, Grundfragen des neuen Börserechts (1998).
Baums, Der Geschäftsleitervertrag (1987).
Binder, Auflösungsmöglichkeiten im „Vor-Arbeitsstadium", in FS Floretta (1983) 329.
Bollenberger/Wess, Libro-Straferkenntnis: Untreue und Gesellschaftsrecht, RdW 2014, 247.
Brandl/Hohensinner, Die Haftung des Vorstandes für Verletzungen der Ad-Hoc-Publizität nach § 82 Abs 6 BörseG, ecolex 2002, 92.
Brugger, Unternehmenserwerb (2014).
Cernicky, Die Vertretung der Aktiengesellschaft gegenüber Vorstandsmitgliedern, GesRZ 2002, 179.
Dellinger/Schellner, Aufsichtsratsinterne Informationen und ihre Verweigerung am Beispiel von Managerdienstverträgen, in FS Nowotny (2015) 245.
Doralt Peter, Bestellung und Abberufung von Vorstandsmitgliedern durch Ausschüsse des Aufsichtsrates, GesRZ 1979, 137.
Doralt Peter, Die Unabhängigkeit des Vorstands nach österreichischem und deutschem Aktienrecht – Schein und Wirklichkeit, in FS Grün (2003) 31.
Doralt Peter/Kastner, Grenzen der Aktionärsschutzklausel des § 110 Abs 3 ArbVG bei der AG, GesRZ 1975, 38.
Egermann, Zur Suspendierung eines Vorstandsmitgliedes, RdW 2006, 69.
Eiselsberg/Prohaska-Marchried, Von transparenten Besetzungen und Vertragsschablonen – Das StellenbesGesetz, ecolex 1998, 319.
Eixelsberger/Zierler, Zur Vorstandsbestellung im Ausschuss eines mitbestimmten Aufsichtsrats, GesRZ 2003, 9.
Engelbrecht, Die Beendigung des Arbeitsvertrages, in Mazal/Risak (Hrsg), Das Arbeitsrecht I (2013).
Enzinger, Interessenkonflikt und Organpflichten (2005).
Eypeltauer, Bedingte und befristete Entlassung, DRdA 1985, 319.
Eypeltauer, Änderung erfolgsabhängiger variabler Vergütungen für Mitarbeiter von Kreditinstituten, ecolex 2011, 544.
Feltl, Der Vorstand der AG, in Ratka/Rauter (Hrsg), Handbuch Geschäftsführerhaftung mit Vorstandshaftung[2] (2011) 439.
Fida, Zur Ad-hoc-Publizität bei personellen Veränderungen im Vorstand, in FS Nowotny (2015) 639.
Floretta, Anmerkung zu OGH 15.6.1988, 9 ObA 117/88, DRdA 1990, 333.
Floretta, Zum Vorstandsverhältnis bei Aktiengesellschaften und Sparkassen, in FS W. Schwarz (1991) 475.
Fritz, Die Kommanditgesellschaft (2013).
Frotz G., Grundsätzliches zu den Rechten und Pflichten des Aufsichtsrates und seiner bestellten und entsendeten Mitglieder, ÖZW 1978, 48.
Geist, Kündigungsklauseln bei befristeten Arbeitsverhältnissen, ÖJZ 2002, 405.
Geppert, Anmerkung zu VwGH 15.5.1981, DRdA 1982, 407.

Geppert/Moritz, Gesellschaftsrecht für Aufsichtsräte (1979).
Geppert, Der „Anstellungs"vertrag des Vorstandsmitgliedes einer AG, DRdA 1980, 1.
Geppert, Die Arbeitnehmervertreter im Aufsichtsrat einer AG und die Bestellung sowie Anstellung von Vorstandsmitgliedern durch Aufsichtsratsausschüsse, DRdA 1980, 178.
Gerhartl, Anrechnung bei Entgeltfortzahlung wegen Arbeitsausfall aus Umständen in der Arbeitgebersphäre, wbl 2007, 14.
Graf, Rechtsfolgen unzulässig hoher Vorstandsbezüge, RdW 2007, 515.
Griehser, Versicherungsmöglichkeit von Vorstands- und Aufsichtsratsmitgliedern – Anpassung der Director's and Officer's Liability Insurance für Österreich, RdW 2006, 133.
Gruber, Freier Dienstvertrag und Arbeitsrecht, Teil I, ASoK 2000, 306; Teil II, ASoK 2000, 344.
Gruber, Ad-hoc-Publizität, ÖBA 2003, 239.
Gruber/Wax, Wer ist für den Abschluss einer D&O-Versicherung zuständig? wbl 2010, 169.
Grünwald, Die Rechtsfolgen der Verschmelzung von Aktiengesellschaften auf die Funktion eines Vorstands- bzw Aufsichtsratsmitglieds, ZAS 1994, 196.
Haberer/Kraus, Gedanken zur Angemessenheit der Vorstandsvergütung, GeS 2010, 10.
Hainz, Anmerkung zu OGH 15.9.1994, 8 ObA 276/94, ecolex 1994, 831.
Hausmaninger, Insider Trading – Eine systemvergleichende Untersuchung amerikanischer, europäischer und österreichischer Regelungen (1997).
Herzeg, Die arbeitsrechtliche Stellung der Vorstandsmitglieder von AG und Geschäftsführer von GmbH, JAP 2008/2009, 93.
Herzer/Strobl/Taufner, Der Vorstand, in Hausmaninger/Gratzl/Justich (Hrsg), Handbuch zur Aktiengesellschaft (2012).
Hochedlinger, D&O-Versicherung für den Stiftungsvorstand, ecolex 2008, 143.
Hodik, Verstöße gegen das Ausschreibungsgesetz und das Gesellschaftsrecht, RdW 1984, 362.
Hofer/Moser, Kommunikation der Exekutive Compensation, in Schuster/Gröhs/Havranek (Hrsg), Executive Compensation (2008) 175.
Holoubek, Anmerkung zu OGH 30.9.2009, 7 Ob 119/09i, GesRZ 2010, 112.
Holzer, Verschuldeter Annahmeverzug des Arbeitgebers und Anrechnung anderweitig absichtlich versäumten Verdienstes, DRdA 1983, 7.
Hörlsberger/Schröckenfux, Können strafrechtliche Konsequenzen „zu hoher" Prämien an den Vorstand vermieden werden? ecolex 2004, 373.
Hügel, Verdeckte Gewinnausschüttung und Drittvergleich im Gesellschaftsrecht und Steuerrecht in Kalss/U.Torggler (Hrsg), Einlagenrückgewähr, Beiträge zum zweiten Wiener Unternehmensrechtstag (2014) 19.
Jabornegg, Ein Ausschuss des Aufsichtsrates bestellt ein Vorstandsmitglied, DRdA 1981, 324.
Jabornegg, Handelsvertreterrecht und Maklerrecht (1987).
Jabornegg, Unternehmensrecht und Arbeitsrecht, DRdA 1991, 13.
Jabornegg, Anmerkung zu OGH 28.9.2007, 9 ObA 28/07, DRdA 2009, 502.
Jud W., Vorratsbeschlüsse im System zustimmungspflichtiger Geschäfte des Aufsichtsrates, ÖBA 1993, 773.
Jud W./Wünsch, Zum Anwendungsbereich des Ausschreibungsgesetzes, NZ 1994, 25.
Kalss, Anlegerinteressen – der Anleger im Handlungsdreieck von Vertrag, Verband und Markt (2001).

Kalss, Die Zuständigkeit für die Suspendierung eines Vorstandsmitglieds, Aufsichtsrat aktuell 4/2006, 4.

Kalss, Gesellschaftsrechtliche Folgen strafrechtlich relevanten Handelns von Vorstands- und Aufsichtsratsmitliedern in der Aktiengesellschaft, in Lewisch (Hrsg), Jahrbuch Wirtschaftsrecht und Organverantwortlichkeit 2011 (2011) 131.

Kalss, Gesellschaftsrechtliche Anmerkungen zur Libro-Entscheidung, ecolex 2014, 496.

Kalss, Die Vergütung der Vorstandsmitglieder der Aktiengesellschaft, in FS Reich-Rohrwig (2014) 253.

Kalss, Die Übernahme von verwaltungsrechtlichen Geldstrafen durch die Gesellschaft, GesRZ 2015, 78.

Kalss/Burger/Eckert, Die Entwicklung des österreichischen Aktienrechts (2001) 632.

Kalss/Nowotny/Schauer, Österreichisches Gesellschaftsrecht (2008).

Kalss/Hasenauer, Aktuelles zur Ad-hoc-Publizität bei Beteiligungs- und Unternehmenstransaktionen, GesRZ 2014, 269.

Kalss/Oppitz/Zollner, Kapitalmarktrecht (2005).

Kalss/Zollner, Blockabstimmungen im Aufsichtsrat – zur Zulässigkeit der Abstimmung en bloc am Beispiel der Abberufung von Vorstandsmitgliedern, GesRZ 2005, 66.

Kalss/Zollner, Anmerkung zu OGH 11.6.2008, 7 Ob 58/08t, GesRZ 2008, 378.

Karollus in Leitner (Hrsg), Handbuch verdeckte Gewinnausschüttung (2010) 19.

Kastner, Bestellung von Vorstandsmitgliedern einer Aktiengesellschaft auf unbestimmte Zeit, ÖJZ 1953, 645.

Kastner, Gedanken über Gelegenheitsgesetze, JBl 1963, 62.

Kastner, Aktiengesetz 1965, JBl 1965, 392.

Kastner, Die Stellung des Vorstandes der österreichischen Aktiengesellschaft, in FS Schmitz I (1967) 82.

Kastner, Grundriss des österreichischen Gesellschaftsrechts[4] (1983).

Kastner, Zur Mitgliedschaft in mehreren Organen derselben Gesellschaft, in GedS Schönherr (1986) 193.

Kastner, Zu Fragen der „Wirtschaftlichkeit" im österreichischen Recht, in FS Kralik (1986), 407.

Kastner/Doralt/Nowotny, Grundriss des österreichischen Gesellschaftsrechts[5] (1990).

Keinert, Österreichisches Genossenschaftsrecht (1988).

Kietaibl, Flexibilisierungsmöglichkeiten im Arbeitsverhältnis Arbeit auf Abruf – Widerrufs- und Änderungsvorbehalte – Unverbindlichkeitsvorbehalte – Befristung von Arbeitsbedingungen, ASoK 2008, 370.

Kittel, Handbuch für Aufsichtsratsmitglieder (2006).

Korenjak, Das Vorstandsmitglied als arbeitnehmerähnliche Person, RdW 2009/451.

Körber-Risak/Schima G., Einseitige Eingriffe in und Ablaufstörungen bei erfolgsbezogenen Vergütungen, ZAS 2013/11, 59.

Kramer, Hauptprobleme des befristeten und resolutiv bedingten Arbeitsverhältnisses, DRdA 1973, 162.

Kraus, Kompetenzverteilung bei der GmbH, ecolex 1998, 631.

Krejci, Zur „Entmachtung" des Vorstandsmitgliedes einer Aktiengesellschaft, in FS Wagner (1978) 247.

Krejci, Grenzen einseitiger Entgeltbestimmung durch den Arbeitgeber untersucht am Beispiel steiermärkischer Primararztverträge, ZAS 1983, 203.

Krejci, Die Kapitalgesellschaft als Spender und Förderer II, GesRZ 1984, 199.
Krejci, Zulässigkeitsgrenzen konzernbildender Unternehmensverträge, ÖZW 1988, 66.
Krejci, Empfiehlt sich die Einführung neuer Unternehmensformen? GA 10. ÖJT I/1 (1988) 261.
Krejci, Über unzulässige Aufsichtsratsvergütungen, ecolex 1991, 776.
Krejci, Der neugierige Aufsichtsrat, GesRZ 1993, 2.
Krejci, Zur En-bloc-Abberufung des AG-Vorstandes, in FS Michalek (2005) 229.
Kuderna, Die befristete Entlassung, DRdA 1972, 53.
Lewisch, Gesellschaftsrecht und Strafrecht nach „Libro", in Lewisch (Hrsg), Jahrbuch Wirtschaftsstrafrecht und Organverantwortlichkeit 2014 (2014) 19.
Löschnigg, Bestandschutz und befristetes Dienstverhältnis, DRdA 1981, 18.
Marhold, Besprechung von Kastners Grundriß, ZAS 1981, 36.
Marhold, Die Wirkung ungerechtfertigter Entlassungen – eine Kritik des sogenannten Schadenersatzprinzips, ZAS 1978, 13.
Marhold, Aufsichtsratstätigkeit und Belegschaftsvertretung (1985).
Marhold, Konzern- und unternehmensverfassungsrechtliche Neuerungen, ZAS 1986, 194.
Marhold/Osmanovic, Erste Anmerkungen zu § 39b BWG, ASoK 2011, 130.
Marhold/Friedrich, Österreichisches Arbeitsrecht² (2012).
Mayer/Kucsko-Stadlmayer/Stöger, Bundesverfassungsrecht¹¹ (2015).
Mayr/Resch, BMSVG Abfertigung neu (2009).
Mazal/Risak, Das Arbeitsrecht – System und Praxiskommentar (2002).
Mazal, (K)Eine Regel ohne Ausnahmen? ecolex 2008, 843.
Mazal, Variable Entgeltgestaltung – individualarbeitsrechtliche Analyse, in Brodil (Hrsg), Entgeltliches im Arbeitsrecht, Rechtsprobleme von Entgeltgestaltung und -abwicklung, Wiener Oktobergespräche 2011 (2013) 1.
Neumayr, Die Entlastung des Geschäftsführers, JBl 1990, 273.
Nicolussi, Insider-Information: Zur Auslegung des Kriteriums der „präzisen" Information iSd Art 1 Z 1 der Marktmissbrauchsrichtlinie, GesRZ 2015, 127.
Nowotny, Suspendierung und vorzeitige Abberufung eines in eine Tochtergesellschaft entsandten Vorstandes, DRdA 1989, 427.
Nowotny, Anlegerhaftung des Vorstandes und des Aufsichtsrates bei Kursverlust? RdW 1995, 132.
Petrovic, Anmerkung zu OGH 13.3.1979, 4 Ob 124/78, JBl 1986, 331.
Petrovic, Kommentar zu OGH 19. 3. 1985, 4 Ob 31/85, ZAS 1987, 18.
Petrovic, Die „Entlassung" einer arbeitnehmerähnlichen Person, DRdA 1993, 196.
Plöchl, Zur Amtszeit des Vorstandes, GesRZ 1979, 11.
Prändl/Geppert/Göth, Corporate Governance (2003).
Radner, Prozesskostenersatz durch den Arbeitgeber bei „erfolgreicher" Schadensabwehr? DRdA 2009, 54.
Ratka/Rauter (Hrsg), Handbuch Geschäftsführerhaftung mit Vorstandshaftung² (2011).
Rebhahn, Kommentar zum Gleichbehandlungsgesetz (2005).
Reich-Rohrwig, Die Zusammensetzung von Ausschüssen des Aufsichtsrates – neue Rechtslage ab 1.1.1987, wbl 1987, 1.
Reich-Rohrwig, Wann vertritt der Aufsichtsrat die Aktiengesellschaft gegenüber Vorstandsmitgliedern? wbl 1987, 299.
Reich-Rohrwig, Anmerkung zu OGH 11.6.2008, 7 Ob 58/08t, ecolex 2008, 926.

Literaturverzeichnis

Reich-Rohrwig/Lahnsteiner, Schiedsvereinbarungen mit einem als Arbeitnehmer oder Verbraucher zu qualifizierenden GmbH-Geschäftsführer, ecolex 2008, 740.

Reischauer, Zur Vertretung eines verhinderten Aufsichtsratmitglieds einer AG (§ 95 Abs 6 AktG), ÖJZ 1990, 450.

Reissner, Anmerkung zu OGH 8.6.1994, 9 ObA 88-90/94, ZAS 1995, 22.

Resch, Zur Ressortverteilung im Vorstand der Aktiengesellschaft, GesRZ 2000, 2.

Riegler, Wirtschafts- versus Verbraucherstreitigkeiten vor Schiedsgerichten, ecolex 2011, 882.

Rüffler, Probleme der börserechtlichen ad-hoc-Publizität bei personellen Veränderungen im Vorstand, ÖBA 2009, 728.

Runggaldier/Schima G., Die Rechtsstellung von Führungskräften (1991).

Runggaldier/Schima G., Abschluss von Vorstandsverträgen im Aufsichtsratsplenum, GesRZ 1992, 158.

Runggaldier/Schima G., Manager-Dienstverträge[4] (2014).

Saurer, Handlungsbedarf des Aufsichtsrats bei Missbrauch von Insiderinformationen durch ein Vorstandsmitglied? ecolex 2003, 736.

Schenz/Eberhartinger, Die Regelung der Managergehälter im Österreichischen Corporate Governance Kodex, ÖBA 2010, 209.

Schiemer, Zur Bestellung und Anstellung von Vorstandsmitgliedern einer AG, GesRZ 1984, 11.

Schima G., Gibt es einen „freien" Handelsvertreter? RdW 1987/1, 16.

Schima G., Enthaftung des Vorstandes (AR) durch Entlastungsbeschluss sämtlicher Aktionäre, GesRZ 1991, 185.

Schima G., Anmerkung zu OGH 10.5.1989, 9 ObS 6/89, ZAS 1989, 206.

Schima G., Vorzeitiges Ausscheiden von Vorstandsmitgliedern und Aufsichtsratssorgfalt, RdW 1990, 448.

Schima G., Abfertigungsregeln in Vorstandsverträgen, in Runggaldier (Hrsg), Abfertigungsrecht (1991) 407.

Schima G., Zustimmungsrechte des BR nach dem „KVI" rechtsunwirksam, RdW 1995, 101.

Schima G., Der Rücktritt des GmbH-Geschäftsführers nach dem Entwurf des IRÄG 1997, RdW 1997, 60.

Schima G., Gestaltungsfragen bei Aktienoptionen, GesRZ-Sonderheft Aktienoptionen 2001, 61.

Schima G., Zur Effizienz von Syndikatsverträgen, insbesondere bei der AG, in FS Krejci (2001) 825.

Schima G., Aktienoptionen für Aufsichtsratsmitglieder – ein Schritt auf dem Weg in Richtung Board-System? GesRZ-Sonderheft Aktienoptionen 2001, 19.

Schima G., Organ-Interessenkonflikte und Corporate Governance, GesRZ 2003, 199.

Schima G., Umgründungen im Arbeitsrecht (2004).

Schima G., Gestaltungsfragen bei Vorstandsverträgen in der AG, ecolex 2006, 452.

Schima G., Beendigung von Vorstandsrechtsverhältnissen, ecolex 2006, 456.

Schima G., Zulässigkeitsgrenzen von „Golden Handshakes" – zugleich Anmerkungen zu OGH 11. Juni 2008, 7 Ob 58/08t, in FS Binder (2010) 817.

Schima G., Business Judgment Rule und Beweislastverteilung bei der Vorstandshaftung nach US-, deutschem und österreichischem Recht, in Baudenbacher/Kokott/Speitler

(Hrsg), Aktuelle Entwicklungen des Europäischen und Internationalen Wirtschaftsrechts (2010) 369.

Schima G., Der Vorstandsvorsitzende als „Über-Vorstand"? GeS 2010, 260.

Schima G., Die Bestellung von Aufsichtsratsmitgliedern zu Vertretern verhinderter Vorstandsmitglieder, GeS 2011, 259.

Schima G., Vorstandsmitglieder – hochbezahlte Dienstnehmer ohne rechtliche Absicherung? GesRZ 2011, 265.

Schima G., Vorstandsvergütung als Corporate-Governance-Dauerbaustelle, in Schenz/Eberhartinger (Hrsg), Corporate Governance in Österreich. Zum 10-jährigen Bestehen des Österreichischen Corporate Governance Kodex (2012) 246.

Schima G., Zustimmungsvorbehalte als Steuerungsmittel des Aufsichtsrates in der AG und im Konzern, GesRZ 2012, 35.

Schima G., Die Beweislastverteilung bei der Geschäftsleiterhaftung, in FS W. Jud (2012) 571.

Schima G., Betriebspensionsrecht (2013).

Schima G., Dividendenausschüttung, Einlagenrückgewähr und Untreue, in FS Reich-Rohrwig (2014) 160.

Schima G., Reform des Untreue-Tatbestandes und gesetzliche Verankerung der Business Judgment Rule im Gesellschaftsrecht, RdW 2015, 288.

Schima G., Einlagenrückgewähr und Untreue bei Aktionärszustimmung, RdW 2015, 244.

Schima G., Reform des Untreue-Tatbestandes und Business Judgment Rule im Aktien- und GmbH-Recht: Die Bedeutung der neuen Regelung, GesRZ 2015, 286.

Schima G./Eichmeyer, Einbeziehung von Vorstandsmitgliedern in das System der Abfertigung neu, RdW 2008, 154.

Schima G./Eichmeyer, Zur (Un)Zulässigkeit von Schiedsklauseln in Geschäftsführer- und Vorstandsdienstverträgen nach dem SchiedsRÄG 2006, RdW 2008, 723.

Schima G./Toscani, Die Vertretung der AG bei Rechtsgeschäften mit dem Vorstand (§ 97 Abs 1 AktG), JBl 2012, 482 (Teil I) und 570 (Teil II).

Schima G./Liemberger/Toscani, Der GmbH-Geschäftsführer (2015).

Schlosser, Die Organhaftung der Mitglieder der Aktiengesellschaft (2002).

Schneller, Total- oder Teilnichtigkeit? Kritische Anmerkungen zum „Verbotszweck", DRdA 2010, 103.

Schopper/Kapsch, Anmerkung zu OGH 11.6.2008, 7 Ob 58/08t, GeS 2008, 378.

Schopper/Walch, Ad-hoc-Publizität bei zeitlich gestreckten Sachverhalten – zugleich eine Besprechung von VwGH 2012/17/0554, ZFR 2014/164, 255.

Schrank, Übernahme von Strafen durch die Gesellschaft. Ein Fall fürs Strafgericht? CFO aktuell 2013, 59.

Schuhmacher, Enthebung verdächtiger Vorstandsmitglieder, ecolex 1992, 774.

Schuster-Bonnott, Zustandekommen und Lösung des Anstellungsverhältnisses zwischen Vorstandsmitgliedern und Aktiengesellschaft, GesRZ 1983, 109.

Schuster-Bonnott, Die Rechtsnatur des zwischen Aktiengesellschaft und Vorstandsmitglied abgeschlossenen Anstellungsvertrages, in FS Kastner (1972) 421.

Schuster/Gröhs/Havranek (Hrsg), Executive Compensation (2008).

Schwab, Neues im Zivilverfahrensrecht – Änderungen seit dem Budgetbegleitgesetz 2011, JAP 2013/2014/6, 35.

Semler, Mitverantwortung der Vorstandsmitglieder einer Aktiengesellschaft für die eigenen Vergütungen, in FS Happ (2006) 277.

Slezak, Koppelungsklauseln in Vorstandsverträgen (2014).
Sprung/Wenzel, Studien zu § 75 Abs 1, 3. Satz, Aktiengesetz 1965, in FS Krejci (2001) 868.
Strasser, Die Ernennung (der Widerruf der Ernennung) eines Vorsitzenden des Vorstandes nach Aktienrecht und Arbeitsverfassungsrecht, in FS Schwind (1978) 311.
Strasser, Die Leitung der Aktiengesellschaft durch den Vorstand, JBl 1990, 477.
Strasser, Anmerkung zu OGH 22.2.1994, 6 Ob 3/94, ecolex 1994, 472.
Terlitza, Zur Abberufung des Vorstandsmitglieds einer AG aus wichtigem Grund, GesRZ 2003, 270.
Thöni, Rechtsfolgen fehlerhafter GmbH-Gesellschafterbeschlüsse (1998).
Tichy, Syndikatsverträge bei Kapitalgesellschaften (2000).
Tomandl, Kommentar zum Arbeitsverfassungsgesetz (2005).
Torggler U., Anmerkung zu OGH 11.6.2008, 7 Ob 58/08t, wbl 2008, 348.
Torggler U., Interessenkonflikte, insb bei „materiellen Insichgeschäften", ecolex 2009, 920.
Torggler U., Abdingbarkeit, Umwälzbarkeit, Versicherbarkeit, in Artmann/Rüffler/Torggler (Hrsg), Die Organhaftung (2013) 35.
Torggler U., Das fehlerhafte Vorstandsmandat, insb bei rückwirkendem Entfall, in FS Reich-Rohrwig (2014) 239.
Wachter, Wesensmerkmale der arbeitnehmerähnlichen Person (1980).
Wachter, Dienstleistungen am Rande des Arbeitsrechts – zur Rechtsstellung von Vorstandsmitgliedern von Aktiengesellschaften und Sparkassen, wbl 1991, 81.
Wachter, Vom Angestellten zum Vorstandsmitglied, ecolex 1991, 714.
Wagnest, Nichtigkeit von Ausbildungskostenrückersatzklauseln, ASoK 2009, 324.
Waldherr/Zimmermann, Beschränkungen für Bonuszahlungen durch das Bankwesengesetz – Vergütungspolitik der Kreditwirtschaft am Prüfstand, ÖBA 2012, 366.
Wallisch, Die Wiederbestellung von Vorstandsmitgliedern, wbl 2010, 561.
Weigand, Zur aktienrechtlichen Wirksamkeit der Rücktrittserklärung eines Vorstandsmitglieds gegenüber einem einzelnen Aufsichtsratsmitglied, GeS 2004, 381.
Weiß D., Arbeitnehmermitwirkung bei der Be- und Anstellung der Vorstandsmitglieder, Teil I, DRdA 1998, 22; Teil II, DRdA 1998, 94.
Wilhelm, Beiläufige zivilistische Bemerkungen zum StellenbesGesetz, ecolex 1998, 826.
Winkler G., Die Weisung des Arbeitgebers als arbeitsrechtliches Problem, GA 4. ÖJT II/4 (1970) 26.
Wolf, Mißbrauch von Insiderinformationen: Abberufung und Entlassung von Vorstandsmitgliedern, ecolex 2003, 741.
Zankel, Ersatz von Strafverteidigerkosten nach § 1014 ABGB, DRdA 2009, 59.
Zankl, Anmerkung zu OGH 7.6.1984, 7 Ob 18/84, JBl 1985, 559.
Zankl, Lebensversicherung und Nachlaß, NZ 1985, 82.
Zankl, Anmerkung zu OGH 2.10.1986, 7 Ob 647, 648/86, NZ 1988, 331.
Zöllner, Lohn ohne Arbeit bei Vorstandsmitgliedern, in FS Koppensteiner (2001) 291.
Zouplna/C. Wildmoser, Öffentliche Ausschreibung bei der Wiederbestellung von Organmitgliedern? GeS 2008, 353.

Deutschland

Assmann, Rechtsanwendungsprobleme des Insiderrechts, AG 1997, 50.
Bauer J. H./Arnold, Vorstandsverträge im Kreuzfeuer der Kritik, DB 2006, 260.

Bauer J. H./Arnold, Festsetzung und Herabsetzung der Vorstandsvergütung nach dem VorstAG, AG 2009, 717.
Bauer/Krets, Gesellschaftsrechtliche Sonderregeln bei der Beendigung von Vorstands- und Geschäftsführerverträgen, DB 2003, 811.
Baums, Anerkennungsprämien für Vorstandsmitglieder, in FS Ulrich Huber (2006) 655.
Bundesjustizministerium (Hrsg), Referentenentwurf eines Aktiengesetzes (1965).
Dauner-Lieb, Die Verrechtlichung der Vorstandsvergütung durch das VorstAG als Herausforderung für den Aufsichtsrat, Der Konzern 2009, 583.
Diekmann, Die Drittvergütung von Mitgliedern des Vorstands einer Aktiengesellschaft, in FS Georg Maier-Reimer (2010) 81.
Dittrich, Die Untreuestrafbarkeit von Aufsichtsratsmitgliedern bei der Festsetzung überhöhter Vorstandsvergütungen (2007).
Dose, Die Rechtsstellung der Vorstandsmitglieder einer Aktiengesellschaft[3] (1975).
Dreher, Der Abschluß von D&O-Versicherungen und die aktienrechtliche Zuständigkeitsordnung, ZHR 165 (2001) 293.
Dreher, Change of Control-Klauseln bei Aktiengesellschaften, AG 2002, 214.
Dreher, Die Rechtsnatur der D&O-Versicherung, DB 2005, 1669.
Dreher, Überformung des Aktienrechts durch die Rechtsprechung von Straf- und Verwaltungsgerichten? AG 2006, 213.
Fassbach, Die „D&O-Verschaffungsklausel" für Aufsichtsräte, Der Aufsichtsrat 2013/10, 142.
Fleischer, Zur organschaftlichen Treuepflicht der Geschäftsleiter im Aktien und GmbH-Recht, WM 2003, 1045.
Fleischer, Handbuch des Vorstandsrechts (2006).
Fleischer, Ad hoc-Publizität beim einvernehmlichen vorzeitigen Ausscheiden des Vorstandsvorsitzenden, NZG 2007, 401.
Fleischer, Das Gesetz zur Angemessenheit der Vorstandsvergütung (VorstAG), NZG 2009, 801.
Fonk, Die Zulässigkeit von Bezügen dem Grunde nach, NZG 2005, 248.
Goette, Aktuelle Entwicklungen im deutschen Kapitalgesellschaftsrecht im Lichte der höchstgerichtlichen Rechtsprechung, ÖBA 2009, 18.
Gruber/Gilmann, Abberufung und Kündigung von Vorstandsmitgliedern einer Aktiengesellschaft, DB 2003, 770.
Gruber/Mitterlechner/Wax, D&O-Versicherung mit internationalen Bezügen (2012).
Heidbüchel, Das Aufsichtsratsmitglied als Vorstandsvertreter, WM 2004, 1317.
Hoffmann, Der Aufsichtsrat[3] (1994).
Hoffmann-Becking, Zum einvernehmlichen Ausscheiden von Vorstandsmitgliedern, in FS Stimpel (1985) 589.
Hoffmann-Becking, Zur rechtlichen Organisation der Zusammenarbeit im Vorstand der AG, ZGR 1998, 497.
Hofmann/Becking, Gestaltungsmöglichkeiten bei Anreizsystemen, NZG 1999, 797.
Hoffmann-Becking, Rechtliche Anmerkungen zur Vorstands- und Aufsichtsratsvergütung, ZHR 169 (2005) 155.
Hoffmann-Becking, Vorstandsvergütung nach Mannesmann, NZG 2006, 127.
Hoffmann-Becking, Anmerkung zu BGH 21.12.2005, 3 StR 470/04, NZG 2006, 127.
Hohenstatt, Das Gesetz zur Angemessenheit der Vorstandsvergütung, ZIP 2009, 1349.

Hohenstatt/Naber, Die „Abfindung der Restlaufzeit" bei der vorzeitigen Auflösung von Vorstandsverträgen, in FS J. H. Bauer (2010) 447.
Höhn, Die Geschäftsleitung der GmbH² (1995).
Hölters/Weber, Vorzeitige Bestellung von Vorstandsmitgliedern, AG 2005, 629.
Hopt/Voigt, Prospekt- und Kapitalmarktinformationshaftung – Recht und Reform in der Europäischen Union, der Schweiz und der USA (2005).
Hüffer, Mannesmann/Vodafone: Präsidiumbeschlüsse des Aufsichtsrats für die Gewährung von „Appreciation Awards" an Vorstandsmitglieder, Beilage 7 zu BB 2003, 13.
Jaeger, Zur Problematik von Altersgrenzen für Vorstandsmitglieder im Hinblick auf das AGG, in FS J. H. Bauer (2010) 495.
Kalb/Fröhlich, Die Drittvergütung von Vorständen, NZG 2014, 167.
Kort, „Change-of-Control"-Klauseln nach dem „Mannesmann"-Urteil des BGH: zulässig oder unzulässig? AG 2006, 108.
Kort, Voraussetzungen der Zulässigkeit einer D&O-Vereinbarung von Organmitgliedern, DStR 2006, 799.
Krieger, Personalentscheidungen des Aufsichtsrates (1981).
Krieger/Schneider (Hrsg), Handbuch Managerhaftung (2007).
Lange, D&O-Versicherung und Managerhaftung (2014).
Liebers/Hoefs, Anerkennungs- und Abfindungszahlungen an ausscheidende Vorstandsmitglieder, ZIP 2004, 97.
Lutter, Stand und Entwicklung des Konzernrechts in Europa, ZGR 1987, 324.
Lutter, Aktienrechtliche Aspekte der angemessenen Vorstandsvergütung, ZIP 2006, 733.
Lutter, Information und Vertraulichkeit im Aufsichtsrat (2006).
Lutter, Die Business Judgement Rule in Deutschland und Österreich, GesRZ 2007, 79.
Lutter/Krieger/Verse, Rechte und Pflichten des Aufsichtsrates⁶ (2014).
Martens, Die Vorstandsvergütung auf dem Prüfstand, ZHR 169 (2005) 124.
Mayer-Uellner, Zur Zulässigkeit finanzieller Leistungen Dritter an die Mitglieder des Vorstands, AG 2011, 193.
Möllers, Wechsel von Organmitgliedern und „Key Playern": Kursbeeinflussungspotential und Pflicht zur „Ad-Hoc-Publizität", NZG 2005, 459.
Mutter, Unternehmerische Entscheidungen und Haftung des Aufsichtsrates der Aktiengesellschaft (1994).
Noack/Spindler, Unternehmensrecht und Internetrecht (2001).
Obermüller/Werner/Winden (Hrsg), Aktiengesetz 1965 (1965).
Olbrich, Die D&O-Versicherung² (2007).
Paefgen, Struktur und Aufsichtsratsverfassung der mitbestimmten AG (1982).
Peltzer, Das Mannesmann-Revisionsurteil aus der Sicht des Aktien- und allgemeinen Zivilrechts, ZIP 2006, 207.
Raguß, Der Vorstand einer Aktiengesellschaft (2005).
Rahlmeyer/Fassbach, Vorstandshaftung und Prozessfinanzierung, GWR 2015, 331.
Ransiek, Anerkennungsprämien und Untreue – das „Mannesmann"-Urteil des BGH, NSW 2006, 814.
Reuter, Die aktienrechtliche Zulässigkeit von Konzernanstellungsverträgen, AG 2011, 274.
Säcker, Rechtsprobleme beim Widerruf der Bestellung von Organmitgliedern und Ansprüche aus fehlerhaften Anstellungsverträgen, in FS G. Müller (1981) 745.
v. Schenck, Handlungsbedarf bei der D&O-Versicherung, NZG 2015, 494.

Schima G., Business Judgment Rule und Beweislastverteilung bei der Vorstandshaftung nach US-, deutschem und österreichischem Recht, in Baudenbacher/Kokott/Speitler, Aktuelle Entwicklungen des Europäischen und Internationalen Wirtschaftsrechts (2010) 369.
Schmidt K., Gesellschaftsrecht (2002).
Schünemann, Der BGH im Gestrüpp des Untreuetatbestandes, NStZ 2006, 196.
Selzer, Drittvergütungen in der Übernahme, AG 2013, 818.
Semler/v. Schenck, Arbeitshandbuch für Aufsichtsratsmitglieder[4] (2013).
Thüsing, Das Gesetz zur Angemessenheit der Vorstandsvergütung, AG 2009, 517.
Traugott/Grün, Finanzielle Anreize für Vorstände börsennotierter Aktiengesellschaften bei Private Equity-Transaktionen, AG 2007, 761.
Werder/Braun/Fromholzer in Eilers/Koffka/Mackensen (Hrsg), Private Equity[2] (2012) 198.
Widder, Anmerkung zu BGH 25.2.2008, II ZB 9/67, ZFR 2009, 24.
Willemer, Die Neubestellung von Vorstandsmitgliedern vor Ablauf der Amtsperiode, AG 1977, 130.
Zollner, Anmerkung zu BGH 25.02.2008, II ZB 9/67, ZFR 2009, 24.
Zürn/Böhm, Neue Regeln für die Vergütung in Banken – Arbeitsrechtliche Umsetzung der Änderungen der Instituts-Vergütungsverordnung, BB 2014, 1271.

USA

Schima G., Business Judgment Rule und Beweislastverteilung bei der Vorstandshaftung nach US-, deutschem und österreichischem Recht, in Baudenbacher/Kokott/Speitler, Aktuelle Entwicklungen des Europäischen und Internationalen Wirtschaftsrechts (2010) 369.
Menzies (Hrsg), Sarbanes-Oxley Act (2004).
Merkt, US-amerikanisches Gesellschaftsrecht[3] (2013).

I. Normative Grundlagen

Das Aktiengesetz 1965 regelt den Vorstand in wohltuend knappen Worten. Zu **1** einem Gutteil gibt das in den 60er Jahren grundlegend reformierte Gesetz den Inhalt – teilweise auch den Wortlaut – des AktG 1937/38 wieder, das aus dem deutschen Rechtsbestand im Jahr 1938 in Österreich in Kraft gesetzt worden war.[1] Eine aktuelle gesetzliche Neuregelung der Materie wäre wohl ungleich geschwätziger mit nur geringer Aussicht auf wesentlichen Qualitätsgewinn. Der deutsche Gesetzgeber hat dies 2009 mit der weitgehenden Neufassung der zentralen Norm über die Vorstandsvergütung (§ 87 dAktG) vorexerziert.[2] Aber auch die Änderungen einiger Bestimmungen des österreichischen AktG haben zwar zum Umfang, nicht aber unbedingt zur Klarheit der Rechtslage beigetragen.[3]

Mit der großen Reform 1965 wurden doch einige sprachliche und inhaltliche **2** Änderungen des alten Aktienrechts vorgenommen:

§ 70 AktG ist in seinem Abs 1 inhaltlich vor allem durch die Bedachtnahme auf die Aktionärsinteressen[4] als neben den Interessen der Arbeitnehmer und dem öffentlichen Interesse gleichgeordnetes Subziel unter dem Unternehmenswohl verändert und gleichzeitig von der nationalsozialistischen Terminologie befreit worden.

In § 70 Abs 2 AktG wurde das Alleinentscheidungsrecht des Vorstandsvorsitzenden („Führerprinzip") durch eine offene Regelung ersetzt: Sofern die Satzung nichts anderes bestimmt, gibt die Stimme des Vorstandsvorsitzenden bei Stimmengleichheit den Ausschlag; eine Bestimmung, die freilich mit gewissen Auslegungsschwierigkeiten verbunden ist (s Rz 125 f).

In § 71 wurde gegenüber dem AktG 1937/38 nur in Abs 3 sichergestellt, dass die Gesellschaft vom Vorstand auch ohne die Mitwirkung eines Prokuristen vertreten werden kann, was nach § 73 Abs 3 AktG 1937/38 nicht der Fall war.[5]

§ 72 AktG über die Zeichnung des Vorstands blieb gegenüber dem AktG 1937/38 unverändert.

§ 73 AktG erfuhr im Wesentlichen nur durch die Anfügung von Abs 4 mit dem Firmenbuchgesetz 1991 eine Änderung: Ist eine Person als Vorstandsmitglied eingetragen oder bekannt gemacht, so kann ein Mangel ihrer Bestellung einem Dritten nur entgegengehalten werden, wenn der Mangel diesem bekannt war. Diese Änderung geht auf Art 8 der Publizitäts-RL[6] zurück.[7]

---

[1] Vgl zur geschichtlichen Entwicklung *Kalss/Burger/Eckert*, Die Entwicklung des österreichischen Aktienrechts 632 ff.
[2] Vgl dazu zB *Thüsing*, Das Gesetz zur Angemessenheit der Vorstandsvergütung, AG 2009, 517.
[3] Dies gilt zB für die 2012 erfolgte Novellierung von § 78 AktG über die Vorstandsvergütung.
[4] ErlRV 301 BlgNR 10. GP 64 f.
[5] ErlRV 301 BlgNR 10. GP 68; AB 661 BlgNR 10. GP 3.
[6] Erste Richtlinie 68/151/EWG des Rates vom 9. März 1968 zur Koordinierung der Schutzbestimmungen, die in den Mitgliedstaaten den Gesellschaften im Sinne des Artikels 58 Absatz 2 des Vertrages im Interesse der Gesellschafter sowie Dritter vorgeschrieben sind, um diese Bestimmungen gleichwertig zu gestalten, ABl L 1968/65, 8.
[7] Vgl AB 23 BlgNR 18. GP 25.

Keinerlei Änderung unterzogen wurde § 74 AktG über die Beschränkung der Vertretungsbefugnis.

3   Die im Rahmen dieses Kapitels zentrale Norm des § 75 AktG entspricht in Struktur und Wortlaut ebenfalls weitgehend der Fassung von § 75 AktG 1937/38.

Nicht in der Fassung aus 1937 enthalten war § 75 Abs 1 Satz 2 AktG, wonach eine auf längere Zeit als fünf Jahre, auf unbestimmte Zeit oder ohne Zeitangabe erfolgte Bestellung fünf Jahre wirksam ist. Dasselbe gilt für die Anfügung im 3. Satz von § 75 Abs 1, wonach die wiederholte Bestellung zur Wirksamkeit der schriftlichen Bestätigung durch den Vorsitzenden des Aufsichtsrats bedarf. Dabei handelt es sich um eine nach wie vor rätselhafte, in ihrer Sinnhaftigkeit weitgehend übereinstimmend angezweifelte Formvorschrift, die deshalb verständlicherweise das Ziel diverser einschränkender bis berichtigender Interpretationsversuche ist (dazu Rz 61).

§ 75 Abs 2 AktG war früher – freilich nur unter Erwähnung juristischer Personen, nicht dagegen der Personengesellschaften – Inhalt des § 75 Abs 1 AktG 1937/38.

Der § 75 Abs 3 AktG 1937/38, der im AktG 1965 zu Abs 4 wurde, erfuhr eine inhaltliche Veränderung durch die Aufnahme eines dritten Abberufungsgrundes neben grober Pflichtverletzung und Unfähigkeit zur ordnungsgemäßen Geschäftsführung: Der Entziehung des Vertrauens durch die Hauptversammlung, es sei denn, dieser Vertrauensentzug erfolgte aus offenbar unsachlichen Gründen. Die amtliche Begründung zum AktG 1937/38 enthielt bereits Ausführungen, wonach der Vertrauensentzug durch die Hauptversammlung „*selbstverständlich stets ein wichtiger Grund*" zur Abberufung sei. Der Gesetzgeber von 1965 konnte sich daher für den „neuen" Abberufungsgrund des Vertrauensentzugs durch die Hauptversammlung darauf stützen und den bisherigen – wenngleich ungeschriebenen – Rechtszustand fortführen.[8]

Bei der in § 76 AktG geregelten gerichtlichen Bestellung von Vorstandsmitgliedern machte der Gesetzgeber des Jahres 1965 die Kann-Bestimmung des AktG 1937/38 zu einer zwingenden Norm.

§ 77 betreffend die Gewinnbeteiligung von Vorstandsmitgliedern wurde durch die Stammfassung des AktG 1965 insofern geändert, als § 77 Abs 3 AktG 1937/38 entfiel. Dieser hatte vorgesehen, dass Gewinnbeteiligungen in einem angemessenen Verhältnis zu den Aufwendungen zugunsten der Gefolgschaft oder von Einrichtungen, die dem gemeinen Wohle dienen, stehen sollen. Dafür zu sorgen war nach dem Gesetz Aufgabe des Aufsichtsrates, wobei aber die Einhaltung dieses Gebotes die Staatsanwaltschaft im Klagewege erzwingen konnte. Diese Regelung ist zwar einerseits rechtsstaatsfern (betreffend das Klagerecht der Staatsanwaltschaft), andererseits aber geradezu „zeitgeistig" und entspricht im Wesentlichen den in jüngster Zeit auf internationaler Ebene von Teilen der Politik, Gewerkschaften und auch Regulatoren erhobenen Forderung, Vorstandsbonifikationen in ein angemessenes Verhältnis zum Gehaltsgefüge der Gesellschaft zu setzen. Dies ist sicher nicht typisch nationalsozialistisches Gedankengut.[9]

---

[8] ErlRV 301 BlgNR 10. GP 69.
[9] Vgl ErlRV 301 BlgNR 10. GP 69: Dort heißt es, dass die „Förderung der Wohltätigkeit nicht Aufgabe des AktG" sei und „die Wahrnehmung der Interessen der Arbeiter und Angestell-

Das RLG 1990 ersetzte sodann den im alten § 77 Abs 2 AktG näher definierten Begriff des „*Jahresgewinns*" durch den dem neuen Rechnungslegungsrecht entsprechenden Terminus „*Jahresüberschuss*".

§ 78 AktG betreffend Grundsätze für die Bezüge der Vorstandsmitglieder wurde mit der Novelle 1965 in seinem Abs 1 gegenüber dem AktG 1937/38 nicht verändert und erst 2012 novelliert (siehe unten Rz 5); § 78 Abs 3 AktG 1937/38, der Schadenersatzansprüche des Vorstandsmitglieds bei Kündigung des Anstellungsvertrages durch den Insolvenzverwalter im Konkurs der Gesellschaft regelt, wurde im AktG 1965 zu Abs 2.

Gestrichen hat der Gesetzgeber des AktG 1965 den alten § 78 Abs 2 AktG 1937/38, der das Recht zur Herabsetzung der Vorstandsbezüge im Falle einer so wesentlichen Verschlechterung in den Verhältnissen der Gesellschaft regelte, dass die Weitergewährung der Bezüge eine schwere Unbilligkeit für die Gesellschaft sein würde.

Gerade im Kontext der aktuellen Diskussion über (vermeintlich oder tatsächlich überhöhte) Vorstandsbezüge und insbesondere Bonifikationen ist die Feststellung in den Gesetzesmaterialien zum AktG 1965 sehr interessant, wonach der frühere § 78 Abs 2 AktG 1937/38 „*nicht dem rechtsstaatlichen Prinzip der Vertragstreue entspricht*" und deshalb zu streichen gewesen wäre.[10]

Diese Einschätzung des österreichischen Gesetzgebers ist schon vor dem Hintergrund des Umstandes fragwürdig, dass in Deutschland § 78 Abs 2 AktG 1937 auch nach 1945 (als der Rechtsstaat wieder hergestellt war) unverändert gelassen und in ganz ähnlicher Form als § 87 Abs 2 ins dAktG 1965 übernommen wurde. Blieb diese Norm in all den Jahrzehnten zwar weitestgehend totes Recht, hat der deutsche Gesetzgeber ihr erst im Jahr 2009 neues Leben durch eine Erleichterung einzuhauchen versucht, indem nunmehr nicht bloß eine „*wesentliche*" Verschlechterung, sondern grundsätzlich jede Verschlechterung in den Verhältnissen der Gesellschaft das Herabsetzungsrecht des Aufsichtsrates auslösen kann.[11]

---

ten der Gesellschaft [...] im Betriebsrätegesetz geregelt" wäre. Das letztere Argument geht freilich ins Leere, weil § 77 Abs 3 Satz 1 AktG 1937/38 die Kontrolle des angemessenen Verhältnisses von Vorstands-Gewinnbeteiligung und Lohn- und Gehaltsaufwand in der Gesellschaft für die Belegschaft ausdrücklich in die Verantwortung des Aufsichtsrates stellte. Diese Verantwortung mit dem Argument entfallen zu lassen (in Wahrheit bestand sie über das Angemessenheitsgebot des § 78 Abs 1 AktG ohnehin weiter), das Betriebsrätegesetz regle die Vertretung der Interessen der Arbeitnehmer, entbehrt jeder Logik.

[10] ErlRV 301 BlgNR 10. GP 69; vgl auch *Kastner/Doralt/Nowotny*, Gesellschaftsrecht[5] 223; *Strasser* in Jabornegg/Strasser, AktG[5] §§ 77–84 Rz 143, der auch in der jüngsten Auflage seines Kommentars die damalige Entscheidung des Gesetzgebers der Beseitigung eines „*schwerwiegenden Eingriffs des Gesetzgebers in das Prinzip der Vertragstreue*" vorbehaltlos begrüßt. Vgl auch OGH 9 ObA 513/88 DRdA 1989, 417 = JBl 1989, 264, „Manager-Pensionserkenntnis", in dem der OGH ausdrücklich auf den durch die 1965 Gesetz gewordene Fassung des § 78 AktG verbrieften Grundsatz „pacta sunt servanda" auch für Vorstandsbezüge verweist.

[11] Vgl zum Vorstandsvergütungsgesetz und der Neuregelung des § 87 dAktG zB *Thüsing*, Das Gesetz zur Angemessenheit der Vorstandsvergütung, AG 2009, 517.

Man sieht daran, dass das Verhältnis der Prinzipien der Rechtsstaatlichkeit und der Vertragstreue zueinander unter geänderten gesellschaftlichen, wirtschaftlichen und politischen Rahmenbedingungen einem nicht unbeträchtlichen Wandel unterworfen ist.

5 Die Grundsätze über die Angemessenheit der Vorstandsvergütung in § 78 Abs 1 AktG wurden schließlich mit dem 2. Stabilitätsgesetz 2012[12] neu gefasst. Als Reaktion auf die Finanzkrise von 2008 wurde festgeschrieben, dass mit der Vorstandsvergütung nachhaltiges Wachstum statt kurzfristige Risikobereitschaft belohnt werden sollte. Die Bezüge der Vorstandsmitglieder müssen nach dieser Bestimmung in einem angemessenen Verhältnis zu den Aufgaben und Leistungen des einzelnen Vorstandsmitglieds, außerdem zur Lage der Gesellschaft und zu der „üblichen Vergütung" stehen. Diese Kriterien waren bereits vor der Novelle des AktG in der C-Regel 27 des ÖCGK enthalten, sind aber durch die Aufnahme in § 78 Abs 1 AktG nunmehr für sämtliche Aktiengesellschaften verpflichtend.[13]

Gerade mit der Vorstandsvergütung beschäftigen sich eine ganze Reihe von mittlerweile fast durchwegs den Rang von „C-Empfehlungen" aufweisenden Vorschriften des Österreichischen Corporate Governance Kodex[14] (ÖCGK), nämlich die eben erwähnte Regel 27, die erst mit Wirkung vom 1. Jänner 2010 neu eingefügte Regel 27a, weiters die Regeln 28, 28a (als einzige R-Empfehlung[15]) und 29–31 ÖCGK. Hervorzuheben ist insbesondere die Empfehlung zur Einzelveröffentlichung von Vorstandsbezügen bei börsenotierten Gesellschaften (C-Regel 31 ÖCGK), die erst in einem zweiten Anlauf vom R-Status in den C-Status gehoben wurde. Weiters sind Regeln für variable Vergütungsbestandteile und die Ausgestaltung von Aktienoptionsprogrammen bzw Programmen für die begünstigte Übertragung von Aktien enthalten. Insgesamt geht ein Gutteil dieser Regelungen auf Empfehlungen der EU-Kommission zur Vergütung von Mitgliedern der Unternehmensleitung zurück.[16] Dies gilt insbesondere auch für die mit Wirkung zum 1. Jänner 2010 in den ÖCGK eingefügte C-Regel 27a betreffend Abfindungs-Obergrenzen bei vorzeitiger Beendigung der Vorstandstätigkeit ohne wichtigen Grund.[17]

6 § 79 AktG über das Wettbewerbsverbot für Vorstandsmitglieder wurde vom AktG 1937/38 unverändert in das AktG 1965 übernommen.

---

[12] BGBl I 2012/35.
[13] *Ch. Nowotny* in Doralt/Nowotny/Kalss, AktG² § 78 Rz 3a.
[14] C-Regeln enthalten keine zwingenden Gesetzesbestimmungen wie die L-Regeln, sollen aber dennoch von der Gesellschaft eingehalten werden – ein Abweichen muss die Gesellschaft begründen.
[15] R-Regeln sind Regeln mit reinem Empfehlungscharakter: die Nichteinhaltung ist weder offenzulegen noch zu begründen.
[16] Vgl die Empfehlungen 2004/913/EG, ABl L 2004/385, 55, 2005/162/EG, ABl L 2005/52, 51 und zuletzt die Empfehlung der Kommission vom 30. April 2009 zur Ergänzung der beiden genannten Empfehlungen zur Regelung der Vergütung von Mitgliedern der Unternehmensleitung börsenotierter Gesellschaften, ABl L 2009/120, 28.
[17] Hier hat der ÖCGK die Kommissionsempfehlung – ganz bewusst und wie ich meine, mit guten Gründen (dazu Rz 336) – nicht vollständig umgesetzt und die Begrenzung mit zwei Jahresgesamtvergütungen statt mit zwei festen Vergütungen empfohlen.

Eine inhaltliche Änderung erfuhr aber § 79 Abs 1 AktG durch das Unternehmensrechtsänderungsgesetz 2005.[18] Abgesehen von der durch den Übergang vom HGB zum UGB bedingten terminologischen Bereinigung wurde ins Gesetz die Verpflichtung aufgenommen, Aufsichtsratsmandate in konzernfremden Unternehmen und solchen, an denen die Gesellschaft nicht iSd § 189a Z 2 UGB[19] unternehmerisch beteiligt ist, nur mit Zustimmung des Aufsichtsrates anzunehmen. Damit entfernte sich § 79 AktG noch stärker von einem – im Titel der Norm nach wie vor so bezeichneten – *„Wettbewerbsverbot"*.[20]

§ 80 AktG betreffend die Kreditgewährung an Vorstandsmitglieder blieb bis heute gegenüber dem AktG 1937/38 unverändert.[21]

Interessant ist in diesem Zusammenhang zB der Blick in die USA. Dort wurde die Kreditgewährung an Board-Mitglieder (Directors' Loans) mit dem Sarbanes Oxley Act 2002 überhaupt untersagt.[22]

§ 81 AktG über die Berichterstattung des Vorstandes an den Aufsichtsrat wurde mit dem AktG 1965 gegenüber dem AktG 1937/38 nicht inhaltlich verändert, wohl aber tiefgreifend mit dem IRÄG 1997[23]. Die im AktG 1937/38 nur sehr allgemein (mindestens quartalsmäßig) vorgeschriebene Information des Vorstands „über den Gang der Geschäfte und die Lage des Unternehmens" erfuhr eine Dreiteilung in Jahresbericht, Quartalsbericht und Sonderbericht.[24]

Dasselbe wie für § 81 gilt auch für § 82 AktG über das Rechnungswesen. Das AktG 1965 veränderte die Fassung im AktG 1937/38 nicht, wohl aber das IRÄG 1997. Statt des nicht zeitgemäßen Begriffs der „Führung der Handelsbücher" bezieht sich die Verpflichtung des Vorstandes nun darauf, ein „den Anforderungen des Unternehmens entsprechendes Rechnungswesen" zu führen.

Darüber hinaus wurde mit dem IRÄG 1997 die Verpflichtung eingeführt und in § 82 AktG verankert, ein internes Kontrollsystem zu errichten.[25]

§ 83 AktG regelt die Vorstandspflichten bei bilanziellem Verlust und entspricht im Wesentlichen dem § 83 Abs 1 AktG 1937/38.

Der Gesetzgeber hat im AktG 1965 nur die Formulierung beseitigt, wonach die Pflicht zur Einberufung der Hauptversammlung bei Annahme eines Verlustes des halben Grundkapitals dann besteht, wenn diese Annahme *„bei pflichtgemäßem Ermessen"* gerechtfertigt ist. Zumindest aus heutiger Sicht etwas eigenartig muten

---

[18] BGBl I 2005/59; BGBl I 2005/120.
[19] Der Verweis auf diese Bestimmung des UGB wurde mit dem RÄG 2014, BGBl I 2015/22 an die in demselben Gesetz vorgenommene Änderung des UGB angepasst.
[20] Interessant ist in diesem Zusammenhang, dass zwar für Vorstandsmitglieder das „Wettbewerbsverbot" auf die Übernahme konzernfremder Aufsichtsratsmandate – ohne Rücksicht auf Konkurrenzierung – ausgedehnt wurde, das noch im Ministerialentwurf zum URÄG 2005 enthaltene Konkurrenzverbot für Aufsichtsratsmitglieder aber – offensichtlich nach entsprechendem Lobbying der „Österreich-AG" – nicht Gesetz wurde.
[21] Vgl ErlRV 301 BlgNR 10. GP 65.
[22] Vgl Section 402 SOX; vgl dazu zB *Menzies*, Sarbanes-Oxley Act 48 f.
[23] BGBl I 1997/114.
[24] Vgl ErlRV 734 BlgNR 20. GP 62.
[25] Vgl ErlRV 734 BlgNR 20. GP 63.

die Erwägungen des Gesetzgebers an, er habe diese Formulierung aus Gründen der Rechtssicherheit bzw Einschränkung des Ermessensspielraumes „*als der österreichischen Rechtsterminologie nicht entsprechend*" nicht in das AktG 1965 übernommen.[26]

Bedenkt man, dass die nach § 83 AktG zu treffende Entscheidung zumindest in gewissem Ausmaß sehr wohl eine *Ermessensentscheidung* ist und es ja in diesem Zusammenhang zB Bewertungen anzustellen oder auch gesetzliche Bewertungswahlrechte auszuüben gilt, kann man der Entfernung der Wortfolge „*nach pflichtgemäßem Ermessen*" im AktG 1965 mE keine normative Bedeutung beimessen. Im Gegenteil: Ob der Vorstand seinen Verpflichtungen nach § 83 AktG nachgekommen ist oder nicht, und im letzteren Fall uU Schadenersatzansprüchen ausgesetzt ist, kann eben nur danach entschieden werden, ob das Leitungsorgan seine Entscheidung, die Hauptversammlung nicht zu informieren oder schon zu informieren (und ggf zu Beschlüssen zu veranlassen),[27] nach pflichtgemäßem Ermessen getroffen hat. Denn es handelt sich dabei um eine gesetzlich zumindest nur beschränkt gebundene und daher wenigstens im Kern unternehmerische Entscheidung, also in moderner Terminologie um ein „Business Judgment".[28]

Die in § 83 Abs 2 AktG 1937/38 enthaltenen Konkurs- bzw Ausgleichsantragspflichten des Vorstandes bei Zahlungsunfähigkeit und Überschuldung wurden mit dem GesRÄG 1982[29] aus dem Gesetz eliminiert und in die entsprechenden insolvenzrechtlichen Bestimmungen (nunmehr § 69 IO) verschoben.[30]

11   Auch die Haftungsnorm des § 84 AktG betreffend die Sorgfaltspflicht und Verantwortlichkeit der Vorstandsmitglieder gleicht in ihrem Kern und großteils auch im Wortlaut der Regelung im AktG 1937/38.

Die Abs 1 und 4–6 entsprechen überhaupt – abgesehen von terminologischer Bereinigung – vollkommen dem Rechtszustand von 1937/38. Die durch das 1. Euro-Justizbegleitgesetz[31] vorgenommene Änderung in § 84 Abs 3 Z 4 („*Aktien vor der vollen Leistung des Ausgabebetrags ausgegeben werden*" anstatt „*[...] des Nennbetrages oder des höheren Ausgabebetrags [...]*") hat keinerlei inhaltliche, sondern nur sprachlich klarstellende Bedeutung, weil der Nennbetrag der geringste denkbare Ausgabebetrag ist und ein abweichender Preis nach § 9 Abs 1 AktG ohnehin nur höher sein darf.[32] Zuletzt wurde mit dem IRÄG 2010[33] die Bestim-

---

[26] ErlRV 301 BlgNR 10. GP 63 f.
[27] Auch die grundlose Anzeige, dass ein entsprechender Verlust entstanden ist, kann wegen der damit verbundenen schädigenden Auswirkungen und der damit möglicherweise ausgelösten Reaktion von Gläubigern haftungsbegründend sein.
[28] Vgl zur nicht immer trennscharf möglichen Abgrenzung von gesetzlich gebundenen und unternehmerischen Ermessensentscheidungen ausführlich *G. Schima*, Zulässigkeitsgrenzen von „Golden Handshakes" – zugleich Anmerkungen zu OGH 11.6.2008, 7 Ob 58/08t, in FS Binder 817 (824) mwN.
[29] BGBl 1982/371.
[30] Vgl AB 1148 BlgNR 15. GP 2.
[31] BGBl I 1998/125.
[32] Vgl ErlRV 1203 BlgNR 20. GP 36 f, 38.
[33] BGBl I 2010/58.

mung an die neue Terminologie des Insolvenzrechts angepasst, doch wurden keine inhaltlichen Veränderungen vorgenommen.

2015 hat der österreichische Gesetzgeber, dem Vorbild von Deutschland und Liechtenstein folgend, die „Business Judgment Rule" im Aktien- und GmbH-Recht durch Einfügung eines Abs 1a in § 84 AktG und § 25 GmbHG gesetzlich verankert. Danach handelt ein Geschäftsleiter „*jedenfalls im Einklang mit der Sorgfalt eines ordentlichen und gewissenhaften Geschäftsleiters, wenn er sich bei seiner unternehmerischen Entscheidung nicht von sachfremden Interessen leiten lässt und auf der Grundlage angemessener Information annehmen darf, zum Wohle der Gesellschaft zu handeln.*"[34]

Interessanterweise wurden in den Gesetzesmaterialien zum AktG 1965 die Änderungen in § 84 Abs 2 Satz 2 AktG gegenüber dem AktG 1937/38 betreffend die *Beweislastverteilung* bei der Vorstandshaftung nicht kommentiert. Während es in Letzterem hieß: „*Sie haben nachzuweisen, dass sie die Sorgfalt eines ordentlichen und gewissenhaften Geschäftsleiters angewandt haben*", änderte der Gesetzgeber 1965 die Formulierung um in: „*Sie können sich von der Schadenersatzpflicht durch den Gegenbeweis befreien, dass sie die Sorgfalt eines ordentlichen und gewissenhaften Geschäftsleiters angewendet haben.*"

Dieses Schweigen des Gesetzgebers, der sonst auch rein terminologische Änderungen und sprachliche Klarstellungen kommentierte, ist gerade in einer bis heute höchst umstrittenen und zu zahllosen Meinungskontroversen Anlass gebenden Materie wie der Beweislastverteilung bei der Vorstandshaftung zu bedauern.[35]

§ 85 AktG, wonach die Vorschriften für die Vorstandsmitglieder auch für ihre Stellvertreter gelten, entspricht zur Gänze der Fassung im AktG 1937/38.[36]

II. Auswahl und Bestellung des Vorstandes

A. Die Auswahl des Vorstandes

1. Kardinalaufgabe des Aufsichtsrates

Unter den verschiedenen dem Aufsichtsrat einer Aktiengesellschaft vom Gesetz zugewiesenen Aufgaben nimmt die Verantwortung des Aufsichtsrates für die Bestellung des Vorstandes einen besonderen Platz ein.[37] Die Auswahl des Vorstan-

---

[34] BGBl I 2015/112; die Bestimmungen traten mit 1. Jänner 2016 in Kraft. Vgl dazu *G. Schima*, Reform des Untreue-Tatbestandes und gesetzliche Verankerung der Business Judgment Rule im Gesellschaftsrecht, RdW 2015, 288; *G. Schima*, Reform des Untreue-Tatbestandes und Business Judgment Rule im Aktien- und GmbH-Recht: Die Bedeutung der neuen Regelung, GesRZ 2015, 286.

[35] Vgl eingehend *G. Schima*, Business Judgment Rule und Beweislastverteilung bei der Vorstandshaftung nach US-, deutschem und österreichischem Recht, in Baudenbacher/Kokott/Speitler (Hrsg), Aktuelle Entwicklungen des Europäischen und Internationalen Wirtschaftsrechts 369, zur österreichischen Situation 404 ff mwN; *G. Schima*, Die Beweislastverteilung bei der Geschäftsleiterhaftung, in FS W. Jud 571.

[36] Vgl ErlRV 301 BlgNR 10. GP 65; *Ch. Nowotny* in Doralt/Nowotny/Kalss, AktG² § 85 Rz 1.

[37] Vgl *Kalss* in Doralt/Nowotny/Kalss, AktG² § 95 Rz 8.

des in einer Aktiengesellschaft ist die Kernaufgabe, die eindeutig wichtigste,[38] gar „höchste und verantwortungsvollste"[39] Aufgabe des Aufsichtsrates. Wenn in den letzten Jahren immer wieder das Versagen oder mangelndes Engagement von Aufsichtsräten in der öffentlichen Diskussion angesprochen wurde, so ist zu einem wesentlichen Teil ein (vermeintliches oder wirkliches) Versagen bei Erfüllung *dieser* Kernaufgabe gemeint. Denn es ist eine zwar banale, aber wichtige Erkenntnis, dass ein Aufsichtsrat, der den „richtigen" Vorstand auswählt, bei Erfüllung seiner anderen Aufgaben keine größeren Schwierigkeiten haben und insbesondere keiner schadenersatzrechtlichen Verantwortung und Haftung ausgesetzt sein wird. Anders gewendet: bei einem starken Vorstand kann ein schwacher Aufsichtsrat wenig Schaden anrichten. Einen schwachen Vorstand kann umgekehrt ein starker Aufsichtsrat nicht kompensieren[40] (abgesehen davon, dass ein schwacher Vorstand selten von einem starken Aufsichtsrat gewählt wird). Man kann es auch so sagen: „ein guter Vorstand ist für die Aktiengesellschaft nicht alles, aber ohne einen guten Vorstand ist alles nichts."[41] Einen unfähigen oder untätigen Aufsichtsrat verkraftet ein Unternehmen jedenfalls eher als einen unfähigen Vorstand.[42]

Den „richtigen" Vorstand für alle Szenarien, mit denen eine Gesellschaft konfrontiert sein kann, gibt es freilich nicht, und man trifft das bestgeeignete Top-Management auch nicht zufällig an.

Die Wahrnehmung der in der Aktiengesellschaft allein dem Aufsichtsrat zukommenden „Personalhoheit" über den Vorstand erfordert vielmehr sorgfältige Planung, laufende Beobachtung des Marktes für Führungskräfte und insbesondere Pflege der Talente im Unternehmen selbst. Es geht letztlich um eine langfristig ausgerichtete Personalplanung.[43]

14 Unabhängig von der Entscheidung der rechtlichen Streitfrage, ob die Bestellung von Vorstandsmitgliedern dem Plenum vorbehalten ist oder doch in einem (mitbestimmten) Ausschuss erledigt werden darf (dazu Rz 43–50), ist die Auswahl des Vorstandes und seiner Mitglieder eine Aufgabe, deren Bedeutung es erfordert, dass der gesamte Aufsichtsrat sich – wenn auch abgestuft – damit befasst.

Die Einrichtung eines – im ÖCGK[44] empfohlenen – Nominierungsausschusses steht damit keinesfalls in Widerspruch. Denn dass die Vorbereitung der Entscheidung und Vorauswahl von Kandidaten in einem kleinen Gremium effizienter erle-

---

[38] *Hopt/M. Roth* in GroßkommAktG⁴ § 111 Rz 67 mwN in FN 197; ebenso *Kalss* in Doralt/Nowotny/Kalss, AktG² § 95 Rz 8.
[39] *Krieger,* Personalentscheidungen des Aufsichtsrates 1; *Fonk* in Semler/v. Schenck, ARHdb⁴ § 10 Rz 1; das Zitat stammt von *Rathenau,* Vom Aktienwesen (1918) 19.
[40] Vgl *Kalss* in Doralt/Nowotny/Kalss, AktG² § 95 Rz 8.
[41] So treffend *Fonk* in Semler/v. Schenck, ARHdb⁴ § 10 Rz 1.
[42] So im Ergebnis auch *Mertens/Cahn* in KölnKommAktG³ Vorb § 95 Rz 4, die ausführen, dass dem Aufsichtsrat in seiner gestaltenden Mitwirkung an der Unternehmenspolitik enge Grenzen gesetzt seien und dass das eigentliche Gravitationszentrum der Unternehmenspolitik der Vorstand sei und bleibe. Dies hat sich auch durch die im Zuge der umfassenden, seit mehr als zehn Jahren auf Deutschland und Österreich übergegriffenen Corporate Governance-Diskussion erfolgte Aufwertung der Rolle des Aufsichtsrates mE nicht entscheidend geändert.
[43] *Kalss* in Kalss/Nowotny/Schauer, Gesellschaftsrecht Rz 3/255; *Spindle*r in MünchKommAktG⁴ § 84 Rz 16.
[44] Vgl C-Regeln 41 und 42 ÖCGK.

II. Auswahl und Bestellung des Vorstandes

digt werden kann als in einem größeren, entspricht allgemeiner betriebswirtschaftlicher Erfahrung und gilt nicht nur für die Auswahl des Vorstandes. Zumindest mit dem Kreis der engsten Kandidaten (einer „short list") sollten sich aber alle Aufsichtsratsmitglieder beschäftigen. Die Beiziehung von Personalberatungsunternehmen und Headhuntern für die Kandidatensuche und Aufbereitung der Daten ist in aller Regel zweckmäßig.[45] Diesbezügliche Aufträge kann der Aufsichtsrat – oder ein vom Plenum bevollmächtigter Ausschuss (zB der Nominierungsausschuss) – namens der Aktiengesellschaft vergeben, weil dem Aufsichtsrat richtiger Ansicht zufolge insoweit – im Hinblick auf § 75 Abs 1 AktG sogar exklusive – Vertretungsmacht für die Gesellschaft zukommt.[46]

Vorstandsmitglieder kommen in der Praxis häufig aus dem Unternehmen selbst. Dies bedeutet nicht notwendig, dass der Bestellung nicht eine intensivere Suche nach möglichen Alternativkandidaten vorangegangen ist. Vor allem bei Vorstandsvorsitzenden entspricht es einer gerade in besonders gut geführten Unternehmen mit ausgeprägten Corporate Governance geübten Praxis, den/die Nachfolger/in des Vorstandsvorsitzenden über einen längeren Zeitraum im Unternehmen „aufzubauen" und seine geplante Bestellung auch schon längere Zeit im Vorhinein bekanntzugeben. Gerade bei börsenotierten Gesellschaften signalisiert eine solche Praxis Kontinuität und Stabilität in der Unternehmensführung und verhindert Verunsicherungen am Markt. Der dagegen grundsätzlich denkbare Einwand, man würde mit einer zu lange im Voraus erfolgten Bekanntgabe eines neuen Vorstandsvorsitzenden den gewärtigen Amtsinhaber dem „lame duck-Syndrom" aussetzen, tritt dem gegenüber eher in den Hintergrund. Zumindest in Österreich haben darüber hinaus gerade jene Gesellschaften, in denen so vorgegangen wird, gezeigt, dass solche Befürchtungen weitgehend unbegründet sind. Der Zeitraum zwischen Ankündigung/Bestellung des Nachfolgers und Ausscheiden des Amtsinhabers sollte aber nicht zu lange bemessen sein.[47]

Der längerfristige Aufbau künftiger Vorstandsmitglieder, insbesondere eines künftigen Vorstandsvorsitzenden, ist naturgemäß keine Aufgabe, die der Aufsichtsrat – gar allein – bewältigen kann. Denn in seiner Macht steht es nicht, den gegenwärtigen Vorstand dazu anzuhalten, die Talente im Unternehmen zu fördern und die „richtigen" Nachwuchsmanager an den richtigen Stellen zu positionieren. Zwar hat der Aufsichtsrat natürlich auch die Personalführung des Vorstandes im Unternehmen zu überwachen und einer Beurteilung zu unterziehen; er kann aber nicht mit direkten Anordnungen eingreifen.[48] Auch die Möglichkeit der Erweiterung der zustimmungsbedürftigen Geschäfte durch Aufsichtsratsbeschluss (§ 95 Abs 5 letzter Satz AktG) ist kein taugliches Mittel.

Umso wesentlicher ist es für den Aufsichtsrat, bei der Auswahl des Vorstandes und insbesondere des Vorstandsvorsitzenden, eine gewisse kritische Distanz

---

[45] *Fonk* in Semler/v. Schenck, ARHdb[4] § 10 Rz 28.
[46] Vgl idS für die Kompetenz zur Erteilung von Aufträgen gemäß § 111 Abs 2 dAktG (entspricht im wesentlichen § 95 Abs 3 öAktG) *Mertens/Cahn* in KölnKommAktG[3] § 111 Rz 68; *Pentz* in Fleischer, Handbuch des Vorstandsrechts § 16 Rz 96; *Hopt/Roth* in Großkomm-AktG[4] §111 Rz 428.
[47] Vgl *Fonk* in Semler/v. Schenck, ARHdb[4] § 10 Rz 4: möglichst nicht länger als ein Jahr.
[48] Vgl *Strasser* in Jabornegg/Strasser, AktG[5] § 70 Rz 10, §§ 95–97 Rz 14.

gegenüber dem Führungsmodell mit dem „starken Mann" zu bewahren. In Krisenzeiten – da verhält sich ein Untenehmen nicht anders als die Politik – ist die Versuchung groß, an der Unternehmensspitze eine möglichst starke Führungspersönlichkeit zu installieren. Zu deren Stärke gehört aber Teamfähigkeit oft nicht, und es gibt im Grunde genommen keine Unternehmenssituation, in der *diese* Eigenschaft im Management nicht gefragt wäre. Gelegentlich können allzu starke Führungspersönlichkeiten, die über lange Zeit höchstes Ansehen genießen und auch sehr erfolgreich wirtschaften, ein Unternehmen durch ihr „Ego" sogar in größte Bedrängnis bringen. Das Unternehmen Porsche und dessen in geradezu rasendem Zeitraffer abgelaufene Entwicklung von der Erzielung von Milliardengewinnen (zum größeren Teil durch Spekulationen mit Aktien der Muttergesellschaft) zu (durch eben diese Spekulationen verursachten) Milliardenschulden ist nur ein, wenn auch vielleicht besonders drastisches Beispiel.[49]

16   Gelegentlich räumen Aufsichtsräte – manchmal auch mehr oder weniger eigenmächtig agierende Aufsichtsratsvorsitzende – dem Vorstandsvorsitzenden der Gesellschaft wesentliche Mitspracherechte bei der Auswahl des Vorstandsteams ein. Dies kann in einzelnen Fällen so weit gehen, dass der Vorstandsvorsitzende vom Aufsichtsrat gleichsam ermächtigt wird, sich „sein Team zusammenzusuchen". Letzteres passiert in dieser ausgeprägten Form wohl nur im Zusammenhang mit der Installierung eines Sanierungsmanagements in einer in ihrer wirtschaftlichen Existenz bedrohten Gesellschaft.

Die Konsultierung des Vorstandsvorsitzenden bei der Auswahl anderer Vorstandsmitglieder ist an sich nichts Verpöntes und kann Ausdruck des Umstandes sein, dass die Verträglichkeit im Kollegialorgan Vorstand ein wichtiges Auswahlkriterium sein sollte und der Vorstandsvorsitzende nun einmal mit der Koordinierung der Aufgaben im Vorstand betraut ist.[50] Gleichwohl sollte sich der Aufsichtsrat des Spannungsverhältnisses zwischen einer solchen Vorgangsweise und seiner Rolle als allein für die Auswahl des Vorstandes zuständigem Organ bewusst sein. Vor allem enthebt die Einschaltung des Vorstandsvorsitzenden bei der Auswahl anderer Vorstandsmitglieder den Aufsichtsrat in rechtlicher und auch haftungsmäßiger Hinsicht seiner Zuständigkeit und Verantwortung in keiner Weise.

Eine zu starke Involvierung des Vorstandsvorsitzenden schafft Abhängigkeiten im Vorstand, die nicht glücklich sind. Wenn Vorstandsmitglieder das Gefühl haben, sie verdankten ihre Funktion dem Vorsitzenden des *Vorstandes*, dann ist das vom Aktienrecht eingerichtete Kompetenzgefüge bereits bedrohlich durcheinandergeraten.[51]

---

[49] Damit ist zur rechtlichen Wertung der Causa „Porsche/Wiedeking/VW" natürlich noch nichts Näheres gesagt (und soll auch nicht zum Ausdruck gebracht werden, da es sich dabei wirklich um einen „Alleingang" bloß eines machthungrigen CEO handelte. Manches weist ja darauf hin, dass hier zumindest *zwei* sehr starke Männer am Werk waren, was aber die obige These nur bestätigt. Die rechtliche Aufarbeitung der Sache – im Raum steht ua der Vorwurf der Marktmanipulation – beschäftigt seit Jahren diverse Behörden in Deutschland.).

[50] Vgl *Ch. Nowotny* in Doralt/Nowotny/Kalss, AktG[2] § 70 Rz 29; *Kalss* in Kalss/Nowotny/Schauer, Gesellschaftsrecht Rz 3/252; *Strasser* in Jabornegg/Strasser, AktG[5] § 70 Rz 54.

[51] Vgl *Fonk* in Semler/v. Schenck, ARHdb[4] § 10 Rz 23, der meint, die diesbezüglichen Bedenken richteten sich primär gegen die schwachen Kandidaten, die „*ohnehin nicht ausgewählt werden sollten*". Das ist richtig, aber nur eine Problembeschreibung, keine Problemlösung.

II. Auswahl und Bestellung des Vorstandes

Dann ist es auch nur mehr ein relativ kleiner, geradezu logischer Schritt, wenn die Initiative für die Beendigung von Vorstandsmandaten ebenfalls vom Vorstandsvorsitzenden ausgeht und dieser dem Aufsichtsrat gleichsam meldet, wer „zu gehen" habe. Solche Beispiele sind nicht Fiktion, sondern Teil auch der österreichischen Unternehmensrealität.[52] Spätestens dann sollte der Aufsichtsrat aufwachen und realisieren, dass ihm die Zügel für die Wahrnehmung seiner zentralsten Aufgabe zu entgleiten drohen.

Schwierig kann für den Aufsichtsrat die Gratwanderung zwischen – insbesondere für kapitalmarktorientierte Unternehmen auch rechtlich erforderlicher – Transparenz und der im Unternehmensinteresse nicht selten nötigen Diskretion sein. Damit ist zB die Frage der börserechtlichen Offenlegungspflicht (ad hoc-Publizität) bei Veränderungen im Vorstand angesprochen (siehe Rz 538 ff). Hier prallen verschiedene rechtliche Vorgaben und teilweise divergente Interessenlagen aufeinander. Die für staatsnahe (der Rechnungshofkontrolle unterworfene) Unternehmen geltende Ausschreibungspflicht (dazu Rz 19 ff) gilt in Österreich vereinzelt auch für börsenotierte Unternehmen (zB Verbundgesellschaft, Flughafen Wien, etc). Ist schon die Handhabung der gesetzlichen Ausschreibungspflicht unter dem Blickwinkel der börserechtlichen ad hoc-Publizität eine gewisse Herausforderung, so vertragen sich die Intentionen mancher in verantwortungsvollen und attraktiven Positionen tätiger Bewerber nach Geheimhaltung ihrer Bewerbung mit den bei öffentlichen Ausschreibungen leider regelmäßig zu beobachtenden Indiskretionen noch viel weniger. Der Aufsichtsrat steht dann vor der schwierigen Situation, bei strikter Einhaltung aller gesetzlichen Vorgaben das Kandidatenpotential nicht voll ausschöpfen zu können, was zweifellos nicht im Interesse des Unternehmens gelegen ist.

Auch die oben beschriebene, gerade in besonders gut geführten (börsenotierten) Unternehmen übliche Praxis, den künftigen Vorstandsvorsitzenden (oder auch andere Vorstandsmitglieder) über längere Zeit „aufzubauen", verträgt sich nur bedingt mit der für vom Rechnungshof kontrollierte Unternehmen geltenden Ausschreibungspflicht. Konstatieren muss man freilich, dass flagrante Verstöße gegen die Ausschreibungspflicht[53] nicht für sich in Anspruch nehmen können, aus solchen „guten Gründen" zu erfolgen, sondern idR auf rein politischem Kalkül beruhen.

Manchmal stellt sich bei der Suche nach den geeigneten Vorstandsmitgliedern in der Praxis auch das Problem befürchteter Indiskretionen aus dem Aufsichtsrat selbst. Staatsnahe Unternehmen sind dabei besonders „anfällig". Langjährige Erfahrung zeigt, dass es um die – in Unternehmerkreisen immer wieder gerne prob-

---

[52] In der Wirtschaftspresse sind Hinweise auf eine solcherart in Schieflage geratene Corporate Governance ja immer wieder zu finden: Vgl zB den Artikel in der *Financial Times Deutschland* vom 4. August 2010, Seite 2: „*Software AG degradiert Topmananger*" mit dem Untertitel „*Konzernchef Streibich verkleinert Vorstand und schiebt Spitzenleute in neues Bereichsleiterboard ab.*" Im Text heißt es ua: „*Mit dem Umbau an der Spitze reagiert CEO Karl-Heinz Streibich auf die Übernahme der Saarbrückener IDS Scheer.*" Vom Aufsichtsratsvorsitzenden ist in dem Artikel nirgendwo die Rede.

[53] ZB die Vorstandsbestellung in der Flughafen Wien AG im Jahr 2009 als Reaktion auf die massiven Verzögerungen beim Skylink-Projekt.

lematisierte – Verschwiegenheit von Belegschaftsvertretern typischerweise nicht schlechter bestellt ist als um die von Kapitalvertretern geübte Diskretion.

Geheimhaltung *innerhalb* des Aufsichtsrates und gegenüber einzelnen Aufsichtsratsmitgliedern ist ein heikles und im aktienrechtlichen Schrifttum seit Längerem – kontroversiell diskutiertes Problem (vgl dazu auch Rz 566 ff).[54] Ein Aufsichtsrat und dessen Vorsitzender müssen gute Gründe haben, wesentliche Informationen – temporär – gegenüber einzelnen Aufsichtsratsmitgliedern zurückzuhalten. Besteht die konkrete Befürchtung, dass zB frühzeitiges Bekanntwerden eines Kandidaten für die Vorstandsposition voraussichtlich dessen Abstandnahme von der Kandidatur bedeuten würde und ein bestimmtes Aufsichtsratsmitglied schon in der Vergangenheit der Weitergabe vertraulicher Informationen verdächtigt (wenngleich nicht überführt; denn das gelingt in der Praxis fast nie) wurde, ist es gerechtfertigt, solche Informationen zurückzuhalten und zB erst unmittelbar vor einer Entscheidung dem betroffenen Aufsichtsratsmitglied zugänglich zu machen.[55]

18 Der Aufsichtsrat trägt für die ordnungsgemäße Wahrnehmung seiner Aufgabe, den Vorstand auszuwählen, auch die haftungsrechtliche Verantwortung gemäß § 99 iVm § 84 AktG. Diese Haftung ist eine für Auswahlverschulden und ähnelt daher der Haftung nach § 1315 ABGB.[56]

Dass diese in der Praxis so gut wie nie schlagend wird, liegt nicht nur an mangelnder Initiative, sie geltend zu machen, sondern vor allem daran, dass der Nachweis eines der Gesellschaft konkret durch die Auswahl eines ex ante untauglichen Vorstandes/Vorstandsmitgliedes entstandenen Schadens kaum je gelingt.

Die Verantwortung und Haftung des Aufsichtsrates bezieht sich nicht nur auf die Auswahl des Vorstandes, sondern auch auf dessen Belassung im Amt. Gelangen dem Aufsichtsrat Informationen zur Kenntnis, die erkennen lassen, dass der Vorstand (ein Vorstandsmitglied) die Gesellschaft schädigt, dann besteht nicht bloß ein Abberufungsgrund (idR gemäß § 75 Abs 4, 1. Fall AktG), sondern setzt die unterlassene Geltendmachung dieses Grundes den Aufsichtsrat auch der Haftung für danach vom Vorstand herbeigeführte Folgeschäden aus. Freilich wird dies nur dann gelten, wenn diese „Folgeschäden" auf der „gleichen schädlichen Neigung" beruhen, es sich also um die Fortsetzung entweder finanzieller Unregelmäßigkeiten bzw Manipulationen oder um Schäden aus vom Aufsichtsrat erkannter, habitueller Untüchtigkeit des Vorstandes (Vorstandsmitgliedes) handelt. Andernfalls fehlt der Rechtswidrigkeitszusammenhang. Da die Abberufung von Vorstandsmitgliedern idR eine unternehmerische (Ermessens-) Entscheidung[57] mit

---

[54] Vgl dazu zB *Lutter*, Information und Vertraulichkeit im Aufsichtsrat[2] (1984) 34 ff.

[55] Vgl zum Verhältnis Vorstand – Aufsichtsrat zB *Kort* in GroßkommAktG[5] § 90 Rz 164; *Wiesner* in MünchHdbGesR[4] (2015) IV § 25 Rz 93, der der Ansicht ist, der Aufsichtsrat müsste von einem solchen Sonderfall des Geheimhaltungsinteresses informiert werden.

[56] *Ch. Nowotny* in Doralt/Nowotny/Kalss, AktG[2] § 75 Rz 4; *Kalss* in Kalss/Nowotny/Schauer, Gesellschaftsrecht Rz 3/255.

[57] Vgl zu solchen und zur Abgrenzung gegenüber gesetzlich oder satzungsmäßig determinierten Entscheidungen ausführlich *G. Schima* in FS Binder 817 (824 ff) und zur Ermessensentscheidung des Aufsichtsrates bei der Gewährung anstellungsvertraglich nicht vorgesehener „Trennungsvergütungen" OGH 11.6.2008, 7 Ob 58/08t GesRZ 2008, 378 (*Kalss/Zollner*) =

einem mehr oder weniger großen Entscheidungsspielraum ist (der bei manifesten, groben Pflichtverletzungen eines Vorstandsmitgliedes auch gegen Null tendieren kann), bedeutet das Unterbleiben einer Abberufung nur dann ein objektiv sorgfaltswidriges, dh rechtswidriges (die notwendige Voraussetzung für das Bestehen eines Schadenersatzanspruches gegen den Aufsichtsrat bildendes) Verhalten, wenn die Belassung des betroffenen Vorstandsmitgliedes im Amt unverantwortlich ist.[58]

Ob ein Vorstand/Vorstandsmitglied, der/das eine größere Investition der Gesellschaft „in den Sand gesetzt" hat, dem aber keine spezifischen Pflichtverletzungen nachgewiesen werden können, vom Aufsichtsrat abberufen wird, liegt in dessen verantwortlich auszuübendem Ermessen. Dabei ist in erster Linie das Wohl des Unternehmens (§ 70 AktG) im Auge zu behalten, das auch für den Aufsichtsrat die oberste Richtschnur bildet;[59] auch rechtliche Risiken hat der Aufsichtsrat in seine Entscheidung einzubeziehen.[60]

2. Ausschreibung bei staatsnahen Unternehmen

Die Bestellung von Mitgliedern des Leitungsorgans (Vorstandsmitglieder von Aktiengesellschaften und GmbH-Geschäftsführer) von Unternehmungen mit eigener Rechtspersönlichkeit, die der Kontrolle des Rechnungshofes unterliegen, darf gemäß dem StellenbesGesetz[61] nur nach einer im Gesetz näher geregelten öffentlichen Ausschreibung erfolgen. Die Ausschreibung ist von dem Organ vorzunehmen, das die Stelle zu besetzen hat, in der AG also vom Aufsichtsrat und in der GmbH von den Gesellschaftern. Die Ausschreibung hat möglichst sechs Monate vor, spätestens jedoch innerhalb eines Monats nach Freiwerden der Stelle zu erfolgen. Ist eine neue Stelle zu besetzen, so hat die Ausschreibung innerhalb eines Monats nach dem Zeitpunkt der betreffenden organisatorischen Maßnahmen zu erfolgen (§ 2 Abs 2 StellenbesG).

Die Ausschreibung hat jene besonderen Kenntnisse und Fähigkeiten zu enthalten, die im Hinblick auf die Erfüllung der mit der ausgeschriebenen Stelle verbun-

---

wbl 2008, 598 (*U. Torggler*) = ecolex 2008, 926 (*Reich-Rohrwig*) = GeS 2008, 356 (*Schopper/Kapsch*).

[58] Vgl zum Kontrollmaßstab der „Unverantwortlichkeit" *Hopt/M. Roth* in GroßkommAktG[5] § 93 Rz 124 mwN; so auch schon der BGH in der ARAG/Garmenbeck-E BGHZ 135, 244, 253 und dem gegenüber zum Maßstab der Vertretbarkeit bzw Unvertretbarkeit bei beschränktem unternehmerischem Ermessen, insbesondere bei gesetzlich, vertraglich oder durch Satzung gebundenen Entscheidungen, wo es letztlich um Rechtsauslegung geht, *Hopt/M. Roth* in GroßkommAktG[5] § 93 Rz 126 mwN; dazu auch *G. Schima* in Baudenbacher/Kokott/Speitler 396.

[59] Vgl *Kastner/Doralt/Nowotny*, Gesellschaftsrecht[5] 257; *Marhold*, Aufsichtsratstätigkeit und Belegschaftsvertretung (1986) 152 ff; *Krejci*, Die Kapitalgesellschaft als Spender und Förderer II, GesRZ 1984, 199 (205); *Kalss* in Kalss/Nowotny/Schauer, Gesellschaftsrecht Rz 3/575; *Strasser* in Jabornegg/Strasser, AktG[5] §§ 98, 99 Rz 32.

[60] Ob ein Fall wie der beschriebene in Anbetracht des – wenngleich nur demonstrativen – Katalogs der Abberufungsgründe in § 75 Abs 4 AktG einen Abberufungsgrund bildet oder dem Aufsichtsrat nur die Möglichkeit verschafft, die Aktionäre zur Fassung eines Misstrauensvotums zu motivieren, ist nämlich eine wesentliche Frage (dazu unten im Zusammenhang mit der Abberufung Rz 443 ff).

[61] BGBl I 1998/26.

denen Aufgaben von den Bewerbern erwartet werden. Sie hat darüber hinaus über die Aufgaben des Inhabers der ausgeschriebenen Stelle Aufschluss zu geben (§ 2 Abs 3 StellenbesG).

Die Ausschreibung ist im „Amtsblatt zur Wiener Zeitung" und zumindest in einer weiteren bundesweit verbreiteten Tageszeitung zu veröffentlichen. Für die Überreichung der Bewerbungen ist eine Frist zu setzen, die nicht weniger als einen Monat betragen darf (§ 2 Abs 4 und Abs 5 StellenbesG).

Das für die Besetzung zuständige Organ hat die Stelle ausschließlich aufgrund der Eignung der Bewerber zu besetzen. Die Eignung ist insbesondere aufgrund fachlicher Vorbildung und bisheriger Berufserfahrung der Bewerber, ihrer Fähigkeit zur Menschenführung, ihrer organisatorischen Fähigkeiten und ihrer persönlichen Zuverlässigkeit festzustellen. Wenn internationale Erfahrungen für die betreffende Stelle erforderlich sind, ist darauf besonders Bedacht zu nehmen (§ 4 Abs 1 und Abs 2 StellenbesG).

Das für die Besetzung zuständige Organ kann für die Suche nach geeigneten Personen und die Feststellung der Eignung der Bewerber auch Einrichtungen oder Unternehmungen heranziehen, deren Aufgabe oder Unternehmensziel die Abgabe derartiger Beurteilungen ist (gemeint sind im wesentlichen Personalberatungsunternehmen; § 4 Abs 3 StellenbesG).

Das für die Besetzung zuständige Organ hat den Namen der Person, mit der die Stelle besetzt worden ist, und die Namen aller Personen, die an der Entscheidung über die Besetzung mitgewirkt haben, zu veröffentlichen. Die Veröffentlichung hat im „Amtsblatt zur Wiener Zeitung" und zumindest in einer weiteren bundesweit verbreiteten Tageszeitung zu erfolgen (§ 5 Abs 1 und Abs 2 StellenbesG).

20 Die gesetzlichen Vorgaben sind sehr schematisch und rudimentär. Soweit das Gesetz den Aufsichtsrat in der AG verpflichtet, den „bestgeeigneten" Bewerber zum Vorstandsmitglied zu bestellen, kommt den Vorschriften kein Inhalt zu, der über die für den Aufsichtsrat schon aufgrund der analogen Anwendung des § 70 AktG[62] geltenden Sorgfaltsvorgaben hinausgeht. Eigenständige normative Bedeutung haben nur jene Bestimmungen, die eine öffentliche Ausschreibung und die Art der Veröffentlichung anordnen.

Bei diesen Vorschriften handelt es sich um keine Vollmachtsbeschränkungen, die etwa als leges speciales in Konkurrenz zu den eine unbeschränkte Vertretungsmacht anordnenden Normen des Gesellschaftsrechts treten,[63] sondern um *Verhal-*

---

[62] Vgl *G. Frotz*, Grundsätzliches zu den Rechten und Pflichten des Aufsichtsrates und seiner bestellten und entsendeten Mitglieder, ÖZW 1978, 44 (48); *Geppert/Moritz*, Gesellschaftsrecht für Aufsichtsräte 425; *Marhold*, Aufsichtsratstätigkeit und Belegschaftsvertretung 152; *Kastner*, Zu Fragen der „Wirtschaftlichkeit" im österreichischen Recht, in FS Kralik (1986) 407 (409 f); *Reischauer*, Zur Vertretung eines verhinderten Aufsichtsratsmitgliedes einer AG (§ 95 Abs 6 AktG), ÖJZ 1990, 450 (452); *Kastner/Doralt/Nowotny*, Gesellschaftsrecht[5] 257; *Kalss* in Kalss/Nowotny/Schauer, Gesellschaftsrecht, Rz 3/510 ff; *Strasser* in Jabornegg/Strasser, AktG[5] § 70 Rz 23.

[63] Dies erwägt *Wilhelm*, Beiläufige zivilistische Bemerkungen zum StellenbesGesetz, ecolex 1998, 826 (827).

II. Auswahl und Bestellung des Vorstandes

tensgebote an das für die Bestellung von Mitgliedern der Unternehmensleitung *zuständige Organ*. Diese konkretisieren das im AktG vorgegebene Sorgfaltsgebot.

Eigenständige normative Bedeutung haben die zur Bestellung des Bestgeeigneten verpflichtenden Normen des StellenbesG indes dort, wo die maßgebenden gesellschaftsrechtlichen Gesetzesbestimmungen keine spezifischen Sorgfaltsanforderungen kennen. Dies ist insbesondere bei der GmbH der Fall, deren Gesellschafter nicht nach einem § 25 GmbHG vergleichbaren Sorgfaltsmaßstab für die Besetzung des Geschäftsführungsorgans mit den Bestqualifizierten einzustehen haben[64] – soweit die Gesellschafter nicht als Körperschaften selbst durch einem gesetzlichen Sorgfaltsgebot unterliegende Geschäftsleiter repräsentiert werden.

Der OGH bezeichnete das StellenbesG in den einschlägigen E[65] als *„Selbstbindungsgesetz"*, weil darin *„bestimmte Verhaltenspflichten des Bundes geregelt"* seien. Diese Sichtweise ist indes *so* nicht zutreffend. Um „Verhaltenspflichten des Bundes" handelt es sich bei der im StellenbesG geregelten Ausschreibungspflicht nur dann, wenn der Bund zu 100 % an einer GmbH beteiligt ist. Das Verhaltensgebot trifft aber nicht die Gebietskörperschaft als solche, sondern das zur Bestellung zuständige Organ, in der GmbH also die Generalversammlung[66] und in der Aktiengesellschaft ohnehin nicht die Gesellschafter, sondern allein den Aufsichtsrat. In einer solchen Konstellation könnte die Frage aktuell werden, ob die Gesellschafter – selbst wenn man Derartiges mit der nach wie vor ganz hM[67] in Bezug auf die Bestellung von Geschäftsführern nicht gestattet – die Verpflichtung zur Ausschreibung (so wie dies beim Anstellungsvertragsabschluss allgemein anerkannt ist)[68] entweder per Gesellschaftsvertrag oder Gesellschafterbeschluss an einen vorhandenen Aufsichtsrat delegieren dürfen. Dagegen spricht die enge Verknüpfung mit der organschaftlichen Bestellung, wo die Delegation richtigerweise auch nicht gestattet ist.

Bei der Ausschreibung handelt es sich um einen dem Privatrecht zuzuzählenden Akt.[69]

---

[64] Vgl zur Sorgfaltspflicht von GmbH-Gesellschaftern *Koppensteiner/Rüffler*, GmbHG³ § 61 Rz 14, die den Sorgfaltsmaßstab des § 25 GmbHG zu Recht nicht für anwendbar halten; aM OGH 4 Ob 65/01i SZ 74/64; OGH 2 Ob 308/02m RdW 2003, 268; OGH 6 Ob 313/03b GesRZ 2004, 379 (*Harrer*) = ÖZW 2005, 21 (*Artmann*) = Ges 2005, 19 (*Fantur*).

[65] OGH 7 Ob 119/09i GesRZ 2010, 112 f (*Holoubek*); 1 Ob 218/14m EvBl 2015, 610.

[66] Dass die Umsetzung der Ausschreibungspflicht bei einer Gesellschafterstruktur, wie sie zB in der das „Forschungszentrum Seibersdorf" betreibenden GmbH herrscht (mit einer knappen Mehrheit des Bundes und zahllosen anderen Privatunternehmen als Gesellschaftern), schwierig ist, steht auf einem anderen Blatt.

[67] *Kastner/Doralt/Nowotny*, Gesellschaftsrecht⁵ 370; *Runggaldier/G. Schima*, Führungskräfte 77; *Reich-Rohrwig*, GmbH-Recht I² Rz 2/68; *Nowotny* in Kalss/Nowotny/Schauer, Gesellschaftsrecht Rz 4/149; aM *Koppensteiner/Rüffler*, GmbHG³ § 15 Rz 14; *Kraus*, Kompetenzverteilung bei der GmbH, ecolex 1998, 631.

[68] Vgl *Torggler*, GesRZ 1974, 8; *Geppert*, GesRZ 1984, 88 ff; *Runggaldier/G. Schima*, Führungskräfte 82 f; *Reich-Rohrwig*, GmbH-Recht I² Rz 2/92; *Völkl* in Straube, GmbHG § 15 Rz 56; OGH 9 Ob A 130/05s wbl 2007, 89 = RWZ 2006, 356 (*Wenger*).

[69] Zutr OGH 7 Ob 119/09i GesRZ 2010, 112 f (*Holoubek*); 1 Ob 218/14m EvBl 2015, 610.

22 Die im StellenbesG geregelte Ausschreibungspflicht ist sehr apodiktisch verankert und enthält weder konkrete Ausnahmen noch eine erkennbare Berücksichtigung von Ermessensspielräumen für das Bestellungsorgan.

Es verwundert in Anbetracht der Vielfältigkeiten der Praxis daher nicht, dass im Schrifttum diverse Versuche unternommen werden, den Umfang und Anwendungsbereich der Ausschreibungspflicht – zum Teil nicht unerheblich – zu reduzieren. Nicht alle diese Versuche sind aber geglückt und vermögen zu überzeugen.

So ist es verfehlt, die Ausschreibungspflicht bei der Wiederbestellung von Vorstandsmitgliedern zu verneinen.[70] Denn es geht nicht darum, dass der Kandidat aufgrund der Absolvierung einer Amtsperiode bereits „bewiesen hat, dass er geeignet ist", sondern das Gesetz möchte sicherstellen, dass immer dann, wenn ein Bestellungsakt ansteht, das Bestellungsorgan seine – zumindest nach dem AktG ohnehin bestehende (siehe Rz 20) – Verpflichtung, den Bestgeeigneten zu bestellen, durch ein formalisiertes Ausschreibungsverfahren aktiviert.

Eine isoliert an den Begriffen *„neue Stelle"* bzw *„frei werdende"* Stelle in § 2 Abs 2 StellenbesG orientierte Auslegung[71] führt hier nicht weiter und verstellt den Blick auf den Telos des Gesetzes (den man rechtspolitisch hinterfragen mag).

Im Übrigen trifft schon diese Wortlautinterpretation nicht zu, weil bei Ablauf einer befristeten Bestellung eines Vorstandsmitgliedes einer AG die Stelle eben sehr wohl *„frei"* wird. Zu sagen, dass im Fall der Wiederbestellung keine neue Stelle frei werde,[72] ist ein Zirkelschluss, denn gerade um die Zulässigkeit einer ausschreibungsfreien Wiederbestellung geht es ja.

Dass das StellenbesG als solches keine „laufende Eignungskontrolle" vorsieht, ist ebenso wenig ein Argument für die Zulässigkeit einer ausschreibungslosen Wiederbestellung wie der Hinweis, eine solche sei *„ohnehin nicht zu erwarten [...], wenn sich die ursprünglich vermutete oder vorhandene Eignung nicht verwirklicht hat"*.[73] Das letztgenannte Argument negiert die Existenz des StellenbesG an sich, denn dass der Aufsichtsrat in der AG neben der – *ihm* sehr wohl obliegenden – „laufenden Eignungskontrolle" ein ungeeignetes Vorstandsmitglied nicht wiederbestellen *darf,* unterliegt keinem Zweifel, würde aber auch gegen die Anwendbarkeit des Gesetzes bei einer Erstbestellung sprechen und es damit jeglichen Anwendungsbereiches berauben.

23 Wird ein zu besetzendes Vorstandsmandat zeitlich so knapp nach einer ordnungsgemäß durchgeführten Ausschreibung vakant, dass das Bestellungsorgan mit gutem Grund davon ausgehen darf, die Ausschreibungslage und der Bewerberkreis hätte sich nicht (signifikant) geändert, kann eine Ausschreibung unterbleiben.[74] In solchen Fällen kann insofern auch eine Wiederbestellung ohne Ausschreibung erfolgen. Stirbt zB das erst vor vier Wochen bestellte Vorstandsmitglied, dann wird

---

[70] So *Zouplna/C. Wildmoser*, Öffentliche Ausschreibung bei der Wiederbestellung von Organmitgliedern? GeS 2008, 353 (354); gegenteilig *Eiselsberg/Prohaska-Marchried,* Von transparenten Besetzungen und Vertragsschablonen – Das StellenbesGesetz, ecolex 1998, 319.
[71] Vgl *Zouplna/C. Wildmoser*, GeS 2008, 354.
[72] So *Zouplna/C. Wildmoser*, GeS 2008, 354.
[73] So *Zouplna/C. Wildmoser*, GeS 2008, 354.
[74] Zutr *Mazal,* (K)eine Regel ohne Ausnahmen? ecolex 2008, 843 (845).

sich das Umfeld typischerweise nicht so verändert haben, dass eine neuerliche Ausschreibung erforderlich ist. Eine zeitliche Abgrenzung nach unten ist dennoch nicht schematisch möglich, weil sich auch bei relativ kurzem Zeitverlauf zwischen Ausschreibung, Bestellung und erneutem Freiwerden der Funktion im Einzelfall eine wesentliche Änderung des Bewerberkreises ergeben kann. In dem angeführten Beispiel wäre eine Ausschreibungspflicht zB dann gegeben, wenn nach der Todesnachricht zwei große Mitbewerber der Gesellschaft ihren Zusammenschluss bekanntgeben und daraus nach vernünftiger Einschätzung die Trennung von mehreren als Kandidaten in Betracht kommenden Führungskräften resultieren wird. Bei der zeitlichen Abgrenzung nach oben darf man nicht zu großzügig sein; in Anbetracht der Dynamik des Arbeitsmarktes für Top-Manager kann sich das Bewerberumfeld innerhalb weniger Monate stark verändern. Auch nach sechs Monaten keine neue Ausschreibung durchzuführen, ist mE daher jedenfalls überzogen.

Die Ausschreibung kann auch dann unterbleiben, wenn Gefahr im Verzug ist **24** und eine – bei Durchführung des Ausschreibungsverfahrens notwendigerweise längere – Vakanz für das Unternehmen nachteilig wäre.[75] Solche Konstellationen können sich in besonders prekärer Weise zB in Kreditinstituten ergeben, die über zumindest zwei Geschäftsleiter verfügen müssen (§ 5 Abs 1 Z 12 BWG).[76]

Den Intentionen des StellenbesG entsprechend sollte eine solche aus Dringlichkeitsgründen ausschreibungslos erfolgende Bestellung bloß provisorisch sein und dann so rasch wie möglich eine Ausschreibung für die langfristige Besetzung der Position folgen.[77]

Das StellenbesG nimmt auf verschiedene Sonderkonstellationen in der Pra- **25** xis keine Rücksicht. Dies betrifft zB Umgründungen, wie Verschmelzungen oder Spaltungen, bei denen die im StellenbesG vorgesehene Frist von sechs Monaten für die Ausschreibung mit den gesellschaftsrechtlichen Fristen nicht harmoniert und zB die Ausschreibung zu einem Zeitpunkt erfolgen müsste, wo bei einer Spaltung der Spaltungsplan noch gar nicht vorliegt.[78] Bei Neu- und Umgründungen kann es auch vorkommen, dass das zur Ausschreibung verpflichtete Organ in dem Zeitpunkt, in dem die Ausschreibung zu erfolgen hätte, noch gar nicht existiert.[79]

Da die Ratio des StellenbesG nicht darin besteht, Ausschreibungen nur dann **26** durchführen zu müssen, wenn dem Unternehmen und damit mittelbar der daran beteiligten Gebietskörperschaft Kosten in Form von Gehaltszahlungen entstehen, ist eine Ausschreibung grundsätzlich auch dann erforderlich, wenn ein bereits existierendes Organmitglied in einer anderen Gesellschaft der Unternehmens-

---

[75] *Mazal,* ecolex 2008, 844.
[76] In der Praxis erfolgt bei unvorhergesehenem Absinken der Anzahl der Geschäftsleiter unter die gesetzliche Mindestzahl meist die bescheidmäßige Anordnung durch die FMA, dass das Kreditinstitut binnen der im Bescheid festgesetzten Frist die Zahl der Geschäftsleiter auf die gesetzliche Mindestzahl aufzustocken hat (so vor ein paar Jahren geschehen bei einer Wiener Privatbank).
[77] *Mazal,* ecolex 2008, 845.
[78] Vgl *Eiselsberg/Prohaska-Marchried,* ecolex 1998, 320.
[79] *Eiselsberg/Prohaska-Marchried,* ecolex 1998, 320.

gruppe (zB Tochter) eine weitere Geschäftsleiterfunktion übernehmen soll, die als solche nicht besoldet ist, sondern im Wege der „Drittanstellung"[80] durch den mit der anderen Gesellschaft (Mutter) bestehenden Anstellungsvertrag abgegolten ist.

Bei Ausgliederungen/Austöchterungen, dh der rechtlichen Verselbständigung von bislang rechtlich unselbständigen Unternehmensbereichen, ist eine Ausschreibung nur dann entbehrlich, wenn eine schon bisher als Mitglied eines Geschäftsleitungsorgans (Vorstand/Geschäftsführung) tätige Person – entweder zusätzlich zur bisher ausgeübten Organfunktion oder statt dieser – den ausgegliederten, aber schon bisher geleiteten Bereich in einer Tochtergesellschaft als Organmitglied übernimmt.[81] Bei Übernahme der Geschäftsführung oder Vorstandstätigkeit in einem ausgetöchterten Bereich durch jemanden, der davor in der Muttergesellschaft nur als (leitender) Angestellter tätig war, entfällt die Ausschreibungspflicht dagegen nicht. Denn es ist ein Unterschied, ob die Leitung als „gewöhnlicher" Dienstnehmer oder in einer – auch viel strengerer Haftung unterliegenden – Organverantwortung ausgeübt wird.[82]

27 Über die Vorgänge im Zusammenhang mit einer Ausschreibung haben die beteiligten Organwalter Stillschweigen zu bewahren. Das Fehlen einer im Vorgängergesetz (§ 5 AusschreibungsG 1982) enthaltenen ausdrücklichen Verpflichtung ändert daran nichts. Denn dies ergibt sich jedenfalls für die Aktiengesellschaft und den hier interessierenden Aufsichtsrat aus dessen in § 99 iVm § 84 Abs 1, letzter Satz AktG explizit angeordneter Verschwiegenheitspflicht.[83]

Ob man dieses Ergebnis schon aus dem Zweck des StellenbesG selbst, „Leitungsfunktionen ohne Rücksicht auf eine allfällige Parteizugehörigkeit von Bewerbern – ausschließlich aufgrund ihrer Eignung – zu vergeben" ableiten kann, weil Auskünfte über andere Bewerber diesem Zweck „offenkundig zuwiderlaufen" würden,[84] ist indes fraglich. Denn diesem Zweck würde volle Transparenz über alle Bewerber eher gerecht werden. Bestellt der Aufsichtsrat einen Manager, dessen Zugehörigkeit zu einer bestimmten Partei bekannt ist, wäre es vom Grundsatz her durchaus von Interesse, zu erfahren, ob abgewiesene Bewerber mit zumindest gleicher Qualifikation vorhanden sind, die keiner Partei angehören oder kein bekanntes Naheverhältnis zu einer solchen haben.

Gleichwohl ist die Veröffentlichung von Bewerberdaten und -unterlagen nicht nur, soweit aktienrechtliche Verschwiegenheitspflichten verletzt werden, unstatthaft, sondern verstieße auch gegen datenschutzrechtliche Bestimmungen. Dass durch das Bekanntwerden einer erfolglosen Bewerbung schutzwürdige Interessen des Bewerbers, der sich in verantwortungsvoller Position in einem anderen Dienstverhältnis befindet, verletzt werden können, liegt auf der Hand.

---

[80] Dazu ausführlich *Runggaldier/G. Schima,* Führungskräfte 98 ff mwN und *Runggaldier/G. Schima,* Manager-Dienstverträge[4] 17, 38.
[81] Zutr *Mazal,* ecolex 2008, 846.
[82] *Mazal,* ecolex 2008, 846.
[83] Vgl zu dieser grundlegend *Lutter,* Information und Vertraulichkeit im Aufsichtsrat[2] 121 ff; *Strasser* in Jabornegg/Strasser, AktG[5] §§ 98, 99 Rz 39; *Kalss* in Kalss/Nowotny/Schauer, Gesellschaftsrecht Rz 3/571.
[84] So *Eiselsberg/Prohaska-Marchried,* ecolex 1998, 320.

Zu veröffentlichen sind daher – dem Gesetz entsprechend – nur die Namen der an der Entscheidung mitwirkenden Personen und desjenigen, mit dem die Stelle tatsächlich besetzt wurde.[85]

Das StellenbesG enthält selbst keine Sanktion für den Fall seiner Verletzung. Es wird deshalb im Schrifttum gerne als „*lex imperfecta*" bezeichnet.[86]

Dass ein Verstoß gegen die Ausschreibungspflicht jedenfalls nicht die Sanktion der Unwirksamkeit der Bestellung hat, war auch schon zur Vorgängerregelung, dem AusschreibungsG 1982, herrschende Meinung.[87]

Wenngleich die Praxis durch diese Rechtsüberzeugung gelegentlich zu offenem Ignorieren des Gesetzes motiviert zu werden scheint,[88] ist dieser Ansicht zu folgen.

Die Verpflichtung, nur den geeignetsten Bewerber zu bestellen, hat der Aufsichtsrat einer AG schon aufgrund seiner aktienrechtlichen Sorgfaltspflicht; ihre Verfehlung mit einer speziellen Rechtsunwirksamkeitssanktion zu belegen, würde nicht nur das aktienrechtliche Systemgefüge durcheinander bringen, sondern auch die Rechtssicherheit unerträglich belasten.[89]

Ebenso überschießend und mit dem Regelungszweck des StellenbesG allein nicht zu rechtfertigen wäre die Alternative, die Bestellung dann als unwirksam zu qualifizieren, wenn ihr gar keine Ausschreibung vorangegangen ist.[90] Ein Unterbleiben der Ausschreibung ließe sich zwar leicht feststellen (es entfiele daher das Problem der Beeinträchtigung der Rechtssicherheit), und von Gutgläubigkeit des ausschreibungslos Bestellten kann man wohl in keinem Fall ausgehen; dennoch wäre es hier unangemessen, gleich mit den Kanonen der Rechtsunwirksamkeit – via Vollmachtsmissbrauch und Kollusion[91] – zu schießen, weil das Unterbleiben

---

[85] *Eiselsberg/Prohaska-Marchried*, ecolex 1998, 320.
[86] So zB *Eiselsberg/Prohaska-Marchried*, ecolex 1998, 320 f; vgl auch *Zouplna/C. Wildmoser*, GeS 2008, 355.
[87] Vgl *Hodik*, Verstöße gegen das Ausschreibungsgesetz und das Gesellschaftsrecht, RdW 1984, 362; *W. Jud/Wünsch*, Zum Anwendungsbereich des Ausschreibungsgesetzes, NZ 1994, 25.
[88] Vgl zB die ohne jede Ausschreibung erfolgte Besetzung einer Vorstandsposition bei der Flughafen Wien AG im Jahr 2009 nach Bekanntwerden enormer Probleme beim „Skylink-Projekt".
[89] Auch *Wilhelm* (ecolex 1998, 826 f) räumt ein, dass die sich hier stellenden Abgrenzungsprobleme auch seine – entgegen der hier vertretenen Ansicht – am Vollmachtsrecht anknüpfenden Überlegungen zu eher theoretischen Gedankenspielereien machen.
[90] Demgegenüber hat der OGH für den Fall des Unterbleibens eines ordnungsgemäßen, § 107 UG 2002 entsprechenden Berufungsverfahrens für einen Professor die Nichtigkeit des Arbeitsvertrages angenommen, weil die verletzten Vorschriften über das Berufungsverfahren auch dem Schutz von Allgemeininteressen dienten (OGH 8 Ob 1/08t DRdA 2010, 303 [*Löschnigg*]). Dieser Fall hat aber mE keine relevanten Parallelen zum Fall der Ausschreibung von Vorstandsmandaten nach dem StellenbesG.
[91] So *Wilhelm*, ecolex 1998, 827, als mögliche Alternative zu seiner These von der Vollmachtsbeschränkung.

einer Ausschreibung keineswegs bedeuten muss, dass *nicht* der Bestgeeignete genommen wurde.[92]

29 Auch der OGH kam in einer Entscheidung aus April 2011 zu dem Ergebnis, dass die (Wieder-)Bestellungen des Präsidenten des Salzburger Festspielfonds wirksam sei, obwohl die jeweils gebotene Ausschreibung unterblieben war.[93] In einer E aus November 2011 hat der OGH jedoch – obiter – die Ansicht vertreten, dass der Vertrag mit einem Universitätsprofessor schon bei bloßem Verstoß gegen das in § 107 UniversitätsG 2002 normierte Ausschreibungsgebot unwirksam sei.[94] *Löschnigg*[95] vertritt in seiner Glosse zu dieser E die Ansicht, dass auch bei der Bestellung von Geschäftsleitern in dem StellenbesG unterliegenden Unternehmen dieselben bzw gleich wichtige Allgemeininteressen (zB Transparenz) zu berücksichtigen seien und lässt eine Präferenz dafür erkennen, die Nichtigkeitssanktion bei unterlassener Ausschreibung auch im Bereich des StellenbesG anzuwenden.[96] Dem kann nicht beigepflichtet werden, weil ein mit dem Interesse der Öffentlichkeit an sachlich ablaufenden Postenbesetzungen im staatlichen Bildungswesen vergleichbares öffentliches Interesse bei Aktiengesellschaften und GmbHs, die ohnehin über einer strengen gesetzlichen Verantwortung unterliegende Bestellungsorgane verfügen, nicht auszumachen ist.

30 In der AG bleibt den Aktionären als Sanktion für Verstöße gegen die Ausschreibungspflicht oder die Verpflichtung zur Durchführung einer ordnungsgemäßen Ausschreibung die Abberufung des Aufsichtsrates gemäß § 88 Abs 8 AktG. Der politischen Realverfassung entsprechend ist dies freilich graue Theorie, weil ein Aufsichtsrat eine Ausschreibung trotz klar bestehender Ausschreibungspflicht nie ohne Eigentümerzustimmung und damit nie ohne politische Rückendeckung unterlassen wird.

Aus demselben Grund rein theoretisch wäre die Aktivierung einer Abberufungspflicht des Aufsichtsrates bei Vorstandsmitgliedern, die entweder überhaupt ohne Ausschreibung oder im Rahmen eines offenkundig mangelhaften Ausschreibungsverfahrens bestellt wurden. Gegen das Bestehen einer solchen Pflicht zur unverzüglichen Abberufung von nicht StellenbesG-konform bestellten Vorstandsmitgliedern[97] spricht aber auch, dass in so einem Fall ein Verhaltensgebot verletzt wurde, dass sich nur an das Bestellungsorgan und nicht etwa an den Bestellten richtet und die Berufung auf eigene Sorgfaltswidrigkeit mE rechtsmissbräuchlich wäre.

---

[92] Auch *Wilhelm* scheint seine Thesen vor allem auf den Fall der Bestellung eines Ungeeigneten abzustellen, nicht dagegen auf den Fall der Bestellung des Geeignet(s)ten trotz Unterbleibens einer Ausschreibung.
[93] OGH 8 Ob A 1/11x ecolex 2011/338.
[94] Der Kläger war jedoch Vertragsassistent, und das Unterbleiben der Ausschreibung soll nach Ansicht des OGH bei Mitarbeitern auf sonstigen wissenschaftlichen Stellen nicht die Unwirksamkeit des Vertrags zur Folge haben (OGH 9 Ob A 76/11h DRdA 2013, 39 [*Löschnigg*]).
[95] *Löschnigg*, DRdA 2013, 39.
[96] Der Autor gesteht jedoch zu, dass dies im Widerspruch zu der wenige Monate zuvor ergangenen E des OGH zu 8 Ob A 1/11x ecolex 2011/338 stünde.
[97] Eine solche habe ich in *Runggaldier/G. Schima*, Führungskräfte 64 noch bejaht.

Schutzobjekt der die Ausschreibungspflicht anordnenden Normen des StellenbesG ist die betroffene Gesellschaft (und mittelbar die daran beteiligte Gebietskörperschaft). Zweck des Gesetzes ist es mE nicht, abgewiesenen, aber geeigneteren Bewerbern die Position zu verschaffen. Auf eine Analogie zum Vertrag zugunsten Dritter gestützte Überlegungen mit Bejahung eines „Kontrahierungszwanges" zugunsten des *„wahrhaft Geeigneten"* verbieten sich daher von vornherein.[98] Vor allem ist es verkehrt, aus der Schwierigkeit, einen der Gesellschaft (mittelbar der Gebietskörperschaft) aus der Bestellung einer ungeeigneten Person erwachsenen Schaden zu identifizieren, abzuleiten, *„dass die Bestellung des Richtigen also hauptsächlich*[99] *ihm selber nützt"*.[100] **31**

Der OGH hat in einer weiteren Entscheidung aus November 2011[101] bestätigt, dass der Zweck des StellenbesG die Bestellung der geeignetsten Personen für die Leitungsfunktionen der dem Gesetz unterliegenden Unternehmen sei und dass potenzielle Bewerber keinen Anspruch auf Ausschreibung hätten. *„Wird durch das Gesetz ausdrücklich kein Rechtsanspruch auf Ausschreibung normiert und besteht weiters kein Rechtsanspruch des potenziellen Bewerbers auf Vertragsabschluss und nicht einmal auf Reihung nach einem strengen Punktesystem, so hatte er auch kein subjektives Recht auf Einhaltung allfälliger Ausschreibungspflichten."* Richtigerweise und entgegen der vom OGH vertretenen Ansicht (dazu FN 100) kommen auch Schadenersatzansprüche des übergangenen (aber geeigneteren) Bewerbers oder des wegen Unterbleibens einer Ausschreibung potentiellen Bewerbers nicht in Betracht. Der Ableitung solcher Ansprüche aus dem qua „Fiskalgeltung der Grundrechte" anzuwendenden Gleichbehandlungsgrundsatz[102] steht schon der in aller Regel gegebene Umstand im Wege, dass es sich um die Tätigkeit einer privatrechtlichen Kapitalgesellschaft handelt, deren Grundrechtsbindung nur bei Besorgung tatsächlich öffentlicher Aufgaben und nicht bloß erwerbswirtschaftlicher Tätigkeiten zu bejahen ist.[103] An dieser Voraussetzung wird es meist – zumindest bei den in der Rechtsform einer AG betriebenen Gesellschaften – fehlen. **32**

Parallelen zum Vergaberecht zu ziehen, wo immerhin Schadenersatzansprüche übergangener Bieter in Betracht kommen, überzeugt mE nicht.[104] Denn das StellenbesG ist wie gesagt kein Schutzgesetz für potentielle Stellen-Mitbewerber, sondern dient einerseits der Sicherung der Effizienz von – mittelbar (bei der Aktiengesellschaft) bzw unmittelbar (bei der GmbH) – staatlichem Handeln und – dies gilt jedenfalls für die AG – konkretisiert im Grunde nur die den Aufsichtsrat im

---

[98] So aber *Wilhelm*, ecolex 1998, 827 f.
[99] Angesprochen ist hier § 881 Abs 2 letzter Satz ABGB über den echten Vertrag zugunsten Dritter.
[100] So *Wilhelm*, ecolex 1998, 828.
[101] OGH 7 Ob 120/11i EvBl 2012/74 = ÖJZ 2012, 511 (*Konecny*). Es handelte sich um das fortgesetzte Verfahren betreffend die ausschreibungslose (Wieder-)Bestellung des Geschäftsführers der Bundestheater Holding GmbH Dr Georg Springer, das den OGH bereits in der E vom 30.9.2009, 7 Ob 119/09i beschäftigt hatte. Dort musste der OGH nur die Frage der Zulässigkeit des Rechtsweges klären.
[102] Derartiges deutet der OGH in seiner E vom 30.9.2009, 7 Ob 119/09i GesRZ 2010, 112 *Holoubek* an.
[103] Vgl OGH 30.11.1993, 4 Ob 146/93; *Holoubek*, GesRZ 2010, 112.
[104] Solche Parallelen erwägend *Holoubek*, GesRZ 2010, 112.

Zusammenhang mit der Vorstandsauswahl ohnehin treffende Sorgfaltspflicht. Es wäre schwer einzusehen, warum bei Bestellung einer nicht bestmöglich geeigneten Person als Vorstandsmitglied ein übergangener Bewerber (bzw potentieller Bewerber bei Unterbleiben einer Ausschreibung) dann Schadenersatzansprüche (oder gar den Anspruch auf Bestellung und Anstellung!) hätte, wenn es sich um ein der Rechnungshofkontrolle unterliegendes Unternehmen handelt, in allen anderen Fällen aber – unstrittig – nicht.

Die nahezu unlösbaren Probleme, die sich ergäben, wenn zB zwei oder drei mehr oder weniger gleich gut (aber besser als der bestellte) geeignete Bewerber Ansprüche geltend machen, sollen hier nur erwähnt werden. Sie alle erspart man sich, wenn man – dem Zweck des Gesetzes folgend – derartige Ansprüche verneint.

33 Der OGH musste in zwei kürzlich ergangenen Entscheidungen über die Schadenersatzklagen von potenziellen Bewerbern absprechen. Während die eine Klage abgewiesen wurde, bejahte der OGH in der anderen Entscheidung die grundsätzliche Möglichkeit, dass die bestgeeignete Bewerberin bei einer unsachlichen Vorgangsweise in dem auf das Ausschreibungsverfahren folgenden Auswahlverfahren Schadenersatzansprüche gegen die Gesellschaft geltend machen könnte:

In einer E[105] machte der Kläger Schadenersatzansprüche ua gestützt auf eine Schutzgesetzverletzung geltend, weil die beklagte Partei (die Bundestheater Holding GmbH) gegen die Ausschreibungspflicht nach § 2 StellenbesG bei der wiederholten Bestellung ihres Geschäftsführers verstoßen habe. Er begehrte Schadenersatz basierend auf dem Gehalt des Geschäftsführers – mangels Ausschreibung sei der für die Position qualifizierte Kläger nicht in der Lage gewesen, sich zu bewerben. Der OGH verneinte sämtliche Anspruchsgrundlagen,[106] ließ aber die Frage offen, ob die Verletzung der Ausschreibungspflicht Schadenersatzansprüche von an der Bewerbung gehinderten Interessenten begründen könne. Bei unterbliebenem Ausschreibungsverfahren käme allenfalls ein Vertrauensschaden von Bewerbern in Frage, den der Kläger jedoch nicht geltend gemacht habe. Der begehrte Schadenersatz gehe hingegen von der unzutreffenden Prämisse aus, dass der Kläger im Falle der Ausschreibung den Posten jedenfalls erhalten hätte. Dies sei jedoch erstens nicht realistisch, weil davon auszugehen ist, dass es bei einer Ausschreibung mehrere qualifizierte Bewerbern gegeben hätte und die Bestellung des Klägers nicht sicher gewesen wäre, und zweitens fehlte entsprechendes Vorbringen des Klägers, dass er im Falle der Ausschreibung der einzige Kandidat gewesen wäre.

Der OGH sprach außerdem – mE völlig zutreffend – aus, dass das Gebot, den bestgeeigneten Bewerber auszuwählen, im Ergebnis nur ein Willkürverbot sei, dass die Entscheidung abgesehen von vergleichbaren Kriterien auch wesentlich von nicht messbaren Faktoren wie der Fähigkeit zur Menschenführung, organisatorischen Fähigkeiten und der persönlichen Zuverlässigkeit der Bewerber abhän-

---

[105] OGH 25.8.2014, 8 Ob A 10/14z DRdA 2015, 247 (*Kletečka*).
[106] Neben der Schutzgesetzverletzung stützte der Kläger seinen Anspruch auch auf culpa in contrahendo einerseits und das Gleichbehandlungsgesetz andererseits, weil der Kläger nicht der von der Gesellschaft präferierten politischen Partei angehörte.

ge. Die Bewertung dieser Faktoren müsse in einer sachlich begründbaren Bandbreite dem Entscheidungsträger (dh dem Bestellungsorgan) überlassen bleiben.

In der kurz danach ergangenen Entscheidung[107] betreffend die ebenfalls unter Ausschreibungspflicht stehende Bestellung zur Landesgeschäftsführerin des Arbeitsmarktservice eines Bundeslandes bejahte der OGH die Möglichkeit eines Schadenersatzanspruchs der Bewerberin. Der (wohl entscheidende) Unterschied zu den bisherigen vom OGH zu beurteilenden Verfahren betreffend die Ausschreibungspflicht des § 2 StellenbesG lag darin, dass die offene Position rechtmäßig ausgeschrieben wurde, sich die Klägerin beworben hatte und unter den besten Bewerbern gereiht war. Die Klägerin machte geltend, dass eine andere Person zur Geschäftsführerin bestellt worden sei, obwohl sie objektiv die Bestgeeignete war. Es hätte unsachliche Motive und Einflussnahmen auf das Bestellungsorgan gegeben. Laut OGH würde das StellenbesG zwar keinen subjektiven Anspruch auf Einstellung vermitteln, schütze aber sehr wohl auch die Interessen von Bewerbern, um diese vor unsachlichen Besetzungsentscheidungen zu bewahren. Die Fiskalgeltung der Grundrechte gelte auch für den Bereich der Privatrechtsverwaltung. Wegen der ausschließlich staatlichen Trägerstruktur hätte das erstbeklagte AMS daher auch bei den privatrechtlichen Akten (Bestellung von Geschäftsführern) das Sachlichkeitsgebot zu beachten. Der OGH musste die Sache nicht endgültig entscheiden, weil das Verfahren wegen fehlender Feststellungen zur Eignung der Bewerber und allfälligen unsachlichen Entscheidungskriterien in die erste Instanz zurückverwiesen wurde. Es ist durchaus möglich, dass das Verfahren in weiterer Folge das Höchstgericht noch einmal beschäftigen wird.

Auch hier gilt, dass die Sichtweise nicht auf der Rechnungshofkontrolle unterliegende Aktiengesellschaften und GmbHs übertragen werden kann, weil die Interessenlage und die Organverantwortlichkeiten nicht mit jener/n in der staatlichen Arbeitsmarktverwaltung vergleichbar sind. Zumindest der Aufsichtsrat der AG hat schon aufgrund der Bestimmungen des AktG und unter Haftungssanktion nur die bestgeeigneten Kandidaten für den Vorstand auszuwählen, und es wäre nicht sachlich begründbar, bei Verletzung dieser Verpflichtung rechnungshofkontrollierte AGs völlig anders als andere Aktiengesellschaften zu behandeln.

Schadenersatzansprüche von Bewerbern sind keineswegs gegen die Gebietskörperschaft zu richten, sondern *gegen die Gesellschaft*. Dies gilt auch, wenn es sich um eine im Alleineigentum des Bundes stehende GmbH handelt, Adressat der Ausschreibungspflicht daher unmittelbar der Bund als Alleingesellschafter ist. Denn das Gesellschaftsorgan (Generalversammlung in der GmbH, Aufsichtsrat in der AG) handelt bei der Bestellung von Organmitgliedern und damit auch bei der mit dieser eng verknüpften Ausschreibung *in Vertretung der Gesellschaft*. Der OGH hat zwar in seiner E vom 30.9.2009[108] über die Bestellung des Geschäftsführers der Bundestheater Holding GmbH die auf Unzulässigkeit des Rechtsweges gestützten Zurückweisungsentscheidungen der beiden Unterinstanzen zu Recht behoben (weil es sich um privatrechtliche Streitigkeiten handelt; siehe oben Rz 32), hätte aber die Klage mE gleich abweisen müssen, weil sie gegen den

34

---

[107] OGH 23.12.2014, 1 Ob 218/14m EvBl 2015/86.
[108] 7 Ob 119/09i, GesRZ 2010, 112 ff (*Holoubek*).

Bund[109] gerichtet war. Adressat von – nach der hier vertretenen Auffassung grundsätzlich nicht bestehenden – Ansprüchen übergangener Bewerber kann nur die *Gesellschaft*, nicht aber die Gebietskörperschaft sein. Denn diese trifft als solche nicht die Pflicht zur Ausschreibung, ja es kann sogar Konstellationen geben, in denen die Gebietskörperschaft die Einhaltung der Ausschreibungspflicht nicht einmal mittelbar über die Möglichkeit des Austausches von Organen durchsetzen kann. Steht eine AG in einem Ausmaß im Eigentum des Bundes, die die Anwendung des StellenbesG begründet, erreicht die Beteiligung aber nicht die für die Abberufung von Aufsichtsratsmitgliedern gemäß § 88 Abs 8 AktG erforderliche Dreiviertel-Mehrheit, *könnte* die Gebietskörperschaft auch auf einen manifesten Verstoß gegen das StellenbesG allein gar nicht mit Abberufung der Aufsichtsratsmitglieder reagieren, die den Rechtsverstoß zu verantworten haben.

35   Der OGH hat im fortgesetzten Verfahren über die Bestellung des Geschäftsführers der Bundestheater Holding GmbH bei neuerlicher Befassung die fehlende Passivlegitimation der beklagten Partei (Republik Österreich) nicht weiter problematisiert, sondern die Klage wegen mangelnder subjektiver Rechte des potenziellen Bewerbers auf Durchführung eines Ausschreibungsverfahrens abgewiesen (siehe oben Rz 33).[110] In der zuvor erwähnten E über den Schadenersatzanspruch der Bewerberin für die Geschäftsführungsposition bei einem Landes-AMS hat der OGH richtigerweise das gegen die zweitbeklagte Republik Österreich erhobene Klagebegehren abgewiesen. Auch wenn der Bundesminister für Soziales, Arbeit und Konsumentenschutz im Bestellungsverfahren gewisse Kompetenzen habe, sei sein Handeln der Gesellschaft und nicht dem Bund zuzurechnen.

36   Nur am Rande sei erwähnt, dass der Großteil der zum StellenbesG ergangenen Entscheidungen des OGH einem einzigen Kläger zu verdanken sind, der sowohl die ausschreibungslose Bestellung des Präsidenten des Salzburger Festspielfonds als auch des Geschäftsführers der Bundestheater Holding GmbH mit diversen Klagen zu bekämpfen versuchte – bislang in keinem der Fälle mit Erfolg. Dies zeigt ganz deutlich, wie zahnlos die Bestimmungen des StellenbesG in der Realität sind und wie wenig sich daher die Entscheidungsträger (letztlich gedeckt durch die Politik) um deren Einhaltung sorgen.

B. Die Bestellung des Vorstandes
1. Rechtsnatur und Formerfordernisse der Bestellung

37   Gemäß § 75 Abs 1 Satz 1 AktG bestellt der Aufsichtsrat die Vorstandsmitglieder auf höchstens fünf Jahre, eine Bestellung auf unbestimmte Zeit ohne Zeitbestimmung oder für einen fünf Jahre übersteigenden Zeitraum ist nach Anordnung des Gesetzes dennoch nur fünf Jahre wirksam. Zuständig ist grundsätzlich der Gesamtaufsichtsrat; zur Frage der Möglichkeit einer Verlagerung in einen Ausschuss s Rz 43–50. Die Bestellung hat durch *Beschluss* des Aufsichtsrates zu erfolgen. Für diesen Beschluss bedarf es mangels gesetzlicher Regelung für Mehrheitser-

---

[109] Zunächst gegen den Minister für Unterricht und Kunst und vom Rekursgericht dann juristisch unpräzise auf „*Republik Österreich*" richtiggestellt.
[110] OGH 7 Ob 120/11i EvBl 2012/74.

fordernisse bei Aufsichtsratsbeschlüssen der einfachen Mehrheit.[111] Die Satzung der Aktiengesellschaft, nicht aber die Geschäftsordnung für den Aufsichtsrat, kann grundsätzlich die Mehrheitserfordernisse für Aufsichtsratsbeschlüsse im Allgemeinen und für den Beschluss zur Bestellung von Vorstandsmitgliedern im Besonderen abändern und auch dem Aufsichtsratsvorsitzenden ein Dirimierungsrecht bei Stimmengleichheit zuerkennen.[112]

Bei Verschärfung der Mehrheitserfordernisse, insbesondere bei satzungsmäßiger Verankerung von Einstimmigkeit bei der Vorstandsbestellung (ähnliches wäre auch für die Abberufung denkbar), kann das Problem der Lahmlegung des Bestellungs- bzw Abberufungs-Organs und damit auch ein Vertretungsproblem in der AG entstehen.[113] Gleichwohl ist eine solche Regelung mE nicht unzulässig; die Aktionäre können den dadurch ausgelösten Problemen mit dem Austausch von Aufsichtsratsmitgliedern begegnen.

Der Beschluss des Aufsichtsrates muss zu seiner Wirksamkeit nicht unbedingt schriftlich gefasst werden, er hat aber ausdrücklich zu erfolgen, denn stillschweigende Aufsichtsratsbeschlüsse entfalten nach – grundsätzlich zutreffender – ganz hM keine Wirksamkeit.[114] Ohne Existenz eines Aufsichtsratsbeschlusses, der sich mit der Bestellung befasst, kann niemand wirksam Vorstandsmitglied werden. Selbst jahrelange Behandlung als Vorstandsmitglied, Bezeichnung auf den Geschäftspapieren und Kenntnis des gesamten Aufsichtsrates von der Tätigkeit einer bestimmten Person als Vorstandsmitglied ersetzt nicht den Beschluss.[115] Das Postulat der mangelnden Existenz stillschweigender Aufsichtsratsbeschlüsse darf indes nicht überdehnt werden. Wenngleich Aufsichtsratsbeschlüsse nicht stillschweigend zustande kommen können oder einem faktisch abgestimmten Verhalten von (selbst sämtlichen) Aufsichtsratsmitgliedern nicht die Wirkung eines Beschlusses zukommen kann, spricht richtigerweise nichts gegen die *Auslegung* eines vorhandenen Beschlusses. Dies hat bei der Bestellung von Vorstandsmitgliedern wenig praktische Relevanz, denn eine solche erfolgt – schon wegen der erforderlichen Firmenbucheintragung – in der Praxis regelmäßig per ausdrücklichem Beschluss.[116] Beim Abschluss des Anstellungsvertrages ist die Praxis dage-

38

---

[111] Vgl *Kastner/Doralt/Nowotny*, Gesellschaftsrecht⁵ 252; *Schuster-Bonnott*, Zustandekommen und Lösung des Anstellungsverhältnisses zwischen Vorstandsmitgliedern und Aktiengesellschaft, GesRZ 1983, 109 ff (115); *Runggaldier/G. Schima*, Führungskräfte 54 f.
[112] *Runggaldier/G. Schima*, Führungskräfte 55; *Ch. Nowotny* in Doralt/Nowotny/Kalss, AktG² § 75 Rz 8.
[113] *Runggaldier/G. Schima*, Führungskräfte 55.
[114] Vgl OGH 3 Ob 546/77 EvBl 1978/41; *Schuster-Bonnott*, GesRZ 1993, 155; *Schiemer*, AktG² Anm 3.1. zu § 75; *Strasser* in Jabornegg/Strasser, AktG⁵ § 70 Rz 45, §§ 75, 76 Rz 34.
[115] Vgl *Säcker*, Rechtsprobleme beim Widerruf der Bestellung von Organmitgliedern und Ansprüche aus fehlerhaften Anstellungsverträgen, in FS G. Müller (2009) 745; BGH 6.4.1964, II ZR 75/62 BGHZ 41, 282 (285 f); *Runggaldier/G. Schima* Führungskräfte 55; abweichend und nicht ganz klar in Bezug auf den Abschluss des Anstellungsvertrages *Schuster-Bonnott*, Die Rechtsnatur des zwischen Aktiengesellschaft und Vorstandsmitglied abgeschlossenen Anstellungsvertrages, in FS Kastner (1972) 421 ff, 428 f, der konkludentes Zustandekommen des Anstellungsvertrages zu bejahen scheint.
[116] Vor Jahren hatte ich mich freilich mit einem Fall einer österreichischen Aktiengesellschaft zu befassen, bei der während eines beträchtlichen (mehrjährigen!) Zeitraumes vergessen

gen deutlich nachlässiger. Schon deshalb, weil der Anstellungsvertragsabschluss regelmäßig in einem Ausschuss des Aufsichtsrates geschieht (dazu Rz 43 ff), die Bestellung dagegen im Plenum des Aufsichtsrates, kommt es fast nie vor, dass in *einem* Beschluss Bestellung und Anstellung abgehandelt werden. Es passiert nicht selten, dass ein eigener Anstellungsvertragsbeschluss des Aufsichtsrates oder des dazu befähigten Ausschusses überhaupt unterbleibt und nur der Aufsichtsratsvorsitzende – ohne zumindest explizit durch den Ausschuss oder das Plenum bevollmächtigt zu sein – den Vertrag mit dem Vorstandsmitglied abschließt.

Bei der Wiederbestellung von Vorstandsmitgliedern kommt es immer wieder vor, dass im Rahmen der durch den Aufsichtsratsvorsitzenden gemachten schriftlichen Bestätigung der Wiederbestellung (§ 75, Abs 1 Satz 3 AktG) auf den bisherigen Anstellungsvertrag verwiesen (und allenfalls eine Anpassung der Bezüge mitgeteilt) wird.

39 In all diesen Fällen stellt sich die Frage, ob einem solchen Vorgang die Wirksamkeit eines Aufsichtsratsbeschlusses zukommt. Grundsätzlich kann man bei der Beschlussfassung über den Anstellungsvertrag mE großzügiger sein als bei der Bestellung, die über die Zugehörigkeit zum Vertretungsorgan entscheidet und für den Rechtsverkehr ungleich einschneidendere Bedeutung hat. Grundsätzlich spricht nichts dagegen, bei Existenz eines Bestellungsbeschlusses und selbst außerhalb dieses Beschlusses erfolgendem Verweis auf einen bereits bestehenden Anstellungsvertrag die Wirkungen eines Beschlusses über den Anstellungsvertrag eintreten zu lassen. Die Regeln für fehlerhafte Anstellungen bei wirksamer Bestellung würden im Übrigen zu keinem anderen Ergebnis führen.

Wenn zumindest ein Aufsichtsratsbeschluss über die Bestellung vorhanden ist, kann dieser – und sei es auch in Verbindung mit anderen Erklärungen des Aufsichtsrates oder des Aufsichtsratsvorsitzenden – im Einzelfall so *ausgelegt* werden, dass damit im Ergebnis auch ein Anstellungsvertrags-Beschluss gegeben ist. Für die Bestellung selbst reicht es aber bei Fehlen eines sich damit befassenden Aufsichtsratsbeschlusses nicht aus, wenn zB im Protokoll der Aufsichtsratssitzung der Vorsitzende des Aufsichtsrates das neue Vorstandsmitglied „begrüßt", über dessen Funktion jedoch nie Beschluss gefasst wurde.

40 Die Bestellung eines Vorstandsmitgliedes ist ein körperschaftsrechtlicher Vertrag.[117]

Dies ist sowohl in Österreich also auch in Deutschland umstritten, wobei die Fronten in der Diskussion etwas unübersichtlich und teilweise nicht nachvollziehbar verlaufen. So sieht die Gegenmeinung zur Vertragsdeutung die Bestellung als

---

worden war, sämtliche Vorstandsmandate zu verlängern, sodass die Gesellschaft über keinen wirksam bestellten Vorstand verfügte. Aufsichtsratsvorsitzender dieser Gesellschaft war pikanter Weise ein angesehener Rechtsanwalt.

[117] Andeutungsweise schon *Runggaldier/G. Schima*, Führungskräfte 59; ebenso *Keinert*, Genossenschaftsrecht (1988) 156 Rz 335; *Baums*, Der Geschäftsleitervertrag (1987) 40; *Seibt* in K. Schmidt/Lutter (Hrsg), AktG³ (2015) § 84 Rz 6 mwN zur Gegenmeinung in FN 10; anders *Hüffer/Koch* AktG¹¹ § 84 Rz 4.

einseitiges Rechtsgeschäft,[118] wobei aber innerhalb der Vertreter dieser Ansicht noch danach differenziert wird, ob die Bestellung annahmebedürftig (oder bloß empfangsbedürftig) ist.[119] An der Annahmebedürftigkeit der Bestellung kann kein wie immer gearteter Zweifel bestehen.[120] Zu sagen, Annahmebedürftigkeit würde den Bestellungsbeschluss als Offert zum Abschluss eines körperschaftsrechtlichen Vertrages qualifizieren (sic!), und für eine derartige Annahme gäbe es im Gesetz keine wie immer gearteten Hinweise, geschweige denn Grundlagen,[121] ist eine petitio principii. Wie *Strasser*[122] selbst einräumt, fehlt dem Aufsichtsrat – obwohl auch darüber das Gesetz nichts aussagt – jegliche Rechtsmacht, einseitig eine Person mit den Pflichten eines Vorstandsmitgliedes auszustatten. Zu sagen, der Bestellungsbeschluss bedürfe zwar keiner Annahme, sei aber bis zu einer Annahme *„schwebend unwirksam"*,[123] verschafft keinerlei Erkenntnisgewinn – außer die Einsicht, dass eine derartige Rechtslage eben für die Unterbreitung eines Vertragsanbotes vor Abgabe der Annahmeerklärung typisch ist. Der auf Bestellung lautende Aufsichtsratsbeschluss ist im Übrigen vor der Annahme nicht „schwebend unwirksam", nur die Bestellung als körperschaftliches Rechtsgeschäft ist noch nicht zu Stande gekommen.

Die Deutung, die (auch von den Gegnern der Vertragsthese fast ausnahmslos für erforderlich gehaltene) Annahme sei bloß Rechtsbedingung für die Bestellung,[124] vermag die Rechtsnatur der – selbst ohne Anstellungsvertrag – durch ein Verhältnis gewisser gegenseitiger Rechte und Pflichten gekennzeichneten Bestellung nicht voll zu erfassen. Die Sichtweise, es handle sich zwar um zwei einseitige, aber inhaltlich aufeinander bezogene, und damit einem Vertrag entsprechende Rechtsgeschäfte,[125] entspringt offenbar dem Unbehagen, das sowohl der Vertragsthese als auch der Theorie vom einseitigen (durch die Annahme be-

---

[118] Gegen die Vertragsnatur schon *Strasser*, Die Leitung der Aktiengesellschaft durch den Vorstand, JBl 1990, 477 (480) ohne Begründung; *Ch. Nowotny* in Doralt/Nowotny/Kalss, AktG² § 75 Rz 5; *Kalss* in Kalss/Nowotny/Schauer, Gesellschaftsrecht Rz 3/261; *Strasser* in Jabornegg/Strasser, AktG⁵ §§ 75, 76 Rz 5.

[119] Für Annahmebedürftigkeit *Ch. Nowotny* in Doralt/Nowotny/Kalss, AktG² § 75 Rz 5; *Kalss* in Kalss/Nowotny/Schauer, Gesellschaftrecht Rz 3/261; für bloße Empfangsbedürftigkeit hingegen (offenbar nur) *Strasser* in Jabornegg/Strasser, AktG⁵ §§ 75, 76 Rz 5.

[120] *Strasser* in Jabornegg/Strasser, AktG⁵ §§ 75, 76 Rz 5 zitiert *Runggaldier/G. Schima*, Führungskräfte 58 *für* seine Meinung, obwohl dort dezidiert das *Gegenteil*, nämlich Annahmebedürftigkeit, vertreten wird.

[121] So *Strasser* in Jabornegg/Strasser, AktG⁵ §§ 75, 76 Rz 5.

[122] *Strasser* in Jabornegg/Strasser, AktG⁵ §§ 75, 76 Rz 5.

[123] *Strasser* in Jabornegg/Strasser, AktG⁵ §§ 75, 76 Rz 5.

[124] Diese rechtsdogmatische Deutung wird im gesellschaftsrechtlichen Schrifttum auch unter den Befürwortern der These vom einseitigen Rechtsgeschäft oft nicht vorgenommen (so äußern sich zB *Ch. Nowotny* in Doralt/Nowotny/Kalss, AktG² § 75 Rz 5 und *Kalss* in Kalss/Nowotny/Schauer, Gesellschaftrecht Rz 3/261 dazu nicht), wohl aber im zivilrechtlichen Schrifttum: Für Rechtsbedingung zB *Reuter* in MünchKommBGB⁵ § 27 Rz 16; *Weick* in Staudinger, BGB § 27 Rz 10.

[125] *Hüffer/Koch*, AktG¹¹ § 84 Rz 4; zust *Seibt* in K. Schmidt/Lutter, AktG³ § 84 Rz 6, wobei die Formulierung *„einem Vertrag entsprechende"* sich bei *Hüffer* so nicht findet.

dingten) Rechtsgeschäft entgegengebracht wird.[126] Ein Unbehagen gegenüber der Vertragsdeutung der Bestellung ist mE aber unbegründet. Denn mit der Deutung als Vertrag ist noch nichts darüber ausgesagt, welche Pflichten konkret zueinander im Synallagma stehen. Dass ein Vorstandsmitglied, dem die Gesellschaft das Entgelt schuldig bleibt, nicht einfach seine Arbeitsleistung zurückbehalten kann, ist in Anbetracht der Rechtsnatur und Wirkungen der auch dem Gläubigerschutz dienenden Vorstandspflichten mE unzweifelhaft; ein derartiges Zurückbehaltungsrecht begegnet freilich schon bei gewöhnlichen Arbeitnehmern Bedenken.[127] Ebenso wenig sollte aber bezweifelt werden, dass ein ordnungsgemäß bestelltes Vorstandsmitglied auch ohne Abschluss eines Anstellungsvertrages Anspruch auf ein angemessenes Entgelt hat, wenn nicht nach den Umständen (zB Übernahme eines zusätzlichen Konzernmandats) anderes zu gelten hat.[128]

41 Die Ansicht, dass die (eine Annahme voraussetzende; dazu auch Rz 40) Bestellung des Vorstandsmitgliedes einen körperschaftsrechtlichen Vertrag begründet, ist kein Gegenentwurf zur herrschenden „Trennungstheorie", wonach Bestellung und Anstellung grundsätzlich voneinander zu trennen sind und auch ein unterschiedliches rechtliches Schicksal erfahren können.[129] Deshalb trifft es auch nicht den Punkt, die von *Baums*[130] vertretene und auch vom Verfasser in weiten Bereichen geteilte[131] Sichtweise als „Einheitstheorie" zu bezeichnen. Dass Bestellung und Anstellung ein unterschiedliches Schicksal erfahren können und schon insofern voneinander zu trennen sind, lässt sich in Anbetracht der Anordnung von § 75 Abs 4 letzter Satz AktG nicht ernsthaft bezweifeln.[132] Strikte Trennung von Bestellung und Anstellung in all ihren Konsequenzen kann in der Praxis aber zu untragbaren Konsequenzen führen. Dies bleibt in der Diskussion im Schrifttum oft unberücksichtigt.

42 Um als Bestellungsakt Rechtswirkung zu entfalten, bedarf der Aufsichtsratsbeschluss sowohl des Zugangs beim Bestellten als auch dessen Annahme.

Bei einer empfangsbedürftigen Willenserklärung kann der Zugang der Erklärung gerade nicht durch die – irgendwann und irgendwie erlangte – materielle Kenntnis des Inhaltes dieser Erklärung substituiert werden, weil sie sonst nicht

---

[126] Deutlich diesbezüglich *Hüffer/Koch*, AktG[11] § 84 Rz 4: *„Voll überzeugend ist keine der referierten Ansichten."*
[127] Gegenteilig aber die hM: vgl OGH 25.5.1994, 9 Ob A 6/94 DRdA 1995, 315 (*zust Jabornegg*) mwN zum Meinungsstand = ZAS 1995, 162 (*Micheler*), zuletzt OGH 9 Ob A 39/11t DRdA 2013, 62.
[128] Vgl *Baums*, Geschäftsleitervertrag 52 f, 160; *Runggaldier/G. Schima,* Führungskräfte 87.
[129] Vgl schon die Mat zum AktG 1965: ErlRV 301 BlgNR 10. GP 69; *Ch. Nowotny* in Doralt/Nowotny/Kalss, AktG[2] § 75 Rz 14; *Kalss* in Kalss/Nowotny/Schauer, Gesellschaftrecht Rz 3/279; aM *Schiemer*, AktG[2] Anm 4.1. und 4.3. zu § 75; kritisch auch *Floretta*, zum Vorstandsverhältnis bei Aktiengesellschaften und Sparkassen, in FS W. Schwarz (1991) 475 (477 ff).
[130] *Baums*, Geschäftsleitervertrag 3 ff.
[131] Vgl *Runggaldier/G. Schima*, Führungskräfte 84 ff, zur Problematik der fehlerhaften Bestellung und Anstellung.
[132] Freilich sagt diese – oft nicht näher problematisierte – Anordnung zB nichts darüber aus, ob der Anstellungsvertrag mit wirksamem Bestellungswiderruf noch fortgilt oder fortgelten kann, weil *„Ansprüche"* aus dem Anstellungsvertrag bei vollzogener Bestellung ja auch dann denkbar sind, wenn der Anstellungsvertrag selbst mit aufgelöst wurde.

empfangsbedürftig wäre. Für die Wirksamkeit einer solchen Willenserklärung ist vielmehr Voraussetzung, dass diese dem Erklärungsempfänger in einer dem Erklärenden zurechenbaren und von ihm willentlich gesteuerten Weise zugeht. Praktische Bedeutung hat dies weniger für die Bestellung von Vorstandsmitgliedern als vielmehr für deren Abberufung (dazu Rz 443 ff).[133]

Die Annahmebedürftigkeit der Bestellung folgt schon aus dem Umstand, dass diese nicht nur Rechte, sondern sehr weitreichende Pflichten (insbesondere auch eine strenge Haftung) nach sich zieht.[134]

Im Gegensatz zur Bestellung ist die Annahmeerklärung nicht formbedürftig; sie kann daher schriftlich, mündlich oder auch bloß konkludent erklärt werden, so zB durch faktische Aufnahme der Tätigkeit als Vorstandsmitglied.[135] Nichts spricht auch dagegen, dass die Annahmeerklärung schon vor der Bestellung abgegeben wird, was bei Einigung über die insbesondere finanziellen Fragen der Bestellung und Anstellung durchaus der Fall sein kann.[136]

Die bloße Bewerbung um das Vorstandsamt ist keine vorweggenommene Annahme der dann erfolgten Bestellung.[137]

Verfehlt ist die Auffassung, eine mit ihrer Zustimmung zum Vorstandsmitglied bestellte Person sei wie ein Vollmachtsträger nur berechtigt aber ohne zusätzlichen Anstellungsvertrag nicht zur Funktionsausübung als Vorstandsmitglied verpflichtet.[138]

2. Zuständigkeit

Ob die Bestellung von Vorstandsmitgliedern dem Aufsichtsratsplenum vorbehalten ist oder auch in einem Ausschuss erfolgen darf, ist eine – schon mangels Judikatur – noch immer offene Streitfrage. Die hM tritt für ausschließliche Plenumszuständigkeit zumindest beim mitbestimmten Aufsichtsrat ein.[139]

---

[133] Vgl zB *U.H. Schneider* in Scholz, GmbHG[10] § 38 Rz 30 mwN: *„Eine nur zufällige Kenntnisnahme des Abzuberufenden von dem Beschluss durch das Abberufungsorgan macht die Abberufung nicht wirksam."*

[134] Vgl *Schiemer*, AktG[2] Anm 1.4. zu § 75; *Kalss* in Kalss/Nowotny/Schauer, Gesellschaftsrecht Rz 3/261; *Runggaldier/G. Schima*, Führungskräfte 59; aM – nämlich für bloße Empfangsbedürftigkeit der Bestellung – soweit ersichtlich, nur *Strasser* in Jabornegg/Strasser, AktG[5] §§ 75, 76 Rz 5.

[135] *Strasser*, JBl 1990, 479; *Runggaldier/G. Schima*, Führungskräfte 58; *Strasser* in Jabornegg/Strasser, AktG[5] §§ 75, 76 Rz 5.

[136] *Ch. Nowotny* in Doralt/Nowotny/Kalss, AktG[2] § 75 Rz 5; *Hefermehl* in Gessler/Hefermehl/Eckardt/Kropff, AktG § 84 Rz 13; *Runggaldier/G. Schima*, Führungskräfte 58; anscheinend auch diesbezüglich aM *Strasser* in Jabornegg/Strasser, AktG[5] §§ 75, 76 Rz 5: Arg *„Gibt das bestellte Vorstandsmitglied, nachdem ihm die Bestellung ordnungsgemäß zugegangen ist [...]".*

[137] *Runggaldier/G. Schima*, Führungskräfte 58.

[138] So *Schuster-Bonnott*, GesRZ 1983, 110; dagegen *Schiemer*, Zur Bestellung und Anstellung von Vorstandsmitgliedern einer AG, GesRZ 1984, 11; *Schiemer* AktG[2] Anm 4.1 zu § 75; *Runggaldier/G. Schima*, Führungskräfte, 58 f.

[139] Vgl *Strasser*, Die Ernennung (der Widerruf der Ernennung) eines Vorsitzenden des Vorstandes nach Aktienrecht und Arbeitsverfassungsrecht, in FS Schwind (1993) 317 ff; *Geppert/Moritz*, Gesellschaftsrecht für Aufsichtsräte 221 ff; *Geppert*, Die Arbeitnehmervertreter im

Freilich lässt sich gar nicht von *der* hA sprechen, weil es keine Einigkeit darüber gibt, ob die These von der Alleinzuständigkeit des Plenums auf den mitbestimmten Aufsichtsrat beschränkt ist oder für jeden Aufsichtsrat gilt. Die ältere Diskussion kreiste vor allem um die Frage, ob mit der Zulassung der Vorstandsbestellung im Ausschuss die Mitbestimmungsrechte der Belegschaftsvertreter umgangen werden könnten und wie sich § 110 Abs 3 (später: Abs 4) ArbVG mit § 92 Abs 4 AktG vertrüge. Diese Diskussion fand jedoch großteils vor der ArbVG-Novelle 1986[140] mit Einführung der drittelparitätischen Beteiligung der Arbeitnehmer auch in Ausschüssen statt.[141] In neuerer Zeit gewann die Überlegung an Einfluss, die Plenumszuständigkeit sei einfach daraus abzuleiten, dass es sich bei der Bestellung des Vorstandes um eine „Kernaufgabe" bzw „Kardinalaufgabe" des Aufsichtsrates handle.[142] Dementsprechend gilt für die Vertreter der letztgenannten Ansicht die ausschließliche Plenumszuständigkeit auch für den nicht mitbestimmten Aufsichtsrat.[143]

[140] Aufsichtsrat einer AG und die Bestellung sowie Anstellung von Vorstandsmitgliedern durch Aufsichtsratsausschüsse, DRdA 1980, 178 ff; *Jabornegg*, Ein Ausschuss des Aufsichtsrates bestellt ein Vorstandsmitglied, DRdA 1981, 324; *Schiemer*, AktG² Anm 1.2. zu § 75 und Anm 7.4. zu § 92; OLG Wien NZ 1982, 72; *Kastner/Doralt/Nowotny*; Gesellschaftsrecht⁵ 255; *Ch. Nowotny* in Doralt/Nowotny/Kalss, AktG² § 75 Rz 6; *Kalss* in Doralt/Nowotny/Kalss, AktG² § 92 Rz 175; *Kalss* in MünchKommAktG⁴ § 84 Rz 256; *D. Weiß*, Arbeitnehmermitwirkung bei der Be- und Anstellung der Vorstandsmitglieder, Teil I, DRdA 1998, 22 ff, Teil II 94 (99); *Jabornegg* in Strasser/Jabornegg/Resch (Hrsg), ArbVG-Komm § 110 Rz 246 ff; *Reich-Rohrwig*, Die Zusammensetzung von Ausschüssen des Aufsichtsrates – neue Rechtslage ab 1. Jänner 1987, wbl 1987, 1 (2 f); *Löschnigg*, Arbeitsrecht¹² (2015) 11/297; *Nowotny*, DRdA 1989, 431 f; *Saurer*, Handlungsbedarf des Aufsichtsrats bei Missbrauch von Insiderinformationen durch ein Vorstandsmitglied? ecolex, 2003, 736; *Strasser* in Jabornegg/Strasser, AktG⁵ §§ 75, 76 Rz 15 der von *Strasser*, für die hM angeführte *Terlitza*, Zur Abberufung des Vorstandsmitglieds einer AG aus wichtigem Grund, GesRZ 2003, 270, 271, äußert sich zu der Frage nicht, sondern gibt nur die hM wieder, dass für die Abberufung ausschließlich der Aufsichtsrat (gemeint: nicht dagegen ein anderes Organ) in der AG zuständig sei; *Eixelsberger/Zierler*, Zur Vorstandsbestellung im Ausschuss eines mitbestimmten Aufsichtsrats, GesRZ 2003, 9 ff, 16 f, 19, lehnen die hM nach detaillierter Analyse sogar dezidiert ab und treten für Zulässigkeit der Ausschussbestellung (sogar mit bloß *einem* Arbeitnehmervertreter) ein.

[140] BGBl I 1986/394.

[141] Vgl *Strasser* in FS Schwind 317 ff; *Geppert/Moritz*, Gesellschaftsrecht für Aufsichtsräte 221 ff; *Geppert*, DRdA 1980, 178 ff; *Jabornegg*, DRdA 1981, 324 ff; *Schiemer*, AktG² Anm 1.2. zu § 75 und Anm 7.4. zu § 92; OLG Wien NZ 1982, 72; *Kastner/Doralt/Nowotny*, Gesellschaftsrecht⁵ 255; als Vertreter der Gegenmeinung und für Zulässigkeit der Ausschussbestellung damals *Peter Doralt/Kastner*, Grenzen der Aktionärsschutzklausel des § 110 Abs 3 ArbVG bei der AG, GesRZ 1975, 40; *Peter Doralt*, Bestellung und Abberufung von Vorstandsmitgliedern durch Ausschüsse des Aufsichtsrates, GesRZ 1979, 137; *Marhold*, Aufsichtsratstätigkeit und Belegschaftsvertretung (1986) 31 ff; *Runggaldier/G. Schima*, Führungskräfte 56 ff.

[142] So *Ch. Nowotny* in Doralt/Nowotny/Kalss, AktG² § 75 Rz 6; *Kalss* in Doralt/Nowotny/Kalss, AktG² § 92 Rz 175; *Kalss* in MünchKommAktG⁴ § 94 Rz 256; *Kalss* in Kalss/Nowotny/Schauer, Gesellschaftsrecht Rz 3/258.

[143] So im Ergebnis auch *D. Weiß*, DRdA 1998, 94 (99) – jedoch ohne Rückgriff auf das „Kernaufgabe-Dogma", sondern unter Berufung auf seine (verfehlte) These von der Derogation des § 92 Abs 4, Satz 2, Halbsatz 2 AktG; nicht ganz klar, aber anscheinend für Plenumszuständigkeit auch im nicht mitbestimmten Aufsichtsrat *Strasser* in Jabornegg/Strasser, AktG⁵ §§ 75, 76 Rz 15.

Auch die jüngere Diskussion hat mE keine überzeugenden Argumente dafür **44** geliefert, von der durch den Verfasser schon vor knapp 25 Jahren vertretenen Auffassung von der Zulässigkeit der Vorstandsbestellung auch in einem (mitbestimmten) Ausschuss des Aufsichtsrates[144] abzugehen. Mit der ArbVG-Nov 1986, durch die in § 110 Abs 4 ArbVG das Recht der Arbeitnehmer auf drittelparitätische Vertretung in allen Ausschüssen des Aufsichtsrates – mit Ausnahme des die (schuldrechtlichen) Beziehungen zu Vorstandsmitgliedern regelnden Ausschusses – verankert wurde, fielen zumindest die mitbestimmungsrechtlichen Probleme und die von einem Teil des Schrifttums vorgetragenen Bedenken gegen eine mögliche „Umgehung" von Mitbestimmungsrechten weg.[145] Die hM war freilich schon vor der ArbVG-Nov 1986 nicht überzeugend,[146] weil § 110 Abs 3 Satz 4 ArbVG keinesfalls die Bedeutung eines Verbots der Ausschusserrichtung (die dort mit keinem Wort erwähnt wird) bei der Vorstandsbestellung entnommen werden kann[147] und die Sicherung der Arbeitnehmermitbestimmung bei der Vorstandsbestellung im Aufsichtsrat nicht nur durch ein Verbot der Ausschussverlagerung gewährleistet ist.[148]

§ 110 Abs 3 Satz 4 ArbVG ist mitnichten eine „vollständige" Regelung,[149] sondern hat die Ausschussregelung in § 92 Abs 4 Satz 2 AktG erst lückenhaft gemacht.[150]

Schon vor der ArbVG-Nov 1986 war dem bereits damals in § 110 Abs 1 iVm **45** Abs 3 Satz 4 ArbVG zum Ausdruck kommenden gesetzgeberischen Willen, dass eine Vorstandsbestellung allein mit drittelparitätischer Beteiligung der Arbeitnehmer – unter Berücksichtigung der „doppelten Mehrheit" auch im Ausschuss – zustande kommen sollte,[151] durch Geltung der drittelparitätischen Beteiligung unter Anwendung der „Aktionärsschutzklausel" auch im Ausschuss Rechnung zu tragen.[152]

Dass in § 110 Abs 4 Satz 2 ArbVG (wonach die drittelparitätische Beteiligung der Arbeitnehmer in Aufsichtsratsausschüssen nicht für solche Ausschüsse gilt, die die Beziehungen zwischen der Gesellschaft und Mitgliedern des Vorstandes behandeln) „unterlassen" wurde, die in § 92 Abs 4 Satz 2 AktG enthaltene Gegenausnahme („ausgenommen Beschlüsse auf Bestellung oder Widerruf der Bestellung eines Vorstandsmitgliedes") aufzunehmen, kann entgegen *Strasser*[153] kein Argument für die generelle Unzulässigkeit der Vorstandsbestellung im Aus-

---

[144] *Runggaldier/G. Schima*, Führungskräfte 56 ff mwN.
[145] Vgl *Marhold*, Konzern- und unternehmensverfassungsrechtliche Neuerungen, ZAS 1986, 198; *Runggaldier/G. Schima*, Führungskräfte 57.
[146] Vgl *Runggaldier/G. Schima*, Führungskräfte 56 f.
[147] *Peter Doralt*, GesRZ 1979, 139.
[148] *Runggaldier/G. Schima*, Führungskräfte 56 f.
[149] So aber *Jabornegg*, DRdA 1981, 327.
[150] Zutr *Marhold*, Aufsichtsratstätigkeit 33; *Runggaldier/G. Schima*, Führungskräfte 57.
[151] Vgl die Andeutungen bei *Strasser* in FS Schwind 318.
[152] Überzeugend *Marhold*, Aufsichtsratstätigkeit 34 f; *Runggaldier/G. Schima*, Führungskräfte 57; aM, aber mE inkonsequent *Peter Doralt*, GesRZ 1979, 140: Zulässigkeit der Bestellung im Ausschuss auch ohne drittelparitätische Arbeitnehmerbeteiligung.
[153] *Strasser* in Jabornegg/Strasser, AktG[5] §§ 75, 76 Rz 15.

schuss eines (mitbestimmten) Aufsichtsrates sein. *Strasser*[154] stützt diese seine Schlussfolgerung offenbar primär darauf, dass nach der ArbVG-Nov 1986 für die Bestellung im Ausschuss nicht die Aktionärsschutzklausel gelten würde, weil die Voraussetzungen für eine Analogie nicht vorlägen. Das Gegenteil ist richtig. Dass einer Umgehung der „Aktionärsschutzklausel" durch analoge Anwendung der doppelten Mehrheit im Ausschuss wirksam begegnet werden kann, hat bereits *Peter Doralt*[155] zutreffend gezeigt. Den Begriff *„Mehrheit"* in § 110 Abs 3 Satz 4 ArbVG als Mehrheit der im Ausschuss vertretenen Aktionärsvertreter zu verstehen,[156] erweckt keine besonderen Bedenken.

Analogie drängt sich doch geradezu auf. Denn warum soll der klare gesetzgeberische Wille, der Mehrheit der Anteilseigner keinen Vorstand gegen ihren Willen aufzuzwingen und dies mit einer Art „Eigentumsschutzbestimmung" durchzusetzen, dadurch unterlaufen werden können, dass die Bestellung in den Ausschuss verlagert wird? Zur Durchsetzung dieses gesetzgeberischen Willens die Ausschussbestellung zu verbieten, schüttet aber nicht nur das Kind mit dem Bade aus, sondern verstößt auch gegen § 92 Abs 4 Satz 2 AktG. Selbst *Strasser*[157] räumt ein, aus der genannten Norm ergebe sich *„jetzt zweifelsfrei, dass zumindest das AktG davon ausgeht, dass der AR die Entscheidung über eine Vorstandsbestellung einem Ausschuss übertragen kann [...]"*.

46 Die Sichtweise, § 92 Abs 4 Satz 2 AktG sei durch § 110 Abs 4 ArbVG materiell derogiert worden,[158] ist nicht nur aus den schon erwähnten Gründen und wegen des nicht deckungsgleichen Anwendungsbereiches[159] nicht vertretbar, sondern auch deshalb, weil der Gesetzgeber nach der ArbVG-Nov 1986 mehrfach § 92 Abs 4 Satz 2 AktG novelliert hat.[160] So wurde (erst) mit dem IRÄG 1997[161] der Verweis des § 92 Abs 4 Satz 2 AktG auf das BRG 1947 durch den Verweis auf § 110 ArbVG ersetzt. Mit dem AOG 2001[162] wurde eine weitere (Gegen-) Ausnahme vom Ausschluss der Arbeitnehmer von der Mitwirkung in „Personalausschüssen" in Gestalt der Einräumung von Optionen auf Aktien der Gesellschaft aufgenommen.[163] Damit wurde unzweifelhaft § 110 Abs 4 Satz 2 ArbVG novelliert, weil bis zur Inkraftsetzung des AOG 2001 auch die Einräumung von Aktienoptionen an Vorstandsmitglieder ohne Zweifel zu den (gemeint: schuldrechtlichen) *„Beziehungen zwischen der Gesellschaft und Mitgliedern des Vorstandes"* und damit zu anstellungsvertraglichen Agenden iwS zählte.

---

[154] *Strasser* in Jabornegg/Strasser, AktG⁵ §§ 75, 76 Rz 15.
[155] *Peter Doralt*, GesRZ 1979, 138.
[156] So *Doralt*, GesRZ 1979, 140.
[157] *Strasser* in Jabornegg/Strasser, AktG⁵ §§ 75, 76 Rz 15.
[158] So *D. Weiß*, DRdA 1998, 94 (99); ebenso, aber insoweit nicht überzeugend (wenngleich vor dem IRÄG 1997 und dem AOG 2001) *Marhold*, ZAS 1986, 198.
[159] Dazu ausführlich *Eixelsberger/Zirler*, GesRZ 2003, 14 f.
[160] Zutr *Eixelsberger/Zirler*, GesRZ 2003, 15.
[161] Art XI Z 4 lit b IRÄG 1997.
[162] BGBl 2001/42.
[163] Vgl zum Verhältnis von § 110 Abs 4 ArbVG und § 92 Abs 4 Satz 2 AktG idF AOG 2001 *G. Schima*, Gestaltungsfragen bei Aktienoptionen, GesRZ-Sonderheft Aktienoptionen 2001, 61 ff, 70 ff.

Der zentrale Einwand gegen die hA von der Alleinzuständigkeit des Aufsichtsratsplenums für die Vorstandsbestellung liegt darin, dass die Vertreter der hA einer nicht einmal dem AktG entstammenden Norm den – noch dazu gegen eine ausdrückliche Vorschrift des AktG (§ 92 Abs 4 Satz 2 AktG) verstoßenden – Rechtssatz mit dem Inhalt entnehmen wollen: „Die Bildung eines Aufsichtsratsausschusses für die Bestellung von Vorstandsmitgliedern und die Bestellung in einem solchen ist unzulässig".[164] Die Unrichtigkeit dieser These ist durch die seit der ArbVG-Nov 1986 mehrfach erfolgte Novellierung von § 92 Abs 4 Satz 2 AktG und die damit unzweifelhaft verbundene „Bestands-Bekräftigung" dieser Norm noch deutlicher zu Tage getreten.

Es ist auch nicht so, dass es hinsichtlich der Bedeutung der Vorstandsbestellung innerhalb des Spektrums der Aufsichtsratsaufgaben einen „Paradigmenwechsel" gegeben hätte, denn es war immer schon anerkannt, dass die Bestellung des Vorstandes eine „Kardinalaufgabe" des Aufsichtsrates ist. Dies folgt – wie gesagt – bereits aus der banalen Erkenntnis, dass die Bestellung des „perfekten" Vorstandes den Aufsichtsrat geradezu überflüssig macht und vor jeder Haftung bewahrt.

Der österreichische Gesetzgeber hat sich aber – anders als der deutsche in § 107 Abs 3 dAktG – bewusst nicht dafür entschieden, Vorstandsbestellungen dem Plenum vorzubehalten.[165]

Nun ist es zwar richtig, dass eine exklusive Plenumszuständigkeit nicht unbedingt aus einer ausdrücklichen gesetzlichen Bestimmung abgeleitet werden muss, sondern sich auch aus dem Gesamtzusammenhang anderer Normen und der besonderen Bedeutung der Angelegenheit ergeben kann;[166] dies geht aber dann nicht an, wenn das AktG selbst (§ 92 Abs 4 Satz 2 AktG) die Bestellung im Ausschuss ausdrücklich erlaubt.

Im Übrigen verkennt das Argument, die Plenumszuständigkeit resultiere aus der besonderen Bedeutung der Vorstandsbestellung unter den Aufsichtsratsaufgaben,[167] dass Verlagerung in einen Ausschuss nicht gleichbedeutend ist mit Degradierung der Bedeutung der Angelegenheit. Dies zeigt nicht zuletzt die vom Gesetzgeber verfügte Aufwertung des Prüfungsausschusses (§ 92 Abs 4a AktG) und die Wichtigkeit der dort behandelten Materien. Die praktische Erfahrung lehrt, dass die Arbeit in einem überschaubar großen Gremium so gut wie immer effizienter ist als in einem zu großen. Schon deshalb spricht nichts dagegen, die wesentliche Arbeit wie Kandidaten-Vorauswahl und Hearings sowie den Kontakt mit Personalberatungsunternehmen im Ausschuss durchzuführen. Freilich gebietet die Bedeutung der Vorstandsbestellung für den Aufsichtsrat, dass hier von der Möglichkeit des Plenums, sich über die Ausschusstätigkeit jederzeit ein Bild zu verschaffen (not-

---

[164] So schon *Runggaldier/G. Schima*, Führungskräfte 56.
[165] Zutr *Peter Doralt*, GesRZ 1979, 139 f; *Runggaldier/G. Schima*, Führungskräfte 58.
[166] Vgl den Katalog von Plenumszuständigkeiten bei *Strasser* in Jabornegg/Strasser, AktG⁵ §§ 92–94 Rz 75, wobei die dort enthaltene Aufzählung im Einzelnen durchaus hinterfragenswert ist.
[167] So *Ch. Nowotny* in Doralt/Nowotny/Kalss, AktG² § 75 Rz 6; *Kalss* in Doralt/Nowotny/Kalss, AktG² § 92 Rz 175; *Kalss* in MünchKommAktG⁴ § 84 Rz 256; *Kalss* in Kalss/Nowotny/Schauer, Gesellschaftsrecht Rz 3/257.

falls auch die Angelegenheit an sich ziehen zu können), auch tatsächlich Gebrauch gemacht wird. Noch weniger schlagen die Bedenken gegen die Zulässigkeit einer Ausschussbestellung durch, wenn die Kandidaten-Vorauswahl etc vom Plenum besorgt wird, den Bestellungsbeschluss aber letztlich der Ausschuss fasst.[168]

49   Aus dem – richtigen – Umstand, dass § 92 Abs 4 letzter Satz AktG durch § 110 Abs 4 ArbVG nicht materiell derogiert wurde, wollen *Eixelsberger/Zierler*[169] ableiten, dass für die Bestellung und Abberufung von Vorstandsmitgliedern im Ausschuss nicht drittelparitätische Beteiligung gilt, sondern nur *ein* Arbeitnehmervertreter mitzuwirken hat. Dies ist indes nicht überzeugend. Aus einer isolierten Wortlaut-Interpretation des § 92 Abs 4 Satz 2 AktG lässt sich das noch ableiten, weil diese Norm ja nur die Vertretung eines Arbeitnehmervertreters in Aufsichtsratsausschüssen kennt, davon Ausschüsse betreffend die Beziehungen zwischen der Gesellschaft und Mitgliedern des Vorstands ausnimmt und von dieser Ausnahme die Gegenausnahme für die Bestellung und Abberufung von Vorstandsmitgliedern sowie (seit dem AOG 2001) für die Einräumung von Aktienoptionen darstellt.

Mit dieser Sichtweise würde aber der eindeutige Zweck des § 110 Abs 3 Satz 4 iVm § 110 Abs 4 ArbVG unterlaufen werden. Die Sicherung des Eigentümereinflusses auf die Vorstandsbestellung ist bei der Auffassung von *Eixelsberger/Zierler* gewahrt, denn wo es keine Drittelparität gibt, bedarf es auch nicht der Aktionärsschutzklausel. Übersehen wird aber, dass schon vor der ArbVG-Nov 1986 § 92 Abs 4 Satz 2 AktG für die Bestellung und Abberufung von Vorstandsmitgliedern im Ausschuss die Mitwirkung *eines* Arbeitnehmervertreters anordnete. Da man der ArbVG-Nov 1986 nicht unterstellen kann, den Mitbestimmungsstandard zurückgeschraubt zu haben, muss der Begriff der *„Beziehungen zwischen der Gesellschaft und Mitgliedern des Vorstandes"* in § 110 Abs 4 Satz 2 ArbVG eng in dem Sinne interpretiert werden, dass die Bestellung und Abberufung davon nicht erfasst ist.[170] Vorstandsbestellungen und -abberufungen fallen daher, wenn sie im Ausschuss durchgeführt werden, unter § 110 Abs 4 Satz 1 ArbVG.[171]

50   Einzuräumen ist, dass keine der vertretenen Ansichten ohne gewisse Brüche auskommt. Zuzuschreiben ist dies den nicht auf einander abgestimmten Vorschriften des § 92 Abs 4 Satz 2 AktG einerseits und des § 110 Abs 3 Satz 4 und § 110 Abs 4 ArbVG andererseits. In die durch dieses in sich teilweise widersprüchliche Normengeflecht schon vor der ArbVG-Nov 1986 ausgelöste Meinungskontroverse wollte der Gesetzgeber – wie er mit mehreren Novellierungen bewiesen hat – offenkundig nicht eingreifen.[172]

---

[168] Vgl *Runggaldier/G. Schima*, Manager-Dienstverträge⁴ 35 f.
[169] *Eixelsberger/Zierler*, GesRZ 2003, 15 f.
[170] *Runggaldier/G. Schima*, Führungskräfte 57 f.
[171] Es ist daher nicht zutreffend, wenn *Eixelsberger/Zierler* (GesRZ 2003, 16 f) meinen, eine analoge Anwendung des Drittelparitätsgebotes – und damit in weiterer Konsequenz auch der Aktionärsschutzklausel – auf den *„Personalausschuss"* scheide aus, weil § 110 Abs 4 Satz 2 ArbVG *„in seiner Ablehnung der Drittelparität für den Personalausschuss eindeutig"* sei. Von einem *„Personalausschuss"* ist im Gesetz nirgendwo die Rede, sondern nur von den *„Beziehungen zwischen der Gesellschaft und Mitgliedern des Vorstandes"*.
[172] Nicht überzeugend daher *Reich-Rohrwig*, wbl 1987, 3, wonach der Gesetzgeber die in § 92 Abs 4 Satz 2 AktG enthaltene Gegenausnahme deshalb nicht in § 110 Abs 4 ArbVG auf-

In Anbetracht der gesetzlichen Unwägbarkeiten und des Fehlens höchstgerichtlicher Rsp ist den Beteiligten in der Praxis und vor allem dem zu bestellenden Vorstandsmitglied zu einer Bestellung im Aufsichtsratsplenum zu raten, weil die Konsequenz einer Adaption der hA durch die Rsp Rechtsunwirksamkeit der Bestellung im Ausschuss bedeuten könnte.[173]

Die Befassung des Plenums mit Vorstandsbestellungen entspricht auch guter Corporate Governance.

Kommt dem Aufsichtsratsvorsitzenden ein Dirimierungsrecht zu – das ihm richtiger Ansicht zufolge nur die Satzung einräumen kann und das sich auf Beschlussfassungen und „Wahlen" erstreckt, dann umfasst dieses auch die Feststellung der internen Zustimmung der Aktionärsvertreter des Aufsichtsrates bei der Vorstandsbestellung.[174]

3. Bestellungsvoraussetzungen, Eignungserfordernisse und Zustimmungsvorbehalte

Unter jenen Vorschriften, die für die Bestellung von Vorstandsmitgliedern bestimmte positive oder negative Voraussetzungen aufstellen, werden für gewöhnlich Bestellungsverbote und Bestellungshindernisse unterschieden.[175]

Während bei einem Verstoß gegen Bestellungsverbote die Bestellung unwirksam und der Bestellte daher nicht wirksam Vorstandsmitglied geworden ist,[176] lässt die Nichtbeachtung von Bestellungshindernissen – meist handelt es sich dabei um Eignungserfordernisse – die Bestellung nach praktisch einhelliger Ansicht[177] in

---

genommen habe, weil er mit der hM von der Unzulässigkeit der Vorstandsbestellung im Ausschuss eines mitbestimmten Aufsichtsrates ausgegangen sei und eine derartige Gegenausnahme daher als überflüssig angesehen habe (diese Ansicht referierend *Ch. Nowotny*, Suspendierung und vorzeitige Abberufung eines in eine Tochtergesellschaft entsandten Vorstands, DRdA 1989, 427 [431 f]; ebenso *D. Weiß*, DRdA 1998, 99). Dafür fehlt jeglicher Anhaltspunkt im Gesetz und in den Materialien. Die Existenz der Kontroverse schon vor der ArbVG-Nov 1986, die dem Gesetzgeber wohl bekannt war, spricht viel eher *gegen* als für eine solche Deutung.

[173] Vgl *Runggaldier/G. Schima*, Manager-Dienstverträge⁴ 36. Ob die Rsp in Österreich ähnlich vorgehen würde wie der BGH dereinst bei der Behandlung von in einem Zweimann-Ausschuss abgeschlossenen Vorstands-Anstellungsverträgen, die das Höchstgericht als unzulässig, für den Zeitraum bis zum Bekanntwerden der Judikatur aber als wirksam ansah, ist fraglich.

[174] OGH 30.5.1996, 2 Ob 556/95 AnwBl 1997, 168 = ARD 4816/40/97 = GesRZ 1996, 243 = SZ 69/130 = wbl 1996, 327; zust *Runggaldier/G. Schima*, Führungskräfte 31; *Kalss* in Kalss/Nowotny/Schauer, Gesellschaftsrecht Rz 3/260; so schon *Doralt/Kastner*, GesRZ 1975, 39 f; *Geppert/Moritz*, Gesellschaftsrecht für Aufsichtsräte 193 f; *Kastner/Doralt/Nowotny*, Gesellschaftsrecht⁵ § 249 FN 44; aM *Strasser* in Jabornegg/Strasser, AktG⁵ §§ 75, 76 Rz 13.

[175] Vgl *Ch. Nowotny* in Doralt/Nowotny/Kalss, AktG² § 75 Rz 3; *Kalss* in Kalss/Nowotny/Schauer, Gesellschaftsrecht Rz 3/247 ff, 250, 264; *Strasser* in Jabornegg/Strasser, AktG⁵ §§ 75, 76 Rz 6 ff; *Runggaldier/G. Schima*, Führungskräfte 62 ff.

[176] *Ch. Nowotny* in Doralt/Nowotny/Kalss, AktG² § 75 Rz 3; *Strasser* in Jabornegg/Strasser, AktG⁵ §§ 75, 76 Rz 6.

[177] Vgl *Strasser* in Jabornegg/Strasser, AktG⁵ §§ 75, 76 Rz 7; *Ch. Nowotny* in Doralt/Nowotny/Kalss, AktG² § 75 Rz 3; *Kalss* in Kalss/Nowotny/Schauer, Gesellschaftsrecht Rz 3/250, 264 mwN.

ihrer Wirksamkeit unberührt. Unter den Bestellungshindernissen wird hinsichtlich der Rechtsfolgen manchmal danach differenziert, ob das Bestellungshindernis auf Gesetz oder bloß auf der Satzung beruht (siehe dazu Rz 54 ff).

52 Bestellungsverbote enthalten § 75 Abs 2 und § 90 AktG.

Eine juristische Person oder eine Personengesellschaft (offene Gesellschaft, Kommanditgesellschaft) kann nicht zum Vorstandsmitglied bestellt werden. Ein dagegen verstoßender Bestellungsbeschluss ist nichtig, bedarf also keiner – im Gesetz ohnehin nicht vorgesehenen – Anfechtung.[178]

Gemäß § 90 Abs 1 AktG können Aufsichtsratsmitglieder nicht zugleich Vorstandsmitglieder oder dauernd Vertreter von Vorstandsmitgliedern der Gesellschaft oder ihrer Tochterunternehmen iSd § 189a Z 7 UGB sein. Sie können auch nicht als Angestellte die Geschäfte der Gesellschaft führen.

Die Mitgliedschaft im Vorstand und im Aufsichtsrat ist miteinander unvereinbar; bei Ausnützung der durch § 90 Abs 2 AktG geschaffenen Möglichkeit der Bestellung von Aufsichtsratsmitgliedern zu Vertretern verhinderter Vorstandsmitglieder für einen vorübergehenden, bestimmten Zeitraum darf das betroffene Aufsichtsratsmitglied die Tätigkeit als Aufsichtsratsmitglied nicht ausüben.[179]

Verstößt das Aufsichtsratsmitglied im Fall des § 90 Abs 2 AktG gegen diese Pflicht zur „Enthaltung", stellt sich die Frage der Rechtsfolge. Am überzeugendsten ist es, in diesem Fall die Mitgliedschaft im Vorstand als nicht wirksam erworben zu betrachten, was die Haftung als faktisches Organmitglied natürlich unberührt lässt.[180]

Der in § 90 AktG verankerte Inkompatibilitätsgrundsatz in Bezug auf die Mitgliedschaft im Aufsichtsrat und im Vorstand gilt wechselseitig. Bestellt die Hauptversammlung ein Vorstandsmitglied zum Mitglied des Aufsichtsrates, erlischt dadurch mE nicht die Vorstandsmitgliedschaft des Bestellten, sondern ist vielmehr der betroffene Hauptversammlungsbeschluss, weil *„mit dem Wesen der Aktiengesellschaft unvereinbar"* und außerdem wegen Verstoßes von zumindest *auch* dem Gläubigerschutz dienenden Normen gem § 199 Abs 1 Z 3 AktG absolut *nichtig*.[181] Bloße Anfechtbarkeit wird der Bedeutung des Gesetzesverstoßes

---

[178] Vgl *Kalss* in Doralt/Nowotny/Kalss, AktG² § 90 Rz 6; *Strasser* in Jabornegg/Strasser, AktG⁵ §§ 75, 76 Rz 6; *Kalss* in Kalss/Nowotny/Schauer, Gesellschaftsrecht Rz 3/247, die darauf hinweist (FN 7), dass die SE-VO die (von Österreich freilich nicht genützte) Bestellung einer juristischen Person beinhaltet und dass mit der Umsetzung einer solchen Möglichkeit das Ernennungsrecht in Bezug auf die das Vorstandsamt tatsächlich ausübende Person auf die juristische Person übergänge.

[179] Vgl *Strasser* in Jabornegg/Strasser, AktG⁵ §§ 75, 76 Rz 6; *Kalss* in Kalss/Nowotny/Schauer, Gesellschaftsrecht Rz 3/248; näher *Kastner*, Zur Mitgliedschaft in mehreren Organen der selben Gesellschaft, in GedS Schönherr (1986) 193 ff.

[180] Offen gelassen von *Kalss* in Doralt/Nowotny/Kalss, AktG² § 90 Rz 19 und *Strasser* in Jabornegg/Strasser, AktG⁵ § 90 Rz 17.

[181] *Kalss* in MünchKommAktG⁴ § 105 Rz 39 mwN. Vgl dem gegenüber *Strasser* in Jabornegg/Strasser, AktG⁵ § 195 Rz 5, der diesen Fall offenbar unter die unwirksamen Beschlüsse wegen Überschreitens der Zuständigkeit der Hauptversammlung subsumiert (*Strasser* nennt explizit den Fall der Bestellung einer juristischen Person zum Aufsichtsratsmitglied entgegen § 86 Abs 1 Satz 1 AktG). Der Vorzug dieser Sichtweise liegt darin, dass es keine Hei-

II. Auswahl und Bestellung des Vorstandes

bei Wahl eines Vorstandsmitgliedes zum Aufsichtsratsmitglied hingegen keinesfalls gerecht.[182] § 90 AktG verbietet auch, wie der OGH[183] ganz zutreffend aussprach, eine Delegierung wesentlicher Geschäftsführungsbefugnisse eines ganzen Ressorts an den Aufsichtsrat im Wege einer Bevollmächtigung durch den Vorstand.

---

[182] lung nach dreijähriger Firmenbucheintragung gem § 200 Abs 2 AktG gibt; dennoch sind dagegen Bedenken anzumelden und der Fall der Bestellung eines Vorstandsmitgliedes zum Aufsichtsratsmitglied zB nicht dem von *Strasser* (in Jabornegg/Strasser, AktG[5] § 195 Rz 5) auch erwähnten Fall der Bestellung oder Abberufung eines Vorstandsmitgliedes gleich zu halten, weil im letztgenannten Fall die Hauptversammlung über ihre Kompetenz hinausgeht und in die exklusive Zuständigkeit eines anderen Organs eingreift, wohingegen bei Wahl eines Vorstandsmitgliedes in den Aufsichtsrat „nur" gegen ein gesetzliches Bestellungsverbot verstoßen wird, die Hauptversammlung aber für die Wahl von Aufsichtsratsmitgliedern allein zuständig ist.

[182] Vgl OGH 10.10.2002, 6 Ob 97/02m GesRZ 2003, 41 (42 f), der für diesen Fall zwischen Nichtigkeit nach § 199 Abs 1 Z 3 AktG und bloßer Anfechtbarkeit nach § 195 Abs 1 AktG schwankt, dabei freilich zwischen einem direkten Verstoß gegen § 90 AktG – der im Anlassfall nicht vorlag, weil das Aufsichtsratsmitglied nicht Vorstandsmitglied war, sondern „nur" *Vorstandsaufgaben besorgte* – und einer Umgehung des in § 90 AktG verankerten Trennungsprinzips durch Verlagerung von Vorstandsaufgaben an Aufsichtsratsmitglieder nicht sauber unterschied. Dass die gleichzeitige Wahl einer Person zum Aufsichtsratsmitglied und zum Vorstandsmitglied eine mit dem Wesen der AG iSd § 199 Abs 1 Z 3 AktG unvereinbare Gesetzesverletzung bildet, kann – entgegen dem OGH (6 Ob 97/02m GesRZ 2003, 42) – **nicht** *„fraglich"* sein. Bei bloßer Umgehung des § 90 AktG durch unzulässige Verlagerung von Vorstandsagenden an den Aufsichtsrat bzw ein Aufsichtsratsmitglied ist dagegen – insoweit ist dem OGH zu folgen – die Behandlung als bloßer Anfechtungsgrund schon aus Rechtssicherheitsgründen sachgerecht. Nicht ganz verständlich ist aber, warum der OGH (GesRZ 2003, 43) das Vorliegen eines Anfechtungsgrundes nach § 195 Abs 1 AktG davon abhängig zu machen scheint, ob die Aktionäre von der bei richtigem Verständnis § 90 AktG widersprechenden Verlagerung von Vorstandsaufgaben an ein Aufsichtsratsmitglied *Kenntnis* hatten oder nicht. § 195 Abs 1 AktG fordert Gesetzesverletzung, nicht aber *„bewusste"* Gesetzesverletzung, und der OGH zitiert selbst zustimmend jene Lehre, wonach der Inhalt des Beschlusses *„für sich allein genommen"* im objektiven Sinn und vom Motiv und Zweck des Beschlusses losgelöst zu messen sei (vgl *Zöllner* in KölnKommAktG[2] § 241, Rz 54, 69; *Thöni*, Rechtsfolgen fehlerhafter GmbH-Gesellschafterbeschlüsse 67, 90). Noch weniger überzeugend ist es, die Anfechtbarkeit der Wahl des zweiten, keine Vorstandstätigkeit ausübenden Aufsichtsratsmitgliedes von *dessen* subjektiver Kenntnis der gesetzwidrigen Kompetenzübertragung abhängig zu machen (so der OGH GesRZ 2003, 43). Die Wahl des zweiten Aufsichtsratsmitgliedes ist vielmehr auch bei dessen subjektiver Kenntnis von der gesetzwidrigen Kompetenzübertragung *nicht einmal anfechtbar*, wenn man der – gerade vom OGH im selben Erk (vgl näher GesRZ 2003, 42) gebilligten – Ansicht folgt, dass die Wahl oder Wiederwahl eines nicht geeigneten, weil zB in der Vergangenheit pflichtwidrig gehandelt habenden Aufsichtsratsmitgliedes keine Anfechtbarkeit begründet, weil der Gesetzgeber die Prüfung der Eignung des Kandidaten den Aktionären überlasse. Die Wiederwahl eines Aufsichtsratsmitgliedes, das in der Vergangenheit die Wahrnehmung von Vorstandsaufgaben durch ein anderes Aufsichtsratsmitglied geduldet hat, ist aber nichts anderes als die Wahl eines fachlich oder charakterlich nicht geeigneten, weil seine Kontrollpflicht verletzenden Aufsichtsratsmitgliedes.

[183] OGH 6 Ob 97/02m GesRZ 2003, 41.

Unwirksam ist richtiger Ansicht zufolge auch die Bestellung einer nicht voll geschäftsfähigen Person zum Vorstandsmitglied.[184]

Die Nichtigkeit eines gegen ein Bestellungsverbot verstoßenden Aufsichtsratsbeschlusses, dh die Unwirksamkeit der Bestellung des betroffenen Vorstandsmitgliedes, kann bei Vorliegen eines entsprechenden rechtlichen Interesses mit Feststellungsklage nach § 228 ZPO geltend gemacht werden.[185]

53 Verschiedene Gesetze enthalten bestimmte Eignungserfordernisse für Vorstandsmitglieder. Dazu gehören zB das Unvereinbarkeitsgesetz,[186] das Stellenbes-Gesetz mit seiner – soweit der Aufsichtsrat der AG als Bestellungsorgan betroffen ist – bloß die gesetzliche Vorgabe präzisierenden Anordnung, nur den „Geeignetsten" zum Vorstandsmitglied zu bestellen,[187] Art 126 B-VG betreffend Beschränkungen für Mitglieder des Rechnungshofes,[188] § 56 BDG betreffend das Verbot von abträglichen Nebenbeschäftigungen für Bundesbeamte und deren Verpflichtung, eine Tätigkeit im Vorstand, Aufsichtsrat, Verwaltungsrat oder einem sonstigen Organ einer auf Gewinn gerichteten juristischen Person des Privatrechts der Dienstbehörde zu melden, § 63 Abs 4 RStDG betreffend das Verbot für Richter, dem Vorstand oder Aufsichtsrat einer auf Gewinn gerichteten juristischen Person anzugehören,[189] § 36 Abs 2 Z 3 BörseG betreffend das für Börsesensale geltende Verbot, der Geschäftsführung oder dem Aufsichtsorgan einer Kapitalgesellschaft anzugehören, sofern diese Tätigkeiten geeignet sind, die Unparteilichkeit oder die Glaubwürdigkeit der von ihnen festgestellten Kurse und der von ihnen ausgehenden Urkunden zu beeinträchtigen.

Weiters gehören zu den gesetzlichen Bestellungshindernissen jene Vorschriften für beaufsichtigte Unternehmen, insbesondere Banken, Versicherungsunternehmen und Pensionskassen, die bestimmte – oft recht allgemein formulierte[190] – Eignungserfordernisse enthalten (vgl § 4 Abs 3 Z 6, § 5 Abs 1 Z 6–11, 13 BWG, § 4 Abs 6 Z 1 VAG, § 9 Z 9–13 PKG).

54 Neben den gesetzlichen Bestellungshindernissen bzw Eignungserfordernissen gibt es auch auf der Satzung beruhende Vorschriften. Die Satzung kann bestimmte Eignungserfordernisse für Vorstandsmitglieder aufstellen, zB betreffend Staats-

---

[184] So schon *Kastner*, Gedanken über Gelegenheitsgesetze, JBl 1963, 62 (66); *Strasser* in Jabornegg/Strasser, AktG[5] §§ 75, 76 Rz 10; ebenso *Kalss* in Kalss/Nowotny/Schauer, Gesellschaftsrecht Rz 3/248.
[185] *Runggaldier/G. Schima*, Führungskräfte 64; *Strasser* in Jabornegg/Strasser, Akt[5] § 195 Rz 4.
[186] BGBl 1983/330; vgl dazu näher *Strasser* in Jabornegg/Strasser, AktG[5] §§ 75, 76 Rz 8.
[187] Vgl dazu ausführlich Rz 19 ff.
[188] Vgl *Kalss* in Kalss/Nowotny/Schauer, Gesellschaftsrecht Rz 3/250; *Strasser* in Jabornegg/Strasser, AktG[5] §§ 75, 76 Rz 8.
[189] *Kalss* in Kalss/Nowotny/Schauer, Gesellschaftsrecht Rz 3/250; *Strasser* in Jabornegg/Strasser, AktG[5] §§ 75, 76 Rz 8.
[190] *Strasser* in Jabornegg/Strasser, AktG[5] §§ 75, 76 Rz 10. Als prägnante Beispiele seien § 5 Abs 1 Z 10 und 11 BWG herausgegriffen. Nach der erstgenannten Vorschrift muss mindestens ein Geschäftsleiter „*den Mittelpunkt seiner Lebensinteressen in Österreich*" haben und nach der zweitgenannten Bestimmung muss mindestens ein Geschäftsleiter „*die deutsche Sprache beherrschen*".

bürgerschaft, Wohnsitz, Ausbildung, berufliche Vorerfahrung, Zugehörigkeit zu einer bestimmten Familie, Aktionärseigenschaft etc.[191]

Die Satzung darf jedoch nicht durch zu restriktive Kriterien die Möglichkeit des Aufsichtsrates, einen qualifizierten Vorstand zu finden, unsachlich einschränken.[192]

Größte Vorsicht ist geboten bei satzungsmäßigen Eignungserfordernissen, die sich auf nach dem Gleichbehandlungsgesetz verpönte, weil diskriminierend wirkende Kriterien beziehen. Dies gilt für Geschlecht, Rasse, ethnische Zugehörigkeit, Religion oder Weltanschauung, Behinderung, Alter und sexuelle Ausrichtung.[193] Der Umstand, dass Vorstandsmitglieder nach einhelliger Rsp und so gut wie einhelliger Lehrmeinung keine Arbeitnehmer sind (dazu ausführlich Rz 163 ff), ändert daran nichts. Denn das GlBG erfasst auch Bedingungen für den Zugang zu selbständiger Erwerbstätigkeit (vgl § 1 Abs 1 Z 4 bzw § 4 Z 3 GlBG).[194] Eine Satzungsbestimmung mit im obigen Sinne diskriminierendem Inhalt ist wegen Verstoßes gegen ein gesetzliches Verbot gem § 879 Abs 1 ABGB unwirksam.[195] Praktische Bedeutung im Zusammenhang mit Satzungsgestaltungen entfalten die Diskriminierungsverbote des GlBG primär bei *Altersbeschränkungen*. Eine Altersdiskriminierung ist – wegen der in beide Richtungen wirkenden Vorschriften – sowohl die Statuierung eines Mindest- als auch die eines Höchstalters. In der Praxis findet man so gut wie ausschließlich Altershöchstgrenzen. Nicht jede satzungsmäßige Altersgrenze verfällt indes der Nichtigkeit. Denn gem § 20 Abs 3 GlBG liegt eine Diskriminierung aufgrund des Alters nicht vor, wenn die Ungleichbehandlung objektiv und angemessen ist, durch ein legitimes Ziel, insbesondere rechtmäßige Ziele aus den Bereichen Beschäftigungspolitik, Arbeitsmarkt und berufliche Bildung, gerechtfertigt ist und die Mittel zur Erreichung dieses Zieles angemessen und erforderlich sind. Dies kann freilich nur sehr niedrige Altersmindestgrenzen und sehr hohe Altershöchstgrenzen rechtfertigen. Eine satzungsmäßige Altersgrenze von 60 oder auch 65 wird dadurch mE nicht gedeckt.[196]

---

[191] Vgl *Strasser* in Jabornegg/Strasser, AktG⁵ §§ 75, 76 Rz 10; *Kalss* in Kalss/Nowotny/Schauer, Gesellschaftsrecht Rz 3/251.

[192] Dies gilt umso mehr, je weniger sachbezogen die Kriterien sind. Enthält die Satzung zB die Bestimmung, dass der Vorstand sich ausschließlich aus Personen zusammensetzen dürfe, die sowie deren Eltern und Großeltern immer in einem bestimmten Bundesland gelebt hätten und die außerdem einer bestimmten politischen Partei angehörten, dann wird dadurch die Fähigkeit des Aufsichtsrates, den bestqualifizierten Vorstand zu finden, in unverhältnismäßiger und unsachlicher Weise eingeschränkt, sodass der Aufsichtsrat nicht pflichtwidrig handelt, wenn er solche Bestimmungen nicht beachtet, freilich aber seine Abberufung riskiert.

[193] Vgl *Kalss* in Kalss/Nowotny/Schauer, Gesellschaftsrecht Rz 3/251; *Spindler* in MünchKommAktG⁴ § 84 Rz 29.

[194] Vgl *Rebhahn* in Rebhahn, GlBG § 1 Rz 38, 47; *Kalss* in Kalss/Nowotny/Schauer, Gesellschaftsrecht Rz 3/251.

[195] *Rebhahn* in Rebhahn, GlBG § 1 Rz 38, § 3 Rz 28 f; *Kalss* in Kalss/Nowotny/Schauer, Gesellschaftsrecht Rz 3/251.

[196] Vgl etwas abweichend für die deutsche Rechtslage *Jaeger*, Zur Problematik von Altersgrenzen für Vorstandsmitglieder im Hinblick auf das AGG, in FS J. H. Bauer (2010) 495 (497), der Höchstaltersgrenzen in Analogie zu § 10 Satz 3 Nr 5 AGG für insoweit zulässig hält, als nach der für (in Deutschland anders als in Österreich nicht der gesetzlichen Sozialvesicherung unterliegende) Vorstandsmitglieder im Unternehmen geltenden Versorgungsregelung

Aufgrund all dieser Überlegungen wurde im Corporate Governance Kodex in der früheren C-Regel 38 die Empfehlung einer in der Geschäftsordnung oder Satzung zu verankernden Altersgrenze für Vorstandsmitglieder[197] wieder entfernt.[198]

55 Einigkeit besteht darüber, dass beim Verstoß gegen – sowohl gesetzliche als auch satzungsmäßige – Bestellungshindernisse der Bestellungsbeschluss nicht unwirksam wird. Jedenfalls gesetzliche Bestellungshindernisse hat auch das Firmenbuchgericht jederzeit von Amts wegen aufzugreifen.[199] Auf Verstöße gegen bloß auf Satzung beruhende Bestellungshindernisse hat das Firmenbuchgericht dagegen nicht Bedacht zu nehmen.[200]

Die im Schrifttum überwiegend vorzufindende Aussage, bei einem Verstoß gegen (gesetzliche und satzungsmäßige) Eignungserfordernisse sei der Aufsichtsrat *„zur sofortigen Abberufung verpflichtet"*,[201] kann in dieser Allgemeinheit nicht geteilt werden. Zum Verstoß gegen das StellenbesG wurde schon gesagt, dass die Bestellung zum Vorstandsmitglied ohne vorangegangene Ausschreibung als Verletzung eines ausschließlich an das Bestellungsorgan gerichteten Verhaltensgebots weder zur Unwirksamkeit der Bestellung führt noch zur Abberufung berechtigt (siehe Rz 28). Bei beaufsichtigten Unternehmen wie Kreditinstituten, Versicherungen und Pensionskassen ist die Durchsetzung der Einhaltung von gesetzlichen Bestellungshindernissen ohnehin durch die Aufsichtsbehörde möglich. Diese kann mittels Bescheids die Herstellung des gesetzmäßigen Zustandes auftragen. Abgesehen von diesen Fällen sollte es aber für die Beantwortung der Frage nach dem Bestehen eines Abberufungsgrundes bzw einer Abberufungspflicht des Aufsichtsrates richtigerweise darauf ankommen, ob ein schutzwürdiges Interesse der Gesellschaft an der Einhaltung der Bestimmung besteht, diese zB auch dem Schutz von Gläubigern oder (Minderheits-)Aktionären dient und ob dem Vorstandsmitglied die Satzungsbestimmung bekannt oder deren Unkenntnis vorwerfbar war. Insbesondere wenn es sich um typisierte Qualifikationsmerkmale (wie zB die Absolvierung eines bestimmten Studiums) handelt, ist nicht recht einzusehen, warum ein Verstoß dagegen anders behandelt werden sollte als die Verfehlung der den Aufsichtsrat ganz generell und schon nach dem AktG treffenden Pflicht, nur bestgeeignete Personen zu Vorstandsmitgliedern zu bestellen.[202]

---

ein Anspruch auf Altersruhegeld besteht. Das überzeugt aber nicht, weil die einschlägigen Vorschriften nicht primär bezwecken, eine angemessene wirtschaftliche Versorgung des Betroffenen sicherzustellen.

[197] Darauf weist noch *Kalss* in Kalss/Nowotny/Schauer, Gesellschaftsrecht Rz 3/252 hin.
[198] Anders dagegen Z 5.1.2 des deutschen CGK, der nach wie vor eine Altershöchstgrenze für Vorstandsmitglieder empfiehlt.
[199] *Ch. Nowotny* in Doralt/Nowotny/Kalss, AktG² § 75 Rz 3.
[200] *Strasser* in Jabornegg/Strasser, AktG⁵ §§ 75, 76 Rz 10.
[201] So *Ch. Nowotny* in Doralt/Nowotny/Kalss, AktG² § 75 Rz 3; *Kalss* in MünchKommAktG⁴ § 76 Rz 145; ähnlich – möglicherweise aber nur auf gesetzliche Bestellungshindernisse bezogen – *Kalss* in Kalss/Nowotny/Schauer, Gesellschaftsrecht Rz 3/250; auch für satzungsmäßige Bestellungshindernisse eine Abberufungsverpflichtung annehmend *Strasser* in Jabornegg/Strasser, AktG⁵ §§ 75, 76 Rz 10; so schon früher *Schiemer*, AktG² Anm 5.4. und 5.5. zu § 75; *Hämmerle/Wünsch*, Handelsrecht³ II 258; *Hefermehl* in Gessler/Hefermehl/Eckardt/Kropff, AktG § 84 Rz 19.
[202] Vgl zu alldem näher *Runggaldier/G. Schima*, Führungskräfte 63.

Vor allem bei satzungsmäßigen Eignungserfordernissen ist auch der Gedanke von Relevanz, dass – insbesondere bei der Neubestellung – dem Aufsichtsrat die Kenntnis der Satzung viel eher zuzusinnen ist und die Berufung auf ein eigenes rechtswidriges Vorgehen zum Nachteil des Bestellten doch die Merkmale eines venire contra factum proprium aufweist. Sieht man mit der hA den Verstoß gegen (auch satzungsmäßige) Eignungserfordernisse als wichtigen Abberufungsgrund iSd § 75 Abs 4 AktG, dann stellt sich sofort die Frage, ob auch der Anstellungsvertrag in diesem Fall fristlos aufgelöst werden kann. Bejaht man dies, verstärkt sich der gerade getroffene Befund. Eine solche Vorgangsweise wäre überschießend.

Ein Vertrauensentzug durch die Hauptversammlung, der darauf gestützt wird, dass ein bestelltes Vorstandsmitglied gesetzliche oder satzungsmäßige Eignungserfordernisse nicht erfüllte, ist dagegen mit Sicherheit nie *„offenbar unsachlich"*.[203] Eine Ausnahme hat aber (natürlich) dann zu gelten, wenn die Aktionäre den Verstoß schon im Vorfeld – und sei es auch nicht durch formellen Hauptversammlungsbeschluss (dann aber unter Einbeziehung sämtlicher Anteilseigner) – gebilligt haben.

Die Übertragung der Kompetenz, den Vorstand zu bestellen, an ein anderes Organ als den Aufsichtsrat oder eine sonstige Stelle ist unzulässig und unwirksam.[204] Auch die Satzung kann eine solche Übertragung nicht vornehmen.[205]

56

In Konzernen/Unternehmensgruppen wird freilich nicht selten in der Satzung der beherrschten Gesellschaft, in einem Beherrschungsvertrag oder in „Konzernrichtlinien" geregelt, dass die Bestellung von Vorstandsmitgliedern in der beherrschten/abhängigen Gesellschaft zusätzlich der Genehmigung durch ein Organ der beherrschenden Gesellschaft (insbesondere des Aufsichtsrates der beherrschenden Gesellschaft) bedarf.[206] Die Nichtbeachtung solcher „Genehmigungsvorbehalte" hat nicht die Unwirksamkeit der Bestellung zur Folge, doch kann sich jenes Organ, das für die Bestellung zuständig ist, diese aber zustimmungslos vorgenommen hat, verantwortlich machen.[207] Nominierungsrechte oder Zustimmungsvorbehalte sind häufig in Syndikatsverträgen vorgesehen.[208] Derartige Regelungen werden von der hA als nicht durchsetzbar und insoweit nur als unverbindliche Vorschläge betrachtet, weil ein Aufsichtsratsmitglied sich nicht dazu

---

[203] Vgl *Runggaldier/G. Schima*, Führungskräfte 63.
[204] *Runggaldier/G. Schima*, Führungskräfte 64; *Strasser* in Jabornegg/Strasser, AktG⁵ §§ 75, 76 Rz 12; *Kalss* in Kalss/Nowotny/Schauer, Gesellschaftsrecht Rz 3/257.
[205] *Kalss* in MünchKommAktG⁴ § 84 Rz 253; *dieselbe* in Kalss/Nowotny/Schauer, Gesellschaftsrecht Rz 3/257; *Ch. Nowotny* in Doralt/Nowotny/Kalss, AktG² § 75 Rz 6; *Strasser* in Jabornegg/Strasser, AktG⁵ §§ 75, 76 Rz 12.
[206] Vgl *Runggaldier/G. Schima*, Führungskräfte 64; *Kalss* in MünchKommAktG⁴ § 84 Rz 253.
[207] *Runggaldier/G. Schima*, Führungskräfte 64 f: Schlechthin lässt sich eine Verantwortlichkeit bzw das Vorliegen eines Pflichtverstoßes des den Genehmigungsvorbehalt im Unternehmensverbund missachtenden Organs freilich nicht bejahen. Denn der Aufsichtsrat der AG ist zweifelsohne weisungsfrei. Besteht dieser aus Vorstandsmitgliedern der Obergesellschaft, dann können diese allenfalls über § 95 Abs 5 AktG dazu angehalten werden, die Vorstandsbestellung in nachgeordneten Gesellschaften vom Aufsichtsrat der Obergesellschaft absegnen zu lassen.
[208] Vgl *Ch. Nowotny* in Doralt/Nowotny/Kalss, AktG² § 75 Rz 8; *Kalss* in Kalss/Nowotny/Schauer, Gesellschaftsrecht Rz 3/262.

verpflichten kann, eine bestimmte Person oder die von einem Dritten vorgeschlagene Person zum Vorstandsmitglied zu bestellen.[209]

57 Im Anschluss an die OGH-Rsp[210] betreffend die Durchsetzbarkeit von Syndikatsverträgen im omnilateralen GmbH-Syndikat wird man mE auch Syndikatsverträge zumindest bei der personalistisch ausgestalteten AG in anderem Licht sehen müssen, wenn alle Aktionäre eingebunden sind.[211] Dies bedeutet aber mE gegebenenfalls nur die Unwirksamkeit bzw Anfechtbarkeit von Hauptversammlungsbeschlüssen bei omnilateralen Syndikaten; ein Durchschlagen auf einen syndikatswidrig gefassten Aufsichtsrats-Bestellungsbeschluss würde dagegen – konsequent weitergedacht – voraussetzen, dass sämtliche Aufsichtsratsmitglieder auch (syndikatsgebundene) Aktionäre sind.[212]

4. Bestellungsdauer

58 Gemäß § 75 Abs 1 Satz 1 und 2 AktG bestellt der Aufsichtsrat Vorstandsmitglieder auf höchstens fünf Jahre. Wenn die Bestellung eines Vorstandsmitgliedes auf eine bestimmte längere Zeit, auf unbestimmte Zeit oder ohne Zeitangabe erfolgt, ist sie fünf Jahre wirksam.

Im Gesetz ist also eine Höchstbestellungsdauer für Vorstandsmitglieder enthalten, nicht aber eine Begrenzung für die von einem Vorstandsmitglied insgesamt absolvierte Amtsdauer, somit keine Beschränkung der Aneinanderreihung von Mandatsperioden.[213]

Wenn die Bestellung auf längere Zeit als für fünf Jahre, auf unbestimmte Zeit oder ohne Zeitangabe erfolgt, wirkt sie für fünf Jahre; hinsichtlich des darüber hinaus reichenden Teiles liegt Teilunwirksamkeit vor. Das Vorstandsmandat endet – vorbehaltlich einer Wiederbestellung – jedenfalls nach Ablauf von fünf Jahren automatisch.[214]

Die Fünf-Jahres-Frist des § 75 Abs 1 Satz 1 AktG beginnt nicht mit dem Zeitpunkt der Fassung des Bestellungsbeschlusses, sondern mit dem Zeitpunkt des Funktionsbeginns zu laufen.[215]

---

[209] Vgl *Tichy*, Syndikatsverträge 123 f; *Ch. Nowotny* in Doralt/Nowotny/Kalss, AktG² § 75 Rz 8; *Kalss* in Kalss/Nowotny/Schauer, Gesellschaftsrecht Rz 3/262; vgl näher zur Durchsetzbarkeit von Syndikatsverträgen in der AG *G. Schima*, Zur Effizienz von Syndikatsverträgen, insbesondere bei der AG, in FS Krejci I (2001) 825.

[210] Vgl OGH 2 Ob 46/97x SZ 72/127 = EvBl 2000/23.

[211] Vgl schon *Tichy*, Syndikatsverträge 123 f, der für omnilaterale Syndikate ebenfalls vom Dogma der „Nicht-Durchsetzbarkeit" abweicht.

[212] Der OGH hat in einer E aus dem Jahr 2001 die generelle Übertragung der Rechtsprechung zur Durchsetzbarkeit von GmbH-Syndikatsverträgen auf insb kapitalisitisch strukturierte Aktiengesellschaften verneint. Im konkreten Fall war ein „Durchschlagen" des Syndikatsvertrags außerdem abzulehnen, weil es um syndikatswidriges Vorstandshandeln ging und der Vorstand der Hauptversammlung gegenüber jedenfalls nicht weisungsgebunden ist und kein Fall von § 103 Abs 2 AktG vorlag (OGH 24.1.2001, 9 Ob 13/01d).

[213] *Runggaldier/G. Schima*, Führungskräfte 60.

[214] *Runggaldier/G. Schima*, Führungskräfte 60.

[215] Vgl *Schiemer*, AktG² Anm 2.1. zu § 75; *Kastner/Doralt/Nowotny*, Gesellschaftsrecht⁵ 218 f; *Geppert/Moritz*, Gesellschaftsrecht für Aufsichtsräte 238; *Plöchl*, Zur Amtszeit des Vorstan-

Freilich enthält der Bestellungsbeschluss des Aufsichtsrates – wenn dieser umsichtig agiert und insbesondere bei einer längeren geplanten Vakanz – regelmäßig ein Wirksamkeitsdatum. Das angesprochene Problem kann sich daher nur stellen, wenn ein solches Datum fehlt und das Vorstandsmitglied – geplant oder ungeplant – sein Amt tatsächlich erst nach Mitteilung des Bestellungsbeschlusses antritt. Steht der Zeitpunkt für den geplanten Amtsantritt außer Zweifel, schiebt jedoch ein die faktische Aufnahme der Geschäfte verzögernder Krankenstand den Beginn des Laufes der Amtsperiode nicht hinaus.

Innerhalb der fünfjährigen Höchstfrist des § 75 Abs 1 Satz 1 AktG sind Klauseln mit „Verlängerungsautomatik" grundsätzlich unproblematisch.[216] Soweit mit einer solchen Verlängerungsklausel die Fünf-Jahres-Grenze überschritten wird, tritt jedoch (Teil-)Unwirksamkeit ein.[217]

Die grundsätzliche Unzulässigkeit und Unwirksamkeit „stillschweigender" Aufsichtsratsbeschlüsse (Rz 38) spricht nicht gegen eine Verlängerungs- bzw „Kettenklausel", wonach das Mandat des auf eine bestimmte (fünf Jahre unterschreitende) Zeit bestellten Vorstandsmitgliedes sich automatisch um eine – in der Zusammenrechnung fünf Jahre nicht übersteigende – Zeit verlängert, wenn der Aufsichtsrat nicht bis unmittelbar vor Fristablauf oder bis zu einem bestimmten Zeitpunkt vor diesem einen gegenteiligen Beschluss gefasst hat.[218] Denn es liegt dann ein ausdrücklicher Aufsichtsratsbeschluss vor, und dessen Auslegung kann im gewählten Beispiel auch keine Rechtsunsicherheit darüber aufkommen lassen, ob das Mandat verlängert wurde oder nicht.[219]

Eine Mindestdauer für das Vorstandsmandat kennt das AktG nicht.[220] Auf welche Dauer – innerhalb der fünfjährigen Höchstgrenze – der Aufsichtsrat ein Vorstandsmitglied bestellt, steht grundsätzlich in seinem verantwortlichen Ermessen.[221] Der vor bald 25 Jahren gemachte Befund, dass die gesetzliche Höchstdauer

---

des, GesRZ 1979, 11 (12); *Runggaldier/G. Schima*, Führungskräfte 61; *Strasser* in Jabornegg/Strasser, AktG⁵ §§ 75, 76 Rz 29; *Kalss* in Kalss/Nowotny/Schauer, Gesellschaftsrecht Rz 3/266.

[216] *Runggaldier/G. Schima*, Führungskräfte 60; *Ch. Nowotny* in Doralt/Nowotny/Kalss, AktG² § 75 Rz 12; *Kalss* in Kalss/Nowotny/Schauer, Gesellschaftsrecht Rz 3/266; *Strasser* in Jabornegg/Strasser, AktG⁵ §§ 75, 76 Rz 32.

[217] *Runggaldier/G. Schima*, Führungskräfte 60; *Strasser* in Jabornegg/Strasser, AktG⁵ §§ 75, 76 Rz 32.

[218] *Runggaldier/G. Schima*, Führungskräfte 60.

[219] Dies gilt mit der Einschränkung, dass auch der „Nichtverlängerungsbeschluss" des Aufsichtsrates zwar nicht zustimmungs-, wohl aber als Willenserklärung des Aufsichtsrates empfangsbedürftig ist. Da es für die Mitteilung des Beschlussinhaltes an das Vorstandsmitglied keine Formerfordernisse gibt, diese also auch vom Aufsichtsratsvorsitzenden oder einem beauftragten Boten mündlich übermittelt werden kann, ist es in der Praxis oft strittig, *ob* fristgerecht der „Nichtverlängerungsbeschluss" gefasst wurde. Die damit verbundene Rechtsunsicherheit ist aber keine spezifisch mit „Kettenklauseln" verbundene, denn sie stellt sich generell bei der Bestellung und insbesondere – und dies in der Praxis gar nicht so selten – bei der Abberufung von Vorstandsmitgliedern.

[220] Vgl *Runggaldier/G. Schima*, Führungskräfte 62; *Kalss* in Kalss/Nowotny/Schauer, Gesellschaftsrecht Rz 3/266; *Strasser* in Jabornegg/Strasser, AktG⁵ §§ 75, 76 Rz 32.

[221] *Strasser* in Jabornegg/Strasser, AktG⁵ §§ 75, 76 Rz 32.

unterschreitende Bestellungen in der Praxis primär bei sich dem „Pensionsalter" nähernden Vorstandsmitgliedern üblich seien,[222] kann heute empirisch nicht mehr aufrecht erhalten werden. Tendenziell scheint die Bestellung auf fünf Jahre von der Regel fast zur Ausnahme zu mutieren. Dieser Umstand ist Resultat verschiedenster Entwicklungen. Er reflektiert einerseits das aktuelle Bestreben, Vorstandsmitglieder mit weniger „luxuriösen" Verträgen auszustatten und sie gleichsam an die „kürzere Leine" zu nehmen, ist außerdem Ausdruck des Einflusses internationaler (insbesondere aus den USA kommender) Einflüsse und wird nicht zuletzt durch in der jüngeren und jüngsten Zeit entfaltete Vorhaben auch auf regulatorischer Ebene (zB durch Empfehlungen der EU-Kommission) verstärkt, Obergrenzen für Abfindungszahlungen einzuziehen. Der Zusammenhang ist ja evident: Je kürzer der Vertrag läuft, desto geringer sind potentielle Abfindungszahlungen, insbesondere bei vorzeitiger Trennung.

Ungeachtet des Fehlens einer gesetzlichen Untergrenze sind beliebig kurze Bestellungsdauern nicht von vornherein unbedenklich und schrankenlos zulässig. Unsachlich kurze Befristungen untergraben tendenziell die im AktG explizit angeordnete (§ 70 AktG) Unabhängigkeit des Vorstandes auch vom Aufsichtsrat, und vor allem Kettenklauseln, die mit sehr kurzfristigen Bestellungen kombiniert sind, umgehen das auf zwingendem Recht beruhende Erfordernis eines wichtigen Grundes für die Abberufung (§ 75 Abs 4 AktG).[223] Schließlich untergraben zu kurze Bestellungsdauern die Möglichkeit des Vorstandes zu vorausschauender und nicht bloß kurzfristiger Planung.

Aus der Annahmebedürftigkeit der Bestellung kann nicht gefolgert werden, dass jede kurze Befristung unbedenklich ist.[224] Durch eine Einschränkung kurzfristiger Bestellungen soll nicht primär der (durch Annahme der Bestellung gleichsam aufgegebene) Schutz des einzelnen Vorstandsmitgliedes bezweckt, sondern in erster Linie die vom AktG zwingend festgelegte Organstruktur und Aufgabenverteilung zwischen den Organen sichergestellt werden.[225]

Bestellt ein Aufsichtsrat ein Vorstandsmitglied zB nur auf sechs Monate mit der zusätzlichen Abrede, dass sich das Mandat um weitere sechs Monate verlängert, wenn nicht vor Fristablauf ein gegenteiliger Aufsichtsratsbeschluss gefasst und dem Vorstandsmitglied mitgeteilt wird, dann ist eine solche Bestellung – insoweit können die für Kettendienstverträge von der Rsp[226] ausgebildeten Grundsätze fruchtbar gemacht werden – als eine Bestellung auf unbestimmte Zeit und damit – dies ist eine Folge des § 75 Abs 1 Satz 2 AktG – als Bestellung auf fünf Jahre zu qualifizieren. Dies hat nichts mit der Übertragung arbeitsrechtlicher Schutzerwägungen zu tun, sondern ist Resultat der Behandlung einer *Gesetzesumgehung*,

---

[222] *Runggaldier/G. Schima*, Führungskräfte 62.
[223] Vgl *Hefermehl* in Gessler/Hefermehl/Eckardt/Kropff, AktG § 84 Rz 23; *Runggaldier/G. Schima*, Führungskräfte 62; ähnlich *Kalss* in Kalss/Nowotny/Schauer, Gesellschaftsrecht Rz 3/266 und jüngst *Kalss* in MünchKommAktG⁴ § 84 Rz 260.
[224] So aber *Schiemer*, AktG² Anm 2.2. zu § 75.
[225] *Runggaldier/G. Schima*, Führungskräfte 62; offenbar keine Bedenken gegen sehr kurzfristige Bestellungen hegend *Strasser* in Jabornegg/Strasser, AktG⁵ §§ 75, 76 Rz 32.
[226] Vgl zB OGH 4.9.1996, 9 ObA 2126/96d; RIS-Justiz RS0021824, zuletzt in OGH 8 ObA 13/14s ARD 6407/6/2014.

nämlich der Umgehung des § 75 Abs 4 AktG betreffend das Erfordernis eines wichtigen Grundes für die Abberufung von Vorstandsmitgliedern.[227] Eine starre Untergrenze[228] lässt sich daher schwer ausmachen.[229]

Freilich muss es schon sachliche Gründe geben, um Bestellungen von weniger als einem Jahr – und daher auch weniger als einem typischen Geschäftsjahr – zu rechtfertigen.[230]
Auch die pflichtwidrig kurze Bestellung bleibt jedoch wirksam.[231] Im Einzelfall – insbesondere in „Überbrückungsfällen", so zB bei der gelegentlich vorkommenden „Reaktivierung" eines schon in den Ruhestand getretenen Vorstandsmitgliedes zwecks Füllung einer Vakanz – ist auch eine sehr kurzfristige Bestellung zulässig und unproblematisch.[232]

5. Wiederholte Bestellung

Gem § 75 Abs 1 Satz 3 AktG ist die „wiederholte Bestellung" zulässig; sie „bedarf" jedoch „zu ihrer Wirksamkeit der schriftlichen Bestätigung durch den Aufsichtsratsvorsitzenden".

Die Vorschrift ist seit jeher umstritten, heftiger Kritik ausgesetzt und wird zu Recht im Schrifttum als *„offensichtlich misslungen"* bezeichnet.[233]

Logisch wäre es, für die Wiederbestellung entweder dieselben oder allenfalls *geringere*, nicht aber strengere Voraussetzungen als für die Erstbestellung zu verlangen.[234] *Kastner*[235] vertrat eine diesbezügliche Auffassung sogar noch unmittelbar nach Kundmachung des AktG 1965, indem er *nur* die schriftliche Bestätigung, nicht aber den Aufsichtsratsbeschluss als nach dem neuen Recht erforderlich ansah: *„§ 75 Abs (1) schreibt nun für die Wirksamkeit der Wiederbestellung und Wiederanstellung nicht einen Aufsichtsratsbeschluß vor, sondern läßt eine schriftliche Bestätigung darüber durch den Vorsitzenden des Aufsichtsrates genügen. Das Vorstandsmitglied kann sich daher künftig darauf verlassen, dass seine Wiederbe-*

---

[227] Vgl *Kalss* in MünchKommAktG⁴ § 84 Rz 260 und Kalss in Kalss/Nowotny/Schauer, Gesellschaftsrecht Rz 3/266, die davon spricht, dass ein Widerruf der Bestellung „sonst überflüssig würde".
[228] Vgl *Kastner*, Bestellung von Vorstandsmitgliedern einer Aktiengesellschaft auf unbestimmte Zeit, ÖJZ 1953, 645, plädiert für eine Untergrenze von einem Jahr.
[229] *Runggaldier/G. Schima*, Führungskräfte 62.
[230] Für eine solche „Zweifelsgrenze" auch *Kalss* in Kalss/Nowotny/Schauer, Gesellschaftsrecht Rz 3/266; *Hüffer/Koch*, AktG¹¹ § 84 Rz 7; *Mertens/Cahn* in KölnKommAktG³ § 84 Rz 24; *Spindler* in MünchKommAktG⁴ § 84 Rz 43.
[231] Vgl für alle *Hüffer/Koch*, AktG¹¹ § 84 Rz 7.
[232] *Runggaldier/G. Schima*, Führungskräfte 62.
[233] So *Kastner/Doralt/Nowotny*, Gesellschaftsrecht⁵ 219. Ausführlich zur Entstehung der Bestimmung *Wallisch*, Die Wiederbestellung von Vorstandsmitgliedern, wbl 2010, 561 (567).
[234] Vgl *Runggaldier/G. Schima*, Führungskräfte 59; vgl auch *Kastner*, ÖJZ 1953, 647, der unter der Geltung des AktG 1937 die Meinung vertrat, dass die „wiederholte Bestellung" auch durch Unterlassung der Abberufung und Vornahme von Handlungen – wie zB der Billigung des Jahresabschlusses – erfolgen könne, die deutlich erkennen ließen, dass der Aufsichtsrat den Betroffenen weiterhin als Vorstandsmitglied betrachte.
[235] *Kastner*, Aktiengesetz 1965, JBl 1965, 392 (394 f).

stellung (Anstellung) auch dann wirksam ist, wenn ihm der Vorsitzende ohne Aufsichtsratsbeschluß die Wiederbestellung (Anstellung) schriftlich bestätigt hat."[236]

62 Diese Meinung hat sich nicht durchgesetzt. Der Gesetzeswortlaut sagt zwar nicht mit allerletzter Klarheit, aber doch ziemlich eindeutig, dass für die Wiederbestellung *sowohl* ein Bestellungsbeschluss des Aufsichtsrates *als auch* dessen schriftliche Bestätigung durch den Aufsichtsratsvorsitzenden erforderlich ist.[237]

63 Nun mag der Wortlaut des Gesetzes für das kumulative Vorliegen beider Voraussetzungen sprechen; es ist aber andererseits die Annahme begründet, dass die Gesetzesverfasser der Ansicht waren, mit § 75 Abs 1 Satz 3 AktG die Anforderungen an die wiederholte Bestellung nicht zu erhöhen, sondern zu *verringern,* indem eine schriftliche Bestätigung des Aufsichtsratsvorsitzenden den Wiederbestellungsbeschluss *substituieren* sollte.[238] Dieser Umstand und die Tatsache, dass eine Orientierung am – ohnehin nicht restlos klaren (siehe im Folgenden) – Wortlaut zu hochgradig unbilligen Ergebnissen führen würde, rechtfertigt mE eine berichtigende Auslegung in dem Sinne, dass das Erfordernis der schriftlichen Bestätigung durch den Aufsichtsratsvorsitzenden überhaupt *entfallen* kann. Man vergegenwärtige sich ja nur folgenden – in der Praxis nicht etwa ganz selten, sondern regelmäßig (!) vorkommenden – Fall: Ein Vorstandsmitglied wird in einer Aufsichtsratssitzung in seiner Anwesenheit vom Aufsichtsrat wiederbestellt, nimmt diese Wiederbestellung an, was auch im Protokoll eigens vermerkt wird. Aufgrund der Anwesenheit des Vorstandsmitgliedes bei der Fassung des Bestellungsbeschlusses und dessen mündlich erklärter Annahme erfolgt keine gesonderte schriftliche, die Unterschrift des Aufsichtsratsvorsitzenden tragende Verständigung des Wiederbestellten. Soll nun tatsächlich die Gesellschaft auch zwei oder drei Jahre später die absolute Unwirksamkeit der Wiederbestellung aufgreifen dürfen, wenn mittlerweile das Vorstandsmitglied in Ungnade gefallen ist und der Aufsichtsrat – unter Einschaltung von Rechtsberatern – nach Möglichkeiten sucht, sich kostengünstig vom Vorstandsmitglied zu trennen? Diese Frage zu bejahen, wäre gröbst unbillig, ja würde „dem Rechtsgefühl aller billig und gerecht Denkenden widersprechen".

Selbst wenn man dieser Ansicht nicht folgt, genügt mE jedenfalls die Unterfertigung des Protokolls über den Wiederbestellungsbeschluss durch den Aufsichtsratsvorsitzenden.[239] § 75 Abs 1 Satz 3 AktG spricht nicht davon, dass die *„schrift-*

---

[236] Ebenso *Kastner* in FS Schmitz I (1967) 82 (98).
[237] *Runggaldier/G. Schima,* Führungskräfte 59; *Strasser* in Jabornegg/Strasser, AktG[5] §§ 75, 76 Rz 34; *Geppert/Moritz,* Gesellschaftsrecht für Aufsichtsräte 238; für den Charakter als konstitutive Formvorschrift auch OGH 20.9.1977, 3 Ob 546/77 EvBl 1978/41 = HS 11.301.
[238] Vgl dazu *Kastner* in FS Schmitz I 82 (97 f); *Kastner,* Grundriss des österreichischen Gesellschaftsrechts[4] (1983) 180; *Runggaldier/G. Schima,* Führungskräfte 59.
[239] So schon *Kastner/Doralt/Nowotny,* Gesellschaftsrecht[5] 219 f; diesen folgend *Runggaldier/G. Schima,* Führungskräfte 59 f; *Kalss* in Kalss/Nowotny/Schauer, Gesellschaftsrecht Rz 3/267; *Kalss* in MünchKommAktG[4] § 84 Rz 261; *Kalss/Burger/Eckert,* Entwicklung des österreichischen Aktienrechts 638 ff; *Strasser* in Jabornegg/Strasser, AktG[5] §§ 75, 76 Rz 34 f; gegenteilig *Sprung/Wenzel,* Studien zu § 75 Abs 1, 3. Satz, Aktiengesetz 1965, in FS Krejci I (2001) 868 (892), die zwar eine eingehende Analyse anstellen, sich letztlich aber in Begriffe verstricken und den Telos der Regelung dabei aus den Augen verlieren.

liche Bestätigung" – bei der es sich nur um eine Wissenserklärung und nicht um eine Willenserklärung handeln kann[240] – auch dem Wiederbestellten zuzugehen habe. Protokollunterfertigung reicht daher jedenfalls aus.

Eine *„wiederholte"* Bestellung eines Vorstandsmitgliedes ist jede einer Amtsperiode als Vorstandsmitglied unmittelbar folgende Bestellung.[241] Liegen zwischen zwei Mandatsperioden Pausen, kehrt das Vorstandsmitglied also später wieder ins Unternehmen zurück, liegt keine „wiederholte Bestellung" vor.[242]

64

Nicht ausreichend ist aber die bloße schriftliche und an das Vorstandsmitglied gerichtete „Bestätigung" des Aufsichtsratsvorsitzenden *ohne* Wiederbestellungsbeschluss des Aufsichtsrates.[243] Dies gilt ungeachtet des Umstandes, dass § 75 Abs 1 Satz 3 AktG vor allem konkludente Wiederbestellungen verhindern will.[244]

Das österreichische AktG enthält – anders als § 84 Abs 1 Satz 3 dAktG – keine Regelung darüber, „wie früh" Wiederbestellungen von Vorstandsmitgliedern erfolgen dürfen (nach der deutschen Regelung: frühestens ein Jahr vor Ende der Amtszeit). Die Geltung einer maximal einjährigen Vorlaufzeit für Österreich kann daher nicht vertreten werden.[245] Die Annahme einer maximal einjährigen Vorlaufdauer ist auch deshalb nicht begründet, weil selbst in Deutschland § 84 Abs 1 Satz 3 dAktG im Schrifttum[246] nicht streng nach seinem Wortlaut ausgelegt wird. Vielmehr greift nach hL die Vorschrift nur, wenn durch den Wiederbestellungsbeschluss des Aufsichtsrates eine „faktische Amtszeit" von mehr als sechs Jahren zustande käme, der Aufsichtsrat also erst nach sechs Jahren (oder einem noch längeren Zeitraum) über eine erneute Wiederbestellung entscheiden müsste.[247] Diese Auffassung hat wohl auch Pkt 5.1.2. Abs 2 Satz 2 des deutschen Corporate Governance Kodex für sich, wonach eine Wiederbestellung vor Ablauf eines Jahres vor dem Ende der Bestelldauer bei gleichzeitiger Aufhebung der laufenden Bestellung nur bei Vorliegen besonderer Umstände[248] erfolgen soll, etwa bei Ernennung zum Vorstandsvorsitzenden oder bei einem Angebot von dritter Seite.[249] *Kort*[250] weist

65

---

[240] Insoweit zutr *Strasser* in Jabornegg/Strasser, AktG⁵ §§ 75, 76 Rz 34.
[241] *Schiemer*, AktG² Anm 3.2. zu § 75; *Runggaldier/G. Schima*, Führungskräfte 59.
[242] *Strasser* in Jabornegg/Strasser, AktG⁵ §§ 75, 76 Rz 37.
[243] *Strasser* in Jabornegg/Strasser, AktG⁵ §§ 75, 76 Rz 34; aM *Kastner*, JBl 1965, 394 f; *Kastner* in FS Schmitz I 98; *Plöchl*, GesRZ 1979, 11.
[244] Dies sieht als Regelungszweck auch *Kalss* in Kalss/Nowotny/Schauer, Gesellschaftsrecht Rz 3/266; insoweit zutr unter ausführlicher Aufarbeitung der Entstehungsgeschichte *Sprung/Wenzel* in FS Krejci I 890.
[245] So aber offenbar *Kalss* in Kalss/Nowotny/Schauer, Gesellschaftsrecht Rz 3/267 und MünchKommAktG⁴ § 84 Rz 261 ohne Begründung und unter bloßem Verweis auf die deutsche Regelung, ja sogar mit der Aussage, dass eine frühere Wiederbestellung unwirksam sei.
[246] Vgl *Hüffer/Koch*, AktG¹¹ § 84 Rz 6; *Spindler* in MünchKommAktG⁴ § 84 Rz 48 f; vgl auch die zahlreichen Beispiele in *Kort* in GroßkommAktG⁵ § 84 Rz 105 ff, 109.
[247] Ausdrücklich *Kort* in GroßkommAktG⁵ § 84 Rz 105, der von einer „maximal sechsjährigen Bindung des Aufsichtsrates an seine Personalentscheidung" spricht.
[248] Darunter könnte mE auch die Vereinheitlichung der Laufzeiten der Vorstandsmandate in der Gesellschaft subsumiert werden.
[249] *Hefermehl/Spindler*, in MünchKommAktG² § 84 Rz 36.
[250] *Kort* in GroßkommAktG⁵ § 84 Rz 112 ff.

zwar darauf hin, dass in Teilen des deutschen Schrifttums[251] eine solche Neufestsetzung – die anders als die Verlängerung der Amtszeit nicht an die bisherige (abgelaufene) Amtszeit anschließt – bei Einverständnis des Vorstandmitgliedes für zulässig erachtet wird, ohne dass § 84 Abs 1 Satz 3 dAktG (überhaupt) beachtet werden müsste. Er führt jedoch gleichzeitig aus, dass diese Auffassung bedenklich sei, weil hiermit § 84 Abs 1 Satz 3 dAktG umgangen werden könnte und spricht sich für eine „analoge" Beachtung dieser Bestimmung aus.[252] Auch die kritischen Stimmen im deutschen Schrifttum problematisieren aber eine „Wiederbestellung" nicht, durch die die fünfjährige Höchstdauer ohnehin nicht überschritten wird.[253] Von der „wiederholten Bestellung" ist außerdem die Erneuerung der Bestellung zu unterscheiden. Bei letzterer wird während der Amtszeit ein zB für fünf Jahre bestelltes Vorstandsmitglied nach zwei oder drei Jahren neuerlich, und zwar für eine sofort neu wirksame Periode von wiederum maximal fünf Jahren bestellt. Dabei handelt es sich um die Aufhebung der bisherigen Bestellung unter gleichzeitiger Neubestellung.[254]

Jedenfalls gibt es keinen überzeugenden Grund, die deutsche Regelung in § 84 Abs 1 Satz 3 dAktG kraft Interpretation einfach in Österreich anzuwenden.[255] Wenn sich auch das österreichische AktG darüber ausschweigt, so ergibt sich aus dem Zweck der maximalen Bestellungsdauer immerhin, dass der Aufsichtsrat nicht durch Wiederbestellungen bei noch längere Zeit aufrechtem Mandat die – in Österreich gleichermaßen wie in Deutschland geltende – Höchstfrist schrankenlos unterlaufen kann. Wiederbestellungen sind nach österreichischem Recht daher nicht einfach deshalb unzulässig, weil sie früher als ein Jahr vor Ablauf der laufenden Mandatsperiode erfolgen; sie sind vielmehr (aber auch nur dann) zulässig, wenn dadurch nicht die aktienrechtlich vorgegebene Höchstdauer für Vorstandsmandatsperioden gem § 75 Abs 1 AktG (auf fünf Jahre) unterlaufen wird.[256]

66 Nach der Absicht des Gesetzgebers soll es zumindest alle fünf Jahre (bezogen auf ein und dieselbe Person als Vorstandsmitglied) zu einer Willensentscheidung des Aufsichtsrates über den Bestand des Mandats kommen. Freilich darf dabei

---

[251] *Wiesner* in MünchHdbGesR³ IV § 20 Rz 32; *Hölters/Weber*, Vorzeitige Bestellung von Vorstandsmitgliedern, AG 2005, 629 (631 ff); *Bauer/Krets*, Gesellschaftsrechtliche Sonderregeln bei der Beendigung von Vorstands- und Geschäftsführerverträgen, DB 2003, 811 (817); *Willemer*, Die Neubestellung von Vorstandsmitgliedern vor Ablauf der Amtsperiode, AG 1977, 130 ff; *Krieger*, Personalentscheidungen des Aufsichtsrates 126 f.

[252] *Kort* in GroßkommAktG⁵ § 94 Rz 114, mit Hinweis darauf, dass diese Auffassung „im Ergebnis" auch *Hefermehl/Spindler* in MünchKommAktG² § 84 Rz 36 teilten. Dies ist aber insofern unrichtig, als die beiden zuletzt genannten Autoren ausdrücklich darauf hinweisen, dass diese Vorgangsweise zulässig sei, wenn die Zeitdauer der effektiven Bestellung – unter Einrechnung der ersten „Amtsdauer" – fünf Jahre nicht übersteigt.

[253] *Hefermehl/Spindler* in MünchKommAktG² § 84 Rz 36; *Hüffer/Koch*, AktG¹¹ § 84 Rz 8.

[254] Vgl *Hefermehl/Spindler* in MünchKommAktG² § 84 Rz 36; *Spindler* in MünchKommAktG⁴ § 84 Rz 50; die Zulässigkeit solcher Neubestellungen ablehnend *Mertens/Cahn*, KölnKommAktG³ § 84 Rz 23.

[255] So auch zutr *Strasser* in Jabornegg/Strasser, AktG⁵ §§ 75, 76 Rz 37; aM offenbar *Kalss* in Kalss/Nowotny/Schauer, Gesellschaftsrecht Rz 3/267.

[256] *Sprung/Wenzel* in FS Krejci I 869 (890 ff); *Strasser* in Jabornegg/Strasser, AktG⁵ §§ 75, 76 Rz 37; *Ch. Nowotny* in Doralt/Nowotny/Kalss, AktG² § 75 Rz 13.

II. Auswahl und Bestellung des Vorstandes

zeitlich nicht mit dem Lineal gemessen werden.[257] Der Beschluss des Aufsichtsrates auf wiederholte Bestellung ist (nur) dann rechtswidrig und nichtig, wenn er so gefasst wird, dass es faktisch zu einer die gesetzliche Höchstdauer von fünf Jahren *beträchtlich überschreitenden* Funktionsperiode kommt.[258]

Gäbe es für den Zeitpunkt eines Wiederbestellungsbeschlusses keinerlei Schranken, könnte der Aufsichtsrat ein auf fünf Jahre bestelltes Vorstandsmitglied zB schon nach einem Jahr um fünf Jahre verlängern und auf diese Art und Weise bewirken, dass erst nach neun Jahren ein weiterer Aufsichtsratsbeschluss über eine zweite Verlängerung nötig wäre. Dies liefe dem gesetzgeberischen Anliegen zuwider, das darin besteht, dass grundsätzlich zumindest alle fünf Jahre eine Willensentscheidung des Aufsichtsrates über ein konkretes Vorstandsmandat gefasst werden muss.[259]

Gegen einen verhältnismäßig geringfügigen „Überhang" in der Weise, dass die „de facto-Amtszeit" eines Vorstandsmitgliedes auch einige Monate länger dauert als fünf Jahre, ist aber sicher nichts einzuwenden.[260] Derartiges ist – wie schon gesagt – auch nach deutscher Rechtslage zulässig. Sechs Monate nicht überschreitende „Überhänge" sind mE grundsätzlich unproblematisch, wenn man sich die – in gut geführten Unternehmen übliche – Praxis vergegenwärtigt, dass der Aufsichtsrat idR nicht später als sechs Monate vor Ablauf der Amtszeit über die Wiederbestellung entscheidet, so dass es dann ohnehin nicht zu einer längeren als fünfjährigen „de facto-Amtszeit" kommt. Mehr als ein Jahr dauernde Überhänge sind sicher nicht tolerabel;[261] ob sie bis zu einem Jahr (bei maximaler Ausnutzung der aktienrechtlichen Höchstbestellungsdauer) zulässig sind, kann zumindest nicht als ganz gesichert gelten. Insofern ist – gemessen an der herrschenden Auslegung des § 84 Abs 1 Satz 3 dAktG – in Österreich sogar *mehr* Vorsicht bei der frühzeitigen Wiederbestellung von auf fünf Jahre bestellten Vorstandsmitgliedern geboten.

---

[257] Gegen eine starre Grenzziehung *Wallisch*, wbl 2010, 561 (565), der die Wirksamkeit einer aus sachlichen Gründen erfolgenden vorzeitigen Wiederbestellung bejahen würde, selbst wenn sie mehr als ein Jahr vor Auslaufen der Fünfjahresfrist erfolgt.

[258] Vgl *Strasser* in Jabornegg/Strasser, AktG[5] §§ 75, 76 Rz 37. Strasser knüpft die Unzulässigkeit daran, dass die Wiederbestellung „ohne sachlichen Grund zu einem unverhältnismäßig frühen Zeitpunkt während der ersten Funktionsperiode erfolgt" und „es auf dieser Weise faktisch zu einer die gesetzliche Höchstdauer von fünf Jahren beträchtlich überschreitenden Funktionsperiode kommt [...]" Dieser Auffassung ist beizutreten, weil nichts dagegen einzuwenden ist und es auch in der Praxis regelmäßig vorkommt, dass die Wiederbestellung so erfolgt, dass die neue Mandatsperiode zB fünfeinhalb Jahre nach Fassung des Wiederbestellungsbeschlusses ausläuft, weil der Aufsichtsrat ohnehin sechs Monate vor Ablauf der Mandatsperiode über eine Wiederbestellung entscheidet. *Nowotny* (in Doralt/Nowotny/Kalss, AktG[2] § 75 Rz 13) meint, es sei auch eine Wiederbestellung einige Monate vor Ablauf der Bestellung unbedenklich, „soweit nicht übliche Fristen für die Vorbereitung auf einen Berufswechsel (in der Regel höchstens ein Jahr) überschritten werden."

[259] Vgl *Hüffer/Koch*, AktG[11] § 84 Rz 6; sehr ausführlich *Spindler* in MünchKommAktG[4] § 84 Rz 50; *Kort* in GroßkommAktG[5] § 84 Rz 57 ff mwN.

[260] Vgl *Sprung/Wenzel* in FS Krejci I 869 (890 ff); *Strasser* in Jabornegg/Strasser, AktG[5] §§ 75, 76 Rz 37; *Ch. Nowotny* in Doralt/Nowotny/Kalss, AktG[2] § 75 Rz 13.

[261] Liberaler hingegen *Wallisch*, wbl 2010, 561 (656), der auf die sachliche Begründung im Einzelfall abstellt.

Wie schon gesagt wurde, kann eine sehr frühzeitig beschlossene Wiederbestellung bei jenen Unternehmen problematisch sein, die dem StellenbesG unterliegen. Praktische Beobachtungen zeigen sogar, dass es sich dabei um einen nicht ganz unbeliebten „Trick" handelt, um die – auch in solchen Fällen unzweifelhaft rechtlich gebotene – Ausschreibung möglichst ins Leere laufen zu lassen. Denn es liegt auf der Hand, dass bei der Ausschreibung der Position eines Vorstandsmitgliedes, das man erst in zwei Jahren benötigt, der Kreis der Bewerber überschaubar sein wird.

6. Die Bestellung von Aufsichtsratsmitgliedern zu Vertretern verhinderter Vorstandsmitglieder

67 Gemäß § 90 Abs 2 AktG kann der Aufsichtsrat für einen im Voraus begrenzten Zeitraum einzelne seiner Mitglieder zu Vertretern von behinderten Vorstandsmitgliedern bestellen. In dieser Zeit dürfen sie keine Tätigkeit als Aufsichtsratsmitglied ausüben. Das Wettbewerbsverbot des § 79 AktG für Vorstandsmitglieder gilt für die Vertreter nicht. § 30e Abs 2 GmbHG ordnet dasselbe für den Aufsichtsrat bzw die Geschäftsführung der GmbH an.

§ 90 Abs 2 AktG ist eine Ausnahme von dem in § 90 Abs 1 AktG (und gleichlautend in § 30e Abs 1 GmbHG) normierten Grundsatz der Unvereinbarkeit einer gleichzeitigen Mitgliedschaft in Vorstand und Aufsichtsrat. Wegen der mit der Verletzung des genannten Grundsatzes verbundenen Nichtigkeitssanktion[262] ist bei der Anwendung von § 90 Abs 2 AktG große Vorsicht am Platz. Die (österreichische) Praxis nimmt – wie auch das Beispiel der Flughafen Wien AG im Jahr 2011 zeigt[263] – dies jedoch nicht ganz ernst und fühlt sich dazu möglicherweise auch durch teilweise unscharfe und § 90 Abs 2 AktG (contra legem) zu viel Spielraum lassende Äußerungen im Schrifttum ermuntert.

Zum Kreis der Aufsichtsratsmitglieder, die gemäß § 90 Abs 2 AktG in den Vorstand „delegiert" werden können, gehören nur die Kapitalvertreter und die Vertreter der Anwartschafts- und Leistungsberechtigten in Pensionskassen, wohingegen Arbeitnehmervertreter im Aufsichtsrat gemäß § 110 Abs 3 2. Satz ArbVG von der Anwendung des § 90 Abs 2 AktG ausdrücklich ausgeschlossen sind.[264]

68 § 90 Abs 2 AktG setzt zwar keinen Vertretungsnotstand wie die Bestellung eines Notvorstands durch das Gericht gemäß § 76 AktG voraus;[265] der **Zweck der Regelung** liegt aber schon darin, eine nicht nur **unerwünschte** und die Interessen der Gesellschaft beeinträchtigende, sondern vor allem eine **unvorhergesehene**

---

[262] Vgl *Strasser* in Jabornegg/Strasser, AktG⁵ § 90 Rz 12; *Kalss* in Doralt/Nowotny/Kalss, AktG² § 90 Rz 6.

[263] Dazu näher *G. Schima*, Vorstandsvorsitzender der Flughafen Wien AG rechtsunwirksam bestellt? Die Presse/Rechtspanorama, 21. Februar 2011. Vgl auch den aus Anlass der Ende 2010 bei der Flughafen Wien AG vorgenommenen Vorstandsumbestellung von mir verfassten Beitrag, Die Bestellung von Aufsichtsratsmitgliedern zu Vertretern verhinderter Vorstandsmitglieder, GeS 2011, 259.

[264] *Strasser* in Jabornegg/Strasser, AktG⁵ § 90 Rz 13; *Kalss* in Doralt/Nowotny/Kalss, AktG² § 90 Rz 14; *Kalss* in MünchKommAktG⁴ § 105 Rz 43.

[265] *Strasser* in Jabornegg/Strasser, AktG⁵ § 90 Rz 8.

II. Auswahl und Bestellung des Vorstandes

Vakanz im Vorstand durch dem Aufsichtsrat geeignet erscheinende Personen aus den eigenen Reihen zu überbrücken.[266]

Essentiell ist, dass § 90 Abs 2 AktG nicht nur eine Ausnahme von dem in § 90 Abs 1 AktG verankerten Prinzip des Verbots der Doppel-Organmitgliedschaft bildet, sondern auch von der in § 75 AktG geregelten ordentlichen/gewöhnlichen Bestellungskompetenz des Aufsichtsrates in Bezug auf Vorstandsmitglieder abgegrenzt werden muss. § 90 Abs 2 AktG darf vom Aufsichtsrat nicht zum Instrument regulärer Vorstands-Personalpolitik gemacht und zB dazu missbraucht werden, einen vom Aufsichtsrat bewusst geplanten Umbau im Vorstand ganz oder teilweise mittels vorübergehender Delegierung von Aufsichtsratsmitgliedern zu bewerkstelligen. Dies sollte als selbstverständlich an sich gar keiner näheren Begründung bedürfen, muss aber gerade deswegen besonders betont werden, weil in der Praxis diese Regeln in jüngerer Zeit (siehe Flughafen Wien AG) offenkundig ignoriert wurden.

§ 90 Abs 2 AktG spricht von der Vertretung *„behinderter"* Vorstandsmitglieder und meint dies ohne Zweifel im Sinne von *„verhindert"*.[267] Die Verhinderung muss sich auf die gesamte Amtsausübung beziehen und nicht nur auf einzelne Tätigkeiten.[268] Der Streit darüber, ob nur eine dauernde[269] oder auch eine *„vorübergehende"*[270] Verhinderung die Anwendung von § 90 Abs 2 AktG rechtfertigt, dürfte teilweise ein Streit um Begriffe sein. Richtig ist sicher, dass die Verhinderung nicht von einer unabsehbaren Dauer oder gar ex ante als endgültig anzusehen sein muss; umgekehrt genügt eine Verhinderung aufgrund einer gewöhnlichen Erkältung, die den Vorstand zwei oder drei Tage ans Bett fesselt, in aller Regel nicht. Anderes könnte gelten, wenn gerade in diesem Zeitraum wesentliche und keinen Aufschub duldende Entscheidungen gerade in diesem Ressort zu treffen wären[271] oder der Vorstand sonst gar beschlussunfähig wäre. Die ge-

---

[266] Schon hier zu unscharf *Strasser* in Jabornegg/Strasser, AktG[5] § 90 Rz 7, der von *„unerwünschter Vakanz"* spricht, damit aber kein Abgrenzungskriterium zur regulären Bestellungskompetenz des Aufsichtsrates nach § 75 AktG liefert.

[267] Zutr *Strasser* in Jabornegg/Strasser, AktG[5] § 90 Rz 8; ebenso und ohne näheres Eingehen auf dieses Semantik-Problem *Kalss* in Doralt/Nowotny/Kalss, AktG[2] § 90 Rz 14.

[268] Vgl *Habersack* in MünchKommAktG[4] § 105 Rz 25; *Kalss* in Doralt/Nowotny/Kalss, AktG[2] § 90 Rz 14; *Strasser* in Jabornegg/Strasser, AktG[5] § 90 Rz 8; so auch OGH 5 Ob 490/97p RdW 1998, 672 zur Genossenschaft.

[269] So zB *Habersack* in MünchKommAktG[4] § 105 Rz 25.

[270] So *Strasser* in Jabornegg/Strasser, AktG[5] § 90 Rz 8.

[271] Auch wenn eine „normale" Krankheit in der Regel keine Verhinderung bedeutet, die die Entsendung eines AR-Mitglieds in den Vorstand rechtfertigen würde, kann sich die Situation durch den unvorhergesehenen Eintritt zusätzlicher Umstände (zB die plötzliche Notwendigkeit eines Rechtsgeschäftes, das keinen Aufschub duldet) ändern. Dasselbe würde zB bei einem normalen Urlaub gelten, in dem das Vorstandsmitglied unerreichbar ist, weil in der Antarktis auf einem Schiff oder bei einem Meditationsaufenthalt in einem Kloster ohne jegliche Kommunikationsmittel oä. Eine andere Frage ist, ob in solchen Fällen von der „Verhinderungskompetenz" auch tatsächlich Gebrauch gemacht werden soll. Denn wenn es nicht um die bloße Setzung von sonst nicht durchführbaren Vertretungsakten (Unterschrift unter bereits ausverhandelte Verträge etc) geht, sondern darum, dass jemand weittragende Entscheidungen *verantworten* soll, dann kann jemand, der neu als Ressortleiter in den Vorstand hinzutritt, innerhalb einer so kurzen Zeitspanne diese Verantwortung idR gar nicht tragen. Würde ein solcherart in den Vorstand Delegierter handeln, wäre für die Gesellschaft meist

nerelle Aussage, bei krankheitsbedingtem „Ausfall" könne von § 90 Abs 2 AktG Gebrauch gemacht werden, lässt sich daher nicht aufstellen.

70 Existiert für das betroffene Vorstandsmitglied ein Stellvertreter iSd § 85 AktG, kann § 90 Abs 2 AktG nicht angewendet werden, weil von Vornherein kein Verhinderungsfall vorliegt.[272]

71 Ein *verhindertes* Vorstandsmitglied iSd § 90 Abs 2 AktG kann begriffsnotwendig nur ein solches sein, dessen **Amt noch aufrecht** besteht. Ein – durch Amtsniederlegung, Abberufung oder Tod – *ausgeschiedenes* Vorstandsmitglied ist keines, auf das sich der Gesetzes*wortlaut* bezieht.[273]

Die (von der ganz hM befürwortete) Anwendung des § 90 Abs 2 AktG auf Fälle des Ausscheidens von Vorstandsmitgliedern aus dem Amt ist daher von Vornherein nicht mehr Auslegung, sondern *Analogie*, für die bestimmte Voraussetzungen vorliegen müssen. Das wird im Schrifttum großteils verkannt oder zumindest nicht ausreichend gewürdigt.

Keineswegs zutreffend ist es deswegen, wohl in Anlehnung an die deutsche Lehre zu § 105 dAktG undifferenziert davon zu sprechen, *„auch ein fehlendes,*[274] *ausgeschiedenes, verstorbenes oder sonst dauerhaft verhindertes Vorstandsmitglied"* könne in Anwendung des § 90 Abs 2 AktG zumindest vorübergehend ersetzt werden.[275] Mit einer solchen Formel wird nicht nur das Verhältnis von Regel (Unvereinbarkeit der gleichzeitigen Mitgliedschaft in Vorstand und Aufsichtsrat) und Ausnahme durcheinander gebracht, sondern darüber hinaus außer Acht gelassen, dass § 90 Abs 2 AktG in einem Punkt entscheidend von § 105 Abs 2 dAktG abweicht, weil die letztgenannte Bestimmung – in bewusst „erweiternder Klarstel-

---

nicht nur nichts gewonnen, sondern der Aufsichtsrat handelte uU sogar pflichtwidrig, wenn er auf diese Weise bewirkt, dass wesentliche Unternehmensentscheidungen durch nicht ordentlich eingearbeitete Personen gefällt werden. Das Problem, dass eine kurzfristig eingeschaltete Person Dinge entscheiden muss und die Einhaltung des Sorgfaltsmaßstabs dann besonders heikel/riskant ist, stellt sich freilich in allen Fällen des § 90 Abs 2 AktG und auch bei der Bestellung eines Notvorstands durch das Gericht, muss aber von den Tatbestandsvoraussetzungen für die jeweilige Bestellung abgegrenzt werden.

[272] Zutr *Kalss* in Doralt/Nowotny/Kalss, AktG² § 90 Rz 14; *Strasser* in Jabornegg/Strasser, AktG⁵ § 90 Rz 9; anders die ganz hM in Deutschland: *Hüffer/Koch*, AktG¹¹ § 105 Rz 7; *Krieger*, Personalentscheidungen des Aufsichtsrates 226 f; *Habersack* in MünchKommAktG⁴ § 105 Rz 23; *Wiesner* in MünchHdbGesR⁴ IV § 24 Rz 29; *Hopt/M. Roth*, GroßKommAktG⁴ § 105 Rz 51; *Heidbüchel*, Das Aufsichtsratsmitglied als Vorstandsvertreter, WM 2004, 1317 (1318) – großteils mit der Begründung, dass stellvertretende Vorstandsmitglieder oft einen eigenen Aufgabenbereich hätten. Das Problem ist wegen der eher geringen Verbreitung stellvertretender Vorstandsmitglieder in Österreich von überschaubarer Bedeutung.

[273] Davon gehen offensichtlich auch *Koppensteiner/Rüffler*, GmbHG³ § 30e Rz 4 aus: „*Behinderung ist **nicht wörtlich** (Krankheit, längere dauernde Abwesenheit) zu verstehen, sondern umfasst auch Ausscheidensfälle ...*"; ebenso *Strasser* in Jabornegg/Strasser, AktG⁵ § 90 Rz 8, wenn er schreibt der „*Wortlaut des Gesetzes*" gehe davon aus, dass die „*zu besetzende Vorstandsstelle noch von einem Vorstandsmitglied besetzt ist.*"

[274] Hervorhebung durch den Verfasser.

[275] So *Kalss* in Doralt/Nowotny/Kalss, AktG² § 90 Rz 14; *Kalss* in MünchKommAktG⁴ § 105 Rz 43 unter Berufung auf eine (jedoch das Problem überhaupt nicht reflektierende) Entscheidung des OLG Linz (NZ 1970, 23).

lung" gegenüber dem dAktG 1937[276] – auch die Vertretung eines *"fehlenden"* Vorstandsmitgliedes durch Besetzung aus den Reihen des Aufsichtsrates ermöglicht und damit von Vornherein klarstellt, dass die Norm vom Grundsatz her auch Fälle vor Augen hat, bei denen ein Mandat vakant, weil dem Bande nach beendet ist. Dies gibt zumindest der österreichische Gesetzes*wortlaut* nicht her.[277]

Für die Beschränkung der Anwendung des § 90 Abs 2 AktG auf Fälle, in denen ein Vorstandsmandat noch aufrecht besteht, der Mandatsträger aber an der Amtsausübung verhindert ist, lassen sich auch gute Gründe ins Treffen führen, so zB dass damit die Abgrenzung vom in § 90 Abs 1 AktG verankerten Unvereinbarkeitsgrundsatz leichter bewerkstelligbar ist. Vor allem muss bei der unterschiedlichen Gesetzeslage in Deutschland und Österreich zusätzlich bedacht werden, dass § 105 Abs 2 dAktG die Bestellung von Aufsichtsratsmitgliedern als Vertreter von verhinderten Vorstandsmitgliedern nur für maximal ein Jahr erlaubt,[278] wohinge-

---

[276] Vgl *Bundesjustizministerium* (Hrsg), Referentenentwurf eines Aktiengesetzes (1965) 255 zu § 99-Entwurf (die Vorschrift wurde später zu § 105): *"Außerdem kann nach dem Entwurf der Aufsichtsrat nicht nur dann einzelne seiner Mitglieder zu Stellvertretern von Vorstandsmitgliedern bestellen, wenn ein Vorstandsmitglied behindert ist, sondern auch, wenn es fehlt.* ***Dadurch wird die Möglichkeit erweitert, ein Aufsichtsratsmitglied vorübergehend in den Vorstand zu entsenden.***"; *Kropff*, AktG (1965), 146 aus der Begründung des RegE: *"Der Entwurf hält auch daran fest, daß der Aufsichtsrat vorübergehend eines seiner Mitglieder zum Stellvertreter eines Vorstandsmitglieds bestellen kann, wenn ein Vorstandsmitglied behindert ist.* ***Er stellt klar, daß die Möglichkeit einer solchen Entsendung nicht nur bei Behinderung, sondern auch beim Fehlen eines Vorstandsmitgliedes zulässig ist.*** *Das entspricht der schon gegenwärtig zum geltenden Recht überwiegend vertretenen Ansicht. Damit besteht die Möglichkeit, ein Aufsichtsratsmitglied vorübergehend in den Vorstand zu entsenden, auch dann, wenn eine Vorstandsstelle geschaffen, aber noch nicht besetzt ist oder wenn ein Vorstandsmitglied verstorben ist."*; vgl weiter *Obermüller/Werner/Winden*, Aktiengesetz 1965 (1965) 63: *"Ob ein Aufsichtsratsmitglied für eine vorübergehende Zeit auch als Stellvertreter eines f e h l e n d e n Vorstandsmitglieds eingesetzt werden durfte, war bisher bestritten. Das neue Recht sieht nunmehr ausdrücklich ein Entsendungsrecht auch für diesen Fall vor."*

[277] Der österreichische Gesetzgeber des AktG 1965 hat das Thema nicht aufgegriffen, sondern in den Materialien nur darauf verwiesen, dass § 90 AktG zur Gänze unverändert übernommen werde (ErlRV 301 BlgNR 10. GP 65). Es wäre wohl zu spitzfindig, daraus abzuleiten, der österreichische Gesetzgeber, der ja das parallele Agieren des deutschen Gesetzgebers zumindest beobachtete, habe damit die in § 105 Abs 2 dAktG vorgesehene „Erweiterung" oder „Klarstellung" *bewusst* nicht umsetzen wollen. Noch verfehlter wäre es indes, aus der unveränderten Übernahme der Regelung im AktG 1937/38 zu folgern, der österreichische Gesetzgeber habe damit die „überwiegende Lehrmeinung gebilligt". Eine derartige Schlussfolgerung wäre allenfalls bei Existenz einer festgefügten Rechtsprechung denkbar (die damals genauso fehlte wie heute), keinesfalls aber bei einer Meinungsdivergenz im Schrifttum, wo die eine Meinung von einer Mehrheit der Kommentatoren vertreten wird und die andere von einer Minderheit. Richtigerweise wird man aus der beschriebenen historischen Entwicklung in Deutschland und Österreich zwar nicht ableiten können, dass Fälle des Ausscheidens aus dem Vorstand unter keinen Umständen nach § 90 Abs 2 öAktG behandelt werden können; der gegenüber Deutschland engere Wortlaut kann aber auch nicht folgenlos bleiben, weil bei analoger Rechtsanwendung die Voraussetzungen dieses Rechtsinstitutes eben genau beachtet werden müssen.

[278] Der logische Zusammenhang zwischen der „klarstellenden Ausdehnung" des Anwendungsbereiches von § 105 Abs 2 dAktG 1965 durch die explizite Einbeziehung von Konstellati-

gen § 90 Abs 2 öAktG nur von einem *„im Voraus begrenzten Zeitraum"* spricht. Das bedeutet zunächst einmal nur das Erfordernis einer *Befristung*, sagt aber nichts über deren Dauer. Erstreckt man § 90 Abs 2 AktG unterschiedslos – gleichsam nach Gutdünken des Aufsichtsrates – auf *alle* Ausscheidensfälle und gar auf Konstellationen, in denen ein Vorstandsmitglied *„fehlt"*, könnte der Aufsichtsrat § 90 Abs 2 AktG zum „Dauerinstrument" seiner Personalpolitik machen und den Vorstand *permanent* teilweise oder gar zur Gänze mit Aufsichtsratsmitgliedern besetzen, deren Mandate im Extremfall sogar die übliche Vorstandsmandatsdauer aufweisen. Auch ein drei- oder gar fünfjähriger Zeitraum (letzteres ist die aktienrechtliche Höchstbestellungsdauer gemäß § 75 Abs 1 AktG) ist ein *„im Voraus begrenzter Zeitraum"* iSd § 90 Abs 2 AktG.[279] Dass eine solche Gesetzesauslegung absolut unhaltbar ist, leuchtet unmittelbar ein. Knüpft man nicht an einen Verhinderungstatbestand an oder zumindest an das Vorliegen eines plötzlichen Führungsvakuums, gäbe es nämlich keinerlei – insbesondere auch kein zeitliches – Abgrenzungskriterium für die Anwendung der zitierten Norm. Als Konsequenz wäre völlig unklar, wie weit die Ausnahme von dem in § 90 Abs 1 AktG verankerten und nach insoweit wohl einhelliger Meinung bei Verstoß mit Nichtigkeitssanktion belegten Grundsatz des Verbotes der gleichzeitigen Mitgliedschaft in Aufsichtsrat und Vorstand reicht.

---

onen, in denen ein Vorstandsmitglied ausgeschieden ist, und der Erforderlichkeit der Einführung einer Höchstbestellungsdauer (von einem Jahr) ist evident und wurde im Zuge der Gesetzwerdung des dAktG 1965 auch klar gesehen; vgl den RegE bei *Kropff*, AktG (1965) 146: *„Nach geltendem Recht kann das Aufsichtsratsmitglied „nur für einen im voraus begrenzten Zeitraum" zum Stellvertreter eines Vorstandsmitglieds bestellt werden. Die Länge des Zeitraumes wird nicht begrenzt. Auch eine Verlängerung ist möglich, sofern der Grund für die Bestellung des Aufsichtsratsmitglieds noch fortbesteht. Danach kann der Aufsichtsrat sich nach dem Ausscheiden eines Vorstandsmitglieds seiner Pflicht, ein neues Vorstandsmitglied nach § 84 des Entwurfes zu bestellen, dadurch entziehen, daß er ein Aufsichtsratsmitglied zum Stellvertreter von Vorstandsmitgliedern bestellt und diese Bestellung alljährlich verlängert. Ein solches Verfahren entspricht nicht dem Zweck der Vorschrift* (Anm des Verfassers: nicht nur nicht dem Zweck, sondern auch eindeutig nicht dem Wortlaut des damals geltenden Rechts). *Sie dient, wenn ein Vorstandsmitglied endgültig ausgeschieden ist, nur dazu, vorübergehend die Lücke im Vorstand zu schließen, um dem Aufsichtsrat genügend Zeit zu geben, ohne Überstürzung ein neues Vorstandsmitglied auszuwählen. Um Mißbräuche auszuschließen, sieht der Entwurf deshalb vor, daß ein Aufsichtsratsmitglied nur für höchstens ein Jahr zum Stellvertreter von Vorstandsmitgliedern bestellt werden kann".*

[279] Es ist bemerkenswert, dass das österreichische Schrifttum Aussagen zu einer möglichen Höchstdauer weitestgehend vermissen lässt und sich damit begnügt, eine *befristete* Bestellung zu verlangen (vgl für alle *Strasser* in Jabornegg/Strasser, AktG[5] § 90 Rz 14). Denn gerade den Vertretern der ganz hM, die Ausscheidensfälle jedenfalls im Grundsatz als von § 90 Abs 2 AktG (wohl per Analogie – selbst das wird aber nicht problematisiert) erfasst sehen, müsste sich die Erforderlichkeit von Korrektiven zwecks Aufrechterhaltung des in § 90 Abs 1 AktG geregelten Grundsatzes geradezu aufdrängen (so *Kalss* in Doralt/Nowotny/Kalss, AktG[2] § 90 Rz 16, die auf § 90 Abs 2 AktG gestützte Bestellungen, die ein Jahr übersteigen, nur im Einzelfall für zulässig hält. Mit dem Satz von *Kalss "die Bestellung ist nur befristet für die Zeit der Verhinderung möglich"* offenbart sich das *ganze Dilemma* der herrschenden Rechtsauslegung zu § 90 Abs 2 AktG: bei Ausscheiden eines Vorstandsmitgliedes gibt es keine durch die Umstände vorgegebene Dauer, sondern diese „macht der Aufsichtsrat selbst").

Es eröffnet sich bei dieser Betrachtung ein interessanter Aspekt: der Aufsichtsrat könnte bei einer solchen Rechtsauslegung selbsttätig eine Art „Board-System" in einer österreichischen AG etablieren, indem er die Vorstandsmitglieder aus dem Kreis der Aufsichtsratsmitglieder rekrutiert und diese immer wieder in den Aufsichtsrat zurückkehren lässt. Niemand in Österreich hat naheliegender Weise vertreten, dass *so* etwas möglich wäre. Die sehr undifferenzierten Stellungnahmen im Schrifttum, in denen die Anwendung des § 90 Abs 2 AktG unterschiedslos auf Fälle des Ausscheidens aus dem Vorstandsamt und vereinzelt sogar auf Fälle des „Fehlens" von Vorstandsmitgliedern erstreckt wird,[280] führen aber – zu Ende gedacht – genau zu dieser Konsequenz. Bisher hat niemand aufgezeigt, wie man diese verhindert und das zu einem zentralen Bauprinzip des österreichischen Aktienrechts zählende Verbot der Doppel-Organmitgliedschaft in § 90 Abs 1 AktG so aufrechterhält, dass dessen Konturen klar erkennbar bleiben.

Die ganz hM in Österreich wendet nun aber § 90 Abs 2 AktG auch auf Fälle des Ausscheidens von Vorstandsmitgliedern (zB durch Mandatsniederlegung, Tod, aber auch durch Abberufung) an.[281] Die Begründungen dafür sind überwiegend mehr als spärlich oder gar nicht vorhanden. Wenn *Strasser*[282] meint, wegen der mangelnden Unterscheidung des Gesetzes nach dem Grund der Verhinderung und dessen voraussichtlicher Dauer und wegen seines Zweckes[283] sei es richtig, die Norm auch auf Fälle anzuwenden, in denen ein Vorstandsmitglied durch Ausscheiden aus dem Vorstand dauernd wegfällt, sucht man in der Argumentation vergeblich nach irgendeinem Kriterium, das den Einsatz von § 90 Abs 2 AktG als „herkömmliches Bestellungsinstrument" verhindert.

Da es sich bei einer solchen Anwendung von § 90 Abs 2 AktG nicht mehr um Auslegung, sondern um *Analogie* handelt, muss eine taugliche Analogiebasis

---

[280] Man muss an dieser Stelle betonen, dass zB bei *Kalss* (in Doralt/Nowotny/Kalss, AktG² § 90 Rz 14 ff), die diese Sichtweise vertritt, nicht ganz deutlich wird, welche Fälle sie unter *„Fehlen"* subsumiert. Da sie dieses Tatbestandsmerkmal zusätzlich zum „*Ausscheiden*" erwähnt, ist jedoch davon auszugehen, dass sie die beiden Konstellationen voneinander unterscheidet und mit „*Fehlen"* tatsächlich Fälle meint, in denen der Aufsichtsrat zB eine neue, zusätzliche Vorstandsposition ausschreibt und – weil er nicht schnell genug einen Kandidaten findet – den Posten vorerst mit einem Aufsichtsratsmitglied besetzt. Das ist von § 90 Abs 2 AktG indes (im Gegensatz zum Anwendungsbereich, den zumindest die herrschende – in diesem Punkt mE durchaus problematische – Meinung in Deutschland § 105 Abs 2 dAktG attestiert) eindeutig *nicht* erfasst – und zwar weder vom Wortlaut noch vom Zweck der Vorschrift. Für solche Fälle gibt es den herkömmlichen Weg der Bestellung von Vorstandsmitgliedern, und das Finden bzw rechtzeitige Suchen (!) von geeigneten Vorstands-Kandidaten ist geradezu die Kardinalaufgabe des Aufsichtsrates. Von einer Sondersituation, die die Anwendung des § 90 Abs 2 AktG rechtfertigt, kann da keine Rede sein.
[281] *Strasser* in Jabornegg/Strasser, AktG⁵ § 90 Rz 8; *Kalss* in Doralt/Nowotny/Kalss, AktG² § 90 Rz 14 ff; *Kalss* in MünchKommAktG⁴ § 105 Rz 43; für die gleichlautende Norm des § 30e Abs 2 GmbHG *Reich-Rohrwig*, GmbH-Recht² I Rz 4/66; *Wünsch*, GmbHG § 30e Rz 22; *Straube/Rauter* in Straube, GmbHG § 30e Rz 28.
[282] *Strasser* in Jabornegg/Strasser, AktG⁵ § 90 Rz 8.
[283] Dieser besteht laut *Strasser* (Jabornegg/Strasser, AktG⁵ § 90 Rz 7) darin, *„dem Aufsichtsrat die Möglichkeit zu geben, eine unerwünschte Vakanz im Vorstand kurzfristig durch den Einsatz von Personen zu überbrücken, von denen der Aufsichtsrat ohne besondere zeitraubende Prüfung und Beratung aus eigener Anschauung und Erfahrung im Laufe der Zusammenarbeit im Aufsichtsrat weiß, dass sie dieser Aufgabe auch tatsächlich gewachsen sind."*

gefunden und gefragt werden, welche Kriterien Ausscheidensfälle aufweisen müssen, um sie mit den vom Gesetz geregelten Fällen der Verhinderung von noch im Amt befindlichen Vorstandsmitgliedern vergleichbar zu machen. Bei Beantwortung der Frage, ob es analogiefähige Fallkonstellationen des Ausscheidens von Vorstandsmitgliedern gibt, hat man sich in der Tat am Zweck des § 90 Abs 2 AktG zu orientieren. Dabei kann man durchaus von der „Definition" Strassers[284] ausgehen, wonach die Norm *„unerwünschte Vakanzen im Vorstand verhindern soll".*

„Unerwünscht" in diesem Sinne kann eine Vakanz aber nur sein, wenn sie aus der Sicht des Aufsichtsrates **unvorhergesehen und plötzlich eintritt**, und sich insbesondere nicht als Ergebnis einer vom Aufsichtsrat geplanten und gesteuerten Vorgangsweise darstellt. Diese Einschränkung ist nicht nur geboten, um die Einhaltung der rechtsdogmatischen Voraussetzungen für Analogie zu wahren, sondern vor allem auch, um das Verbot des § 90 Abs 1 AktG nicht bis zur Unkenntlichkeit aufzuweichen. Wenn ein Vorstandsmitglied durch Unfalltod, Selbstmord, plötzliche und überraschende (im Regelfall fristlose) Mandatsniederlegung ausscheidet, sind dies in der Tat Fallkonstellationen, die unter Orientierung am Zweck von § 90 Abs 2 AktG dessen analoge Anwendung über den Wortlaut der Norm hinaus rechtfertigen, ja gebieten. Denn warum soll es einen Unterschied machen, ob ein Vorstandsmitglied bei einer Sahara-Urlaubsreise in die Gewalt von Entführern gerät (das Vorstandsmandat ist aufrecht) oder ob ein Vorstandsmitglied bei einem Fallschirmsprung tödlich verunglückt oder sich das Leben nimmt (das Vorstandsmandat endet)? Die Probleme für die Gesellschaft und die Gefährdung ihrer Interessen durch eine plötzlich inkomplett gewordene Geschäftsführung sind dieselben. Beachtet man strikt das Kriterium der Unvorhergesehenheit und Plötzlichkeit des Ereignisses, kann eine Anwendung von § 90 Abs 2 AktG unter bestimmten Voraussetzungen sogar befürwortet werden, wenn die Mandatsbeendigung durch den Aufsichtsrat herbeigeführt wird. Dies betrifft in erster Linie Fälle, in denen ein Aufsichtsrat gravierendes Fehlverhalten eines Vorstandsmitgliedes entdeckt (zB Veruntreuungen, Geldwäsche, korruptionsträchtige Geschäfte etc) und die sofortige Entfernung dieses Vorstandsmitgliedes im Unternehmensinteresse zwingend geboten ist. Aber auch bei gewöhnlichem Ausscheiden eines Vorstandsmitglieds durch Auslaufen des Mandats kann durch Hinzutreten bestimmter Umstände eine unerwünschte, unvorhergesehene Vakanz im Vorstand entstehen, die eine Entsendung gem § 90 Abs 2 AktG rechtfertigt: Der Aufsichtsrat, der sich rechtzeitig um einen Nachfolger für das ausscheidende Vorstandsmitglied gekümmert hat, kann bzw muss mE nach § 90 Abs 2 AktG handeln, wenn der im Auswahlprozess auserkorene Nachfolger plötzlich ausfällt und der AR bis zum Ende des auslaufenden Mandats keine neue Person finden kann.[285] In so einem Fall handelt der Aufsichtsrat dann pflichtgemäß, wenn er die Vertretung für einen Zeitraum befristet, in dem die

---

[284] *Strasser* in Jabornegg/Strasser, AktG[5] § 90 Rz 7.
[285] Dieses Beispiel nennt *Aburumieh*, Interimistische Bestellung eines Aufsichtsratsmitglieds zum Vorstandsmitglied, Aufsichtsrat aktuell 2010, 9 (10). Ihr ist dabei zuzustimmen, dass unter solchen Umständen auch ein turnusmäßig ausgeschiedenes Vorstandsmitglied gem § 90 Abs 2 AktG ersetzt werden kann – doch lässt sich daraus mE nicht ableiten, dass die Bestimmung generell auch bei **Fehlen** von Vorstandsmitgliedern anwendbar ist. Vielmehr kann die Bestimmung nur bei Vorliegen besonderer Umstände auf die Vertretung fehlender Vorstandsmitglieder analog angewendet werden.

II. Auswahl und Bestellung des Vorstandes 75 – 76

Suche eines neuen Vorstandsmitglieds realistisch möglich ist (da wird es im Regelfall um ein paar Monate gehen) – notfalls müsste die Bestellung verlängert werden.

Ein Aufsichtsrat jedoch, der schon länger die Absicht hegt, den Vorstand in seiner Zusammensetzung zu ändern und nach monatelangen Diskussionen erreicht, dass aus einem Dreier-Vorstand ein Mitglied auf Drängen des Aufsichtsrates ausscheidet und die Amtszeiten der beiden anderen Vorstandsmitglieder deutlich verkürzt werden, und der den Vorsitzenden des Aufsichtsrates unter Anwendung des § 90 Abs 2 AktG für ein Jahr befristet zum Vorstandsvorsitzenden macht, bewegt sich mE ganz eindeutig *außerhalb* des durch § 90 Abs 2 AktG selbst bei großzügigstem Verständnis gezogenen Rahmens.[286] 75

Wie schon oben erwähnt, ermöglicht § 105 Abs 2 dAktG die Bestellung von Aufsichtsratsmitgliedern zu Vorstandsmitgliedern nicht nur bei *„Verhinderung"*, sondern auch im Falle des *„Fehlens"* von Vorstandsmitgliedern. Darunter versteht die ganz hM nicht nur den Fall des Unterschreitens der satzungsmäßigen Mindestzahl an Vorstandsmitgliedern, sondern auch das Nichterreichen einer satzungsmäßig festgesetzten Höchstgrenze.[287] Diese Sichtweise ist aber schon auf der Basis des weiten deutschen Gesetzeswortlautes nicht überzeugend und überrascht. Satzungsklauseln, die die Anzahl an Vorstandsmitgliedern regeln, sind (und dies dürfte auch für Deutschland gelten) nicht selten so gefasst, dass ein großzügiger Rahmen festgelegt wird, um auch bei erheblichen Änderungen in der Zusammensetzung (zB massive Aufstockung des Vorstandes im Zuge einer Großfusion) die Satzung nicht ändern zu müssen. Sieht diese nun vor, dass der Vorstand aus einem bis maximal sechs Mitgliedern bestehen kann und bestand dieser Vorstand seit Gründung der Gesellschaft – ihrer Größe und dem Tätigkeitsbereich angepasst – immer aus drei Personen, kann man nicht ernsthaft vertreten, es würden drei Vorstandsmitglieder (permanent) *„fehlen"*.[288] 76

---

[286] Genau *so* lagen die Dinge bei der Flughafen Wien AG, in der diese Maßnahmen im Rahmen der Aufsichtsratssitzung am 15. Dezember 2010 durchgesetzt wurden. Die Delegierung des Aufsichtsratsvorsitzenden zum Vorstandsvorsitzenden war deshalb wegen expliziten Verstoßes gegen das in § 90 Abs 1 AktG verankerte Trennungsprinzip rechtsunwirksam (vgl *G. Schima,* Vorstandsvorsitzender der Flughafen Wien AG unwirksam bestellt? Die Presse/Rechtspanorama, 21. Februar 2011).

[287] So zB *Hopt/M. Roth* in GroßKommAktG⁴ § 105 Rz 50; *Hüffer/Koch,* AktG¹¹ § 105 Rz 7; *Spindler* in Spindler/Stilz, AktG § 105 Rz 23; *Habersack* in MünchKommAktG⁴ § 105 Rz 24; *Wiesner* in MünchHdbGesR⁴ IV § 24 Rz 29; aM *Heidbüchel,* WM 2004, 1317 (1318).

[288] *Heidbüchel* (WM 2004, 1317 [1318]) ist dieser völlig undifferenzierten Sichtweise zu Recht mit dem Argument entgegengetreten, dass es auch für den Tatbestand des „Fehlens" von Vorstandsmitgliedern auf das Ausscheiden *„aufgrund des kurzfristigen Eintritts eines bestimmten Ereignisses"* anzukommen hat. *Heidbüchel* (aaO) betont ganz zutr, dass der Aufsichtsrat pflichtwidrig handle, *„wenn er ohne Not keines seiner Mitglieder in den Vorstand entsendet oder wenn er diese Notsituation selber ausgelöst hat, beispielsweise weil er versäumt hat, rechtzeitig für einen Nachfolger des Vorstandsmitgliedes, dessen Amtszeit regulär durch Fristablauf endet, Sorge zu tragen."* § 105 Abs 2 dAktG solle nämlich – so *Heidbüchel* (WM 2004, 1318) überzeugend – nur die Fälle erfassen, *„in denen das Vorstandsmitglied durch Tod, Niederlegung seines Amtes oder durch kurzfristige Abberufung durch den Aufsichtsrat ausgeschieden ist."*
Daran zeigt sich, dass die in Österreich durch den Fall der Flughafen Wien AG vor ein paar Jahren ausgelöste Diskussion in etwas veränderter Form auch in Deutschland ungeachtet des

77 Von § 90 Abs 2 AktG darf selbst dann Gebrauch gemacht werden, wenn dadurch der Aufsichtsrat beschlussunfähig wird, was bei Absinken der Anzahl der nicht von einer Delegierung betroffenen Kapitalvertreter unter drei gemäß § 92 Abs 5 1. Satz AktG jedenfalls, bei Festsetzung einer höheren Mindestanzahl durch die Satzung schon entsprechend früher der Fall ist.[289] Denn die jederzeitige Funktionsfähigkeit des geschäftsführenden Organs hat Vorrang gegenüber einer allzeit gegebenen Beschlussfähigkeit des nicht täglich geforderten Aufsichtsrates.[290]

Dass § 76 AktG bzw § 15a GmbHG die Bestellung eines Notvorstandes bzw Notgeschäftsführers kennen, ändert daran nichts.[291] Der Anwendungsbereich der Bestimmungen über Notvorstand und Notgeschäftsführer ist nämlich ein anderer als der von § 30e Abs 2 GmbHG bzw § 90 Abs 2 AktG. Die Delegierung von Aufsichtsratsmitgliedern in den Vorstand (die Geschäftsführung) kann sich auch dann als notwendig erweisen, wenn ein Vertretungsnotstand, der die Bestellung eines Notgeschäftsführers/Notvorstandes erforderlich macht, gar nicht besteht. Es geht bei § 90 Abs 2 AktG nicht primär darum, dass der Vorstand plötzlich nicht mehr die erforderlichen Unterschriften leistet oder keine Zustellungen entgegennehmen kann. Vielmehr hat man vor allem an Fälle zu denken, in denen ein wichtiges Ressort auf längere oder unabsehbare Zeit verwaist bliebe, weil ein Vorstandsmitglied plötzlich ausgefallen ist. Passiert dies in einer Gesellschaft mit einem Dreier-Aufsichtsrat, dann führt die Anwendung von § 90 Abs 2 AktG automatisch zur Beschlussunfähigkeit des Aufsichtsrates gemäß § 92 Abs 5 1. Satz AktG. Dem Aufsichtsrat das Instrument des § 90 Abs 2 AktG in diesem Falle zu versagen, wäre nicht sachgerecht.

---

deutlich weiteren Gesetzeswortlautes existiert. Auch dort tritt die hM für ein extrem weites Verständnis der Ausnahme vom „Unvereinbarkeitsprinzip" des § 105 Abs 1 dAktG ein, versäumt es aber – wie das einschlägige Schrifttum in Österreich – Kriterien aufzustellen, die der Ausnahme jene Grenzen setzen, die erforderlich sind, damit die Regel – also das Verbot der gleichzeitigen Mitgliedschaft in Aufsichtsrat und Vorstand – noch erkennbar bleibt. Auch unter Zugrundelegung der in Deutschland hM könnte der Aufsichtsrat allem Anschein nach das Instrument der Delegierung von Aufsichtsratsmitgliedern in den Vorstand permanent und auch bei weder plötzlichen noch unvorhergesehenen – sondern zB durch Ablauf der Mandatsdauer ausgelösten – Vakanzen einsetzen. Der Aufsichtsrat hätte dabei freilich eine – in Österreich *so* nicht (einmal) geltende – Grenze zu beachten: Die Höchstbefristungsdauer von einem Jahr gemäß § 105 Abs 2 dAktG.

[289] *Wünsch*, GmbHG § 30e Rz 21; referierend *Rauter* in Straube/Ratka/Rauter, GmbHG § 30e Rz 30; so auch OGH 6 Ob 27/94 ecolex 1995, 262 (263) für die Genossenschaft; ebenso die ganz hM in Deutschland: KG JW 1930, 1413; *Mertens/Cahn* in KölnKommAktG³ § 105 Rz 26; *Meyer-Landrut* in GroßKommAktG³ § 105 Rz 9; *Hopt/M. Roth* in GroßKommAktG⁴ § 105 Rz 55; *Habersack* in MünchKomm AktG⁴ § 105 Rz 26; aM *Koppensteiner/Rüffler*, GmbHG³ § 30e Rz 4 im Ergebnis mit Berufung auf ein „obiter dictum" in dem im Übrigen explizit das Gegenteil (für die Genossenschaft) besagenden E des OGH 6 Ob 27/94 ecolex 1995, 262 (263). Dieses obiter dictum kann die Gegenansicht freilich nicht tragen.

[290] *Mertens* in KölnKommAktG² § 105 Rz 24; *Meyer-Landrut* in GroßKommAktG³ § 105 Rz 9; *Semler* in MünchKommAktG² § 105 Rz 66; *Habersack* in MünchKommAktG⁴ § 105 Rz 26.

[291] Gegenteilig offenbar *Koppensteiner/Rüffler*, GmbHG³ § 30e Rz 4, die aus dem erwähnten obiter dictum ableiten wollen, dass der OGH seine Aussage, in der Genossenschaft dürfte die Delegierung von Aufsichtsratsmitgliedern in den Vorstand auch zur vorübergehenden Beschlussunfähigkeit des Aufsichtsrates führen, nicht auf die GmbH oder AG erstrecken wollte.

Dies ändert freilich nichts daran, dass der Aufsichtsrat stets nach pflichtgemäßem Ermessen prüfen muss, ob eine Delegierung gemäß § 90 Abs 2 AktG in Betracht kommt. Manchmal wird sich als bessere Alternative die interimistische Bestellung eines Außenstehenden oder die Bestellung eines Aufsichtsratsmitgliedes nach dessen Amtsniederlegung anbieten.[292] Außerdem darf nicht vergessen werden, dass in einer „Vorstandskrise", die die Anwendung des § 90 Abs 2 AktG erforderlich macht, typischerweise auch der Aufsichtsrat besonders gefordert ist. Geraten werden kann dem Aufsichtsrat daher zu einer Delegierung unter Inkaufnahme der eigenen Beschlussunfähigkeit nicht oder nur in ganz extremen Fällen.[293] Auf keinen Fall riskieren darf der Aufsichtsrat so eine Situation, wenn er in einer Gesellschaft mit zerstrittenen Aktionären/Gesellschaftern tätig ist und befürchten muss, dass die zur Wiederherstellung der Beschlussfähigkeit erforderliche Nachwahl in den Aufsichtsrat nicht zügig vonstatten gehe, sondern durch widerstreitende Gesellschafterinteressen blockiert werden wird.

Im Zeitpunkt der Bestellung gemäß § 90 Abs 2 AktG muss festgestellt werden, als *wessen* Stellvertreter das Aufsichtsratsmitglied in den Vorstand bestellt wird.[294]

Das in den Vorstand abgeordnete Aufsichtsratsmitglied tritt in die Rechtsstellung des verhinderten Vorstandsmitgliedes, was richtiger (aber nicht unbestrittener) Ansicht zufolge auch dann gilt, wenn es sich bei letzterem um den Vorstandsvorsitzenden handelt.[295] Aus praktischer Sicht geht es bei dieser Kontroverse in Wahrheit nur darum, ob der Aufsichtsrat die Nachfolge auch in den Vorstandsvorsitz durch einen eigenen Beschluss herbeiführen oder vielmehr – wenn dies nicht gewollt ist – durch einen Beschluss verhindern muss. Denn dass der Aufsichtsrat anlässlich der Delegierung von Aufsichtsratsmitgliedern in den Vorstand den Vorstandsvorsitz neu verteilen kann, ist klar und dürfte unstrittig sein.[296]

78

---

[292] Vgl die Hinweise von *Heidbüchel*, WM 2004, 1317 (1324).
[293] Zutr *Heidbüchel*, WM 2004, 1317 (1320).
[294] *Semler* in MünchKommAktG² § 105 Rz 62. Auch daraus ergibt sich im Übrigen, dass bei der Flughafen Wien AG kein Anwendungsfall des § 90 Abs 2 AktG vorlag, als der damalige Vorstandsvorsitzende im Dezember 2010 zum Aufsichtsratsvorsitzenden für ein Jahr gemacht wurde. Die Gesellschaft verfügte vor diesem Schritt über die Vorstandsmitglieder G, K und S. K wurde vom Aufsichtsrat zur Mandatsniederlegung bzw einvernehmlichen Auflösung bewegt und mit einem Konsulentenvertrag ausgestattet; G und S verblieben im Vorstand, doch wurden ihre Amtszeiten um fast drei Jahre verkürzt (was die von G später befassten Gerichte im übrigen zumindest in Bezug auf die vom Aufsichtsrat synchron geplante Verkürzung der Anstellungsvertragsdauer als rechtsunwirksam, weil nicht von einem Parteienkonsens getragen, beurteilten), und der damalige Aufsichtsratsvorsitzende H wurde unter Berufung auf § 90 Abs 2 AktG für ein Jahr zum Vorstandsvorsitzenden gemacht, übernahm dabei aber nicht etwa die Agenden von K, sondern im Zuge einer tiefgreifenden Änderung der Geschäftsverteilung für den Vorstand von G die Zuständigkeit für ein zentrales Großbauprojekt der Gesellschaft, dessen massive Kostenerhöhung erst den Anlass für den Umbau des Vorstandes gegeben hatte.
[295] Zutr *Habersack* in MünchKommAktG⁴ § 105 Rz 34; noch unentschieden die 2. Auflage: *Semler* in MünchKommAktG² § 105 Rz 63; aM *Strasser* in Jabornegg/Strasser, AktG⁵ § 9 Rz 15 – alle ohne nähere Begründung.
[296] Vgl *Strasser* in Jabornegg/Strasser, AktG⁵ § 90 Rz 15; *Semler* in MünchKommAktG² § 105 Rz 63; *Habersack* in MünchKommAktG⁴ § 105 Rz 34.

79 Die Bestellung gemäß § 90 Abs 2 AktG muss *„für einen im Voraus begrenzten Zeitraum"* erfolgen. Eine gesetzliche Höchstdauer (wie in Deutschland: ein Jahr gemäß § 105 Abs 2 dAktG) kennt das österreichische Recht nicht.

Aus der gesetzlichen Formulierung wird zu Recht gefolgert, dass die Bestellung *auf bestimmte Dauer* erfolgen muss und Bestellungen auf unbestimmte Dauer nichtig sind.[297] Obwohl § 90 Abs 2 AktG keine Höchstfrist kennt, verbietet der Zweck der Vorschrift, nämlich vorübergehend ein Führungsvakuum in der Gesellschaft zu beseitigen, die Anwendung der Umdeutungsregel des § 75 Abs 1 2. Satz AktG von selbst.[298] Wie schon oben aufgezeigt, macht sich das Fehlen einer – in Deutschland mit dem dAktG 1965 eingeführten – gesetzlichen Höchstbestellungsdauer gerade auf der Grundlage der hM unangenehm bemerkbar, die auch Ausscheidensfälle nach § 90 Abs 2 AktG behandelt. Beim Ausscheiden eines Vorstandsmitgliedes gibt es eben keine durch das den Anlass für die Maßnahme bildende Ereignis, nämlich die *Verhinderung an der Amtsausübung*, vorgegebene Höchstdauer.

Ebenso unzulässig und unwirksam ist die Bestellung unter einer auflösenden Bedingung, insbesondere unter der Bedingung des Wegfalls der Verhinderung.[299] Die Bestellungsdauer muss daher kalendermäßig fixiert sein.

Eine wiederholte Bestellung ist grundsätzlich zwar zulässig,[300] bedarf aber stets einer speziellen Rechtfertigung unter strenger Orientierung am Zweck des Gesetzes. Die Dauer der Bestellung muss sich grundsätzlich an der voraussichtlichen Verhinderungsdauer orientieren. Ist (zB bei einem schweren Unfall, bei dem das Vorstandsmitglied ins Koma fällt) anzunehmen, dass die Verhinderung dauerhaft sein und das Vorstandsmitglied daher über kurz oder lang ausscheiden wird, empfiehlt es sich, eine Dauer zu wählen, die so bemessen ist, dass dem Aufsichtsrat eine geordnete Nachfolger-Suche (die im Einzelfall natürlich auch das aus dem Aufsichtsrat delegierte Mitglied einschließen kann) möglich wird. Ein Jahr wird dabei in aller Regel die absolute Obergrenze sein müssen.

Es ist daher keineswegs so, dass Bestellungen gemäß § 90 Abs 2 AktG dann schlechthin keine Bedenken begegnen, wenn sie eine bestimmte Dauer von zB sechs Monaten oder gar einem Jahr nicht überschreiten.[301] Die Befristung auf eine

---

[297] *Strasser* in Jabornegg/Strasser, AktG[5] § 90 Rz 14; *Kalss* in Doralt/Nowotny/Kalss, AktG[2] § 90 Rz 16; OGH 6 Ob 27/94 ecolex 1995, 262 (zur Genossenschaft); *Rauter* in Straube/Ratka/Rauter, GmbHG § 30e Rz 32.

[298] Danach wäre nämlich eine auf unbestimmte Zeit ausgesprochene Vorstandsbestellung für fünf Jahre wirksam.

[299] *Strasser* in Jabornegg/Strasser, AktG[5] § 90 Rz 14; für die GmbH: *Reich-Rohrwig*, GmbH-Recht[2] I Rz 4/66; *Wünsch*, GmbHG § 30e Rz 19; *Rauter* in Straube/Ratka/Rauter, GmbHG § 30e Rz 32.

[300] *Strasser* in Jabornegg/Strasser, AktG[5] § 90 Rz 14; *Kalss* in Doralt/Nowotny/Kalss, AktG[2] § 90 Rz 16.

[301] Davon geht aber anscheinend *Ch. Nowotny* aus, wenn er (laut Die Presse vom 22. Februar 2011) meint, die Vorgangsweise bei der Flughafen Wien AG sei auch deshalb unbedenklich, weil sie „nur für ein Jahr" erfolge. Für die Behebung eines vorübergehenden Führungsvakuums in einer Gesellschaft ist eine solche Frist vielmehr in aller Regel (deutlich) zu lang, und

verhältnismäßig kurze Zeitspanne ist vielmehr nur eine notwendige, aber keine ausreichende Voraussetzung der Anwendung des § 90 Abs 2 AktG.

Das Vorstandsmandat eines nach § 90 Abs 2 AktG Bestellten erlischt durch Fristablauf, Beendigung der *„Verhinderung"* des vertretenen Vorstandsmitgliedes,[302] und wenn das in den Vorstand abgeordnete Aufsichtsratsmitglied sein Aufsichtsratsmandat verliert, weil sich davon das Vorstandsmandat ableitet.[303] Hier können sich in der Praxis natürlich gewisse Abgrenzungsprobleme stellen, die der Rechtssicherheit nicht dienlich sind. Denn bei einem einige Zeit schwer kranken oder verunglückten Vorstandsmitglied, das noch etwas rekonvaleszent ist, aber schon fallweise wieder das Büro aufsucht, kann man in concreto darüber streiten, *wann* der Hinderungsgrund genau weggefallen ist. Da der Wegfall die Zusammensetzung des Vertretungsorgans bestimmt, weil das Mandat des gemäß § 90 Abs 2 AktG Delegierten ja ipso iure erlischt, empfiehlt es sich mE aus praktischen Überlegungen, dass der Aufsichtsrat in solchen (Zweifels)Fällen (im Umlaufwege) einen Beschluss fasst, mit dem er das delegierte Aufsichtsratsmitglied vorsichtshalber abberuft. Dem kommt zwar uU nur deklaratorische Bedeutung zu; *spätestens* mit einer solchen Abberufung ist der Betroffene aber nicht mehr Vorstandsmitglied. Sinnvoll ist es natürlich auch, wenn das verhinderte Mitglied das Ende seiner Verhinderung dem Aufsichtsrat formell anzeigt.

Für die Dauer der Abordnung in den Vorstand darf das Aufsichtsratsmitglied sein Amt als Aufsichtsratsmitglied nicht ausüben (§ 90 Abs 2 2. Satz AktG). Dies bedeutet, dass sich das Aufsichtsratsmitglied jedweder Tätigkeit zu enthalten hat. Davon erfasst ist auch die Zurverfügungstellung der für den Aufsichtsrat oder einzelne Ausschüsse bestimmten Informationen. Damit möchte das Gesetz dem in § 90 Abs 1 AktG verankerten Prinzip der Trennung von Vorstand und Aufsichtsrat auch im Falle von dessen ausnahmsweiser Durchbrechung so weit wie möglich Geltung verschaffen. Führt daher der Aufsichtsrat zB eine Untersuchung gemäß § 95 Abs 3 AktG („kleine Sonderprüfung") mit Hilfe eines Wirtschaftsprüfers durch, dann hat dessen – vorerst nur an den Aufsichtsrat gerichteten – Bericht ein in den Vorstand abgeordnetes Aufsichtsratsmitglied selbstverständlich *nicht* zu bekommen.

Handelt es sich beim betroffenen Aufsichtsratsmitglied um den Aufsichtsratsvorsitzenden, rückt dessen erster Stellvertreter in den Vorsitz nach, weil die Abordnung gemäß § 90 Abs 2 AktG insofern als „Verhinderung" des Aufsichtsrats-

---

auch § 105 Abs 2 dAktG normiert die Jahresfrist nur als Höchstfrist, die keineswegs immer ausgeschöpft werden darf.
[302] *Strasser* in Jabornegg/Strasser, AktG[5] § 90 Rz 18; für die GmbH: *Wünsch*, GmbHG § 30e Rz 28; *Rauter* in Straube/Ratka/Rauter, GmbHG § 30e Rz 33; *Habersack* in MünchKommAktG[4] § 105 Rz 36; *Hopt/M. Roth* in GroßKommAktG[4] § 105 Rz 72; ablehnend: *Wiesner* in MünchHdbGesR[4] IV § 24 Rz 32; *Mertens/Cahn* KölnKommAktG[3] § 105 33.
[303] *Strasser* in Jabornegg/Strasser, AktG[5] § 90 Rz 18; *Rauter* in Straube/Ratka/Rauter, GmbHG § 30e Rz 33; *Mertens/Cahn* in KölnKommAktG[3] § 105 Rz 33; *Habersack* in MünchKommAktG[4] § 105 Rz 36; aA aber *Kalss* in Doralt/Nowotny/Kalss, AktG[2] § 90 Rz 17; zweifelnd *Wünsch*, GmbHG § 30e Rz 28.

vorsitzenden zu verstehen ist.[304] Der Aufsichtsrat selbst kann aber anlässlich der Abordnung des Aufsichtsratsvorsitzenden in den Vorstand einen abweichenden Beschluss fassen und ein anderes Vorstandsmitglied zum Vorsitzenden bestellen.

82 Während der Dauer der Stellvertretung eines verhinderten Vorstandsmitgliedes durch ein abgeordnetes Aufsichtsratsmitglied ist dieses gemäß § 90 Abs 2 letzter Satz AktG nicht an das Wettbewerbsverbot des § 79 AktG gebunden. Da die Vorschrift eindeutig den Zweck hat, zu verhindern, dass ein mit der Gesellschaft im Wettbewerb tätiges Aufsichtsratsmitglied (für das ein Wettbewerbsverbot ja nicht gilt) diese Tätigkeit vor einer Abordnung in den Vorstand kurzfristig aufgeben muss,[305] ist eine *teleologische Reduktion* in der Weise geboten, dass die *Neuaufnahme* einer konkurrenzierenden Tätigkeit nach der Abordnung in den Vorstand *nicht gestattet* ist.[306] Ein Abstellen auf die das gemäß § 90 Abs 2 AktG bestellte Vorstandsmitglied in gleicher Weise wie andere Vorstandsmitglieder treffende Treuepflicht[307] führt zu keinem anderen Ergebnis.

Darüber hinaus handelt ein Aufsichtsrat, der ausgerechnet ein mit der Gesellschaft im Wettbewerb stehendes Mitglied zum Stellvertreter eines verhinderten Vorstandsmitgliedes macht, im Regelfall nicht sorgfaltskonform.

83 Die Bestellung von Aufsichtsratsmitgliedern zu Vertretern verhinderter Vorstandsmitglieder gemäß § 90 Abs 2 AktG folgt hinsichtlich der Zuständigkeit den Regeln über die Vorstandsbestellung an sich. Hält man mit der hier vertretenen Auffassung die Bestellung generell für an einen mitbestimmten Ausschuss delegierbar (vgl oben Rz 44 ff), dann ist eine Ausschusszuständigkeit auch im Falle des § 90 Abs 2 AktG möglich. Behält man mit der hM die Bestellung generell dem Aufsichtsratsplenum vor, muss dies auch für die Bestellung nach § 90 Abs 2 AktG gelten.[308]

84 Dass dem Aufsichtsrat zu raten ist, beim Einsatz von § 90 Abs 2 AktG große Vorsicht walten zu lassen, ergibt sich nicht zuletzt daraus, dass ein Verstoß gegen die Vorschrift grundsätzlich die *Nichtigkeit des Bestellungsvorganges*[309] zur Folge hat.

---

[304] Gegenteilig *Semler* in MünchKomm AktG² § 105 Rz 95, der meint, in einem solchen Fall sei der Vorsitzende nicht iSd § 107 Abs 1 3. Satz dAktG „*behindert*". Dies ist jedoch unverständlich, weil mE geradezu *der* „klassische" Verhinderungsfall vorliegt. § 92 Abs 1 öAktG kennt eine ausdrückliche Regelung nicht, die den bzw die Stellvertreter des Aufsichtsratsvorsitzenden nur bei dessen Be- oder Verhinderung einrücken lassen, doch bestimmen die Geschäftsordnungen für den Aufsichtsrat üblicher Weise dasselbe.

[305] So zutr *Habersack* in MünchKommAktG⁴ § 105 Rz 34, der die gleichlautende Bestimmung in § 105 Abs 2 letzter Satz dAktG als rechtspolitisch problematisch und unter Corporate Governance-Gesichtspunkten bedenklich bezeichnet; ebenso *Heidbüchel*, WM 2004, 1317 (1321).

[306] Ebenso *Mertens* in KölnKommAktG³ § 105 Rz 30; *Semler* in MünchKommAktG² § 105 Rz 88; *Habersack* in MünchKommAktG⁴ § 105 Rz 34, der dieses Ergebnis primär auf die Treuepflicht und die Empfehlungen des DCGK zu stützen scheint; *Heidbüchel*, WM 2004, 1317 (1321).

[307] Vgl *Kalss* in Doralt/Nowotny/Kalss, AktG²§ 105 Rz 20; *Strasser* in Jabornegg/Strasser, AktG⁵ § 90 Rz 16.

[308] *Kalss* in Doralt/Nowotny/Kalss, AktG² § 90 Rz 17.

[309] *Strasser* in Jabornegg/Strasser, AktG § 90 Rz 12; *Kalss* in Doralt/Nowotny/Kalss, AktG § 90 Rz 4.

Dies gilt nur dann nicht, wenn ein Aufsichtsratsmitglied zum Vorstandsmitglied bestellt wird, bei der Bestellung intendiert ist, dass das Aufsichtsratsmitglied sein Vorstandsmandat niederlegt und die Mandatsniederlegung auch tatsächlich vor Amtsantritt als Vorstandsmitglied erfolgt.[310] Dann liegt genau genommen auch kein Fall von § 90 Abs 2 AktG vor.

Die Nichtigkeit der Vorstandsbestellung kann – wenn sie nicht bemerkt wird und das Vorstandsmitglied weiter tätig wird – eine Kette weiterer nichtiger Rechtsakte nach sich ziehen.[311] Man denke zB daran, dass ein nicht wirksam bestelltes Vorstandsmitglied als Vertreter einer Tochter-GmbH in der Generalversammlung den Jahresabschluss feststellt oder dass ein solches „Nicht-Vorstandsmitglied" einen Geschäftsführer in der Tochter-GmbH bestellt, der (mangels Bewusstseins der Unwirksamkeit des Bestellungsvorganges) Monate oder Jahre später einen Mitarbeiter wegen Veruntreuungen fristlos entlässt oder seinerseits an der Feststellung des Jahresabschlusses einer Enkelgesellschaft mitwirkt.

Die Nichtigkeit der Bestellung tritt mE zumindest bei grober Verkennung der gesetzlichen Voraussetzungen ein, so zB, wenn für ein durch Fristablauf ausgeschiedenes Vorstandsmitglied ein Vertreter gemäß § 90 Abs 2 AktG bestellt wird oder der Aufsichtsrat ganz generell einen von ihm geplanten Umbau des Vorstandes mit Hilfe von Abordnungen nach § 90 Abs 2 AktG bewerkstelligt.[312]

Anderes mag gelten, wenn der Aufsichtsrat zB zu leichtfertig, aber nicht in völlig unvertretbarer Weise eine Verhinderung annimmt und einen Stellvertreter aus dem Kreise der Aufsichtsratsmitglieder bestellt, wenn ein Vorstandsmitglied drei Tage wegen eines grippalen Infektes zu Hause bleibt und keine unabdingbaren, wesentlichen Entscheidungen im betroffenen Ressort gefällt werden müssen. Hier wäre eine Wirksamkeit des Beschlusses aus Verkehrsschutzgründen befürwortbar.[313]

---

[310] *Kalss* in Doralt/Nowotny/Kalss, AktG² § 90 Rz 6; *Habersack* in MünchKomm AktG³ § 105 Rz 19; *Mertens* in KölnKomm AktG² § 105 Rz 7; *Hopt/M. Roth* in GroßKommAktG⁴ § 105 Rz 23.

[311] Vgl *G. Schima*, Vorstandsvorsitzender der Flughafen Wien AG rechtsunwirksam bestellt? Die Presse/Rechtspanorama, 21. Februar 2011.

[312] Deshalb kann auch bei der Flughafen Wien AG mE kein Zweifel an der damaligen Nichtigkeit der Bestellung des Aufsichtsratsvorsitzenden zum Vorstandsvorsitzenden bestehen. Denn von einer *„Verhinderung"* auch nur eines der drei Vorstandsmitglieder konnte selbst bei großzügigster Auslegung keine Rede sein.

[313] Grundsätzlich ist es ja so, dass für Aufsichtsratsbeschlüsse (sieht man von § 75 Abs 4 AktG ab) anders als bei Hauptversammlungsbeschlüssen keine gesetzlichen Regeln für die Geltendmachung von Mängeln bestehen. Welche Schlüsse daraus zu ziehen sind, ist im einzelnen nach wie vor sehr strittig (vgl dazu schon *Runggaldier/G. Schima,* Führungskräfte 88f; *Strasser* in Jabornegg/Strasser, AktG⁵ §§ 92-94 Rz 70ff mwN). Die mögliche Sichtweise, dass aus dem Fehlen einer fristgebundenen Anfechtungsmöglichkeit, bei der der Mangel nach Fristablauf heilt, der Schluss gezogen werden müsse, auch vergleichsweise geringfügige Mängel machten einen Aufsichtsratsbeschluss stets nichtig und diese Nichtigkeit könnte zeitlich unbegrenzt geltend gemacht werden, ist in dieser Form ebenso wenig überzeugend wie die Ansicht, dass geringfügige Mängel gar nicht geltend gemacht werden können, grobe dafür unbeschränkt (im letztgenannten Sinne *Schiemer,* AktG² Anm 1.4 zu § 92; dagegen *Runggaldier/G. Schima,* Führungskräfte 89). Richtigerweise muss es auf die Art des Mangels (fehlende Zuständigkeit des Aufsichtsrates/Inhaltsmangel/Verfahrensmangel: vgl *Strasser* in

85 Für der Rechnungshofkontrolle unterliegende Unternehmen besteht nach den StellenbesG die Verpflichtung zur Ausschreibung von Vorstands- und Geschäftsführerpositionen (siehe Rz 19). Macht der Vorstand gerechtfertigt von § 90 Abs 2 AktG Gebrauch, ist mE grundsätzlich das Unterbleiben einer Ausschreibung zulässig. Die gegenteilige Ansicht würde ja bedeuten, dass in Wahrheit die Voraussetzungen des § 90 Abs 2 AktG (dh ein akutes Führungsvakuum) kaum vorliegen können, weil das Ausschreibungsprozedere mehrere Wochen bzw Monate in Anspruch nimmt. Freilich ergibt sich bei dem Ausschreibungsregime unterliegenden Gesellschaften im Falle einer Anwendung des § 90 Abs 2 AktG eine zusätzliche Beschränkung des Einsatzes dieses Mittels. Während der Aufsichtsrat bei einer Verhinderung eines Vorstandsmitgliedes, bei der eine längere Dauer von Vornherein abzusehen oder die Wiedererlangung der Einsatzfähigkeit des Vorstandsmitgliedes von vornherein unsicher ist (weil das Vorstandsmitglied zB nach einem schweren Unfall im künstlichen Tiefschlaf liegt), die Bestellung ohne weiteres auf einen mehrmonatigen Zeitraum befristen und – wenn die Verhinderung bei Fristablauf nach wie vor andauert – uU auch verlängern kann,[314] muss der Aufsichtsrat in einer dem StellenbesG unterliegenden Gesellschaft mE *unverzüglich nach Durchführung der Abordnung nach § 90 Abs 2 AktG eine Ausschreibung vornehmen*. In deren Rahmen kann sich das abgeordnete Aufsichtsrats- und Vorstandsmitglied selbstverständlich bewerben. Denkbar ist sogar, dass das aus der Ausschreibung siegreich hervorgehende, in den Vorstand abgeordnete Aufsichtsratsmitglied nochmals nach § 90 Abs 2 AktG bestellt wird, wenn – zB im vorher erwähnten Beispiel – die unfallbedingte Verhinderung noch andauert. Sehr zweckmäßig ist das indes nicht, weil auch die Verlängerung von Vorstandsmandaten dem Ausschreibungsregime unterliegt (vgl oben Rz 19 ff, 22),[315] und nach Ablauf der bei Anwendung des § 90 Abs 2 AktG notwendigerweise kurzen Befristung der Aufsichtsrat erneut auszuschreiben hätte. Ein nach § 90 Abs 2 AktG in den Vorstand abgeordnetes Aufsichtsratsmitglied in einer dem StellenbesG unterliegenden Gesellschaft sollte sich bei Teilnahme an der Ausschreibung daher gut

---

Jabornegg/Strasser, AktG⁵ §§ 92-94 Rz 70), aber zB auch darauf ankommen, ob der Aufsichtsrat Rechtsvorschriften in vertretbarer oder in unvertretbarer Weise falsch angewendet hat (vgl zur Konstellation einer vertretbar unrichtigen Rechtsauslegung durch den Aufsichtsrat bei der Beschlussfassung BGH 23.10.1975 – II ZR 90/73, BGHZ 65, 190 betreffend die Sanierung von durch Zweimann-Ausschüsse gefassten Bestellungsbeschlüssen in der AG und dazu *Säcker* in FS G. Müller 756 f; *Baums*, Geschäftsleitervertrag 197). Bei Verfahrensmängeln ist von Belang, ob das Beschlussergebnis beeinflusst werden konnte (*Strasser* in Jabornegg/Strasser, AktG⁵ §§ 92-94 Rz 70; so auch *Koppensteiner/Rüffler*, GmbHG³ § 30g Rz 14), wobei man auch hier – iSd hM zur Bekämpfung von Hauptversammlungsbeschlüssen – mE von der Relevanz – und nicht von der Kausalitätstheorie ausgehen muss. Darüber hinaus ist mE vor allem bei formalen Mängeln zu beachten, dass bei Nichtbekämpfung zwar keine Anfechtungsfrist verstreichen (denn die gibt es im Gesetz eben nicht), wohl aber das Feststellungsinteresse wegfallen kann (*Runggaldier/G. Schima*, Führungskräfte 89).

[314] Wie schon oben ausgeführt, wird sich in solchen Fällen freilich unabhängig von einer Geltung des StellenbesG oft empfehlen, dass die Delegierung in den Vorstand (nur) für jenen Zeitraum erfolgt, den der Aufsichtsrat voraussichtlich benötigt, um einen Nachfolger zu finden.

[315] Gegenteilig *Zouplna/C. Wildmoser*, GeS 2008, 353 (354); wie hier *Eiselsberg/Prohaska-Marchried*, ecolex 1998, 319 ff.

überlegen, ob es nicht das Aufsichtsratsmandat niederlegt und ein „herkömmliches" Vorstandsamt anstrebt.

Wenn das verhinderte Vorstandsmitglied während des Ausschreibungsvorganges wieder einsatzfähig wird (und nicht mittlerweile vom Aufsichtsrat wegen Dienstunfähigkeit iSd § 75 Abs 4, zweiter Fall AktG abberufen wurde), ist die Ausschreibung abzubrechen (es sei denn der Aufsichtsrat möchte in Anbetracht der Attraktivität der Kandidaten sich vom verhindert gewesenen Vorstandsmitglied ohnehin trennen).

Wenn der Aufsichtsrat von § 90 Abs 2 AktG – zulässiger Weise – in einem Fall des Ausscheidens aus dem Vorstandsamt Gebrauch macht, gilt die Verpflichtung, unverzüglich eine Ausschreibung durchzuführen, natürlich umso mehr. **86**

Die österreichische Praxis nimmt auch hier teilweise die gesetzlichen Vorgaben nicht so genau, wie das Beispiel der Flughafen Wien AG gezeigt hat.[316]

7. Fehlerhaftes Mandat und fehlerhafter Anstellungsvertrag

a) Gründe und Geltendmachung der Fehlerhaftigkeit

Ursachen für die Fehlerhaftigkeit der Vorstandsbestellung können sein: Bestellung trotz fehlender Voraussetzungen (zB volle Geschäftsfähigkeit, nur natürliche Person darf Vorstandsmitglied sein), Verstoß gegen Unvereinbarkeitsregeln (Bestellung eines Aufsichtsratsmitglieds zum Vorstand – § 90 Abs 1 AktG – oder zum vorübergehenden Vertreter eines verhinderten Vorstandsmtiglieds gem § 90 Abs 2 AktG, ohne dass die Voraussetzungen vorliegen; Bestellung eines Aufsichtsratsmitglieds der Muttergesellschaft zum Vorstand der Tochtergesellschaft – § 86 Abs 2 Z 2 AktG), Bestellung durch ein unzuständiges Organ (zB nach der herrschenden, mE aber nicht zutreffenden [vgl oben Rz 44 ff] Ansicht die Bestellung in einem mitbestimmten Ausschuss statt im Plenum des Aufsichtsrates) oder Fehler bei der Beschlussfassung zur Bestellung (Einberufungsmängel; keine schriftliche Bestätigung durch Aufsichtsratsvorsitzenden bei der Wiederbestellung[317]). **87**

Die Bestellung zum Vorstandsmitglied geschieht mit Beschluss des Aufsichtsrates, der bei inhaltlichem oder formellem Verstoß gegen die Satzung der Gesellschaft oder ein Gesetz fehlerhaft und somit nichtig ist.[318] Die Nichtigkeit des Be- **88**

---

[316] Im Zuge der nach *meinem* Beitrag im Presse-Rechtspanorama vom 21. Februar 2011 ausgelösten Diskussion wurde nämlich schnell deutlich, dass der Hauptgrund für die Vorgangsweise des Aufsichtsrates der Flughafen Wien AG darin gelegen sein dürfte, eine Ausschreibung zu vermeiden. Das ist bei Anwendung des § 90 Abs 2 AktG – wie oben gezeigt – zwar grundsätzlich, aber nur ganz kurzfristig zulässig. Auf keinen Fall kann – wie bei der Flughafen Wien AG – der Aufsichtsrat aus seinem Kreise jemanden gleich für ein ganzes Jahr in den Vorstand abordnen, ohne eine Ausschreibung durchzuführen. Denn es ist ja evident, dass die Durchführung des Ausschreibungsverfahrens idR nur einen Bruchteil dieser Dauer in Anspruch nimmt, die Gesellschaft daher spätestens im März 2011 über einen Vorstandsvorsitzenden *nach* ordnungsgemäßer Ausschreibung hätte verfügen können.

[317] Wobei diese Bestellungsvoraussetzung mE schon zB durch eine Unterfertigung des Protokolls über den Bestellungsbschluss durch den Aufsichtsratsvorsitzenden erfüllt ist (siehe oben Rz 63).

[318] *Kalss* in Doralt/Nowotny/Kalss, AktG² § 92 Rz 114.

schlusses kann von jedem Betroffenen per Feststellungsklage (§ 288 ZPO) gegen die Gesellschaft geltend gemacht werden, sofern der Kläger ein entsprechendes Feststellungsinteresse nachweist.[319] Auch die Mitglieder des Aufsichtsrats und der Vorstand sind klagslegitimiert, wenn der Beschluss – was in der Regel der Fall ist – ihre Interessen berührt.[320]

89 Anders als die Anfechtung von General- oder Hauptversammlungsbeschlüssen, die von Gesetzes wegen nur innerhalb einer bestimmten Frist geltend gemacht werden kann, sieht das Aktiengesetz eine allgemeine Anfechtungsklage gegen Aufsichtsratbeschlüsse gar nicht vor, sondern regelt in § 75 Abs 4, letzter Satz AktG bloß einen Sonderfall, nämlich die Anfechung des Aufsichtsratbeschlusses, mit dem die Abberufung eines Vorstandsmitgliedes verfügt wird. Etwas systemwidrig sieht das AktG dafür keine Frist vor, auch wenn die hA eine Anfechtung keineswegs unbefristet zulässt, sondern an eine angemessene Frist (je nach Einzelfall zB zwischen einem und drei Monaten) knüpft.[321] Dies ergibt sich schon aus dem Klarstellungsinteresse der Gesellschaft und der damit korrespondierenden „Aufgriffsobliegenheit" des abberufenen Vorstandsmitgliedes (siehe unten Rz 486). Die Nichtigkeitsfeststellungsklage gegen Aufsichtsratbeschlüsse sieht das Gesetz zwar – anders als bei Haupt- und Generalversammlungen in AG und GmbH – ebenfalls nicht vor, doch ergibt sich die Zulässigkeit einer solchen Klage schon aus allgemein-zivilrechtlichen Erwägungen und nicht zuletzt aus § 228 ZPO.[322] Eine spezielle zeitliche Schranke für solche Klagen gibt es nicht, wobei sich eine Schranke freilich aus dem möglichen Wegfall des Feststellungsinteresses iSd § 228 ZPO ergeben kann. Ungeachtet dessen ist anerkannt, dass die Nichtigkeit von Beschlüssen nur wegen gravierender inhaltlicher Fehler zeitlich unbegrenzt geltend gemacht werden kann.[323] Solche gravierenden Fehler sind im konkreten Zusammenhang die Bestellung eines Vorstandsmitglieds, das gesetzliche Bestellungsvoraussetzungen nicht erfüllt, die gegen ein Bestellungsverbot (zB Unvereinbarkeit) verstößt oder die von einem unzuständigen Organ (also – wenn man die hM zugrunde legt – zB auch von einem Ausschuss des Aufsichtsrats) beschlossen wird. Diese Fehler können mE zeitlich unbeschränkt mit Feststellungsklage geltend gemacht werden.

90 Bei weniger gravierenden Fehlern ist hingegen ein Aufgreifen durch eine Feststellungsklage nur binnen angemessener Frist zulässig. Dies trifft insbesondere auf Verstöße gegen Verfahrensvorschriften bei der Beschlussfassung zu, die durch

---

[319] Eine Anfechtung oder Nichtigkeitsklage analog zu §§ 195 ff AktG ist nicht zulässig, vgl *Strasser* in Jabornegg/Strasser, AktG II[5] §§ 92 -94 Rz 72; *Kalss* in Doralt/Nowotny/Kalss, AktG[2] § 92 Rz 121.

[320] Bei Aufsichtsratsmitgliedern ergibt sich das Interesse bereits aus der Organstellung, vgl *Hüffer/Koch*, AktG[11] § 108 Rz 26.

[321] Vgl *Rauter*, Anfechtung der Abberufung als Vorstandsmitglied binnen angemessener Frist, JAP 2004/2005/26 zur OGH-E OGH 4 Ob 19/04s SZ 2004/72. Vergleichsverhandlungen zwischen dem abberufenen Vorstand und der Gesellschaft verlängern diese Frist, sodass es wirklich auf die Beurteilung im Einzelfall ankommt (vgl unten im Text Rz 486). Zuletzt OGH 6 Ob 41/14v GesRZ 2015,68 (*Csoklich*) zum Vorstand einer Privatstiftung.

[322] Vgl dazu schon *Runggaldier/G. Schima*, Führungskräfte 89.

[323] *Kalss* in Doralt/Nowotny/Kalss, AktG[2] § 92 Rz 116 mwN; *Runggaldier/G. Schima*, Führungskräfte 88 f.

Einigung im Aufsichtsrat auch abbedungen werden könnten, zB wenn die Sitzung zB nicht mit der in der Geschäftsordnung des Aufsichtsrates vorgeschriebenen Frist einberufen wird.

Anders ist es bei zwingenden Verfahrensvorschriften, zB einem Beschluss durch ein beschlussunfähiges Plenum oder wenn ein oder mehrere Aufsichtsratsmitglieder gar nicht eingeladen wurde/n. Diese Fehler sind schwerwiegend und können daher zeitlich unbegrenzt aufgegriffen werden. Ob die Beschlussfassung auf dem Umlaufwege, wenn ein Aufsichtsratsmitglied widersprochen hat,[324] einen solch schwerwiegenden Mangel begründet, wird mE von den Umständen des Einzelfalles abhängen. Grundsätzlich ist die Bestellung von Vorstandsmitgliedern überhaupt kein Gegenstand, der sich für Umlaufbeschlüsse besonders eignet. Wenn zB der Mehrheitsaktionär „seinen" ihm bestens bekannten Vorstandskandidaten durchdrückt, die ihm nahestehenden Aufsichtsratsmitglieder entsprechend „instruiert" und der Aufsichtsratsvorsitzende ein Umlaufbeschlussverfahren initiiert, dem sich ein Aufsichtsratsmitglied, der diesen Kandidaten noch nie kennen lernte, widerspricht, dann handelt es sich um einen gravierenden Mangel, wenn der Aufsichtsratsvorsitzende dennoch eine Beschlussfassung feststellt. Liegt der Fall aber zB so, dass es mit dem Kandidaten bereits mehrere Hearings gab und einen Beschluss des Gremiums, den Kandidaten zum Vorstandsmitglied bestellen zu wollen, sofern dieser zB noch entsprechende Nachweise erbringt, dass ein Streit mit seinem früheren Arbeitgeber beigelegt ist, dann ist eine andere Sichtweise geboten. Falls ein Aufsichtsratsmitglied entgegen dem bereits im Aufsichtsrat akkordierten Vorgehen sich in der Folge weigert, nach Erbringung des Nachweises über die Streitbeilegung die formelle Bestellung im Umlaufwege zu beschließen, obwohl die Angelegenheit zB deshalb dringlich ist, weil das neue Vorstandsmitglied am Tag danach einen wichtigen Vertrag unterschreiben muss, bei dem der Geschäftspartner Wert darauf legt, dass seine Unterschrift auf dem Papier ist, soll daran der Beschluss nicht scheitern. Erfolgt in so einer Konstellation dennoch eine Bestellung mittels Umlaufbeschlusses, ist dies mE kein durch Zeitablauf nicht heilbarer, gravierender Mangel.[325]

Das Feststellungsinteresse fällt bei wenig gravierenden Mängeln nach Ablauf einer gewissen Zeit daher weg.[326] In solchen Fällen, sowie dann, wenn es um das Teilnahmerecht eines Aufsichtsratsmitgliedes geht, nimmt die hL in D und Österreich überdies eine Rügeobliegenheit der betroffenen Aufsichtsratsmitglieder an. Erkennt ein Mitglied den Verfahrensmangel bei der Beschlussfassung (wurde es

---

[324] Vgl die detailreichen Ausführungen von *Kalss* in Doralt/Nowotny/Kalss, AktG² § 92 Rz 119.

[325] Abgesehen von solchen speziellen Konstellationen geht die hL – zu Recht – davon aus, dass Beschlüsse mit einem gravierenden Mangel behaftet und daher nichtig und uneingeschränkt anfechtbar sind, wenn das Teilnahmerecht von Aufsichtsratsmitgliedern an der Beschlussfassung verletzt wurde. Der Widerspruch eines Aufsichtsratsmitglieds gegen die Beschlussfassung im Umlaufwege ist typischerweise ein solcher Mangel, und zwar unabhängig davon, ob die Stimme des beeinträchtigten Mitglieds für den Beschluss kausal gewesen wäre. Hier gilt insoweit – wie bei der Anfechtung von HV-Beschlüssen – die Relevanz- und nicht die Kausalitätstheorie. Vgl *Kalss* in Doralt/Nowotny/Kalss, AktG² § 92 Rz 119; *Mertens/Cahn*, KölnKommAktG³ § 108 Rz 94

[326] Vgl schon *Runggaldier/G. Schima*, Führungskräfte 89. *Kalss* in Kalss/Nowotny/Schauer, AktG² § 92 Rz 122 geht bei geringfügigen Mängeln von einer Frist von vier Wochen aus.

zB nicht zur Sitzung geladen), muss es gegenüber dem Aufsichtsratsvorsitzenden, allenfalls in der nächsten Sitzung des Aufsichtsrats, ausdrücklichen Widerspruch erklären, um die Bekämpfbarkeit des Beschlusses zu erhalten.[327]

93 Die Feststellungsklage ist jedoch nur ein subsidiärer Rechtsbehelf, der mE nur dann zur Anwendung gelangen wird, wenn die Nichtigkeit der Bestellung nicht durch den Aufsichtsrat behoben oder unwidersprochen entweder durch Beschluss festgestellt oder durch Abberufung geltend gemacht wird. So wird ein Vorstandsmitglied, das erkennt, dass bei der eigenen Bestellung gravierende Fehler im Aufsichtsrat passiert sind, wohl nicht mit Feststellungsklage die Nichtigkeit des Beschlusses feststellen lassen, sondern im Gegenteil versuchen, den Aufsichtsrat dazu zu bewegen, den Fehler zu beheben. Sollte das nicht gelingen, kann das „Vorstandsmitglied" sein Amt zurücklegen, wobei der wichtige Grund die Nichtigkeit der Bestellung ist. Das Interesse, die Nichtigkeit zu beheben, wird idR auch der Aufsichtsrat der Gesellschaft haben, wenn er den Mangel entdeckt. Der Aufsichtsrat hat grundsätzlich die Kompetenz, nichtige Bestellungsbeschlüsse zu sanieren. Falls aber keine Einigung im Aufsichtsrat erzielt werden kann oder aus irgendwelchen Gründen keine Beschlussfähigkeit des Gremiums gegeben ist, könnte zB ein oder könnten mehrere Mitglieder des Aufsichtsrates oder auch des Vorstands die Feststellungsklage erheben, um Rechtssicherheit zu schaffen.

94 Auch der umgekehrte Fall ist denkbar: wenn zB das Vorstandsmitglied trotz fehlender Bestellungsvoraussetzungen bestellt wurde, kann der Aufsichtsrat (die erforderliche Beschlussmehrheit vorausgesetzt) mE ohne weiteres die Nichtigkeit der Vorstandsbestellung per Beschluss feststellen (was im Ergebnis eine Abberufung bedeutet) und so eine Feststellungsklage erübrigen.[328]

95 Die Feststellungsklage wird daher wohl immer dann in Frage kommen, wenn im Aufsichtsrat keine Einigkeit erzielt werden kann, etwa weil die letztlich eine Rechtsfrage bildende Beurteilung der Nichtigkeit nicht eindeutig zu lösen ist. Dritten, gesellschaftsfremden Personen kommt nur die Geltendmachung der Nichtigkeit mittels Feststellungsklage zu, weil sie auf die internen Entscheidungen des Aufsichtsrates idR keinen Einfluss haben. Ein rechtliches Feststellungsinteresse vorausgesetzt, haben sie mittels Klage dennoch die Möglichkeit, Rechtssicherheit zu erlangen.

96 Welche Folgen die fehlerhafte und somit nichtige Bestellung nach sich zieht, ist insbesondere dann fraglich, wenn der Mangel bei der Bestellung erst erkannt wird, nachdem das Vorstandsmitglied für die Gesellschaft tätig geworden ist. Wenn der Fehler zuvor entdeckt wird, muss der Aufsichtsrat entweder eine andere Person zum Vorstandsmitglied bestellen (wenn zB Bestellungsvoraussetzungen nicht vorliegen), oder den Mangel durch einen neuen, fehlerfreien Bestellungsbeschluss sanieren. Weder wird das betroffene „Nichtvorstandsmitglied" in Kenntnis des Problems beginnen, die Funktion auszuüben, noch würde die Gesellschaft dies dulden.[329]

---

[327] Vgl für D *Habersack* in MünchKommAktG[4] § 108 Rz 82; für Ö *Kalss* in Doralt//Nowotny/Kalss, AktG[2] § 92 Rz 118.

[328] Vgl *Lutter/Krieger/Verse*, Rechte und Pflichten des Aufsichtsrats[6] § 7 Rz 360; gleich: *Fonk* in Semler/v. Schenck, ARHdb[4] § 10 Rz 53 f.

[329] Vgl *Baums*, Geschäftsleitervertrag 153 f.

II. Auswahl und Bestellung des Vorstandes

Sollte sich aber erst Monate oder Jahre nach der Bestellung zum Vorstandsmitglied herausstellen, dass die Bestellung unwirksam (geworden) ist, weil zB die Bestellung des Vorstandsmitglieds ohne Einbeziehung von Arbeitnehmervertretern erfolgte oder dass die Geschäftsfähigkeit des Vorstandsmitgliedes wegen einer schleichend schlechter werdenden Krankheit plötzlich weggefallen ist, stellt sich die Frage, ob und wie das Mandat endet oder zu beenden ist.

97

In Österreich gilt das allgemeine (aber nicht ausnahmslose) Prinzip, dass Dauerschuldverhältnisse grundsätzlich nicht mehr rückabgewickelt werden können, sobald sie in Vollzug gesetzt wurden. Die geleistete Arbeitskraft oder die erhaltene Dienstleistung kann nämlich nicht mehr ungeschehen gemacht bzw rückerstattet werden.[330] Auch wäre es nicht sachgerecht, wenn ein Vorstandsmitglied, das nach mehreren Monaten (oder gar Jahren) Tätigkeit feststellt, dass seine Bestellung unwirksam war, retrospektiv von sämtlichen (Sorgfalts-)Pflichten und der gesetzlichen Haftung befreit wäre, obwohl es für die Gesellschaft gehandelt hat. Ebenso wenig wäre es gerechtfertigt, die vom unwirksam bestellten „Vorstandsmitglied" erbrachten und von der Gesellschaft entgegen genommenen Leistungen nicht zu vergüten, mit dem Argument, dass das Mandat gar nicht bestehe.[331] (Dazu noch unten in Rz 104 ff und Rz 110 ff.)

98

Um das in Vollzug gesetzte Mandat wieder zu beenden, muss also die Nichtigkeit aufgegriffen werden. Das Mandat endet trotz ursprünglicher Unwirksamkeit daher nur mit einem bestimmten Akt. In Frage kommt – uU auch erst aufgrund der rechtskräftigen Feststellung der Nichtigkeit der Bestellung in einem Gerichtsverfahren – eine Beendigung durch Feststellungsbeschluss des Aufsichtsrates, dass die Bestellung nichtig war, durch Abberufung, Rücktritt oder gerichtliche Aufhebung des Bestellungsbeschlusses im Falle der fehlerhaften gerichtlichen Bestellung zum Vorstandsmitglied.[332] Ein Vorstandsmitglied, das sich mit der Abberufung oder der beschlussmäßigen Feststellung der Nichtigkeit durch den Aufsichtsrat nicht einverstanden erklärt, kann dagegen selbstverständlich entweder Anfechtungsklage nach § 75 Abs 4 AktG oder eine Klage gerichtet auf Feststellung des aufrechten Vorstandsmandates erheben. Ein rein „faktisches Ausscheiden" des Vorstandsmitgliedes wird in der Praxis wohl kaum vorkommen. Dies wäre zB denkbar, wenn ein Vorstandsmitglied für vier Jahre bestellt wurde, aber alle Beteiligten später irrtümlich glauben, dass die Bestellung für fünf Jahre erfolgt sei. Nachdem das Vorstandsmitglied ohne ausdrückliche Verlängerung der Bestellung ein weiteres Jahr tätig und danach eine Wiederbestellung von beiden

99

---

[330] Nur in bestimmten Ausnahmefällen, nämlich bei Arglist eines Vertragspartners oder wenn im Einzelfall keine Rückabwicklungsprobleme bestehen – etwa weil das Dienstverhältnis noch nicht angetreten wurde – kommt eine *ex tunc* Auflösung in Betracht; vgl *Kolmasch* in Schwimann/Kodek, ABGB Taschenkommentar³ (2015) § 871 Rz 30; *Pletzer* in Kletečka/Schauer, ABGB-ON[1.01] § 871 ABGB Rz 61; OGH 6 Ob 257/08z ecolex 2009, 311.

[331] Selbst ohne Abschluss eines gesonderten (Anstellungs-)Vertrages oder bei Unwirksamkeit des Vertrages ist die Tätigkeit als hauptberufliches Vorstandsmitglied grundsätzlich entgeltlich, sodass mangels expliziter Vereinbarung eine angemessene Vergütung gebührt, vgl *Strasser* in Jabornegg/Strasser, AktG II⁵ § 84 AktG Rz 140.

[332] Vgl *U. Torggler*, Das fehlerhafte Vorstandsmandat, in FS Reich-Rohrwig (2014), 239 (251) für weitere Endigungsgründe.

Seiten nicht gewollt wäre, würde das fehlerhaft tätige Vorstandsmitglied mit Zeitablauf des (vermeintlich fünfjährigen) Mandats faktisch ausscheiden.

100 Abgesehen von diesem Fall (oder ähnlichen Konstellationen) ist jedoch ein ausdrücklicher Akt bzw eine Erklärung des fehlerhaft bestellten Vorstandsmitglieds oder der Gesellschaft, vertreten durch den Aufsichtsrat, erforderlich, um das fehlerhafte Organverhältnis zu beenden.[333] Dies ist schon allein aus organisatorischer Sicht erforderlich, weil es nicht sinnvoll wäre, wenn zB ein Vorstandsmitglied ohne jegliche Erklärung von einem Tag auf den anderen nicht mehr zur Arbeit erscheint, weil es zufälliger Weise bei genauerer Analyse seiner eigenen Bestellung auf einen gravierenden Mangel gestoßen ist. Eine gewisse Kommunikation zwischen den Parteien des Organverhältnisses, die es zumindest ermöglicht, auf die neue Tatsache entsprechend zu reagieren, ist eigentlich selbstverständlich. Sollte die Nichtigkeit des Bestellungsbeschlusses im Zuge des Verfahrens über eine Feststellungsklage (die zB von einem später eingetretenen Vorstandsmitglied erhoben wurde) rechtskräftig festgestellt werden, ist damit das Organverhältnis auch noch nicht automatisch beendet. Das Vorstandsmitglied bzw der Aufsichtsrat, dem das Urteil zur Kenntnis gebracht wird, wird zumindest irgendeine Erklärung abgeben und das Organverhältnis „außer Vollzug" setzen.

101 Für die Beendigung des fehlerhaften Organverhältnisses ist auf Seiten der Gesellschaft der Aufsichtsrat zuständig. Dies ist schon deswegen logisch, weil der Aufsichtsrat das von Gesetzes wegen für die Bestellung und Anstellung des Vorstands zuständige Organ ist und die Möglichkeit haben soll bzw hat, die fehlerhafte Bestellung zu sanieren.[334] Eine „Entfernung" durch den Vorstand (in vertretungsbefugter Anzahl, also durch die übrigen Mitglieder oder idR auch ein Vorstandsmitglied und einen Prokuristen) kommt mE nicht in Betracht und kann nicht damit gerechtfertigt werden, dass es sich um ein Nicht-Vorstandsmitglied handelt. Denn bis zur Beendigung muss die Person wie ein gültig bestelltes Vorstandsmitglied behandelt werden.[335]

102 Eine in diesem Zusammenhang interessante und sich nur bei der AG, nicht aber bei der GmbH (vgl § 16 Abs 1 GmbHG) und auch nicht bei in Vollzug gesetzten, aber an sich nichtigen Arbeitsverhältnissen, bei denen eine Kündigung nicht begründungsbedürftig ist, stellende Frage lautet, ob in der nichtigen Bestellung per se ein wichtiger Abberufungsgrund iSd § 75 Abs 4 AktG liegt oder es zumindest unter gewissen Voraussetzungen eines darüber hinausreichenden Grundes bedarf. Meines Erachtens ist die erstgenannte Sichtweise zutreffend,[336] dh es bedarf für die Abberufung keiner weiteren Begründung als des Hinweises auf die Nichtigkeit des Bestellungsbeschlusses. Dennoch muss man darüber hinaus mE differenzieren. Denn ob sich die Gesellschaft oder das Vorstandsmitglied auf die Nichtigkeit

---

[333] *Seibt* in K. Schmidt/Lutter, AktG³ § 84 Rz 22.
[334] *Baums*, Geschäftsleitervertrag 207.
[335] So auch *Baums*, Geschäftsleitervertrag 206 f.
[336] In diesem Sinne, wenn auch mit anderer Begründung *Seibt* in K. Schmidt/Lutter, AktG³ § 84 Rz 22, der unter Verweis auf die dt herrschende Lehre ausführt, dass der Aufsichtsrat die Unwirksamkeit der Bestellung per Beschluss feststellt, ohne dass es eines wichtigen Grundes iSd § 84 Abs 3 dAktG (§ 75 Abs 4 AktG) bedürfe. Damit ist mE gemeint, dass die Nichtigkeit per se ein wichtiger Grund für die Abberufung ist.

berechtigter Weise berufen kann, hängt von den Umständen des Einzelfalles und mE primär davon ab, in wessen Sphäre sich die die Nichtigkeit begründenden Umstände ereignet haben bzw von welcher Seite sie zu vertreten sind. Letztlich wird das bedeuten, dass in jenen Fällen, in denen die Nichtigkeit vom Vorstandsmitglied zu vertreten oder gar verschuldet ist, ein wichtiger Abberufungsgrund vorliegt und zwar entweder, weil es dann gerechtfertigt ist, die Nichtigkeit der Bestellung als Abberufungsgrund zu werten, oder weil ohnehin der in § 75 Abs 4 AktG geregelte Abberufungsgrund der groben Pflichtverletzung gegeben ist. Bei einem Vorstandsmitglied, das sich die Position durch Verschweigung eines Bestellungshindernisses erschlichen hat, liegen diese Voraussetzungen vor.

Andererseits kann es Fälle geben (und die sind in der Praxis sicher ungleich häufiger), dass der Mangel in der Willensbildung des Aufsichtsrates begründet ist, in die das Vorstandsmitglied gar keinen Einblick hat (siehe den obigen Fall mit dem Umlaufbeschluss, dem ein Aufsichtsratsmitglied widerspricht). Hier ist ein wichtiger Grund allenfalls dadurch herstellbar, dass die Hauptversammlung aus „nicht offenbar unsachlichen Gründen" dem Vorstandsmitglied das Vertrauen entzieht. Eine bloße (mit Mehrheitsbeschluss im Aufsichtsrat erfolgende) Abberufung ohne gesonderten Grund ist hier dagegen mE nicht zulässig. Vielmehr wäre die Annahme einer Pflicht der Gesellschaft naheliegend, den Bestellungsmangel zu beheben und das bisher gelebte Vorstandsverhältnis zu legitimieren. Diese Ansicht mag gewagt sein, aber man darf mE nicht den Schutzzweck der Bestellungsvorschriften und der Nichtigkeitssanktion außer Acht lassen. Wenn der für die Auswahl und Bestellung des Vorstands zuständige Aufsichtsrat ein unwirksam bestelltes Vorstandsmitglied über längere Zeit faktisch duldet und auch sonst keine Gründe für dessen Abberufung vorliegen, ist nicht einzusehen, wieso ein Formmangel ohne Weiteres als Beendigungsgrund herangezogen werden können soll.

b) Rechtsfolgen für Geschäftsführungs- und Vertretungshandlungen

Wenn ein Bestellungsmangel erst nach längerer Zeit entdeckt wird, ist die Wirksamkeit der vom Vorstandsmitglied inzwischen gesetzten internen und externen Handlungen zu hinterfragen und zu überlegen, welche wechselseitigen Rechte und Pflichten die Gesellschaft und das „Vorstandsmitglied" während der zwar formell nicht begründeten, aber faktisch ausgeübten Organfunktion treffen: Haftet das fehlerhaft bestellte Organmitglied für seine Handlungen? Schuldet die Gesellschaft eine angemessene Vergütung für die Tätigkeit?

In Deutschland kommt hier die Lehre vom fehlerhaft bestellten Organwalter zur Anwendung, die besagt, dass eine Person, die ihr Amt angenommen und ausgeübt hat, trotz fehlerhafter Bestellung dieselben Rechte und Pflichten hat wie ein fehlerfrei bestelltes Organ. Entdeckt man die Fehlerhaftigkeit, kann das Mandatsverhältnis nur noch *ex nunc* abgewickelt werden – das Mandat wird durch Widerruf der Bestellung oder Rücktritt beendet.[337] Dies entspricht auch der in Österreich herrschenden Lehre zur ex nunc Rückabwicklung von in Vollzug gesetzten Dauerschuldverhältnissen.

---

[337] Vgl das hier sinngemäß wiedergegebene Zitat von *Schäfer* aus der deutschen Lehre bei *U. Torggler*, ins bei rückwirkendem Entfall, in FS Reich-Rohrwig 247 f mwN.

Selbst wenn also ein Bestellungsakt von Anfang an unwirksam war oder später für unwirksam erklärt wird, sind die vom unwirksam bestellten Vorstandsmitglied im Innenverhältnis gesetzten Akte wirksam[338], und das Vorstandsmitglied trägt auch die Verantwortung für die Einhaltung sämtlicher Pflichten, die mit einer (wirksamen) Bestellung einhergehen.[339] Dem „Vorstandsmitglied" gebührt auch eine Vergütung für die geleistete Tätigkeit – entweder die Parteien haben nichts vereinbart, sodass im Zweifel ein angemessenes, marktübliches Entgelt geschuldet ist, oder es gibt einen (allenfalls ebenso unwirksamen) Anstellungsvertrag, der als Grundlage für die Entlohnung dient.[340]

106 Für die Frage der Wirksamkeit von Vertretungshandlungen des unwirksam bestellten „Vorstandsmitglieds" ist zu unterscheiden, ob die Person ins Firmenbuch eingetragen ist, oder nicht. Bei eingetragenen Vorstandsmitgliedern schützt § 73 Abs 4 AktG gutgläubige Dritte, sodass Vertretungshandlungen durch das „Vorstandsmitglied" für die Gesellschaft Wirkung erzeugen, sofern der Dritte den Bestellungsmangel nicht kannte.[341] Nur die tatsächliche Kenntnis von der mangelhaften Bestellung, nicht aber grob oder leicht fahrlässige Unkenntnis des Dritten führt zur Unwirksamkeit des Rechtsgeschäfts. Wenn der Dritte also nur von ungeklärten Auseinandersetzungen im Zusammenhang mit der Vorstandsbestellung hört, aber das „Vorstandsmitglied" ins Firmenbuch eingetragen ist, darf sich der Dritte auf den Firmenbuchstand verlassen, und das Geschäft kommt wirksam zustande.[342]

107 Ist das unwirksam bestellte Vorstandsmitglied nicht im Firmenbuch eingetragen, können die von ihm gesetzten Vertretungsakte unter den Voraussetzungen der Anscheinsvollmacht dennoch wirksam sein. Die Voraussetzungen dafür sind, dass ein entsprechender Rechtsschein der fehlerfreien Bestellung besteht, der der Gesellschaft zuzurechnen ist. Das ist zB dann der Fall, wenn der Aufsichtsrat das Vorstandsmitglied (wenn auch fehlerhaft) bestellt, und dieses die Mitarbeit im Vorstand aufnimmt und von den Vorstands-Kollegen den Kunden vorgestellt wird.[343] Der Dritte muss gutgläubig in Bezug auf die wirksame Organfunktion sein; nicht nur positive Kenntnis vom Mangel, sondern auch (grob)[344] fahrlässige Unkenntnis vernichtet den guten Glauben, und das Rechtsgeschäft ist nicht wirksam abgeschlossen.[345]

---

[338] *U. Torggler* in FS Reich-Rohrwig 248 ff.
[339] *Baums*, Geschäftsleitervertrag 175.
[340] Vgl schon *Runggaldier/G. Schima*, Führungskräfte 90 f unter Verweis auf *Baums*, Geschäftsleitervertrag 196 ff.
[341] *Strasser* in Jabornegg/Strasser, AktG II[5] § 74 AktG Rz 91.
[342] *U. Torggler* in FS Reich-Rohrwig 256.
[343] Im Zivilrecht spricht man davon, dass der Anschein vom Geschäftsherrn, also der Gesellschaft „schuldhaft verursacht" werden muss; *Bydlinski* in KBB[4] (2014) § 1029 Rz 8 mwN; vgl auch *U. Torggler* in FS Reich-Rohrwig 258.
[344] *U. Torggler* in FS Reich-Rohrwig 258 zieht eine Analogie zu § 15 Abs 3 UGB, wonach ein Dritter auf den unrichtigen bzw unrichtig gewordenen Firmenbuchstand vertrauen darf, sofern er die Unrichtigkeit nicht kannte und die Unkenntnis nicht auf grober Fahrlässigkeit beruht. Seiner Ansicht nach sollen daher auch die Vertretungshandlungen fehlerhaft bestellter Vorstandsmitglieder gegenüber Dritten wirksam sein, die die fehlende Organfunktion des „Vorstandsmitglieds" bloß leicht fahrlässig nicht kannten.
[345] *Schurr* in Schwimann/Kodek, ABGB Taschenkommentar[3] § 1029 Rz 11.

108 Bei der Bestellung von geschäftsunfähigen Personen zum Vorstandsmitglied bzw beim nachträglichen Wegfall der Geschäftsfähigkeit muss eine Ausnahme von diesen Grundsätzen gemacht werden. Anders als im Vollmachtsrecht des ABGB, wo gem § 1018 ABGB auch beschränkt Geschäftsfähige unter bestimmten Voraussetzungen zu Vertretern bevollmächtigt werden können, kann eine beschränkt oder gar nicht geschäftsfähige Person nicht wirksam Vorstandsmitglied der AG sein. Während im Vollmachtsrecht des ABGB argumentiert wird, dass das Rechtsgeschäft ja zwischen dem Vertretenen und dem Geschäftspartner zustande kommt und insofern keine Gefahr für den Vertreter herrscht,[346] sind mit der Vorstandsfunktion umfassende Pflichten verbunden, deren Nichteinhaltung gravierende Haftungsfolgen haben kann. Die wirksame Bestellung einer nicht voll geschäftsfähigen Person scheidet daher aus; ebenso der Fortbestand des Mandats, wenn die Geschäftsfähigkeit nachträglich wegfällt.[347]

Sofern oder sobald das Vorstandsmitglied daher nicht (mehr) voll geschäftsfähig ist, treffen es auch nicht die gesetzlichen und vertraglichen Pflichten und Haftungsfolgen. Die durch den Nichtigkeitsgrund geschützten Interessen des Geschäftsunfähigen gehen den Interessen der Gesellschaft in diesem Fall vor.[348]

109 Vertretungshandlungen des geschäftsunfähigen „Vorstandsmitglieds" sind der Gesellschaft dennoch nach den Regeln des § 73 Abs 4 AktG zuzurechnen, sofern der Dritte die Geschäftsunfähigkeit nicht kannte.

c) Rechtsfolgen für den Anstellungsvertrag

110 Die Bestellung zum Vorstandsmitglied geht meist einher mit dem Abschluss eines Anstellungsvertrages mit der Gesellschaft. Zuständig für dessen Abschluss ist ebenfalls der Aufsichtsrat (Details siehe unten in Rz 137 ff).

In einzelnen Konstellationen kann es dazu kommen, dass zwar die Bestellung des Vorstandsmitglieds nichtig ist, der Anstellungsvertrag aber wirksam abgeschlossen wird: zB beschließt der Aufsichtsrat in einer Sitzung die Bestellung des neuen Vorstandsmitglieds, wobei ein Aufsichtsratsmitglied versehentlich nicht geladen wurde. Danach verhandelt der Aufsichtsratsvorsitzende die Konditionen des Anstellungsvertrags mit dem „Vorstandsmitglied", und der Aufsichtsrat beschließt (diesmal mangelfrei) in einer weiteren Sitzung den Abschluss des Vertrages. Der Mangel bei der Bestellung bleibt unentdeckt.

Oder: der Aufsichtsrat bestellt eine Person zum Vorstandsmitglied, die gleichzeitig im Aufsichtsrat der Muttergesellschaft sitzt – die Bestellung ist unwirksam. Nachdem der Aufsichtsratsvorsitzende die Vertragskonditionen verhandelt hat, beschließt der Aufsichtsrat auch den Abschluss des Anstellungsvertrages mit dem (unwirksam bestellten) „Vorstandsmitglied".

111 Nun wird der Vorstands-Anstellungsvertrag nur aus dem Grund abgeschlossen, die Tätigkeit des Vorstandsmitglieds zu begleiten und die auf Gesetz basie-

---

[346] *Apathy* in Schwimann, ABGB⁴ § 1018 Rz 1; *Perner* in Kletečka/Schauer, ABGB-ON[1.01] § 1018 Rz 1.
[347] Vgl *U. Torggler* in FS Reich-Rohrwig 241 f.
[348] *Baums*, Geschäftsleitervertrag 175 f.

rende Rechtsbeziehung durch vertragliche Regeln über Rechte und Pflichten zu ergänzen. Ohne ein wirksames Mandat hätten die Parteien den Anstellungsvertrag nie abgeschlossen. Außerdem soll nach dem Schutzzweck der Bestellungsvorschriften die Gesellschaft davor geschützt werden, dass ein unwirksam bestelltes Vorstandsmitglied einen Anstellungsvertrag erhält, der es wirtschaftlich in etwa so stellt, als wäre es bestellt worden. Die Nichtigkeit der Bestellung wäre so hinfällig, wenn die Gesellschaft das „Vorstandsmitglied" trotz fehlerhafter Bestellung und ohne eine Arbeitsleistung zu erhalten, entlohnen müsste.[349]

112 Wird der Mangel der Bestellung vor Antritt der Tätigkeit entdeckt und kommt es zu keiner Sanierung der Bestellung, etwa weil die Nichtigkeit im Verstoß gegen den Grundsatz der Unvereinbarkeit von Vorstands- und Aufsichtsratsmitgliedschaft liegt, ist auch der Anstellungsvertrag nichtig. Das unwirksam bestellte Vorstandsmitglied kann daraus keine Ansprüche ableiten, insbesondere nicht das „Recht", als Vorstandsmitglied tätig zu werden.[350] Der Aufsichtsrat wird in solchen Fällen aus Gründen der Rechtssicherheit einen Beschluss fassen, in dem die Nichtigkeit der beiden Rechtsakte festgestellt wird.

113 Der Anstellungsvertrag folgt daher im rechtlichen Schicksal der unwirksamen Bestellung und ist ebenso nichtig.[351] Tritt jedoch das „Vorstandsmitglied", weil der Mangel vorerst unentdeckt bleibt, die Tätigkeit an, wird der an sich nichtige Vertrag für die Dauer der Tätigkeit als wirksam behandelt. Dies ergibt sich aus der Lehre vom fehlerhaften Mandat und dem Grundsatz, wonach in Vollzug gesetzte Dauerschuldverhältnisse (idR) nur ex nunc aufgelöst werden können.[352] Ein mit Wissen des Aufsichtsrates tätig gewordenes fehlerhaft bestelltes Vorstandsmitgdlied ist der Gesellschaft gegenüber zur Einhaltung sämtlicher Pflichten verpflichtet und haftet für fehlerhaftes Handeln. Die Arbeitsleistung des „Vorstandsmitglieds" kann faktisch nicht mehr rückgängig gemacht werden. Die Gesellschaft ist daher verpflichtet, die Leistungen des Vorstandsmitglieds zu vergüten, was schon deswegen geboten ist, weil die Gesellschaft sonst bereichert wäre.[353]

114 Auch wenn die Gesellschaft zur Zahlung eines Entgelts an das tätig gewordene, unwirksam bestellte „Vorstandsmitglied" verpflichtet ist, entfaltet die Nichtigkeit des Anstellungsvertrags ihre schützende Wirkung: Sobald die (noch nicht durch Zeitablauf geheilte) Nichtigkeit der Bestellung entdeckt, allenfalls mittels Feststellungsklage erfolgreich geltend gemacht und durch Abberufung oder Feststellungsbeschluss des Aufsichtsrates beendet wird, kann auch der Anstellungsvertrag ex nunc beendet werden. Die Beendigung bedarf keines besonderen Grundes, sondern es genügt der Verweis auf die Nichtigkeit. Die Beendigung wird sofort wirksam, ohne dass gesetzliche oder vertragliche Beendigungsformalitäten beachtet werden müssten.[354] Ein trotz Geltendmachung der nichtigen Bestellung wirksamer Anstellungsvertrag wäre sonst idR bis zum Ende der Befristung weiter-

---

[349] Vgl ausführlich *Runggaldier/G. Schima*, Führungskräfte 86 ff.
[350] Vgl *Nowotny* in Doralt/Nowotny/Kalss, AktG² § 75 Rz 9.
[351] Vgl *Baums*, Geschäftsleitervertrag 195 f.
[352] *Seibt* in K. Schmidt/Lutter, AktG³ § 84 Rz 22 und 38; *Runggaldier/G. Schima*, Führungskräfte 90.
[353] *Spindler* in MünchKommAktG⁴ § 84 Rz 246 ff.
[354] Vgl *Krejci* in Rummel/Lukas, ABGB⁴ § 879 Rz 16 ff, 218.

hin aufrecht. Die Gesellschaft müsste in diesem Fall das Entgelt aus dem Anstellungsvertrag uU noch mehrere Jahre weiter zahlen, obwohl das Vorstandsmitglied wegen der nichtigen Bestellung nicht mehr tätig wäre.[355] Ein solches Ergebnis wäre in keiner Weise interessengerecht.

Im Einzelfall kann eine Interessenabwägung jedoch auch zu einem anderen Ergebnis kommen, und die Gesellschaft würde gegen Treu und Glauben verstoßen,[356] wenn sie sich auf die Unwirksamkeit des Anstellungsvertrages beriefe. Das gilt insbesondere (aber nicht notwendigerweise nur; siehe dazu unten) für Fälle, in denen die Bestellung wirksam erfolgt ist und nur der Anstellungsvertrag unwirksam abgeschlossen wurde. Wenn beide Vertragsteile sich bei einem in Vollzug gesetzten, unwirksamen Vorstandsverhältnis schon seit Jahren der Vereinbarung entsprechend verhalten haben, trifft die Geltendmachung der Nichtigkeit das „Vorstandsmitglied" ungleich härter als die Gesellschaft.

115

„Denn die Gesellschaft liefe allenfalls Gefahr, auf die Dienste des anderen, auf die sie vielleicht weiterhin Wert legt, schon vor Ablauf der vorgesehenen, nach § 84 Abs 1 AktG auf höchstens fünf Jahre zu bemessenden Vertragszeit verzichten zu müssen. Dagegen hat sich das Vorstandsmitglied gewöhnlich mit seiner ganzen beruflichen Existenz auf den Bestand des Vertrags eingerichtet und dafür oftmals andere Möglichkeiten der Sorge für seine wirtschaftliche Zukunft unwiederbringlich verloren. Unter diesen Umständen muss sich gerade auch die Gesellschaft jedenfalls dann am Vertrag festhalten lassen, wenn das Vorstandsmitglied, wie es sich hier schon aus der wirksam vom Gesamtaufsichtsrat ausgesprochenen Bestellung ergibt, mit Wissen des zuständigen Organs vertragsgemäß tätig geworden ist. Die stillschweigende Billigung durch den Aufsichtsrat kann zwar einen unwirksamen Anstellungsvertrag rechtlich nicht heilen [...]. Sie ist aber ein Umstand, der im Rahmen einer Gesamtwürdigung, ob beiden Teilen zugemutet werden muss, einen fehlerhaft abgeschlossenen Anstellungsvertrag voll als verbindlich anzuerkennen, mit zu berücksichtigen ist."[357]

Dieser Entscheidung des dt BGH liegt ein Sachverhalt zugrunde, in dem das Vorstandsmitglied wirksam vom Gesamtaufsichtsrat bestellt wurde und nur der Anstellungsvertrag unwirksam war, weil ein aus zwei Mitgliedern bestehender Ausschuss des Aufsichtsrates den Abschluss beschlossen hatte. Außerdem existierte zum Zeitpunkt des Ausschussbeschlusses noch keine Rsp des BGH, wonach Zwei-Mann-Ausschüsse unzulässig wären. Doch können die dort angestellten Überlegungen mE auch auf Fälle der wegen fehlerhafter Bestellung unwirksamen Anstellung übertragen werden. Wenn eine fehlerhaft begründete Vorstandstätigkeit tatsächlich in Vollzug gesetzt wird, der Fehler den Parteien über längere Zeit nicht auffällt, also auch der Aufsichtsrat der Gesellschaft die Tätigkeit des Vorstandsmitglieds zur Kenntnis nimmt und – das ist mE entscheidend – der Fehler aus dem Machtbereich der Gesellschaft bzw des Aufsichtsrates stammt, verstößt es wohl gegen den Grundsatz von Treu und Glauben, wenn sich die Gesellschaft später auf die Nichtigkeit der Anstellung berufen will. Dies gilt insbesondere,

---

[355] Vgl zur Anrechnung anderweitigen Verdienstes gem § 1155 ABGB Rz 420 ff.
[356] So der deutsche BGH II ZR 90/73 BGHZ 65, 190-196.
[357] BGH II ZR 90/73 BGHZ 65, 190-196.

wenn die Gesellschaft das Vorstandsmitglied in seinem Glauben an den Rechtsbestand des Vertrages bestärkt, indem sie zB Gehaltsvalorisierungen durchführt.[358]

Insbesondere bei Versorgungsleistungen, auf die das Vorstandsmitglied erst nach einer bestimmten Vertragsdauer einen Anspruch hätte, kann dieser Grundsatz schlagend werden. Das Vorstandsmitglied erhielte bei Vertragsbeendigung gemäß der Lehre vom fehlerhaften Mandat zwar das laufende Entgelt und bereits verdiente Versorgungsleistungen, doch Ansprüche, die erst bei einer längeren Vertragsdauer entstehen, sind weder dadurch noch durch allfällige Schadenersatzansprüche gegen einen Scheinvertreter (zB den seine Vollmacht überschreitenden Aufsichtsratsvorsitzenden) gedeckt.[359] Die Anwendung des Grundsatzes von Treu und Glauben kann besondere Härten beseitigen.

116 Je nach den Umständen des Einzelfalls kann die fehlerhafte Bestellung außerdem durch einen späteren fehlerfreien Beschluss des Aufsichtsrates über den Abschluss eines Anstellungsvertrages mit dem Vorstandsmitglied saniert werden. Der oben in Rz 110 beschriebene erste Sachverhalt deutet darauf hin, dass der Aufsichtsrat mit seinem zweiten, fehlerfreien Beschluss nicht nur zu erkennen gibt, mit dem Abschluss des Anstellungsvertrages einverstanden zu sein, sondern auch von einer wirksamen und damit gewollten Bestellung der Person zum Vorstandsmitglied ausgeht. In diesen Fällen heilt daher ein späterer Beschluss des Aufsichtsrates über den Anstellungsvertragsabschluss einen vorangehenden fehlerhaften Bestellungsbeschluss.[360] Voraussetzung ist jedoch, dass ein und dasselbe Organ für die Bestellung und Anstellung zuständig ist.

117 Zuletzt ist noch die Frage zu untersuchen, was gelten soll, wenn zwar die Bestellung zum Vorstandsmitglied wirksam ist, aber der Abschluss des Anstellungsvertrages aus irgendeinem Grund nicht gültig zustande kommt. Hier gilt, dass die Parteien verpflichtet sind, die *Anstellungsbedingungen* (im Wesentlichen Entgelt, Freizeit, Versorgungsleistungen etc) *in fairer Weise zu regeln*.[361] Kommt keine fai-

---

[358] So in einer E des BGH II ZR 134/71 WM 1973, 506.
[359] Eine Haftung eines Aufsichtsratsmitglieds (wohl meist des Vorsitzenden) als *falsus procurator* setzt voraus, dass der „vermeintliche Stellvertreter" den Mangel der Vollmacht kannte oder erkennen hätte müssen, dh schuldhaft nicht erkannt hat. Diese Voraussetzung wird bei Aufsichtsratsmitgliedern, insbesondere dem Vorsitzenden des Aufsichtsrates, wohl gegeben sein, weil sie die anwendbaren Rechtsvorschriften über Bestellungsbeschlüsse kennen müssen. Der Dritte (das Vorstandsmitglied) muss hingegen auf die Vollmacht vertraut haben, was bei externen Personen, die zum Vorstand bestellt werden, durchaus der Fall sein kann, weil sie in die Angelegenheiten der Gesellschaft, konkret des Aufsichtsrats, keinen Einblick haben. Der Schadenersatzanspruch des Vorstandsmitglieds gegen den Scheinvertreter ist jedoch mit dem Vertrauensschaden begrenzt, also mit jener Vermögenslage, in der sich das Vorstandsmitglied befände, wenn es nicht auf den Vertragsabschluss vertraut hätte. In der Regel sind hier Aufwendungen für die Vertragsanbahnung gemeint, die das Vorstandsmitglied sonst nicht getätigt hätte. Das Vertrauensinteresse ist außerdem mit dem hypothetischen Erfüllungsinteresse begrenzt, sodass das Vorstandsmitglied nie mehr verlangen kann, als ihm bei einem wirksamen Vertrag zugestanden wäre (vgl *Perner* in *Kletečka/Schauer*, ABGB-ON[1.01] § 1019 ABGB Rz 3 f).
[360] So schon *Runggaldier/G. Schima*, Führungskräfte 88 im Anschluss an *Baums*, Geschäftsleitervertrag 160.
[361] *Baums*, Geschäftsleitervertrag 52 f, 160.

re Einigung zwischen dem Vorstandsmitglied und der Gesellschaft zustande, kann das Vorstandsmitglied aus wichtigem Grund vom Mandat zurücktreten. Darüber, was „fair" ist, werden in der Praxis idR die vor der Bestellung zwischen dem Vorstandskandidaten und (typischerweise) dem Aufsichtsratsvorsitzenden – allenfalls auch in dessen Auftrag mit einem Headhunter – geführten Gespräche Aufschluss geben. Denn dass ein Vorstandsmitglied (wirksam) bestellt wird, aber im Zeipunkt der Bestellung noch kein formell abgeschlossener Anstellungsvertrag vorliegt, ist nicht nur nicht selten, sondern fast der Regelfall; kaum vorkommen wird hingegen eine Konstellation, wo im Bestellungszeitpunkt der Bestellte einerseits und Vertreter bzw Beauftragte des Aufsichtsrates andererseits nicht schon intensivere Gespräche über die Anstellungskonditionen geführt haben.

C. Der mehrgliedrige Vorstand

1. Geschäftsordnung und Geschäftsverteilung

Besteht der Vorstand aus mehr als einer Person, worüber zu entscheiden innerhalb der von der Satzung gezogenen Grenzen im verantwortlichen Ermessen des Aufsichtsrates liegt,[362] dann ergibt sich die Notwendigkeit, den gesamten Bereich der Geschäftsführung und Vertretung der Gesellschaft auf die einzelnen Vorstandsmitglieder aufzuteilen.

118

Nach dem gesetzlichen Modell besteht nicht nur Gesamtvertretungsbefugnis,[363] sondern auch Gesamtgeschäftsführung. Das Gesetz enthält keine ausdrückliche Regelung über die Geschäftsführungsbefugnis des Vorstands.[364] Dennoch ist anerkannt, dass dem gesamten Vorstand als Kollegialorgan die Geschäftsführung obliegt, sodass alle Vorstandsmitglieder gleichberechtigt zur Geschäftsführung berufen sind.[365] Von der Gesamtgeschäftsführung kann aber durch Satzungsgestaltung oder mittels vom Aufsichtsrat zu beschließender Geschäftsordnung auf mehrere Arten abgewichen werden.[366]

Sowohl die Satzung als auch eine Geschäftsordnung für den Vorstand kann Einzelgeschäftsführung anordnen oder auch unechte Gesamtgeschäftsführung in Form der Führung durch ein Vorstandsmitglied gemeinsam mit einem Prokuris-

119

---

[362] Diese Erkenntnis ist anscheinend so banal, dass man dafür im Schrifttum so gut wie keine bestätigenden Aussagen findet (vgl zB *Fonk* in Semler/v. Schenck, ARHdb⁴ § 10 Rz 14, der meint, die Geschäftsleitung sei *„in der Regel ein Kollegialorgan"*. Ob sie das ist, bestimmt aber der Aufsichtsrat, soweit die Satzung dies nicht determiniert. Unpräzise daher *Strasser* in Jabornegg/Strasser, AktG⁵ § 70 Rz 32, der meint, erst durch die Satzung erhielte der Aufsichtsrat das Recht und die Pflicht, einen mehrgliedrigen Vorstand einzurichten, dabei aber übersieht, dass die Satzung die Entscheidung dieser Frage auch dem Aufsichtsrat überlassen kann, indem sie zB anordnet, dass der Vorstand aus einer bis vier Personen besteht (zutr *Kalss* in Kalss/Nowotny/Schauer, Gesellschaftsrecht Rz 3/246).

[363] Vgl dazu näher *Strasser* in Jabornegg/Strasser, AktG⁵ §§ 71–74 Rz 27 ff; *Kalss* in Kalss/Nowotny/Schauer, Gesellschaftsrecht Rz 3/375.

[364] *Strasser* in Jabornegg/Strasser, AktG⁵ § 70 Rz 30.

[365] Vgl *Kastner/Doralt/Nowotny*, Gesellschaftsrecht⁵ 229; *Strasser* in Jabornegg/Strasser, AktG⁵ § 70 Rz 31; *Kalss* in MünchKommAktG⁴ § 77 Rz 70; *Kalss* in Kalss/Nowotny/Schauer, Gesellschaftsrecht Rz 3/339; *Ch. Nowotny* in Doralt/Nowotny/Kalss, AktG² § 70 Rz 20 f.

[366] Vgl *Kalss* in Kalss/Nowotny/Schauer, Gesellschaftsrecht Rz 3/342.

ten.[367] Satzung und Geschäftsordnung können aber auch nur für bestimmte Agenden bestimmten Vorstandsmitgliedern Einzelgeschäftsführungsbefugnis oder bloß ein Vetorecht zuerkennen.

Gesamtgeschäftsführungsbefugnis als gesetzliches Ausgangsmodell bedeutet, dass sämtliche Vorstandsmitglieder an der Entscheidungsfindung über eine Geschäftsführungsmaßnahme mitwirken müssen. Einstimmige Beschlussfassung ist jedoch nicht erforderlich, sondern es reicht, wenn die Mehrheit der Vorstandsmitglieder die Maßnahme beschließt.[368] Vetorechte für einzelne Vorstandsmitglieder hinsichtlich bestimmter Agenden können dann sinnvoll sein, wenn primär oder ausschließlich ein bestimmtes Mitglied ganz besonderes Know-how in bestimmten Fragen aufweist. Insbesondere bei Industrieunternehmen kann es zweckmäßig sein, zB anzuordnen, dass bestimmte Investitionsentscheidungen, für deren Beurteilung das Wissen eines hochspezialisierten Technikers (zB Metallurgen oder Erdölexperten, etc) erforderlich ist, nicht gegen das ressortzuständige Vorstandsmitglied getroffen werden können.

120 Die primäre Kompetenz, die Geschäfte innerhalb eines mehrgliedrigen Vorstands aufzuteilen und Ordnungsvorschriften für dessen Willensbildung zu erlassen, kommt der *Satzung* zu. Für ersteres ist der Ausdruck Geschäftsverteilung (Ressortverteilung) gebräuchlich, für die Zusammenfassung von Ordnungsvorschriften betreffend die Willensbildung (zB Einberufung von Vorstandssitzungen, Protokollierung, Einzelgeschäftsführungsbefugnis, gemischte Gesamtgeschäftsführung, Vetorechte, etc) hat sich der Ausdruck Geschäftsordnung eingebürgert.[369]

In der Praxis enthalten Satzungen derartige Regelungen aber nur selten; darüber hinaus kann die Satzung nur eine abstrakte Geschäftsverteilung, also nur die Ressortbildung, nicht jedoch die Ressortvergabe an konkrete Personen regeln.[370] Es bleibt daher regelmäßig dem Aufsichtsrat überlassen, eine Ressortverteilung sowie Regeln für das Funktionieren des Kollegialorgans Vorstand aufzustellen, denn in der AG ist dafür der Aufsichtsrat – mangels Satzungsregelung – zuständig.[371]

---

[367] Vgl *Kalss* in Kalss/Nowotny/Schauer, Gesellschaftsrecht Rz 3/342; *Spindler* in MünchKommAktG⁴ § 77 Rz 30; *Mertens/Cahn*, KölnKommAktG³ § 77 Rz 15.
[368] *Nowotny* in Doralt/Nowotny/Kalss, AktG² § 70 Rz 20 ff. In Deutschland ist, anders als im ö AktG, in § 77 Abs 1 dAktG explizit festgeschrieben, dass mangels abweichender Satzungs- oder Geschäftsordnungsbestimmung die Vorstandsmitglieder nur einstimmig („gemeinschaftlich") über Geschäftsführungsmaßnahmen entscheiden.
[369] Vgl *Runggaldier/G. Schima*, Führungskräfte 103 f; ausführlich *Kort* in GroßkommAktG⁵ § 77 Rz 46 f (zur Geschäftsverteilung) und Rz 64 ff (zur Geschäftsordnung); *Marhold*, Aufsichtsratstätigkeit 49 ff verwendet die Begriffe Geschäftsordnung und Geschäftsverteilung offenbar synonym.
[370] *Runggaldier/G. Schima*, Führungskräfte 103; *Marhold*, Aufsichtsratstätigkeit 51; *Schiemer*, AktG² Anm 4.2. zu § 70; *Strasser* in Jabornegg/Strasser, AktG⁵ § 70 Rz 32 ff; *Kastner/Doralt/Nowotny*, Gesellschaftsrecht⁵ 229 FN 56.
[371] Vgl *Doralt/Kastner*, GesRZ 1975, 41; *Schiemer*, AktG² Anm 4.2. zu § 70; *Strasser* in Jabornegg/Strasser, AktG⁵ § 70 Rz 32, 34 f; *Kalss* in Kalss/Nowotny/Schauer, Gesellschaftsrecht Rz 3/343.

II. Auswahl und Bestellung des Vorstandes

Die Erlassung von Regeln und Rahmenbedingungen für das Funktionieren des Kollegialorgans Vorstand ist zunächst ein Recht des Aufsichtsrates, dessen Wahrnehmung in seinem verantwortlichen Ermessen liegt[372] und keine Pflicht.

In ein durch Nichtausübung dieses Rechts entstehendes „Vakuum" kann daher der Vorstand hineinstoßen und sich diese Regeln selbst geben.[373] Hinsichtlich der Ressortbildung und Ressortvergabe gilt aber richtigerweise anderes. Denn darüber, *ob* es in der Gesellschaft überhaupt einen aus einer, zwei, drei oder mehreren Personen bestehenden Vorstand gibt, entscheidet jedenfalls nicht der Vorstand, sondern im Rahmen der bestehenden Satzungsregelung (die sich meist aber auf bloße Statuierung eines Rahmens beschränkt, dessen Reichweite üblicher Weise von einem Mitglied bis zu einer festgelegten Höchstanzahl an Mitgliedern reicht) der Aufsichtsrat.

Daraus ergibt sich mE zwingend, dass es nicht nur ein Recht, sondern eine im Rahmen verantwortlichen Ermessens wahrzunehmende *Verpflichtung* des Aufsichtsrates ist, für eine sachgerechte und die bestmögliche Führung der Gesellschaft sicherstellende Ressortbildung und Ressortvergabe zu sorgen.[374]

Gewiss ist jeder Aufsichtsrat gut beraten, den Vorstand oder zumindest den Vorstandsvorsitzenden in die Entscheidung über eine Ressortverteilung (Ressortbildung und Ressortvergabe) einzubeziehen und auch die dynamische Fortentwicklung der Ressortverteilung mit dem Vorstand konstruktiv zu diskutieren. Korrekte Wahrnehmung der Aufsichtsratsaufgabe verträgt sich aber jedenfalls nicht mit einer – in der Praxis auch eher undenkbaren – Vorgangsweise, es allein dem Kollegialorgan Vorstand zu überlassen, in welcher Weise die Führung des von der Gesellschaft betriebenen Unternehmens unter den Mitgliedern verteilt und welches Mitglied wofür zuständig ist.

Schon aus dieser grundsätzlichen Verpflichtung des Aufsichtsrates, bei einem mehrgliedrigen Vorstand eine am Unternehmensinteresse (§ 70 AktG) orientierte und die bestmögliche Führung sicherstellende Verteilung und Vergabe der Res-

---

[372] *Nowotny* in Prändl/Geppert/Göth, Corporate Governance 26; *Strasser* in Jabornegg/Strasser, AktG[5] § 70 Rz 36; *Kastner/Doralt/Nowotny*, Gesellschaftsrecht[5] 230; *Kalss* in Kalss/Nowotny/Schauer, Gesellschaftsrecht Rz 3/343; *Kort* in GroßkommAktG[5] § 77 Rz 64 ff; aM *Resch*, Zur Ressortverteilung im Vorstand der Aktiengesellschaft, GesRZ 2000, 3.

[373] Vgl *Ch. Nowotny* in Doralt/Nowotny/Kalss, AktG[2] § 70 Rz 22, der anscheinend überhaupt meint, es sei allein der Selbstorganisation des Vorstands überlassen, „*in welcher Form die gemeinsame Willensbildung im Vorstand erfolgt*". Daran ist zumindest so viel richtig, dass der Aufsichtsrat bei der Erlassung einer Geschäftsordnung und der Aufstellung organisatorischer Rahmenbedingungen für den Vorstand die Konkretisierung, schon um die Unabhängigkeit des Vorstandes zu wahren, nicht auf die Spitze treiben und zB nicht anordnen kann, dass der Vorstand einmal in der Woche an einem bestimmten Ort zusammentreffen muss.

[374] Vgl auch in diese Richtung *Kalss* in Kalss/Nowotny/Schauer, Gesellschaftsrecht Rz 3/345, die eine solche Verpflichtung für aus der allgemeinen Sorgfalts- und Treuepflicht des Aufsichtsrat ableitbar erachtet; ebenso *Ch. Nowotny* in Doralt/Nowotny/Kalss, AktG[2] § 70 Rz 23: „*Regelmäßig wird es zu den Pflichten des Aufsichtsrates gehören, sich um eine geeignete Ressortverteilung zu kümmern, zumal die in seine Zuständigkeit fallende Bestellung und Anstellung von Mitgliedern des Vorstandes impliziert, dass sich der Aufsichtsrat mit der Eignung eines Mitgliedes für bestimmte Aufgaben auseinander setzt.*"; vgl auch *G. Schima*, Gestaltungsfragen bei Vorstandsverträgen in der AG, ecolex 2006, 452 f.

sorts zu organisieren und zu beschließen, folgt, dass die Auffassung nicht richtig sein kann, nur eine vom Aufsichtsrat beschlossene Geschäftsverteilung hätte die Wirkung einer abgestuften Verantwortlichkeit[375] im mehrgliedrigen Vorstand, nicht dagegen eine Geschäftsverteilung, die sich der Vorstand selbst gibt.[376] Die Unrichtigkeit dieser Sichtweise gilt gerade dann, wenn man mit *Strasser*[377] dem Vorstand zunächst einmal grundsätzlich die Kompetenz abspricht, die Geschäfte unter sich aufzuteilen.[378]

Wenn Strasser der von mir[379] vertretenen Ansicht vorhält, sie laufe darauf hinaus, „dass der Vorstand autonom seine an sich gegebene umfassende Haftung dadurch einschränken könnte, dass er ohne Befassung des Aufsichtsrates eine Geschäftsverteilung beschließt",[380] dann werden damit die Dinge auf den Kopf gestellt. Es ist genau umgekehrt. Kein Vorstand wird und kann eine Geschäftsverteilung (Ressortbildung und/oder Ressortvergabe) unter sich beschließen und dabei den Aufsichtsrat (oder gar die Satzung) unterlaufen, zumal ja jede vom Vorstand selbst beschlossene Geschäftsverteilung – darüber dürfte Einigkeit bestehen – durch einen nachfolgenden Aufsichtsratsbeschluss außer Kraft gesetzt werden kann. Mit anderen Worten: Eine vom Vorstand „autonom" beschlossene Geschäftsverteilung kann und wird immer nur dann existieren, wenn der Aufsichtsrat seine diesbezügliche Pflicht nicht wahrnimmt. Die Meinung *Strassers* bedeutet also nichts anderes, als dass sich die haftungsrechtliche Situation des Vorstandes dann verschlechtert, wenn es der Aufsichtsrat ist, der pflichtwidrig handelt, weil er einer ihn treffenden Verantwortung für die Aufteilung der Geschäfte in einem mehrgliedrigen Vorstand nicht nachkommt. Das kann nicht richtig sein.

Die Sichtweise, die eine abgestufte Verantwortlichkeit und Haftung des Vorstandes davon abhängig macht, ob der Aufsichtsrat seiner diesbezüglichen Gestaltungspflicht nachgekommen ist oder nicht, verkennt außerdem die Unternehmensrealität und die Bedeutung einer Aufteilung der Geschäfte vor allem in größeren Unternehmen. Es ist geradezu naiv anzunehmen, dass es für ein Vorstandsmitglied in einem größeren Industrieunternehmen keinen Unterschied machen könne, ob

---

[375] Vgl zu dieser – im Grundsatz allgemein anerkannten, in den Details aber umstrittenen – abgestuften Verantwortlichkeit im mehrgliedrigen Vorstand bei Ressortverteilung OGH 3 Ob 536/77 GesRZ 1978, 36 für die AG; OGH 6 Ob 104/73 EvBl 1973/306 für die Genossenschaft; OGH 3 Ob 622/78 SZ 52/116 = EvBl 1980/4 = JBl 1980, 38 für die GmbH; *Kalss* in Kalss/Nowotny/Schauer, Gesellschaftsrecht Rz 3/425; *Ch. Nowotny* in Doralt/Nowotny/Kalss, AktG² § 70 Rz 24.

[376] So *Strasser* in Jabornegg/Strasser, AktG⁵ § 70 Rz 33, 35, 40, 42.

[377] *Strasser* in Jabornegg/Strasser, AktG⁵ § 70 Rz 33.

[378] In weiterer Folge relativiert *Strasser* (in Jabornegg/Strasser, AktG⁵ § 70 Rz 33), der seine Meinung als Gegensatz zur „*herrschenden Ansicht*" sieht, seine Sichtweise aber entscheidend und gelangt letztlich genauso zu einer subsidiären Zuständigkeit des Vorstandes, die – und nichts anderes sagt die hA (vgl *Kastner* in FS Schmitz I 95; *Kastner/Doralt/Nowotny*, Gesellschaftsrecht⁵ 230; *Kalss* in Kalss/Nowotny/Schauer, Gesellschaftsrecht Rz 3/345 ff; OGH 3 Ob 536/77 GesRZ 1978, 36; *Resch*, GesRZ 2000, 2 ff) – eben nur eingreift, wenn die Satzung nichts regelt und der Aufsichtsrat *untätig* bleibt.

[379] *G. Schima*, ecolex 2006, 453. Zustimmend *Feltl* in Ratka/Rauter (Hrsg), Handbuch Geschäftsführerhaftung² (2011) Rz 9/431.

[380] So *Strasser* in Jabornegg/Strasser, AktG⁵ § 70 Rz 42.

es das Finanzressort leitet oder für die Produktion von Walzstählen zuständig ist. Genau das impliziert aber die These, der Vorstand würde bei Untätigkeit des Aufsichtsrates in punkto Ressortverteilung gleichsam „auf eigene Gefahr" handeln, wenn er in Wahrnehmung des ihm durch § 70 Abs 1 AktG als Oberziel vorgegebenen Unternehmensinteresses dem Finanzexperten im Vorstand das Finanzressort, dem Metallurgen die Produktionsverantwortung und dem Vertriebsexperten den Vertrieb zuweist.

Aus der Sicht des Aufsichtsrates sollte darauf geachtet werden, möglichst keine anstellungsvertragliche Verfestigung einer gegebenen Ressortverteilung entstehen zu lassen. Die Interessen der betroffenen Vorstandsmitglieder sind naturgemäß entgegengesetzt. Üblicher Weise regeln Anstellungsverträge von Vorstandsmitgliedern das dem Vorstandsmitglied zugewiesene Ressort gar nicht näher und wenn doch, dann meist nur durch eine Verweisung auf die „Geschäftsordnung" für den Vorstand oder die „Geschäftsverteilung". Es wird im Anstellungsvertrag oft so umschrieben, dass „Grundlage" der Tätigkeit des Vorstandsmitgliedes (neben Gesetz, Satzung und sonstigen Aufsichtsratsbeschlüssen) unter anderem die Geschäftsverteilung für den Vorstand ist.[381] Durch einen solchen bloßen Verweis oder gar durch die faktische Betreuung eines bestimmten Ressorts tritt richtiger Ansicht zu Folge keine anstellungsvertragliche Verfestigung in der Weise ein, dass das Vorstandsmitglied vom Aufsichtsrat einseitig beschlossene Änderungen nicht hinnehmen müsste.[382]

Sicher ist es möglich, einem Vorstandsmitglied ein bestimmtes Ressort bzw einen zu diesem Ressort gehörenden, spezifischen Aufgabenkreis anstellungsvertraglich zuzusichern.[383] Besteht eine solche anstellungsvertragliche Zusage, muss das Vorstandsmitglied eine gegen diese Zusage verstoßende Geschäftsordnung/Geschäftsverteilung nicht hinnehmen.[384] Vielmehr bestehen dann Ansprüche des Vorstandsmitgliedes aus Vertragsverletzung, die auch das Recht zur Mandatsniederlegung und vorzeitiger Beendigung des Anstellungsvertrages umfassen.[385]

---

[381] Vgl die Mustervertragsregelung bei *Runggaldier/G. Schima*, Manager-Dienstverträge⁴ (2014) 197.

[382] *Strasser* in Jabornegg/Strasser, AktG⁵ § 70 Rz 37; meine Auffassung in *Runggaldier/G. Schima*, Führungskräfte 120, eine bloße Bezugnahme im Anstellungsvertrag auf die Geschäftsordnung/Geschäftsverteilung sei im Zweifel als *statische Verweisung* zu qualifizieren, kann nicht aufrecht erhalten werden Vgl *Runggaldier/G. Schima,* Manager-Dienstverträge⁴ 246 – Anmerkung 5a) zum Mustervertrag mit einem Vorstandsmitglied.

[383] *Runggaldier/G. Schima*, Führungskräfte 119 f; *Strasser* in Jabornegg/Strasser, AktG⁵ § 70 Rz 37; so auch *Lutter/Krieger/Verse*, Rechte und Pflichten des Aufsichtsrates⁶ § 7 Rz 455 (457); aM *Kort* in GroßkommAktG⁵ § 77 Rz 93, der das für einen unzulässigen Eingriff in die Geschäftsordnungsautonomie des Aufsichtsrates hält.

[384] *Krejci*, Zur „Entmachtung" des Vorstandsmitgliedes einer Aktiengesellschaft in FS Wagner (1978) 247 (255); Vgl auch *Doralt/Kastner*, GesRZ 1975, 42; *Strasser* in Jabornegg/Strasser, AktG⁵ § 70 Rz 37. *Mertens/Cahn* in KölnKommAktG³ § 77 Rz 64 sind jedoch ebenfalls der Ansicht, dass vom Inhalt des Anstellungsvertrages abweichende Ressortzuteilung körperschaftsrechtlich wirksam ist, aber einen Austrittsgrund in Bezug auf den Anstellungsvertrag bildet.

[385] *Strasser* in Jabornegg/Strasser, AktG⁵ § 70 Rz 37; *Lutter/Krieger/Verse*, Rechte und Pflichten des Aufsichtsrates⁶ § 7 Rz 455 (457) mwN.

Ein umsichtiger Aufsichtsrat wird anstellungsvertragliche Zusagen bestimmter Ressorts – gar mit im Vertrag konkret beschriebenem Inhalt – vermeiden.[386] Die Einräumung solcher Ansprüche liegt zumindest an der Grenze der Sorgfaltswidrigkeit, weil sie vor allem für den Fall der Vergrößerung oder Verkleinerung des Kollegialorgans Vorstand unangenehme Probleme nach sich ziehen kann. Gerade in einem solchen Fall wird mE aber auch eine anstellungsvertragliche Zusage im Sinne einer Interpretation nach der Verkehrssitte den Erfordernissen einer Aufstockung oder Verkleinerung des Vorstandes im Rahmen des dafür Erforderlichen weichen müssen (siehe zu alldem auch Rz 122).

123 Umgekehrt bedeutet das Fehlen einer vertraglichen Zusage eines bestimmten Ressorts nicht, dass der Aufsichtsrat den Vorstandsmitgliedern schrankenlos oder gar willkürlich Änderungen bestehender Ressortverteilungen einseitig aufzwingen könnte. Das Problem ist von überschaubarer praktischer Relevanz, weil ein Aufsichtsrat idR kein Interesse daran haben kann, fachlich nicht kompetente oder sich dazu nicht in der Lage fühlende Vorstandsmitglieder mit ihnen fremden Agenden zu betrauen; eher praktische Bedeutung hat der Entzug bestimmter Bereiche durch den Aufsichtsrat, dh die Aushöhlung eines Ressorts bis zur Bedeutungslosigkeit. Wenngleich die Grenzen fließend sein können, ist ein solcher Vorgang nicht einer Abberufung (oder auch einer Suspendierung) mit der Konsequenz gleichzuhalten, dass die Maßnahme iSd § 75 Abs 4 vorletzter Satz AktG vorläufig wirksam wäre.[387] Vielmehr handelt es sich um eine *Vertragsverletzung*, der demgemäß auch keine vorläufige Wirksamkeit zukommt.

Enthält der Anstellungsvertrag des Vorstandsmitgliedes einen Verweis auf die *„Geschäftsordnung in ihrer jeweils geltenden Fassung"* oder einen ähnlich lautenden Vermerk, ist damit ebenfalls nicht die schrankenlose Befugnis des Aufsichtsrates zu einseitigen Änderungen verbunden. Sein Recht, mit Aufsichtsratsbeschluss die Geschäftsordnung zu ändern, bleibt als solches zwar unberührt; willkürliche oder unsachliche Änderungen können aber das Recht zum Rücktritt bzw Austritt mit den sich daraus ergebenden finanziellen Konsequenzen auslösen. Für die Reichweite derartiger vertraglicher Gestaltungsrechte müssen letztlich die von Lehre und Rsp – primär anhand von Arbeitsverhältnissen entwickelten, aber vom Grundsatz her auf freie Dienstverhältnisse übertragbaren – Grundsätze zur Anwendung gelangen; die Ausübung hat daher nach „billigem Ermessen" zu erfolgen.[388]

2. Vorstandsvorsitzender

124 § 75 Abs 3 AktG ordnet an, dass bei Existenz mehrerer Vorstandsmitglieder der Aufsichtsrat ein Mitglied zum Vorsitzenden des Vorstandes ernennen kann. *Ob* eine Aktiengesellschaft mit mehrgliedrigem, dh aus mindestens zwei Mitgliedern bestehendem Vorstand einen Vorstandsvorsitzenden hat, bestimmt allein der Aufsichtsrat. Die Satzung kann dem Aufsichtsrat weder vorschreiben noch

---

[386] Zutr *Strasser* in Jabornegg/Strasser, AktG[5] § 70 Rz 37.
[387] So aber *Krejci* in FS Wagner, 247 ff; wie hier *Strasser* in Jabornegg/Strasser, AktG[5] § 70 Rz 40, der Verweis auf §§ 71–74 Rz 65, wo die Suspendierung behandelt wird, macht freilich nicht ganz deutlich, ob *Strasser* zwischen diesen beiden Fallkonstellationen unterscheidet.
[388] Vgl *Krejci* in FS Wagner 255; *Runggaldier/G. Schima*, Führungskräfte 120.

II. Auswahl und Bestellung des Vorstandes

verbieten, einen Vorstandsvorsitzenden zu bestellen.[389] Das wird in Deutschland auf § 23 Abs 5 dAktG gestützt und folgt auch für Österreich aus dem Umstand, dass die Satzung ohne gesetzliche Ermächtigung nicht in das gesetzlich vorgesehene Zuständigkeitsgefüge eingreifen und dieses nicht zugunsten der Aktionäre verschieben darf.[390] Eine dem Aufsichtsrat die Bestellung eines Vorstandsvorsitzenden vorschreibende (oder ihm diese verbietende) Satzungsbestimmung kann auch nicht mit der der Satzung primär zukommenden Geschäftsordnungs- und Geschäftsverteilungskompetenz begründet werden. Denn bei der Frage, ob ein Vorstandsvorsitzender bestellt werden soll, handelt es sich nicht primär um eine Geschäftsverteilungsfrage, sondern um eine *unternehmenspolitische Entscheidung*.[391] Diese muss allein dem Aufsichtsrat zukommen. Gerade die Anhänger der herrschenden, wenngleich abzulehnenden (dazu im folgenden) Meinung, wonach dem Vorstandsvorsitzenden sogar ein Alleinentscheidungsrecht und auch im Zweier-Vorstand ein Dirimierungsrecht bei Stimmengleichheit eingeräumt werden und damit innerhalb des Vorstandes ein (in Wahrheit mit § 70 Abs 1 AktG absolut unvereinbares; siehe unten) Hierarchiegefüge geschaffen werden kann, müssten gegen einen satzungsmäßigen „Vorsitzenden-Bestellungszwang" die allergrößten Bedenken hegen. Dieselben Bedenken sprechen gegen die satzungsmäßige *Untersagung* der Vorsitzenden-Bestellung nicht[392] – zumal die Satzung durch den Ausschluss jeglichen Dirimierungsrechtes dem Aufsichtsrat die Installierung des „starken Mannes" zumindest im rechtlichen Sinne jedenfalls verbieten kann. Eine Untersagung greift in Anbetracht des Gesagten viel weniger stark in die innere Ordnung des Vorstandes ein, und für ein Verbot könnte man in Anbetracht der Exzesse mancher selbstherrlicher Vorstandsvorsitzender auch eher ein schutzwürdiges Interesse der Aktionäre ausmachen.[393] Im Ergebnis ist eine satzungsmäßige Untersagung der Bestellung eines Vorstandsvorsitzenden ein Eingriff in die gesetzlich normierte Personalhoheit des Aufsichtsrates und eine verpönte Verschiebung der Zuständigkeiten in Richtung Hauptversammlung. Dies ist abzulehnen.

Ist ein Vorstandsmitglied zum Vorsitzenden des Vorstands ernannt, so gibt gem § 70 Abs 2 AktG, wenn die Satzung nichts anderes bestimmt, seine Stimme bei Stimmengleichheit den Ausschlag.

---

[389] Ganz hM in Deutschland: Vgl *Kort* in GroßkommAktG[5] § 84 Rz 120; *Lutter/Krieger/Verse*, Rechte und Pflichten des Aufsichtsrates[6] § 7 Rz 467 (differenzierend noch die Vorauflage: Vorschreibung zulässig, Untersagung dagegen unzulässig [*Lutter/Krieger*, Rechte und Pflichten des Aufsichtsrates[5] § 7 Rz 458]; *Fleischer* in Spindler/Stilz, AktG § 84 Rz 86; *Spindler* in MünchKommAktG[4] § 84 Rz 112; *Wiesner* in MünchHdbGesR[4] IV § 24 Rz 2; *Mertens* in KölnKommAktG[2] § 84 Rz 88; *Mertens/Cahn* in KölnKommAktG[3] § 84 Rz 101; *Paefgen,* Struktur und Aufsichtsratsverfassung der mitbestimmten AG (1982) 142; für Österreich ebenso *Strasser* in Jabornegg/Strasser, AktG[5] §§ 75, 76 Rz 58; *G. Schima,* Der Vorstandsvorsitzende als „Über-Vorstand"? GeS 2010, 260; aM *Krieger,* Personalentscheidungen des Aufsichtsrates 252 f; *Dose,* Die Rechtsstellung der Vorstandsmitglieder einer Aktiengesellschaft[3] (1975) 28 ff.

[390] Vgl *Kalss* in Kalss/Nowotny/Schauer, Gesellschaftsrecht Rz 3/686.

[391] Zutr *Mertens/Cahn* in KölnKommAktG[3] § 84 Rz 101.

[392] Genau gegenteilig, aber ohne Begründung *Lutter/Krieger,* Rechte und Pflichten des Aufsichtsrates[5] § 7 Rz 458 (diese Ansicht wurde in der Folgeauflage aufgegeben – siehe oben).

[393] Vgl *G. Schima,* GeS 2010, 260 (261).

Die Formulierung *"wenn die Satzung nichts anderes bestimmt"* und ihre Bedeutung hat das Schrifttum in Österreich seit jeher beschäftigt. Im AktG 1937/38 ordnete § 70 Abs 2 an, dass im Falle der Ernennung eines Vorstandsvorsitzenden (damals *"Vorsitzer"* des Vorstands genannt) dieser bei Meinungsverschiedenheiten im Vorstand entscheidet, wenn die Satzung nichts anderes bestimmt. Dieses „Führerprinzip" wurde mit dem AktG 1965 zu Gunsten der oben zitierten Regelung beseitigt.

Die Gesetzesmaterialien zum AktG 1965 geben sehr deutlich darüber Aufschluss, welche *"anderen"* Regelungen als das Dirimierungsrecht bei Stimmengleichheit die Satzung vorsehen kann: *"Die bisher dem Vorsitzenden im Vorstand gemäß dem nationalsozialistischen „Führer"-Prinzip kraft Gesetzes eingeräumte Stellung kann, demokratischer Rechtsordnung angepaßt,* **nur mehr im Wege der vereinbarten Satzung**[394] *verliehen werden."*[395]

Vor diesem Hintergrund verwundert es wenig, dass die ganz hA der Satzung nicht nur die Einräumung eines Vetorechts an den Vorstandsvorsitzenden gestattet,[396] sondern auch die Gewährung eines Alleinentscheidungsrechtes, ganz entsprechend dem „Führerprinzip" des AktG 1937/38.[397]

126 In Anbetracht der klaren Absicht des Gesetzgebers fällt die Begründung der Gegenansicht von *Strasser*[398] schwer, der ein Alleinentscheidungsrecht des Vorstandsvorsitzenden ablehnt. Vor allem kann sie nicht dadurch erfolgen, dass gesagt wird, die – auch von *Strasser* nicht in Abrede gestellte – Meinung der Verfasser der Gesetzesmaterialien sei *„nicht durch das Gesetz gedeckt"*.[399] Denn die Wortfolge *„wenn die Satzung nichts anderes bestimmt"* deckt bei logisch-grammatikalischer Interpretation ohne Zweifel nicht nur den Ausschluss selbst des Dirimierungsrechtes bei Stimmengleichheit, sondern eben auch dessen Erweiterung bis zu einem Alleinentscheidungsrecht. Es kommt ja nicht von ungefähr, dass der deutsche Gesetzgeber in seinem AktG 1965 diese Möglichkeit in § 77 Abs 1 Satz 2 dAktG ausdrücklich ausgeschlossen hat.[400]

---

[394] Hervorhebung durch den Verfasser.
[395] ErlRV 301 BlgNR 10. GP 68; abgedruckt zB bei *Kalss/Burger/Eckert*, Entwicklung des österreichischen Aktienrechts 635.
[396] *Kalss* in MünchKommAktG⁴ § 77 Rz 74; *Kalss* in Kalss/Nowotny/Schauer, Gesellschaftsrecht Rz 3/353; dies wird auch in Deutschland als mit § 77 Abs 1 letzter Satz dAktG für vereinbar gehalten: *Spindler* in MünchKommAktG⁴ § 77 Rz 16f; krit *Hüffer/Koch*, AktG¹¹ § 77 Rz 12; *Kort* in GroßkommAktG⁵ § 77 Rz 27 f.
[397] So *Kastner/Doralt/Nowotny*, Gesellschaftsrecht⁵ 229; *Ch. Nowotny* in Doralt/Nowotny/Kalss, AktG² § 70 Rz 27, der darauf hinweist, dass diese Regelung frei von nationalsozialistischem Gedankengut und in der Satzung jedenfalls zulässig ist; *Peter Doralt*, Die Unabhängigkeit des Vorstandes nach österreichischem und deutschem Aktienrecht – Schein und Wirklichkeit, in FS Grün (2003) 31 (36); *Ch. Nowotny* in Prändl/Geppert/Göth, Corporate Governance 27; *Kalss* in MünchKommAktG⁴ § 77 Rz 74; *Kalss* in Kalss/Nowotny/Schauer, Gesellschaftsrecht Rz 3/353.
[398] *Strasser* in Jabornegg/Strasser, AktG⁵ § 70 Rz 52.
[399] So *Strasser* in Jabornegg/Strasser, AktG⁵ § 70 Rz 52.
[400] *Spindler* in MünchKommAktG⁴ § 77 Rz 14. Dass die Gesetzesmaterialien zum österreichischen AktG 1965 (ErlRV 301 BlgNR 10. GP 68) das Alleinentscheidungsrecht des Vorstandsvorsitzenden als *„nationalsozialistisches Führerprinzip"* bezeichnen, im selben

Die Meinung *Strassers* lässt sich mE nur mit einer korrigierenden Interpretation und teleologischen Reduktion des Wortlautes von § 70 Abs 2 Satz 2 AktG begründen. Argumente dafür gibt es genug, und diese hat *Strasser*[401] auch zutreffend angeführt. Der zentrale Gesichtspunkt ist mE, dass mit einem Alleinentscheidungsrecht des Vorstandsvorsitzenden, mit dem sich dieser gegen alle anderen Vorstandsmitglieder in allen Konstellationen jederzeit durchsetzen kann, ein Über- und Unterordnungsverhältnis im Vorstand geschaffen wird, das im Ergebnis einer Weisungsunterworfenheit des „Restvorstandes" gegenüber dem Vorstandsvorsitzenden gleichkommt und damit in ein unlösbares Spannungsverhältnis zu § 70 Abs 1 AktG gerät.[402] Dies müsste – und dieser Zusammenhang wurde im Schrifttum, soweit überblickbar, noch gar nicht gesehen – auch Konsequenzen für die arbeitsrechtliche Beurteilung des Vorstandsvertrages haben, weil jene Erwägungen, die die – wenn auch durchaus problematische – Rsp beim GmbH-Geschäftsführer seit langem dazu veranlassen, im Falle von dessen hauptberuflicher Tätigkeit und Fehlen einer Sperrminorität als Gesellschafter-Geschäftsführer Arbeitnehmereigenschaft anzunehmen, dann auch für solche „zweitklassigen" Vorstandsmitglieder Geltung haben müssten. Letztere müssten sich in der Tat als leitende Angestellte fühlen – insbesondere wenn der Vorstandsvorsitzende von seinem Alleinentscheidungsrecht auch praktisch Gebrauch macht.

Diese Überlegungen reichen mE dafür aus, um im Ergebnis der Auffassung *Strassers* zu folgen und in teleologischer Reduktion von § 70 Abs 2 letzter Satz AktG die Einräumung eines Alleinentscheidungsrechtes an den Vorstandsvorsitzenden der Satzung *nicht* zu gestatten.

Unabhängig davon, ob man das Alleinentscheidungsrecht für den Vorstandsvorsitzenden als durch Satzung regelbar erachtet, kann jedem Aufsichtsrat – aus den aufgezeigten Gründen – nur davon *abgeraten* werden, einen Vorstandsvorsitzenden zu bestellen, wenn die Satzung ein solches Alleinentscheidungsrecht vorsieht.[403] Derartiges verträgt sich nicht mit dem Grundsatz einer kollegialen Führung, und ein starker Vorstandsvorsitzender benötigt auch kein Alleinentscheidungsrecht, um im Kollegialorgan Vorstand „den Ton anzugeben".

Mittels Geschäftsordnung (also Beschluss des Aufsichtsrates) können Veto-, Dirimierungs- oder gar Alleinentscheidungsrechte richtiger Ansicht zufolge nicht verankert werden, weil eine dies erlaubende Regelung wie in Deutschland (§ 77 Abs 1 Satz 2 dAktG) fehlt.[404]

Wer gegen die (satzungsmäßige) Einräumung eines Alleinentscheidungsrechtes für den Vorstandsvorsitzenden keine rechtlichen Bedenken hegt, der hat

---

Satz jedoch nichts dabei finden, dessen Einführung durch Satzung als der *„demokratischen Rechtsordnung angepasst"* zu qualifizieren, ist einigermaßen erstaunlich.
[401] *Strasser* in Jabornegg/Strasser, AktG⁵ § 70 Rz 52.
[402] Vgl idS *Strasser* in Jabornegg/Strasser, AktG⁵ § 70 Rz 52; *G. Schima*, GeS 2010, 264.
[403] Vgl idS auch *Fleischer* in Spindler/Stilz, AktG § 77 Rz 42, der darauf hinweist, es sei de lege ferenda nicht empfehlenswert, den Gesellschaften in Bezug auf ein CEO-Modell größere Satzungsautonomie einzuräumen, dh gesetzlich vorzusehen, dass Vorstandsvorsitzende mit größerer Machtfülle gegebenenfalls auch wieder (wie nach dem AktG 1937) mit einem Alleinentscheidungsrecht ausgestattet werden können.
[404] AM ohne Begründung *Kalss* in Kalss/Nowotny/Schauer, Gesellschaftsrecht Rz 3/353.

konsequenterweise auch keinen Einwand gegen die Einräumung eines „gewöhnlichen" Dirimierungsrechtes (bei Stimmengleichheit) im Zweier-Vorstand.[405] Wer es umgekehrt sieht, muss sich indes daran stoßen. Denn das Dirimierungsrecht bei Stimmengleichheit im Zweier-Vorstand bedeutet eben – wie das Alleinentscheidungsrecht des Vorstandsvorsitzenden – die Etablierung eines Über- und Unterordnungsverhältnisses zwischen Vorstandsmitgliedern. Das zweite Vorstandsmitglied ist *immer* dem Entscheidungsrecht des Vorsitzenden ausgesetzt und diesem gegenüber daher *de facto* weisungsunterworfen.

Insofern ist es nicht ganz konsequent, wenn *Strasser*[406] das Dirimierungsrecht bei Stimmengleichheit im Zweier-Vorstand zulässt, weil das Gesetz (§ 70 Abs 2 Satz 2 AktG) diesbezüglich keine Einschränkung beinhaltet. Letzteres ist zwar dem Wortlaut nach zweifellos richtig, doch liegt der entscheidende Gesichtspunkt – wie bei der Verneinung des Alleinentscheidungsrechtes für den Vorstandsvorsitzenden – darin, dass damit innerhalb des Vorstandes eine „Zweiklassen-Gesellschaft" geschaffen wird und ein Vorstandsmitglied der Sache nach zum Untergebenen eines anderes Vorstandsmitglieds wird. Dies verträgt sich mit § 70 Abs 1 AktG nicht. Insofern sprechen die besseren Gründe dafür, in teleologischer Reduktion von § 70 Abs 2 Satz 2 AktG im Zweier-Vorstand das Dirimierungsrecht bei Stimmengleichheit für den Vorstandsvorsitzenden nicht zuzulassen.

Selbst wenn man dieser Ansicht nicht folgt, bedeutet mE die nachträgliche Bestellung eines Vorstandsvorsitzenden im Zweier-Vorstand mit Dirimierungsrecht für das andere Vorstandsmitglied einen ausreichenden Grund für die Niederlegung des Mandates und die vorzeitige Auflösung des Anstellungsvertrages. Dasselbe gilt, wenn man die Gewährung eines Alleinentscheidungsrechtes für den Vorstandsvorsitzenden zulässt und der Aufsichtsrat einen solchen bestellt. Denn die Voraussetzungen, unter denen ein Vorstandsmitglied seine Arbeit verrichtet, ändern sich grundlegend, wenn plötzlich ein in allen Belangen mit Durchsetzungskraft ausgestattetes anderes Vorstandsmitglied bestellt wird.

3. Sprecher des Vorstandes

130 Ein *Sprecher des Vorstandes* ist im AktG nicht vorgesehen. In Österreich ist diese Funktion weit weniger üblich als in Deutschland.

Umstritten ist, ob eine Ernennung zum Vorstandssprecher nur dem Aufsichtsrat vorbehalten ist,[407] oder ob auch der Vorstand selbst bei Untätigkeit des Aufsichtsrates einen Sprecher bestimmen kann.[408]

---

[405] Insoweit konsequent und den Zusammenhang zwischen Alleinentscheidungsrecht und Dirimierungsrecht im Zweier-Vorstand richtig erkennend *Ch. Nowotny* in Doralt/Nowotny/Kalss, AktG² § 70 Rz 27; ebenso *Kalss* in Kalss/Nowotny/Schauer, Gesellschaftsrecht Rz 3/353; den Zusammenhang ebenfalls betonend *Strasser* in Jabornegg/Strasser, AktG⁵ § 70 Rz 53.

[406] *Strasser* in Jabornegg/Strasser, AktG⁵ § 70 Rz 53.

[407] So offenbar *Strasser* in Jabornegg/Strasser, AktG⁵ § 70 Rz 50; *Kalss* in Kalss/Nowotny/Schauer, Gesellschaftsrecht Rz 3/351.

[408] So die hA in Deutschland: Vgl *Kort* in GroßkommAktG⁵ § 77 Rz 57 f; *Lutter/Krieger/Verse*, Rechte und Pflichten des Aufsichtsrates⁶ § 7 Rz 468; *Hüffer/Koch*, AktG¹¹ § 84 Rz 30; *Mertens/Cahn* in KölnKommAktG³ § 84 Rz 103; *Fleischer* in Spindler/Stilz, AktG § 84 Rz 90;

Infolge des Fehlens einer gesetzlichen Regelung können die Funktionen eines „Vorstandssprechers" nicht exakt definiert werden, weil die Praxis diesbezüglich auch vielfältig ist. Einigkeit besteht darüber, dass die zentralen Funktionen eines Vorstandsvorsitzenden dem Sprecher nicht eingeräumt werden können. Neben dem Dirimierungsrecht bzw Vetorechten scheidet daher auch die dem Vorstandsvorsitzenden zustehende Befugnis zur verbandsinternen Überwachung und Koordination richtigerweise aus.[409]

Deshalb kann ein Vorstandssprecher nicht *neben* einem Vorstandsvorsitzenden existieren und endet die Sprecherfunktion automatisch mit der Bestellung eines Vorstandsvorsitzenden durch den Aufsichtsrat.[410] Denn der Vorstandssprecher darf die „klassischen" Vorsitzenden-Funktionen nicht ausüben, doch verträgt sich umgekehrt die Existenz eines Vorstandsvorsitzenden nicht damit, dass ein Sprecher für den Außenauftritt des Vorstandes zuständig ist.

Letzteres ist nämlich die einem Sprecher üblicher Weise zukommende Aufgabe: Erklärungen im Namen des Gesamtvorstandes gegenüber der Öffentlichkeit abzugeben.[411]

Bei einem darauf beschränkten Vorstandssprecher, der also Erklärungen, die auf einer Willenseinigung des Gesamtvorstandes unter Anwendung der für Geschäftsführung und Vertretung im Einzelfall geltenden Regeln beruhen, gegenüber der Öffentlichkeit abgibt (somit gleichsam als eine Art „Pressesprecher" fungiert), kann die Zuständigkeit des Vorstandes zur „Ernennung" mE nicht ernsthaft bestritten werden. Viel eher könnte man fragen, ob der Aufsichtsrat, der keinen Vorstandsvorsitzenden ernennen will, einen solchen „Pressesprecher" überhaupt gegen den Willen des Vorstandes bestimmen *darf*.

4. Unverträglichkeiten im Vorstand

Wenn es Aufgabe des Aufsichtsrates ist, den bestgeeigneten Vorstand zu bestellen (§ 75 Abs 1 iVm § 70 Abs 1, §§ 84 und 99 AktG; dazu Rz 13 ff), dann gehört dazu natürlich auch, bei einem mehrgliedrigen Vorstand auf eine optimale Zusammensetzung zu achten.[412]

Drei für sich genommen top qualifizierte Vorstandsmitglieder können als Team ein Alptraum sein und sich gegenseitig aufreiben und neutralisieren.[413]

Hoffmann-Becking, Zur rechtlichen Organisation der Zusammenarbeit im Vorstand der AG, ZGR 1998, 497 (517).
[409] So zutr *Wiesner* in MünchHdbGesR⁴ IV § 24 Rz 5 f.
[410] Vgl *Krieger*, Personalentscheidungen des Aufsichtsrates 255 ff; *Wiesner* in MünchHdbGesR⁴ IV § 24 Rz 7; *Lutter/Krieger/Verse*, Rechte und Pflichten des Aufsichtsrates⁶ § 7 Rz 468.
[411] So *Strasser* in Jabornegg/Strasser, AktG⁵ § 70 Rz 50.
[412] *Krieger*, Personalentscheidungen des Aufsichtsrates 191 ff; *Mertens/Cahn* in KölnKomm-AktG³ Vorb § 95 Rz 2 f.
[413] Vgl *Fonk* in Semler/v. Schenck, ARHdb⁴ § 10 Rz 14: „Die Geschäftsleitung ist in der Regel ein Kollegial-Organ. Ihre Mitglieder müssen die Fähigkeit und den Willen zur Zusammenarbeit, zur Einordnung in ein Kollegium, haben. In der Praxis sind immer wieder außergewöhnlich tüchtige Einzelkämpfer zu finden, die jedoch ein Alptraum für jeden Vorstand und jede Geschäftsführung sind. Das gilt in gleicher Weise für den gelegentlich anzutreffenden

Zur Aufgabe, den bestqualifizierten Vorstand für die Gesellschaft auszusuchen, gehört – gleichsam spiegelbildlich – auch die Aufgabe, sich von einem nicht oder nicht mehr geeigneten Vorstand oder von nicht bzw nicht mehr geeigneten Vorstandsmitgliedern möglichst bald zu trennen,[414] es sei denn, der Gesellschaft droht nach vertretbarer Prognose aus der Abberufung ein Schaden, der die Nachteile der Beibehaltung des Vorstandsmitgliedes überwiegt.[415] Diese Verantwortung des Aufsichtsrates ist notwendiges Korrelat der Zuständigkeit für die Vorstandsbestellung.[416]

Eine Rolle spielen kann dies bei einem Wechsel im Aufsichtsrat, der nun feststellt, dass die Vorgänger in diesem Gremium einen nicht optimalen oder für die Gesellschaft gar ungeeigneten Vorstand bestellt haben; es können sich aber auch die Verhältnisse im Laufe der Zeit so ändern, dass eine für das Unternehmen in der Vergangenheit optimale Lösung der Vorstandsbesetzung sich nunmehr als nicht geeignet erweist.[417]

Manager sind nicht unbedingt *an sich* fähig oder unfähig, sondern können ihre Fähigkeiten – wie Mitarbeiter in einem Unternehmen sonst auch – idR nur unter bestimmten Rahmenbedingungen, mit einem geeigneten Team und manchmal unter Beachtung bestimmter Aufgabenstellungen voll zur Geltung bringen. Ändern sich diese Rahmenbedingungen, kann das, was einst gut war, plötzlich schlecht werden.

133 Eine spezielle Situation ergibt sich, wenn ein aus mehreren Personen bestehender Vorstand in sich zerstritten ist und einzelne Vorstandsmitglieder miteinander nicht mehr optimal zusammenarbeiten *können* und/oder bekanntermaßen nicht mehr zusammenarbeiten *wollen*. Die Gründe dafür können manchmal für den Aufsichtsrat ziemlich intransparent sein, und sie entziehen sich oft auch einer objektiven Überprüfung.

In einer Situation, in der ein Vorstandsteam kein Team mehr ist, sondern einzelne Mitglieder dem Aufsichtsrat klar machen, dass sie in dieser Konstellation nicht mehr zusammenarbeiten können oder nicht gewillt sind, so weiter zusammen zu arbeiten, wird die Frage nach Schuldzuweisungen und die Anwendung des „Verursacherprinzips" zweitrangig[418] (und allenfalls für eine juristische Aufarbeitung der Angelegenheit im Nachhinein von Relevanz); sie tritt in den Hintergrund gegenüber der dem Aufsichtsrat dann zufallenden Aufgabe, personelle

---

krankhaften Ehrgeiz oder die aufdringliche Eitelkeit, Welten von dem entfernt, was insoweit gesund und notwendig ist. Charakterliche Integrität bedeutet auch Unbestechlichkeit, bedeutet Fairness im Umgang mit den Aktionären oder Gesellschaftern, dem Aufsichtsrat, den Kollegen und den Mitarbeitern."

[414] *Strasser* in Jabornegg/Strasser, AktG[5] §§ 75, 76 Rz 11; *Wiesner* in MünchHdbGesR[3] IV § 20 Rz 51; *Krieger*, Personalentscheidungen des Aufsichtsrates 140 f.
[415] *Mertens/Cahn* in KölnKommAktG[3] § 84 Rz 105 mwN.
[416] *Hüffer/Koch*, AktG[11] § 84 Rz 32 f; *Krieger*, Personalentscheidungen des Aufsichtsrates 129 f; ähnlich *Mertens* in KölnKommAktG[2] § 84 Rz 94 f; *Kalss/Zollner*, Blockabstimmungen im Aufsichtsrat – zur Zulässigkeit der Abstimmung en bloc am Beispiel der Abberufung von Vorstandsmitgliedern, GesRZ 2005, 66 ff.
[417] *Thüsing* in Fleischer, Handbuch des Vorstandsrechts § 5 Rz 10 mwN.
[418] *Fonk* in Semler/v. Schenck, ARHdb[3] § 9 Rz 307.

II. Auswahl und Bestellung des Vorstandes

Konsequenzen zu ziehen, um die Handlungsfähigkeit des obersten Führungsgremiums sicherzustellen.[419] Darin darf sich der Aufsichtsrat nicht die Kontrolle aus der Hand nehmen und sich insbesondere nicht durch lang andauernde und möglicherweise von vornherein fruchtlose Recherchen darüber lähmen lassen, wer an dem Zerwürfnis im Vorstand „schuld" ist.[420] Die Möglichkeiten, die der Aufsichtsrat in solchen Fällen hat, bestehen im Wesentlichen darin, sich von einzelnen oder im Extremfall allen Vorstandsmitgliedern (möglichst gütlich) zu trennen und ein neues Vorstandsteam zu formen, das miteinander arbeiten kann.

Freilich wird dadurch die Kompetenz des Aufsichtsrates nicht beeinträchtigt, in einer Konfliktsituation im Vorstand eigenverantwortlich zu beurteilen, ob tatsächlich „der Zug schon abgefahren" ist oder nicht doch der Versuch unternommen werden soll, den Vorstand noch einmal zu gemeinsamer und konstruktiver Zusammenarbeit anzuhalten. Denn im Einzelfall kann das Wohl des Unternehmens, das bei jedem Handeln von Vorstand und Aufsichtsrat im Vordergrund zu stehen hat (§ 70 Abs 1 AktG),[421] eine solche Vorgangsweise sogar gebieten.

Die konkrete aktienrechtliche Umsetzung der dem Aufsichtsrat gemachten Vorgabe, bei einem tiefgreifenden und nicht reparablen Zerwürfnis im Vorstand personelle Konsequenzen zu ziehen, kann freilich auf Schwierigkeiten stoßen. Denn um ein Vorstandsmitglied gegen dessen Willen loszuwerden, bedarf es einer Abberufung durch den Aufsichtsrat, und diese wiederum setzt einen wichtigen Grund (§ 75 Abs 4 AktG) voraus.[422]

134

Unheilbare Zerwürfnisse oder andauernder Unfriede zwischen den Vorstandsmitgliedern, der ein gedeihliches Zusammenarbeiten gefährdet, können in schweren Fällen einen wichtigen Grund iSd § 75 Abs 4 AktG bilden.[423] Ebenso wurden als grobe Pflichtverletzung qualifiziert die vorsätzliche Täuschung von Vorstandskollegen über geschäftserhebliche Tatsachen,[424] wiederholte Übergriffe in den Kompetenzbereich anderer Vorstandsmitglieder[425] oder sonstige persönliche Unverträglichkeit in der kollegialen Zusammenarbeit.[426] Bloße Meinungsverschiedenheiten zwischen Vorstandsmitgliedern reichen aber (grundsätzlich) nicht.[427] Im Kollegialorgan Vorstand ist es vielmehr üblich und als Bereicherung anzusehen, dass die einzelnen Vorstandsmitglieder unterschiedliche Meinungen einbringen

---

[419] Vgl *Fonk* in Semler/v. Schenck, ARHdb⁴ § 10 Rz 304.
[420] *Wiesner* in MünchHdbGesR⁴ IV § 20 Rz 56; *Spindler* in MünchKommAktG⁴ § 84 Rz 132; BGH II ZR 131/97 AG 1998, 519 f; BGH II ZR 79/91 ZIP 1992, 760 f; OLG Koblenz ZIP 1987, 1120 (1124).
[421] Vgl *Hopt/Roth* in GroßkommAktG⁴ § 111 Rz 103 ff.
[422] Vgl *Nowotny* in Doralt/Nowotny/Kalss, AktG² § 75 Rz 21; *Kalss* in Kalss/Nowotny/Schauer, Gesellschaftsrecht Rz 3/303 ff.
[423] So *Wiesner* in MünchHdbGesR³ IV § 20 Rz 48; *Spindler* in MünchKommAktG⁴ § 84 Rz 132 mwN; BGH II ZR 31/83 WM 1984, 29 f.
[424] OLG Düsseldorf DB 1983, 1036 (fristlose Kündigung eines Bankvorstandsmitgliedes).
[425] OLG München 6 U 5444/04 AG 2005, 776 ff.
[426] *Mertens/Cahn* in KölnKommAktG³ § 84 Rz 125 f; *Wiesner* in MünchHdbGesR⁴ IV § 20 Rz 56; *Raguß*, Der Vorstand einer Aktiengesellschaft (2005) 190 ff; *Hüffer/Koch*, AktG¹¹ § 84 Rz 36 mwN; *Kort* in GroßkommAktG⁵ § 84 Rz 158 mwN.
[427] BGH II ZR 131/97 AG 1998, 519 f; LG Stuttgart 31 KfH 62/01 AG 2003, 53; BGH II ZR 79/91 ZIP 1992, 760 f.

und dass Entscheidungen mit Mehrheitsbeschluss getroffen werden. Solange Meinungsverschiedenheiten nicht auf unvertretbaren Standpunkten aufbauen oder von den Vorstandsmitgliedern gar nach außen (zB Kunden gegenüber) ausgetragen werden, liegt üblicher Weise kein Nachteil für die Gesellschaft und auch kein wichtiger Grund zur Abberufung von Vorstandsmitgliedern vor.[428] Dabei ist, erstreckt sich der Zwist auf mehrere Vorstandsmitglieder, eine sachgerechte Auswahl zu treffen;[429] überhaupt ist dem Aufsichtsrat ein Ermessen eingeräumt, wenn in einer Person eines anderen Vorstandsmitgliedes vergleichbare Umstände vorliegen, die auch dessen Abberufung rechtfertigen würden, *welches* von mehreren Vorstandsmitgliedern in derartigen Situationen abberufen werden soll.[430] Der Aufsichtsrat muss bei „unheilbarer" Verfeindung nicht notwendig den „Schuldigen" abberufen, er kann sich vielmehr für den Fähigeren entscheiden.[431]

135 Wenngleich bei einem nicht reparablen Konflikt im Vorstand und der mangelnden Fähigkeit oder Willigkeit einzelner Vorstandsmitglieder, miteinander zu arbeiten, dem Aufsichtsrat, will er seine Verantwortung wahrnehmen, gar nichts anderes übrig bleibt, als die Zusammensetzung des Vorstandes zu ändern (sich also von zumindest *einem* Vorstandsmitglied zu trennen) ist *vor* solchen Maßnahmen vom Aufsichtsrat nach verantwortlichem Ermessen zu prüfen, *ob* wirklich ein nicht reparabler Konflikt vorliegt und nicht das Wohl des Unternehmens dafür spricht, in der konkreten Situation den Vorstand zumindest vorerst nicht personell zu verändern.

Die Gründe dafür können mannigfaltig sein. Zum einen kann es vorkommen, dass ein Konflikt von einem Vorstandsmitglied nur künstlich hochgespielt wird, weil zB ein einzelnes Mitglied gerne (unter Wahrung aller finanziellen Ansprüche) das Unternehmen verlassen würde; zum anderen kann das Versammeln aller Beteiligten an einem Tisch mit entsprechendem Geschick des „Verhandlungsleiters" (dafür prädestiniert ist natürlich der Aufsichtsratsvorsitzende) Konflikte unter bestimmten Voraussetzungen auch wieder ausräumen. Schließlich – und dies ist die in der Praxis relevanteste Konstellation – kann sich das Unternehmen in einer Situation befinden, wo die öffentlichkeitswirksame Verabschiedung eines Vorstandsmitgliedes oder gar eines ganzen Vorstandes mehr Schaden anrichtet als Nutzen stiftet.[432]

Ein Aufsichtsrat, der diesen Versuch in einem anscheinend zerstrittenen Vorstand unternimmt, tut gut daran, nicht bloß höflich an das „Zusammengehörigkeitsgefühl" der Vorstandsmitglieder zu appellieren, sondern dem Vorstand klar und unmissverständlich zu verstehen zu geben, dass der Aufsichtsrat in Ausübung seiner aktienrechtlichen Kontrollverantwortlichkeit handelt und auch Sanktionen

---

[428] Vgl LG Stuttgart 31 KfH 62/01 AG 2003, 53.
[429] *Thüsing* in Fleischer, Handbuch des Vorstandsrechts § 5 Rz 24 mwN.
[430] *Spindler* in MünchKommAktG[4] § 84 Rz 132; OLG Stuttgart 20 U 59/01 AG 2003, 211 f; *Kort* in GroßkommAktG[5] § 84 Rz 149.
[431] *Wiesner* in MünchHdbGesR[4] IV § 20 Rz 56; *Spindler* in MünchKommAktG[4] § 84 Rz 132; BGH II ZR 131/97 AG 1998, 519 f; BGH II ZR 79/91 ZIP 1992, 760 f; OLG Koblenz ZIP 1987, 1120, 1124.
[432] Vgl *Kort* in GroßkommAktG[5] § 84 Rz 150: Ein Vorstandsmitglied ist im Amt zu belassen, wenn der Schaden, den die Gesellschaft bei seiner Abberufung erleiden würde, die Nachteile einer Belassung im Amt trotz Vorliegens eines wichtigen Grundes überwiegen würde; vgl auch *Mertens* in KölnKommAktG[3] § 84 Rz 105.

für den Vorstand oder die Vorstandsmitglieder drohen, wenn der Zustand vertrauensvoller Zusammenarbeit im Kollegialorgan Vorstand nicht wieder erreicht werden kann. Durch eine entsprechend bestimmte und fordernde Haltung muss ein Aufsichtsrat in einer solchen Situation dem Vorstand bzw den betroffenen Vorstandsmitgliedern notfalls die Rute einer Abberufung wegen grober Pflichtverletzung ins Fenster stellen, um sie auf diese Weise uU davon abzuhalten, taktische Spiele zu spielen und den Aufsichtsrat unter Ausgabe des Mottos „der oder ich" gleichsam zu erpressen.

Wenngleich die Auswahl der Zusammensetzung des Vorstandes nach – wenn auch kritikwürdiger (dazu ausführlich Rz 37 ff) – hA in die Zuständigkeit des Aufsichtsratsplenums fällt, können Maßnahmen wie die gerade beschriebenen, nämlich die Unternehmung des Versuches, einen offenkundig zerstrittenen Vorstand noch einmal „zusammen zu schweißen", zumindest in besonderen Konstellationen vom Aufsichtsratspräsidium – und gegebenenfalls auch unter vorerst erfolgender Geheimhaltung gegenüber anderen Aufsichtsratsmitgliedern – ergriffen werden. Dies gilt unabhängig davon, ob man das Präsidium mit seinen speziellen Aufgaben als Ausschuss des Aufsichtsrates ansieht[433] oder nicht.[434]

Gerade in Fällen, in denen Diskretion besonders wichtig ist – und vor allem bei der börsenotierten AG, bei der sehr sensibel darauf geachtet werden muss, wann die Schwelle zur verpflichtenden Erstattung einer Ad hoc-Meldung überschritten ist – wird es gerechtfertigt, ja absolut zweckmäßig sein, Sondierungsgespräche mit einem in sich zerstrittenen bzw uneinigen Vorstand nur im Aufsichtsratspräsidium zu führen. Eine zwingende aktienrechtliche Zuordnung der Wahrnehmung solcher Agenden zum Aufsichtsratsplenum lässt sich jedenfalls nicht ausmachen,[435] zumal es ja – noch – nicht um die Veränderung der personellen Zusammensetzung geht. Die Einschaltung des Präsidiums empfiehlt sich besonders dann, wenn sich der Aufsichtsrat stark in der Beratung des Vorstandes engagiert[436] oder zum Wohl der Gesellschaft engagieren muss.

III. Der Vorstands-Anstellungsvertrag

A. Formale Fragen

1. Abschlusskompetenz und Formerfordernisse

Im Sinne der „Trennungsthese" muss vom körperschaftsrechtlichen – wenn auch richtiger Ansicht zufolge bereits zu einem Vertragsabschluss führenden[437] – Akt der Bestellung der – freilich nicht unverzichtbare – Abschluss des Anstel-

---

[433] So zB *Hopt/Roth* in GroßkommAktG[4] § 107 Rz 233.
[434] So *Strasser* in Jabornegg/Strasser, AktG[5] §§ 92–94 Rz 10, der dem Präsidium Funktionen offenbar nur bei formeller Ausschussbildung zuerkennen möchte.
[435] Vgl *Kalss* in Doralt/Nowotny/Kalss, AktG[2] § 92 Rz 132 ff; *Strasser* in Jabornegg/Strasser, AktG[5] §§ 92–94 Rz 75.
[436] *Hopt/Roth* in GroßkommAktG[4] § 107 Rz 341 mwN.
[437] Vgl oben Rz 39; *Runggaldier/G. Schima*, Führungskräfte 58 f; *Floretta* in FS W. Schwarz 310; *Keinert*, Genossenschaftsrecht (1988) 156 Rz 335; *Baums*, Geschäftsleitervertrag 40; *Seibt* in K. Schmidt/Lutter, AktG[3] § 84 Rz 6 mwN in FN 11; ebenso für die Geschäftsfüh-

lungsvertrages zwischen Gesellschaft und Vorstandsmitglied unterschieden werden.[438]

Um etwas voneinander völlig Unabhängiges handelt es sich bei Bestellung und Anstellung indes nicht. Denn der Anstellungsvertrag *ergänzt* das Vorstandsmandat bloß,[439] welches ohne ersterem sehr wohl bestehen kann. Umgekehrt gilt dies hingegen nicht. Ein Mandat kann ohne Anstellungsvertrag ohne weiteres volle Wirkung entfalten (und derartige Konstellationen kommen im Konzernverbund gar nicht selten vor), wohingegen ein abgeschlossener Anstellungsvertrag ohne Bestellung (oder bei unwirksamer Bestellung) keinen rechtlichen Bestand haben kann[440] und nach zutr Ansicht des OGH auch keinen Anspruch auf Bestellung zu vermitteln vermag.[441]

138 Der Abschluss des Anstellungsvertrages mit Vorstandsmitgliedern einer AG ist Sache des Aufsichtsrates (§ 75 Abs 1 letzter Satz AktG).[442] Jedenfalls innerhalb der Gesellschaft ist kein anderes Organ dazu befähigt, Vorstandsmitgliedern anstellungsvertragliche Zusagen wirksam zu machen. Während dies bei § 97 Abs 1 AktG hinsichtlich der Vertretung der Gesellschaft bei Rechtsgeschäften mit Vorstandsmitgliedern in Österreich strittig ist,[443] besteht betreffend § 75 Abs 1 AktG wohl Einigkeit darüber, dass der Aufsichtsrat in Bezug auf die Abgabe anstellungsvertraglich relevanter Willenserklärungen gegenüber Vorstandsmitgliedern die ausschließliche Vertretungsmacht besitzt.[444] Dem Vorstand fehlt dementsprechend diese Vertretungsmacht. In einem aus drei Vorstandsmitgliedern bestehenden Vorstand, bei dem jeweils zwei Vorstandsmitglieder oder ein Vorstandsmitglied gemeinsam mit einem Prokuristen vertreten, können daher zwei Vorstandsmitglieder gemeinsam dem dritten Vorstandsmitglied keinerlei Zusagen machen, die unter

---

rerbestellung in der GmbH *Koppensteiner/Rüffler*, GmbHG³ § 15 Rz 7, 11; aM *Strasser*, JBl 1990, 478 (480); *Strasser* in Jabornegg/Strasser, AktG⁵ §§ 75, 76, Rz 5.

[438] Vgl *Runggaldier/G. Schima*, Führungskräfte 65.

[439] Vgl insb *Floretta* in FS W. Schwarz 475 ff; *G. Schima*, Umgründungen im Arbeitsrecht (2004) 226 f.

[440] Vgl dazu näher *Baums*, Geschäftsleitervertrag 159 f; ausführlich *Runggaldier/G. Schima*, Führungskräfte 86 ff; BGH II ZR 265/51 BGHZ 8, 348.

[441] OGH 4 Ob 163/02b EvBl 2002/197.

[442] *Kastner/Doralt/Nowotny*, Gesellschaftsrecht⁵ 257, *Runggaldier/G. Schima*, Führungskräfte 67 ff; *Kalss* in Kalss/Nowotny/Schauer, Gesellschaftsrecht Rz 3/283; *Strasser* in Jabornegg/Strasser, AktG⁵ §§ 75, 76 Rz 75.

[443] Nach hA tritt die Vertretungsmacht des Aufsichtsrates hier *neben* die des Vorstandes: vgl ausführlich *G. Schima/Toscani*, Die Vertretung der AG bei Rechtsgeschäften mit dem Vorstand (§ 97 Abs 1 AktG), JBl 2012, 482 (Teil I) und 570 (Teil II); *Kastner/Doralt/Nowotny*, Gesellschaftsrecht⁵ 257 FN 107; *Reich-Rohrwig*, wbl 1987, 299; *Strasser* in Jabornegg/Strasser, AktG⁵ §§ 95–97 Rz 71, 80; für die GmbH *Koppensteiner/Rüffler*, GmbHG³ § 30l Rz 1; aM, dh für ausschließliche Vertretungsbefugnis des Aufsichtsrates *Cernicky*, Die Vertretung der Aktiengesellschaft gegenüber Vorstandsmitgliedern, GesRZ 2002, 179 (182); *Kalss* in Doralt/Nowotny/Kalss, AktG² § 97 Rz 7 f.

[444] Ausführlich, auch zur Abgrenzung von § 97 Abs 1 und § 75 Abs 1 AktG *G. Schima/Toscani*, JBl 2012, 570 (Teil II); *Strasser* in Jabornegg/Strasser, AktG⁵ §§ 75, 76 Rz 75; *Spindler* in MünchKommAktG⁴ § 84 Rz 68 ff; *Kastner/Doralt/Nowotny*, Gesellschaftsrecht⁵ 257; *Runggaldier/G. Schima*, Führungskräfte 68.

§ 75 Abs 1 letzter Satz AktG fallen. Eine solche Vorgangsweise ist daher nicht nur (grob) pflichtwidrig, sondern *unwirksam*.

Dies klingt banaler als es ist, weil die Abgrenzung im Einzelfall schwierig sein kann (was sich am Beispiel des Abschlusses von D&O-Versicherungen besonders gut zeigen lässt – vgl Rz 356 ff). Das Gesetz sagt ja nichts Näheres darüber aus, was *Inhalt* des „Anstellungsvertrages" ist. Man muss sich daher letztlich an der Verkehrssitte orientieren, was dazu führt, dass alle dem Vorstandsmitglied gemachten – entgeltwerten oder entgeltfremden – Zusagen oder auferlegten Pflichten, die für gewöhnlich Inhalt eines Manager-Dienstvertrages im Allgemeinen und eines Vorstands-Anstellungsvertrages im Besonderen sind bzw sein können, unter das Vertretungsmonopol des Aufsichtsrates fallen. Für das Entgelt (die *„Gesamtbezüge"*) beinhaltet § 78 Abs 1 AktG Hinweise in Form einer demonstrativen Aufzählung. Abgesehen davon fallen in die Zuständigkeit des Aufsichtsrates gem § 75 Abs 1 letzter Satz AktG aber auch zB die gänzliche oder teilweise Befreiung vom Wettbewerbsverbot (§ 79 AktG), die Kreditgewährung an Vorstandsmitglieder – für die § 80 Abs 1 AktG als Spezialnorm freilich nur ein *Zustimmungsrecht* des Aufsichtsrates vorsieht – und auch die Zusage der Übernahme von Prämien aus einer Manager-Vermögensschadenshaftpflichtversicherung (D&O-Versicherung).[445]

Beim Anstellungsvertrag ist unstrittig, dass dieser – und das entspricht auch üblicher Praxis, zumindest im mitbestimmten Aufsichtsrat – in einem *Ausschuss* abgeschlossen werden kann. In diesem Ausschuss besteht gem § 110 Abs 4 Satz 2 ArbVG – in Ausnahme vom Grundsatz der drittelparitätischen Beteiligung der Arbeitnehmervertreter auch in Ausschüssen – kein Recht auf Teilnahme von Belegschaftsvertretern. Denn der Abschluss des Anstellungsvertrages betrifft ohne Zweifel *„die Beziehungen zwischen der Gesellschaft und Mitgliedern des Vorstandes"* (§ 92 Abs 4 AktG).[446]

Soll der Abschluss des Anstellungsvertrages – was in mitbestimmten Aufsichtsräten so gut wie nie passiert – im Plenum des Aufsichtsrates erfolgen, dann soll nach hA uneingeschränktes Teilnahme- und Stimmrecht der Arbeitnehmervertreter in Form der Drittelparität bestehen.[447] Richtigerweise hat aber auch in die-

---

[445] Dies ist freilich strittig (aM *Gruber/Wax*, Wer ist für den Abschluss einer D&O-Versicherung zuständig? wbl 2010, 169 [173 f], die die Abschlusskompetenz des Vorstandes bejahend den Charakter als Vergütungsbestandteil verneinen). Die Frage, ob es sich um einen Vergütungsbestandteil handelt, muss indes von der Abschlusskompetenz im Falle der D&O-Versicherung getrennt werden. Ist der Inhalt der Versicherungszusage im Anstellungsvertrag ausreichend determiniert, spricht nichts dagegen, wenn der Vorstand einen entsprechenden Versicherungsvertrag auch zu seinen eigenen Gunsten – diesfalls uU sogar ohne Genehmigung des Aufsichtsrates – abschließt (dazu näher Rz 356 ff).

[446] Vgl *Kalss* in Doralt/Nowonty/Kalss, AktG² § 92 Rz 160; *Schiemer*, AktG² Anm 7.3. zu § 92, der zutr auch die Angelegenheiten in den §§ 79, 80 AktG darunter subsumiert; *Doralt/Kastner*, GesRZ 1975, 42; *Kalss* in Kalss/Nowotny/Schauer, Gesellschaftsrecht Rz 3/283; *Strasser* in Jabornegg/Strasser, AktG⁵ §§ 75, 76 Rz 76; *Jabornegg* in Strasser/Jabornegg/Resch, ArbVG-Komm § 110 Rz 252 f.

[447] So *Strasser* in FS Schwind 318; *Geppert*, DRdA 1980, 182 f; *Marhold*, Aufsichtsratstätigkeit 36 ff; *Jabornegg* in Strasser/Jabornegg/Resch, ArbVG-Komm § 110 Rz 252 f; *Kalss* in Kalss/Nowotny/Schauer, Gesellschaftsrecht Rz 3/283; *Strasser* in Jabornegg/Strasser, AktG⁵ §§ 75, 76 Rz 76.

sem Fall die „Aktionärsschutzklausel" (doppelte Mehrheit) zu gelten, bedarf also der Plenumsbeschluss der Mehrheit nicht nur sämtlicher Aufsichtsratsmitglieder, sondern auch der Kapitalvertreter.[448]

Aus dem Gesagten leuchtet ein, dass in der Praxis bei mitbestimmten Aufsichtsräten so gut wie nie Bestellung und Anstellung in *einem* Aufsichtsratsbeschluss erledigt werden,[449] weil eine solche Vorgangsweise – unabhängig davon, welcher der verschiedenen Rechtsmeinungen man anhängt – voraussetzt, dass den Arbeitnehmervertretern im Aufsichtsrat mehr an Beteiligungsrechten zugestanden wird als dem gesetzlichen Mindeststandard entspricht. Geht man mit der hier vertretenen Ansicht von der Zulässigkeit der Vorstandsbestellung in einem Ausschuss aus, dann muss dieser jedenfalls mitbestimmt sein, und sollen Bestellung und Anstellung in einem Aufsichtsratsbeschluss erfolgen, würden die Belegschaftsvertreter auch über den Anstellungsvertrag abstimmen. Dies wollen Kapitalvertreter meist nicht (und manchmal auch die Belegschaftsvertreter nicht). Hält man dagegen die Vornahme der Vorstandsbestellung im Plenum des Aufsichtsrates mit der hA für zwingend, bedeutet die Erledigung in nur einem Aufsichtsratsbeschluss, dass am Anstellungsvertragsabschluss zu einem Drittel Belegschaftsvertreter mitwirken (sei es unter Anwendung der „Aktionärsschutzklausel", sei es ohne diese).

140 Da der Abschluss des Anstellungsvertrages die Abgabe einer Willenserklärung des dabei die Gesellschaft vertretenden Aufsichtsrates voraussetzt, bedarf es eines *Beschlusses* – entweder des Aufsichtsratsplenums oder des dafür eingesetzten Ausschusses. Der Abschluss des Vorstandsvertrages ist daher insofern einseitig formgebunden,[450] als auch für den Vorstands-Anstellungsvertrag der Grundsatz gilt, dass konkludentes Verhalten grundsätzlich nicht die Wirkung eines Aufsichtsratsbeschlusses haben kann.[451]

141 Insofern ist es zumindest missverständlich zu sagen, dass auch „betriebliche Übungen, die sich ihrem Inhalt nach auch auf Vorstandsmitglieder schlechthin oder auf einzelne Vorstandsmitglieder beziehen, als Rechtsgrundlage für den Inhalt des Vorstandsvertrages in Betracht" kommen.[452] Denn aus einer bloß tatsächlichen Übung in der Vergangenheit – und mag sie auch bisher sämtliche Vorstandsmitglieder erfasst haben (zB das Zurverfügungstellen von geräumigen Dienstwohnungen an alle Mitglieder des Top-Managements) – kann ein Vorstandsmitglied per se noch keine Rechte ableiten. Voraussetzung wäre zumindest, dass ein Aufsichtsratsbeschluss (Ausschussbeschluss) in einer Weise auf diese Übung – zumindest konkludent – Bezug nimmt, sodass mit den Mitteln der Interpretation daraus eine wenigstens stillschweigende Zusage abgeleitet werden kann. Dieses Gebot der Existenz ausdrücklicher Beschlüsse darf jedoch bei der Anstellung noch

---

[448] *Runggaldier/G. Schima*, Führungskräfte 68 f; ausführlich *Runggaldier/G. Schima*, Abschluss von Vorstandsverträgen im Aufsichtsratsplenum, GesRZ 1992, 158 ff; diesen folgend *Nowotny* in Doralt/Nowotny/Kalss, AktG² § 75 Rz 17a.

[449] Was natürlich möglich ist: *Nowotny*, DRdA 1989, 430; *Runggaldier/G. Schima*, Führungskräfte 65.

[450] So zutr *Strasser* in Jabornegg/Strasser, AktG⁵ §§ 75, 76 Rz 77.

[451] So auch *Strasser* in Jabornegg/Strasser, AktG⁵ §§ 75, 76 Rz 77.

[452] So *Strasser* in Jabornegg/Strasser, AktG⁵ §§ 75, 76 Rz 71. Zumindest ist dies keineswegs „*selbstverständlich*", wie *Strasser* schreibt.

viel weniger überdehnt werden als bei der Bestellung. Anders als bei letzterer sprechen hier Verkehrsschutzerwägungen bzw der Gläubigerschutz nicht dagegen, konkludente Vertragsinhalte zuzulassen. Denn hier geht es vor allem auch um den Vertrauensschutz des bestellten Vorstandsmitgliedes. Wird diesem – wie es in der Praxis nicht selten vorkommt – vor der Bestellung in nur mit dem Aufsichtsratsvorsitzenden (und allenfalls seinem Stellvertreter) geführten Gesprächen ein bestimmter Jahresbezug inklusive Bonus zugesagt und im Übrigen besprochen, dass ein Anstellungsvertrag „in aller Ruhe" in den Wochen nach Amtsantritt ausformuliert werden solle, dann erwirbt mE das bestellte Vorstandsmitglied, wenn es den – keinerlei Hinweise auf Anstellungsvertragsinhalte aufweisenden – Bestellungsbeschluss zustimmend zur Kenntnis nimmt, einen vertraglichen Anspruch auf den mit dem Aufsichtsratsvorsitzenden vereinbarten Bezug.[453]

Bei Anwendung der in § 863 ABGB verankerten Grundsätze für die Auslegung von Willenserklärungen kann ein Vorstandsmitglied, dem vom Aufsichtsratsvorsitzenden vor der Bestellung die Zusage einer bestimmten Entgelthöhe (oder eine andere anstellungsvertragliche Zusage) gemacht wurde, den keine Bezugnahme auf die Zusage enthaltenden, nachfolgenden Bestellungsbeschluss nicht anders verstehen, als dass damit der Aufsichtsrat die Entgeltzusage billigen wollte. Der Adressat des Bestellungsbeschlusses muss ja als redlicher Erklärungsempfänger davon ausgehen, dass der Aufsichtsratsvorsitzende (was nicht immer der Praxis entsprechen mag) den Aufsichtsrat/Ausschuss von der Zusage entsprechend informiert hat, die Nichterwähnung der Zusage im Bestellungsbeschluss daher nur die Bedeutung der widerspruchslosen Kenntnisnahme der anderen Aufsichtsratsmitglieder haben kann. Es gibt keinerlei Grund, von den Prinzipien des § 863 ABGB deshalb abzugehen, weil auf Seiten der Gesellschaft ein Kollegialorgan handelt.[454]

Ob man im soeben beschriebenen Beispiel die Entgeltzusage als Bestandteil des körperschaftsrechtlichen Vertrags „Bestellung" oder als diese – nach richtigem Verständnis – ergänzende anstellungsvertragliche Zusage betrachtet, ist eher ein Streit um Begriffe. Bei der Beendigung des Mandats muss ohnehin im Einzelfall geprüft werden, welcher Teil der Rechtsbeziehung zwischen Gesellschaft und Vorstandsmitglied erlischt. Man würde daher das Pferd von der falschen Seite aufzäumen, hielte man es für die Lösung dieser Frage für relevant, ob die Entgeltzusage im angeführten Beispiel Teil des Anstellungsvertrages oder Teil der Bestellung ist. Richtigerweise wird man im zuletzt beschriebenen Beispiel die Entgeltzusage mit der Mandatsbeendigung erlöschen lassen, weil in der Zusage bloß einer bestimmten Entgelthöhe mE nicht auch die Zusicherung eines auf Bestellungsdauer (zB fünf Jahre) befristeten (freien) Dienstvertrages zu erblicken ist. Ein solcher – zudem ohne Kündigungsklausel (zu diesen siehe Rz 411 ff) – wäre aber Voraussetzung dafür, bei einer nicht auch einen Grund für die vorzeitige Anstellungsvertragsbeendigung bildenden Abberufung vom Mandat den Entgeltanspruch für die restliche Vertrags- (= Mandats-)Dauer aufrecht zu erhalten.[455]

---

[453] So auch *Ch. Nowotny,* DRdA 1989, 430; *Runggaldier/G. Schima,* Führungskräfte 66 f.
[454] Vgl zur Beschlussauslegung BGH II ZR 74/88 ZIP 1989, 294.
[455] Das Ergebnis würde sich freilich ändern, wenn man das gewählte Beispiel so variiert, dass der Aufsichtsratsvorsitzende dem später bestellten Vorstandsmitglied nicht bloß einen Jahresgesamtbezug zusagte, sondern auch einen „Fünf-Jahres-Vertrag". Im Falle einer nicht

143 Der Aufsichtsrat/Ausschuss kann selbstverständlich eine bestimmte Person – idR handelt es sich um den Aufsichtsratsvorsitzenden – zum Abschluss des Anstellungsvertrages bevollmächtigen.[456] Der Aufsichtsratsvorsitzende ist nicht Vertreter des Aufsichtsrates im Willen, kann daher Willenserklärungen des Aufsichtsrates, bei denen dieser die Gesellschaft vertritt (wie eben nach § 75 Abs 1 AktG) nur entweder als Bote überbringen oder als vom Aufsichtsrat oder einem Ausschuss (dann aber nur mittels Beschlusses) bevollmächtigter Vertreter abgeben.[457]

Das Gesagte verträgt sich nicht ganz mit dem Selbstverständnis mancher „starker" Aufsichtsratsvorsitzender. Vollmachtsloses Handeln gerade in Vorstandsangelegenheiten kommt in der Praxis nicht bloß vereinzelt vor. Der Verfasser hat selbst Fälle erlebt, in denen zB der Aufsichtsratsvorsitzende einer GmbH (in deren Satzung dem Aufsichtsrat nicht einmal – was zulässig wäre – der Abschluss und/oder die Auflösung des Anstellungsvertrages mit Geschäftsführern übertragen worden war) allein und ohne jegliche Befassung des restlichen Aufsichtsrates oder der Gesellschafter einen Geschäftsführer fristlos kündigte.[458] Selbst in größeren Unternehmen wird hier oft recht sorglos mit den Formalitäten umgegangen. Im

---

gütlich verlaufenden Trennung können aber viele Details Anlass zum Streit geben. Denn Vorstandsverträge enthalten gerade in den letzten Jahren zunehmend Kündigungsklauseln, und die Gesellschaft könnte sich im gerade geschilderten Fall auf den Standpunkt stellen, eine solche wäre jedenfalls in den schriftlichen Vorstandsvertrag hinein verhandelt worden.

[456] Vgl OGH 2 Ob 500, 501/52 HS 2105; *Schiemer*, AktG[2] Anm 4.3. zu § 75; *Runggaldier/G. Schima*, Führungskräfte 68. Richtig ist, dass einem einzelnen Aufsichtsratsmitglied nicht die Kompetenz zum Anstellungsvertragsabschluss übertragen werden kann. Daraus aber gleich abzuleiten, ein einzelnes Mitglied (zB der Vorsitzende) könne nur zur Unterzeichnung bevollmächtigt werden (*Spindler* in MünchKommAktG[4] § 84 Rz 71), geht eindeutig zu weit. Denn gegen eine inhaltlich determinierte Bevollmächtigung auch eines einzelnen Mitglieds im Einzelfall spricht nichts (etwas differenzierter auch *Wiesner* in MünchHdbGesR[4] IV § 21 Rz 22). Nach *Nowotny* in Doralt/Nowotny/Kalss, AktG[2] § 75 Rz 17 soll idR die Satzung vorschreiben, dass der Aufsichtsratsvorsitzende bevollmächtigt ist, die Gesellschaft aufgrund des Beschlusses des Aufsichtsrates oder eines Ausschusses zu vertreten.

[457] So ausdrücklich OGH 28.9.2007, 9 ObA 28/07v DRdA 2009, 497 (500) (*Jabornegg*); *Strasser* in Jabornegg/Strasser, AktG[5] § 95–97 Rz 68, 70; vgl auch *Lutter/Krieger/Verse*, Rechte und Pflichten des Aufsichtsrates[6] § 11 Rz 682 mwN. Eine Ausnahme besteht nur für die Durchführung solcher Rechtsgeschäfte, die für eine ordnungsgemäße Durchführung der Aufgaben des Aufsichtsrates erforderlich sind, wie zB die Anmietung von Sitzungsräumen (*Lutter/Krieger/Verse*, Rechte und Pflichten des Aufsichtsrates[6] § 11 Rz 681); ob dies auch für den Abschluss von Honorarvereinbarungen mit gem § 93 Abs 1 Satz 2 AktG zu einer Sitzung beigezogenen Sachverständigen gilt (so für die vergleichbare Vorschrift des § 109 Abs 1 Satz 2 dAktG *Lutter/Krieger/Verse*, Rechte und Pflichten des Aufsichtsrates[6] § 11 Rz 681), halte ich für fraglich. Zumindest für die Beauftragung von Sachverständigen nach § 95 Abs 3 AktG ist wohl zumindest ein Ausschussbeschluss zu fordern.

[458] Einer der beiden mir erinnerlichen Fälle war deshalb rechtlich besonders interessant, weil die – als solche natürlich unwirksame – Entlassungserklärung des Aufsichtsratsvorsitzenden sogar vor der Abberufung durch die Gesellschafter erfolgte und die Gesellschaft sich in dem dadurch ausgelösten Rechtsstreit auf den Standpunkt stellte, der nachfolgende – keinerlei Bezugnahme auf irgendein Fehlverhalten oder einen wichtigen Grund beinhaltende – Abberufungsbeschluss der Gesellschafter sei als nachträgliche (und auf den Zeitpunkt der Erklärung des Aufsichtsratsvorsitzenden zurückwirkende) Genehmigung der Entlassung iSd § 1016 ABGB zu qualifizieren gewesen.

Falle einer nicht reibungslosen Trennung von einem Vorstandsmitglied kann dies zu bösen Überraschungen führen.

Die dem Aufsichtsratsvorsitzenden erteilte Vollmacht kann Abschluss- oder bloße Verhandlungsvollmacht sein. Im Zweifel wird man mE Abschlussvollmacht annehmen müssen, so etwa auch, wenn der Bestellungsbeschluss die Formulierung beinhaltet, dass der Vorsitzende des Aufsichtsrates beauftragt werde, mit dem Vorstandsmitglied „einen Anstellungsvertrag auszuhandeln".

Wenn gesagt wird, dass der Aufsichtsrat (bzw ein Ausschuss) für den Abschluss des Anstellungsvertrages ausschließlich und unentziehbar zuständig ist,[459] dann gilt dies uneingeschränkt, soweit damit gemeint ist, dass *innerhalb der AG* kein anderes Organ damit betraut werden darf.

Zulässig ist im Ergebnis jedoch der Abschluss des Anstellungsvertrages mit einem von der Gesellschaft verschiedenen *Dritten*, meist einer konzernverbundenen Gesellschaft (zB Obergesellschaft).[460] Der Dritte muss aber nicht einmal zum Konzern gehören: Vor allem in Krisensituationen werden manchmal gesellschaftsfremde Interims-Manager zu Vorstandsmitgliedern bestellt. Dies sind idR Mitarbeiter eines Beratungsunternehmens, das mit der krisengebeutelten AG einen Beratungsvertrag abschließt. Die Beratungsleistung umfasst auch die Zurverfügungstellung eines Managers, der von der betroffenen Gesellschaft zum Vorstandsmitglied bestellt wird. Die Vergütung dieses Vorstandsmitglieds erfolgt nicht durch die AG selbst, sondern durch das Beratungsunternehmen, also indirekt mit dem von der AG an das Beratungsunternehmen gezahlten Honorar.

Der BGH hat in einer neuen Entscheidung[461] die in Deutschland umstrittene Zulässigkeit von Drittanstellungsverträgen bestätigt. In dieser Entscheidung ging es um einen Interims-Manager, der Gesellschafter und Geschäftsführer eines Beratungsunternehmens war und den die AG zum Vorstandsmitglied bestellte. Der Beratungsvertrag zwischen der AG und dem Beratungsunternehmen enthielt Bestimmungen über den Stundensatz, den die AG für die Dienste des Vorstandsmitglieds an das Beratungsunternehmen zu entrichten hatte. Der BGH problematisierte die Zulässigkeit von Drittanstellungen nicht weiter und vertrat die Ansicht, dass der Beratungsvertrag der AG mit dem Dritten, aus dem sich indirekt die Vergütung des Vorstandsmitglieds ableitete, vom Aufsichtsrat der AG abzuschließen sei. Dies ergebe sich aus der Kompetenz des Aufsichtsrates zur Bestellung von Vorstands-

---

[459] Vgl *Schiemer*, AktG² Anm 4.3. zu § 75; *Kastner*, Gesellschaftsrecht⁴ 204; *Hefermehl* in Gessler/Hefermehl/Eckardt/Kropff, AktG § 84 Rz 38; *Kastner/Doralt/Nowotny*, Gesellschaftsrecht⁵ 257; *Runggaldier/G. Schima*, Führungskräfte 68; *Strasser* in Jabornegg/Strasser, AktG⁵ §§ 75, 76 Rz 34.

[460] Dafür im Ergebnis auch *Nowotny*, DRdA 1989, 428; offensichtlich auch *Kastner/Doralt/Nowotny*, Gesellschaftsrecht⁵ 224; *Runggaldier/G. Schima*, Führungskräfte 68 f, 98 ff; so auch der hA in Deutschland: Vgl *Krieger*, Personalentscheidungen des Aufsichtsrates 186 f; *Lutter/Krieger/Verse*, Rechte und Pflichten des Aufsichtsrates⁶ § 7 Rz 438 f; *Wiesner* in MünchHdbGesR⁴ IV § 21 Rz 3 ff; *Seibt* in K. Schmidt/Lutter, AktG³ § 84 Rz 26; aM *Kort* in GroßKommAktG⁵ § 84 Rz 320 ff, 325; *Mertens/Cahn* in KölnKommAktG³ § 84 Rz 56; *Spindler* in MünchKommAktG³ § 84 Rz 66; *Thüsing* in Fleischer, Handbuch des Vorstandsrechts § 4 Rz 68 f; *Baums*, Geschäftsleitervertrag 73 f.

[461] BGH II ZR 63/14 NZG 2015, 792.

mitgliedern und dem „Gleichlauf von Bestellungs- und Anstellungskompetenz".[462] Der Vorstand der AG könne hingegen diesen Beratungsvertrag nicht wirksam allein abschließen.

146 Mit dieser Entscheidung bestätigt der BGH jene Meinungen der deutschen Lehre, die die Drittanstellung für zulässig erachten, aber dem Aufsichtsrat die Abschlusskompetenz bzw zumindest ein Zustimmungsrecht für den Abschluss der Drittanstellungsverträge zugestehen.[463] ME ist dieser Ansicht jedenfalls für solche Verträge zuzustimmen, die die AG mit einem Dritten schließt und die zumindest indirekt die Vergütung eines Vorstandsmitglieds regeln. Würde hingegen der Vorstand einen derartigen Vertrag abschließen, könnte er über seine eigene Vergütung entscheiden und in die Anstellungs- und Bestellungskompetenz des Aufsichtsrates gem § 75 Abs 1 AktG eingreifen. Geht es aber um eine Drittanstellung, bei der die Gesellschaft keinerlei (Rück-)Vergütung für das Vorstandsmitglied schuldet, sondern das Vorstandsgehalt ausschließlich vom Dritten getragen wird,[464] muss mE der Aufsichtsrat der Gesellschaft dem Abschluss des Anstellungsvertrages des Vorstandsmitglieds mit dem Dritten grundsätzlich nicht zustimmen. Auch wenn man den Zweck des Angemessenheitsgebotes des § 78 Abs 1 AktG – richtigerweise – nicht darin erschöpft sieht, dass der Aufsichtsrat darauf zu achten habe, dass das Gesellschaftsvermögen nicht mit übermäßigen Vorstandsbezügen belastet werde, sondern es auch um die Wahrung eines an sich – horizontal und vertikal gesehen – angemessenen Vergütungsgefüges geht (was mit der Novelle 2012 in Österreich – dem deutschen Vorbild ein paar Jahre früher folgend – noch deutlicher wurde), wird gegen einen Vertrag mit dem Dritten, der eine herkömmliche – wenn auch gemessen an den anderen Vorstandsmitgliedern eher hohe – Vergütung beinhaltet, nichts einzuwenden sein. Heikel und eine Zustimmungskompetenz des Aufsichtsrates auslösend können aber erfolgsbezogene Vergütungsregelungen sein, insbesondere wenn sie Anreizkomponenten beinhalten, die mit dem innerhalb der Gesellschaft etablierten, vom Aufsichtsrat gestalteten und mit den Vorstandsmitgliedern vereinbarten Vergütungssystem nicht kompatibel sind (vgl zu Frage der Aufsichtsratskompetenz bei Vergütungen an Vorstandsmitglieder von dritter Seite unten Rz 385 ff).

147 Gegen die Zulässigkeit der Drittanstellung wird manchmal eingewendet, dass durch den Vertragsabschluss mit einem Dritten die gesetzlich verbriefte Unabhängigkeit und Weisungsfreiheit des Vorstandes/Vorstandsmitgliedes gefährdet sein könnte.[465] Diese Kritik ist insbesondere in Konstellationen auf den ersten Blick nicht völlig von der Hand zu weisen, in denen das Vorstandsmitglied zB leitender Angestellter des „Dritten", also idR einer anderen Gesellschaft, zB der Konzernobergesellschaft oder eines Beratungsunternehmens, ist. Das Problem muss jedoch

---

[462] BGH II ZR 63/14, Rz 27.
[463] Vgl *E. Vetter*, Drittanstellung von Vorstandsmitgliedern und aktienrechtliche Kompetenzordnung, in FS Hoffmann-Becking (2013) 1297 (1310, 1316) mwN, *Hüffer/Koch*, AktG[11] § 112 Rz 3.
[464] Solche Konstellationen werden außerhalb einer Konzernbeziehung mit dem Dritten höchst selten vorkommen, weil der Dritte (Beratungsgesellschaft) kein Interesse haben wird, Managementleistungen unentgeltlich zur Verfügung zu stellen.
[465] Vgl *Baums*, Geschäftsleitervertrag 62; *Runggaldier/G. Schima*, Führungskräfte 69, 99 f.

richtigerweise durch *Auslegung* gelöst werden:[466] Die arbeitsrechtliche Weisungsbefugnis des Dritten (sofern es sich um einen Arbeitsvertrag handelt) wird durch die zwingende gesellschaftsrechtliche Struktur der AG und die dem Vorstandsmitglied dadurch verschaffte Weisungsfreiheit überlagert. Dieses Ergebnis bedarf mE nicht der Analyse im Einzelfall, sondern *jeder* Drittanstellungs-Arbeitsvertrag (insbesondere mit einer Konzernobergesellschaft) *muss* in diesem Sinne interpretiert werden.[467] Auch im Sinne der neuen BGH-Rsp können diese Bedenken gegen die Drittanstellung nicht mehr aufrechterhalten werden.[468]

Dagegen kann auch nicht eingewendet werden, dass gesellschaftsrechtliche Weisungsgebundenheit bzw Weisungsfreiheit etwas anderes ist als die – für das Bestehen eines Arbeitsverhältnisses charakteristische – persönliche Weisungsgebundenheit. Dies ist zwar im Kern richtig (und gleichzeitig der Haupteinwand gegen die stRsp zur arbeitsrechtlichen Einordnung des GmbH-Geschäftsführers, wo die Judikatur den hauptberuflich tätigen und nicht über eine Sperrminorität verfügenden Geschäftsführer gerade *wegen* seiner durch § 20 Abs 1 GmbHG vermittelten Weisungsunterworfenheit mehr oder weniger generell als Arbeitnehmer einstuft), doch bedingt gesellschaftsrechtliche Weisungsfreiheit auch persönliche Unabhängigkeit im arbeitsrechtlichen Sinn; umgekehrt gilt dies hingegen nicht: Gesellschaftsrechtliche Weisungsunterworfenheit bedeutet richtiger Ansicht zufolge noch lange nicht, dass auch persönliche Abhängigkeit besteht.

Unzulässig ist es daher auch, dass das zwingende gesetzliche Erfordernis eines wichtigen Grundes für die Abberufung von Vorstandsmitgliedern (§ 75 Abs 4 AktG) durch eine nicht an Gründe gebundene Kündigung eines (unbefristeten) Dienstvertrages mit dem Dritten (Konzernobergesellschaft) unterlaufen und dadurch dem Vorstandsmandat die wirtschaftliche Grundlage entzogen wird.[469] Hielte man eine solche Vorgangsweise für möglich (und für mit rechtlichen Mitteln nicht verhinderbar), müsste man tatsächlich die Zulässigkeit der Drittanstellung bestreiten.[470] Richtigerweise hat aber das Vorstandsmitglied schon auf der Grundlage des Mandats auch ohne explizite Entgeltzusage den Anspruch auf angemessene Entlohnung gem § 1152 ABGB, sofern sich nicht aus den Umständen die Unentgeltlichkeit ergibt. Solche Umstände können im Unternehmensverbund bei der Ausübung von „Zweit- oder Drittmandaten" durchaus vorliegen. Sie fallen aber jedenfalls weg, wenn die Obergesellschaft, die mit dem Vorstandsmitglied der Untergesellschaft einen Arbeitsvertrag geschlossen hat, diesen aufkündigt und damit den Entgeltanspruch zum Erlöschen bringt. Man muss daher nicht unbedingt bei der Drittanstellung den Vertrag mit dem Dritten interpretativ mit einem

---

[466] Vgl *Ch. Nowotny*, DRdA 1989, 428; so auch *E. Vetter* in FS Hoffmann-Becking, 1297 (1304 f).
[467] Noch etwas anders *Runggaldier/G. Schima*, Führungskräfte 100: „*Allerdings wird die Vertragsauslegung regelmäßig ergeben, dass die arbeitsrechtliche Weisungsbefugnis der Obergesellschaft durch die zwingende gesellschaftsrechtliche Struktur der beherrschten AG überlagert wird.*"
[468] Vgl ausführlich *E. Vetter*, Drittanstellung von Vorstandsmitgliedern, aktienrechtliche Kompetenzverteilung und Exkulpation des Vorstands bei rechtlicher Beratung, NZG 2015, 898 mit Darstellung der kritischen Stimmen aus der Lehre.
[469] *Runggaldier/G. Schima*, Führungskräfte 99 f.
[470] Wie dies *Mertens* in KölnKommAktG² § 84 Rz 51 tut; vgl auch die Hinweise von *Wiesner* in MünchHdbGesR³ IV § 21 Rz 4.

Kündigungsverbot für die Dauer des Vorstandsmandats belegen (auch dies ist indes begründbar); der sich bei Entziehung des Entgeltanspruches gegen den Dritten gegenüber der AG ergebende Entlohnungsanspruch schafft hier vielmehr Abhilfe.

149 Eine ganz andere und (ebenfalls) durch Auslegung zu beantwortende Frage ist es, *ob* neben dem – diesfalls idR durch einen Anstellungsvertrag flankierten – Vorstandsmandat ein Dienstvertrag mit einem Dritten (Konzerngesellschaft), der früher geschlossen wurde, aufrecht bestehen bleibt, ob er erloschen ist oder nur die Hauptpflichten ruhend gestellt wurden.[471] Diese Frage unterscheidet sich nicht von jener, ob ein mit der Gesellschaft selbst vor dem Wechsel in den Vorstand geschlossener Arbeitsvertrag im Zusammenhang mit der Bestellung zum Vorstandsmitglied und dem Abschluss des Vorstands-Anstellungsvertrages aufgelöst oder nur ruhend gestellt wurde. Die Frage stellt sich immer dann (und das nicht selten), wenn die Parteien weder den Arbeitsvertrag formell beendet noch im Vorstands-Anstellungsvertrag eine Klausel vorgesehen haben, wonach mit Vertragsabschluss alle früheren Dienstverträge mit der Gesellschaft erlöschen.

2. Bestellungen ohne Anstellungsvertrag

150 Der Abschluss eines Anstellungsvertrages ist, wie schon erwähnt, keine unabdingbare Voraussetzung für die Tätigkeit eines Vorstandsmitgliedes.[472] Die in Österreich vor längerem vereinzelt vertretene Meinung, eine mit ihrer Zustimmung zum Vorstandsmitglied bestellte Person sei ohne zusätzlichen Anstellungsvertrag nach Art eines Vollmachtsträgers bloß berechtigt, aber zur Amtsausübung nicht verpflichtet,[473] und die Tätigkeit als Vorstandsmitglied könne *„rechtlich erst in dem Augenblick einsetzen, in dem sowohl der Vertrag geschlossen als auch die Bestellung vorgenommen worden ist",*[474] hat keinerlei rechtliche Grundlage.[475] Diese Ansicht von *Schuster-Bonnott*[476] verkennt das Verhältnis von Bestellung und Anstellung und übersieht, dass das AktG eine Vielzahl von Vorschriften enthält, die das Entstehen eines „rechtlichen Vakuums" für die Vorstandstätigkeit von vornherein verhindern (so zB die §§ 77–80 AktG).

§ 75 Abs 1 letzter Satz AktG, der die sinngemäße Anwendung der für die Bestellung geltenden Regeln für den Anstellungsvertrag anordnet, verpflichtet Gesellschaft und Vorstandsmitglied nicht zum Abschluss eines solchen, sondern setzt für den Fall des Abschlusses bloß der Gestaltungsfreiheit gewisse Grenzen (zB

---

[471] Vgl *Runggaldier/G. Schima*, Führungskräfte 101; zu den möglichen Vertragsgestaltungen *Wachter*, Vom Angestellten zum Vorstandsmitglied, ecolex 1991, 714 ff; *Kalss* in Kalss/Nowotny/Schauer, Gesellschaftsrecht Rz 3/281.

[472] *Runggaldier/G. Schima*, Führungskräfte 58 f, 61 f, 65 f; so auch schon *Schiemer*, GesRZ 1984, 18.

[473] So *Schuster-Bonnott*, Zustandekommen und Lösung des Anstellungsverhältnisses zwischen Vorstandsmitgliedern und Aktiengesellschaft, GesRZ 1983, 109 (110).

[474] So *Schuster-Bonnott*, GesRZ 1983, 116.

[475] *Schiemer*, GesRZ 1984, 11, 18; *Runggaldier/G. Schima*, Führungskräfte 58 f, 61 f; vgl auch *Schiemer,* AktG² Anm 4.1. zu § 75 mwN.

[476] Vgl auch *Schuster-Bonnott*, Die Rechtsnatur des zwischen Aktiengesellschaft und Vorstandsmitglied abgeschlossenen Anstellungsvertrages, in FS Kastner (1972) 425 f.

dadurch, dass der Vertrag richtigerweise ein auf Bestellungsdauer befristeter zu sein hat; dazu Rz 156).[477]

In Unternehmensgruppen kommt es sogar häufig vor, dass Mandate als Geschäftsleiter (stärker verbreitet freilich in der GmbH) durch innerhalb des Konzerns tätige Führungskräfte ohne gesonderten Anstellungsvertrag ausgeübt werden. Eine dienstvertragliche Beziehung existiert dann freilich meist zu einer der konzernverbundenen Gesellschaften, weshalb der oben behandelte Fall der „Drittanstellung" vorliegt.[478]

Übernimmt ein Rechtsanwalt, Wirtschaftstreuhänder oder Notar für einen Mandanten die Vorstandstätigkeit in einer Gesellschaft, dann wird typischerweise auch kein eigener Anstellungsvertrag abgeschlossen; die wirtschaftlichen Bedingungen der Mandatsausübung ergeben sich dann regelmäßig aus der zwischen Berater und Mandant bestehenden Honorarvereinbarung.[479]

Dass der Abschluss eines Anstellungsvertrages niemals den Anspruch auf Bestellung als Vorstandsmitglied vermitteln kann, wurde oben schon gesagt. Umgekehrt gilt das nicht in derselben Weise.

Einen allgemeinen Anspruch auf Abschluss eines Anstellungsvertrages hat ein zum Vorstandsmitglied Bestellter grundsätzlich nicht.[480]

Werden anstellungsvertraglich zu regelnde Fragen schon vor der Bestellung zwischen dem zu Bestellenden und einem Repräsentanten des Aufsichtsrates (idR dem Aufsichtsratsvorsitzenden) derart besprochen (bzw vom Aufsichtsratsvorsitzenden entsprechende Zusagen gemacht), dass der in der Folge zum Vorstandsmitglied Bestellte den – auf diese Zusage nicht näher Bezug nehmenden – Bestellungsbeschluss nur so verstehen kann, dass die Zusagen damit ebenfalls gelten sollen, kann der Fall eines – mehr oder weniger detaillierten – mündlichen Anstellungsvertrages eintreten (vgl dazu auch Rz 318). Die damit verbundenen Beweisschwierigkeiten liegen freilich auf der Hand.

Von den bewusst anstellungsvertragslosen Bestellungen (insbesondere im Konzern) müssen daher jene Fälle unterschieden werden, in denen der Abschluss eines Anstellungsvertrages außerplanmäßig unterbleibt. Dies ist in der Praxis keineswegs so selten, wie man meinen möchte. Dem Verfasser sind zahlreiche Fälle bekannt, in denen Vorstandsmitglieder monate-, manchmal auch jahrelang nach erfolgter Bestellung ohne schriftlich ausformulierten und vereinbarten Anstellungsvertrag tätig wurden. Dies hängt nicht zuletzt mit der geradezu erstaunlichen Nachlässigkeit zusammen, die Top-Manager oft an den Tag legen, wenn es um die vertragliche Absicherung ihrer eigenen Position geht.[481]

---

[477] *Runggaldier/G. Schima*, Führungskräfte 65.
[478] *Runggaldier/G. Schima*, Führungskräfte 66.
[479] *Runggaldier/G. Schima*, Führungskräfte 66.
[480] *Runggaldier/G. Schima*, Führungskräfte 66.
[481] Dieser Befund trifft im Übrigen oft auch dann zu, wenn sehr wohl schriftliche Anstellungsverträge vereinbart werden, weil zu deren Inhalt immer wieder Klauseln zählen – das drastischste Beispiel ist die „Koppelungsklausel", bei der im Falle der selbst unverschuldeten Abberufung der Vorstandsvertrag sofort erlöschen soll – deren Bedeutung dem Vorstandsmitglied erst bewusst wird, wenn aufgrund von Unstimmigkeiten über die Beendigung des

Natürlich kommt es auch vor, dass Aufsichtsräte/Aufsichtsratsvorsitzende Vorstandsmitglieder hinhalten und zB die Vereinbarung eines schriftlichen Vertrages wegen angeblicher „Sonderbegünstigungen" erst für den Zeitpunkt in Aussicht stellen, in dem ein bestimmtes anderes Vorstandsmitglied aus dem Vorstand ausgeschieden ist. Dies alles zeugt nicht von guter Corporate Governance, ist aber Teil der Unternehmensrealität.

154 Auszugehen ist davon, dass nach erfolgter Bestellung zum Vorstandsmitglied (der Vertragscharakter zukommt; dazu ausführlich Rz 40) die Vertragspartner verpflichtet sind, die noch offenen Anstellungsbedingungen in fairer Weise zu regeln.[482] Ist die Gesellschaft dazu nicht bereit, kommt als Sanktion in aller Regel aber nur die vorzeitige Mandatsniederlegung in Betracht.[483] Ob dann ein Entgeltanspruch des Vorstandsmitgliedes für die Restlaufzeit des Mandats besteht, hängt nicht unbedingt davon ab, ob im konkreten Fall zumindest ein befristeter (freier) Dienstvertrag geschlossen wurde, der ein vom Mandat unabhängiges Schicksal haben kann.[484] Denn das Unterbleiben des Abschlusses eines Anstellungsvertrages aus Verschulden der Gesellschaft löst Schadenersatzansprüche wegen Verletzung der den Aufsichtsrat treffenden Pflicht zur Regelung der offenen Anstellungsbedingungen aus. Bei der Bemessung einer möglichen „Kündigungsentschädigung" stellt sich in Anbetracht der in der Praxis vorzufindenden Vertragsvielfalt freilich ein schwieriges Problem: In den letzten 20 Jahren finden sich in der Realität neben dem „klassischen" befristeten Fünf-Jahres-Vertrag ohne ordentliche Kündigungsmöglichkeit immer öfter Verträge, in denen die Gesellschaft bei unverschuldeter Abberufung die Möglichkeit zur fristgebundenen Kündigung erhält; manchmal werden sogar die berüchtigten „Koppelungsklauseln" vereinbart, denen zu Folge der Anstellungsvertrag mit Mandatsbeendigung jedenfalls erlischt. Die Frage ist also, ob das Vorstandsmitglied – unter Anwendung der Anrechnungsregel des § 1155 ABGB[485] (dazu Rz 420) – das Entgelt für die Restlaufzeit verlangen oder ob die Gesellschaft dem entgegenhalten kann, dass eine „angemessene Regelung der offenen Anstellungsbedingungen" die Verankerung einer Kündigungsklausel mit einer zB sechsmonatigen Frist (analog zur Regelung im StellenbesG) bedeutet hätte. Steht fest, dass die Gesellschaft (der Aufsichtsrat) dem Vorstandsmitglied ohne rechtfertigenden Grund den Abschluss eines Anstellungsvertrages verweigert hat, dann ist es mE an der Gesellschaft, den Nachweis zu führen, dass es ihr gelungen wäre, in den Vertragsverhandlungen eine Kündigungsklausel in den Anstellungsvertrag zu implementieren.[486]

Mandats verhandelt wird oder es gar zu einer einseitigen Abberufung kommt. Zur Zulässigkeit und Wirkung solcher Koppelungsklauseln s Rz 457.

[482] So zutr *Baums*, Geschäftsleitervertrag 52 f, 160, 201, 204 f; vgl auch *Nowotny*, DRdA 1989, 430 FN 11; *Runggaldier/G. Schima*, Führungskräfte 66.

[483] So offenbar auch *Baums*, Geschäftsleitervertrag 52 f; *Runggaldier/G. Schima*, Führungskräfte 66.

[484] Oben (Rz 142) wurde darauf hingewiesen, dass die bloße Bestellung und Vereinbarung eines bestimmten Monats- oder Jahresentgelts einen solchen Dienstvertrag noch nicht inkludiert.

[485] Zur Anwendung des § 1155 ABGB auf Vorstandsverträge ausführlich *Runggaldier/G. Schima*, Führungskräfte 179 ff.

[486] In der Praxis ist freilich selten so eindeutig, wer am Nichtabschluss des Anstellungsvertrages das Verschulden trägt, weil es ja vorkommen kann, dass einfach über bestimmte Klauseln

Wurden dem Vorstandsmitglied vor der Bestellung bestimmte Leistungen in Aussicht gestellt (zB Pensionsvertrag, Dienstfahrzeug, etc) und handelt es sich dabei nicht zumindest um eine Zusage des Aufsichtsratsvorsitzenden, von der das Vorstandsmitglied annehmen kann, dass sie in die Willensbildung der Aufsichtsratsmitglieder bei der Bestellung eingeflossen ist (sodass der darauf nicht Bezug nehmende Bestellungsbeschluss auch als Angebot zur Gewährung *dieser* Leistungen verstanden werden muss, vgl Rz 62), dann kommt bei Nichteinhaltung wiederum die Mandatsniederlegung und die Geltendmachung des Vertrauensschadens wegen culpa in contrahendo in Betracht, also die Abgeltung jener Nachteile, die das Vorstandsmitglied durch sein Vertrauen auf den Abschluss eines Anstellungsvertrages erlitten hat.[487]

Es kann aber auch der umgekehrte Fall eintreten, dass ein Vorstandsmitglied nach erfolgter Bestellung und Einigung über die Vergütung den Abschluss eines Anstellungsvertrages deshalb verweigert, weil es die darin enthaltenen, das Vorstandsmitglied belastenden (zB ein nachvertragliches Wettbewerbsverbot oder den Abschluss von Geschäften mit nahe stehenden Personen untersagenden bzw an die Genehmigung des Aufsichtsrates bindenden Klauseln)[488] vermeiden möchte. **155**

Weigert sich das Vorstandsmitglied, in anstellungsvertragliche Regelungen einzuwilligen, die vor oder im Zuge der Bestellung bereits dem Grunde nach besprochen und zumindest insoweit konsensfähig waren, dann bildet dies für die Gesellschaft einen wichtigen Abberufungsgrund gem § 75 Abs 4 AktG; daneben kann uU Schadenersatz gefordert werden.[489]

3. Anstellungsdauer

Die Anordnung der sinngemäßen Geltung der für die Bestellung geltenden Regeln auch für den Anstellungsvertrag in § 75 Abs 1 letzter Satz AktG bedeutet, dass der Vorstands-Anstellungsvertrag ein *Vertrag auf bestimmte Zeit* sein muss und mit der Höchstdauer der Funktionsperiode, dh mit fünf Jahren – maximal aber mit Bestellungsdauer – begrenzt ist.[490] **156**

Der Fall, dass der Anstellungsvertrag auf bestimmte, aber die Mandatsdauer unterschreitende Zeit abgeschlossen wird, kommt in der Praxis so gut wie nicht

---

keine Einigung erzielt wird und – zumal dann, wenn vor der Bestellung über diese Punkte nicht explizit gesprochen worden war – der Standpunkt beider Seiten vertretbar und nicht per se unangemessen ist.

[487] *Runggaldier/G. Schima*, Führungskräfte 67.
[488] Vgl die Vertragsklausel bei *Runggaldier/G. Schima*, Manager-Dienstverträge⁴ 239 f.
[489] *Runggaldier/G. Schima*, Führungskräfte 67. Ob man ein solches Verhalten unter den Abberufungsgrund der *„groben Pflichtverletzung"* gem § 75 Abs 4, 1. Fall AktG subsumiert oder das Vorliegen eines den demonstrativ aufgezählten Gründen gleichwertigen Grundes annimmt, ist nicht von entscheidender Bedeutung. Jedenfalls liegt eine schuldhafte Verletzung von zwar nicht klassischen Vorstandspflichten, wohl aber der – allgemein-zivilrechtlichen – Verpflichtung vor, den Aufsichtsrat nicht über die eigene Bereitschaft zur Akzeptierung bestimmter verpflichtender Klauseln zu täuschen.
[490] *Runggaldier/G. Schima*, Führungskräfte 69; vgl *Schiemer*, AktG² Anm 4.3 zu § 75; *Schuster-Bonnott*, GesRZ 1983, 116; *G. Schima*, ecolex 2006, 457; *Strasser* in Jabornegg/Strasser, AktG⁵ §§ 75, 76 Rz 78.

vor. Er wäre dadurch zu lösen, dass bei Fristablauf des Anstellungsvertrages und Fortsetzung der Vorstandstätigkeit bei gleichzeitigem Unterbleiben einer expliziten Neuregelung der anstellungsvertraglichen Bedingungen der Inhalt des ursprünglichen Anstellungsvertrages weiter gilt. Gegen eine derartige Konkludenz bestehen keine – und insbesondere auch keine aktienrechtlichen – Bedenken.

157 Einen die im Bestellungsbeschluss festgesetzte Mandatsdauer überdauernden Anstellungsvertrag kann es umgekehrt nicht geben. Wird das Vorstandsmitglied zB für drei Jahre bestellt, der Anstellungsvertrag aber auf fünf Jahre abgeschlossen, dann gilt dieser nur für drei Jahre und tritt hinsichtlich der übersteigenden Dauer Teilnichtigkeit ein.[491]

Der Wortlaut des § 75 Abs 1 letzter Satz AktG zwingt zu diesem Ergebnis noch nicht, und der in der Diskussion manchmal als Begründung angeführte Gesichtspunkt, bei Zulassung eines über die Mandatsdauer hinausreichenden Anstellungsvertrages wäre der Aufsichtsrat in seiner Entscheidungsfreiheit betreffend die Wiederbestellung unsachlich eingeschränkt (weil er, um eine Doppelbelastung der Gesellschaft zu vermeiden, veranlasst sein könnte, das über entgeltliche Zusagen verfügende Vorstandsmitglied wieder zu bestellen),[492] wird mE zum Teil maßlos überbewertet. Kein vernünftiger Aufsichtsrat (und die Praxis bestätigt zumindest diese Beobachtung) wird sich zur Wiederbestellung eines vom Aufsichtsrat nicht gewollten Vorstandsmitgliedes veranlasst sehen, nur weil dieses Vorstandsmitglied sonst Anspruch auf eine hoch dotierte Pension oder auf eine beträchtliche Abfindung hätte. Der Aspekt der „Wahrung der Entscheidungsfreiheit des Aufsichtsrates" würde dann ja gegen praktisch jedwede Zusage von Abfindungszahlungen bei Ausscheiden und gegen Pensionszahlungen schon vom Grundsatz her sprechen. Das kann nicht ernsthaft vertreten werden.[493]

Dementsprechend bestehen auch keinerlei Bedenken gegen anstellungsvertragliche Regelungen, die die Gesellschaft für den Fall, dass der Aufsichtsrat nicht eine bestimmte Zeitspanne vor Ablauf der Mandatsdauer (zB sechs Monate oder ein Jahr) bekannt gibt, ob er das Vorstandsmitglied wiederbestellen wird, zur Fortzahlung der Bezüge während einer bestimmten Zeitdauer (zB sechs Monate oder ein Jahr) verpflichten.[494]

158 Dennoch kann es keinen *Vorstands-Anstellungsvertrag* geben, der von Vornherein über die Mandatsdauer hinaus abgeschlossen wird. Denn Inhalt eines solchen Vertrages ist ja nicht bloß die Verpflichtung der Gesellschaft, das vereinbarte Entgelt zu zahlen, sondern die Pflicht (und natürlich auch das Recht) des Bestellten, als Vorstandsmitglied seinen Aufgaben nachzukommen. Dazu kann sich aber ein Vorstandsmitglied über die Bestellungsdauer hinaus weder verpflichten noch kann

---

[491] Vgl *Runggaldier/G. Schima*, Führungskräfte 70.
[492] IdS *Hefermehl* in Gessler/Hefermehl/Eckardt/Kropff, AktG § 84 Rz 42.
[493] Vgl auch *Strasser* in Jabornegg/Strasser, AktG⁵ §§ 75, 76 Rz 83, wobei dessen Abstellen auf das Vorliegen eines „Motivs" auf Seiten der AG, sich länger als die aktienrechtliche Höchstdauer zu binden (dann Unzulässigkeit), kein überzeugendes Kriterium ist. Letztlich geht es um die Wahrung des in § 78 Abs 1 AktG verankerten Angemessenheitsgebotes – nicht mehr und nicht weniger.
[494] Sog „Nachlaufklauseln": Vgl zu deren Zulässigkeit *G. Schima* in FS Binder 817 ff, 840 f mwN; dazu Rz 331 ff.

III. Der Vorstands-Anstellungsvertrag

der Aufsichtsrat über die Bestellungsdauer hinaus grundsätzlich ein solches Recht zusagen.

Im Einzelfall mag die Auslegung einer derartigen Vereinbarung ergeben, dass die Parteien in Wahrheit beabsichtigen, für den Zeitraum nach Beendigung des Mandats (und vorbehaltlich einer Wiederbestellung) einen Einsatz des – ehemaligen – Vorstandsmitgliedes in einer anderen (leitenden) Tätigkeit in der Gesellschaft zu regeln. Gegen derartige Vereinbarungen – zB nach Art einer „Konzernbeschäftigungsklausel (dazu Rz 210 ff, 213) bestehen keine Bedenken.

Ebenfalls unbedenklich ist eine anstellungsvertragliche „Verlängerungsklausel" (Kettenklausel), der zu Folge sich der Anstellungsvertrag bei Wiederbestellung des Vorstandsmitgliedes automatisch auf die Dauer der neuen Amtsperiode verlängert.[495]

Die vereinzelt vertretene Gegenmeinung[496] kann insbesondere auch nicht mit dem Argument gerechtfertigt werden, die in § 75 Abs 1 letzter Satz AktG angeordnete sinngemäße Anwendung der ersten drei Sätze des § 75 Abs 1 AktG verlange auch für die Verlängerung des Anstellungsvertrages eine schriftliche Bestätigung des Aufsichtsratsvorsitzenden.[497] Denn erstens gilt diese Formvorschrift für die Verlängerung des Anstellungsvertrages richtiger Ansicht zu Folge nicht,[498] weil die erwähnte Formvorschrift wegen offensichtlichen Fehlens eines Normzweckes eng auszulegen ist und bei einer bloß „sinngemäßen" Anwendung der für die Bestellung geltenden Regeln teleologischen Überlegungen weichen muss.[499] Zum anderen würde auch die Anwendung von § 75 Abs 1 Satz 3 AktG auf die Verlängerung des Anstellungsvertrages die „Kettenklausel" nicht unwirksam machen, weil sie dann eben unter der Bedingung der Wiederbestellung mit schriftlicher Bestätigung stünde.

Nicht nachvollziehbar ist, warum *Strasser*[500] die für den Fall der Wiederbestellung vereinbarte Verlängerungsklausel für *„als solche unwirksam"* hält, unmittelbar darauf aber meint, diese Klausel sei *„ohne weiteres als bindender, an die aufschiebende Bedingung der Wiederbestellung gebundener neuer Vorstandsvertrag mit dem gleichen Inhalt wie bisher zu qualifizieren."* Denn beides ist ja dasselbe. Nichts anderes sagt die hA: Die „automatische Verlängerungsklausel"

---

[495] *Kastner/Doralt/Nowotny*, Gesellschaftsrecht⁵ 221 f, 222 FN 21; *Runggaldier/G. Schima*, Führungskräfte 70; ebenso *Hefermehl* in Gessler/Hefermehl/Eckardt/Kropff AktG § 84 Rz 42; *Mertens/Cahn* in KölnKommAktG³ § 84 Rz 53; *Hüffer/Koch*, AktG¹¹ § 84 Rz 20; *Spindler* in MünchKommAktG⁴ § 84 Rz 79; *Seibt* in K. Schmidt/Lutter, AktG³ § 84 Rz 28; BGH II ZR 118/50 BGHZ 3, 90 (94); BGH II ZR 126/52 BGHZ 10, 187 (194).

[496] Vgl *Schiemer* AktG² Anm 4.4 zu § 75; *Strasser* in Jabornegg/Strasser, AktG⁵ §§ 75, 76 Rz 82.

[497] IdS *Schiemer*, AktG² Anm 4.4 zu § 75.

[498] *Runggaldier/G. Schima*, Führungskräfte 70; so auch *Kalss* in Kalss/Nowotny/Schauer, Gesellschaftsrecht Rz 3/284; *Kalss* in MünchKommAktG⁴ § 84 Rz 265.

[499] So *Runggaldier/G. Schima*, Führungskräfte 70; aM *Strasser* in Jabornegg/Strasser, AktG⁵ §§ 75, 76 Rz 82, der – ohne Begründung – meint, es *„versteht sich von selbst"*, dass auch eine wirksame Verlängerung des Anstellungsvertrages von einer schriftlichen Bestätigung durch den Aufsichtsratsvorsitzenden abhinge.

[500] *Strasser* in Jabornegg/Strasser, AktG⁵ §§ 75, 76 Rz 82.

entfaltet unter der *aufschiebenden Bedingung* der Wiederbestellung die Wirkung eines neuen befristeten Vorstandsvertrages.[501]

160 Auslegungsprobleme – die einen gewissen vertraglichen Regelungsbedarf aufzeigen – können sich bei formwechselnder Umwandlung einer AG in eine GmbH und umgekehrt in punkto Vertragslaufzeit stellen. Obwohl es sich dabei um keine vermögensübertragenden Umwandlungen handelt und es nicht zum „Untergang" eines Rechtsträgers kommt, erlöschen die Vorstands- bzw Geschäftsführermandate der formwechselnd umgewandelten AG oder GmbH mit der Eintragung der Umwandlung in das Firmenbuch.[502] Es gibt also keine bedingungslose Kontinuität betreffend das geschäftsführende Organ.

Der Anstellungsvertrag wird aber durch die formwechselnde Umwandlung grundsätzlich nicht berührt und erlischt auch nicht schon dadurch, dass der Geschäftsführer der nun in eine AG umgewandelten GmbH oder das ehemalige Vorstandsmitglied der in eine GmbH umgewandelten AG die Annahme des Mandats in der umgewandelten Gesellschaft ablehnt.[503]

In der Mandatsannahme ist bei der Umwandlung einer AG in eine GmbH das Einverständnis des Bestellten darin zu erblicken, künftig die Tätigkeit gem § 20 Abs 1 GmbHG unter den Weisungen der Gesellschafter auszuüben. Bei der Umwandlung einer GmbH in eine AG ist dieses Einverständnis bei Bestellungsannahme schon deshalb unproblematisch, weil das Vorstandsmitglied ja mit mehr Rechten und Unabhängigkeit ausgestattet ist.[504]

161 Da GmbH-Geschäftsführerverträge üblicherweise auf unbestimmte Zeit abgeschlossen sind (und eine Kündigungsregelung beinhalten), die in Anbetracht der arbeitsrechtlichen Einordnung des GmbH-Geschäftsführers durch die Judikatur idR die Vorgaben des § 20 AngG zu beachten hat, der Anstellungsvertrag des Vorstandsmitgliedes einer AG aber gem § 75 Abs 1 AktG ein auf Bestellungsdauer befristeter zu sein hat, kann es bei der Umwandlung zu Zweifelsfragen betreffend den Anstellungsvertrag kommen. Willigt das neu bestellte Vorstandsmitglied bei der Umwandlung einer GmbH in eine AG in die Bestellung ein, ohne

---

[501] Aus den weiteren Ausführungen von *Strasser* (in Jabornegg/Strasser, AktG⁵ §§ 75, 76 Rz 82), wonach die Annahme eines solchen Wiederabschlusses deshalb nicht gegen Sinn und Zweck der aktienrechtlichen Bestimmungen über die wiederholte Bestellung und den wiederholten Abschluss des Vorstandsvertrages verstieße, weil seine Wirksamkeit ja von der erfolgten Wiederbestellung abhinge „*und damit keine unzulässige Bindung der Gesellschaft an das Vorstandsmitglied* **über die gesetzliche Höchstgrenze von fünf Jahren hinaus** *vorliegt*", könnte vermuten lassen, dass *Strasser* nur solche „Verlängerungsklauseln" meint, die in einem von Vornherein auf die aktienrechtliche Höchstdauer (fünf Jahre) geschlossenen Anstellungsvertrag vereinbart sind. Darauf kann es aber nach dem oben Gesagten nicht ankommen, weil auch eine bei einem auf drei Jahre befristeten Vorstandsmandat vereinbarte Kettenklausel mit einer Verlängerung um weitere zwei Jahre in ihrer Wirksamkeit von der erfolgten Wiederbestellung auf zumindest zwei Jahre abhängig ist.

[502] Dies ergibt sich letztlich aus einem Umkehrschluss aus § 240 Abs 1, 1. Satz, § 241, letzter Satz und § 246 Abs 2, letzter Satz AktG: vgl *Kastner/Doralt/Nowotny*, Gesellschaftsrecht⁵ 370; *Szep* in Jabornegg/Strasser, AktG⁵ § 239 Rz 17 für die Umwandlung einer AG in eine GmbH; *G. Schima*, Umgründungen im Arbeitsrecht 222.

[503] *G. Schima*, Umgründungen im Arbeitsrecht 223.

[504] *G. Schima*, Umgründungen im Arbeitsrecht 223.

dass Näheres in punkto Anstellungsvertrag vereinbart wird, dann kommt es im weiterhin gültigen bisherigen Anstellungsvertrag nur zu jenen Korrekturen, die zwingendes Gesetzesrecht verlangt. Dies betrifft einerseits arbeitsrechtlich mögliche Adaptionen,[505] andererseits die schon erwähnte Vorgabe des § 75 Abs 1 AktG betreffend die Anstellungsvertragsdauer. Der (typischerweise) unbefristete Geschäftsführer-Dienstvertrag mutiert in dem Augenblick, in dem der frühere Geschäftsführer die Bestellung zum Vorstandsmitglied in der umgewandelten AG annimmt, zum auf Bestellungsdauer *befristeten* Vertrag. Damit werden aber auch die im unbefristeten Geschäftsführer-Dienstvertrag enthaltenen Kündigungsregelungen (die auch in einem bloßen Verweis auf das AngG bestehen können) Vertragsinhalt.[506] Will das Vorstandsmitglied diese Klausel nicht akzeptieren, müsste es vor der oder anlässlich der Bestellung eine abweichende Einigung treffen. Im bisherigen Geschäftsführer-Vertrag enthaltene Klauseln, die bei einem als Arbeitnehmer zu qualifizierenden Geschäftsführer unwirksam sind (zB die gegen § 37 Abs 3 AngG verstoßende Bestimmung, dass beim Verstoß gegen das nachvertragliche Wettbewerbsverbot Konventionalstrafe und Erfüllung kumulativ begehrt werden können – eine in Vorstandsverträgen nicht unübliche Klausel) – erlangen nach formwechselnder Umwandlung in eine AG nicht automatisch wieder Wirksamkeit. Dafür fehlt eine gesetzliche Grundlage.

Bei der formwechselnden Umwandlung einer AG in eine GmbH liegen die Dinge umgekehrt. Der kraft zwingender gesetzlicher Vorgabe befristete Vorstandsvertrag wird bei Annahme der Bestellung zum Geschäftsführer durch das ehemalige Vorstandsmitglied zum Geschäftsführer-Dienstvertrag, behält aber die Befristung, weil diese bei einem GmbH-Geschäftsführer gegen keine gesetzlichen Vorgaben verstößt. Enthält der künftig als Geschäftsführer-Dienstvertrag geltende Vorstandsvertrag zusätzlich eine Kündigungsklausel, gibt es aus der Sicht der Gesellschaft wohl keinen vertraglichen Handlungsbedarf, weil die Kombination aus Befristung und Kündbarkeit diesbezüglich keine Wünsche offen lässt. Fehlt aber – dem „traditionellen Vorstands-Vertragsmodell" folgend – eine Kündigungsklausel, dann bedeutet die Fortgeltung des Vorstandsvertrages als Geschäftsführer-Dienstvertrag eine wirtschaftliche Absicherung für den Geschäftsführer, die über den von GmbH-Gesellschaftern idR konzedierten Standard hinausgeht. Je nach (Rest-)Laufzeit kann dann der Geschäftsführer – der gem § 16 Abs 1 GmbHG jederzeit und ohne Grund abberufbar ist – für die nächsten drei oder vier oder mehr Jahre nicht ordentlich gekündigt werden.

Natürlich kann die Gesellschaft die Bestellung zum Geschäftsführer in der umgewandelten Gesellschaft von der Einwilligung in einen ordentlich kündbaren – sei es befristeten, sei es unbefristeten – Geschäftsführer-Dienstvertrag abhängig machen. Dies durchzusetzen, ist aber eine Frage der Verhandlungsmacht.

---

[505] Vgl *G. Schima*, Umgründungen im Arbeitsrecht 233 f: zB Beschränkungen hinsichtlich nachvertraglicher Wettbewerbsverbote, Urlaubsverfall bei Auflösung des Dienstverhältnisses oder anstellungsvertragliche Koppelungsklauseln.

[506] Zur Zulässigkeit und Gestaltung von Kündigungsklauseln in befristeten Vorstandsverträgen *Runggaldier/G. Schima*, Manager-Dienstverträge[4] 133 ff, *dieselben*, Führungskräfte 177 f mwN; dazu näher Rz 411 ff.

4. Arbeitnehmereigenschaft

163 Vorstandsmitglieder einer AG sind nach heute wohl einhellig vertretener Ansicht in Lehre und Judikatur keine Arbeitnehmer.[507]

Die ältere Rsp sowohl des OGH als auch des VwGH hatte dem gegenüber die Arbeitnehmereigenschaft von Vorstandsmitgliedern einer AG noch für möglich gehalten und auf den konkreten Einzelfall abgestellt. Bei hauptberuflich für die Gesellschaft tätigen Vorstandsmitgliedern, die zur Ausübung einer Nebenbeschäftigung der Zustimmung des Aufsichtsrates bedurften, wurde grundsätzlich Arbeitnehmereigenschaft angenommen.[508]

Nach ganz herrschender und zutreffender Ansicht ist der Anstellungsvertrag des Vorstandsmitgliedes einer AG ein „**freier**" **Dienstvertrag**.[509] Das Vorstandsmitglied erbringt gattungsmäßig umschriebene Leistungen im Rahmen eines Dauerschuldverhältnisses ohne die für ein Arbeitsverhältnis charakteristische (persönliche) Weisungsunterworfenheit. Die Meinung, es käme bei Geschäftsleiter-Anstellungsverträgen (sofern sie nicht Arbeitnehmereigenschaft begründen) auch ein Werkvertrag in Betracht, scheint unausrottbar zu sein (und pflanzt sich vermutlich auch aufgrund der Segnungen der modernen Textverarbeitung weiter),[510] ist aber schon deshalb unhaltbar,[511] weil der Werkvertrag ein reines *Ziel-*

---

[507] Erstmals idS OGH 2 Ob 356/74 SZ 48/79 = Arb 9371 = EvBl 1976/66 = GesRZ 1976, 26 = HS 9602; bestätigend OGH 4 Ob 5/85 SZ 58/20 = Arb 10.406 = EvBl 1985/80 = GesRZ 1985, 142 = ÖBl 1985, 124 (*Collin*); OGH 9 Ob A 117/88 DRdA 1990, 333 (*Floretta*); ausführlich *Geppert*, Der „Anstellungs"vertrag des Vorstandsmitgliedes einer AG, DRdA 1980, 1 (8 ff); *Jabornegg*, Unternehmensrecht und Arbeitsrecht, DRdA 1991, 13 mwN in FN 13 zum Meinungsstand; *Wachter*, Dienstleistungen am Rande des Arbeitsrechts – Zur Rechtsstellung von Vorstandsmitgliedern von Aktiengesellschaften und Sparkassen, wbl 1991, 81 (83) – ohne eigene Begründung; sehr eingehend VwGH 1773/80 DRdA 1982, 407 (zust *Geppert*); *Kastner/Doralt/Nowotny*, Gesellschaftsrecht⁵ 223; ausführlich *Runggaldier/G. Schima*, Führungskräfte 1 ff; *Floretta* in FS W. Schwarz 488 ff; *Kalss* in Kalss/Nowotny/Schauer, Gesellschaftsrecht Rz 3/280; *Strasser* in Jabornegg/Strasser, AktG⁵ §§ 75, 76 Rz 64 ff.

[508] Grundlegend OGH 1 Ob 57/49 SZ 22/196 = EvBl 1950/423 = HS 2098; OGH 6 Ob 7/58 SZ 31/33; so auch noch OGH 1 Ob 179/73 SZ 46/113 = EvBl 1974/83 = Arb 9185; ebenso VwGH VwSlg NF 1155 = HS 2100.

[509] *Wachter*, wbl 1991, 81 (83); *Runggaldier/G. Schima*, Führungskräfte 2; *Kalss* in Kalss/Nowotny/Schauer, Gesellschaftsrecht Rz 3/280; *Strasser* in Jabornegg/Strasser, AktG⁵ §§ 75, 76 Rz 65.

[510] Vgl für den GmbH-Geschäftsführer zB OGH Arb 9538 = EvBl 1977/112 = ZAS 1978, 53 ff mit Anm *Buchsbaum;* aus jüngster Zeit zB *Herzeg*, Die arbeitsrechtliche Stellung der Vorstandsmitglieder von AG und Geschäftsführer von GmbH, JAP 2008/2009, 93 ff, 95; für das Vorstandsmitglied einer Stiftung unter ausdrücklichem Verweis auf die „Einordnungsproblematik" bei der GmbH *N. Arnold*, PSG-Kommentar² § 15 Rz 111 mwN.

[511] So auch ganz zutr zB *Schuster-Bonnott*, Die Rechtsnatur des zwischen Aktiengesellschaft und Vorstandsmitglied geschlossenen Anstellungsvertrages, in FS Kastner (1972) 421 ff,

schuldverhältnis ist und die Besorgung der Aufgaben in Geschäftsführungs- und Vertretungsorgan einer Körperschaft (dies gilt nicht nur für die AG) grundsätzlich nicht im Rahmen eines Zielschuldverhältnisses abgewickelt werden kann.[512]

Ähnliches gilt für den Auftragsvertrag. Auch dieser kommt als solcher für eine Einordnung von Vorstandsverträgen (nicht bloß in der AG) nicht in Betracht.[513]

Die Begründung des OGH und der so gut wie einhelligen Lehre, aus der in § 70 AktG verankerten Weisungsfreiheit des Vorstandsmitgliedes auf das Fehlen von dessen Arbeitnehmereigenschaft zu schließen,[514] greift zwar etwas kurz, ist aber im Ergebnis zutreffend. § 70 Abs 1 AktG garantiert grundsätzlich nur *sachliche Weisungsfreiheit* und würde die Erteilung personenbezogener Weisungen (zB die Festlegung bestimmter Arbeitszeiten) noch nicht schlechthin ausschließen.[515]

Daraus darf indes nicht der Schluss gezogen werden, persönliche Weisungen durch den Aufsichtsrat blieben durch § 70 Abs 1 AktG unberührt und persönliche Abhängigkeit und Arbeitnehmereigenschaft damit möglich.[516]

Denn die vom AktG angeordnete Unabhängigkeit des Vorstandes und dessen Freiheit von zumindest sachlichen, auf den Inhalt seiner Tätigkeit bezogenen Weisungen irgendeines anderen Organs der Gesellschaft ist richtigerweise nur dann

---

429; *Strasser* in FS Schwind (1978) 311 ff, 314.

[512] Vgl *Runggaldier/G. Schima*, Führungskräfte 2, 9; verkennend zB *Herzeg*, JAP 2008/2009, 93 (95) und FN 19, der behauptet, ein Werkvertrag könne *„ausnahmsweise etwa bei Sanierungsmanagern („One Dollar-Managern", „Trouble-Shootern")"* eine Rolle spielen, und *Floretta* (in FS W. Schwarz 476) *„irre"* sich, wenn er meine, der Werkvertrag käme als mögliches Rechtsverhältnis nicht in Betracht, weil ein Vorstandsmitglied nicht das Herbeiführen eines bestimmten Erfolgs schulde. Diese Meinung überzeugt jedoch nicht, denn auch ein „Sanierungsmanager" schuldet keinen Erfolg im *rechtlichen*, dh werkvertraglichen Sinne, und selbst wenn es zulässig sein sollte, zwischen Gesellschaft und Vorstandsmitglied gültig zu vereinbaren, dass das Vorstandsmitglied zB die Eigenkapitalquote innerhalb von zwei Jahren auf einen ganz bestimmten Wert anzuheben hat, läge deshalb noch kein Werkvertrag (Zielschuldverhältnis) vor, sondern ohne Zweifel genauso ein „freier" Dienstvertrag.

[513] *Runggaldier/G. Schima*, Führungskräfte 2, 9; abl gegenüber dem Werkvertrag und dem Bevollmächtigungsvertrag/Auftragsvertrag auch VwGH 2397/79 Arb 9876; dies verkennend *Schiemer*, AktG² Anm 4.2. zu § 75; *Schiemer*, GesRZ 1984, 16 f; ebenso *Strasser* in Rummel, ABGB³ I § 1002 Rz 39 mit ungerechtfertigter Kritik an der zitierten VwGH-E; nunmehr abgeschwächt und auf die Linie des freien Dienstvertrages mit Elementen eines Bevollmächtigungsvertrages einschwenkend *Strasser* in Jabornegg/Strasser, AktG⁵ §§ 75, 76 Rz 65; auch der Vertrag mit dem Vorstandsmitglied einer Privatstiftung kann – entgegen *N. Arnold* (PSG-Kommentar³ § 15 Rz 111) – kein *„bloßes Auftragsverhältnis"* als solches sein, weil auch ein Stiftungs-Vorstandsmitglied im Rahmen eines Dauerschuldverhältnisses laufend gattungsmäßig umschriebene Leistungen zu erbringen hat, die in den §§ 1002 ff ABGB enthaltenen Regelungen aber auf die Besorgung eines Einzelgeschäftes zugeschnitten sind (*Runggaldier/G. Schima*, Führungskräfte 2). Dass über § 1151 Abs 2 ABGB die §§ 1002 ff ABGB sinngemäß zur Anwendung gelangen, weil gerade Vorstandsmitglieder in erheblichem Maße Rechtsgeschäfte tätigen, kann indes keinem Zweifel unterliegen (vgl *Schuster-Bonnott*, GesRZ 1983, 114; *Runggaldier/G. Schima*, Führungskräfte 2).

[514] Vgl etwa *Ch. Nowotny* in Doralt/Nowotny/Kalss, AktG² § 75 Rz 14; *Runggaldier/G. Schima*, Führungskräfte 2.

[515] *Runggaldier/G. Schima*, Führungskräfte 3.

[516] In diese Richtung *Marhold*, Besprechung von Kastners Grundriß, ZAS 1981, 36; *Winkler*, Die Weisung des Arbeitgebers als arbeitsrechtliches Problem, GA 4. ÖJT 1970 II/4, 31 ff.

denkbar, wenn das Vorstandsmitglied über jenes Maß an persönlicher Weisungsfreiheit und Unabhängigkeit verfügt, die zumindest nach der in Lehre und Rsp seit Jahrzehnten angestellten Betrachtungsweise Arbeitnehmereigenschaft ausschließt.[517]

165 Das Recht zu Weisungen über den konkreten Einsatz der Arbeitskraft eines Vorstandsmitgliedes, wie zB zur Erteilung der Weisung, mit der die Reihenfolge bestimmter Tätigkeiten festgelegt wird (dies ist der „klassische" Fall einer arbeitsrechtlich signifikanten persönlichen Weisung), kommt dem Aufsichtsrat nicht zu.[518] Die in Vorstandsverträgen noch gelegentlich anzutreffende Klausel, für das Vorstandsmitglied würden die Arbeitszeiten für die Angestellten der Gesellschaft Geltung haben, kann daher nur als – selbstverständlich zulässiger und mit der Ausübung des Vorstandsamtes in vielen Fällen ohnehin notwendig verknüpfter[519] – Hinweis darauf verstanden werden, dass das Vorstandsmitglied hauptberuflich für die Gesellschaft tätig ist und dieser grundsätzlich seine gesamte Arbeitskraft zur Verfügung zu stellen hat.

Der Aufsichtsrat ist auch nicht berechtigt, „Disziplinarmaßnahmen" über Vorstandsmitglieder zu verhängen, also etwa eine Disziplinarordnung zu erlassen. Die Zulässigkeit von – vom Vorstandsmitglied möglicherweise als „Disziplinarsanktionen" empfundenen – Maßnahmen (deren wichtigste und nach wie vor umstrittenste wohl die Suspendierung ist; dazu Rz 511 ff) bestimmt sich allein nach vertragsrechtlichen Grundsätzen.[520]

166 Mit einer EuGH-Entscheidung aus dem Jahr 2010 hat die Diskussion um die Arbeitnehmereigenschaft von Vorstandsmitgliedern eine weitere Dimension erhalten: Der EuGH hatte in der Rechtssache *Danosa*[521] die Frage zu behandeln, ob ein Vorstandsmitglied einer Aktiengesellschaft Arbeitnehmerin im unionsrechtlichen Sinn sein kann. Konkret ging es um ein weibliches Vorstandsmitglied einer lettischen Aktiengesellschaft, das die Anwendung der Mutterschutz-RL[522] begehrte und ihre (angeblich wegen der Schwangerschaft ausgesprochene) Kündigung und Abberufung bekämpfte.[523] Der EuGH betonte zunächst, dass der Anwendungsbereich der RL sich nach dem unionsrechtlichen autonomen Arbeitnehmerbegriff richte, unabhängig von nationalen Kategorien und Bezeichnungen. Arbeitnehmer iSd RL seien Personen, die während einer bestimmten Zeit gegen Entgelt Leistungen für eine andere Person nach deren Weisung erbringen.[524]

---

[517] Vgl näher, wenn auch noch etwas vorsichtiger *Runggaldier/G. Schima*, Führungskräfte 3 ff mwN.
[518] *Runggaldier/G. Schima*, Führungskräfte 3 f.
[519] Vgl *Runggaldier/G. Schima*, Führungskräfte 3.
[520] *Runggaldier/G. Schima*, Führungskräfte 4.
[521] EuGH 11.11.2010, C-232/09 *Danosa*.
[522] Richtlinie 92/85/EWG des Rates vom 19. Oktober 1992 über die Durchführung von Maßnahmen zur Verbesserung der Sicherheit und des Gesundheitsschutzes von schwangeren Arbeitnehmerinnen, Wöchnerinnen und stillenden Arbeitnehmerinnen am Arbeitsplatz, ABl L 348 vom 28.11.1992, 1.
[523] Vgl den veröffentlichten Sachverhalt in NJW 2011, 2343.
[524] Vgl EuGH 11.11.2010, C-232/09 Rz 39.

Da die Klägerin als Vorstandsmitglied regelmäßig und gegen Entgelt die von der Satzung und der Geschäftsordnung vorgegebenen Leistungen erbrachte, seien jedenfalls die ersten drei Voraussetzungen erfüllt. Für das letzte Kriterium, das Unterordnungsverhältnis, seien „*die Bedingungen, unter denen das Mitglied der Unternehmensleitung bestellt wurde, die Art der ihm übertragenen Aufgaben, der Rahmen, in dem diese Aufgaben ausgeführt werden, der Umfang der Befugnisse des Betroffenen und die Kontrolle, der es innerhalb der Gesellschaft unterliegt, sowie die Umstände, unter denen es abberufen werden kann*" zu prüfen.[525]

Die Klägerin musste nach lettischem Gesellschaftsrecht dem Aufsichtsrat der Gesellschaft Rechenschaft ablegen und mit diesem zusammenarbeiten; sie wurde auf die (maximale) Dauer von drei Jahren zum Vorstandsmitglied bestellt und konnte von den Gesellschaftern (gegebenenfalls nach Aussetzen des Mandats durch den Aufsichtsrat für maximal zwei Monate) per Beschluss jederzeit abberufen werden. Die Satzung konnte vorsehen, dass Vorstandsmitglieder nur aus wichtigem Grund abberufen werden können, so zB wegen Vertrauensverlust.

Der EuGH kam zu dem Schluss, dass ein Mitglied der Unternehmensleitung, das gegen Entgelt Leistungen gegenüber der Gesellschaft erbringt, die es bestellt hat und in die es eingegliedert ist, das seine „*Tätigkeit nach der Weisung oder unter der Aufsicht eines anderen Organs*" dieser Gesellschaft ausübt und das „*jederzeit ohne Einschränkung von seinem Amt abberufen werden kann*", dem ersten Anschein nach die Voraussetzungen erfülle, um als Arbeitnehmer iSd RL zu gelten.[526] Ob die Kriterien im konkreten Fall tatsächlich erfüllt waren, hatte das nationale Gericht zu beurteilen.

Die Mehrheit der deutschen Lehre ist der Ansicht, dass diese Entscheidung keine Auswirkungen auf das deutsche Recht hat, weil die vom EuGH aufgestellten Kriterien des Arbeitnehmerbegriffs bei deutschen AG-Vorstandsmitgliedern nicht zuträfen. Die in der deutschen Übersetzung der EuGH-E als lettische Aktiengesellschaft bezeichnete Gesellschaft sei in Wirklichkeit mit einer deutschen GmbH vergleichbar.[527] Für den EuGH sei für die Beurteilung des Unterordnungsverhältnisses neben der Kontrolle durch den Aufsichtsrat insbesondere die Möglichkeit der jederzeitigen Abberufbarkeit der Geschäftsleiterin maßgeblich gewesen. Der EuGH hätte zwar die im lettischen Gesellschaftsrecht vorhandene Möglichkeit erwähnt, die Abberufung auf wichtige Gründe wie den Vertrauensentzug zu beschränken; von dieser Einschränkung sei aber im konkreten Fall offenbar kein Gebrauch gemacht worden.

Eine jederzeitige Abberufbarkeit ohne Einschränkung liegt nach dieser Ansicht bei Vorstandsmitgliedern einer deutschen AG nicht vor, weshalb auch der unionsrechtliche Arbeitnehmerbegriff Vorstandsmitglieder nicht umfasse.[528] Für das österreichische Aktienrecht kann grundsätzlich nichts anderes gelten, weil die Rechtslage hier gleich ist.

---

[525] Vgl Rz 47 der Entscheidung.
[526] Vgl Rz 51 der Entscheidung.
[527] So *Preis/Sagan,* Der GmbH-Geschäftsführer in der arbeits- und diskriminierungsrechtlichen Rechtsprechung des EuGH, BGH und BAG, ZGR 2013, 26 (33 ff) mwN.
[528] *Kort* in GroßKommAktG[5] § 84 Rz 273c.

170 In Stein gemeisselt ist diese Ansicht frelich nicht. Denn die Argumente des Generalanwalts,[529] mit denen die Arbeitnehmereigenschaft bejaht wurde und auf die der EuGH in seiner Entscheidung ausdrücklich verweist,[530] treffen mE auch auf Vorstandsmitglieder zu. Der Generalanwalt hält nämlich fest, dass ein Organ nicht in völliger Unabhängigkeit agiere, wenn seine Mitglieder „*bereits wegen eines Vertrauensverlusts abberufen werden*" könnten. So sähe sich das Organ gezwungen, die Leitung der Gesellschaft sehr wohl nach den Erwartungen des Aufsichtsorgans zu richten. Da der Vertrauensentzug durch die Hauptversammlung in einer AG in der Regel keine tiefere Begründung erfordert und nur bei offenbarer Unsachlichkeit unwirksam wäre (dazu mehr in Rz 468), ist nicht auszuschließen, dass der EuGH auch bei Vorstandsmitgliedern von österreichischen oder deutschen AGs die Arbeitnehmereigenschaft iSd Unionsrechts annehmen würde.

171 Die Konsequenz dieser Ansicht wäre freilich nicht, dass Vorstandsmitglieder auch nach nationalem Recht automatisch als Arbeitnehmer anzusehen sind. Doch wären zumindest einige nationale arbeitsrechtliche Bestimmungen mit unionsrechtlicher Grundlage auch für Vorstandsmitglieder relevant: In jenen Fällen, in denen das nationale Recht eine RL mit unionsrechtlichem Arbeitnehmerbegriff nicht ordnungsgemäß umgesetzt hat, weil es Vorstandsmitglieder vom Anwendungsbereich ausschließt, müsste im Verhältnis zwischen Bürger und Staat die entsprechende Richtlinie direkt zur Anwendung kommen, oder aber die nationalen Bestimmungen müssten zwischen Privaten richtlinienkonform interpretiert werden.[531] Arbeitsrechtliche Bestimmungen des Unionsrechts sind zB die ArbeitszeitRL (umgesetzt im AZG und ARG, die GleichbehandlungsRL (umgesetzt im Gleichbehandlungsgesetz) und eben die MutterschutzRL (umgesetzt im MutterschutzG).[532] Und die Qualifizierung österreichischer AG-Vorstandsmitglieder als Arbeitnehmer im Sinne der MutterschutzRL würde mE auch nicht bedeuten, dass auf dieser Grundlage auch die körperschaftsrechtliche Abberufung als unwirksam bekämpft werden könnte. Denn Zweck der mutterschutzrechtlichen Vorschriften ist wohl in erster Linie die Verschaffung eines wirtschaftlichen Schutzes gegenüber Kündigungen in prekärer Lage, nicht hingegen die Bewahrung eines bestimmten Arbeitsplatzes. Darüber hinaus muss hier das spezielle Interesse der Gesellschaft an der möglichst freien Bestimmung und Auswahl der Mitglieder des gesetzlichen Vertretungsorgans beachtet werden. Dieses geht über das Interesse eines Arbeitgebers weit hinaus, darüber zu bestimmen, dass eine bestimmte Person nicht mehr als Führungskraft (leitender Angestellter) tätig ist.

172 Vorstandsmitglieder in konzerneingegliederten (abhängigen bzw beherrschten) Aktiengesellschaften werden in der Realität Weisungen unterworfen.[533] § 70 Abs 1

---

[529] Schlussanträge des Generalanwalts Yves Bot vom 2. September 2010 zu C-232/09, Rz 77 – 84.
[530] Dies in Rz 48 der Entscheidung.
[531] *Streinz*, Europarecht[9] § 5 Rz 484 ff (unmittelbare Anwendung), Rz 498 ff (richtlinienkonforme Interpretation).
[532] *Preis/Sagan*, ZGR 2013, 26 (47 ff).
[533] Dazu ausführlich *Runggaldier/G. Schima*, Führungskräfte 16 ff; *Strasser*, JBl 1990, 482 ff, 485; *Kastner/Doralt/Nowotny*, Gesellschaftsrecht[5] 31; *Krejci*, Empfiehlt sich die Einführung neuer Unternehmensformen? GA 10. ÖJT I/1, 261.

AktG steht der Zulässigkeit solcher Weisungen – gleichgültig, ob in Anstellungsverträgen enthalten, einzelfallbezogen erteilt oder in die Gestalt einer satzungsmäßigen Richtlinienkompetenz des beherrschenden Unternehmens verpackt[534] – nicht schlechthin entgegen.[535] Das Konzerninteresse und damit die konzerninterne Weisungsbefugnis finden indes dort ihre Grenzen, wo das Konzerninteresse vom Unternehmensinteresse einer einzelnen Konzerngesellschaft abweicht. Das durch § 70 Abs 1 AktG geschützte Unternehmensinteresse hat also Vorrang vor dem Konzerninteresse und das Vorstandsmitglied hat primär das Interesse des von ihm geleiteten Unternehmens zu wahren.[536]

Wenngleich nicht zu verkennen ist, dass die Position von Vorstandsmitgliedern abhängiger bzw beherrschter Aktiengesellschaften eine ganz andere ist oder zumindest sein kann als die des Vorstandsmitgliedes einer Publikums-Aktiengesellschaft ohne dominierenden Kernaktionär (in Österreich sehr selten), reicht diese mehr auf faktischen Gegebenheiten als auf anderen Rechtsgrundlagen beruhende Konstellation nicht aus, um für hauptberuflich tätige Vorstandsmitglieder beherrschter Aktiengesellschaften die Arbeitnehmereigenschaft anzunehmen.[537] Denn selbst bei der gerade geschilderten und der wohl hA in Österreich entsprechenden Sichtweise, dass Weisungen im Konzerninteresse zumindest insoweit gestattet sind, als sie das von § 70 Abs 1 AktG vorgegebene Unternehmenswohl nicht beeinträchtigen, darf der Aufsichtsrat (oder dürfen die Aktionäre) auch Vorstandsmitglieder beherrschter oder abhängiger Gesellschaften nicht jenen *persönlichen* Weisungen unterwerfen, die nach der in der Rsp und im Schrifttum seit Jahrzehnten herrschenden Sichtweise für das Arbeitsverhältnis essentielle Voraussetzung sind.

Die Einordnung des Vorstands-Anstellungsvertrages als „freier" Dienstvertrag führt dazu, dass grundsätzlich jene arbeitsrechtlichen Normen analog anzuwenden sind, die ihren Geltungsgrund nicht in der das Arbeitsverhältnis kennzeichnen-

---

[534] Vgl zu alldem *Runggaldier/G. Schima*, Führungskräfte 19 ff mwN.
[535] Der OGH spricht in einer E aus 2007 (9 ObA 28/07v DRdA 2009, 497 [*Jabornegg*]) sogar von einem „*beträchtlichen Interesse der Wirtschaft an funktionierenden Konzernen*", das mit der zwingenden Regelung der Weisungsfreiheit des Vorstands gem § 70 AktG in Einklang zu bringen sei.
[536] Vgl *Krejci*, Zulässigkeitsgrenzen konzernbildender Unternehmensverträge, ÖZW 1988, 66 ff; *Runggaldier/G. Schima*, Führungskräfte 22; ähnlich offenbar OGH 9 ObA 28/07v DRdA 2009, 497 (*Jabornegg*); nicht zutr *Korenjak*, Das Vorstandsmitglied als arbeitnehmerähnliche Person, RdW 2009, 475 (478), die davon spricht, im Vertragskonzern sei das „*herrschende Unternehmen aufgrund eines Beherrschungsvertrages berechtigt, dem Vorstand der abhängigen Gesellschaft hinsichtlich der Leitung der Gesellschaft Weisungen zu erteilen*" und „*durch dieses umfassende Weisungsrecht erlangt das herrschende Unternehmen legal die volle unternehmerische Leitung der abhängigen Gesellschaft*". Hier wird offenbar – unbewusst – die deutsche Rechtslage, wo es ein kodifiziertes Aktienkonzernrecht gibt, nach Österreich transportiert, wo dieses völlig fehlt (vgl dem gegenüber aber die daran anschließende – mit der herrschenden und zutr Meinung übereinstimmende – Feststellung, Weisungsklauseln würden den Vorstand der beherrschten Gesellschaft nur insoweit binden, als die Interessen der eigenen Gesellschaft dem nicht entgegenstünden).
[537] Dafür jedoch *Ch. Nowotny*, DRdA 1989, 428 FN 3, 429; zweifelnd schon *Runggaldier/G. Schima*, Führungskräfte 5.

den persönlichen Abhängigkeit und besonderen sozialen Schutzbedürftigkeit haben.[538]

Mit dieser pauschalen Aussage kommt man freilich nicht sehr weit. Welche Normen – nicht nur, aber vor allem der §§ 1151 ff ABGB und des AngG – auf das Vorstandsmitglied analog angewendet werden können, muss im Einzelnen geprüft werden.[539] Nach der Rsp ist zB der Abfertigungsanspruch des alten § 23 AngG nicht analog auf freie Dienstverhältnisse anwendbar.[540] Dem wird man zustimmen können. In manchen Fällen ist freilich der „Geltungsgrund" arbeitsrechtlicher Normen fraglich und nicht von vornherein klar, ob wirklich jene Merkmale die ratio der Bestimmung ausmachen, die Lehre und Judikatur als ein Arbeitsverhältnis prägend qualifizieren. Dies gilt zB für den Urlaubsanspruch (dazu Rz 406). Man wird nicht sagen können, dass auf Vorstandsmitglieder einer AG das UrlG als solches anwendbar ist. Zumindest genauso verfehlt wäre es aber, zu behaupten, dass die Gewährung eines Anspruches auf – und sei es nur unbezahlte – Freistellung von der Arbeit für einige Wochen im Jahr zum Zwecke der Erholung nur jenen Personen zukommen soll, die ihre höchstpersönlich zu erbringende (!) Arbeitsleistung in einem Verhältnis persönlicher Abhängigkeit und Weisungsunterworfenheit zur Verfügung stellen. Man erkennt unschwer, dass es für den Freistellungsanspruch als solchen nur darauf ankommen kann, ob jemand seine persönliche Arbeitskraft – ohne Möglichkeit der Delegierung an einen Dritten – hauptberuflich zur Verfügung stellt. In Anbetracht der von Top-Managern absolvierten Arbeitspensen ist deren Erholungsbedarf zumindest nicht geringer als der von Arbeitnehmern. Ein Anspruch auf Freistellung für einen am UrlG orientierten Zeitraum (fünf Wochen) muss man daher auch Vorstandsmitgliedern einer AG – und dies unentziehbar – zubilligen. Eine ganz andere Frage ist indes, ob man das UrlG auch insofern analog anwenden kann, als man einen Anspruch auf *bezahlte* Freistellung annimmt (dazu Rz 405).

Richtig ist, dass bei der analogen Anwendung einzelner arbeitsrechtlicher Gesetzesnormen auf „freie" Dienstverträge der diesen Normen idR zukommende einseitige (zu Gunsten des Arbeitnehmers) zwingende Charakter verloren geht und die Norm zur dispositiven wird.[541] Daraus folgt aber noch nicht, dass nicht im Einzelfall eine Abweichung von der dispositiv gewordenen Norm wegen *Sittenwidrigkeit* (teil-)nichtig sein kann. Ein Beispiel wäre mE die Verankerung eines nachvertraglichen Wettbewerbsverbotes, das das Vorstandsmitglied – in Abweichung von § 37 AngG – auch bei einer unverschuldeten Abberufung oder einem

---

[538] Vgl *Rebhahn* in *Kletečka/Schauer*, ABGB-ON[1.02] § 1151 ABGB Rz 135 mwN; *Wachter*, Der sogenannte freie Dienstvertrag, DRdA 1984, 405 ff; OGH 9 Ob 902/91 DRdA 1992, 124 (*Wachter*); *Runggaldier/G. Schima*, Führungskräfte 2; *Strasser* in Jabornegg/Strasser, AktG[5] §§ 75, 76 Rz 68.

[539] So auch *Wachter*, DRdA 1984, 411 ff; *Runggaldier/G. Schima*, Führungskräfte 2. Aus dem ABGB sind nach hL die §§ 1152, 1159 – 1159b, 1162, 1162 – 1162d anwendbar (*Rebhahn* in *Kletečka/Schauer*, ABGB-ON[1.02] § 1151 ABGB Rz 135).

[540] Vgl OGH 4 Ob 45/81 Arb 10.055 (Tierarzt); OGH 14 ObA 46/87 Arb 10.697 (Zielorte-Reiseleiter) und dazu *G. Schima*, Abfertigungsregelungen in Vorstandsverträgen, in *Runggaldier*, Abfertigungsrecht (1991) 407 (408).

[541] *Strasser* in Jabornegg/Strasser, AktG[5] §§ 75, 76 Rz 68.

vorzeitigen Rücktritt und Austritt aus wichtigem (gar von der Gesellschaft verschuldetem) Grund einhalten muss, ohne dafür eine Entschädigung zu erhalten.[542]

Weit verbreitet ist in Vorstandsverträgen die – meist am Ende des Vertrages befindliche – Klausel, wonach auf den Vertrag das AngG anzuwenden sei, *„soweit der Vertrag nichts anderes bestimmt"*. Dass eine solche Klausel keine Änderung der Rechtsnatur des Vertrages in Richtung Arbeitsvertrag bewirkt, versteht sich von selbst.[543] 174

Der Gesellschaft und damit dem Aufsichtsrat ist von der Verankerung einer solchen Klausel eher abzuraten.[544] Sie schafft nicht selten komplizierte und kaum lösbare Auslegungsprobleme. Behandeln die Parteien nämlich im Vertrag eine bestimmte Materie, die auch im AngG geregelt ist, dann ist – sofern dies nicht ausdrücklich im Vertrag angeordnet wird – nicht immer klar, ob diese Regelung eine abschließende ist oder Bestimmungen im AngG, die mit den im Vertrag explizit getroffenen Regelungen nicht unbedingt im Widerspruch stehen, daneben gelten sollen.

Ein Beispiel wäre folgendes: Die Vertragspartner vereinbaren im Vorstandsvertrag ein nachvertragliches Wettbewerbsverbot und zusätzlich eine Vertragsstrafe sowie die subsidiäre Anwendung des AngG. Es ist dann eine – wohl eher im verneinenden Sinn zu beantwortende, aber doch schwierige – Auslegungsfrage, ob § 37 Abs 3 AngG gelten soll, wonach bei Vereinbarung einer Vertragsstrafe in einem nachvertraglichen Wettbewerbsverbot der Arbeitgeber nur die Vertragsstrafe (nach Art eines Reugeldes), nicht aber Erfüllung, also Unterlassung der Konkurrenzierung, verlangen kann. Ein umsichtiger Aufsichtsrat wird im Vorstandsvertrag daher die ausdrückliche Regelung verankern, dass der Anspruch auf die Vertragsstrafe den Erfüllungsanspruch unberührt lässt.

Die vertragliche Anordnung der subsidiären Geltung des AngG stellt daher an die Vertragspartner (vor allem an den Aufsichtsrat, denn das Vorstandsmitglied kann dadurch nur begünstigt werden) hohe Anforderungen in punkto Vertragspräzision und Regelungsklarheit. Ein gut gearbeiteter Anstellungsvertrag sollte ohne die Anordnung dieser subsidiären Geltung auskommen können.[545]

5. Arbeitnehmerähnlichkeit

Während die ältere Rsp – bis zu einem diese Linie grundlegend ändernden OGH-Erk[546] – sogar die Möglichkeit der Arbeitnehmereigenschaft von Vorstandsmitgliedern einer AG bejaht hatte, verneint sie seit einer E aus dem Jahr 1996[547] sogar die Arbeitnehmerähnlichkeit. 175

---

[542] Wobei die Leistung einer Karenzentschädigung wohl nur den erstgenannten Fall zulässig macht; siehe zu alledem Rz 410).
[543] *Strasser* in Jabornegg/Strasser, AktG⁵ §§ 75, 76 Rz 68.
[544] *Runggaldier/G. Schima*, Manager-Dienstverträge⁴ 267 (Anmerkung 40 zum Mustervertrag eines Vorstandsmitglieds.
[545] *Runggaldier/G. Schima*, Manager-Dienstverträge⁴ 267.
[546] OGH 2 Ob 356/74 SZ 48/79 = EvBl 1976/66 = GesRZ 1976, 26 = HS 9602.
[547] OGH 9 ObA 2003/96s SZ 69/103 = Arb 11.519 = RdW 1997, 417 = wbl 1997, 77.

Diese Sichtweise wurde vom OGH in der Folge bestätigt.[548]

Freilich schließt der OGH die Möglichkeit der Arbeitnehmerähnlichkeit nicht generell und kategorisch aus, knüpft sie aber an das Vorliegen *„ganz besonderer Umstände"*, ohne wirklich deutlich zu machen, um welche Umstände es sich dabei handeln sollte. Jedenfalls bedürfte es konkreter Behauptungen, die die wirtschaftliche Unselbständigkeit im Einzelfall dokumentierten.[549] Man kann aber aus der Begründung des Höchstgerichtes ableiten, dass der OGH die Arbeitnehmerähnlichkeit offenbar von der Höhe der Bezüge und dem konkreten Angewiesensein auf diese Bezüge zur Bestreitung des Lebensunterhaltes abhängig machen möchte.[550]

Maßgebend dafür, dass (offenbar im Regelfall, von dem der OGH Ausnahmen bislang freilich nicht zuließ)[551] – Vorstandsmitglieder nicht arbeitnehmerähnlich sind, ist für den OGH der Umstand, dass Vorstandsmitglieder in der Lage seien, sich am Verhandlungstisch eine *„angemessene Rechts- und Einkommensposition zu verschaffen".*[552]

In einer E[553] meint der OGH, die Arbeitnehmerähnlichkeit könne im Einzelfall bloß dann gegeben sein, wenn die wirtschaftliche Abhängigkeit des Vorstandsmitgliedes über das übliche Maß hinausgehe, insbesondere, wenn die vertragliche Verpflichtung die *„Einhaltung der kollektivvertraglichen Arbeitszeit",* die *„Führung von Überstundenaufzeichnungen",* die *„Verrichtung der Tätigkeit in den Räumen der Aktiengesellschaft"* sowie den mehrfachen Verweis auf die *„keineswegs nur subsidiäre Geltung des Angestelltengesetzes"* beinhalte.

Das Schrifttum ist geteilt, wobei das Spektrum von der allgemeinen Ablehnung der Arbeitnehmerähnlichkeit[554] über die differenzierende und einzelfallbezogene Betrachtung[555] bis zur generellen Bejahung der Arbeitnehmerähnlichkeit bei hauptberuflich tätigen Vorstandsmitgliedern (die nicht zu mehr als 25 % an der Gesellschaft beteiligt sind) reicht.[556]

176 Dass der historische Gesetzgeber des Jahres 1946, der in § 1 Arbeitsgerichtsgesetz den Begriff der Arbeitnehmerähnlichkeit einführte, nicht an Vorstandsmitglieder und Geschäftsführer dachte, ist eine Tatsache, für die Diskussion aber deshalb

---

[548] Vgl OGH 9 ObA 2044/96w ARD 4799/21/96 = DRdA 1996, 522; OGH 29.3.2006, 9 ObA 75/05b; OGH 27.2.2008, 3 Ob 252/07v; 8 ObS 16/08y Arb 12.777.
[549] OGH 9 ObA 2003/96s SZ 69/103 = Arb 11.519 = RdW 1997, 417 = wbl 1997, 77.
[550] *Runggaldier/G. Schima*, Manager-Dienstverträge[4] 19 mwN.
[551] Vgl aber OGH 28.9.2007, 9 ObA 28/07v, wo es sich um ein beklagtes Vorstandsmitglied einer beherrschten Tochtergesellschaft handelte und die Zuständigkeit des ASG, die ja von der Arbeitnehmereigenschaft oder Arbeitnehmerähnlichkeit der Person abhängt, für eine Streitigkeit aus der Auflösung des Anstellungsvertrages ohne nähere Überprüfung bejaht wurde (vgl *Korenjak*, RdW 2009, 478 FN 31).
[552] Vgl OGH 9 ObA 2044/96w ARD 4799/21/96 = DRdA 1996, 522.
[553] OGH 9 ObA 75/05b ARD 5685/13/06.
[554] So *Strasser* in Jabornegg/Strasser, AktG[5] §§ 75, 76 Rz 67.
[555] So *Wachter*, wbl 1991, 85; *Floretta* in FS W. Schwarz 491 ff; *Korenjak*, RdW 2009, 475 ff, 477 ff.
[556] So *Runggaldier/G. Schima*, Manager-Dienstverträge[4] 20; *Runggaldier/G. Schima*, Führungskräfte 32 ff, 34.

nicht aufschlussreich, weil bis zum in Kraft treten des dem ArbGG nachfolgenden Arbeits- und Sozialgerichtsgesetz (ASGG) am 1.1.1987 gesetzliche Vertreter juristischer Personen generell nicht Arbeitnehmer iSd ArbGG waren und außerdem – siehe oben – bis zum Jahr 1975 hauptberuflich tätige Vorstandsmitglieder einer AG sogar als Arbeitnehmer angesehen wurden.[557]

Es überzeugt einfach nicht, Vorstandsmitgliedern die wirtschaftliche Unselbständigkeit generell wegen ihrer *„unternehmerischen Stellung im Rahmen der AG"*[558] abzuerkennen. Denn zum einen ist die Stellung von Vorstandsmitgliedern keineswegs *„unternehmergleich"*, und zum anderen ist ihre wirtschaftliche Dispositionsfreiheit fremdbestimmt, weil sie zum Nutzen der Gesellschaft ausgeübt wird.[559]

Die „organisatorische Komponente" der wirtschaftlichen Unselbständigkeit[560] ist bei Vorstandsmitgliedern wegen deren Eingliederung in das Unternehmen, der Tätigkeit mit den Mitteln der Gesellschaft, naturgemäß auch der Bindung an bestimmte Orte, sogar sehr stark ausgeprägt und wird durch die gesellschaftsrechtliche Weisungsfreiheit nicht entscheidend konterkariert. Es ist dafür – entgegen dem OGH – ohne jede Bedeutung, ob der Anstellungsvertrag das Vorstandsmitglied zur Tätigkeit in den Räumen der Aktiengesellschaft verpflichtet oder zur Einhaltung der kollektivvertraglichen Arbeitszeit oder gar der Führung von Arbeitszeitaufzeichnungen. Vielmehr sind derartige Arbeitszeitvorgaben – wie oben näher dargelegt (vgl Rz 163 ff) – dem Aufsichtsrat gegenüber einem AG-Vorstandsmitglied gar nicht gestattet.[561]

Die Arbeitnehmerähnlichkeit von der konkreten Höhe der Bezüge und dem konkreten Angewiesensein auf diese Bezüge zur Bestreitung des Lebensunterhaltes – gar unter Einbeziehung von Privatvermögen – abhängig zu machen, ist ein Irrweg, weil die Prüfung der Angewiesenheit auf die Einkünfte zur Bestreitung des Lebensunterhaltes *abstrakt* und nicht anhand der konkreten Einkommens- und Vermögensverhältnisse vorzunehmen ist.[562] Auch ein Top-Manager-Einkommen, mit dem aber der Lebensunterhalt bestritten wird, sowie die Existenz eines namhaften Privatvermögens hindern die Arbeitnehmerähnlichkeit nicht.[563]

---

[557] Vgl zu alledem *Runggaldier/G. Schima*, Führungskräfte 32 f.
[558] So *Strasser* in Jabornegg/Strasser, AktG⁵ §§ 75, 76 Rz 67.
[559] *Runggaldier/G. Schima*, Führungskräfte 34.
[560] Vgl dazu *Wachter*, Wesensmerkmale der arbeitnehmerähnlichen Person (1980) 76 f, 142 f; *Wachter*, wbl 1991, 84.
[561] Dies verkennend auch *Korenjak*, RdW 2009, 477, die sich dafür (vgl FN 24) ganz zu Unrecht auf mich (*Runggaldier/G. Schima*, Führungskräfte 34) beruft, weil in dem angeführten Werk solche Klauseln gar nicht erwähnt werden; sie sind auch nicht zulässig.
[562] *Runggaldier/G. Schima*, Führungskräfte 35; *Runggaldier/G. Schima*, Manager-Dienstverträge⁴ 19 f.
[563] Diese nicht zutr Sichtweise geht auf *Wachter* (Wesensmerkmale 156 ff; ähnlich *Wachter*, wbl 1991, 85) zurück, der aber die unhaltbaren Konsequenzen übersieht (so würde nach *Wachter* ein namhafter Lottogewinn oder der Antritt einer Erbschaft die Arbeitnehmerähnlichkeit beseitigen); dagegen zutr *Petrovic*, Die „Entlassung" einer arbeitnehmerähnlichen Person, DRdA 1993, 196; ebenso *Jabornegg*, HVG (1987) Anm 4.3.2. zu § 1 mwN.

Das Merkmal der Angewiesenheit auf das Entgelt hat im Kriterium der Bindung an einen oder einige wenige Vertragspartner aufzugehen.[564] Nicht arbeitnehmerähnlich kann sein, wer „für den Markt" arbeitet. Wenn aber neben dem Einkommen aus dem Rechtsverhältnis, dessen Arbeitnehmerähnlichkeit zu prüfen ist, anderes *Arbeitseinkommen* in einer deutlich überwiegenden und für den Lebensunterhalt per se ausreichenden Höhe bezogen wird, liegt keine Arbeitnehmerähnlichkeit vor.[565]

179 Die Verneinung der Arbeitnehmerähnlichkeit von Vorstandsmitgliedern einer AG fügt sich auch nicht in die sonstige Rsp zu arbeitnehmerähnlichen Personen ein. Diese anerkennt nämlich als arbeitnehmerähnlich Personen, die sehr wohl über eine nennenswerte „unternehmerische Selbständigkeit" verfügen, für ihre Tätigkeit eine Gewerbeberechtigung benötigen, auch iSd UGB als „*Unternehmer*" anzusehen und steuer- und sozialversicherungsrechtlich selbständig sind (zB Tankstellenpächter, kleine Frächter, Vertragshändler, etc).

Die Bindungen, denen ein Vorstandsmitglied aufgrund der in § 95 Abs 5 AktG verankerten und vom Aufsichtsrat durch Beschluss zwar nicht schrankenlos, aber substantiell erweiterbaren Zustimmungsvorbehalte unterliegt, sind in ihrer Art (wenn auch vielleicht häufig in der finanziellen Dimension) nicht so verschieden von den Beschränkungen, die zB ein Tankstellenpächter oder Franchisenehmer gegenüber seinem Vertragspartner bei der Vornahme von Investitionen etc zu beachten hat.

Was bei Vorstandsmitgliedern als stark *für* Arbeitnehmerähnlichkeit sprechend ins Gewicht fällt und in der Rsp gar nicht gewürdigt wird, ist die unbedingte Verpflichtung zu persönlicher Arbeitsleistung, wie sie – sieht man von freiberuflich-künstlerischen Tätigkeiten ab – sonst nur für den Arbeitnehmer kennzeichnend ist. Dem gegenüber sind die in der Rsp erwähnten Tankstellenpächter, Franchisenehmer, Vertragshändler und Frachtunternehmer allesamt nicht zu persönlicher Arbeitsleistung verpflichtet.

180 Eine einzelfallbezogene Betrachtung der Arbeitnehmerähnlichkeit bei Vorstandsmitgliedern überzeugt nicht. Gewiss ist es richtig, dass die Kombination von auf kurze Zeit (ein Jahr oder zwei Jahre) befristetem Anstellungsvertrag, Kündigungs- oder Koppelungsklausel (der zufolge der Anstellungsvertrag mit Beendigung des Mandats – auch ohne Verschulden – erlöschen soll) die „*Dispositionsfähigkeit des Vorstandsmitgliedes einschränkt*",[566] doch handelt es sich dabei weniger um eine *rechtliche* Beschränkung der Vorstandtätigkeit als vielmehr um eine „faktische Einschüchterung".[567] Darauf darf es aber schon aus Gründen der Rechtssicherheit nicht ankommen.

---

[564] *Runggaldier/G. Schima*, Führungskräfte 35.
[565] Im Ergebnis zutr daher OGH 9 ObA 2003/96s SZ 69/103 = Arb 11.519 = RdW 1997, 417 = wbl 1997, 77, weil das dort klagende Vorstandsmitglied von der beklagten Aktiengesellschaft (einer Tochtergesellschaft der ehemaligen Konsum Österreich reg.Gen.m.b.H.) ein Gehalt bezog, das nur ungefähr ein Fünftel seiner Gesamtbezüge als Vorstandsvorsitzender der Mutter-Genossenschaft ausmachten (vgl *Runggaldier/G. Schima*, Manager-Dienstverträge⁴ 19).
[566] So *Korenjak*, RdW 2009, 477.
[567] Auf den – in der Diskussion manchmal verkannten – Zusammenhang zwischen Abberufbarkeit nur aus wichtigem Grund, Weisungsfreiheit und Anstellungsvertragsinhalt und dem

III. Der Vorstands-Anstellungsvertrag

Außerdem liegen die erörterten, mE relevanten Kriterien für die Arbeitnehmerähnlichkeit in vertypter Weise auch bei Vorstandsmitgliedern vor, die über einen Fünf-Jahres-Vertrag verfügen, der weder eine Kündigungs- noch eine Koppelungsklausel beinhaltet.

Die praktischen Konsequenzen einer Verneinung oder Bejahung der Arbeitnehmerähnlichkeit halten sich freilich bei Vorstandsmitgliedern einer Aktiengesellschaft in engen Grenzen.

181

Bedeutsam ist in erster Linie die Auswirkung auf die Gerichtszuständigkeit. Nach der Rsp des OGH muss man davon ausgehen, dass Rechtsstreitigkeiten zwischen AG und Vorstandsmitglied grundsätzlich vor die Handelsgerichte gehören.

Das auf arbeitnehmerähnliche Personen anwendbare Dienstnehmerhaftpflichtgesetz (DHG) ist auf Vorstandsmitglieder und Geschäftsführer, selbst wenn sie arbeitnehmerähnlich oder gar Arbeitnehmer sind, nicht anwendbar.[568] Das – in der Praxis kaum bekannte – Kautionsschutzgesetz ist auf arbeitnehmerähnliche Personen anwendbar und beschränkt die Stellung von Sicherheiten und Kautionen durch den Arbeitnehmer/die arbeitnehmerähnliche Person zu Gunsten des Arbeitgebers/Vertragspartners.[569] Das Arbeitskräfteüberlassungsgesetz (AÜG) ist auf arbeitnehmerähnliche Personen zwar anwendbar; sein wesentlicher Teil gilt aber für die – in diesem Zusammenhang allenfalls relevante – konzerninterne Überlassung nicht, wenn die Überlassung nicht den Betriebszweck der überlassenden Gesellschaft bildet.[570]

Vom IESG sind zwar seit 1.10.2005 GmbH-Geschäftsführer nicht mehr, wohl aber nach wie vor Vorstandsmitglieder ausgeschlossen, weil sie keine Arbeitnehmer sind.[571]

Die – von der Rsp auch auf arbeitnehmerähnliche Personen erstreckte[572] – Judikatur zum Ausschluss der Rückforderung gutgläubig empfangener und zu Unterhaltszwecken verbrauchter „Überbezüge"[573] („Judikat 33") bei Vorstandsmitglie-

---

Umstand, dass man sich Weisungsfreiheit und Unabhängigkeit auch „leisten können" muss, wird unten (Rz 183 ff) noch ausführlich verwiesen werden.

[568] OGH 31.10.1973, 1 Ob 179/73 SZ 46/113 = EvBl 1974/83 = Arb 9185 für Vorstandsmitglieder einer AG; OGH EvBl 1979/135 für GmbH-Geschäftsführer; *Schiemer*, AktG² Anm 4.1. zu § 84; *Schuster-Bonnott* in FS Kastner 436 f; *Marhold*, Aufsichtsratstätigkeit 149 f; *Jabornegg*, DRdA 1991, 14 f; ebenso, aber mit der Ausnahme für deliktische Schäden, die nicht in Ausübung der Unternehmensleitung zugefügt werden, *Runggaldier/G. Schima*, Führungskräfte 219 ff; *Kalss* in Kalss/Nowotny/Schauer, Gesellschaftsrecht Rz 3/423; *Strasser* in Jabornegg/Strasser, AktG⁵ §§ 77–84 Rz 95 geht darauf nicht näher ein, was von seiner Position her konsequent ist, wonach Vorstandsmitglieder ohnehin *nie* arbeitnehmerähnlich sein können.

[569] Vgl dazu OGH 8 ObA 57/06z SZ 2006/112 = ARD 5722/3/06: es stehe allerdings nicht fest, ob das gesamte Gesetz auf alle arbeitnehmerähnlichen Personen anzuwenden ist; OLG Innsbruck, ARD 4399/11/92 = ZASB 1992, 6.

[570] Vgl dazu ausführlich *Runggaldier/G. Schima*, Führungskräfte 40 f; *Runggaldier/G. Schima*, Manager-Dienstverträge⁴ 21.

[571] Vgl ausführlich *Runggaldier/G. Schima*, Manager-Dienstverträge⁴ 229 ff.

[572] Vgl OGH 4 Ob 36/78 DRdA 1979, 197 (*Mayer-Maly*).

[573] Begründet wurde diese Judikaturlinie durch OGH Präs 1025/28 SZ 11/86; vgl weiters OGH 4 Ob 101/84 ZAS 1987, 12 (*Zemen*).

dern wird ohnedies kaum Relevanz haben, weil diesen eine genaue Überprüfung ihrer Abrechnung noch mehr als gewöhnlichen Arbeitnehmern zuzumuten ist.[574] Der Bezug von einem Fremdvergleich nicht standhaltenden und damit überhöhten Vergütungen von als Aktionären der Gesellschaft beteiligten Vorstandsmitgliedern kann als gegen zwingendes Aktienrecht (§ 52 AktG) verstoßende, verbotene Einlagenrückgewähr unter Berufung auf die erwähnte Judikatur auf keinen Fall gerechtfertigt werden. Ein Rückforderungsausschluss unter Berufung auf das „Judikat 33" kommt bei derartigen „Überbezügen" von vornherein nicht in Betracht.

B. Anstellungsvertragsinhalt

1. Gedanken zur Vertragsfreiheit

182 Darüber, was Inhalt eines Vorstands-Anstellungsvertrages sein kann, gibt das AktG – sowie das GmbHG, GenG, SpG – so gut wie keine Auskunft. Abgesehen von der Vorgabe des § 75 Abs 1 letzter Satz AktG betreffend die Vertragslaufzeit und Befristung des Anstellungsvertrages gibt das Gesetz in § 78 Abs 1 AktG mit dem Angemessenheitsgebot für Vorstandsbezüge nur eine grobe Richtschnur vor, sagt aber – natürlich – nicht, welche Klauseln in Vorstandsverträgen vereinbart werden dürfen und welche nicht. Bloß der ÖCGK enthält hinsichtlich erfolgsbezogener Vergütungen für Vorstandsmitglieder und für die Gestaltung von Aktienoptionen oder Vereinbarungen zum verbilligten Erwerb von Aktien diverse Empfehlungen. Diese sind in den Regeln 27, 27a, 28 – allesamt C-Regeln – zu finden (vgl dazu näher Rz 270 iZm mit der Vergütung).

Es herrscht also weitreichende *Vertrags(inhalts)freiheit*. Da es sich bei Vorstandsmitgliedern und – im Hinblick auf die Gestaltung der Entgeltbedingungen für den Vorstand auch bei den Aufsichtsratsmitgliedern – um treuhänderische Verwalter fremden Vermögens handelt,[575] werden die Grenzen der Vertragsfreiheit auch durch das Strafrecht gezogen, weil wissentlicher Missbrauch der Befugnis, über fremdes Vermögen zu verfügen, wenn er mit dem zumindest bedingten Vorsatz der Schädigung des Machtgebers (der Gesellschaft) erfolgt, als Untreue gem § 153 StGB strafbar ist. Diese durch das Strafrecht gezogenen Grenzen sind freilich nicht enger als die des Zivil- und Aktienrechts, sondern tendenziell *weiter*. Nach dem in Deutschland sogar vom Bundesverfassungsgericht anerkannten „Ultima Ratio-Prinzip" kann, was zivilrechtlich (noch) erlaubt ist, nicht strafrechtlich verboten sein.[576] Hat sich der Aufsichtsrat (bei der Gestaltung des Anstellungsver-

---

[574] *Runggaldier/G. Schima*, Manager-Dienstverträge[4] 21.
[575] Vgl *Hopt/M. Roth* in GroßkommAktG[5] § 93 Rz 224 ff; *Mertens* in KölnKommAktG[2] § 93 Rz 57; *Adensamer/Eckert*, Vorstandshaftung nach österreichischem Recht, in Kalss, Vorstandshaftung in 15 europäischen Ländern (2005) 182 f; *Schlosser*, Organhaftung 57; *Strasser* in Jabornegg/Strasser, AktG[5] §§ 77–84 Rz 67; *Kalss* in Kalss/Nowotny/Schauer, Gesellschaftsrecht Rz 3/390.
[576] Bundesverfassungsgericht 2 BvR 1371/96 BVerfGE 96, 245 (248); vgl BVerfG 2 BvF 2/90; 2 BvF 4/90; 2 BvF 5/92 BVerfGE 88, 203, 258; vgl dazu auch näher *G. Schima*, Dividendenausschüttung, Einlagenrückgewähr und Untreue bei Aktionärszustimmung, FS Reich-Rohrwig (2014) 161 (189f); *G. Schima*, Einlagenrückgewähr und Untreue bei Aktionärszustimmung, RdW 2015, 344 (352).

trages im Allgemeinen und der Zuerkennung von Vergütungen an den Vorstand im Besonderen) im Rahmen des ihm eingeräumten Ermessens bewegt und eine ex ante betrachtet zumindest vertretbare unternehmerische Entscheidung getroffen, scheidet Strafbarkeit (zB wegen Untreue) jedenfalls aus.[577] Dies kann den Strafverfolgungsbehörden – nicht nur in Deutschland, sondern auch in Österreich – nur mit Nachdruck ins Stammbuch geschrieben werden und gilt natürlich auch und noch mehr für das Handeln des Vorstandes als Verwalter des Gesellschaftsvermögens. In Österreich ist gerade in jüngster Zeit – wohl beeinflusst durch die veröffentlichte Meinung zu gewissen „Wirtschaftsskandalen" bzw zu (tatsächlich oder vermeintlich) überhöhten Manager-Vergütungen – eine Tendenz der Strafverfolgungsbehörden zu beobachten, das besagte „Ultima Ratio-Prinzip" immer weniger zu beachten und Jahre lang zu ermitteln oder gar Anklage zu erheben, wo sorgfältige Prüfung ergeben müsste, dass eine im Entscheidungszeitpunkt vertretbare unternehmerische (Risiko-) Entscheidung getroffen wurde, mag sie sich auch im Nachhinein als verhängnisvoll bzw schadensstiftend erwiesen haben.[578]

Im Zuge der Finanzkrise 2008/2009 sind die (finanziellen) Konditionen für Top-Manager – nicht nur, aber in erster Linie in der Finanzbranche – stark in die Kritik geraten. Die Versuchung an die Politik, populistische, aber wenig durchdachte Eingriffe in die Vertragsfreiheit vorzunehmen, ist groß. Der Österreichische Gesetzgeber hatte ihr längere Zeit widerstanden, der deutsche im Jahr 2009 in der Neufassung des § 87 dAktG den eher entbehrlichen Versuch unternommen, das Ermessen bei der Gestaltung der Vorstandsvergütung stärker zu determinieren.[579] Mit dem 2. Stabilitätsgesetz 2012[580] wurden schließlich auch in Österreich die Bestimmungen über die Angemessenheit der Vorstandsvergütung in § 78 AktG novelliert und dem Aufsichtsrat aufgetragen, einen stärkeren Fokus auf langfristige Verhaltensanreize und nachhaltige Unternehmensentwicklung zu legen.

183

Kritik wird aber nicht nur an der Höhe von variablen – Vergütungen des Top-Managements geübt, sondern auch an der Höhe von Zahlungen, die anlässlich des Ausscheidens von – manchmal nicht gerade erfolgreich agierenden – Managern gezahlt werden. Oft resultieren diese Zahlungen nicht aus speziellen Abreden, sondern betreffen bei vorzeitiger Trennung von einem Vorstandsmitglied einfach

---

[577] Vgl *Dittrich*, Die Untreuestrafbarkeit von Aufsichtsratsmitgliedern bei der Festsetzung überhöhter Vorstandsvergütungen (2007) 31 (35) mwN; *Hopt/M. Roth* in GroßkommAktG[5] § 93 Rz 129 ff; *G. Schima* in FS Binder 852.

[578] Vgl das Beispiel von *Lutter*, der von einem Fall in Deutschland berichtet, wo ein Direktor einer kleinen Bank wegen „Untreue im besonders schweren Fall" angeklagt wurde (und letztlich durch Zahlung eines hohen Geldbetrages in einer Art diversioneller Erledigung davonkam), weil er einem Kunden (Pharmaunternehmen), der an einem risiko-, aber auch sehr chancenträchtigen Projekt arbeitete, in Kenntnis dieses Umstandes und Abwägung der Chancen und Risken einen Kredit gewährte (und in der Folge auch einen Überbrückungskredit nach Zahlungsschwierigkeiten, um den Ausfall des bisherigen Kredites nicht zu gefährden), der in der Folge uneinbringlich wurde.

[579] Vgl zB – eher wohlwollend – *Thüsing*, Das Gesetz zur Angemessenheit der Vorstandsvergütung, AG 2009, 517; dagegen krit *J. H. Bauer/Arnold*, Festsetzung und Herabsetzung der Vorstandsvergütung nach dem VorstAG, AG 2009, 717; ebenfalls abl *Hohenstatt*, Das Gesetz zur Angemessenheit der Vorstandsvergütung, ZIP 2009, 1349.

[580] BGBl I 2012/35.

die Auszahlung der restlichen Vertragslaufzeit.[581] Wegen dieses Zusammenhanges richtet sich die Kritik tendenziell auch gegen zu lange Vertragslaufzeiten bzw verlangt die vertragliche Verankerung von Kündigungsklauseln für den Fall der unverschuldeten Abberufung.

184 Zu all dem ist an dieser Stelle Folgendes zu sagen (vgl dazu näher im Zusammenhang mit der Vergütung Rz 267 ff): Gewiss handelt es sich beim Vorstands-Anstellungsvertrag um einen Vertrag, in dem die beiden Vertragspartner – Vorstandsmitglied auf der einen Seite und Aufsichtsrat namens der AG auf der anderen Seite – jedenfalls *auch* gegenläufige Interessen vertreten. Während das Vorstandsmitglied – und dies ist ganz legitim – danach trachten wird, sich möglichst „teuer zu verkaufen",[582] wird der Aufsichtsrat versucht sein, die Interessen der Gesellschaft durch Aushandlung einer möglichst moderaten Vergütung und Absicherung der Rechtsposition der AG durch Verankerung diverser Klauseln wie nachvertraglicher Wettbewerbsverbote, etc zu wahren.

Ein Aufsichtsrat, dem es gelungen ist, mit einem Vorstandsmitglied einen nur auf zwei Jahre befristeten Vertrag zu vereinbaren, das Vorstandsmitglied an ein strenges nachvertragliches Wettbewerbsverbot zu binden und außerdem eine an-

---

[581] Auch bei dem berühmt-berüchtigten Fall *Disney/Ovitz* (Walt Disney Co Derivative Litigation, 907 A. 2 d 693 [Del Ch 2005]; bestätigt vom Delaware Supreme Court 411 [Del 2006]), wo ein Betrag von immerhin rund USD 130 Mio an den ausscheidenden Top-Manager *Michael Ovitz* gezahlt wurde, ging es „nur" um die Auszahlung eines (entsprechend hoch dotierten) Fünf-Jahres-Vertrages, der auf Betreiben der Gesellschaft nach etwas mehr als einem Jahr gelöst worden war, ohne dass grobe Pflichtverletzungen vorlagen: Vgl zu dem Fall ausführlich *G. Schima*, Business Judgment Rule und Beweislastverteilung bei der Vorstandshaftung nach US-, deutschem und österreichischem Recht, in Baudenbacher/Kokott/Speitler, Aktuelle Entwicklungen des Europäischen und Internationalen Wirtschaftsrechts 369 ff, 415 ff.

[582] Ob deshalb die Sichtweise des BGH in der „Mannesmann-E" (BGH 3 StR 470/04 BB 2006, 323 = ZIP 2006, 72; dazu aus österreichischer Sicht ausführlich *G. Schima* in FS Binder 817 ff, 843 ff; *G. Schima* in Baudenbacher/Kokott/Speitler, Aktuelle Entwicklungen des Europäischen und Internationalen Wirtschaftsrechts 420 ff) zutrifft, wonach das Vorstandsmitglied bei der Aushandlung des eigenen Anstellungsvertrages keinerlei Vermögensbetreuungspflicht träfe und es insoweit nicht Untreue begehen könne (BGH ZIP 2006, 72 ff, 81 f), ist mehr als fraglich. Für den Bereich des Aktienrechts wurde diese Meinung (mit der Konsequenz von Schadenersatzansprüchen gegen Aufsichtsratsmitglieder bei überhöhten Vergütungen) sowohl in Österreich als auch in Deutschland überwiegend vertreten, doch mehrt sich in letzter Zeit die (berechtigte) Kritik an dieser Auffassung: vgl zB *Fleischer* in Spindler/Stilz, AktG § 87 Rz 29; *Spindler* in MünchKommAktG⁴ § 87 Rz 135 ff; *Dreher*, Überformung des Aktienrechts durch die Rechtsprechung von Straf- und Verwaltungsgerichten? AG 2006, 213 (219); *Lutter*, Aktienrechtliche Aspekte der angemessenen Vorstandsvergütung, ZIP 2006, 733 (735); *Semler*, Mitverantwortung der Vorstandsmitglieder einer Aktiengesellschaft für die eigenen Vergütungen, in FS Happ (2006) 277 (282 f); *Fonk* in Semler/v. Schenck, ARHdb⁴ § 10 Rz 119 mwN; vgl dem gegenüber OGH 7 Ob 58/08t GesRZ 2008, 378 (*Kalss/Zollner*) = wbl 2008, 598 (*U. Torggler*) = ecolex 2008, 926 (*Reich-Rohrwig*) = GeS 2008, 356 (*Schopper/Kapsch*), wo das Höchstgericht – mE in gewissem Gegensatz zur Sichtweise des BGH – zumindest aktienrechtlich den Vorstand hinsichtlich der Aushandlung seiner eigenen Vergütungen nicht völlig exkulpieren wollte, sondern aussprach, ein Verstoß der beklagten Vorstandsmitglieder gegen die ihnen gegenüber der Gesellschaft obliegende Treuepflicht scheide schon deshalb aus, weil die Abfindungszahlungen „*nicht als eklatant unangemessen*" anzusehen seien (vgl dazu *G. Schima* in FS Binder 823 f).

III. Der Vorstands-Anstellungsvertrag

stellungsvertragliche „Koppelungsklausel" durchzubringen, die bei Beendigung des Mandats auch ohne Verschulden des Vorstandsmitglieds das Erlöschen des Anstellungsvertrages anordnet, mag vielleicht ob seiner Fähigkeiten als „toller Verhandler" stolz sein; ob dem Unternehmen damit der beste Dienst erwiesen wird, ist indes zu hinterfragen.[583]

Korrelat der vom AktG (§ 70 Abs 1) verbrieften Unabhängigkeit und Weisungsfreiheit des Vorstandes einer AG ist mE – und dies wird in der Diskussion nicht selten übersehen – auch eine entsprechende vertragliche Absicherung. Denn man darf nicht generell von Managern ein Höchstmaß an „unternehmerischer Zivilcourage" verlangen, wenn diese damit rechnen müssen, beim geringsten „Zusammenstoß" mit dem Aufsichtsrat oder einem starken Aufsichtsratsvorsitzenden entfernt zu werden und gleichsam von einem Tag auf den anderen keine Bezüge mehr zu erhalten. Den „aufrechten Gang" im Unternehmen geht – dies ist nun einmal eine Erfahrungstatsache – derjenige leichter, der es sich finanziell leisten kann.[584] Vor allem ist auch der Zusammenhang zwischen Weisungsfreiheit bzw Unabhängigkeit und dem Erfordernis wichtiger Gründe für die Abberufung unverkennbar. Dies unterscheidet die Aktiengesellschaft und den Vorstand fundamental von der GmbH und deren Geschäftsführung.[585]

185

Deshalb sind auch rechtspolitische Forderungen, § 75 Abs 4 vorletzter Satz AktG ersatzlos zu streichen und damit die Möglichkeit des Vorstandsmitgliedes zu beseitigen, eine unberechtigte vorzeitige Abberufung durch Klage anzufechten, weil dies „nicht mehr zeitgemäß" sei,[586] zumindest in dieser isolierten Form verfehlt und nicht unterstützenswert. Im AktG die freie Abberufbarkeit nach dem Vorbild des § 16 Abs GmbHG zu verankern, aber gleichzeitig an der Unabhängigkeit und Weisungsfreiheit des Vorstandes in § 70 Abs 1 AktG nicht zu rühren, würde die AG zum „Zwitterwesen" machen, das in sich nicht logisch konsistent ist. Beseitigt man neben dem Erfordernis des Vorliegens wichtiger Abberufungsgründe auch die Unabhängigkeit und Weisungsfreiheit, dann wäre dieses Vorgehen zwar zumindest konsequent, die AG in ihrer Struktur aber dann ganz der GmbH angenähert.[587] In diesem Zusammenhang soll nicht verschwiegen werden, dass die AG österreichischer und deutscher Prägung mit ihrem weisungsungebundenen Vorstand international eher einen Sonderfall bildet. Die Regel ist, dass der/die Eigentümer (Anteilseigner) jene Personen, die ihr Vermögen verwalten, anweisen

---

[583] Eine solche Koppelungsklausel wäre im Übrigen nach neuerer Rsp des OGH unzulässig und das Vertragsende in Umdeutung der Klausel in eine Kündigung erst zum nächstmöglichen Kündigungstermin und unter Einhaltung der gesetzlichen Frist wirsam: OGH 1 Ob 190/09m RdW 2010, 407 = wbl 2010,300/117 (*Grillberger*) = Aschauer, ASoK 2010, 279 = ecolex 2010, 683. Siehe im Detail Rz 415.

[584] Dass es sich dabei um Überlegungen handelt, die jenen ähneln, die für den Kündigungsschutz beim Berufsbeamten aus historischer Sicht die wesentlichste Rolle spielten und auch heute noch nicht nur, aber besonders gerne von Beamtengewerkschaftern bei der Verteidigung dieses Schutzes ins Treffen geführt werden, sollte diese Überlegungen nicht diskreditieren.

[585] Vgl dazu *G. Schima* in FS Binder 855 f.

[586] So *Reich-Rohrwig*, ecolex 2008, 928.

[587] *G. Schima* in FS Binder 855 f.

dürfen, wie damit zu verfahren ist. Ausnahmen von dieser Regel bedürfen spezieller (gesetzlicher) Verankerung.[588]

Letztlich muss sich ein Aufsichtsrat, dem es gelungen ist, ein Vorstandsmitglied mittels kurzer Laufzeit, „Koppelungsklausel" und nachvertraglichem Wettbewerbsverbot zu „knebeln", fragen, ob er wirklich den „richtigen Mann" gefunden hat. Denn jemand, der seine eigene Position bei der Aushandlung des Anstellungsvertrages so schlecht zur Geltung bringt, dessen Durchsetzungsfähigkeit könnte auch als Manager in Zweifel gezogen werden.[589] Ebenso könnte man freilich fragen, ob eine derartige Vertragsgestaltung nicht Defizite beim Aufsichtsrat offenbart.

2. Grenzen durch StellenbesGesetz und Schablonenverordnung

186 Die oben beschriebene Vertragsfreiheit wird für der Rechnungshofkontrolle unterworfene Unternehmen durch das StellenbesG[590] und die Verordnung der Bundesregierung betreffend die Vertragsschablonen gem dem StellenbesG[591] (im Folgenden kurz „SchablonenVO") erheblich eingeschränkt.

Basis für die SchablonenVO ist § 6 Abs 1 StellenbesG, wonach die Bundesregierung Vertragsschablonen zu beschließen hat, die von den dem Gesetz unterworfenen Unternehmungen *„beim Abschluss von Verträgen zur Bestellung von Mitgliedern des Leitungsorgans anzuwenden sind"*.

Die Vertragsschablonen haben alle Elemente zu beinhalten, die in Verträge zur Besetzung von Mitgliedern des Leitungsorgans aufgenommen werden dürfen. Sie haben einen Gesamtjahresbezug vorzusehen, neben dem nur erfolgsabhängige sonstige Leistungen zulässig sind. (§ 6 Abs 2 StellenbesG).

Eine allfällige Pensionsregelung in den Vertragsschablonen hat sich an § 15 Bundesbezügegesetz[592] zu *„orientieren"* (§ 6 Abs 3 StellenbesG).

---

[588] Dieser Umstand ist auch für die *Auslegung von gesellschaftsrechtlichen Gesetzesbestimmungen* relevant. So enthält zB das österreichische VereinsG keine ausdrückliche Bestimmung über ein Weisungsrecht der aus den Vereinsmitgliedern gebildeten Generalversammlung gegenüber dem Vorstand und noch weniger etwas über die Frage, ob einem im Verein errichteten Aufsichtsrat ebenfalls ein solches Weisungsrecht eingeräumt werden kann. Beide Fragen sind zu bejahen (was bezüglich ersterer im Schrifttum auch im Wesentlichen unstrittig ist, in Bezug auf zweitere dagegen gar nicht behandelt wird), wie das Beispiel der GmbH zeigt, wo die Zulässigkeit eines satzungsmäßigen Weisungsrecht des Aufsichtsrates völlig einhellig bejaht wird.

[589] Diese Schlussfolgerung ist – dies zeigt langjährige Beratererfahrung – freilich manchmal doch etwas verkürzt, weil Top-Manager ein geradezu erstaunliches Maß an Gleichgültigkeit gegenüber den konkreten Bedingungen in ihrem Anstellungsvertrag an den Tag legen. Ich habe es mehrere Male erlebt, dass erst im Zuge der anwaltlichen Beratung – nachdem das Verhältnis zum Aufsichtsrat bereits gestört war – dem Vorstandsmitglied überhaupt bewusst wurde, dass es eine Klausel vereinbart hatte, der zufolge selbst im Falle der Abberufung aufgrund eines in keiner Weise verschuldeten Misstrauensvotums mit dem Zugang der Abberufungserklärung der Anspruch auf weitere Bezüge sofort erlöschen würde.

[590] BGBl I 1998/26.
[591] BGBl II 1998/254.
[592] BGBl I 1997/64.

Die Verträge zur Bestellung von Mitgliedern des Leitungsorgans haben den **187** Vertragsschablonen gem § 6 StellenbesG zu entsprechen. Weiters haben sich derartige Verträge an den in der jeweiligen Branche üblichen Verträgen zu *„orientieren"* (§ 7 StellenbesG). Hier unterscheidet das Gesetz seit der Novelle 2012[593] (§ 7 Abs 1 StellenbesG) zwei verschiedene Arten von Unternehmen: einerseits Unternehmen, die entweder (Z 1 lit a) überwiegend Leistungen im Rahmen eines „inhouse-Verhältnisses" an den Bund zur Deckung dessen eigenen Bedarfs an Sach- und Dienstleistungen erbringen oder (Z 1 lit b) die überwiegend aus Budgetmitteln des Bundes finanziert werden, es sei denn, sie oder mit ihnen verbundene Unternehmen bieten ihre Leistungen überwiegend im Wettbewerb an oder dienen der Förderungsabwicklung des Bundes. Die Gesamtbezüge der Mitglieder des Leitungsorgans dieser Unternehmen sind *„in Anlehnung an die im Bund für die Bediensteten in vergleichbarer Verantwortung und in vom Gesetz zeitlich begrenzten Funktionen vorgesehenen* [*Gesamtvergütungen*][594] *zu bemessen"*.

Andererseits sollen gem § 7 Abs 1 Z 2 StellenbesG Unternehmen, die nicht unter Z 1 fallen, dh die ihre Leistungen am Markt im Wettbewerb anbieten, für den Gesamtjahresbezug der Mitglieder ihres Leitungsorgans folgende Bemessungskriterien anwenden: Die Aufgaben des Organmitglieds (lit a), der durchschnittliche Gesamtjahresbezug von Leitungsorganen von Unternehmen (der öffentlichen Hand) aus derselben oder vergleichbaren Branchen im Inland und in der europäischen Union (lit b), sowie die wirtschaftliche Lage, der nachhaltige Erfolg und die Zukunftsaussichten des Unternehmens (lit c).

Die Vergütungs-Kriterien für wettbewerbsorientierte, rechnungshofkontrol- **188** lierte Unternehmen entsprechen somit im Wesentlichen den Vorgaben des Aktienrechts im (ebenfalls mit dem 2. Stabilitätsgesetz 2012) novellierten § 78 AktG (vgl dazu noch unten in Rz 238). Für nicht im Wettbewerb stehende Unternehmen gelten jedoch (so die Regierungsvorlage) unterschiedliche Anforderungen, sodass die Bezüge der Mitglieder des Leitungsorgans sich an den Bezügen von Bundesbediensteten zu orientieren hätten. Dieser Referenzwert sei jedoch keine absolute Grenze, sondern die Bezüge könnten je nach dem Anteil der Tätigkeit im Wettbewerb des jeweiligen Unternehmens auch höher ausfallen.[595] Was das genau bedeuten soll, bleibt indes im Dunkeln. Für Geschäftsleiter von Unternehmen, die nicht im Wettbewerb tätig sind, würden diese Regelungen wohl eine erhebliche Gehaltseinbuße bedeuten, wenn sich die Gehälter etwa an den Bezügen hoher Ministerialbeamter „zu orientieren" haben. Dass diese Einschnitte bei zukünftigen (dh nach in Kraft Treten der novellierten Bestimmungen am 25. April 2012) Bestellungen und Wiederbestellungen (vgl § 9 Abs 2 StellenbesG) tatsächlich umgesetzt werden, ist zu bezweifeln, zumal das Gesetz ja keine harten Konsequenzen für Verstöße gegen die Bestimmungen vorsieht.[596] Mehrere rechnungshofkontrollierte Unternehmen, die der strengeren Bestimmung zu unterliegen drohten, kritisierten in

---

[593] BGBl I 2012/35.
[594] Diese Wortfolge fehlt offenkundig im Gesetzestext. Vgl die Kritik des österreichischen Rechtsanwaltskammertages vom 27.2.2012, 13/SN-353/ME.
[595] Vgl die ErläutRV 1685 BlgNR 24. GP 30.
[596] Vgl die kritische Stellungnahme des österreichischen Rechtsanwaltskammertages vom 27.2.2012, 13/SN-353/ME.

ihren Stellungnahmen zum Ministerialentwurf zu Recht, dass sie durch die neuen Vergütungskriterien keine geeigneten Manager mehr finden würden. Das Gehaltssystem der öffentlichen Bediensteten sei mit den Aufgaben und Haftungsrisiken von AG-Vorstand und GmbH-Geschäftsführer nicht kompatibel.[597] Der Kritik in der Begutachtungsphase wurde zwar teilweise Rechnung getragen;[598] ob das Gesetz den erklärten Zweck, *„die Höhe der Managerbezüge und die Grundlagen ihrer Zuerkennung klar zu regeln"*,[599] erfüllen wird, darf man jedoch bezweifeln.

189   Durch eine Verfassungsbestimmung in § 8 StellenbesG wird angeordnet, dass auch die Landesregierung befugt ist, gleichartige Regelungen auf dem Gebiet des Zivilrechtes, wie sie in § 6 StellenbesG enthalten sind, für Unternehmen gem § 1 StellenbesG zu erlassen, die nicht bereits von § 6 erfasst sind.[600]

190   Die VertragsschablonenVO regelt sodann die einzelnen zulässigen Vertragsbestimmungen. Wenn § 1 Abs 1 SchablonenVO anordnet, dass Unternehmungen mit eigener Rechtspersönlichkeit, die der Kontrolle des Rechnungshofes unterliegen und bei denen die finanzielle Beteiligung des Bundes gleich oder größer als die Beteiligungen anderer Gebietskörperschaften ist, beim Abschluss von Anstellungsverträgen im Zusammenhang mit der Bestellung oder Wiederbestellung von Mitgliedern eines Leitungsorgans entsprechend dieser VO *vorzugehen haben*, dann bedeutet dies ein sich in der AG *an den Aufsichtsrat richtendes Verhaltensgebot*, weil der Aufsichtsrat bei der Gestaltung der Verträge mit Vorstandsmitgliedern die Gesellschaft vertritt. Insoweit ergibt sich kein anderer Befund als bei der im StellenbesG enthaltenen Verpflichtung zur Durchführung einer Ausschreibung bei der Besetzung von Vorstandspositionen.

191   Hervorhebenswert ist zunächst § 2 Abs 1 SchablonenVO. Dieser wiederholt das in § 6 Abs 2 Satz 1 StellenbesG enthaltene „Exklusivitätsgebot": Beim Abschluss von Anstellungsverträgen zB durch den Aufsichtsrat einer AG gem § 75 AktG *„dürfen Regelungen nur über Vertragselemente vereinbart werden, die im Abs 3 sowie im § 3 vorgesehen sind"*. Diese Anordnung wird – man traute offenbar

---

[597]   Vgl die Stellungnahmen, jeweils vom 27. Februar 2012, der Österreichische Forschungsförderungsgesellschaft mbH (20/SN-353/ME), der FMA (15/SN-353/ME) und der Energie-Control Austria (17/SN-353/ME).
[598]   Vgl die Unterschiede in § 7 Abs 1 des Ministerialentwurfs (353/ME 24. GP) im Vergleich zum aktuellen Gesetzestext des § 7 Abs 1 StellenbesG.
[599]   So die ErläutRV 1685 BlgNR 24. GP 29.
[600]   Damit wird – in teilweiser Derogation des Kompetenztatbestandes „Zivilrechtswesen", wo die Gesetzgebung beim Bund liegt – den Ländern ermöglicht, Zivilrechtsnormen zu schaffen, weil eine gesetzliche Zivilrechtsnorm dazu ermächtigt: *Wilhelm*, ecolex 1998, 826 (828); vgl *Eiselsberg/Prohaska-Marchried*, ecolex 1998, 319 (322), die meinen, aus der Verfassungsbestimmung ergäbe sich nicht, ob die Landesschablonen und die Bundesschablone *„miteinander in Konkurrenz treten und welcher der Vorrang gebührt"*. Dies trifft indes nicht zu, weil § 8 StellenbesG die Länder nur zur Erlassung von Vertragsschablonen ermächtigt, die nicht schon unter § 6 StellenbesG fallen (Letzteres ist bei jenen Unternehmen der Fall, bei denen die Beteiligung des Bundes gleich groß oder größer ist als die Summe der Beteiligung anderer Gebietskörperschaften). Bei Einhaltung der Reichweite der Verordnungsermächtigung durch die Länder sollte es eine „Konkurrenz" zwischen Bundesschablone und den Landesschablonen daher nicht geben dürfen.

III. Der Vorstands-Anstellungsvertrag

den für den Abschluss der Anstellungsverträge zuständigen Organen nicht über den Weg – in § 2 Abs 3 Satz 1 wiederholt.

Wie unbedarft Gesetzesverfasser und Verordnungsgeber an die Problematik **192** herangingen, soll im Folgenden anhand des Themas „Laufzeit und Beendbarkeit von Anstellungsverträgen" nach der SchablonenVO demonstriert werden.[601] § 2 Abs 3 Z 1 SchablonenVO ordnet an, dass das Anstellungsverhältnis *„zu befristen"* ist. Dabei ist entweder die in Gesetzen für die Betrauung mit der Leitungsfunktion vorgesehene Frist, oder eine Frist von längstens fünf Jahren zu vereinbaren.

Schon hier hält man inne. Der Verordnungsgeber hat sich anscheinend am Modell der AG orientiert, das bekanntlich den Aufsichtsrat gesetzlich dazu anhält, einen auf maximal fünf Jahre *befristeten* Vertrag abzuschließen (siehe oben). In einer GmbH ist aber der befristete Anstellungsvertrag nicht die Regel, sondern die – ziemlich seltene – Ausnahme. Dies hängt vor allem damit zusammen, dass § 16 Abs 1 GmbHG – beim an der Gesellschaft nicht beteiligten „Fremdgeschäftsführer" zwingend[602] – anordnet, dass die Bestellung zum Geschäftsführer (unbeschadet der Entschädigungsansprüche aus bestehenden Verträgen) durch Beschluss der Gesellschafter *jederzeit widerrufen* werden kann. Da die Geschäftsführer in staatsnahen und in der Rechtsform einer GmbH geführten Unternehmen an der Gesellschaft für gewöhnlich nicht beteiligt sind, kommt dieser Grundsatz so gut wie flächendeckend zur Anwendung.[603]

Warum die SchablonenVO zum Abschluss befristeter Anstellungsverträge auch bei GmbH-Geschäftsführern zwingt, ist rätselhaft. Wenn man davon ausgeht, dass Ziel der SchablonenVO es ja unter anderem ist, der Gesellschaft eine möglichst einfache und möglichst billige Trennung vom Geschäftsleiter zu ermöglichen (siehe auch im Folgenden), dann ist dies durch einen – wie es in der Praxis regelmäßig

---

[601] Wenn man den historischen Kontext des Zustandekommens von StellenbesG und SchablonenVO kennt, ist dies zwar noch immer erschreckend, aber politisch nachvollziehbar: Eine aus SPÖ und ÖVP gebildete Koalitionsregierung unter der Führung des damaligen Bundeskanzlers *Klima* wollte einer damals stark im Aufwind befindlichen FPÖ unter der Führung von Herrn *Haider* den Wind aus den Segeln nehmen und sich das Etikett „Privilegienabbau" an die Fahnen heften. Das Ergebnis ist ein schon vom grundsätzlichen Regelungsanliegen her verfehlter, noch dazu handwerklich desaströs misslungener, in unsachgemäßer Weise in die Gestaltungsbefugnisse von Aufsichtsrat und Gesellschaftern von Kapitalgesellschaften eingreifender und rechtsstaatlich bedenklicher, ja mE sogar verfassungswidriger Normenkomplex, für dessen ersatzlose Beseitigung sämtlichen seither im Amt befindlichen Regierungen indes nicht nur der Sachverstand, sondern vor allem der Mut fehlt (unter den mit mir diskutierenden Fachleuten – Rechtsexperten, Personalberatern, Wirtschaftstreuhändern –, aber auch unter den Rechtsanwendern habe ich bislang niemanden getroffen, der G und VO nicht in Grund und Boden verteufelt).

[602] OGH 2 Ob 434/35 SZ 17/91: Die Gesellschafter können auf das Recht der freien Abberufbarkeit nicht verzichten, weil es sich um ein wesentliches Bauelement der GmbH handelt; vgl auch *Koppensteiner/Rüffler*, GmbHG³ § 16 Rz 2; *Runggaldier/G. Schima*, Führungskräfte 190.

[603] Abgesehen davon bedürfte auch im Falle des an der Gesellschaft (gering) beteiligten Geschäftsführers die Beschränkung von dessen Abberufbarkeit auf wichtige Gründe gem § 16 Abs 3 GmbHG der Bestellung im Gesellschaftsvertrag und einer entsprechenden Regelung, zu der die anderen Gesellschafter niemand zwingt: vgl *Runggaldier/G. Schima*, Führungskräfte 194 f mwN.

vorkommt – unbefristeten und damit (im Falle der Arbeitnehmereigenschaft nach den Regeln des § 20 AngG) kündbaren Anstellungsvertrag besser und einfacher zu bewerkstelligen. Einen Kündigungsschutz nach § 105 ArbVG gibt es für GmbH-Geschäftsführer nicht (§ 36 Abs 2 Z 1 ArbVG).[604] Um diese „möglichst einfache" Lösbarkeit des Anstellungsvertrages sicherzustellen, muss die SchablonenVO daher das Gebot der Befristung auch von GmbH-Geschäftsführerverträgen mit dem Erfordernis einer Kündigungsregel kombinieren – ein völlig unnötiger Umweg.

In § 2 Abs 3 Z 1 (lit a und lit b) SchablonenVO heißt es nämlich weiters: „Weiters ist zu vereinbaren, dass im Fall der Abberufung von der Leitungsfunktion
a) aus einem verschuldeten wichtigen Grund im Sinne des § 27 AngG 1921, BGBl Nr 292, eine sofortige Auflösung des Vertrages möglich ist, ohne dass aus der vorzeitigen Auflösung Verpflichtungen für das Unternehmen erwachsen,
b) aus anderen wichtigen Gründen eine Kündigung unter Einhaltung einer halbjährigen Frist zum Ende eines Kalendervierteljahres durch das Unternehmen möglich ist."

193 Der Verordnungsgeber wollte anscheinend die in der Praxis immer wieder (nicht nur im staatsnahen Bereich) vorkommenden Fälle vermeiden, in denen eine Gesellschaft (meist handelt es sich dabei um Aktiengesellschaften, weil eben nur dort der befristete Vertrag vom Gesetz her zwingend vorgegeben ist) sich von einem Vorstandsmitglied ohne dessen Verschulden (bzw jedenfalls ohne nachweisbare konkrete Verfehlungen) trennt und eine vergleichsweise hohe – jedenfalls der veröffentlichten Meinung zu hoch erscheinende – Abfindungszahlung deshalb leistet, weil an das Vorstandsmitglied die Bezüge für die restliche Vertragslaufzeit (die eben noch einige Jahre betragen kann) ausgezahlt werden.[605] § 2 Abs 3 Z 1 lit b SchablonenVO zwingt also prima vista den Aufsichtsrat zur Implementierung von anstellungsvertraglichen Kündigungsklauseln, wie sie zwar auch im Vertrag mit Vorstandsmitgliedern einer AG seit jeher für zulässig,[606] aber keineswegs für verpflichtend gehalten werden. Den empirischen Regelfall – dies lässt sich aufgrund reichhaltiger Beratererfahrung sagen – bildet nach wie vor der befristete und ohne Verschulden des Vorstandsmitgliedes *nicht* vorzeitig kündbare Anstellungsvertrag.

Mag man dieses Anliegen der SchablonenVO bei wohlwollender Betrachtung bloß als rechtspolitisch verfehlt oder zumindest fragwürdig kritisieren (zur Verfassungswidrigkeit der gesamten Regelung siehe Rz 198 und insb 203), so zeigt sich gerade anhand des § 2 Abs 3 Z 1 SchablonenVO, wie undurchdacht und logisch inkonsistent das Konzept der VO und des StellenbesG tatsächlich ist. Nimmt man die Regelung nämlich mehr oder weniger wörtlich, dann führt dies zum Ergebnis, dass beim GmbH-Geschäftsführer, für den das GmbHG keinerlei Abberufungsschutz vorsieht, eine *stärkere* anstellungsvertragliche Absicherung gegen Auflösungen durch die SchablonenVO ermöglicht wird als beim Vorstandsmit-

---

[604] *G. Schima/Liemberger/Toscani*, Der GmbH-Geschäftsführer 129.
[605] Vgl zu dieser Fallkonstellation *G. Schima* in FS Binder 817 (841 f).
[606] Vgl ausführlich *Runggaldier/G. Schima*, Führungskräfte 177 f mwN und Rz 138, *Runggaldier/G. Schima*, Manager-Dienstverträge⁴ 133 ff.

glied einer AG, dem das AktG eine ungleich stärkere Stellung als einem GmbH-Geschäftsführer verleiht, was sich insbesondere in der Weisungsfreiheit und in der Bindung der Abberufung an wichtige Gründe äußert. Dies ist im Folgenden zu demonstrieren.

Die Anordnung des § 2 Abs 3 Z 1 lit a SchablonenVO, wonach bei Abberufung aus einem verschuldeten wichtigen Grund eine sofortige Auflösung des Vertrages ohne weitere Verpflichtungen für das Unternehmen (zumindest aus laufender Entgeltzahlung) möglich ist, gibt nur Selbstverständliches wieder. Die Aufmerksamkeit konzentriert sich aber auf § 2 Abs 3 Z 1 lit b SchablonenVO: Wenn es dort heißt, dass bei einer Kündigung aus *„anderen wichtigen Gründen"* eine Kündigung unter Einhaltung einer halbjährigen Frist zum Ende eines Quartals möglich sein muss, dann ist damit zweierlei gesagt: Der Grund darf nicht (iSd § 27 AngG) *„verschuldet"*, er muss aber trotzdem zumindest *„wichtig"* sein. Daraus ergibt sich für den GmbH-Geschäftsführer mE zwingend folgender Schluss: Da die Abberufung selbst überhaupt keines wichtigen Grundes, ja gar keines „Grundes" bedarf, ist es unter der Geltung der SchablonenVO den Vertragspartnern jedenfalls gestattet, *drei* Kategorien zu bilden: Verschuldete Entlassungsgründe führen zur sofortigen und fristlosen Auflösung des Anstellungsvertrages (eine Selbstverständlichkeit). Durch Vereinbarung können andere *„wichtige"*, aber nicht die Kategorie eines Entlassungsgrundes bildende Gründe festgelegt werden, bei deren Vorliegen die Kündigung mit sechsmonatiger Frist zum Quartalsende ausgesprochen werden kann. Als Kriterien für die Statuierung solcher Gründe eignet sich zB die Verankerung bestimmter Erfolgsvorgaben, sodass eine Kündigung zB bei Nichterreichung eines bestimmten EBITDA innerhalb eines bestimmten Zeitraumes oder bei Verfehlung einer bestimmten Eigenkapitalquote möglich ist. Liegt dagegen *überhaupt kein* wichtiger im Sinne von „gewichtiger" Grund vor, können die Parteien es bei der Befristung (die die SchablonenVO ja vorschreibt!) belassen und ist es daher zulässig, für diesen Fall bei Abberufung vom Geschäftsführermandat gem § 16 Abs 1 GmbHG keine Kündigungsregelung vorzusehen, sondern – freilich unter Anwendung der Anrechnungsregel des § 1155 ABGB – das Entgelt für die Restlaufzeit auszuzahlen.[607]

Soweit wäre dieser Befund nicht allzu aufregend. Vergegenwärtigt man sich aber die Rechtslage in der AG, wie sie § 2 Abs 3 Z 1 SchablonenVO anscheinend gestalten möchte, dann wird die völlige Undurchdachtheit des Konzeptes von StellenbesG und SchablonenVO deutlich. Vorstandsmitglieder einer AG *können* nur aus wichtigem Grund iSd § 75 Abs 4 AktG abberufen werden. Der gesetzliche Katalog ist zwar demonstrativ und erweiterungsfähig, doch muss es sich immer um einen *„wichtigen"* Grund handeln (dazu, in welchem Verhältnis solche Gründe zu den demonstrativ aufgezählten stehen, siehe Rz 443 f).

---

[607] In diese Kategorie fiele zB die rein politisch motivierte Abberufung – insbesondere wegen eines „Farbenwechsels" im für die Gesellschaft zuständigen Minister-Ressort. Ob es zulässig wäre, diesen Fall als *„anderen wichtigen Grund"* mit der Konsequenz der Möglichkeit einer Kündigung mit sechsmonatiger Frist zum Quartalsende vertraglich zu *vereinbaren*, kann hier dahinstehen. Denn eine solche Dreistigkeit ist bislang noch nicht beobachtet worden, stellen doch die Beteiligten im Falle von Trennungen stets eine politische Motivation entschieden in Abrede.

Es gibt daher keine (einer Anfechtung standhaltende) Abberufung eines AG-Vorstandsmitgliedes ohne *„wichtigen Grund"*, und damit scheint auch kein vertraglicher Regelungsspielraum zu verbleiben für eine „dritte Kategorie" neben den Fallkonstellationen des § 2 Abs 3 Z 1 lit a (verschuldeter Entlassungsgrund mit der Konsequenz fristloser Auflösung) und lit b (Kündigung mit sechsmonatiger Frist zum Quartalsende bei *„anderen wichtigen Gründen"*).

195 Die Konsequenz einer solchen durch den Wortlaut des § 2 Abs 3 Z 1 SchablonenVO nahe gelegten Sichtweise wäre, dass GmbH-Geschäftsführer, die nach dem Gesetz (GmbHG) einen ungleich geringeren Bestandschutz haben als Vorstandsmitglieder einer AG, unter der Geltung der SchablonenVO für sie günstigere Beendigungsregeln im Anstellungsvertrag haben dürften als AG-Vorstandsmitglieder. Dies ist eine absurde Konsequenz. Um sie zu vermeiden und § 2 Abs 3 Z 1 SchablonenVO so auszulegen, dass sich ein logisch-konsistentes Bild für GmbH und AG ergibt, muss man mE beim Misstrauensvotum der Hauptversammlung ansetzen, das gem § 75 Abs 4 3. Fall AktG einen wichtigen Grund für den Mandatswiderruf bildet. Die Frage lautet, ob die Abberufung wegen eines solchen Misstrauensvotums – unabhängig von den konkreten Begleitumständen – in Anwendung des § 2 Abs 3 Z 1 lit b SchablonenVO *immer* einen Grund für eine Kündigung mit maximal sechsmonatiger Frist zum Quartalsende bilden *muss* oder ob es zulässig ist, von einer derartigen Kündbarkeit abzusehen oder zumindest zu differenzieren.

Betrachtet man den Wortlaut, spricht – wie gesagt – viel dafür, auch die Abberufung wegen eines unverschuldeten Vertrauensentzuges als einen *„anderen wichtigen Grund"* iSd § 2 Abs 3 Z 1 lit b SchablonenVO zu verstehen. Dieses Ergebnis zu vermeiden, bedarf schon – dies sei gar nicht verschwiegen – gewisser „interpretativer Verrenkungen". Zunächst könnte man darauf verweisen, dass die SchablonenVO nicht explizit sagt, dass unter § 3 Abs 3 Z 1 lit b **alle** *„anderen wichtigen Gründe"* fallen müssen, die nicht als verschuldete Entlassungsgründe gleichzeitig vom § 3 Abs 3 Z 1 lit a SchablonenVO erfasst sind. Dem Willen des Verordnungsgebers entspricht dies aber wohl nicht, weil es die „Teilmenge" wichtiger, aber weder einen verschuldeten Entlassungstatbestand verwirklichender, noch „anderer" wichtiger Gründe eigentlich nicht geben kann. Geben kann es bloß *„nicht **wichtige**"* Gründe.

Vielmehr muss man § 2 Abs 3 Z 1 lit b SchablonenVO – subsumiert man darunter grundsätzlich *alle* nicht verschuldeten wichtigen Abberufungsgründe – *teleologisch* in der Weise *reduzieren*, dass ein Vertrauensentzug ohne jedes Fehlverhalten des Vorstandsmitgliedes oder zumindest ein solcher, den die Gesellschaft nicht einmal sachlich durch ein in der Person des Vorstandsmitgliedes liegendes Verhalten begründen kann – nicht unter das „Kündigungsgebot" des § 2 Abs 3 Z 1 lit b SchablonenVO fällt.

196 Den Verfassern des StellenbesG und der SchablonenVO dürfte nicht bewusst gewesen sein, dass es für ein den Abberufungsgrund verwirklichendes Misstrauensvotum nicht einmal einer konkreten sachlichen Rechtfertigung bedarf, sondern auch *„ein seiner sachlichen Berechtigung nach zweifelhafter"* Vertrauensentzug als Abberufungsgrund taugt, sofern nicht *„offenbare Unsachlichkeit"* vor-

III. Der Vorstands-Anstellungsvertrag

liegt.⁶⁰⁸ Das bedeutet mit anderen Worten, dass der Vertrauensentzug den Charakter einer „objektiven Bedingung" der Abberufung erhält, ohne dass irgendein Element vorhanden sein muss, das eine Zurechnung zu einem auch nur potentiell die Interessen der Gesellschaft nachteilig berührenden Tun oder Unterlassen des Vorstandsmitgliedes erlaubt.

Es ist wohl richtig, dass in Dauerschuldverhältnissen – vorbehaltlich zwingenden Gesetzesrechts – die Vertragspartner als *„wichtige Gründe"* auch Ereignisse verankern können, die sich der Gestaltbarkeit durch beide Parteien überhaupt völlig entziehen, sofern damit nicht zwingendes Recht verletzt wird;⁶⁰⁹ dies ändert aber nichts daran, dass im konkreten Kontext der SchablonenVO der Begriff *„anderer wichtiger Grund"* mE – schon um eine durch nichts zu rechtfertigende, sondern das Verhältnis von AG- und GmbH-Modell ins Gegenteil verkehrende Schlechterstellung des AG-Vorstandsmitgliedes gegenüber dem GmbH-Geschäftsführer zu vermeiden – nicht so ausgelegt werden sollte, dass darunter auch Ereignisse fallen, die mit einem die Interessen der Gesellschaft auch nur potentiell nachteilig berührenden Verhalten des Vorstandsmitgliedes nichts zu tun haben. Denn die Ratio von § 2 Abs 3 Z 1 lit b SchablonenVO besteht ja darin, der Gesellschaft zu ermöglichen, sich mit einer möglichst überschaubaren finanziellen Belastung von einem Manager zu trennen, dessen weiterer Verbleib für die Gesellschaft ein „Problem" bedeutet, für dessen Entfernung es also „gute Gründe" gibt (die freilich nicht „wichtig" im Sinne einer fristlosen Auflösbarkeit sein müssen).

Man muss also in teleologischer Reduktion der Vorschrift den Vertrauensentzug in § 75 Abs 4 3. Fall AktG so auslegen, dass dieser nicht schlechthin unter § 2 Abs 3 Z 1 lit b SchablonenVO fällt, sondern nur dann, wenn er auf einem sachlichen Grund (den die Gesellschaft im Abberufungsprozess nicht beweisen muss: siehe Rz 468 ff, 470) basiert, der in der Person des Abberufenen wurzelt. Es wäre auf der Grundlage der hier vertretenen Meinung daher zulässig, wenn Aufsichtsrat und Vorstandsmitglied im Anstellungsvertrag vereinbaren, dass bei Vorliegen eines verschuldeten Entlassungsgrundes (in sinngemäßer Anwendung des § 27 AngG) eine fristlose Auflösung ohne weitere, laufende Entgeltzahlungen erklärt werden kann (eine Selbstverständlichkeit) und dass der – schon nach § 75 Abs 1 letzter Satz AktG zwingend zu befristende (siehe Rz 156) – Vorstandsvertrag dann unter Einhaltung einer sechsmonatigen Frist zum Quartalsende gekündigt werden kann, wenn die Abberufung aufgrund eines Vertrauensentzuges der Hauptversammlung erfolgt, der auf sachlichen, in der Person des Abberufenen

---

⁶⁰⁸ OGH 1 Ob 294/97k RdW 1998, 461; *Nowotny* in Doralt/Nowotny/Kalss, AktG² § 75 Rz 23; *Kalss* in Kalss/Nowotny/Schauer, Gesellschaftsrecht Rz 3/305. Die E des OGH war die erste zu dieser Problematik in Österreich und wurde ungefähr zeitgleich mit der Erlassung von StellenbesG und SchablonenVO gefällt.

⁶⁰⁹ So zB können die Gesellschafter einer Familien-GmbH mit dem Gesellschafter-Geschäftsführer iSd § 16 Abs 3 GmbHG vereinbaren, dass er von seinem Mandat dann abberufen werden kann, wenn der Sohn des Mehrheitsgesellschafters sein BWL-Studium abgeschlossen hat: Vgl *Runggaldier/G. Schima*, Führungskräfte 194 ff, 195; *G. Schima/Liemberger/Toscani*, Der GmbH-Geschäftsführer 109 f.

liegenden Gründen beruht. Darunter kann selbstverständlich auch „*nachhaltige Erfolglosigkeit*"[610] fallen.

Dieses Auslegungsergebnis überbrückt nicht nur den vom Verordnungsgeber in offenbarer Unkenntnis der Zusammenhänge geschaffenen Widerspruch zwischen der Situation in der GmbH und der AG, sondern ist auch wesentlich sachgerechter. Denn es ist ja in der Tat in keiner Weise einzusehen, warum der Aufsichtsrat verpflichtet sein (bzw das betroffene Vorstandsmitglied es sich gefallen lassen) soll, eine Kündigungsklausel auch in dem Fall zu akzeptieren, dass die Gesellschafter (im Extremfall zu 100 % eine Gebietskörperschaft) das (in der Realität leider oft politische) „Vertrauen" in das Vorstandsmitglied verloren haben und der Aufsichtsrat (der dazu gleichwohl nicht verpflichtet ist, ein solches Votum aber in der Praxis – und dies nicht nur in staatsnahen Unternehmen – regelmäßig umsetzt) das Vorstandsmitglied daraufhin abberuft, ohne dass es konkrete, wenigstens sachbezogene Gründe für die Entfernung gibt.[611]

198 Wie wenig Gedanken sich Gesetz- und Verordnungsgeber bei der Gestaltung des StellenbesG und der SchablonenVO gemacht haben, zeigt auch § 2 Abs 3 Z 19 SchablonenVO: Dort heißt es unter der Überschrift „*sonstige Regelungen*", dass „*neben den Vertragselementen gem Z 1–18 [...] im Anstellungsvertrag nur Regelungen getroffen werden* [dürfen]*, soweit dies aufgrund der Besonderheit des betreffenden Unternehmens und **in dessen ausschließlichen Interesse** erforderlich ist.*" Nimmt man diese Bestimmung wörtlich, hat sie keinerlei Anwendungsbereich. Denn für das Vorstandsmitglied/den Geschäftsführer (noch) ungünstigere Regelungen verbietet die SchablonenVO ohnehin nicht, weil sie über weite Strecken ja „Höchstarbeitsbedingungen" beinhaltet (dazu unten in Rz 201 f); handelt es sich aber um eine Klausel, die der Aufsichtsrat seinem „Wunschkandidaten" deshalb bewilligen möchte, weil dieser sie zur Bedingung der Mandatsannahme macht (zB einen signifikanten „Signing Bonus"), dann mag zwar ein eminentes Interesse der Gesellschaft an der Bestellung des fachlich möglicherweise ganz eindeutig Geeignetsten und damit indirekt auch an der Verankerung der gewünschten

---

[610] Genau damit begründete die Hauptversammlung in dem den Gegenstand der ersten diesbezüglichen E des OGH bildenden Sachverhalt den Vertrauensentzug: OGH 1 Ob 294/97k RdW 1998, 461.

[611] Man vergegenwärtige sich bloß folgenden Fall: Der Aufsichtsrat einer im Zuge der Finanzkrise 2008/2009 bzw wegen massiver Fehlspekulationen gerade notverstaatlichten Bank bewegt einen erfolgreichen Manager/Unternehmer/Freiberufler, dessen Einkommen zumindest das vom Aufsichtsrat gebotene Festgehalt ganz wesentlich übersteigt, dazu, als „Trouble-Shooter" diese Bank zu sanieren. Der Angesprochene verkauft die Anteile an seinem Unternehmen bzw gibt seinen Beruf auf und nimmt das Mandat an, wehrt sich aber dagegen, im Vertrag eine Kündigungsklausel auch für den Fall zu akzeptieren, dass „der Finanzminister eines Tages mit dem falschen Fuß aufsteht" und ihn loswerden möchte (vielleicht auch weil es sich plötzlich um einen anderen Finanzminister handelt). Würde man auch in solchen Fällen das Beharren auf einer Kündigungsmöglichkeit nach der SchablonenVO Aufsichtsrat und Vorstandsmitglied zur Pflicht machen, wäre dies der Zwang zu einer vollkommen unangemessenen und den Bedürfnissen des konkreten Falles in keiner Weise Rechnung tragenden Vertragsgestaltung: Das Vorstandsmitglied erlitte durch Aufgabe seiner bisherigen Betätigung einen (bei einer Barwertberechnung) Verlust in Millionenhöhe, kann aber in Anbetracht der Kündigungsklausel nicht mit einer längeren als sechsmonatigen Gehaltszahlung rechnen.

Vertragsklausel bestehen, doch fehlt es eben – und das liegt in der Natur der Sache – am Merkmal, dass die Vertragsklausel im *„ausschließlichen Interesse"* des Unternehmens erforderlich ist.

Hier stellt sich in besonders prägnanter Weise die Frage, wie sich die Regelungen der SchablonenVO und die den Aufsichtsrat einer AG gem § 84 iVm § 99 und unter Berücksichtigung des § 70 Abs 1 AktG treffende Verantwortung und Sorgfaltspflicht bei der Auswahl des Vorstandes zueinander verhalten. Kann es wirklich so sein, dass der Aufsichtsrat, dessen Personalsuche einen mit großem Abstand bestgeeigneten Kandidaten herausgefiltert hat, diesen deshalb nicht bestellen *darf* (oder widrigenfalls sogar Schadenersatzansprüchen ausgesetzt ist), weil der Kandidat einen entsprechend dotierten Aktienoptionsplan (mit durchaus ehrgeizigen und betriebswirtschaftlich vertretbaren Parametern) verlangt?[612]

Daran zeigt sich mE deutlich die Existenz eines *Normenkonflikts*, weil AktG und StellenbesG ja gleichrangig nebeneinander stehende Gesetze sind. Wenngleich es sich beim StellenbesG jedenfalls um das spätere und – bezieht man es nur auf die Rechtsform AG – auch um das speziellere Gesetz handelt, kann man dem Gesetzgeber einen „Derogationswillen" in Bezug auf die oben zitierten Normen des AktG sicher nicht unterstellen.[613] Macht dem Aufsichtsrat die Einhaltung des ihm aktienrechtlich (unter Haftungssanktion) vorgegebenen Sorgfaltsgebotes die Beachtung bestimmter Normen des StellenbesG bzw der SchablonenVO unmöglich, dann muss sich der Aufsichtsrat mE klar zu Gunsten der aktienrechtlichen Sorgfaltspflicht entscheiden.

Möglicherweise ist diese Interpretation auch die einzige Möglichkeit, um die §§ 6 und 7 StellenbesG und die darauf basierende SchablonenVO in verfassungskonformer Auslegung „zu retten".

Abseits der noch anzustellenden Überlegungen zur möglichen Verfassungswidrigkeit der §§ 6, 7 StellenbesG und der SchablonenVO ist die Frage nach dem rechtlichen Schicksal solcher Anstellungsverträge von Bedeutung, bei denen sich die Vertragspartner nicht an die Vorgaben der SchablonenVO gehalten haben.

Nowotny[614] meint, ein Verstoß gegen die SchablonenVO bei Ausgestaltung des Anstellungsvertrages führe nicht zur Nichtigkeit, *„weil Normadressat die Gesellschaft ist".* Allenfalls hafte der Aufsichtsrat für Schadenersatz, wenn *„bewiesen werden kann, dass das betreffende Mitglied des Vorstandes auch einen der VO entsprechenden Vertrag akzeptiert hätte".* Unter Verweis auf *Nowotny* meint auch

---

[612] Aktienoptionspläne hat der Verordnungsgeber der SchablonenVO nämlich *nicht* als zulässige Vertragsbestandteile aufgezählt und dabei möglicherweise „vergessen", dass in den Anwendungsbereich der VO und des StellenbesG auch börsenotierte Gesellschaften (aktuell zB die Verbund Gesellschaft) fallen.

[613] So offenbar auch – ohne das Problem näher zu reflektieren – *Eiselsberg/Prohaska-Marchried*, ecolex 1998, 321, die davon sprechen, dass ein Regierungsbeschluss über Vertragsschablonen (damals war die VO noch nicht erlassen) *„aus aktienrechtlicher Sicht einen Eingriff in die Autonomie des Aufsichtsrates für den Abschluss von Anstellungsverträgen mit Vorstandsmitgliedern bedeutet"* und dies umso schwerer wiege, *„als die Vertragsschablonen der Bundesregierung den Aufsichtsrat seiner aktienrechtlichen Verantwortung nach § 99 AktG nicht entheben".*

[614] In Doralt/Nowotny/Kalss, AktG² § 75 Rz 14.

Kalss,[615] dass ein Verstoß gegen die SchablonenVO nicht zur Nichtigkeit des Vertrags führe, der Aufsichtsrat aber schadenersatzpflichtig werden könne.

200 Das kann – zumal in dieser allgemeinen Form – mE aber nicht überzeugen. Vor allem kann die Verneinung der Nichtigkeit nicht einfach damit begründet werden, dass es sich um ein „an die Gesellschaft" (in der AG also an den Aufsichtsrat, der die Gesellschaft bei Abschluss der Vorstandsverträge vertritt) gerichtetes Gebot handelt. Außerdem läuft diese Sichtweise auf eine petitio principii hinaus, weil ja gerade fraglich ist, *ob* sich das Verhaltensgebot *nur* an die Gesellschaft/den Aufsichtsrat richtet. Anders als bei der nach dem StellenbesG normierten Verpflichtung zur Durchführung einer Ausschreibung und Entscheidung für den „Bestqualifizierten" (dazu ausführlich Rz 19 ff, 21, 28 f) kommt hier der Geschäftsleiter, um dessen Anstellungsvertrag es geht, durchaus auch als Normadressat in Frage, handelt es sich doch um zumindest zum Teil präzise Ge- bzw Verbote.

201 Es stellt sich im Grunde dasselbe Problem, das das Schrifttum (und teilweise auch die Rsp) in Bezug auf § 78 Abs 1 AktG (und in Deutschland betreffend § 87 Abs 1 dAktG) seit Jahrzehnten beschäftigt: Welche Rechtsfolgen haben „überhöhte" Vorstandsbezüge, bei denen das Angemessenheitsgebot des § 78 Abs 1 AktG (krass) verletzt wird? Während die überwiegende – und vor allem ältere – Meinung sowohl in Deutschland als auch in Österreich bei überhöhten Bezügen nicht die Unwirksamkeit des Vertrages oder der Vergütungsabrede annimmt, aber Schadenersatzansprüche insbesondere gegen den Aufsichtsrat für möglich hält, ist in neuerer Zeit die Sichtweise im Vordringen begriffen, dass auch das Vorstandsmitglied beim Abschluss seines eigenen Anstellungsvertrages die Interessen der Gesellschaft zumindest so weit wahren muss, dass es krasse Überschreitungen des dem Aufsichtsrat eingeräumten Ermessensspielraumes nicht zum eigenen Vorteil ausnützt. Nimmt man eine solche Verpflichtung an (und die besseren Gründe sprechen wohl dafür; siehe Rz 250) dann hat dies auch Konsequenzen für den Fall der Behandlung der Vergütungsabrede bei einem Pflichtverstoß. Denn es drängt sich dann geradezu auf, bei gravierender Ermessensüberschreitung des Aufsichtsrates – die man sich zivilrechtlich eingebettet nur als Vollmachtsmissbrauch vorstellen kann – die Vergütungsabrede wegen Kollusion als unwirksam zu betrachten.[616]

Während sich die Grenzen des Angemessenheitsgebotes in § 78 Abs 1 AktG nicht arithmetisch präzise festlegen lassen – weshalb auch die Sichtweise des OGH ganz zutreffend ist, nur eine *„eklatante Überschreitung des Ermessensspielraumes"* als haftungsbegründend anzusehen –,[617] sind die Grenzen nach der SchablonenVO (wie immer man zu ihr rechtspolitisch und verfassungsrechtlich stehen

---

[615] In Kalss/Nowotny/Schauer, Gesellschaftsrecht Rz 3/286 ohne eigene Begründung.
[616] Vgl zB *Fleischer* in Spindler/Stilz, AktG § 87 Rz 29; sehr ausführlich *Spindler* in MünchKommAktG[4] § 87 Rz 135 ff, 140; *Dreher*, AG 2006, 213 (219); *Lutter*, ZIP 2006, 733 (735); *Semler* in FS Happ 277 (282 f); *Fonk* in Semler/v. Schenck, ARHdb[4] § 10 Rz 120 mwN; allgemein zum Meinungsstand betreffend die zivilrechtliche Behandlung überhöhter Vorstandsvergütungen zB *W. Graf*, Rechtsfolgen unzulässig hoher Vorstandsbezüge, RdW 2007, 515.
[617] So OGH 7 Ob 58/08t GesRZ 2008, 378 (*Kalss/Zollner*) = wbl 2008, 598 (*U. Torggler*) = ecolex 2008, 926 (*Reich-Rohrwig*) = GeS 2008, 356 (*Schopper/Kapsch*); kritisch *U. Torggler*, wbl 2008, 603, der *„jede"* Überschreitung des Ermessensspielraumes als rechtswidrig

mag) zumindest in manchen Punkten ganz scharf gezogen. Das kann anhand folgender Beispiele leicht dokumentiert werden: Unfallversicherungen dürfen nur für den Versicherungsfall des Todes in der Höhe maximal eines Jahresbruttogehaltes (ohne Prämien und geldwerte Sachzuwendungen) und für den Versicherungsfall der dauernden Invalidität in der Höhe maximal zweier Jahresbruttogehälter vereinbart werden (§ 2 Abs 3 Z 6 SchablonenVO). Diensterfindungen des Leitungsorgans müssen ohne Anspruch auf ein gesondertes Entgelt dem Unternehmen gehören (§ 2 Abs 3 Z 11 SchablonenVO). Der Urlaub darf maximal 36 Werktage im Jahr betragen, und als Verjährungsfrist darf keine für das Vorstandsmitglied günstigere als die im UrlG verankerte vereinbart werden (§ 2 Abs 3 Z 12 SchablonenVO). Für den Fall der Arbeitsverhinderung durch Krankheit, Arbeitsunfall oder Berufskrankheit kann eine Fortzahlung des laufenden Bezuges bis zum maximalen Ausmaß von sechs Monaten vorgesehen werden (§ 2 Abs 3 Z 13 SchablonenVO). Ein Abfertigungsanspruch darf maximal wie im AngG vereinbart werden, und durch eine – grundsätzlich zulässige – Vordienstzeitenanrechnung darf der nach dem AngG (gemeint ist der alte § 23 AngG) höchstzulässige Anspruch (dies ist ein Jahresbezug) nicht überschritten werden. Unterliegt der Anstellungsvertrag den Regelungen der „Abfertigung neu", ist die Vereinbarung einer Abfertigungsregelung unzulässig (§ 2 Abs 3 Z 14 lit a bis c SchablonenVO). Als Pensionszusage sind nur Pensionskassenzusagen und die in einer Lebensversicherung bestehende Zusage (iSd § 12 BPG), nicht aber eine direkte Leistungszusage zulässig (§ 3 Abs 1 Z 2 SchablonenVO), und der zur freiwilligen Pensionsvorsorge zu leistende Beitrag des Unternehmens in die Pensionskasse und eine zur freiwilligen Pensionsvorsorge zu leistende Versicherungsprämie dürfen zusammen 10 % des Jahresbruttogehaltes ohne erfolgsabhängige Prämie und geldwerte Sachzuwendungen nicht überschreiten (§ 3 Abs 1 Z 4 SchablonenVO).

Gleichgültig, ob man diese Vorschriften als Zivilrechtsnormen deutet oder als vollmachtsbeschränkendes Organisationsrecht,[618] wäre die Konsequenz die (Teil-)Nichtigkeit der Vertragsbestimmung. Sieht man die genannten Bestimmungen als zivilrechtliche Verbotsnorm, dann ist die Rechtsfolge wegen § 879 ABGB klar, wobei sich die Reichweite der Nichtigkeit nach dem Verbotszweck bestimmt.[619] Bei den aufgezählten „Höchstarbeitsbedingungen" erfordert der Verbotszweck sicher nicht die Nichtigkeit des gesamten Anstellungsvertrages, denn Gesetz und

---

ansehen möchte, was aber eher ein Streit um Worte ist und nicht wirklich überzeugt (*G. Schima* in FS Binder 827).

[618] Zur zweitgenannten Ansicht tendiert *Wilhelm*, ecolex 1998, 828.

[619] Vgl *Krejci* in Rummel/Lukas, ABGB⁴ § 879 Rz 514; *Riedler* in Schwimann/Kodek, ABGB⁴ § 878 Rz 3, aus der Rsp OGH 2 Ob 173/12y ecolex 2013/271 (*Wilhelm*); OGH 1.4.2009, 9 ObA 126/08g – dort für Gesamtnichtigkeit; zu dieser E *Wagnest*, Nichtigkeit von Ausbildungskostenrückersatzklauseln, ASoK 2009, 324; vgl auch näher *G. Schima*, Zustimmungsrechte des BR nach dem „KVI" rechtsunwirksam, RdW 1995, 101 (105 f) mit Kritik an OGH 15.9.1994, 8 ObA 276/94, RdW 1995, 107 ff = ecolex 1994, 831 f (*Hainz*), in der das Höchstgericht die Frage der Teil- oder Gesamtnichtigkeit nicht nach dem Verbotszweck, sondern nach dem hypothetischen Parteiwillen – wenn auch im Ergebnis zutreffend – beurteilt hatte. Vgl jüngst auch den etwas alternativen (mE aber keine wirklich neuen Erkenntnisse zu Tage fördernden) Ansatz von *Schneller*, Total- oder Teilnichtigkeit? Kritische Anmerkungen zum „Verbotszweck", DRdA 2010, 103.

VO wollen ja nur verhindern, dass in „staatsnahen" Unternehmen Personen tätig werden, denen vermögenswerte Zusagen über ein bestimmtes Ausmaß hinaus gemacht werden.[620] Einen Rückgriff auf den hypothetischen Parteiwillen, dh die Beurteilung danach, ob die Parteien den „Restvertrag" auch geschlossen hätten, wird man hier – bei klassischer Verbotswidrigkeit – nicht nehmen können.[621]

Deutet man mit *Wilhelm*[622] die dargestellten „Höchstarbeitsbedingungen" der SchablonenVO dagegen als Vollmachtsbeschränkungen beinhaltendes Organisationsrecht, ist die Rechtsfolge der (Teil-)Unwirksamkeit bei Verstoß ebenfalls nicht zweifelhaft. Die Vollmachtsüberschreitung ist ja auch ganz leicht feststellbar. Selbst wenn man die Beschränkungen in der SchablonenVO – wie dies *Nowotny*[623] vorzuschweben scheint – nur als (in der AG) an den Aufsichtsrat gerichtete Verhaltensnormen, das heißt als Beschränkungen des Innenverhältnisses qualifiziert, wird in den meisten Fällen des Verstoßes gegen klare Begrenzungen in der SchablonenVO Teilnichtigkeit wegen Kollusion (im Sinne der moderneren, beim Dritten nicht mehr Vorsatz fordernden Dogmatik) vorliegen. Dem Vorstandsmitglied sind nämlich die Vorgaben der SchablonenVO entweder positiv bekannt oder es ist ihm deren Unkenntnis mE zumindest als grobe Fahrlässigkeit vorzuwerfen.[624]

In besonderen Fällen (die vermutlich nicht die Regel sein werden, aber vorkommen können und in der Praxis auch schon vorgekommen sind), kann – wie schon dargestellt – eine Kollision zwischen den Vorgaben des StellenbesG und der SchablonenVO einerseits und dem aktienrechtlichen Sorgfaltsgebot für den Aufsichtsrat mit der Verpflichtung, den bestgeeigneten Vorstand zu finden, andererseits, dazu führen, dass der Aufsichtsrat Konzessionen machen muss, die von der SchablonenVO nicht gestattet sind. Die Vermeidung einer offenen Kollision mit der VO durch Erhöhung der – zumindest von der SchablonenVO der Bundesregierung nicht tangierten – Fixbezüge wird dem aktienrechtlichem Sorgfaltsgebot nicht immer entsprechen.[625]

---

[620] Dass dieser Zweck zumindest bei der SchablonenVO der österreichischen Bundesregierung (also für vom Bund kontrollierte Unternehmen) schon deshalb nicht wirklich erreicht werden kann, weil die SchablonenVO der Bundesregierung – anders als diverse VO in den Ländern (zB Steiermark, Burgenland) – keine betraglichen Höchstgrenzen für den Jahresbezug beinhalten, steht auf einem anderen Blatt. Der Aufsichtsrat kann daher dem Vorstandsmitglied zwar nur eine Pensionszusage machen, bei der die Beitragsleistung 10 % des Fixbetrages nicht übersteigt; er kann aber gleichzeitig – im Rahmen des durch § 78 Abs 1 AktG gezogenen Ermessens – das Fixum so anheben, dass wirtschaftlich damit dem Wunsch des Vorstandsmitgliedes nach einer deutlich höheren (zB einer Beitragsleistung von 35 % des Fixums entsprechenden) Pension Rechnung getragen wird.

[621] Vgl dazu näher *G. Schima*, RdW 1995, 101 (105 ff) mwN: dieser käme nur dann in Betracht, wenn der Verbotszweck weder für noch gegen die Restgültigkeit bzw die gänzliche Unwirksamkeit spricht.

[622] *Wilhelm*, ecolex 1998, 828.

[623] *Nowotny* in Doralt/Nowotny/Kalss, AktG² § 75 Rz 14, der diese Konsequenz aber nicht zieht.

[624] Vgl zur Unwirksamkeit wegen Kollusion bei „objektiver Evidenz" des Missbrauches zB OGH 1 Ob 576/85 SZ 58/123; 6 Ob 622/85 SZ 60/150 = wbl 1987, 342; OGH 4 Ob 544/90 RdW 1991, 76.

[625] Man braucht ja nur an folgendes Beispiel denken: Ein hochqualifizierter Bewerber (zB aus dem Ausland), der über beeindruckende Sanierungserfahrung verfügt, ist bereit, die Positi-

Die §§ 6, 7 StellenbesG und die SchablonenVO begegnen mE gravierenden **203** verfassungsrechtlichen Bedenken.

Diese beruhen auf zwei unterschiedlichen Gesichtspunkten. Zum einen determiniert das StellenbesG den Inhalt der SchablonenVO praktisch gar nicht, sondern gibt nur bei betrieblichen Pensionsleistungen eine ganz grobe Richtschnur, sodass insgesamt der Eindruck einer sogenannten „formalgesetzlichen Delegation" erweckt wird.[626]

Zum anderen bestehen Bedenken im Hinblick auf den Gleichheitssatz des Art 7 B-VG und auch in Richtung Art 6 StGG (Freiheit der Erwerbsausübung). Die §§ 6, 7 StellenbesG und die Schablonen VO greifen tief in die Autonomie des Aufsichtsrates betreffend den Abschluss von Anstellungsverträgen mit Vorstandsmitgliedern ein,[627] und für diesen Eingriff fehlt eine sachliche Rechtfertigung. Dass das Interesse von Gebietskörperschaften, ihr in Unternehmensbeteiligungen verkörpertes Eigentum durch Einsetzung des bestmöglichen und nicht sachlich überdotieren Managements zu sichern, mehr Schutz verdient als das diesbezügliche Interesse privater Eigentümer, lässt sich nicht ernsthaft vertreten. In der Realität wirkt sich das durch StellenbesG und SchablonenVO errichtete Regime aber – wie oben deutlich gemacht wurde – in die *gegenteilige* Richtung aus: Die erwähnten Normen beschränken den Spielraum des Aufsichtsrates, die bestqualifizierten Bewerber für das Vorstandsamt engagieren zu können. Die Bestqualifizierten stellen – dies gehört zu den banalen Erkenntnissen einer Marktwirtschaft – üblicherweise auch die höchsten Forderungen. Bedacht werden muss ja, dass vom StellenbesG und der SchablonenVO auch Unternehmen betroffen sind, die im internationalen Wettbewerb stehen und teilweise sogar börsenotiert sind. Dürfte nun ein solches Unternehmen – anders als alle Mitbewerber – zB Aktienoptionen als wichtigen Anreiz für Führungskräfte[628] nicht einsetzen, hätte es Wettbewerbsnachteile zu erleiden. Dass diese Kritik potenziert zutrifft auf diverse Länder-SchablonenVO (zB Steiermark, Burgenland), in denen sogar Gesamt-Jahreshöchstbezüge (in Form der Knüpfung an den Bezug des Landeshauptmannes bzw von Landesräten) vorgesehen sind,[629] versteht sich von selbst.

---

on des Vorstandsvorsitzenden in einer der SchablonenVO unterliegenden börsenotierten Gesellschaft zu einem eher moderaten Festbezug zu übernehmen, verlangt aber ein umfangreiches Aktienoptionspaket, mit dem er viel Geld freilich nur dann würde verdienen können, wenn sich sehr ehrgeizig getroffene Annahmen betreffend die Verbesserung der Unternehmensergebnisse realisieren. In so einer Situation darf der Aufsichtsrat mE nicht einfach unter Hinweis auf die SchablonenVO und deren Nichterwähnung von Aktionoptionen das Ansinnen des Bewerbers abschlägig beantworten und stattdessen eine Vervierfachung der Festbezüge anbieten.

[626] Vgl dazu zB *Mayer/Kucsko-Stadlmayer/Stöger*, Bundesverfassungsrecht[11] (2015) Rz 573, 598; VfGH G 70/84 VfSlg 10.179.

[627] So auch *Eiselsberg/Prohaska-Marchried*, ecolex 1998, 321.

[628] Über die Sinnhaftigkeit und rechtspolitische Beurteilung dieses Anreizes mag man geteilter Meinung sein; der daran manchmal geäußerten „Fundamental-Kritik" kann aber durch entsprechend intelligente Gestaltung relativ leicht der Wind aus den Segeln genommen werden.

[629] Auch davon sind zumindest vereinzelt börsenotierte Gesellschaften betroffen.

Mag man einer Gebietskörperschaft noch das „Recht zur Selbstschädigung" zuerkennen, so trifft dies nicht zu, wenn und soweit außenstehende Gesellschafter/ Publikumsaktionäre, etc an der Gesellschaft beteiligt sind.

Es wäre der Praxis mE förderlich, wenn die beanstandeten Normen im StellenbesG und die SchablonenVO vor dem VfGH überprüft würden.

3. Regelung der Tätigkeit des Vorstandsmitgliedes

a) Ressortvergabe

204 In Rz 120 wurde bereits dargelegt, dass es bei Existenz eines mehrgliedrigen Vorstandes nicht nur ein Recht, sondern bei richtigem Verständnis eine *Pflicht* des Aufsichtsrates ist, die Geschäfte unter den Vorstandsmitgliedern aufzuteilen. Dies sollte natürlich weitgehend im Konsens und vor allem unter Einbindung des Vorstandsvorsitzenden geschehen.

Die Anstellungsverträge enthalten üblicherweise keine nähere Beschreibung des vom betroffenen Vorstandsmitglied geleiteten Ressorts, sondern verweisen idR auf die vom Aufsichtsrat beschlossene Geschäftsverteilung (manchmal mit dem Zusatz *„in der jeweils geltenden Fassung"*).

Ein vertragliches *Recht* des Vorstandsmitgliedes auf ein bestimmtes Ressort oder gar einen ganz konkreten, mit dem Ressort verbundenen Aufgabenumfang kann nur bejaht werden, wenn sich das aus dem Anstellungsvertrag deutlich ergibt. Verweise auf die Geschäftsordnung, die der Aufsichtsrat beschlossen hat – aber auch die demonstrative Aufzählung von Agenden im Vorstandsvertrag selbst – sind mE im Zweifel dynamisch und nicht statisch zu verstehen.[630]

Zulässig ist die Abgabe einer vertraglichen Zusage mit dem Inhalt der Übertragung einer ganz bestimmten Ressortverantwortung; jener Meinung, die die Zulässigkeit im Hinblick darauf bestreitet, damit würde in die Geschäftsordnungskompetenz des Aufsichtsrates eingegriffen,[631] ist nicht zu folgen.[632] Der Aufsichtsrat büßt mit einer solchen Zusage seine Beschlusskompetenz nicht ein; verstößt er aber mit einer Änderung der Geschäftsverteilung gegen ein vertragliches Recht des Vorstandsmitgliedes (und liegt auch nicht jene Situation vor, in der letzteres ungeachtet der Einräumung eines solchen Rechts die Verpflichtung trifft, in erforderliche Anpassungen einzuwilligen – zB bei einer durch Unternehmenszukäufe erforderlich werdenden Erweiterung des Vorstandes oder auch im umgekehrten Fall), dann ergeben sich bloß die aus einer Vertragsverletzung auch sonst resultierenden Konsequenzen: das Vorstandsmitglied kann sein Amt niederlegen und den Vertrag fristlos auflösen.[633] Hält man mit der (wenn auch nicht überzeugenden) hA die Bestellung von Vorstandsmitgliedern nur im Plenum des Aufsichtsrates für zulässig (siehe ausführlich Rz 43 ff), dann müsste die Abgabe einer anstellungsvertraglichen Zusage betreffend die Zuweisung eines bestimmten Ressorts

---

[630] Vgl diesbezüglich noch zurückhaltender *Runggaldier/G. Schima*, Führungskräfte 103 f, 119 ff.
[631] Vgl dazu für Deutschland zB *Wiesner* in MünchHdbGesR[4] § 22 Rz 27 .
[632] Wie hier auch *Kort* in GroßkommAktG[5] § 77 Rz 93 f; *Lutter/Krieger/Verse*, Rechte und Pflichten des Aufsichtsrates[6] § 7 Rz 455, 457.
[633] *Ch. Nowotny* in Doralt/Nowotny/Kalss, AktG[2] § 70 Rz 25; *Lutter/Krieger/Verse*, Rechte und Pflichten des Aufsichtsrates[6] § 7 Rz 455, 457.

konsequenter Weise freilich ebenfalls die Befassung des gesamten Aufsichtsrates erfordern.[634] Denn es handelte sich ja um eine im Grunde untrennbar mit der Bestellung verknüpfte Regelung.

In Anbetracht dessen empfiehlt es sich aus der Sicht der Gesellschaft *nicht*, das dem Vorstandsmitglied zugewiesene Ressort im Anstellungsvertrag möglichst ausführlich zu umschreiben, weil damit das Risiko anstellungsvertraglicher Verfestigung tendenziell größer wird.[635]

b) Konzernmandatsklauseln

In Anstellungsverträgen mit Vorstandsmitgliedern und Geschäftsführern, die Teil einer Unternehmensgruppe sind, ist die Aufnahme von sogenannten „Konzernmandatsklauseln" geradezu zur Vertragssitte geworden.[636]

205

Inhalt dieser Klauseln ist es, dass das Vorstandsmitglied während der Dauer seines Mandats bzw des Anstellungsvertrages verpflichtet ist, Mandate in anderen konzernangehörigen Unternehmen – insbesondere als Aufsichtsratsmitglied oder Geschäftsführer von Tochter- und Beteiligungsgesellschaften – ohne gesondertes Entgelt zu übernehmen und diese Funktionen auf jederzeitiges Verlangen der Gesellschaft unverzüglich zurückzulegen.[637] Meist wird in den von der Praxis verwendeten Klauseln die Verpflichtung zur Übernahme zusätzlicher Mandate davon abhängig gemacht, dass dies für das Vorstandsmitglied im Hinblick auf seine Ausbildung und Erfahrung sowie den erwarteten Tätigkeitsumfang und das mögliche Haftungsrisiko *zumutbar* ist.[638]

---

[634] Vgl für Deutschland zB *Lutter/Krieger/Verse*, Rechte und Pflichten des Aufsichtsrates⁶ § 7 Rz 389 4; *Mertens/Cahn* in KölnKommAktG³ § 84 Rz 49; *Wiesner* in MünchHdbGesR⁴ IV § 21 Rz 21.

[635] Nach § 2 Abs 3 Z 2 Schablonen VO „ist im Anstellungsvertrag der Inhalt der Tätigkeit (zB Vorstandsmitglied/Geschäftsführer zuständig für die Bereiche […] unter Anführung der rechtlichen Grundlagen (Gesetz, Satzung, Geschäftsordnung, Anstellungsvertrag) möglichst genau zu umschreiben". Dies ist ein weiterer Beleg für das fehlende Problembewusstsein des Verordnungsgebers. Ausschlaggebend für diese Regelung dürfte wohl die Vorstellung gewesen sein, dass es auf diese Art und Weise (zB dem Rechnungshof) leichter fallen würde, die für Fehlentwicklungen verantwortlichen Vorstandsmitglieder zu identifizieren. Dafür bedarf es aber nicht der Umschreibung der Tätigkeit im Anstellungsvertrag, weil damit bloß das Risiko des Erwerbs vertraglicher Rechte des Geschäftsleiters verbunden ist, was die Schablonen VO sicher nicht bezweckt.

[636] Wie die Praxis zeigt, wird dabei ganz überwiegend der Muster-Vertragstext von *Runggaldier/ G. Schima*, Führungskräfte 270 bzw *Runggaldier/G. Schima*, Manager-Dienstverträge³ 198 verwendet. Nicht durchgesetzt hat sich in der Praxis die in Abs 4 dieses Muster-Vertragstextes verankerte Verpflichtung des Vorstandsmitglieds, zur Sicherung der Verpflichtung zum jederzeitigen Rücktritt von der Funktion bereits blanko unterschriebene Rücktrittserklärungen der Gesellschaft zu übergeben. Eine solche Regelung ist in der Tat nicht ganz unproblematisch. In der Neuauflage (*Runggaldier/G. Schima*, Manager-Dienstverträge⁴ [2014] 236) ist diese Regelung in Pkt III. Abs 4 des Mustervertrags mit einem AG-Vorstandsmitglied gleichwohl weiterhin enthalten.

[637] Vgl ausführlich zu dieser Art von Klauseln *Runggaldier/G. Schima*, Führungskräfte 104 ff; *Runggaldier/G. Schima*, Manager-Dienstverträge⁴ 42 ff.

[638] So auch Pkt III. des Mustervertrags bei *Runggaldier/G. Schima*, Manager-Dienstverträge⁴ 236; dazu näher *Runggaldier/G. Schima*, Manager-Dienstverträge⁴ 42 ff, 248 f.

206 Teilweise ist die Wirksamkeit solcher Konzernmandatsklauseln im Hinblick auf die in § 70 Abs 1 AktG verbriefte Unabhängigkeit und Weisungsfreiheit des Vorstandes in Zweifel gezogen worden.[639] Anlassfall war die vom OGH zu beurteilende Entlassung eines Vorstandsmitgliedes, die ua darauf gestützt wurde, dass das Vorstandsmitglied, in dessen Anstellungsvertrag eine „Konzernmandatsklausel üblichen Zuschnitts" enthalten war,[640] einer aus dieser Klausel abgeleiteten „Weisung" nicht nachgekommen war, Mandate in verbundenen Unternehmen niederzulegen.

Dass solche Konzernmandatsklauseln in einem Spannungsverhältnis zu § 70 Abs 1 AktG stehen oder zumindest stehen können, ist nicht zu verkennen und hat auch der OGH, der sich schon aufgrund des Einwandes des entlassenen Klägers damit auseinandersetzen musste, richtig erkannt.[641]

Der OGH ergriff zwar die Gelegenheit, um sich der hA zur beschränkten Zulässigkeit von Weisungsklauseln in Beherrschungsverträgen oder Anstellungsverträgen anzuschließen,[642] soweit dadurch das dem Vorstand anvertraute Unternehmensinteresse (§ 70 Abs 1 AktG) nicht beeinträchtigt werde, und begründete dies mit dem *„beträchtlichen Interesse der Wirtschaft an funktionierenden Konzernen"*, nahm aber zur Wirksamkeit der konkreten Konzernmandatsklausel und ihrer Vereinbarkeit mit § 70 Abs 1 AktG nicht Stellung, weil das Vorliegen eines Entlassungsgrundes schon aus anderen Gründen – im Ergebnis mE völlig zutreffend[643] – verneint wurde.

Jabornegg meint nun, die Konzernmandatsklausel sei schon grundsätzlich wegen Verstoßes gegen § 70 Abs 1 AktG unwirksam, weil sie *„den Vorstand in Geschäftsführungsfragen überhaupt zu binden versucht"*, wobei diese – nach Meinung von *Jabornegg* unzulässige – *„Vorgabe betreffend die Geschäftsleitung des abhängigen Unternehmens"* bereits aus der bloßen Einbeziehung der Klausel in den Anstellungsvertrag des Vorstandsmitgliedes resultiere.[644] Eine Ausnahme sei – so *Jabornegg* – nur bei einer gemäß § 75 Abs 4 AktG erklärten Abberufung des Vorstandsmitgliedes aus wichtigem Grund zu machen, weil man annehmen müsse, dass in solchen Fällen das Vorstandsmitglied Organfunktionen in anderen Konzerngesellschaften schon von Gesetzes wegen zurücklegen müsse, *„die mit der (bisherigen) Vorstandsfunktion untrennbar verbunden sind."* Andernfalls würde der Zweck der Abberufung vereitelt. Nur soweit im Anstellungsvertrag diese sich schon kraft Gesetzes anzunehmende Mitwirkungspflicht des Vorstandsmitgliedes im Zusammenhang mit seiner eigenen Abberufung geregelt werde, bestünde gegen die Konzernmandatsklausel kein Einwand. Sähe diese aber die Möglichkeit vor, vom Vorstandsmitglied *„jederzeit"*, also auch während aufrechter Organfunk-

---

[639] Vgl *Jabornegg*, Anm zu OGH 28.9.2007, 9 Ob A 28/07v, DRdA 2009, 497.
[640] Auch in diesem Anlassfall wurde das Vertragsmuster von *Runggaldier/G. Schima*, Führungskräfte 270, verwendet.
[641] Dieser Aspekt wurde von mir vor knapp 25 Jahren in *Runggaldier/G. Schima*, Führungskräfte 104 ff, in der Tat kaum behandelt.
[642] Vgl dazu ausführlich *Runggaldier/G. Schima*, Manager-Dienstverträge⁴ 7 ff; *Runggaldier/G. Schima*, Führungskräfte 20 ff; *Krejci*, ÖZW 1988, 66 ff.
[643] Zust auch *Jabornegg* DRdA 2009, 502 f.
[644] *Jabornegg*, DRdA 2009, 502 f.

tion, die Zurücklegung von Mandaten zu verlangen, bleibe es bei der Nichtigkeit der Klausel. Denn in diesem Fall seien *„auch die weiteren Organfunktionen Teil der Unternehmensleitung der eigenen Gesellschaft und damit von der zwingenden Weisungsfreiheit nach § 70 Abs 1 AktG erfaßt."*[645]

Der Kritik von *Jabornegg* ist in dieser allgemeinen Form jedoch nicht zu folgen.

Zunächst muss klargestellt werden, dass der Anwendungsbereich von „Konzernmandatsklauseln" sich keineswegs auf Vorstandsverträge mit Vorstandsmitgliedern „beherrschter" Gesellschaften beschränkt, wenngleich der OGH und *Jabornegg* nur diesen Fall vor Augen zu haben scheinen. Daher ist auch die pauschale Verknüpfung mit § 70 Abs 1 AktG und dem Thema der „im Konzerninteresse" erteilten Weisungen problematisch.

Richtig ist, dass mittels Konzernmandatsklausel nicht „korrigierend" in das Recht und die Pflicht des Vorstandsmitgliedes eingegriffen werden kann, die Geschäfte der Gesellschaft zu führen. Diese Verpflichtung umfasst bei korrektem Verständnis auch die Leitung bzw Überwachung und Kontrolle von nachgeordneten Gesellschaften[646] – was mit dem Begriff „Konzernleitungspflicht" etwas missverständlich umschrieben, zumindest aber als „Konzernkoordinierungspflicht" zu begreifen ist.[647] Mit anderen Worten: das Vorstandsmitglied einer Aktiengesellschaft, die über diverse, zumindest mehrheitlich kontrollierte Tochter- und Enkelgesellschaften verfügt, ist auch ohne Konzernmandatsklausel *verpflichtet,* sich selbst und gegebenenfalls auch durch Übernahme geeigneter Funktionen (als Geschäftsführer oder Aufsichtsratmitglied) in die Lage zu versetzen, die anderen Konzerngesellschaften wirksam zu kontrollieren.[648] Eine Weisung, die das Vorstandsmitglied bei *aufrechtem Mandat* dazu anhält, *dieser* Verpflichtung nicht mehr oder nur mehr eingeschränkt nachzukommen und zur Erfüllung dieser Verpflichtung erforderliche Funktionen aufzugeben, ist mit § 70 Abs 1 AktG in der Tat unvereinbar und kann insoweit auch nicht auf eine anstellungsvertragliche Konzernmandatsklausel gestützt werden. Daraus folgt für *diese* Fallkonstellation, dass – im Einklang mit *Jabornegg* – bei Beendigung des Mandats (auch wenn die Abberufung bekämpft wird und gemäß § 75 Abs 4 AktG nur vorläufig wirksam ist) das Vorstandsmitglied zur Aufgabe anderer in Ausübung der Geschäftsleitungspflicht in der eigenen Gesellschaft übernommener Funktionen sehr wohl ange-

---

[645] *Jabornegg,* DRdA 2009, 502 f.
[646] Für eine weitreichende Leitungspflicht grundlegend *Hommelhoff,* Die Konzernleitungspflicht (1982) 43 ff, 165 ff, 184 ff; ähnlich *Lutter,* Stand und Entwicklung des Konzernrechts in Europa, ZGR 1987, 324 ff, 349 ff; *Wiesner* in MünchHdbGesR[4] IV § 19 Rz 38; aM zB *Fleischer* in Spindler/Stilz, AktG § 87 Rz 73.
[647] Vgl *Hüffer/Koch,* AktG[11] § 76 Rz 46 ff; *Kort* in GroßkommAktG[5] § 76 Rz 177; *Hopt* in GroßkommAktG[5] § 93 Rz 204; *Spindler* in MünchKommAktG[4] § 76 Rz 42 ff; *Fleischer* in Spindler/Stilz, AktG § 76 Rz 73 ff.
[648] Kontrolliert eine AG lauter GmbHs (eine nicht so seltene Konstellation), dann ist der Vorstand der Obergesellschaft ohnehin als Vertreter des Mehrheits- oder gar Alleingesellschafters selbst in der Lage, sich zum Geschäftsführer zu bestellen. Allenfalls bedarf dies nach der für die AG geltenden Geschäftsordnung der Zustimmung des Aufsichtsrates.

halten werden darf, weil sonst der Zweck der Abberufung vereitelt werden könnte.[649]

208 Anwendungsbereich sowie Sinn und Zweck von Konzernmandatsklauseln würden aber verkannt, wenn man nur diese Konstellation im Auge hätte. Denn es geht dabei in der Praxis auch um Mandate, deren Ausübung nicht mehr auf eine das Vorstandsmitglied schon nach dem AktG treffende „Geschäftsleitungspflicht" gestützt werden kann, wie zB die Übernahmen von Aufsichtsratsmandaten in Schwestergesellschaften.

Nicht nur für solche Fallkonstellationen, sondern auch für den gerade besprochen Fall der Ausübung von Mandaten, die bereits den Kern der Geschäftsleitungspflicht bilden, hat die typische Konzernmandatsklausel darüber hinaus einen zusätzlichen, von *Jabornegg* nicht behandelten Aspekt: Sie beinhaltet regelmäßig die Verpflichtung des Vorstandsmitgliedes, weitere Konzernmandate *ohne zusätzliches Entgelt* zu übernehmen und allfällige Vergütungsansprüche gegen die Drittgesellschaft an die eigene Gesellschaft abzutreten.[650] *Diese* Verpflichtung steht mit § 70 Abs 1 AktG auf keinen Fall im Widerspruch.[651]

209 Daraus ergibt sich folgendes Bild: Darüber, welche Konzernmandate ein Vorstandsmitglied annimmt, die ihm die Ausübung seiner Leitungsfunktion auch in beherrschten bzw abhängigen Gesellschaften ermöglichen, entscheidet grundsätzlich das Vorstandsmitglied wegen § 70 Abs 1 AktG selbst. Weigert es sich – zB aus Angst vor Haftung – jene Funktionen auszuüben, die bei verständiger Betrachtung für die Wahrnehmung der „Geschäftsleitungspflicht" in der Unternehmensgruppe erforderlich sind, verwirklicht das Vorstandsmitglied idR eine Abberufungsgrund (§ 75 Abs 4 1. Fall AktG). Umgekehrt kann der Aufsichtsrat bei aufrechtem Mandat, unabhängig davon, ob es sich um eine Konzernobergesellschaft oder eine beherrschte Gesellschaft handelt – nicht die Beendigung solcher „geschäftsleitungsnotwendiger Funktionen" verlangen.

Die anstellungsvertragliche Verpflichtung zur Übernahme von Mandaten, die die Geschäftsleitungspflicht des Vorstandsmitgliedes nicht tangieren – wie zB Aufsichtsratsmandate in Schwestergesellschaften – begegnet im Hinblick auf § 70 Abs 1 AktG keinerlei Bedenken. Der Aufsichtsrat kann zwar die tatsächliche Mandatsannahme (auch) in solchen Fällen nicht erzwingen; eine nicht sachlich (zB mit Arbeitsüberlastung, etc) begründete Weigerung kann aber als Verletzung einer zulässigerweise übernommen anstellungsvertraglichen Pflicht einen Abberufungsgrund bilden, der den in § 75 Abs 4 AktG demonstrativ genannten Gründen gleichwertig ist.

Die in Konzernmandatsklauseln typischerweise enthaltene Verpflichtung, die Funktionen unentgeltlich auszuüben und allfällige Vergütungsansprüche an die Gesellschaft abzutreten, wird von § 70 Abs 1 AktG ebenfalls nicht tangiert und kann auch die Basis für die Erhebung von Schadenersatzansprüchen gegen das

---

[649] *Jabornegg*, DRdA 2009, 502 f.
[650] Vgl die Musterklausel bei *Runggaldier/G. Schima*, Manager-Dienstverträge⁴ 236; so auch die Klausel im Anlassfall.
[651] § 2 Abs 3 Z 9 SchablonenVO schreibt die Vereinbarung einer diese Verpflichtung zur unentgeltlichen Ausübung beinhaltenden Konzernmandatsklausel sogar ausdrücklich vor.

Vorstandsmitglied sein, wenn dieses der Mandatsübernahmeverpflichtung ohne sachliche Rechtfertigung nicht nachkommt und dadurch Kosten wegen der Betrauung einer konzernfremden und zur unentgeltlichen Mandatsübernahme nicht bereiten Person entstehen.[652]

c) Wiederbewerbungs- und Konzernbeschäftigungsklauseln

Manchmal beinhalten Vorstands-Anstellungsverträge die Regelung, dass das Vorstandsmitglied nach Ablauf der Bestellungsdauer sich wieder um das Amt bewerben und eine Wiederbestellung zu mindestens gleich guten Konditionen annehmen muss, anderenfalls finanzielle „Sanktionen" in Form des Verfalls einer vertraglichen Abfertigung oder des betrieblichen Pensionsanspruches greifen.[653] Derartige Klauseln sind auch an § 1158 Abs 3 ABGB zu messen, weil diese Bestimmung richtigerweise auch auf solche freien Dienstverträge anzuwenden ist, in deren Rahmen der Dienstverpflichtete seine persönliche (gesamte) Arbeitskraft zur Verfügung zu stellen hat.[654] Die genannte Bestimmung regelt die Kündigungsmöglichkeiten bei befristeten (freien) Dienstverhältnissen und normiert, dass ein auf Lebenszeit oder mehr als fünf Jahre befristetes Dienstverhältnis nach Ablauf von fünf Jahren gekündigt werden können muss. Ist die einer Kündigung durch das Vorstandsmitglied gleichzuhaltenden Ablehnung einer Wiederbestellung jedoch mit rechtlichen bzw finanziellen Nachteilen verbunden, stellt sich die Frage, ob dadurch nicht die gesetzlich vorgesehene Kündigungsmöglichkeit zwar nicht vereitelt, aber unsachlich erschwert würde.

210

Sieht man einmal von diesen gerade erwähnten Bedenken ab, so kann der Verfall einer direkten Pensionsleistungszusage – solche Zusagen sind bei Vorstandsmitgliedern einer AG nicht vom BPG erfasst, weil es sich nicht um Arbeitnehmer handelt[655] – bei Verweigerung der Wiederbewerbung zulässigerweise vereinbart werden; die Regelung bedeutet nichts anderes als die Festlegung einer bestimmten Anwartschaftsdauer.[656]

Dasselbe gilt für den Verfall einer Abfertigung, die nur für die Vorstandstätigkeit gewährt werden soll und insoweit auch keine gesetzliche, sondern eine freiwillige Abfertigung ist. Denn wirtschaftlich ist bei einem befristeten Vorstandsvertrag das Unterbleiben der Wiederbestellung, weil das Vorstandsmitglied sich gar nicht um das Amt beworben hat, einer „Dienstnehmerkündigung" gleichzuhalten. Eine solche führt auch bei Arbeitnehmern nach dem alten § 23 Abs 7 AngG zum Verfall der Abfertigung – unabhängig davon, ob wegen einer länger als fünf-

---

[652] Ob die dritte Gesellschaft aus der anstellungsvertraglichen Zusage der unentgeltlichen Mandatsausübung nach Art eines echten Vertrages zu Gunsten Dritter Rechte erwirbt, kann hier nicht näher vertieft werden, ist aber denkbar.
[653] Vgl dazu *Runggaldier/G. Schima*, Führungskräfte 110 ff mwN.
[654] *Runggaldier/G. Schima*, Führungskräfte 111 f mit ausführlicher Begründung und Verweis auf die Diskussion auch in Deutschland.
[655] *Runggaldier/G. Schima*, Manager-Dienstverträge⁴ 166.
[656] Vgl *Petrovic*, Kommentar zu OGH 19. 3. 1985, 4 Ob 31/85, ZAS 1987, 18 (19); *Runggaldier/G. Schima*, Führungskräfte 113.

jährigen Dauer § 1158 Abs 3 ABGB überhaupt berührt wird. Eine Besserstellung von Vorstandsmitgliedern gegenüber Arbeitnehmern ist nicht geboten.[657]

Eine unzulässige Umgehung von § 1158 Abs 3 ABGB wäre aber in einer Regelung zu erblicken, wonach das bereits fünf Jahre für die Gesellschaft tätige Vorstandsmitglied im Falle einer Weigerung, sich wieder um das Amt zu bewerben bzw das Mandat (zu vergleichbaren Konditionen) anzunehmen, Schadenersatz bzw eine Konventionalstrafe zu entrichten hat. Denn das Interesse des Vorstandsmitgliedes an der Vermeidung überlanger Bindungen seiner nur persönlich zur Verfügung zu stellenden Arbeitskraft verdient ähnlichen Schutz wie das diesbezügliche Interesse eines Arbeitnehmers.[658]

211 Nicht immer sind Anstellungsverträge in der Praxis nur auf die Vorstandstätigkeit zugeschnitten. Dies ist zwar das „Regelmodell" und gelangt vor allem bei Vorstandsmitgliedern zur Anwendung, die von außerhalb des Unternehmens sofort ins Leitungsorgan geholt wurden; die Vertragspraxis kennt aber auch andere Gestaltungen.

Vor allem in kleineren Unternehmen und dann, wenn ein Vorstandsmitglied aus dem Kreis der (leitenden) Angestellten der Gesellschaft herausgewachsen ist, kommt es immer wieder vor, dass der bisherige (zB Prokuristen-)Dienstvertrag ohne größere inhaltliche Veränderung (manchmal nur mit einer Anhebung der Bezüge) für die Vorstandstätigkeit „weiterverwendet" wird. In solchen Fällen – die meist durch eher sorglose Vertragsgestaltung gekennzeichnet sind – stellen sich unter Umständen vielfältige Auslegungsprobleme. Im Fall der angesprochenen „Weiterverwendung" eines Angestellten-Dienstvertrages ohne nähere Regelung des Schicksals dieses Vertrages nach Beendigung der Vorstandstätigkeit bedarf es der Interpretation, um sagen zu können, ob die Gesellschaft nach Ablauf des Vorstandmandates berechtigt oder gar verpflichtet ist, dem (ehemaligen) Vorstandsmitglied eine andere adäquate Führungstätigkeit in der Gesellschaft oder in einem verbundenen Unternehmen anzubieten und ob das ehemalige Vorstandsmitglied eine damit korrespondierende Pflicht trifft oder ihm ein damit korrespondierendes Recht auf Ausübung einer solchen Tätigkeit zusteht.[659]

In vielen Fällen steht eine solche Klausel in der Praxis gar nicht zur Diskussion. Oft können sich Vorstandsmitglieder – also im obersten Segment tätige Manager – auch nicht vorstellen, jemals ein Interesse daran zu haben, nach Beendigung der Vorstandstätigkeit im selben Konzern „in der zweiten Reihe" als Führungskraft tätig zu sein. Bei multinationalen Unternehmensgruppen hat man diesbezüglich einen etwas entspannteren Zugang, zumal die realen Organisationsverfassungen solcher Unternehmensgruppen auf nationales Gesellschaftsrecht wenig Rücksicht nehmen. Mitglied des Vorstandes oder der Geschäftsführung einer nationalen Konzerngesellschaft zu sein, hat in einem solchen Umfeld nicht dieselbe Bedeutung, und nicht selten gibt es „directors", die in der Konzernhierarchie den Vorstandsmitgliedern der nationalen Konzerngesellschaft gleich- oder sogar übergeordnet sind.[660]

---

[657] Vgl *Runggaldier/G. Schima*, Führungskräfte 113 f.
[658] *Runggaldier/G. Schima*, Führungskräfte 114 f.
[659] *Runggaldier/G. Schima*, Führungskräfte 114 f.
[660] Dass genau mit einer solchen Organisation der Kernbereich des § 70 Abs 1 AktG berührt wird und sich vieles in derartigen Unternehmensgruppen auf der Basis rein faktischer Macht abspielt, unterliegt keinem Zweifel und soll hier nicht weiter vertieft werden.

Als „Altersabsicherung" können vertragliche Gestaltungen durchaus attraktiv 212 sein, die dem Vorstandsmitglied nach Beendigung des Mandats die Möglichkeit eines – idR den Kündigungsschutz des § 105 AVG genießenden – Anstellungsverhältnisses verschaffen. Unbedingt zu empfehlen ist eine möglichst präzise Vertragsgestaltung. Die künftige Tätigkeit als leitender Angestellter kann Jahre im Vorhinein meist nicht exakt vertraglich umschrieben werden, und daran hat die Gesellschaft auch kein gesteigertes Interesse, weil sie sich damit tendenziell zu stark bindet. Eine ungefähre Umschreibung des Einsatzgebietes und der dafür nötigen Qualifikationen und vor allem die möglichst genaue Regelung der Entgeltfragen sind aber unentbehrlich, um spätere Streitigkeiten zu vermeiden.

Gegen die Möglichkeit der Zusage einer an das Vorstandsmandat anschließen- 213 den Tätigkeit als leitender Angestellter in der Gesellschaft spricht nicht die auf Anstellungsvertrags- und Bestellungsagenden beschränkte Vertretungsmacht des Aufsichtsrates gemäß § 75 Abs 1 AktG. Denn der Aufsichtsrat ist auch gemäß § 97 Abs 1 AktG – nach hA neben dem Vorstand,[661] nach einer Minderheitsmeinung sogar exklusiv[662] – namens der Gesellschaft für den Abschluss von Verträgen mit den Vorstandsmitgliedern zuständig. Der Aufsichtsrat kann daher anlässlich des Abschlusses des Anstellungsvertrages mit dem Vorstandsmitglied einen an das Vorstandsmandat anschließenden Arbeitsvertrag vereinbaren. Der Vorstand selbst wäre dafür bei traditionellem Verständnis des § 97 Abs 1 AktG zwar *auch* zuständig, doch sollte dies aus Gründen der Interessentrennung unbedingt vermieden werden.

Möglich – und in der Praxis häufiger – ist auch die Gestaltung, dass bei der 214 Bestellung eines leitenden Angestellten zum Vorstandsmitglied zwar ein eigener Vorstands-Anstellungsvertrag abgeschlossen, der bisherige Angestellten-Dienstvertrag aber nicht beendet, sondern nur ruhend gestellt und mit der Abrede versehen wird, dass er nach Beendigung der Vorstandstätigkeit wieder auflebt. Auch hier ist größte Sorgfalt bei der Vertragsgestaltung geboten.[663] Vor allem die Entgeltfragen gehören klar geregelt. Als Modell bietet sich in der Praxis an, beim Angestellten-Entgelt nach Beendigung der Vorstandstätigkeit vom Entgelt vor Übernahme des Vorstandsmandates auszugehen und dieses für die Zeit während der Vorstandstätigkeit in einer möglichst klar definierten Form zu valorisieren.

Hat der Aufsichtsrat mit dem Vorstandsmitglied nicht vereinbart, dass er dieses 215 nach Beendigung des Vorstandsmandats anderweitig (als leitenden Angestellten) in der Gesellschaft oder in einem konzernverbundenen Unternehmen einsetzen kann,[664] besteht dieses Recht auch dann nicht, wenn das Vorstandsmitglied auf-

---

[661] Dazu ausführlich G. *Schima/Toscani*, JBl 2012, 482 (Teil I) und 570 (Teil II); *Kastner/Doralt/Nowotny*, Gesellschaftsrecht⁵ 257 FN 107; *Strasser* in Jabornegg/Strasser, AktG⁵ §§ 95–97 Rz 71, 80; *Reich-Rohrwig*, wbl 1987, 299.
[662] *Kalss* in Doralt/Nowotny/Kalss, AktG² § 97 Rz 7 f; *Cernicky*, Die Vertretung der Aktiengesellschaft gegenüber Vorstandsmitgliedern, GesRZ 2002, 179 (182).
[663] Vgl *Wachter*, Vom Angestellten zum Vorstandsmitglied, ecolex 1991, 714 (715 f); *Kalss* in Kalss/Nowotny/Schauer, Gesellschaftrecht Rz 3/281.
[664] Eine solche Vereinbarung kann sich auch – konkludent – daraus ergeben, dass ein leitender Angestellter zum Vorstandsmitglied bestellt und sein Angestellten-Dienstvertrag ohne weitere Anpassung auch der Vorstandstätigkeit zugrunde gelegt wurde. Ob die Gesellschaft nach

grund unverschuldeter Abberufung und entsprechender Restlaufzeit noch Anspruch auf die volle Vorstandsvergütung besitzt.[665]

Eine derartige Pflicht kann auch nicht aus nachwirkenden Treuepflichten als Vorstandsmitglied abgeleitet werden. Denn die Tätigkeit als (leitender) Angestellter ist etwas substantiell anderes als die Leitung der Gesellschaft als Mitglied des Vorstandes. Zu einer solchen Übernahme kann sich ein Vorstandsmitglied zwar bedenkenlos im Voraus verpflichten; eine implizite Verpflichtung, die der Gesellschaft bei einer unverschuldeten Abberufung helfen würde, „Geld zu sparen", ist aber abzulehnen.

4. Wettbewerbsverbot

216   Vorstandsmitglieder dürfen ohne Einwilligung des Aufsichtsrates weder ein Unternehmen betreiben noch Aufsichtsratsmandate in Unternehmen annehmen, die mit der Gesellschaft nicht konzernmäßig verbunden sind oder an denen die Gesellschaft nicht im Sinne des § 189a Z 2 UGB unternehmerisch beteiligt ist, noch im Geschäftszweig der Gesellschaft für eigene oder fremde Rechnung Geschäfte machen. Sie dürfen sich auch nicht an einer anderen unternehmerisch tätigen Gesellschaft als persönlich haftende Gesellschafter beteiligen (§ 79 Abs 1 AktG idF des RÄG 2014[666]).

217   Die Sanktionen im Falle eines Verstoßes sind denen nach dem AngG nachgebildet, dh Schadenersatz, Herausgabe des aus dem verbotenen Geschäft erlangten Vorteiles oder Abtretung des Vergütungsanspruches an die Gesellschaft bzw Ermöglichung des Eintrittes der Gesellschaft in das Geschäft (§ 79 Abs 2 AktG). Nicht ausdrücklich erwähnt ist als Sanktion die Abberufung aus wichtigem Grund und die vorzeitige Auflösung des Anstellungsvertrages, die sich aber schon aus § 75 Abs 4, erste Fall AktG (es handelt sich um eine Verletzung von Vorstandspflichten) ergibt.[667]

218   Die Genehmigungspflichtigkeit der Annahme von konzernfremden Aufsichtsratsmandaten kam erst mit dem GesRÄG 2005[668] ins Gesetz; sie hat nichts mit der Unterbindung von Konkurrenzierung zu tun, weil sie nicht auf Mandate in Konkurrenzunternehmen beschränkt ist, sondern dient dem Schutz der Gesellschaft vor zu vielen „ablenkenden Nebentätigkeiten".[669] Demgegenüber dürfte bei den auch schon vor dem GesRÄG 2005 verbotenen Tätigkeiten des Betreibens eines selbständigen Unternehmens und der Begründung einer Stellung als persönlich haftender Gesellschafter in einer unternehmerisch tätigen Gesellschaft das Mo-

---

einer Abberufung in einem solchen Fall berechtigt ist, das Vorstandsmitglied wieder in seiner früheren (im Angestellten-Dienstvertrag angeführten) Tätigkeit einzusetzen (bzw ob spiegelbildlich der Abberufene ein entsprechendes *Recht* besitzt) ist eine Frage der *Auslegung* im Einzelfall.

[665] Vgl *G. Schima*, Umgründungen im Arbeitsrecht (2004) 228 ff; dies ist umstritten.
[666] BGBl I 2015/22.
[667] Vgl *Nowotny* in Doralt/Nowotny/Kalss, AktG² § 79 Rz 9; *Runggaldier/G. Schima*, Führungskräfte 154; *Schiemer,* AktG² Anm 3.1. zu § 79; *Strasser* in Jabornegg/Strasser, AktG⁵ §§ 77–84 Rz 79.
[668] BGBl I 2005/59.
[669] Vgl *Kalss* in Kalss/Nowotny/Schauer, Gesellschaftsrecht Rz 3/397.

tiv des Gesetzgebers im Vordergrund gestanden haben, dass Vorstandsmitglieder nicht mit anderen Tätigkeiten beschäftigt sein sollen, die eine persönliche und unbegrenzte Haftung auslösen, weil eine derartige (auch nicht durch die Bestimmungen des DHG begrenzte) Haftung das Vorstandsmitglied schon in dieser Eigenschaft nach § 84 AktG trifft und durch das Nebeneinander von unbegrenzte Haftungen auslösenden Tätigkeiten der Haftungsfonds der Gläubiger des Vorstandsmitgliedes geschmälert wird.[670] Die wohl hM bezieht das Wettbewerbsverbot des § 79 AktG – entgegen dem Wortlaut – auch auf die Übernahme von Geschäftsführungs- und Vorstandsmandaten in anderen Gesellschaften, unabhängig, ob diese konkurrenzierend sind oder nicht.[671] Begründet wird dies damit, dass das Vorstandsmitglied keine Mehrbelastungen annehmen darf, die die Vorstandstätigkeit beeinträchtigen.[672]

Das Wettbewerbsverbot ist an den aufrechten Bestand des *Mandats* geknüpft und erlischt daher mit dessen Ende unabhängig davon, ob der Anstellungsvertrag (genauer: die daraus resultierende Entgeltfortzahlungspflicht der Gesellschaft) noch aufrecht ist. Im letztgenannten Fall führt die Existenz einer Klausel im Vorstandsvertrag, die die subsidiäre Geltung des AngG anordnet, richtigerweise *nicht* dazu, dass das Vorstandsmitglied während der Dauer der Entgeltzahlungspflicht der Gesellschaft an das Wettbewerbsverbot des § 7 AngG gebunden ist. Eingreifen könnte aber ein zusätzlich vereinbartes nachvertragliches Wettbewerbsverbot.

Es ist möglich, dass das Vorstandsmitglied von der Beachtung des Wettbewerbsverbotes ganz oder teilweise entbunden wird. Dies kann namens der AG jedenfalls nicht der Aufsichtsratsvorsitzende allein, weil dieser nicht den Aufsichtsrat vertritt, sondern stets einer Bevollmächtigung durch das Plenum oder einen zuständigen Ausschuss bedarf.[673] Da es sich um eine Angelegenheit des § 92 Abs 4 letzter Halbsatz AktG iVm § 110 Abs 4 letzter Satz ArbVG handelt, kann ein Ausschuss ohne Arbeitnehmervertreter tätig werden.[674]

---

[670] Vgl *Runggaldier/G. Schima*, Führungskräfte 152; anders *Ch. Nowotny* in Doralt/Nowotny/Kalss, AktG² § 79 Rz 3; *Kastner/Doralt/Nowotny*, Gesellschaftsrecht⁵ 225; *Kalss* in Kalss/Nowotny/Schauer, Gesellschaftsrecht Rz 3/297 und *Strasser* in Jabornegg/Strasser, AktG⁵ §§ 77–84 Rz 73, die auch diesbezüglich den Aspekt der Verhinderung von Mehrbelastungen in den Vordergrund stellen, was aber die Regelung nicht umfassend erklärt. Ein logisches System steckt hinter § 79 AktG freilich weder in der Fassung vor noch nach dem GesRÄG 2005, weil nicht einzusehen ist, warum das Vorstandsmitglied für konzernfremde Aufsichtsratsmandate die Genehmigung des Aufsichtsrates benötigt, aber – zumindest nach dem Gesetzeswortlaut – nicht gehindert ist, die Position als (auch Gesellschafter-)Geschäftsführer in einer nicht konkurrierenden GmbH anzunehmen, deren Ausübung ebenfalls mit einem unbegrenzten persönlichen Haftungsrisiko *und* mit entsprechender Arbeitsbelastung verbunden ist.
[671] Vgl *Kalss* in MünchKommAktG⁴ § 88 Rz 69 mwN; ebenso *U. Torggler*, Interessenkonflikte, insb bei „materiellen Insichgeschäften", ecolex 2009, 920 (920 f).
[672] Vgl die kritische Auseinandersetzung mit dieser Begründung bei *Runggaldier/G. Schima*, Führungskräfte 152 f.
[673] Unstrittig; so auch ausdrücklich OGH 9 ObA 28/07v DRdA 2009, 497 (500) (*Jabornegg*). In der deutschen Lehre wird dies teilweise anders gesehen: vgl *Fonk* in Semler/v. Schenck, ARHdb⁴ § 10 Rz 95, der dieser Ansicht allerdings skeptisch gegenübersteht.
[674] *Runggaldier/G. Schima*, Führungskräfte 153; *Marhold*, Aufsichtsratstätigkeit 42 ff; *Strasser* in Jabornegg/Strasser, AktG⁵ §§ 77–84 Rz 70; *Geppert*, DRdA 1980, 187 scheint nur die

221 Für eine Gestattung konkurrenzierender Tätigkeiten wird nur ganz selten ein gerechtfertigter Grund vorliegen – am ehesten ist dies noch in Familiengesellschaften mit entsprechenden wechselseitigen Verflechtungen vorstellbar. Andererseits ist es denkbar, dass an der Erlaubnis für die Ausübung zB konzernfremder Aufsichtsratsmandate im Einzelfall ein schutzwürdiges Interesse des Vorstandsmitgliedes besteht, das das Interesse der Gesellschaft an der Verweigerung der Erlaubnis so deutlich überwiegt, dass die Verweigerung rechtsmissbräuchlich wäre.[675] Vor allem hat der Aufsichtsrat hier darauf zu achten, Vorstandsmitglieder bei vergleichbarer Ausgangslage nicht unterschiedlich zu behandeln.[676] Der Aufsichtsrat hat die Entscheidung über die Genehmigung einer Nebentätigkeit mit der Sorgfalt eines ordentlichen und gewissenhaften Geschäftsleiters (§§ 84 Abs 1 iVm 99 AktG) zu treffen. Oberste Maxime ist auch für den Aufsichtsrat stets das Unternehmenswohl. Die Entscheidungsfindung muss letztlich den Kriterien der Business Judgment Rule genügen, weil es sich um eine unternehmerische Entscheidung des Aufsichtsrates handelt. Der Aufsichtsrat muss daher auf Basis angemessener Informationen handeln, darf selbst keinem Interessenkonflikt unterliegen und muss annehmen dürfen, zum Wohle der Gesellschaft zu handeln (vgl die neu mit Wirkung 1.1.2016 in § 84 Abs 1a AktG eingefügte Business Judgment Rule). Wenn die Gesellschaft kein berechtigtes Interesse daran hat, dass das Vorstandsmitglied die Nebentätigkeit unterlässt,[677] etwa weil die Tätigkeit die Interessen der Gesellschaft nicht berührt, darf der Aufsichtsrat die Zustimmung erteilen, ohne selbst Gefahr zu laufen, sich verantwortlich zu machen. Eine Blanko-Genehmigung durch den Aufsichtsrat wäre ein krasser Verstoß gegen die Sorgfaltspflichten.[678]

222 Mitglieder des Aufsichtsrates, die an der Befreiung des Vorstandsmitgliedes vom Wettbewerbsverbot ein eigenes wirtschaftliches Interesse haben (zB weil sie selbst oder ihnen nahestehende Unternehmen mit dem Vorstandsmitglied aufgrund der Befreiung Geschäfte zu machen hoffen) haben sich wegen Interessenkonfliktes der Stimme zu enthalten. Dies entspricht allgemeinen gesellschaftsrechtlichen Grundsätzen. Wird das nicht beachtet, so kann der Aufsichtsrat die Vorteile der Business Judgment Rule nicht für sich in Anspruch nehmen, wenn er das Vorstandsmitglied vom Wettbewerbsverbot (teilweise) befreit und daraus der Gesellschaft ein Vermögensschaden entsteht, weil sie einen wichtigen Auftrag nicht bekommt oder verliert.

Verschärfung des Wettbewerbsverbotes unter § 92 Abs 4, letzter Halbsatz AktG bzw § 110 Abs 4, letzter Satz ArbVG zu subsumieren.

[675] Dieser Fall könnte zB dann eintreten, wenn das Vorstandsmitglied aufgrund einer unvorhersehbaren Vakanz (etwa wegen Todesfalls) ein Aufsichtsratsmandat in einer von der eigenen Familie geführten Gesellschaft übernehmen soll, um den Familieneinfluss zu wahren und die Besorgung dieses Mandats – abgesehen von der ihm zu widmenden Zeit – die Interessen der Gesellschaft in keiner Weise tangiert.

[676] Zum Problem der Gleichbehandlung und zur Existenz eines Gleichbehandlungsgebotes bei der Behandlung von Vorstandsmitgliedern vgl *Strasser* in Jabornegg/Strasser, AktG⁵ §§ 75, 76 Rz 71; *Krejci* in FS Wagner 256.

[677] *Thüsing* in Fleischer, Hdb des Vorstandsrechts § 4 Rz 105.

[678] Im deutschen AktG – § 88 Abs 1 – ist sogar explizit geregelt, dass die Zustimmung immer nur für konkrete Geschäfte und Tätigkeiten erteilt werden kann, was Blanko- und Pauschalgenehmigungen ausschließt. Vgl *Kort* in GroßKommAktG⁵ § 88 Rz 58.

Genehmigungen sollte der Aufsichtsrat entweder nur durch Aufsichtsrats(aus- **223** schuss)beschluss ohne Einräumung eines vertraglichen Rechts[679] erteilen, oder anstellungsvertraglich so gestalten, dass die Genehmigung zumindest bei geänderten Verhältnissen – unter Einhaltung einer angemessenen Frist – zurückgezogen werden kann. Ohne einen solchen Vorbehalt kann die Treuepflicht des Vorstandsmitgliedes die Einstellung einer an sich bewilligten Tätigkeit gebieten. Davon ist zB auszugehen, wenn eine bewilligte Organfunktion in einem nicht konkurrenzierenden Unternehmen aufgrund späterer Zukäufe der Gesellschaft konkurrenzierend wird. Hier wird schon die Auslegung der Genehmigungserklärung idR ergeben, dass diese sich nicht auf die Bewilligung konkurrenzierender Tätigkeit bezieht, weil die Parteien damals gar nicht daran denken konnten. Übt ein Vorstandsmitglied zB eine konkurrenzierende Tätigkeit aus oder bekleidet es ein konzernfremdes Aufsichtsratsmandat und toleriert dies der Aufsichtsrat über längere Zeit, liegt darin schon wegen der mangelnden Relevanz stillschweigender Aufsichtsratsbeschlüsse grundsätzlich keine Einwilligung namens der Gesellschaft.[680] Anderes kann aber dann gelten, wenn der Aufsichtsratsvorsitzende in den der Bestellung vorangehenden Gesprächen über die näheren vertraglichen Modalitäten der Amtsausübung dem präsumtiven Vorstandsmitglied zugesichert hat, dass die Tätigkeit gebilligt wird und der nachfolgende Bestellungsbeschluss darauf nicht Bezug nimmt. In einem solchen Fall kann nämlich das Vorstandsmitglied darauf vertrauen, dass der Vorsitzende des Aufsichtsrates den Aufsichtsrat (oder den für den Anstellungsvertrag zuständigen Ausschuss) informiert hat. Hier geht es also um die *Auslegung* eines vom Aufsichtsrat tatsächlich gefassten Beschlusses und nicht um einen stillschweigenden Beschluss.[681] Es gilt das oben (Rz 140 ff) im Zusammenhang mit der Beschlussfassung über den Anstellungsvertrag Gesagte.

Für Einwilligungen der Gesellschaft in eine Lockerung oder gar Aufhebung **224** des Wettbewerbsverbotes und für vertragliche Erklärungen betreffend eine Verschärfung des Verbotes ist namens der Gesellschaft ausschließlich der Aufsichtsrat (Plenum oder nicht mitbestimmter Ausschuss) zuständig[682] – und zwar auch dann, wenn man der (zutreffenden) hM folgt, wonach § 97 AktG dem Aufsichtsrat nur eine mit dem Vorstand konkurrierende Vertretungsmacht verschafft. Denn hier handelt es sich nicht um eine Angelegenheit des § 97 AktG, sondern um die aus § 75 Abs 1 AktG abgeleitete *Anstellungsvertragskompetenz* des Aufsichtsrates, die unstrittig nur diesem zukommt; dem Vorstand fehlt diesbezüglich schon die Vertretungsmacht.[683]

---

[679] Vgl *Runggaldier/G. Schima*, Führungskräfte 153.
[680] *Strasser* in Jabornegg/Strasser, AktG⁵ §§ 77–84 Rz 78.
[681] Ganz ähnlich offenbar *Strasser* in Jabornegg/Strasser, AktG⁵ §§ 77–84 Rz 78, der den Fall eines in Kenntnis der konkurrenzierenden Tätigkeit des Vorstandsmitgliedes gefassten „*die Beziehung dieses Vorstandsmitgliedes betreffenden*" Beschlusses wie zB eines Beschlusses über eine Bezugsmodifikation erwähnt. Dieser Fall ist natürlich genauso zu behandeln.
[682] Vgl *Runggaldier/G. Schima*, Führungskräfte 153; ebenso *Strasser* in Jabornegg/Strasser, AktG⁵ §§ 77–84 Rz 70.
[683] Vgl zur schwierigen Abgrenzung der Materien ausführlich *G. Schima/Toscani*, JBl 2012, 570 (574 ff, 577).

225 Für die Entscheidung über die Ergreifung der in § 79 AktG bei Verstoß vorgesehenen *Sanktionen* (insb die Geltendmachung von Schadenersatzansprüchen) ist bei *aktiven* Vorstandsmitgliedern mE jedenfalls *nur* der Aufsichtsrat zuständig[684] – auch dies selbst bei Bejahung der hA von der in Anwendung des § 97 AktG grundsätzlich zwischen Vorstand und Aufsichtsrat geteilten Vertretungsmacht. Denn für Schadenersatzansprüche gegen aktive Vorstandsmitglieder kommt wegen des manifesten und über den von § 97 Abs 1 AktG erfassten Standardfall des Abschlusses von Geschäften mit Vorstandsmitgliedern weit hinausgehenden Interessenkonfliktes eine Vertretungskompetenz des Vorstandes nicht in Betracht.

5. Regelung von Interessenkonflikten

226 Spezielles Augenmerk sollte der Aufsichtsrat dem Thema „Interessenkonflikte von Vorstandsmitgliedern bei der Abwicklung von Geschäften" widmen.[685] Anders als das GmbHG enthält das AktG keine Regelung von Insichgeschäften, was aber nicht heißt, dass solche schrankenlos unproblematisch sind. Unabhängig davon, ob die Meinung richtig ist, wonach § 97 Abs 1 AktG dem Aufsichtsrat beim Abschluss von Geschäften mit Vorstandsmitgliedern namens der Gesellschaft nur ein *neben* die Kompetenz des Vorstandes tretendes Vertretungsrecht gibt (so die de lege lata zutreffende hA) oder damit die Vertretungsmacht des Vorstandes sogar *verdrängt* wird, sollte es zur guten Corporate Governance im Unternehmen gehören, dass nicht Vorstandsmitglieder die AG bei Geschäften mit (wenn auch anderen) Vorstandsmitgliedern vertreten.[686] Der Aufsichtsrat ist ohne weiteres in der Lage, dies im Anstellungsvertrag klar zu stellen, dh dem Vorstandsmitglied ausdrücklich zu untersagen, an der Vertretung der Gesellschaft beim Abschluss von Geschäften mit Vorstandsmitgliedern mitzuwirken – und zwar unabhängig davon, ob das Wirtschaftsgut, um das es geht, einen festen Börsen- oder Marktpreis hat oder das Geschäft sonst einem Fremdvergleich standhält. Denn es geht ja bei der Beurteilung der Sinnhaftigkeit eines Geschäftes nicht nur darum, ob der Preis angemessen ist, sondern ob das Geschäft überhaupt Sinn hat und für die Gesellschaft empfehlenswert ist.[687] Auch wenn es nur der Verkauf börsegehandelter Wertpapiere aus dem Vermögen eines Vorstandsmitgliedes an die Gesellschaft ist und der Verkauf zum Börsekurs erfolgt, sollte daran auf Seiten der AG nicht ein Vorstandsmitglied mitwirken – und schon gar nicht jenes, das gleichzeitig als Verkäufer auftritt.

227 Von größerer Relevanz und heikler sind aber die Fälle, in denen nicht ein Vorstandsmitglied direkt als Vertragspartner der Gesellschaft fungiert, sondern es um den Abschluss von Geschäften der AG mit Vertragspartnern geht, zu denen das Vorstandsmitglied ein *Naheverhältnis* hat. Davon erfasst ist der Fall der Beauftra-

---

[684] *Runggaldier/G. Schima,* Führungskräfte 154, aM *Strasser* in Jabornegg/Strasser, AktG[5] §§ 77–84 Rz 83, der konkurrierende Zuständigkeit von Vorstand und Aufsichtsrat annimmt.
[685] Vgl *Runggaldier/G. Schima,* Manager-Dienstverträge[4] 109 ff und die Mustervertragsklausel Pkt IX. Abs 5 (Seite 240); *G. Schima,* Gestaltungsfragen bei Vorstandsverträgen in der AG, ecolex 2006, 455.
[686] Ein „Abstimmungsbedarf" (vgl *Strasser* in Jabornegg/Strasser, AktG[5] §§ 77–84 Rz 83) ergibt sich also vor allem insofern, als der Aufsichtsrat dies klar zu stellen hätte.
[687] Vgl *G. Schima,* ecolex 2006, 455.

gung eines Cateringunternehmens, an dem der Ehepartner/Lebensgefährte/Bruder oder Schwester, aber auch Nichte oder Neffe eines Vorstandsmitgliedes beteiligt ist, genauso wie die Bildung eines Joint Ventures mit einer Gesellschaft, die von der Familie eines Vorstandsmitgliedes kontrolliert wird. Ohne klare anstellungsvertragliche Regelung ist in diesen Fällen oft nicht eindeutig zu sagen, ob das betroffene Vorstandsmitglied Pflichten verletzt und damit einen Abberufungs- und uU auch einen Entlassungsgrund gesetzt hat. Denn wenn sich belegen lässt, dass das dem Ehepartner/Bruder/Neffen (ganz oder als Mitgesellschafter teilweise) gehörende Cateringunternehmen der klare Bestbieter war,[688] dann fällt es ohne anstellungsvertragliche Statuierung einer Genehmigungspflicht auch solcher Geschäfte schwer, zu sagen, dass das Vorstandsmitglied seine Pflichten (gar gröblich) verletzt hat.[689] Gleichwohl ist eine derartige Vorgangsweise – ohne Genehmigung des Aufsichtsrates – mE insbesondere in börsenotierten und in staatsnahen Unternehmen nicht tragbar. In Familiengesellschaften mag auch diesbezüglich im Einzelfall anderes gelten.

Der Aufsichtsrat sollte daher im Anstellungsvertrag entweder solche Geschäfte der Gesellschaft mit einem Vorstandsmitglied wirtschaftlich oder verwandtschaftsmäßig nahestehenden Personen und Unternehmen (physischen oder juristischen Personen) entweder überhaupt verbieten oder – was wohl besser, weil flexibler ist – an die (vorangehende) *Genehmigung des Aufsichtsrates* oder eines Ausschusses binden. Dabei ist möglichst geschickte Vertragsformulierung gefragt. Zu enge Definitionen der „nahe stehenden Personen und Unternehmen" müssen vermieden werden; abzustellen ist auf eine wirtschaftliche, nicht auf eine formalrechtliche Sichtweise.[690]

Die hier gegebenen Empfehlungen für die vertragliche Gestaltung von Interessenkonflikten entsprechen den im Corporate Governance Kodex enthaltenen Regeln zum Thema Interessenkonflikte. Erwähnt sei insbesondere die L-Regel 24

---

[688] Die Beweislast würde das Vorstandsmitglied in diesem Fall mE auch nach österreichischem Verständnis treffen – und zwar selbst wenn man nicht der verfehlten hM folgt, die die Beweislast auch in puncto Rechtswidrigkeit umgekehrt sehen will (vgl dazu *G. Schima*, in Baudenbacher/Kokott/Speitler, Aktuelle Probleme 369 ff, 404 ff und besonders eingehend *G. Schima*, Die Beweislastverteilung bei der Geschäftsleiterhaftung, FS W. Jud [2012] 571 [592ff]) und wenn man sich nicht unmittelbar an der in § 93 Abs 1 dAktG vor mittlerweile mehr als zehn Jahren verankerten „deutschen Business Judgment Rule" anlehnt (wobei die deutsche Regelung bekanntlich gar nicht explizit das Fehlen eines Interessenkonfliktes als Anwendungsvoraussetzung für die BJR anführt, dies aber der einhelligen Lehrmeinung entspricht). Denn der Abschluss eines Rechtsgeschäftes mit einer einem Vorstandsmitglied nahe stehenden Person ist ein Verhalten, das zumindest einen *Schluss auf eine mögliche Pflichtwidrigkeit* zulässt, sodass auch nach der hier vertretenen Meinung das Vorstandsmitglied den Beweis führen müsste, die Sorgfalt eines ordentlichen und gewissenhaften Geschäftsleiters angewendet zu haben, was darauf hinausläuft, den Nachweis zu führen, dass das Geschäft unter fremdüblichen Konditionen abgeschlossen wurde (*G. Schima*, Reform des Untreuetatbestandes und Business Judgment Rule im Aktien- und GmbH-Recht, GesRZ 2015, 286 (292).

[689] *Schima/Liemberger/Toscani*, Der GmbH-Geschäftsführer 76; *Runggaldier/G. Schima*, Manager-Dienstverträge⁴ 110.

[690] Vgl die Formulierung der Mustervertragsklausel Pkt IX. Abs 5 bei *Runggaldier/G. Schima*, Manager-Dienstverträge⁴ 240.

zu den Angehörigengeschäften: *"Alle Geschäfte zwischen der Gesellschaft bzw Konzernunternehmen und Vorstandsmitgliedern sowie ihnen nahestehenden Personen oder Unternehmen müssen den branchenüblichen Standards entsprechen. Derartige Geschäfte und deren Konditionen müssen im Voraus durch den Aufsichtsrat genehmigt werden, ausgenommen Geschäfte des täglichen Lebens."* Der Umstand, dass diese Regel als L-Regel formuliert ist, bedeutet, dass die Autoren des Kodex davon ausgehen, dass die Genehmigungspflicht für „Angehörigengeschäfte" schon nach geltendem Gesetzesrecht besteht. Zumindest für börsenotierte Unternehmen ist dies mE richtig. Aber auch in nicht börsenotierten Unternehmen ist der Vorstand jedenfalls gut beraten, keine Zweifel an seiner Interessenwahrung zu Gunsten der Gesellschaft aufkommen und solche Arten von Geschäften mit der Gesellschaft daher vom Aufsichtsrat vorab genehmigen zu lassen. Die korrespondierende Pflicht trifft, wie gesagt, den Aufsichtsrat, der die Zustimmungspflicht bei Geschäften mit potentiellen Interessenkonflikten so genau wie nötig und gleichzeitig so flexibel wie möglich im Anstellungsvertrag – oder auch in der Geschäftsordnung für den Vorstand – zu regeln.

230 Relativ häufig knüpfen Vorstands-Anstellungsverträge auch die Ausübung sonstiger, dh weder unter § 79 AktG fallender noch einen Interessenkonflikt beim Vorstandsmitglied auslösender (Neben)Tätigkeiten an die Zustimmung des Aufsichtsrates.[691] Dabei kann es um die (typischerweise ehrenamtliche) Ausübung von Funktionen in berufsständischen Kammern und Verbänden (die mit der Vorstandsfunktion in einem gewissen Zusammenhang stehen) gehen, aber auch um (ebenfalls ehrenamtliche) Funktionen in gemeinnützigen Vereinen (zB die Tätigkeit als Kassier in einem Sport- oder Automobilverein). Bloße Mitgliedschaften – auch wenn sie mit gelegentlichen (geselligen) Aktivitäten verbunden sind, fallen im Zweifel nicht unter solche anstellungsvertragliche Klauseln; sie kann die Gesellschaft auch nicht wirksam verbieten, weil damit in Persönlichkeitsrechte eingegriffen wird. Grundsätzlich gilt, dass für ein vertragliches Verbot der Ausübung einer (insbesondere ehrenamtlichen) Nebentätigkeit ein schutzwürdiges Interesse der Gesellschaft vorliegen muss. Dieses kann (und anderes ist bei unentgeltlichen, nicht auf Erwerb gerichteten, die wirtschaftliche Sphäre der Gesellschaft nicht berührenden Tätigkeiten schwer denkbar) darin bestehen, dass das Vorstandsmitglied durch die Nebentätigkeit zu stark zeitlich beansprucht wird. Der bloße Hinweis auf die Hauptberuflichkeit der Ausübung des Vorstandsamtes und die vertraglich eingegangene Verpflichtung, der Gesellschaft die *„gesamte Arbeitskraft zu Verfügung zu stellen"* (dies ist die Standardformulierung),[692] genügt aber nicht, um eine Nebentätigkeit schlechthin zu untersagen.[693] Auf jeden Fall empfiehlt es

---

[691] Vgl *Runggaldier/G. Schima*; Führungskräfte 157 f; *Runggaldier/G. Schima*, Manager-Dienstverträge⁴ 107 f.

[692] Vgl die Formulierung im Mustervertrag bei *Runggaldier/G. Schima*, Führungskräfte 272 f und *Runggaldier/G. Schima*, Manager-Dienstverträge⁴ 239, Pkt IX. Abs 2 des Mustervertrages.

[693] Die konkrete und akute Beeinträchtigung dieser Verpflichtung durch eine andere Tätigkeit, die das Vorstandsmitglied zB zu einer Teilzeittätigkeit verpflichtet, begründet aber selbstverständlich ein Interesse der Gesellschaft an der Untersagung der „Nebentätigkeit". Ist von einer solchen gar nicht mehr zu sprechen, weil das Vorstandsmitglied sich anderweitig ebenfalls voll verpflichtet, bedarf es auch gar keines vertraglichen Nebentätigkeitsverbotes.

sich – und das gilt für Nebentätigkeiten genauso wie (umso mehr) für Mandate, die unter § 79 AktG fallen –, die vom Vorstandsmitglied bei Amtsantritt bereits ausgeübten Funktionen möglichst genau und vollständig zu bezeichnen und gegebenenfalls vom Aufsichtsrat vorweg genehmigen zu lassen.[694]

6. Corporate Opportunities

Es ist grds in der österreichischen,[695] aber auch deutschen[696] Gesellschaftsrechtslehre und Rsp[697] anerkannt, dass Vorstandsmitglieder bzw Geschäftsführer von Kapitalgesellschaften **Geschäftschancen der Gesellschaft nicht an sich ziehen und zum eigenen Nutzen verwerten dürfen.**
Die „Corporate Opportunities-Doktrin" kommt aus dem US-amerikanischen Recht[698] und basiert dort auf unterschiedlichen theoretischen Erklärungsmodellen. Letztlich geht es sowohl in der US-amerikanischen Rechtspraxis als auch im österreichischen (bzw dem diesem sehr ähnlichen) deutschen Recht darum, wie konkret eine „Geschäftschance" für die Gesellschaft sein muss, dass ihre Verwertung zum eigenen Nutzen für den Geschäftsleiter (Vorstandsmitglied/Geschäftsführer) pflichtwidrig ist.[699]

Die Beantwortung der Frage, wie konkret die Geschäftschance bzw wie hoch die Wahrscheinlichkeit zu sein hat, dass die Gesellschaft diese in Anspruch nehmen wird, hat auch für die Klärung der Frage Bedeutung, ob uU **ein Verstoß gegen das Einlagenrückgewährverbot** vorliegt. Dieses erfasst richtiger und überzeugender Ansicht zufolge[700] auch die verhinderte Vermögensmehrung und nicht bloß die aktive Vermögensminderung.

In einem solchen Fall wird die Gesellschaft vielmehr – allenfalls nach Vorwarnung – mit Abberufung und fristloser Entlassung vorgehen dürfen: vgl dazu *Runggaldier/G. Schima*, Führungskräfte 158 und *Runggaldier/G. Schima*, Manager-Dienstverträge⁴ 108.

[694] Vgl *G. Schima*, ecolex 2006, 455.
[695] Vgl für die Personengesellschaft *Enzinger* in Straube, UGB I⁴ § 114 Rz 49; für Geschäftsführer einer GmbH *Schima/Liemberger/Toscani*, Der GmbH-Geschäftsführer (2015) 78 f; *Koppensteiner/Rüffler*,GmbHG³ § 82 Rz 17e; für Vorstandsmitglieder einer AG *Herzer/Strobl/Taufner*, Der Vorstand, in Hausmaninger/Gratzl/Justich, Handbuch zur Aktiengesellschaft Rz 146; *Kalss* in Kalss/Nowotny/Schauer, Österreichisches Gesellschaftsrecht Rz 3/395 mwN; *Nowotny* in Doralt/Nowotny/Kalss, AktG I² § 79 Rz 14.
[696] Vgl *Hopt/Roth* in GroßKommAktG, § 93 Rz 250 ff; *Mertens/Cahn*, KölnKommAktG³ § 93 Rz 105; *Seibt* in K. Schmidt/Lutter, AktG³ § 88 Rz 7; *Spindler* in MünchKommAktG⁴ § 88 Rz 14 ff; *Fleischer* in Spindler/Stilz, AktG § 93 Rz 124 ff; *Fleischer* in Fleischer, Handbuch des Vorstandsrechts (2006) § 9 Rz 23; *Lutter*, Die Business Judgment Rule in Deutschland und Österreich, GesRZ 2007, 79 ff (82).
[697] Vgl für Österreich OGH 23.2.1999, 4 Ob 27/99w EvBl 1999/129; 4 Ob 123/07b RIS-Justiz RS0111527; für Deutschland BGHZ 1985, 1484, 1485; BGH WM 1956, 865; BGH NJW 1986, 585.
[698] Vgl *Merkt*, US-amerikanisches Gesellschaftsrecht³ (2013) Rz 995 ff mwN.
[699] Vgl BGHZ 1985, 1484, 1485 (Annahme einer vom Vorstand privat erlangten, auch für die Gesellschaft vorteilhaften Geschäftschance); BGH WM 1956, 865; BGH NJW 1986, 585 (Ausnutzung von Corporate Opportunities); BGH WM 1977, 361, 362 (Erwerb eines Betriebsgrundstücks).
[700] Vgl *Hügel*, Verdeckte Gewinnausschüttung und Drittvergleich im Gesellschafts- und Steuerrecht in Kalss/U. Torggler, Einlagenrückgewähr, Beiträge zum zweiten Wiener Unternehmensrechtstag 2013 (2014) 19 (33ff).

Ist das Vorstandsmitglied bzw der Geschäftsführer, der eine konkrete Geschäftschance der Gesellschaft an sich zieht, gleichzeitig Gesellschafter, oder für Zwecke der Anwendung der §§ 52 AktG und 82 Abs 2 GmbHG wie ein solcher zu behandeln (zB ein naher Angehöriger oder Ehepartner),[701] so kann die Verwertung der Geschäftschance zum eigenen Vorteil auch den Tatbestand der Einlagenrückgewähr erfüllen.

Freilich sind bei der Beantwortung der Frage, ob eine Verwertung von Geschäftschancen der Gesellschaft pflichtwidrig ist und das Vorstandsmitglied den Geschäftsführer schadenersatzpflichtig macht bzw einen Abberufungsgrund wegen grober Pflichtverletzung (§ 75 Abs 4, 1. Fall AktG) liefert, einerseits und für die Prüfung eines Verstoßes gegen das Einlagenrückgewährverbot die Grenzen nicht unbedingt gleich zu ziehen. Denn ob eine Geschäftschance als „Vermögen der Gesellschaft" anzusehen ist, und daher der strengen aktien- bzw GmbH-rechtlichen Vermögensbindung nach § 52 AktG bzw § 82 GmbHG unterliegt,[702] muss mE nach strengeren Kriterien zu beurteilen sein als die Frage der Pflichtwidrigkeit durch Unterlassung der Verschaffung des größtmöglichen Nutzens für die Gesellschaft.

233 Für Gesellschafter (insbesondere von Personengesellschaften und personalistisch organisierten Kapitalgesellschaften) folgt das Verbot der Ausnutzung von Geschäftschancen der Gesellschaft zum eigenen Vorteil aus der gesellschaftsrechtlichen Treuepflicht.[703]

Bei Geschäftsleitern spricht der OGH zwar auch von einem *„besonderen Typus der Treuepflichtverletzung"*,[704] doch sollte man besser von **Interessenwahrungspflicht** sprechen. Denn das Verbot der eigennützigen Verwertung von Geschäftschancen der Gesellschaft resultiert für Vorstandsmitglieder und Geschäftsführer mE bereits aus § 1009 iVm § 1151 Abs 2 ABGB.

Die gesetzlich statuierte Verpflichtung, *„das Geschäft (...) emsig und redlich zu besorgen"* ist – wie die Normen der §§ 1002ff ABGB insgesamt – auf die

---

[701] Vgl zur Erstreckung des Einlagenrückgewährverbotes auf einem Gesellschafter nahestehende Personen *Artmann* in Jabornegg/Strasser, AktG I⁵ § 52 AktG Rz 31; *Bauer/Zehetner* in Straube, GmbHG § 82 Rz 82; *Koppensteiner/Rüffler*³ § 82 Rz 18; *Fritz*, Die Kommanditgesellschaft II (2013) 128.

[702] Vgl *Hügel* in Kalss/U. Torggler, Einlagenrückgewähr (2014) 19.

[703] Vgl *Enzinger,* Interessenkonflikt und Organpflichten (2005) 34f; *Enzinger* in Straube, UGB I⁴ § 114 Rz 49; *K. Schmidt*, Gesellschaftsrecht § 20 IV.3, § 47 II.2 lit b; OGH 23. 2. 1999, 4 Ob 27/99w wbl 1999/276, 420.

[704] OGH 23.2.1999, 4 Ob 27/99w EvBl 1999/129: *„Einen besonderen Typus der Treuepflichtverletzung bilden jene, die nicht nur durch Konkurrenz im Geschäftszweig der Gesellschaft, sondern auch durch Vereitelung sog Geschäftschancen („Corporate Opportunities") begangen werden: Nach verbreiteter Auffassung kann nicht nur ein Leitungsorgan der Gesellschaft, sondern jeder Mitgesellschafter pflichtwidrig handeln, wenn er sich eigenmächtig und treuwidrig eine Geschäftschance der Gesellschaft für eigene Zwecke zunutze macht, va wenn er davon als Mitglied Kenntnis erlangt hat, diese Chance an ihn in dieser Eigenschaft herangetragen worden oder sie für die Gesellschaft von besonderer Bedeutung ist ... So handelt ein Gesellschafter treuwidrig, wenn er sich in einen zwischen der GmbH und einem Dritten abgeschlossenen Vertrag hineindrängt, indem er das Geschäft auf sich selbst überleitet oder den Dritten zum Vertragsbruch veranlasst ... ".*

III. Der Vorstands-Anstellungsvertrag

Besorgung eines Einzelgeschäftes und damit auf ein Zielschuldverhältnis zugeschnitten.[705] Erbringt jemand – und dies trifft auf (leitende) Angestellte, Vorstandsmitglieder und Geschäftsführer ebenso wie auf Handelsvertreter und andere Absatzmittler (die anders als beim Maklervertrag eine Tätigkeitspflicht trifft) zu – für einen anderen (Gesellschaft/Unternehmer) seine vertragliche Leistung dadurch, dass er fortlaufend Geschäfte abzuschließen und/oder zu vermitteln hat, erweitert sich die Verpflichtung, das möglicherweise schon bei Vertragsabschluss konkret definierte Einzelgeschäft bestmöglich zu besorgen, zur Verpflichtung, dem Geschäftsherrn/der Gesellschaft fortlaufend durch den Abschluss und/oder die Vermittlung geeigneter Geschäfte den größtmöglichen Nutzen zu verschaffen.[706] Damit erweist sich aber ein Verhalten des Geschäftsleiters (Vorstandsmitgliedes/Geschäftsführers), das darin besteht, ein aussichtsreiches und ertragreiches Geschäft für die Gesellschaft nicht abzuschließen bzw sich gar nicht bzw nicht laufend darum zu bemühen, jedenfalls als pflichtwidrig. Ob daraus ein Schadenersatzanspruch der Gesellschaft resultiert, ist eine andere Frage und hängt von der Erfüllung der für das Bestehen eines Schadenersatzanspruches bestehenden Voraussetzungen ab.

Ist schon das Unterlassen des Abschlusses konkret ertragbringender Geschäfte für die Gesellschaft (natürlich nur soweit diese im Unternehmensgegenstand und in dem von der Gesellschaft bearbeiteten Geschäftsfeld Deckung finden) auch ohne Ausnützung der Geschäftschance zum eigenen Vorteil pflichtwidrig, ergibt sich aus einem Größenschluss, dass die Verwertung einer Geschäftschance für die Gesellschaft zum eigenen Vorteil des Geschäftsleiters umso mehr eine Verletzung dessen organschaftlicher Pflichten bedeutet.

Das nachfolgende Beispiel mag verdeutlichen, um welche Fragen es beim Thema „Verwertung von Corporate Opportunities/Geschäftschancen" gehen kann. Der Vorstandsvorsitzende X einer kleinen, auf Private Banking spezialisierten und in der Rechtsform einer AG geführten Tochtergesellschaft einer großen ausländischen Bank bewohnt eine geräumige Dienstvilla mit Garten in bester Wiener Villenlage, die im Eigentum der von ihm geleiteten Gesellschaft steht. Dieses Haus hat – so schätzt dies X selbst ein – einen Verkehrswert zwischen EUR 7 und EUR 10 Mio. Im Zuge seiner Tätigkeit bei der Betreuung vermögender Privatkunden lernt X den russischen Geschäftsmann Z kennen, der eines Tages auch bei X in dessen Dienstvilla zu Gast ist. Z zeigt sich über das prachtvolle Haus sehr erbaut und bekundet schon wenig später konkretes Kaufinteresse. X ist anfangs nicht interessiert, zumal das Haus ja nicht ihm gehört, doch Z lässt nicht locker. Er versichert X, dass er für das Haus einen weit über dem herkömmlichen Verkehrswert liegenden Preis in der Größenordnung von zwischen EUR 20 und EUR 25 Mio zu zahlen bereit sei und bekräftigt diesen Willen auch durch eine entsprechende schriftliche „Erklärung der Ankaufsabsicht". Daraufhin wird X aktiv, kontaktiert seinen AR-Vorsitzenden und erreicht, dass dieser mit Zustimmung des Vergütungs-

---

[705] G. Schima, Gibt es einen „freien" Handelsvertreter? RdW 1987/1, 16 (16).
[706] Diese Verpflichtung des Machtgebers zur Verschaffung des größtmöglichen Nutzens zugunsten des Machthabers betont auch der OGH in seiner strafrechtlichen Judikatur zu § 153 StGB (vgl OGH 19. 4. 1994, 11 Os 10/94; OGH 11. 3. 1999, 15 Os 211/98; OGH 1. 3. 2011, 14 Os 80/10m), wobei für die Verwirklichung des Straftatbestandes der Untreue durch Unterlassung zusätzlich die Kriterien des § 2 StGB erfüllt sein müssen.

ausschusses der Gesellschaft in deren Namen eine Vereinbarung mit X abschließt, der zufolge X das Recht erwirbt, die Dienstvilla von der Gesellschaft zum Verkehrswert (der von zwei unabhängigen Sachverständigen zu ermitteln und dann als Mittelwert festzulegen ist) zu erwerben. X lässt sich auch das ausdrückliche Recht einräumen, das Haus zu welchen Konditionen auch immer weiter zu veräußern. Daraufhin erwirbt X – der sich des konkreten Kaufinteresses von Z sicher sein kann – das Haus, um den vorher von zwei Sachverständigen mit etwas über EUR 9 Mio festgelegten Verkehrswert. Einen Monat später verkauft X das Haus an Z um den Betrag von mehr als EUR 23 Mio.[707]

235 Im geschilderten Bsp handelte das Vorstandsmitglied zweifellos pflichtwidrig und machte sich gegenüber der Gesellschaft schadenersatzpflichtig. Der Schaden der Bank entspricht dem entgangenen Gewinn aus dem unterbliebenen Direktverkauf an den russischen Geschäftsmann.
Viel spricht auch dafür, dass im geschilderten Bsp das Vorstandsmitglied sogar Untreue iSd § 153 StGB (allenfalls iVm § 2 StGB) zu verantworten hat. Denn nach stRsp des OGH[708] zu § 153 StGB hat der Machtgeber dem Machthaber den „größtmöglichen Nutzen" zu verschaffen. Die Verfehlung dieser Aufgabe ist natürlich nicht schlechthin Untreue, wohl aber das wissentliche Unterlassen der Ergreifung einer sich dem Machtgeber (Gesellschaft) ganz konkret bietenden Geschäftschan-

---

[707] So ähnlich *könnte* ein Fall abgelaufen sein, der Anfang 2015 die österreichischen Medien (interessanterweise überhaupt nicht die StA) beschäftigte, und wo es um den Erwerb und die zeitlich ganz knapp anschließende Weiterveräußerung der Dienstvilla des damaligen Vorstandsvorsitzenden der Deutsche Bank Österreich AG ging, bei der der Vorstandsvorsitzende einen Gewinn von rund EUR 14 Mio erzielte (vgl *nachrichten.at*, 14 Millionen Euro Gewinn bei Verkauf von Villa, http://www.nachrichten.anzeigen/immobilien/art147,1597315, abgefragt am 22.09.2015; *wirtschaftsblatt.at*, Wie Bernhard Ramsauer mit einer Wiener Villa in zwei Monaten 14 Millionen Euro verdiente, http://wirtschaftsblatt.at/home/life/immobilien/4632565/print.do, abgefragt am 22.09.2015; *Kurier.at*, Villen-Deal bringt Banker 14 Millionen Euro, http://kurier.at/wirtschaft/finanzen/villen-deal-bringt-banker-14-millionen-euro/106.770.896, abgefragt am 22.09.2015) *Ob* der Fall sich tatsächlich so zugetragen hat, ist in der Öffentlichkeit nicht bekannt, denn der entscheidende Aspekt, das Vorliegen einer konkreten Geschäftschance der Gesellschaft, in die sich das Vorstandsmitglied hineindrängte, betrifft ja die Frage, ob das Vorstandsmitglied die konkrete Kaufabsicht des Geschäftsmannes schon kannte, bevor er sich selbst von der Gesellschaft das Recht einräumen ließ, das Haus zum Verkehrswert zu erwerben und weiter zu veräußern. Kam diese Gelegenheit erst im Nachhinein, dann hatte das Vorstandsmitglied tatsächlich „einfach Glück gehabt". Die Frage, ob es sich beim Käufer der Liegenschaft um einen Kunden der Bank handelte, konnte diese zweifellos leicht klären. Bejahendenfalls wäre dies jedenfalls ein gewisses Indiz dafür, dass aufgrund des bestehenden geschäftlichen Kontaktes auch das Kaufinteresse dem Vorstandsvorsitzenden bereits vor Abschluss der Vereinbarung mit dem Aufsichtsrat zur Kenntnis gelangt war. Auffällig hätte aus der Sicht des AR der Bank darüber hinaus der Umstand sein können, dass die ausdrückliche Verankerung einer Weiterveräußerungsberechtigung (wie sie in den Medienberichten laut der dort wiedergegebenen Aussage des Vorstandsvorsitzenden kolportiert wurde) ungewöhnlich ist, weil sich ein solches Recht des Käufers einer Liegenschaft auch ohne ausdrückliche Verankerung aus allgemeinen Grundsätzen ergäbe und beim Ankauf zu einem von unabhängigen Gutachtern geschätzten Verkehrswert eine spätere Veräußerung auch mit Gewinn ja unbedenklich gewesen wäre – vorausgesetzt, die Geschäftschance existierte eben nicht schon *vor* dem Ankauf durch das Vorstandsmitglied und war daher in Wahrheit eine der Gesellschaft.

[708] RIS-Justiz RS0094830, vgl dazu auch die Judikatur in FN 12.

ce. Im vorliegenden Bsp kommt hinzu, dass das Vorstandsmitglied positiv wusste, dass die Gesellschaft die Chance nützen würde, weil sie sonst das Haus nicht an das Vorstandsmitglied verkauft hätte.

In Anbetracht des Umstandes, dass nach der ausdrücklichen Vorschrift des § 79 Abs 1 AktG der Aufsichtsrat (bzw ein dafür zuständig gemachter Ausschuss, zB der Vergütungsausschuss) ein Vorstandsmitglied vom Wettbewerbsverbot ganz oder teilweise **befreien** kann, stellt sich die Frage, ob dies auch in Bezug auf das Verbot der Ausnützung von Geschäftschancen der Gesellschaft zum eigenen Vorteil gilt. **236**
Diese Frage ist mE zu verneinen. Zum einen ist auch hinsichtlich der Entbindung eines Vorstandsmitgliedes vom Wettbewerbsverbot des § 79 Abs 1 AktG der Aufsichtsrat der für ihn geltenden Pflichtenbindung unterworfen, die es nicht zulässt, Vorstandsmitglieder leichtfertig teilweise oder gar ganz vom Wettbewerbsverbot zum möglichen Schaden für die Gesellschaft zu entbinden (vgl dazu Rz 220 ff). Es handelt sich dabei um eine unternehmerische Entscheidung (Business Judgment) für die zwar die nun auch in Österreich seit 1.1.2016 gesetzlich verankerte (§ 84 Abs 1a AktG bzw § 25 Abs 1a GmbHG) Business Judgment Rule gilt, die aber nur getroffen werden darf, wenn die vom AR beschaffte „angemessene Informationsgrundlage" ergibt, dass der Gesellschaft aus der konkurrenzierenden Tätigkeit des Vorstandsmitglieds gerade *kein* Schaden droht.[709]
Zum anderen ist die Befreiung vom Wettbewerbsverbot mE mit einer Befreiung vom Verbot, Geschäftschancen der Gesellschaft zum eigenen Vorteil zu nutzen, nicht wirklich vergleichbar. Die **Befreiung vom Verbot der Ausnutzung von Geschäftschancen** der Gesellschaft bedeutet letztlich nämlich nichts anderes als eine **Einwilligung in die Schädigung der Gesellschaft** durch das Vorstandsmitglied.[710] Denn bei einer „Befreiung" vom Verbot der eigennützigen Ausnutzung von Geschäftschancen der Gesellschaft kann es logisch-sinnvoll ja nur um die konkrete Befreiung hinsichtlich einer bestimmten Geschäftschance gehen. Eine generelle Befreiung ist in der Praxis nicht oder kaum vorstellbar und aus der Sicht des AR ohne jeden Zweifel pflichtwidrig. Geht es aber um eine konkrete Befreiung vom Verbot, dann bedeutet dies naturgemäß die Einwilligung in eine Schädigung der Gesellschaft. Hätte letztere ohnehin nie die Absicht gehabt, die Geschäftschance wahrzunehmen, träfe das Vorstandsmitglied von vornherein nicht das Verbot der Ausnutzung zum eigenen Vorteil (sofern nicht gleichzeitig ein Verstoß gegen § 79 Abs 1 AktG vorläge).

---

[709] Vgl *Ch. Nowotny* in Doralt/Nowotny/Kalss, AktG I² § 79 Rz 5; *Strasser* in Jabornegg/Strasser, AktG II⁵ § 84 Rz 78; zur gleich gestalteten deutschen Rechtslage vgl § 88 dAktG: *Kort* in GroßKomm AktG IV/1⁵ § 88 Rz 55 ff; *Spindler* in MünchKommAktG II⁴ § 88 Rz 25 ff; *Seibt* in K. Schmidt/Lutter, AktG I³ § 88 Rz 9 f; *Mertens/Cahn*, KölnKommAktG³ § 88 Rz 16 ff; *Fleischer* in Spindler/Stilz, AktG I § 88 Rz 26 ff;

[710] Deshalb ist auch die Bestimmung Section 7 im „European Model Companies Act", eines im September 2015 anlässlich einer zweitägigen Veranstaltung in Wien vorgestellten „Professoren-Gesetzes-Entwurfes" nicht ganz sachgerecht, wonach vom Verbot der Ausnutzung von Geschäftschancen der AR bzw die Independent Directors entbinden können sollen. Darauf wies der Verfasser in seinem von 10. September 2015 gehaltenen Referat hin. Siehe auch *T. Baums/P. Krüger Andersen*, The European Model Company Law Act Project, http://www.ilf-frankfurt.de/fileadmin/_migrated/content_uploads/ILF_WP_078.pdf (abgefragt am 18.11.2015).

Nun könnte ein Vorstandsmitglied natürlich versucht sein, bei einer möglichen Geschäftschance für die Gesellschaft den Aufsichtsrat (Vergütungsausschuss) dazu zu bringen, dem Vorstandsmitglied gegenüber zu bestätigen, dass die Gesellschaft an dieser Geschäftschance ohnehin nicht interessiert sei, und das Vorstandsmitglied sie deshalb zum eigenen Vorteil nutzen dürfe. Dabei würde aber außer Acht gelassen, dass es ja der Vorstand in der AG ist, und nicht der Aufsichtsrat, der darüber zu befinden hat, *ob* im konkreten Fall eine reale und sinnvolle Geschäftschance für die Gesellschaft vorliegt. Ein Vorstandsmitglied, das eine Zustimmung des Aufsichtsrates bzw Vergütungsausschusses betreffend Corporate Opportunities mit der unzutreffenden Information erlangt, die Geschäftschance sei für die Gesellschaft ohnehin unattraktiv, handelt (vorsätzlich) pflichtwidrig und macht sich schadenersatzpflichtig. Für den Aufsichtsrat, der sich leichtfertig eine solche Zustimmung abringen lässt, ohne die Sache eingehend geprüft zu haben, gilt mutatis mutandis dasselbe.

237 Der Aufsichtsrat kann – was insbesondere im Falle der Beendigung des Vorstandsmandates und des Anstellungsvertrages praktische Bedeutung erlangen mag – freilich dem Vorstandsmitglied eine Geschäftschance der Gesellschaft als **Vergütungsbestandteil** zuwenden. So ist es grds ohne weiteres möglich, dass der Aufsichtsrat einem Vorstandsmitglied das Recht einräumt, ein der Gesellschaft gehörendes und viele Jahre im Büro des ausscheidenden Vorstandsmitgliedes hängendes Bild (für das es am Markt genügend Kaufinteressenten gäbe) zu einem Preis deutlich unter dem Verkehrswert zu verkaufen. Für das Dienstfahrzeug gilt Ähnliches, und dies ist eine in der Praxis sogar häufige Gestaltung.

Die Zulässigkeit eines solchen Vorganges setzt aber voraus, dass neben der Einhaltung der für Vorstandsvergütungen geltenden Maximen (vgl insbesondere § 78 Abs 1 AktG) – auch **offengelegt** wird, dass es sich dabei um einen Teil der Vorstandsvergütung handelt.

Mit anderen Worten: Ein Aufsichtsrat, der zB im oben skizzierten Bsp von der konkreten Kaufabsicht des Z Kenntnis erlangt und dennoch dem Vorstandsmitglied X den Ankauf zum Verkehrswert bewilligt, kann nicht später damit argumentieren, dass die Zuwendung eines Betrages von rund EUR 14 Mio an das Vorstandsmitglied ja auch als „Abgangsentschädigung" zulässig gewesen wäre – und zwar unabhängig davon, ob dieser Betrag als (zusätzliche) Vergütung an sich dem gesetzlichen Angemessenheitsgebot entsprochen hätte.[711]

7. Vorstandsentgelt

a) Gesetzliches Angemessenheitsgebot

238 Gemäß § 78 Abs 1 AktG (§ 87 dAktG) hat der Aufsichtsrat für ein angemessenes Verhältnis der Gesamtbezüge zu den Aufgaben und **Leistungen** des Vor-

---

[711] In dem für das im Text skizzierte Bsp als Vorlage dienenden realen Anlassfall wäre diese Frage zweifellos zu verneinen gewesen. Denn es handelte sich um eine kleine Bank-Tochtergesellschaft mit wenigen Mitarbeitern, und das Gehaltsniveau des Vorstandsvorsitzenden bewegte sich wohl im mittleren sechsstelligen Bereich, sodass eine zusätzliche Vergütung anlässlich des Ausscheidens in zweistelliger Millionenhöhe niemals zu rechtfertigen gewesen wäre.

standsmitglieds, zur Lage der AG und zu der **üblichen Vergütung**, und dafür zu sorgen, dass **langfristige Verhaltensanreize zur nachhaltigen Unternehmensentwicklung** gesetzt werden.[712] Dies dient dem Schutz der Aktionäre, der AG sowie der Gläubiger vor übermäßigen Bezügen.[713] Die Gesamtbezüge umfassen sowohl feste als auch variable Bezüge, Entgelt und Aufwandersatz, Geld- und Sachleistungen.[714] Das Gesetz erwähnt explizit: Gehälter, Gewinnbeteiligungen, Aufwandsentschädigungen, Versicherungsentgelte, Provisionen, anreizorientierte Vergütungszusagen und Nebenleistungen jeder Art (vgl die Klammer in § 78 Abs 1 AktG). Unter Nebenleistungen sind zB die private Nutzungsmöglichkeit eines Dienstwagens, Freikarten oder die kostenlose oder besonders günstige Inanspruchnahme von Dienstleistungen oder Waren zu verstehen.[715] Die Angemessenheitskriterien gelten sinngemäß auch für Ruhegehälter, Hinterbliebenenbezüge und Leistungen verwandter Art (§ 78 Abs 1 letzter Satz AktG).

Als Kriterien werden anerkannt: die Qualifikation und der Marktwert des Vorstandsmitglieds; konkrete Verhandlungslage; Dauer der Zugehörigkeit zur Gesellschaft; familiäre Verhältnisse.[716] Ebenso sind die Branche, in der die AG tätig ist; die Ertragslage und Größe des Unternehmens sowie die Struktur und die Größe des Vorstandes zu berücksichtigen.[717] Die wirtschaftlich schlechte Lage der AG bedeutet nicht zwingend, dass dem Vorstand niedrige(re) Bezüge zu zahlen sind: es kommt darauf an, was für die Beschäftigung einer zur Sanierung geeigneten Person aufgewendet werden muß.[718] Das kann einen sogar höheren Wert ergeben als für einen Manager „in Friedenszeiten" angemessen wäre.[719]

Die Höhe der Vorstandsvergütung und die Frage, wann eine solche (noch) angemessen ist, sind nicht selten Gegenstand öffentlicher (und gerade in jüngerer Zeit oft mehr emotional als sachlich geführter) Diskussionen. Die Vorstandsgehälter sind in den letzten Jahren weltweit stark, die meisten Gehälter zudem stärker als der Gewinn gestiegen (*Fall Daimler-Chrysler/Jürgen Schrempp*). In Deutschland ist einer Marktstudie zufolge im Zeitraum 1987–2010 die durchschnittliche Vorstandsvergütung pro Kopf in den DAX-Unternehmen von EUR 439.000 auf EUR 2.738.000 angestiegen, wobei die Entwicklung bis Ende der 1990er-Jahre eher maßvoll verlief und ein sehr deutlicher Anstieg erst danach zu verzeichnen war.[720] Der bisherige Höhepunkt lag im Jahr 2007, als das

---

[712] Die fett hervorgehobenen Kriterien sind mit der Novelle der Bestimmung durch das 2. StabilitätsG 2012 (BGBl I 2012/35) hinzu gekommen.
[713] *Hüffer/Koch*, AktG[11] § 87 Rz 1 mwN.
[714] *Ch. Nowotny* in Doralt/Nowotny/Kalss, AktG[2] § 78 Rz 5.
[715] *Kort* in GroßKommAktG[5] § 87 Rz 44; *Nowotny* in Doralt/Nowotny/Kalss, AktG[2] § 78 Rz 5.
[716] BGH II ZR 88/91 = ZIP 1992, 1152 ; BGH II ZR 126/89 BGHZ 111, 224, 228 = ZIP 1990, 784.
[717] *Raguß*, Der Vorstand einer Aktiengesellschaft (2005) 117 ff.
[718] *Hüffer/Koch*, AktG[11] § 87 Rz 4 mwN; *Hofmann/Becking*, Gestaltungsmöglichkeiten bei Anreizsystemen, NZG 1999, 797 (798); BGH II ZR 204/74 WM 1976, 1226 (1228); BGH II ZR 126/89 BGHZ 111, 224, 228 = NJW 1990, 2625.
[719] Vgl zutr *Mertens/Cahn* in KölnKommAktG[3] § 87 Rz 9; *Kort* in GroßKommAktG[5] § 87 Rz 77.
[720] So die Studie von Dr Joachim *Schwalbach*, Humboldt-Universität zu Berlin „Vergütungsstudie 2011 – Vergütung, Pay-for-Performance und Fair Pay, DAX30-Unternehmen, 1987

durchschnittliche Vorstandseinkommen in den DAX-Unternehmen EUR 2.964 Mio betrug.[721] Nach einem kurzen Absturz während der Finanzkrise sind die Vergütungen nun wieder im Steigen begriffen. Gemäß einer Statistik der Schutzgemeinschaft der Kapitalanleger e.V. („*SdK*") betrug der durchschnittliche Vorstandsbezug in DAX-Unternehmen im Geschäftsjahr 2014 ohne Einbeziehung der Vergütung von Vorstandsvorsitzenden EUR 2.794.960,–.[722] Die Bezüge für Vorstandsvorsitzende in DAX-Unternehmen lagen im Jahr 2015 im Schnitt bei EUR 5.36 Mio.[723] In Österreich liegen die Werte signifikant niedriger: laut einer Studie der AK zu den Vorstandsgehältern in den GJ 2013 bzw 2013/14 lag das durchschnittliche Einkommen eines Vorstandsmitglieds eines ATX-Unternehmens im Jahr 2013 bei EUR 1.327.564.[724] Die maximal erzielbaren variablen Vergütungsbestandteile machen in den meisten Fällen 100 % des Fixums oder mehr aus.[725]

241 Durch Festlegung der Parameter für die Zielerreichung (die sich regelmäßig an dem vom Vorstand zu erstellenden Geschäftsplan bzw an Budgetwerten, verglichen mit Ist-Zahlen, orientieren) hat der Vorstand de facto (und entgegen dem § 78 Abs 1 AktG zugrunde liegenden Konzept)[726] starken Einfluss auf einen erheblichen Teil seiner eigenen Vergütung.

242 § 78 Abs 1 AktG enthält richtiger Ansicht nach[727] keine Vorgaben, die nicht schon aus der auch dem Aufsichtsrat vom Gesetz zur Pflicht gemachten vorrangigen Berücksichtigung des Unternehmenswohls (§ 70 Abs 1 AktG) resultieren.

Die Entscheidung über die Vorstandsvergütung ist grundsätzlich eine *unternehmerische Ermessensentscheidung*,[728] bei der der Aufsichtsrat einen entsprechenden Entscheidungsspielraum hat. Nicht zu verkennen ist indes, dass die in diverse gesetzliche oder in Kodex-Empfehlungen oder Empfehlungen der EU-

---

bis 2010", abrufbar unter https://www.wiwi.hu-berlin.de/de/professuren/bwl/management/managerverguetung/vergutungsstudie-2011; vgl auch *G. Schima* in FS Binder 817 (818 f); *Raguß*, Der Vorstand einer Aktiengesellschaft 112 ff.

[721] So die Studie von *Schwalbach*.
[722] SdK-Vergütungsstatistik vom 21.5.2015 „DAX-Vorstände. Geschäftsjahr 2014", abrufbar unter www.sdk.org/statistiken.php.
[723] SdK-Vergütungsstatistik vom 21.5.2015.
[724] *Arbeiterkammer Wien*, Vorstandsvergütung in den ATX-Unternehmen 2013/2014 (September 2014) 6.
[725] *AK Wien*, Vorstandsvergütung ATX-Unternehmen (2014) 22.
[726] § 78 Abs 1 AktG lautet: „Der Aufsichtsrat hat dafür zu sorgen, dass die Gesamtbezüge der Vorstandsmitglieder (Gehälter, Gewinnbeteiligungen, Aufwandsentschädigungen, Versicherungsentgelte, Provisionen, anreizorientierte Vergütungszusagen und Nebenleistungen jeder Art) in einem angemessenen Verhältnis zu den Aufgaben und Leistungen des einzelnen Vorstandsmitglieds, zur Lage der Gesellschaft und zu der üblichen Vergütung stehen und langfristige Verhaltensanreize zur nachhaltigen Unternehmensentwicklung setzen. [...]"
[727] So *Nowotny* in Doralt/Nowotny/Kalss, AktG² § 78 Rz 4; OGH 7 Ob 58/08t GesRZ 2008, 378 (*Kalss/Zollner*) = wbl 2008, 598 (*U. Torggler*) = ecolex 2008, 926 (*Reich-Rohrwig*) = GeS 2008, 356 (*Schopper/Kapsch*); zust *G. Schima* in FS Binder 817 (826); idS auch *W. Graf*, RdW 2007, 515 (516).
[728] OGH 7 Ob 58/08t GesRZ 2008, 378 (*Kalss/Zollner*) = wbl 2008, 598 (*U. Torggler*) = ecolex 2008, 926 (*Reich-Rohrwig*) = GeS 2008, 356 (*Schopper/Kapsch*); ausführlich *G. Schima* in FS Binder 817 (825 ff).

Kommission gegossenen Vorgaben als Resultat der Finanzkrise 2008/2009[729] dieser unternehmerischen Ermessensentscheidung immer stärker die Züge einer gebundenen Entscheidung verleihen. Der deutsche Gesetzgeber hat dies mit der umfassenden Novellierung des § 87 Abs 1 dAktG 2009 vorexerziert,[730] der österreichische Gesetzgeber folgte im Jahr 2012. Ob das rechtspolitisch zu begrüßen ist, lässt sich mE sehr hinterfragen.[731] Tendenziell besteht bei zu starker Verrechtlichung die Gefahr, dass der Aufsichtsrat sich zu wenig eigene kreative Gedanken macht, wie er die Vergütung des Vorstandes sinnvoll gestaltet.

Vor der Novellierung 2012 sah § 78 Abs 1 AktG als Kriterien für die Bemessung der Vorstandsvergütung vor, dass diese in einem angemessenen Verhältnis zu den **Aufgaben** des Vorstandsmitglieds und zur **Lage der Gesellschaft** stehen müsse. Die Aufgaben des Vorstandsmitglieds beziehen sich auf die ihm im Anstellungsvertrag, der Geschäftsverteilung oder der Satzung übertragenen Tätigkeiten (Ressorts) und die damit verbundene Verantwortung.[732] Die Lage der Gesellschaft bezeichnet die aktuelle und zukünftige Ertrags-, Vermögens- und Finanzlage des Gesamtunternehmens.[733]

Eines der (auch in D schon 2009) neu hinzugekommenen Kriterien sind die **Leistungen** des Vorstandsmitglieds. Dieses Kriterium ist – ebenso wie die Aufgaben – für jedes Vorstandsmitglied individuell zu berücksichtigen. Anders jedoch als die dem Vorstandsmitglied zugeteilten Aufgaben sind dessen Leistungen zum Zeitpunkt des Abschlusses der Vergütungsvereinbarung noch nicht bekannt. Insbesondere bei neuen Vorstandsmitgliedern sind daher die zukünftigen Leistungen – anhand der zugeteilten Aufgaben – zu prognostizieren.[734] Bei bereits tätigen Vorstandsmitgliedern dienen die erbrachten Leistungen als Indikator für die zukünftige Performance.[735]

Während dies in Deutschland bereits seit der Novellierung des § 87d AktG im Jahr 2009 vorgesehen ist, gibt es in Österreich erst seit dem 2. Stabilitätsgesetz 2012 eine explizite gesetzliche Vorgabe, dass die Vergütung des Vorstands „*in einem angemessenen Verhältnis zu der **üblichen Vergütung**"* stehen müsse.[736] Auch

---

[729] Vgl zu den damaligen Entwicklungen, noch vor der Novelle zu § 78 AktG zB *Haberer/Kraus*, Gedanken zur Angemessenheit der Vorstandsvergütung, GeS 2010, 10 (11 ff); *Schenz/Eberhartinger*, Die Regelung der Managergehälter im Österreichischen Corporate Governance Kodex, ÖBA 2010, 209.
[730] Vgl dazu zB *Thüsing*, AG 2009, 517.
[731] Vgl krit zur Lage in Deutschland zB *Dauner-Lieb*, Die Verrechtlichung der Vorstandsvergütung durch das VorstAG als Herausforderung für den Aufsichtsrat, Der Konzern 2009, 583; *Hohenstatt*, Das Gesetz zur Angemessenheit der Vorstandsvergütung, ZIP 2009, 1349; *J. H. Bauer/Arnold*, Festsetzung und Herabsetzung der Vorstandsvergütung nach dem VorstAG, AG 2009, 717.
[732] *Haberer/Kraus*, GeS 2010, 10 (13); *Kort* in GroßKommAktG[5] § 87 Rz 53.
[733] *Kort* in GroßKommAktG[5] § 87 Rz 65 mwN.
[734] Zur Lösung dieser Problematik schlagen *Haberer/Kraus*, GeS 2010, 10 (13 f) vor, Auskünfte ehemaliger Vorgesetzter einzuholen und die Leistungen und Aufgabenerfüllung des Kandidaten in vorigen Unternehmen heranzuziehen.
[735] Vgl zu alledem *Kort* in GroßKommAktG[5] § 87 Rz 56 ff.
[736] § 87 Abs 1 dAktG ist so formuliert, dass der Aufsichtsrat dafür zu sorgen hat, dass die Gesamtbezüge „*die übliche Vergütung nicht ohne besondere Gründe*" überschreiten.

schon vor der jüngsten Konkretisierung der Bestimmungen über die Angemessenheit der Vorstandsvergütung in Österreich kam es auf die „Üblichkeit" der Vergütung an.[737] Der Aufsichtsrat hatte sich auch ohne eine explizite Regelung sehr wohl bei der Bemessung der Vergütung daran zu orientieren, was „am Markt" Managern in vergleichbarer Position gezahlt wird. Primär maßgebend ist ein „horizontaler Fremdvergleich",[738] also ein Vergleich mit den Gehältern von Führungskräften aus Unternehmen vergleichbarer Größe und Branche[739], wobei zu berücksichtigen ist, dass der Arbeitsmarkt für Topmanager ein internationaler, ja globaler ist. Das gilt für die Finanzbranche vielleicht noch mehr als für andere Wirtschaftszweige und erklärt zumindest zT die dort am stärksten vorgekommenen „Vergütungsexzesse". Der deutsche Gesetzgeber wollte[740] – ohne das im Wortlaut von § 87 Abs 1 dAktG freilich zum Ausdruck zu bringen – durch die Bezugnahme auf den Geltungsbereich des dAktG dem gerne gebrauchten Argument vieler Manager einen gewissen Riegel vorschieben, dass in den USA, UK oder anderen Ländern noch deutlich mehr gezahlt werde. Ein Ausschluss der Berücksichtigung von im Ausland gezahlten Vergütungen ist damit aber richtigerweise nicht verbunden.

246 Auch dem österreichischen Gesetzgeber scheint eine „nationale Grenze" für die Angemessenheitsprüfung vorzuschweben.[741] ME hängt jedoch die Zulässigkeit der Einbeziehung von Managergehältern in vergleichbaren ausländischen Unternehmen ausschließlich davon ab, ob in Bezug auf das konkrete Unternehmen ein Österreich übergreifender Markt für die Rekrutierung von Managern besteht, oder nicht.[742] Der Aufsichtsrat hat dies im pflichtgemäßen Ermessen und allenfalls unter Zuziehung von Personal- oder Vergütungsberatern oder entsprechender Vergütungsstudien[743] zu ermitteln. Für Österreich ist insbesondere hervorzuheben, dass hierzulande sicher nicht die im internationalen Vergleich höchsten Vergütungen gezahlt werden. Es ist daher vom Ansatz her nicht zu beanstanden, wenn der Aufsichtsrat dem erfolgreichen Vorstandsvorsitzenden einer Bank einen Verbleibe-Bonus auch in beträchtlicher Höhe zahlt, um ihn davon abzuhalten, ein deutlich lukrativeres Angebot in London anzunehmen.[744]

247 Neben dem horizontalen Fremdvergleich soll die Angemessenheit der Vergütung – so der Wille des Gesetzgebers[745] – auch anhand eines vertikalen Vergleichs gemessen werden: Dabei wird das Verhältnis zur durchschnittlichen Entlohnung

---

[737] Vgl die Nachweise bei *Haberer/Kraus*, GeS 2010, 10 (14).
[738] So auch *Haberer/Kraus*, GeS 2010, 15 und die überzeugende Meinung in D: Vgl *Fleischer*, Das Gesetz zur Angemessenheit der Vorstandsvergütung (VorstAG), NZG 2009, 801 (802); *Dauner-Lieb*, Der Konzern 2009, 583 ff.
[739] *Ch. Nowotny* in Doralt/Nowotny/Kalss, AktG² § 78 Rz 9.
[740] Vgl die Nachweise bei *Kort* in GroßKommAktG⁵ § 87 Rz 84.
[741] So die ErläutRV 1685 BlgNR 24. GP 30 zu Z1 der Änderungen des AktG.
[742] Zutreffend *Kort* in GroßKommAktG⁵ § 87 Rz 84 ff.
[743] Vgl *Haberer/Kraus*, GeS 2010, 10 (15).
[744] So geschehen 2004 in der Erste Bank; der „Stay on-Bonus" betrug den damals in Medien kolportierten Meldungen EUR 2 Mio. Vgl *Hofer/Moser*, Kommunikation der Exekutive Compensation, in Schuster/Gröhs/Havranek, Executive Compensation (2008) 175, die das zu Recht als Beispiel besonders gut gelungener medialer Kommunikation anführen (der Gesamtbezug betrug damals immerhin für Ö unübliche EUR 4,55 Mio).
[745] ErläutRV 1685 BlgNR 24. GP 30 zu Z1 der Änderungen des AktG.

von Führungskräften im selben Unternehmen untersucht. Ein vertikaler Vergleich, der sich auf die Belegschaft der Gesellschaft bezieht, wurde in der deutschen Diskussion aufgeworfen, und ist sicher ein Kriterium, das der Aufsichtsrat im Auge behalten sollte. Doch kann nicht generell gesagt werden, dass Vorstandsmitglieder eines Unternehmens in einer Niedriglohnbranche weniger verdienen dürfen als Manager in Unternehmen mit hohen Löhnen.[746] Es hat außerdem mehr einen ideologisch-emotionalen als sachbezogenen Aussagewert, für Vorstandsgehälter einen nach oben begrenzten Vervielfachungsfaktor, bezogen auf das Gehalt eines Arbeiters, zu fordern.[747] Die vertikale Vergleichsebene ist weder in Deutschland, noch in Österreich Teil des Gesetzeswortlauts, sondern nur die Materialien verweisen darauf. Im Konfliktfall muss der horizontale Vergleichsmaßstab vorgehen[748] und das schon deshalb, weil nur über den horizontalen Fremdvergleich der Aufsichtsrat seiner Aufgabe nachkommen kann, den bestmöglichen Vorstand zu finden. Wenn dieses Ziel nur unter Inkaufnahme eines sehr hohen „vertikalen Vervielfachungsfaktors" erreichbar ist, dann darf der Aufsichtsrat nicht deshalb davon abstehen.

Neu im Gefüge der gesetzlichen Bestimmungen über die Angemessenheit der Vorstandsvergütung ist auch das Kriterium der „langfristigen Verhaltensanreize zur **nachhaltigen Unternehmensentwicklung**", das § 78 Abs 1, 1. Satz AktG am Ende vorsieht. Diese Vorgabe war schon früher in der C-Regel 27 des Corporate Governance Kodex enthalten.[749] Die Lehre war auch schon vor der Kodifikation im AktG der Ansicht, dass der Aufsichtsrat durch seine Bindung an das idR langfristig angelegte Unternehmensinteresse verpflichtet ist, die Vergütung so zu gestalten, dass das Wohl des Unternehmens nachhaltig und dauerhaft gewährleistet ist.[750] Der Gesetzgeber nennt als Beispiel, dass Bonifikationen nicht so gestaltet werden dürfen, dass die Erfüllung der Parameter nur zu einem einzelnen Stichtag vorliegen muss oder durch ein Verhalten der Vorstandsmitglieder in Form der Aufblähung von Geschäftsvolumen beeinflusst werden kann.[751]

---

[746] So überzeugend *Kort* in GroßKommAktG[5] § 87 Rz 91.

[747] Im Zuge der Banken- und Finanzkrise wurde zB in den USA die – sogar vom US-Präsidenten *Obama* erhobene – Forderung laut, dass in den Unternehmen kein Angestellter mehr verdienen sollte als der Vorstand. Davon ist mittlerweile nicht mehr die Rede, und gegen diese Vorgabe, die die realen Gegebenheiten in der Finanzbranche stark verändern würde, sträuben sich insb auch die Vorstände selbst, weil sie meinen, ohne die im Investmentbanking bzw Treasury tw gezahlten, extrem hohen – und das Niveau der Vorstandsbezüge oft deutlich übersteigenden – Vergütungen käme man nicht an die international besten Leute heran. Die AK Wien forderte in ihrer Studie über die Vorstandsvergütung in den GJ 2013/14, dass der Aufsichtsrat einen Faktor für die angemessene Relation zwischen Vorstandsentgelt und Bezügen der Belegschaft festlegen sollte und schlug den Faktor 1:12 vor (vgl S 23 der Studie).

[748] So *Seibt* in K. Schmidt/Lutter, AktG[3] § 87 Rz 10 f, wobei in D die Gesetzesmaterialien den Vertikalvergleich tatsächlich in Form einer „Kann-Formulierung" begründen. Das ist in Österreich nicht der Fall. Dennoch muss auch hier mE wegen der fragwürdigen Tauglichkeit des vertikalen Vergleichs der horizontale Vergleich im Zweifel Vorrang haben. So auch *Haberer/Kraus*, GeS 2010, 10 (15).

[749] Vgl zur Entwicklung der Bestimmungen *G. Schima* in Schenz/Eberhartinger, Corporate Governance 250, 260.

[750] *Haberer/Kraus*, GeS 2010, 10 (17) mwN.

[751] Vgl ErläutRV 1685 BlgNR 24. GP 30 f zu Z1 der Änderungen des AktG. Ersteres war zB vor ein paar Jahren bei einem Aktienoptions-Vergütungsprogramm in der Telekom Austria AG

249 Die mit dem 2. StabilitätsG 2012 eingeführten neuen Angemessenheits-Kriterien sind auf den Abschluss von Vergütungsvereinbarungen mit Vorstandsmitgliedern nach dem 31. August 2012 anzuwenden (§ 262 Abs 31 AktG). Auch bereits bestehende Vergütungsvereinbarungen, die nach diesem Stichtag verlängert werden, müssen die neuen Bestimmungen berücksichtigen und allenfalls angepasst werden.[752]

b) Rechtsfolgen unangemessener Vergütung

250 Über die Rechtsfolgen unangemessen hoher Vorstandsvergütungen besteht weder im deutschen noch im österreichischen Schrifttum Einigkeit.[753] Nach wie vor herrschend ist die Sichtweise, dass § 78 Abs 1 AktG bzw § 87 Abs 1 dAktG keine Verbotsgesetze sind, sondern Handlungsanleitungen an den Aufsichtsrat und eine gegen das Angemessenheitsgebot verstoßende Vergütung nicht rechtsunwirksam ist, sondern den Aufsichtsrat verantwortlich macht.[754] Auch die Gegenposition wird aber vertreten, wonach der Gesellschaft bei überhöhten Vergütungen wegen Teilnichtigkeit des Vertrages ein Rückforderungsrecht zusteht.[755] Übereinstimmung besteht indes darüber, dass in missbräuchlicher (und vom Vorstandsmitglied erkannter oder nur grob fahrlässig nicht erkannter) Ausnützung der Vertretungsmacht des Aufsichtsrates gewährte Vergütungen wegen Kollusion unwirksam sind.[756] Betrachtet man die Diskussion, so fragt sich, ob hier wirklich konträre Positionen einander gegenüber stehen. Teilt man nämlich die – mE überzeugende – Position des OGH,[757] wonach nur bei *eklatanter*[758] Überschreitung des dem Aufsichtsrat durch § 78 Abs 1 AktG eingeräumten Ermessensspielraumes, dh bei *krass überhöhten* Vorstandsbezügen überhaupt *rechtswidriges* Handeln vorliegt, das den Aufsichtsrat verantwortlich macht,[759] dann reduziert sich die Diskussion

---

der Fall, das in mehrere Strafverfahren mündete, weil der Börsekurs, der zu einem ganz bestimmten Zeitpunkt einen bestimmten Wert überschreiten musste, um hohe Bonuszahlungen für eine größere Gruppe von Führungskräften auszulösen, im Einvernehmen mit Entscheidungsträgern der Gesellschaft manipuliert worden war.

[752] *Nowotny* in Doralt/Nowotny/Kalss, AktG² § 78 Rz 5.
[753] Vgl *Fonk* in Semler/v. Schenck, ARHdb⁴ § 10 Rz 119; *Nowotny* in Doralt/Nowotny/Kalss, AktG² § 78 Rz 10 mwN zum Meinungsspektrum.
[754] Vgl OGH 9 ObA 513/88 DRdA 1989, 417 – „VOEST-Manager-Pensionserkenntnis"; *Strasser* in Jabornegg/Strasser, AktG⁵ §§ 77–84 Rz 142; *Kalss* in Kalss/Nowotny/Schauer, Gesellschaftsrecht Rz 3/289; *Nowotny* in Doralt/Nowotny/Kalss, AktG² § 78 Rz 10.
[755] *Krejci*, Über unzulässige Aufsichtsratsvergütungen, ecolex 1991, 776 (778), vertritt diese Position aber nicht generell, sondern nur für spezielle Fälle wie Kollusion, Knebelung etc; insoweit sich zu Unrecht auf diesen berufend *Hörlsberger/Schröckenfux*, Können strafrechtliche Konsequenzen „zu hoher" Prämien an den Vorstand vermieden werden? ecolex 2004, 373 (375). Auch *Kalss* in Kalss/Nowotny/Schauer, Gesellschaftsrecht Rz 3/289 ordnet *Krejci* nicht richtig in die Kategorie der generellen „Rückforderungsbefürworter" ein.
[756] *Kalss* in Kalss/Nowotny/Schauer, Gesellschaftsrecht Rz 3/289; *Strasser* in Jabornegg/Strasser, AktG⁵ §§ 77–84 Rz 142; *Graf*, RdW 2007, 515 (516 f).
[757] OGH 7 Ob 58/08t GesRZ 2008, 378 (*Kalss/Zollner*) = wbl 2008, 598 (*U. Torggler*) = ecolex 2008, 926 (*Reich-Rohrwig*) = GeS 2008, 356 (*Schopper/Kapsch*); vgl schon davor – aber nicht zu Vergütungsentscheidungen – OGH 1 Ob 144/01k GesRZ 2002, 86.
[758] So auch *Seibt* in K. Schmidt/Lutter, AktG³ § 87 Rz 16.
[759] So auch *Graf*, RdW 2007, 515 (516 f); *G. Schima* in FS Binder 817 ff, 827; aM *U. Torggler,* wbl 2008, 603 und *Kalss* in Kalss/Nowotny/Schauer, Gesellschaftsrecht Rz 3/289 FN 144,

auf die Frage, ob diese Fälle gleich zu setzen sind mit dem Tatbestand der Kollusion, bei der das Geschäft unwirksam ist, dem Gesellschaft daher notwendigerweise ein Schadenersatzanspruch gegen die Aufsichtsratsmitglieder und – parallel – ein Rückforderungsanspruch gegen das begünstigte Vorstandsmitglied zusteht.

Oder anders gewendet: gibt es Raum für Fälle, in denen die Vergütung zwar rechtswidrig (weil eklatant unangemessen) überhöht ist, aber dennoch nicht gesagt werden kann, dass auch dem Vorstandsmitglied diese Fehlleistung zuzurechnen ist, dass Unwirksamkeit des Vertrages angenommen werden muss? Diese Frage ist mE zu verneinen, wenn man schon bei der Rechtswidrigkeit – und dafür gibt es, wie gesagt, sehr gute Gründe – nur krasse Überschreitungen des Ermessensspielraumes als haftungsbegründend betrachtet. Denn dann wird wohl generell nicht gesagt werden können, dem Vorstand sei die Ermessensüberschreitung – die sich dann zum Ermessens*missbrauch* verdichtet – (in nicht vorwerfbarer Weise) unbekannt gewesen.[760] Dem entspricht auch die vor allem in Deutschland im Vordringen begriffene und mE zutreffende Meinung, wonach das Vorstandsmitglied bei der Aushandlung seiner eigenen Vergütung nicht allein seine Interessen vertreten darf, sondern auch das Unternehmenswohl im Auge zu behalten hat und sich eklatant überhöhte Vergütungen nicht zusagen lassen darf.[761] Der OGH dürfte das ganz ähnlich sehen, wenn er in der „Hirsch Servo-E"[762] aussprach, ein Verstoß der beklagten Vorstandsmitglieder gegen die ihnen gegenüber der Gesellschaft obliegende Treuepflicht scheide *„schon deshalb"* aus, weil die Abfindungszahlungen *„nicht als eklatant unangemessen"* anzusehen seien.[763] Daraus kann man wohl vorsichtig folgern, dass bei eklatanter Unangemessenheit (ab der erst das Verhalten auch des Aufsichtsrates rechtswidrig und haftungsbegründend wird) das betroffene Vorstandsmitglied sehr wohl haftet.

Eine davon zu unterscheidende Frage ist, ob aufgrund der für die Annahme zivilrechtlicher Rechtswidrigkeit gesetzten hohen Schranke bei deren Überschreitung gleichzeitig *Untreue iSd § 153 StGB* vorliegt. Mit anderen Worten: Machen sich die Mitglieder des Aufsichtsrates der Untreue strafbar, wenn sie einem Vor-

---

die dem OGH in der E 7 Ob 58/08t vom 11.6.2008 eine *„kaum nachvollziehbare Haltung"* attestiert, dabei mE aber – wie *U. Torggler* – nicht berücksichtigt, dass es sich um eine unternehmerische Ermessensentscheidung handelt und der OGH mit der Formulierung – mE ganz zu Recht – zum Ausdruck bringen wollte, dass sich die Grenzen der (Un-)Angemessenheit auch nicht annähernd exakt bestimmen lassen (vgl dazu auch anschaulich *Lutter,* Aktienrechtliche Aspekte der angemessenen Vorstandsvergütung, ZIP 2006, 733 [734 f]).

[760] IdS auch *Graf*, RdW 2007, 515 (517).

[761] Vgl *Kort* in GroßKommAktG⁵ § 87 Rz 350 ff, der davon ausgeht, dass eine solche Haftung nur in seltenen Fällen in Frage kommen wird; *Fleischer* in Spindler/Stilz, AktG § 87 Rz 29; *Dreher,* Überformung des Aktienrechts durch die Rechtsprechung von Straf- und Verwaltungsgerichten? AG 2006, 213 (219); *Lutter,* ZIP 2006, 733, 736; *Semler,* Mitverantwortung der Vorstandsmitglieder einer Aktiengesellschaft für die eigenen Vergütungen in FS Happ (2006) 277 (282 f); *Fonk* in Semler/v. Schenck, ARHdb⁴ § 10 Rz 120 mwN. Die Gegenansicht vertritt nunmehr *Spindler* in MünchKommAktG⁴ § 87 Rz 135 ff; auch *Seibt* in K. Schmidt/Lutter, AktG³ § 87 Rz 16 f vertritt die Ansicht, dass das Vorstandsmitglied nicht Pflichtenadressat von § 87 dAktG ist.

[762] OGH 7 Ob 58/08t GesRZ 2008, 378 (*Kalss/Zollner*) = wbl 2008, 598 (*U. Torggler*) = ecolex 2008, 926 (*Reich-Rohrwig*) = GeS 2008, 356 (*Schopper/Kapsch*).

[763] Vgl dazu *G. Schima* in FS Binder 823 f.

standsmitglied eine eklatant überhöhte und unangemessene Vergütung versprechen? Diese Frage kann hier nicht entscheidend vertieft werden. Schon wegen der in der Strafrechtsnorm geforderten qualifizierten Vorsatzform der Wissentlichkeit (bezogen auf den Befugnismissbrauch; bei der Schädigung genügt bedingter Vorsatz) muss es mE Fälle geben, bei denen zwar zivilrechtliche Rechtswidrigkeit wegen grober Ermessensüberschreitung vorliegt, nicht aber der Straftatbestand des § 153 StGB verwirklicht ist. Zu konstatieren ist freilich, dass die Strafgerichtspraxis die Wissentlichkeit – leider – nicht allzu ernst nimmt und sich aus diesem Tatbestandsmerkmal in der Praxis keine signifikante Barriere gegen „einfache Vorsatzverurteilungen" ableiten lässt.[764] Weiters ist zu klären, ob das begünstigte Vorstandsmitglied als Beitragstäter hinsichtlich vom Aufsichtsrat begangener Untreue iSd §§ 12, 14 iVm § 153 StGB in Betracht kommt. Der BGH hat das für den deutschen Rechtsbereich in der Mannesmann-E[765] interessanter Weise mit dem Argument verneint, das Vorstandsmitglied träfe bei der Aushandlung seiner eigenen Vergütung keinerlei Vermögensbetreuungspflicht gegenüber der Gesellschaft.[766] Diese Sichtweise überzeugt nicht, denn eine solche Pflicht des Vorstandsmitgliedes gibt es – wie gesagt – vom Grundsatz her schon.[767]

---

[764] Dieser Umstand hängt auch mit einem gravierenden (und mE eines Rechtsstaates eigentlich nicht würdigen) Rechtsschutzdefizit im Strafverfahren zusammen: Die in diesem Zusammenhang relevante Wirtschaftskriminalität – insb die Verfolgung von unter § 153 StGB fallenden Verhaltensweisen – spielt sich im Rahmen der Schöffengerichtsbarkeit ab. Im schöffengerichtlichen Verfahren sind Tatsachenfeststellungen im Rechtsmittelverfahren nicht bekämpf- und damit nicht überprüfbar (man stelle sich das vor: in jedem EUR 5.000,– Zivilprozess kann die Berufungsinstanz natürlich die Tatsachenfeststellungen und die erstrichterliche Beweiswürdigung überprüfen; dort hingegen, wo es um bis zu zehn Jahre Freiheitsentzug geht, ist das nicht möglich!). Stellt daher das Erstgericht fest, der Angeklagte habe „*gewusst*" (bzw ihm sei „*bewusst*" gewesen), dass der von ihm vergebene Kredit nicht zurückgezahlt werden könne, oder ihm sei bewusst gewesen, dass die von ihm gewährte Bonuszahlung nicht durch die vom Vorstandsmitglied erbrachten Leistungen gerechtfertigt oder gar aufgrund falscher Berechnungen zustande gekommen sei, dann kann diese Feststellung vom Angeklagten nicht bekämpft werden. Es liegt auf der Hand, dass diese verfahrensrechtliche Rechtslage nicht dazu beiträgt, dass sich die Erstgerichte allzu große Mühe mit den entsprechenden Tatsachenfeststellungen und deren schlüssiger Ableitung aus den Beweisergebnissen machen.

[765] BGH 3 StR 470/04 BB 2006, 323 = ZIP 2005, 72; zu dieser aus österr Sicht ausführlich *G. Schima* in FS Binder 817 (843 ff); *G. Schima* in Baudenbacher/Kokott/Speitler, Aktuelle Entwicklungen 420 ff.

[766] BGH 3 StR 470/04 ZIP 2006, 72 (81 f).

[767] Teilte man die – in eigenartigem Kontrast zur in der Mannesmann-E sonst geübten (und rechtlich verfehlten: vgl die Kritik bei *G. Schima* in FS Binder 843 ff und *G. Schima* in Baudenbacher/Kokott/Speitler, Aktuelle Probleme 420 ff, jeweils mwN aus der deutschen Diskussion) Strenge stehende Sichtweise des BGH, dann müsste man im Grunde generell die Möglichkeit der Beitragstäterschaft von *extranei* beim Sonderdelikt des § 153 StGB verneinen, wenn die Untreuehandlung im Abschluss eines Vertrages besteht und der andere Teil (*extraneus*) als Vertragspartner Interessen vertritt, die jenen des Machtgebers des Untreuetäters naturgemäß entgegengesetzt sind (wobei das Vorstandsmitglied freilich von vornherein in einer etwas anderen Lage ist als zB der Kreditnehmer, dem vom untreuen Bankdirektor ein krass unangemessen günstiger Kredit zugesagt wird, weil das Vorstandsmitglied *denselben Machtgeber* hat wie der ihm bei der Aushandlung des Anstellungsvertrages gegenüber stehende Aufsichtsrat). Dieser Frage vertieft nachzugehen und die strafrechtlichen

Gerade weil Vorstandsvergütungen in jüngerer Zeit heikel und nicht nur für **252** Zivil-, sondern auch für Strafgerichte zum Thema geworden sind, kann der Aufsichtsrat (aber auch der Vorstand; siehe das gerade Gesagte) im Einzelfall großes Interesse haben, „grenzwertige" Vergütungen (zivil- und straf)rechtlich unanfechtbar zu machen. § 103 Abs 2 AktG gibt dem Vorstand die Möglichkeit, in einer Angelegenheit der Geschäftsführung die Hauptversammlung anzurufen,[768] die dann zwar nach ganz herrschender und zutreffender Meinung nicht verpflichtet ist, zu entscheiden, im Falle einer Entscheidung aber den Vorstand bindet, ihm also ausnahmsweise eine Weisung erteilen kann[769] – freilich nur, wenn der Vorstand selbst dies durch Anrufung der Hauptversammlung wünscht. Nach dem gesetzlichen Wortlaut kann der Aufsichtsrat die Hauptversammlung nur anrufen, wenn es sich um eine Maßnahme handelt, die seiner Zustimmung unterliegt. Zu denken ist hier in erster Linie an die zustimmungspflichtigen Geschäfte gemäß § 95 Abs 5 AktG. Nach überzeugender Ansicht muss diese Kompetenz zur Anrufung der Hauptversammlung dem Aufsichtsrat auch dann zukommen, wenn die Maßnahme der Geschäftsführung nicht bloß der *Zustimmung* des Aufsichtsrates bedarf, sondern von vornherein in seine (alleinige oder mit dem Vorstand geteilte)[770] Kompetenz fällt.[771] Das betrifft den Abschluss von Geschäften mit Mitgliedern des Vorstandes (§ 97 AktG) oder – wie hier – die Ausübung der allein dem Aufsichtsrat vorbehaltenen Zuständigkeit zur Regelung der anstellungsvertraglichen Bedingungen (§ 75 Abs 1 AktG).

Hat der Vorstand – oder eben der Aufsichtsrat – „*aufgrund eines gesetzmä-* **253** *ßigen Beschlusses der Hauptversammlung*" gehandelt, wird er von der Haftung gegenüber der Gesellschaft befreit (§ 84 Abs 4 Satz 1 AktG). Billigt der Alleinaktionär oder billigen sämtliche Aktionäre außerhalb einer Hauptversammlung (was bei börsenotierten Gesellschaften ausscheidet) eine Maßnahme (hier: Gewährung von Bonuszahlungen in beträchtlicher Höhe an den Vorstand), dann stellt sich die Frage, ob das einem Beschluss der Hauptversammlung gleich zu halten ist. Nach der in D hM ist ein wirksamer, formeller Hauptversammlungsbeschluss erforderlich; eine bloße Meinungsäußerung oder Empfehlung der HV recht nicht aus. Erst recht genügt keine Willensbekundung einzelner Aktionäre, selbst wenn sie die

---

Grenzen der Verfolgung eigener Interessen beim Kontrahieren mit untreuen Machthabern auszuloten, wäre ein durchaus lohnendes Unterfangen, würde aber die Grenzen dieser Darstellung sprengen.

[768] Vgl ausführlich *Runggaldier/G. Schima*, Führungskräfte 16 ff; *Kalss* in Doralt/Nowotny/Kalss, AktG² § 103 Rz 19 ff.

[769] *Kalss* in Doralt/Nowotny/Kalss, AktG² § 103 Rz 25; *Runggaldier/G. Schima*, Führungskräfte 17 f mwN.

[770] Bei den Geschäften gemäß § 97 AktG ist strittig, ob dem Aufsichtsrat die alleinige Vertretungskompetenz zukommt (so *Kalss* in Doralt/Nowotny/Kalss, AktG² § 97 Rz 8) oder seine Vertretungsmacht nur *neben* die des Vorstandes tritt (so die traditionelle und nach wie vor hM: vgl *G. Schima/Toscani*, Die Vertretung der AG bei Rechtsgeschäften mit dem Vorstand (§ 97 Abs 1 AktG), JBl 2012, 482 (Teil I) und 570 (Teil II)). Bei § 75 AktG ist aber einhellig anerkannt, dass der Aufsichtsrat allein geschäftsführungs- und vertretungsbefugt ist, der Vorstand also einem Vorstandsmitglied von vornherein gar keine wirksamen anstellungsvertraglichen Zusagen machen *kann*.

[771] *G. Frotz* in FS Wagner 137 (140); *Kalss* in Doralt/Nowotny/Kalss, AktG² § 103 Rz 21; aM *Strasser* in Jabornegg/Strasser, AktG⁵ § 103 Rz 9.

Mehrheit der Anteile halten.[772] Auch eine eindeutig zum Ausdruck gebrachte Billigung durch alle Aktionäre oder durch den Alleinaktionär vermag nach der in D hL einen förmlichen HV-Beschluss nicht zu ersetzen.[773] Diese Ansicht überzeugt gleichwohl nicht völlig und ist in Ö auch nicht herrschend. Richtig ist zunächst, dass der Gesetzeswortlaut („*gesetzmäßiger Hauptversammlungsbeschluss*") recht eindeutig ist.[774] Daran darf man sich aber nicht zu sehr klammern, denn auch das GmbHG spricht immer wieder von einem „*Beschluss*" der Gesellschafter (vgl zB § 25 Abs 5 GmbHG), und dennoch ist dort zu Recht völlig anerkannt, dass nicht nur die – auch ganz formlose – Willensäußerung des Alleingesellschafters die Wirkungen eines Gesellschafterbeschlusses hat,[775] sondern auch, dass ein formloses Zusammenwirken aller Gesellschafter nicht anders zu behandeln ist.[776] Dieses „Informalitätsprinzip" sollte man auch im Aktienrecht grundsätzlich anerkennen. Nach hA in Ö hat die Billigung des Verhaltens (von Vorstand oder – hier ausnahmsweise – Aufsichtsrat) durch alle Aktionäre die Wirkungen eines Hauptversammlungsbeschlusses.[777] Es darf aber dann nicht einmal eine kleine Minderheit fehlen.[778]

254 Richtigerweise kommt es für die Haftungsbefreiung des Vorstandes/Aufsichtsrates nicht darauf an, ob die Hauptversammlung (bzw die Gesamtheit der Aktionäre) eine förmliche Weisung erteilt hat.[779] Die durch Hauptversammlungsbeschluss erfolgende (oder durch sämtliche Aktionäre erklärte) Billigung einer Maßnahme genügt aber nur dann, wenn diese *vor* Durchführung der Maßnahme bzw vor Abschluss des Geschäftes erfolgt.[780] Selbst wenn man der hier vertretenen Meinung nicht folgte, könnte bei Billigung des Verhaltens durch den Alleinaktionär oder alle Aktionäre das in Anspruch genommene Vorstands- oder Aufsichtsratsmitglied der Gesellschaft den Einwand der unzulässigen Rechtsausübung entgegen hal-

---

[772] *Hüffer/Koch,* AktG[11] § 93 Rz 73; *Krieger/Seiler-Coceani* in K. Schmidt/Lutter, AktG[3] § 93 Rz 60; *Fleischer,* Handbuch des Vorstandsrechts § 11 Rz 85, 97; *Fleischer* in Spindler/Stilz, AktG § 93 Rz 223 mwN.
[773] *Spindler* in MünchKommAktG[4] § 93 Rz 249; *Wiesner* in MünchHdbGesR IV[4] § 26 Rz 43.
[774] *Strasser* in Jabornegg/Strasser, AktG[5] §§ 77 – 84 Rz 115.
[775] Vgl OGH 1 Ob 482/58 SZ 32/2; *Runggaldier/G. Schima,* Führungskräfte 24 f, 242.
[776] OGH 3 Ob 601/90 ecolex 1991, 394 (*Reich-Rohrwig*) – sogar bei Missachtung eines satzungsmäßigen Schriftformerfordernisses; OGH 5 Ob 553/87 RdW 1987, 371; OGH 7 Ob 633/95 wbl 1996, 249; RIS-Justiz RS0059949, zuletzt in 8 ObA 49/11f; ebenso *Koppensteiner/Rüffler,* GmbHG[3] § 35 Rz 26; *Nowotny* in Kalss/Nowotny/Schauer, Gesellschaftsrecht Rz 4/278.
[777] *Kastner,* Die Stellung des Vorstandes der österreichischen Aktiengesellschaften in FS Schmitz I 87; *Kastner/Doralt/Nowotny,* Gesellschaftsrecht[5] 238; *Frotz* in FS Wagner 136 ff, 149; *Runggaldier/G. Schima,* Führungskräfte 238 f; *Nowotny,* in Doralt/Nowotny/Kalss, AktG[2] § 84 Rz 29; *Kalss* in Kalss/Nowotny/Schauer, Gesellschaftsrecht Rz 3/417; *Schlosser,* Organhaftung 17; aM *Strasser* in Jabornegg/Strasser, AktG[5] §§ 77–84 Rz 115. AA jetzt auch *Kalss* in MünchKommAktG[4] § 93 Rz 367.
[778] *Runggaldier/G. Schima,* Führungskräfte 239.
[779] *Ch. Nowotny* in Doralt/Nowotny/Kalss, AktG[2] § 84 Rz 29; *Kastner/Doralt/Nowotny,* Gesellschaftrecht[5] 238; aA *Kalss* in MünchKommAktG[4] § 93 Rz 367 unter Berufung auf die OGH-E 6 Ob 210/12v, die aber nicht einschlägig ist.
[780] Vgl *Runggaldier/G. Schima,* Führungskräfte 239; *Nowotny* in Doralt/Nowotny/Kalss, AktG[2] § 84 Rz 29.

ten.⁷⁸¹ Damit ebnet sich der praktische Unterschied zwischen den beiden Meinungen de facto ein.

Auch für den Bereich des *Strafrechts* kommt der Billigung einer Vergütungsentscheidung durch die Anteilseigner besondere Bedeutung zu.⁷⁸² Denn Untreue scheidet aus, wenn der Machthaber mit Zustimmung des Machtgebers handelt. In der AG können die Zustimmung nur die *Aktionäre* als Träger des Gesellschaftsvermögens erteilen,⁷⁸³ weil es die Gesellschaft ist, die geschädigt wäre, wenn der Aufsichtsrat durch Zahlung krass überhöhter Vergütungen seine Vertretungsmacht missbrauchte.⁷⁸⁴ Der OGH dürfte – sieht man von der umstrittenen Libro-Entscheidung⁷⁸⁵ aus 2014 ab – das ebenso sehen, weil er im Falle einer Genossenschaft die Genossenschafter als den für eine Einwilligung maßgebenden Geschäftsherrn betrachtete.⁷⁸⁶ Bei juristischen Personen sind eben die Gesellschafter als wirtschaftliche Nutznießer des Gesellschaftsvermögens befugt, eine strafbefreiende Einwilligung in eine Vermögensminderung wie etwa die Auszahlung überhöhter Bezüge an Vorstandsmitglieder durch den Aufsichtsrat zu erstatten.⁷⁸⁷

Erforderlich für eine strafrechtlich relevante Einwilligung ist die richtige und angemessene Information des Machthabers;⁷⁸⁸ eine durch Mitteilung eines unrichtigen oder unvollständigen Sachverhaltes erlangte Einwilligung exkulpiert nicht.⁷⁸⁹ Für den Bereich des Strafrechts genügt nach hA nur eine im Vorhinein eingeholte

---

⁷⁸¹ So die in D wohl hL: Vgl *Wiesner* in MünchHdbGesR⁴ IV § 26 Rz 43 mwN; *Fleischer*, Handbuch des Vorstandsrechts § 11 Rz 83; *Fleischer* in Spindler/Stilz, AktG § 84 Rz 223 mwN. § 93 Abs 4 dAktG wird insofern als gesetzliche Ausprägung bzw Fortentwicklung des Arglisteinwandes betrachtet (*Fleischer*, Handbuch des Vorstandsrechts § 11 Rz 83); AA *Krieger/Seiler-Coceani* in K. Schmidt/Lutter, AktG³ § 93 Rz 60; *Hopt/M. Roth* in GroßKomm AktG⁵ § 93 Rz 479.
⁷⁸² Vgl dazu ausführlich *G. Schima* in FS Binder 817 (851 ff); *Hörlsberger/Schröckenfux*, ecolex 2004, 373 (375 ff).
⁷⁸³ Vgl ausführlich *G. Schima*, Dividendenausschüttung, Einlagenrückgewähr und Untreue, in FS Reich-Rohrwig (2014) 160 (173 ff); *G. Schima*, Einlagerückgewähr und Untreue bei Aktionärszustimmung, RdW 2015, 344; überzeugend *Dittrich*, Untreuestrafbarkeit (2007) 226 ff, 228; idS auch *Hörlsberger/Schröckenfux*, ecolex 2004, 376 f.
⁷⁸⁴ *G. Schima* in FS Binder 853.
⁷⁸⁵ In dieser viel diskutierten und kritisierten E (30.1.2014, 12 Os 117/12s, 12 Os 118/12p) verneinte der OGH die Fähigkeit der Alleinaktionärin einer AG, in eine Vermögensschädigung der Gesellschaft durch den Vorstand einzuwilligen und damit die Strafbarkeit der Schädigung zu verhindern. Kritisch *Kalss*, Gesellschaftsrechtliche Anmerkungen zur Libro-Entscheidung, ecolex 2014, 496; *Bollenberger/Wess*, Libro-Straferkenntnis: Untreue und Gesellschaftsrecht, RdW 2014, 247; ausführlich *G. Schima* in FS Reich-Rohrwig 160 (167 ff); *G. Schima*, RdW 2015, 344.
⁷⁸⁶ OGH 10 Os 211/84 JBl 1986, 397 (400).
⁷⁸⁷ Zur Dispositionsbefugnis der Gesellschafter iZm Untreue *G. Schima* in FS Reich-Rohrwig 160 (167 ff); nicht zutreffend *Lewisch*, Gesellschaftsrecht und Strafrecht nach „Libro", in Lewisch, Jahrbuch Wirtschaftsstrafrecht und Organverantwortlichkeit 2014 (2014) 19 (22, 26), der meint, dass auch der Aufsichtsrat in gewissen Fällen Zustimmungsträger für die Gesellschaft sein kann, dabei aber übersieht, dass der Aufsichtsrat nicht zu rechtlich, sondern nur wirtschaftlich fremdes Vermögen verwaltet; kritisch dazu *G. Schima*, GesRZ 2015, 288.
⁷⁸⁸ Vgl OGH 11 Os 31/84 JBl 1985, 249 = ÖJZ-LSK 1984/41; *G. Schima* in FS Binder 853.
⁷⁸⁹ Das ist im Zivilrecht freilich nicht anders.

Zustimmung.[790] Unter Umständen kommt aber einer mutmaßlichen Einwilligung Relevanz zu.[791] Die Einwilligung der Aktionäre muss nicht unbedingt im Rahmen einer Hauptversammlung erfolgen.[792] In einer Hauptversammlung genügt dafür jedenfalls einfache Mehrheit, außerhalb einer solchen verlangt eine strafrechtlich relevante Einwilligung aber Einstimmigkeit.[793] Der Grund für diese Differenzierung ist primär auf die börsenotierte AG zugeschnitten und liegt (nur) darin, dass der Wille der Gesamtheit der Anteilseigner Berücksichtigung finden soll, was bei einer formlosen (schriftlichen oder mündlichen) Zustimmung nur einer Aktionärsmehrheit nicht gewährleistet ist, während bei einer ordnungsgemäß einberufenen und angekündigten Hauptversammlung jeder Aktionär über sein Kommen entscheiden kann. Daraus folgt aber auch, dass es nur darauf ankommt, dass alle Aktionäre *an der Willensbildung teilhaben*, nicht dass alle zustimmen: Treffen sich sämtliche Aktionäre im Gasthaus und stimmen mehrheitlich per Handheben für die Gewährung der in Frage stehenden Bonifikationen, dann erfüllt dies die Anforderungen einer strafrechtlich relevanten Einwilligung.[794]

257 Auch nach der jüngsten Reform des Untreuetatbestandes im Jahr 2015,[795] im Zuge derer zuerst vorgeschlagen wurde, im Gesetz ausdrücklich festzuhalten, dass *„Missbrauch nicht vor[liege], wenn der Machtgeber oder der wirtschaftlich Berechtigte der Vertretungshandlung zugestimmt hat"*, und dieser Zusatz später nicht Eingang ins Gesetz fand, hat sich mE die geltende Rechtslage in diesem Aspekt nicht gändert. Der Aufsichtsrat, der die Entscheidung über die konkrete Vergütungsvereinbarung mit einem Vorstandsmitglied der Hauptversammlung vorlegt und nach deren Zustimmung handelt, ist selbst bei Gewährung einer eklatant überhöhten Vergütung weder zvilrechtlich haftbar, noch strafrechtlich wegen Untreue verantwortlich.

---

[790] Eine nachträgliche Genehmigung ändert hingegen nichts an der Verwirklichung des Untreue-Tatbestands: OGH RIS-Justiz RS0094784, zuletzt in 12 Os 27/07y.

[791] *G. Schima* in FS Binder 853 f; skeptisch (offenbar aber in diesem Zusammenhang nur die Frage der aktienrechtlichen Relevanz prüfend) *Hörlsberger/Schröckenfux*, ecolex 2004, 377. Für den zivil- bzw aktienrechtlichen Bereich ist ein solcher Einwand hingegen nach zutr Ansicht unmaßgeblich, weil bei Verletzung von der Sicherstellung eines geordneten Verfahrens dienenden Normen (wozu auch gesellschaftsrechtliche Kompetenzvorschriften gehören) dem in Anspruch Genommenen die Berufung auf rechtmäßiges Alternativverhalten grds versagt ist (vgl für alle *Fleischer* in Spindler/Stilz, AktG § 93 Rz 223 mwN).

[792] Dann müssen aber sämtliche Gesellschafter zustimmen: *Dittrich*, Untreuestrafbarkeit 232 f; *G. Schima* in FS Binder 854.

[793] Überzeugend *Dittrich*, Untreuestrafbarkeit (2007) 226 ff, 231 ff; dieser folgend *G. Schima* in FS Binder 854; vgl auch *Ransiek*, Anerkennungsprämien und Untreue – Das „Mannesmann"-Urteil des BGH, NJW 2006, 814 ff, 815.

[794] *G. Schima* in FS Binder 854 f; *ders* in FS Reich-Rohrwig, 190.

[795] Vgl dazu ausführlich *G. Schima*, Reform des Untreue-Tatbestandes und gesetzliche Verankerung der Business Judgment Rule im Gesellschaftsrecht, RdW 2015, 288 und *G. Schima*, Reform des Untreue-Tatbestandes und Business Judgment Rule im Aktien- und GmbH-Recht: Die Bedeutung der neuen Regelung, GesRZ 2015, 286.

c) Veröffentlichung der Vergütung

Das Unternehmensgesetzbuch (UGB) enthält in seinem dritten Buch (Rechnungslegung) Bestimmungen über den Anhang und Lagebericht (§§ 236 bis 243c UGB[796]), die die Gesellschaft verpflichten, die Bezüge von Vorstands- und Aufsichtsratsmitgliedern offenzulegen. Diese Offenlegungspflichten basieren auf unionsrechtlichen Vorschriften und sollen zu mehr Transparenz beitragen. Die Veröffentlichungsvorschriften unterscheiden nach Größe und Rechtsform der Gesellschaft und danach, ob die AG börsenotiert ist. **258**

§ 239 Abs 1 UGB (Pflichtangaben über Organe und Arbeitnehmer) bestimmt, dass mittelgroße und große Gesellschaften[797] im Anhang zum Jahresabschluss in Bezug auf die Vergütung von Organmitgliedern Folgendes anführen müssen: **259**

- Z 3.: die **Aufwendungen für Abfertigungen und Pensionen**, getrennt nach solchen für Vorstandsmitglieder und leitende Angestellte gem § 80 Abs 1 AktG und für andere Arbeitnehmer;
- Z 4.: die Bezüge der Mitglieder des Vorstands, des Aufsichtsrates oder ähnlicher Einrichtungen gesondert für jede Personengruppe, und zwar:
  - a) die für die Tätigkeit **im Geschäftsjahr gewährten Gesamtbezüge** (Gehälter, Gewinnbeteiligungen, Aufwandsentschädigungen, Versicherungsentgelte, Provisionen und Nebenleistungen jeder Art)[798]. In die Gesamtbezüge sind auch Bezüge einzurechnen, die nicht ausgezahlt, sondern in Ansprüche anderer Art umgewandelt oder zur Erhöhung anderer Ansprüche verwendet werden. Erhalten Mitglieder des Vorstands von verbundenen Unternehmen für ihre Tätigkeit für das Unternehmen oder für ihre Tätigkeit als gesetzliche Vertreter oder Angestellte des verbundenen Unternehmens Bezüge, so sind diese Bezüge gesondert anzugeben;
  - b) die **Gesamtbezüge** (Abfindungen, Ruhegehälter, Hinterbliebenenbezüge und Leistungen verwandter Art) der **früheren Mitglieder** der bezeichneten Organe und ihrer Hinterbliebenen; lit a ist entsprechend anzuwenden;

---

[796] Die Bestimmungen wurden zuletzt mit dem RÄG 2014, BGBl I 2015/22, geändert. Die novellierten Bestimmungen traten mit 20. Juli 2015 in Kraft und sind erstmals auf Unterlagen der Rechnungslegung für Geschäftsjahre anzuwenden, die nach dem 31.12.2015 beginnen (§ 906 Abs 28 UGB).

[797] Zu den Größenklassen: **§ 221 Abs 2 UGB:** Mittelgroß ist eine Gesellschaft, die mindestens zwei der folgenden Merkmale überschreitet: 5 Mio Bilanzsumme, 10 Mio Umsatzerlös, beschäftigt durchschnittlich 50 Arbeitnehmer im Jahr; und mindestens zwei der folgenden Merkmale nicht überschreitet: 20 Mio Bilanzsumme, 40 Mio Umsatzerlöse, beschäftigt durchschnittlich 250 Arbeitnehmer im Jahr. **§ 221 Abs 3 UGB:** Groß ist eine Kapitalgesellschaft, die mindestens zwei der drei genannten Merkmale überschreitet: 20 Mio Bilanzsumme, 40 Mio Umsatzerlöse, beschäftigt durchschnittlich 250 Arbeitnehmer im Jahr. „Unternehmen von öffentlichem Interesse" sind immer große Kapitalgesellschaften. Gemäß der Definition des **§ 189a Z 1 UGB** sind folgende Unternehmen „von öffentlichem Interesse": kapitalmarktorientierte Unternehmen, Kreditinstitute und Versicherungsunternehmen, sowie Unternehmen, die ein Bundesgesetz als solche bezeichnen.

[798] Dies entspricht genau der Aufzählung der Bezüge in § 78 Abs 1 AktG.

- Z 5.: Aktienoptionen:
  - a) Anzahl und Aufteilung der insgesamt und der im Geschäftsjahr eingeräumten Optionen auf Arbeitnehmer und leitende Angestellte sowie auf die namentlich anzuführenden Organmitglieder [...];
  - b) Anzahl, Aufteilung und Ausübungspreis der im Geschäftsjahr ausgeübten Optionen auf Arbeitnehmer und leitende Angestellte sowie auf die namentlich anzuführenden Organmitglieder; [...].

260 Für jedes Organ (Vorstand und Aufsichtsrat) sind jeweils zwei Beträge anzugeben: Aktivbezüge, dh die Gesamtbezüge (dh die Summe aller individuellen Gesamtbezüge sämtlicher Organmitglieder) der im Geschäftsjahr aktiven Organmitglieder, und Ruhebezüge, dh der Gesamtbetrag, der während des Geschäftsjahres an ehemalige Organmitglieder oder deren Hinterbliebenen ausgezahlten Bezüge. Innerhalb dieser Beträge ist uU noch eigens auszuweisen, welche Beträge die (ehemaligen) Organmitglieder von verbundenen Unternehmen beziehen.[799] Zu den Aktivbezügen zählen daher sämtliche Zahlungen, die für die Tätigkeit der Organmitglieder zwischen Bestellung und Abberufung gezahlt werden, auch wenn diese erst im Nachhinein fließen.[800] Die Ruhebezüge sind wiederum Zahlungen, die nach Abberufung/Ausscheiden aus dem Organ gewährt werden, dh Pensionen, Abfertigungen, Leistungen aus einer Change of Control Klausel etc.[801]

261 Auch die Aufwendungen für Abfertigungen und Pensionen sind als Gesamtsummen auszuweisen, allerdings hier gegliedert nach Vorstandsmitgliedern und „leitenden Angestellten iSd § 80 AktG" einerseits, und sonstigen Arbeitnehmern andererseits. Zahlungen an ausgeschiedene Vorstandsmitglieder und Hinterbliebene sind hier ebenfalls miteinzubeziehen.[802]

262 Die Veröffentlichung der Summe der Bezüge der Organmitglieder bedeutet, dass das individuelle Gehalt der einzelnen Vorstands- und Aufsichtsratsmitglieder geheim bleiben darf. Die Namen (Vor- und Nachname) der aktiven Vorstandsmitglieder sind bei mittelgroßen und großen Gesellschaften zwar auch im Anhang zu veröffentlichen (§ 239 Abs 2 UGB), doch erfolgt keine individuelle Zuordnung von Bezügen. Nur bei der Veröffentlichung der eingeräumten oder ausgeübten Aktionenoptionen erfolgt eine persönliche Zuordnung zu den einzelnen Mitgliedern von Vorstand und Aufsichtsrat.[803]

263 Eine Ausnahme von der Veröffentlichungspflicht gewährt § 242 Abs 4 UGB: Betreffen die Aufschlüsselungen der Aufwendungen für Abfertigungen und Pensionen bzw der Bezüge der (ehemaligen) Mitglieder von Vorstand und Aufsichtsrat weniger als drei Personen, dürfen sie unterbleiben. Die Veröffentlichung der Bezüge von zwei Personen käme nämlich einer Einzelveröffentlichung gleich,[804] die der Gesetzgeber nur bei börsenotierten Gesellschaften fordert:

---

[799] Vgl *Ch. Nowotny* in Straube, UGB UGB II/RLG³ § 239 Rz 24.
[800] *Geirhofer* in U. Torggler, UGB § 239 Rz 9.
[801] *Geirhofer* in U. Torggler, UGB § 239 Rz 9.
[802] *Ch. Nowotny* in Straube, UGB UGB II/RLG³ § 239 Rz 18.
[803] *Ch. Nowotny* in Straube, UGB UGB II/RLG³ § 239 Rz 47c, 47e.
[804] Vgl *Dellinger/Schellner*, Aufsichtsratsinterne Informationen und ihre Verweigerung am Beispiel von Managerdienstverträgen, in FS Nowotny (2015) 245 (254).

§ 243b Abs 2 Z 3 UGB sieht nämlich vor, dass börsenotierte Aktiengesellschaften einen Corporate Governance Bericht erstellen müssen, in dem auch die Gesamtbezüge der einzelnen Vorstandsmitglieder (gem § 239 Abs 1 Z 4 lit a UGB), sowie die Grundsätze der Vergütungspolitik offengelegt werden müssen. Die Verpflichtung zur Einzelangabe der Vorstandsbezüge war bis zur Novellierung der Bestimmung im UGB durch das 2. StabilitätsG 2012[805] nur als C-Regel 31 im Corporate Governance Kodex enthalten; jetzt ist sie jedoch gesetzlich vorgeschrieben und verpflichtend. Die „Schutzklausel" des § 242 Abs 4 UGB, wonach eine Veröffentlichung bei weniger als drei betroffenen Personen unterbleiben darf, kommt für börsenotierte Gesellschaften explizit nicht zur Anwendung. Die Einzelveröffentlichung von Vorstandsbezügen dient der Information der Aktionäre.[806]

Während die Einzelveröffentlichung von Vorstandsbezügen nur bei börsenotierten Aktiengesellschaften vorgeschrieben ist, sind Aktienoptionen bei sämtlichen großen und mittelgroßen Gesellschaften individuell den einzelnen Vorstandsmitgliedern zugeordnet zu veröffentlichen (§ 239 Abs 1 Z 5 a und b UGB). Bei börsenotierten Gesellschaften kommt die Verpflichtung hinzu, den Schätzwert (die Bandbreite des Schätzwertes) der Optionen zum Bilanzstichtag anzugeben, sowie den Wert der im Geschäftsjahr ausgeübten Optionen zum Zeitpunkt der Ausübung (§ 239 Abs 1 Z 5 lit c UGB).

Der Aufsichtsrat hat all diese Unterlagen und Berichte im Rahmen der Prüfung des Jahresabschlusses zu untersuchen (§ 96 AktG).

d) Feste und variable Bezüge (Bonifikationen)

Die Bezüge von Vorstandsmitgliedern setzen sich meist aus mehreren Bestandteilen zusammen. Das Gesetz (§ 78 Abs 1 AktG) erwähnt explizit: Gehälter, Gewinnbeteiligungen, Aufwandsentschädigungen, Versicherungsentgelte, Provisionen, anreizorientierte Vergütungszusagen und Nebenleistungen jeder Art. Bezugsbestandteile können außerdem fest oder variabel sein.

Zu den Festbezügen gehört nicht nur das (monatliche bzw jährliche) Grundgehalt, sondern alle Zahlungen, die nicht leistungsbezogen sind und regelmäßig anfallen, so zB Urlaubs- oder Weihnachtsgeld,[807] die Bereitstellung eines Dienstwagens zur privaten Nutzung (Sachbezug) oder die Übernahme einer Versicherungsprämie oder eines Zuschusses zu einer privaten Krankenversicherung durch die Gesellschaft. Das mit dem Vorstandsmitglied vereinbarte Fixgehalt ist häufig Bemessungsgrundlage für Abfertigungsansprüche. Da Vorstandsmitglieder als freie Dienstnehmer nicht vom Geltungsbereich eines Kollektivvertrages erfasst sind, erfolgt die Gehaltsanpassung grundsätzlich durch regelmäßige Gehaltsverhandlungen zwischen dem Vorstand und „seinem" Aufsichtsrat (üblich ist daher eine Überprüfungsklausel im Vorstandsvertrag, dh eine Art Absichtserklärung, der Aufsichtsrat werde die Bezüge zB jährlich überprüfen).

---

[805] BGBl I 2012/35.
[806] Vgl *Geirhofer* in U. Torggler, UGB (2013) § 243b Rz 14.
[807] *Raguß*, Der Vorstand einer Aktiengesellschaft 123.

Eine Valorisierungs- bzw Wertsicherungsklausel kann zwar Teil eines Vorstandsvertrages sein (indem zB die Anwendung der Gehaltssteigerungen des für die Gesellschaft anwendbaren Kollektivvertrages vereinbart wird), ist mE jedoch in Vorstandsverträgen (im Hinblick auf die Verpflichtung des Aufsichtsrates gemäß § 78 Abs 1 AktG, regelmäßig die Angemessenheit der Vorstandsbezüge zu prüfen und diese anzupassen sowie generell im Hinblick auf die Höhe der Vorstandsbezüge) eher unüblich und auch nicht sinnvoll.

269 Was variable Vergütungsbestandteile betrifft, bestimmt § 77 AktG lapidar, dass den Vorstandsmitgliedern für ihre Tätigkeit eine Beteiligung am Gewinn gewährt werden kann, die „in einem Anteil am Jahresüberschuss zu bestehen hat". Die bis 1990 geltende Bindung der Gewinnbeteiligung an die Dividende ist entfallen; nunmehr ist für die erfolgsabhängige Vorstandsentlohnung dieselbe Größe wie für die Erfolgsbeteiligung der Aktionäre maßgeblich: Der sich auf Grund der GuV ergebende Jahresüberschuss. Der gesetzliche Wortlaut ist überaus eng geraten und wird den Bedürfnissen der Praxis nicht gerecht.

Die hL anerkennt heute daher die Zulässigkeit von Prämienmodellen (Tantiemen),[808] denen Kriterien zu Grunde liegen, die sich im Jahresüberschuss (zumindest) auswirken. Dazu gehören zB cash-flow bezogene Kennzahlen; der ROI sowie der Abbau von negativen Erfolgsbeiträgen; dividendenbezogene oder auf Kursziele abstellende („phantom shares"; „stock appreciation rights"; „stock option plans") Vereinbarungen.[809] Unzulässig (und teilnichtig) wären hingegen rein vom Umsatz abhängige Prämien oder die Berücksichtigung der Auflösung von Gewinnrücklagen aus zB konzerninternen Transaktionen.[810]

270 Der ÖCGK enthält vor allem für variable Bezüge eine Reihe von *Empfehlungen*.[811] Variable Vergütungen an sich im Anstellungsvertrag festzulegen, empfiehlt C-Regel 27 dritter Satz. Die variablen Vergütungsbestandteile sollen der Empfehlung in C-Regel 27 zufolge insbesondere an *„nachhaltige, langfristige und mehrjährige Leistungskriterien"* anknüpfen und *„dürfen nicht zur Eingehung unangemessener Risken verleiten."*[812] Für variable Vergütungsbestandteile sollen *„messbare Leistungskriterien sowie betragliche oder als Prozentsätze der fixen Vergütungsteile bestimmte Höchstgrenzen im Voraus festgelegt"* werden. Weiters empfiehlt C-Regel 27, dass die Gesellschaft (vertraglich) vorsehen möge, dass *„variable Vergütungen zurückgefordert werden können, wenn diese auf der Grundlage von offenkundig falschen Daten ausgezahlt wurden"*. Die letztgenannte Bestimmung schafft nichts Neues, denn wenn man den Text wörtlich nimmt, dann regelt sie den Fall der treuwidrigen Erschleichung von variablen Vergütungen durch das Vorstandsmitglied mit Hilfe von uU sogar den Straftatbestand des § 163a StGB (ehemals § 255 AktG) verwirklichenden Verhaltensweisen. Dafür

---

[808] *Raguß*, Der Vorstand einer Aktiengesellschaft 126 f.
[809] *Strasser* in Jabornegg/Strasser, AktG⁵ § 77–84 Rz 152; *Ch. Nowotny* in Doralt/Nowotny/Kalss, AktG² § 77 Rz 1 ff; einschränkend BGH 10.3.2003, II ZR 163/02 BB 2003, 917.
[810] *Strasser* in Jabornegg/Strasser, AktG⁵ § 77–84 Rz 152; *Ch. Nowotny* in Doralt/Nowotny/Kalss, AktG² § 77 Rz 3.
[811] Vgl dazu *Schenz/Eberhartinger*, Die Regelung der Managergehälter im Österreichischen Corporate Governance Kodex, ÖBA 2010, 209; *Haberer/Kraus*, GeS 2010, 10 (16 f).
[812] Vgl die gleichlautende Formulierung in § 4 Abs 1 FinStaG-VO, BGBl II 2008/382.

bedarf es keiner vertraglich bedungenen Rückforderungsrechte. Zu erwarten bzw zu befürchten ist, dass die Praxis in den Anstellungsverträgen einfach den Wortlaut der Kodex-Empfehlung wiedergibt, was aber – wie gesagt – der normativen Bedeutung entbehrte.[813]

Sowohl in Deutschland im Jahr 2009 als auch in Österreich im Jahr 2012 wurden die gesetzlichen Bestimmung über die Angemessenheit der Vorstandsvergütung geändert (siehe oben Rz 242 ff), wodurch die Vergütung verstärkt auf langfristige Ziele und eine nachhaltige Unternehmensentwicklung ausgerichtet sein muss. Ob das Ansinnen der Gesetzgeber mittlerweile Früchte trägt, haben verschiedene Studien in Deutschland und Österreich untersucht. **271**

Laut einer deutschen Studie der Hans Böckler Stiftung aus dem Jahr 2011, die die Entwicklung der Vorstandsvergütung drei Jahre nach der Novellierung von § 87 dAktG untersuchte, haben variable Vergütungsbestandteile und langfristige Vergütungsprogramme durch die verpflichtende Berücksichtigung der Nachhaltigkeit in der wirtschaftlichen Unternehmensentwicklung in Deutschland insgesamt an Bedeutung gewonnen. Innerhalb der variablen Vergütungsbestandteile waren außerdem 44 % bis 48 %[814] von der mittel- und langfristigen Entwicklung der Unternehmen abhängig. Ein Nachteil der Verknüpfung von variablen Vergütungsbestandteilen mit mehrjährigen Bemessungskriterien ist die nach außen hin abnehmende Transparenz, weil die Nachvollziehbarkeit der Berechnung und Zusammensetzung der Vergütung komplizierter wird.[815] **272**

Trotz der fast flächendeckenden Einführung von Obergrenzen bei variablen Bezügen („Caps") bei den DAX-30 Unternehmen war im Jahr 2011 kaum eine Begrenzung der Gesamthöhe der Bezüge festzustellen. Die Caps waren nämlich so hoch angesetzt (zB 500 % eines festgesetzten Zielwertes), dass selbst in wirtschaftlich überaus erfolgreichen Jahren wie etwa 2011 die Caps ihre begrenzende Wirkung nicht entfalten konnten.[816]

Auch das Verhältnis zwischen fixer und variabler Vergütung blieb aufgrund einer Anhebung der fixen Entgeltbestandteile im Jahr 2011 beinahe gleich.[817]

Eine Studie der Arbeiterkammer Wien über Vorstandsvergütungen in 20 ATX-Unternehmen im Geschäftsjahr 2013 bzw 2013/14 zeigt, dass trotz der neuen gesetzlichen Vorgaben noch immer 20 % der Vergütungsmodelle ohne langfristige Komponenten kalkuliert werden. Aus Sicht der Arbeiterkammer ist im Ergebnis eine Entwicklung zu einer angemessenen und langfristig orientierten Vergütungskultur für das Management der ATX-Unternehmen noch nicht zu erkennen. Trans- **273**

---

[813] Vgl demgegenüber die differenziertere Regelung in § 4 Abs 3 FinStaG-VO, die freilich auch nichts normativ Neues anordnet, weil sie erst wieder nur auf den „*Rahmen der zivilrechtlichen Möglichkeiten*" verweist.
[814] 44 % bei Vorstandsvorsitzenden, 48 % bei einfachen Vorstandsmitgliedern.
[815] *Wilke/Schmid*, Entwicklung der Vorstandsvergütung 2011 in den Dax-30-Unternehmen (September 2012) 22 ff.
[816] *Wilke/Schmid*, Entwicklung der Vorstandsvergütung 2011 in den Dax-30-Unternehmen (September 2012) 30 ff.
[817] *Wilke/Schmid*, Entwicklung der Vorstandsvergütung 2011 in den Dax-30-Unternehmen (September 2012) 23.

parente, nachhaltige und nicht-finanzielle Kriterien kommen nur selten zum Einsatz.[818]

Die Nachhaltigkeit bei der variablen Vorstandsvergütung soll bei ATX-Unternehmen (45 %) meist mittels Verknüpfung zumindest eines Vergütungsbestandteils mit dem Aktienkurs erreicht werden.[819] Sogenannte Long Term Incentive Programs (LTIP) werden bereits von 40 % der ATX Unternehmen angewandt, meist in Kombination mit Eigeninvestment und einer Laufzeit von drei Jahren.[820]

Auch in Österreich wurden Caps für die Höhe der variablen Vergütung geschaffen, deren limitierende Wirkung – aus Sicht der AK – aber bezogen auf das Geschäftsjahr 2013/14 nicht zum Tragen kam, weil sie zu hoch kalkuliert wurden.[821] Gemäß den Geschäftsberichten der untersuchten ATX-Unternehmen betrug die Obergrenze für die variable Vergütung im Verhältnis zur fixen Vergütung bis zu 300 %.

274 Bonuszahlungen – vor allem, aber nicht nur im Finanzdienstleistungsbereich – sind im Zuge der als Folge der Lehman-Insolvenz im Herbst 2008 weltweit ausgelösten Finanzkrise international ins Kreuzfeuer der Kritik geraten. Nicht alles an dieser Kritik ist von sachlicher Argumentation getragen. Bemängelt wird neben der – in manchen Fällen unbestritten exzessiven – Höhe von Bonifikationen vor allem, dass diese die begünstigten Manager (bei denen es sich überwiegend gar nicht um Vorstandsmitglieder handelt) zum Eingehen unangemessener Risiken verleiteten. Kritisiert wurde zweitens, dass hohe Zahlungen aus den Bonifikationsvereinbarungen geleistet wurden, obwohl eben wegen der Risikogeneigtheit der damit prämierten Geschäfte die Unternehmen damit manchmal keinen nachhaltigen Profit erzielten, sondern in einer Folgeperiode gar hohe Verluste hinnehmen mussten (die nur zur Nichtzahlung von Bonifikationen für diese Periode, nicht aber zu Einschussverpflichtungen der Zahlungsempfänger führten), und moniert wurde drittens, dass die Bonifikationsvereinbarungen durch die Kollektivierung der Risikoeingehung volkswirtschaftlich nachteilige Effekte (zB durch massives Short-Selling) auslösten. Zumindest für die Hintanhaltung der letztgenannten Nachteile ist freilich der Aufsichtsrat als Vertragspartnervertreter des Vorstandes (oder letzterer als Vertragspartnervertreter der nachgeordneten Arbeitnehmer) nicht zuständig.

275 Die Regelung von festen Vergütungsbestandteilen ist weniger kompliziert und erfolgt meist direkt im Vertrag, während variable Vergütungen oft nur in Grundzügen im eigentlichen Anstellungsvertrag verankert sind. Die genaue Ausgestaltung erfolgt meist in einem Anhang zum Anstellungsvertrag (Bonusvereinbarung). Außerdem ist bei variablen Vergütungsbestandteilen idR eine **jährliche Zielvereinbarung** zwischen dem Vorstandsmitglied und dem Aufsichtsrat (bzw dem Vergütungsausschuss) abzuschließen. Nur so kann die Anknüpfung der variablen Vergütungsbestandteile an bestimmte Parameter regelmäßg an die wirtschaftliche Entwicklung des Unternehmens, an die Leistungen und Aufgaben des Vorstands-

---

[818] Studie der AK-Wien, Vorstandsvergütung in den ATX-Unternehmen 2013/2014, 3 f.
[819] Studie der AK-Wien, Vorstandsvergütung in den ATX-Unternehmen 2013/2014, 18 f.
[820] Studie der AK-Wien, Vorstandsvergütung in den ATX-Unternehmen 2013/2014, 20.
[821] Studie der AK-Wien, Vorstandsvergütung in den ATX-Unternehmen 2013/2014, 21 f.

mitglieds und die jeweils aktuellen Umstände angepasst werden. Eine starre Vereinbarung von variablen Vergütungsbestandteilen über die gesamte Vertragsdauer von (maximal) fünf Jahren würde den Anforderungen von § 78 AktG an die Angemessenheit der Vergütung nicht gerecht werden.

Je nach Formulierung der Vergütungsvereinbarung im Anstellungsvertrag werden die Zielparameter für die variable Vergütung jährlich einseitig vom Aufsichtsrat vorgegeben oder müssen in einer Zielvereinbarung zwischen dem Vorstandsmitglied und dem Aufsichtsrat einvernehmlich festgelegt werden. Das bedeutet, dass beide Parteien rechtzeitig vor Beginn des Geschäftsjahres (oder zu dem im Vertrag angegebenen Zeitpunkt) in Verhandlungen über die neuen Parameter treten und sich über deren Festlegung einigen müssen. Wenn keine Zielvereinbarung zustandekommt, bedeutet dies idR nicht, dass das Vorstandsmitglied deswegen keinen Anspruch auf eine Bonifikation hat.[822] Ratsam ist es, für den Fall des Scheiterns der Zielvereinbarung vertraglich vorzusorgen, indem zB die Vereinbarung des Vorjahres weiter gilt, ein vorab festgelegter Zweifelswert für die Parameter angenommen wird oder Ähnliches. ME kann auf die Grundwertung des § 1152 ABGB zurückgegriffen werden, wonach mangels einer Entgeltvereinbarung ein *angemessenes Entgelt* zu zahlen ist, sofern nicht Unentgeltlichkeit vereinbart wurde.[823] Das von der Gesellschaft dem Vorstandsmitglied angebotene Entgelt (bzw das sich aus den angebotenen Zielparametern ergebende Entgelt) bildet dabei die Untergrenze. Letztlich kommt es jedoch auf den Einzelfall und die konkreten Umstände an, aufgrund derer die Zielvereinbarung unterblieben ist.

e) Bonusregelungen in Kreditinstituten

In Kreditinstituten muss der Aufsichtsrat als für die Festlegung der Vorstandsvergütung zuständiges Organ wesentlich mehr Vorgaben und Einschränkungen der Vertragsfreiheit beachten als nach dem AktG. Das im Jahre 2012 novellierte und verfeinerte Angemessenheitsgebot des § 78 Abs 1 AktG ist freilich für Kreditinstitute, die in der Rechtsform einer Aktiengesellschaft geführt werden, neben § 39b BWG und der Anlage dazu aufrecht. Eigenständige normative Bedeutung hat § 78 Abs 1 AktG neben § 39b BWG zB insoweit, als das AktG ja die gesamte Vergütung einem Angemessenheitsgebot unterwirft und die Bezugnahme auf die „*übliche Vergütung*" – gleichgültig, ob man den Vergleich nur horizontal oder horizontal und vertikal durchführt (vgl dazu oben Rz 245) ein vom BWG nicht explizit geregeltes Thema betrifft.

Die Richtlinie 2010/76/EU[824] des Europäischen Parlaments und des Rates vom 24. November 2010 (**Capital Requirements Directive III – CRD III-RL**) enthält neben Vorschriften zur Stärkung des Eigenkapitalanteils der Kreditinstitute

---

[822] Vgl aber die OGH-E vom 17.12.2012, 9 ObA 111/12g und die Kritik bei *Körber-Risak/G. Schima*, Einseitige Eingriffe in und Ablaufstörungen bei erfolgsbezogenen Vergütungen, ZAS 2013/11, 59 (67).
[823] So schon *Körber-Risak/G. Schima*, ZAS 2013/11, 59 (67 f).
[824] Vgl Richtlinie 2010/76/EU des Europäischen Parlaments und des Rates vom 24. November 2010 zur Änderung der Richtlinien 2006/48/EG und 2006/49/EG im Hinblick auf die Eigenkapitalanforderungen für Handelsbuch und Wiederverbriefungen und im Hinblick auf die aufsichtsrechtliche Überprüfung der Vergütungspolitik, ABl L 2010/329, 3.

auch Regelungen über die **Vergütungspolitik im Finanzdienstleistungssektor**. Die CRD III-RL hat im Hinblick auf das sogenannte *„Risikopersonal"* zum Ziel, durch Schaffung angemessener Anreize im Vergütungssystem von Banken die Risikobereitschaft zu senken und Belohnungen für Misserfolge zu vermeiden.[825]

Die CRD III-RL setzte der österreichische Gesetzgeber im Bankwesengesetz (**BWG**) um,[826] wobei sich die Regelungen über die Vergütungspolitik im Wesentlichen in den **§§ 39, 39b, 39c, 70 und 103o BWG samt der Anlage zu § 39b BWG** finden. Die Vergütungsvorschriften wurden hierbei in den Abschnitt X. *„Sorgfaltspflichten und Bekämpfung von Geldwäscherei und Terrorismusfinanzierung"* eingearbeitet und somit als **Sorgfalts- und Risikosteuerungspflichten** qualifiziert.[827]

Im Rahmen der Basel III-Reformen setzte das Europäische Parlament weitere Maßnahmen und nahm den Richtlinien- und Verordnungsvorschlag[828] der Europäischen Kommission vom Juli 2011 betreffend (unter anderem) die Vergütungsbestimmungen bei Kreditinstituten an.[829] Dadurch wurden im Interesse der Rechtsklarheit die RL 2006/48/EG sowie die RL 2006/49/EG aufgehoben und die darin enthalten Bestimmungen gemeinsam mit den darüber hinaus neu geschaffenen Regelungen in einer Verordnung und einer RL zusammengefasst.

Es handelt sich dabei um die Verordnung (EU) Nr 575/2013 des Europäischen Parlaments und des Rates vom 26. Juni 2013 über Aufsichtsanforderungen an Kreditinstitute und Wertpapierfirmen und zur Änderung der Verordnung (EU) Nr 646/2012 (**Capital Requirements Regulation – CRR**)[830] sowie um die Richtlinie 2013/36/EU des Europäischen Parlaments und des Rates vom 26. Juni 2013 über den Zugang zur Tätigkeit von Kreditinstituten und die Beaufsichtigung von Kreditinstituten und Wertpapierfirmen, zur Änderung der Richtlinie 2002/87/EG und zur Aufhebung der Richtlinien 2006/48/EG und 2006/49/EG (**CRD IV-RL**).[831]

Die CRD IV-RL trat mit 17. Juli 2013 auf europäischer Ebene in Kraft und musste von den Mitgliedstaaten bis 31. Dezember 2013 in das nationale Recht umgesetzt werden. Mit 1. Jänner 2014 traten die RL 2006/48/EG und die RL 2006/49/ EG außer Kraft, und mit diesem Tag begann die Geltung der CRR sowie der CRD-IV-RL, sodass hier eine zeitliche Gleichschaltung erfolgte. In der CRD IV-RL finden sich die neuen Regelungen zur Vergütungspolitik sowie jene zum Vergü-

---

[825] Vgl 194/ME 24. GP Mat 1; AB 1001 BlgNR 24. GP 1.
[826] Vgl BGBl I 2010/118.
[827] Vgl *Waldherr/Zimmermann*, Beschränkungen für Bonuszahlungen durch das Bankwesengesetz – Vergütungspolitik der Kreditwirtschaft am Prüfstand, ÖBA 2012, 366 (367).
[828] Vgl COM (2011) 453.
[829] Vgl Legislative Entschließung des Europäischen Parlaments vom 16. April 2013 zu dem Vorschlag für eine Richtlinie des Europäischen Parlaments und des Rates über den Zugang zur Tätigkeit von Kreditinstituten und die Beaufsichtigung von Kreditinstituten und Wertpapierfirmen und zur Änderung der Richtlinie 2002/87/EG des Europäischen Parlaments und des Rates über die zusätzliche Beaufsichtigung der Kreditinstitute, Versicherungsunternehmen und Wertpapierfirmen eines Finanzkonglomerats (COM(2011)0453 – C7-0210/2011 – 2011/0203(COD)).
[830] Vgl ABl L 176, 1.
[831] Vgl ABl L 176, 338.

tungsausschuss in den Art 92 bis 95. Aufgrund der gesteigerten inhaltlichen Anforderungen an die Vergütungspolitik von Kreditinstituten kam es insbesondere zu einer Änderung/Ergänzung der Z 3, 6a, 7 lit c, 7 lit d sublit cc, 8a, 8b, 9a, 11 lit b, 12 lit a, sowie der Z 12 lit d der Anlage zu § 39b. Die geänderten Bestimmungen traten gemeinsam mit 1. Jänner 2014 in Kraft.[832]

In § 39b BWG wird – in nahezu wortgleicher Umsetzung der Z 1 erster Unterpunkt (Nr 23) des Anhangs I der CRD III-RL – normiert, dass Kreditinstitute bei der Festlegung und Anwendung der **Vergütungspolitik und -praktiken einschließlich der Gehälter** und freiwilligen Rentenzahlungen für die darin aufgezählten **Mitarbeiterkategorien** die in der Anlage zu § 39b BWG genannten Grundsätze in der Weise und in dem Umfang anzuwenden haben, wie es unter Beachtung des **Proportionalitätsgrundsatzes** angemessen ist. **277**

Die einzelnen gemäß § 39b BWG vom Kreditinstitut zu berücksichtigenden **Vergütungsgrundsätze** sind in der **Anlage zu § 39b BWG** aufgelistet, deren Inhalt die CRD III-RL sowie die CRD IV-RL vorgibt (vgl dazu unten Rz 291 ff).

Zeitlicher Anwendungsbereich der Vergütungsregelungen: Gemäß § 107 **278** Abs 70 BWG traten § 39b BWG sowie die Anlage zu § 39b BWG in der Fassung BGBl I 2010/118 mit **1. Jänner 2011 in Kraft**. Die Z 13 der Anlage zu § 39b in der Fassung BGBl I Nr 2011/145 trat hingegen gemäß § 107 Abs 74 BWG erst mit 31. Dezember 2011 in Kraft.

Die Änderungen/Ergänzungen der Z 3, 6a, 7 lit c, 7 lit d sublit cc, 8a, 8b, 9a, 11 lit b, 12 lit a sowie der Z 12 lit d der Anlage zu § 39b in der Fassung BGBl I Nr 184/2013 traten mit **1. Jänner 2014 in Kraft**.

Besonders heikel und die Praxis beschäftigend ist die Frage der **Anwendung der Bonusregelungen** des § 39b BWG samt der Anlage zu § 39b BWG **auf bis 31. Dezember 2010 geschlossene Verträge.** Der CRD III-RL zufolge sollen die Vergütungsbestimmungen bereits auf das Geschäftsjahr 2010 angewendet werden[833], jedoch ist – wie sich einerseits aus der bloß eine **Bemühungspflicht** des für die Vereinbarung der Vergütung namens des Kreditinstitutes zuständigen Organs statuierenden Übergangsbestimmung des § 103o BWG klar ergibt[834] als auch den Materialien[835] zur BWG-Novelle 2010 zu entnehmen ist – kein direkter Eingriff in zum 31. Dezember 2010 bereits bestandene Verträge vorgesehen (siehe dazu unten Rz 286 ff). Die Richtlinienkonformität der österreichischen Regelung mag man

---

[832] Vgl BGBl I Nr. 184/2013.
[833] Vgl Art 3 Abs 2 CRD III-RL.
[834] Anders, jedoch dies übersehend *Marhold/Osmanovic*, Erste Anmerkungen zu § 39b BWG, ASoK 2011, 130 (133), die meinen, § 103o BWG enthielte eine *„neue Übergangsbestimmung zur Anwendung der Vergütungsbestimmungen und -praktiken des § 39b BWG auch auf bereits bestehende Verträge, einschließlich der Bonuszahlungen für das Geschäftsjahr 2010"*, dabei aber ausblenden, dass der Wortlaut des § 103o Z 1 BWG ganz eindeutig nur eine Bemühungspflicht regelt. Deshalb ist auch die Schlussfolgerung der Autoren nicht richtig, § 39b BWG fände auch *„auf fällige, noch nicht ausbezahlte Bonuszahlungen, die bereits vor dem 1.1.2011 auf Basis abgeschlossener Verträge zuerkannt wurden, Anwendung."*
[835] Vgl AB 1001 BlgNR 24. GP 4.

in gewissen Zweifel ziehen,[836] wobei aber die RL selbst unklar ist, weil einerseits betont wird, dass die Grundsätze des Zivil- und Arbeitsrechts zu beachten sind, andererseits aber die neuen Regeln schon für die das Jahr 2010 betreffenden Bonifikationen gelten sollten. Anscheinend wollte man den nationalen Gesetzgebern die Möglichkeit geben, den durch die widersprüchliche Textierung entstehenden Spielraum dahingehend zu nutzen, dass ex lege erfolgende Eingriffe in bestehende Verträge vermieden werden können. Der österreichische Gesetzgeber hat davon Gebrauch gemacht.

Zum 31. Dezember 2010 bereits bestandene Vereinbarungen werden durch die seit dem 1. Jänner 2011 bzw dem 1. Jänner 2014 geltenden Vergütungsbestimmungen des BWG somit grundsätzlich nicht berührt, und es können die darin zugesagten Leistungen daher nicht einseitig durch das Kreditinstitut beschnitten werden.[837]

279 Sachlicher Anwendungsbereich: Die Vergütungsbestimmungen des BWG, darunter auch § 39b BWG, regeln die gesamte Vergütungspolitik und -praktiken in Kreditinstituten und **umfassen** daher **grundsätzlich alle Bezüge der Mitarbeiter**. Die Vergütung teilt sich dabei in fixe und variable, dh erfolgs- oder von sonstigen Kriterien abhängige Bestandteile. Sowohl fixe als auch variable Vergütung können in Geld oder in anderen Leistungen (zB Aktien, Pensionsansprüchen, Zusatzkrankenversicherung, Sachleistungen) ausgezahlt werden.

Wenngleich die gesamte Vergütung erfasst ist, ergibt sich doch aus dem Zweck der Vergütungsbestimmungen, nämlich der Steuerung des Risikoverhaltens der Mitarbeiter, sowie dem Inhalt der Vergütungsgrundsätze der Anlage zu § 39b BWG, dass der **Fokus der Bestimmungen auf der Regulierung variabler Vergütungen** liegt. Innerhalb der möglichen variablen Vergütungen zielt der Gesetzgeber insbesondere auf die erfolgsabhängige Vergütung, dh variable Vergütung,

---

[836] Vgl *G. Schima*, Vorstandsmitglieder – hoch bezahlte Dienstnehmer ohne rechtliche Absicherung?, GesRZ 2011, 265 (281).

[837] Vgl *G. Schima*, GesRZ 2011, 265 (281); anders noch *G. Schima*, in Kalss/Kunz, Handbuch für den Aufsichtsrat (2010) Rz 12/109 auf der Grundlage des freilich entscheidend anderen Wortlautes des § 103o BWG-*Ministerialentwurfes*, der lautete: *„§ 39b in der Fassung BGBl I Nr xxx/2010 ist erstmals auf Geschäftsjahre anzuwenden, die nach dem 30. Dezember 2010 enden".* Dass damit noch ein Eingriff in bestehende Verträge bezweckt war, bekennen die Erl zum MinE (194/ME XXIV. GP 6) ganz deutlich: *„Zu § 103o (Übergangsbestimmung):In Umsetzung von Art. 3 Abs. 1 UA 4 der Richtlinie 2006/48/EG wird eine Übergangsbestimmung zur Anwendung der Vergütungsprinzipen des § 39b auch auf bereits bestehende Verträge, einschließlich der Boni für das Geschäftsjahr 2010, vorgesehen. § 39b findet somit auch auf fällige, noch nicht ausbezahlte Vergütungen, die bereits vor dem In-Kraft-Treten des Bundesgesetzes BGBl. 1 Nr. xxx/2010 auf Basis abgeschlossener Verträge zuerkannt wurden, Anwendung. Die juristische Problematik dieser Rückwirkungsbestimmung wurde von österreichischer Seite in den Richtlinienverhandlungen wiederholt thematisiert. Nach Ansicht des Juristischen Dienstes der Europäischen Kommission soll diese Rückwirkung, soweit nicht in bereits ausbezahlte Boni eingegriffen wird, zulässig sein. Zur argumentativen Untermauerung wurde auf die Rs C-110/97 Königreich der Niederlande vs Rat der Europäischen Union, EuGH Slg 2001, I-8763 sowie auf die Rs 270/84 Licata vs Wirtschafts- und Sozialausschuss, EuGH Slg 1986, 2305 verwiesen."* Diese Fassung des § 103o Z 1 BWG wurde aber eben nicht Gesetz und der automatische Eingriff in bestehende Verträge im letzten Moment abgeblasen.

die bei Erreichung eines bestimmten Erfolges zur Auszahlung kommt und daher geeignet ist, das Risikoverhalten der Mitarbeiter zu beeinflussen.[838] Dementsprechend definiert die dt InstitutsVergV[839] die variable Vergütung als den Teil der Vergütung, dessen Gewährung oder Höhe im **Ermessen eines Instituts steht oder vom Eintritt vereinbarter Bedingungen abhängt**.

Nicht als Vergütung gelten daher finanzielle Leistungen oder Sachbezüge, die von einem Kreditinstitut aufgrund einer **allgemeinen, ermessensunabhängigen und institutsweiten Regelung gewährt werden und keine Anreize schaffen**, finanzielle Risiken einzugehen, insbesondere Rabatte, betriebliche Versicherungs- und Sozialleistungen. Somit sind fixe Vergütungen sowie variable Vergütungen, die keinen Einfluss auf das bankgeschäftliche Risikoverhalten der Mitarbeiter haben (zB Kinderprämien und Treueprämien nach langen Dienstjahren) bloß begrenzt von den Vergütungsbestimmungen des BWG erfasst.

Persönlicher Anwendungsbereich: Die Bestimmungen des BWG und damit auch jene des § 39b BWG richten sich grundsätzlich an **Kreditinstitute**. Die Z 13[840] der Anlage zu § 39b BWG bestimmt, dass die in dieser Anlage genannten Vergütungsgrundsätze „*von den Kreditinstituten auf Ebene der Gruppe, des Mutterunternehmens, der Tochterunternehmen und Zweigstellen auch in Offshore-Finanzzentren angewendet werden; im Fall von Tochterunternehmen mit Sitz in einem Mitgliedstaat sind die Vorschriften des betreffenden Mitgliedstaates maßgeblich*".

Hierdurch wird eine zusätzliche Verantwortlichkeit übergeordneter Kreditinstitute für die Einhaltung der Bestimmungen auch durch nachgeordnete Gruppenmitglieder, insbesondere von Tochterunternehmen, statuiert. (Mutter-) Kreditinstitute sind daher gemäß der Z 13 der Anlage zu § 39b BWG nicht bloß für die Einhaltung der Vergütungsbestimmungen hinsichtlich ihrer eigenen Mitarbeiter verantwortlich, sondern auch hinsichtlich ihrer Tochterunternehmen und zwar nicht nur jener, die selbst Kreditinstitute sind[841] und die Vergütungsbestimmungen daher ohnehin anwenden müssen.[842] Durch diese zusätzliche Verantwortlichkeit übergeordneter Kreditinstitute soll eine bessere Absicherung erreicht und zudem die Einheitlichkeit und Konsistenz der Anwendung der Vergütungsbestimmungen sichergestellt werden.[843] Auch soll durch diese Regelung eine (zumindest mittelbare) Anwendbarkeit der Vergütungsbestimmungen auch auf ausländische Toch-

---

[838] Vgl *Waldherr/Zimmermann*, Beschränkungen für Bonuszahlungen durch das Bankwesengesetz – Vergütungspolitik der Kreditwirtschaft am Prüfstand, ÖBA 2012, 366 (369).
[839] Institutsvergütungsverordnung (InstitutsVergV) – Verordnung über die aufsichtsrechtlichen Anforderungen an Vergütungssysteme von Instituten vom 16. Dezember 2013; In Kraft getreten am 1. Jänner 2014.
[840] Vgl BGBl I Nr 184/2013.
[841] *Marhold/Osmanovic*, ASoK 2011, 130 (130f).
[842] Vgl *Kastner/Strau* in *Dellinger*, BWG Anlage zu § 39b BWG Rz 105 ff; *Marhold/Osmanovic*, ASoK 2011, 130 (130 f); *Waldherr/Zimmermann*, Beschränkungen für Bonuszahlungen durch das Bankwesengesetz – Vergütungspolitik der Kreditwirtschaft am Prüfstand, ÖBA 2012, 366 (368); FMA-Rundschreiben Punkt 15.
[843] CEBS-Guidelines vom 10. Dezember 2010 Rz 27.

terkreditinstitute, die an sich auf Einzelinstitutsebene nicht in den Anwendungsbereich der Bestimmungen fallen würden, gewährleistet werden.

Gemäß § 30 Abs 7 BWG haben nämlich übergeordnete Kreditinstitute für die Kreditinstitutsgruppe und die ihr angehörenden Institute eine angemessene Risikoerfassung, -beurteilung, -begrenzung, -steuerung und -überwachung im Sinne der §§ 39 und 39a BWG einzurichten. Nach Meinung der FMA haben somit **übergeordnete Kreditinstitute die Einhaltung der Grundsätze der Vergütungspolitik und -praktiken auch für die ihnen nachgeordneten Kredit- und Finanzinstitute**, Wertpapierfirmen oder Anbieter von Nebendienstleistungen **zu kontrollieren** – auf die die Vergütungsbestimmungen mangels ihrer Einordnung als Kreditinstitute nicht unmittelbar (auf Einzelinstitutsebene) anwendbar sind.[844]

Das bedingt zwangsläufig, dass die vom übergeordneten Kreditinstitut erstellten Vergütungsbestimmungen auch für seine Tochter-Kreditinstitute gelten, sofern nicht die Anwendung des Proportionalitätsgrundsatzes und damit einhergehend die Geschäftstätigkeit der jeweiligen Tochtergesellschaft die Erstellung eigener, auf seine Geschäftstätigkeit abgestimmter Vergütungsregelungen erfordert.[845] Neben diesen, vom jeweiligen Tochter-Kreditinstitut erstellten speziellen Vergütungsbestimmungen finden auf die Tochter-Kreditinstitute zudem die generellen, vom übergeordneten Kreditinstitut für die gesamte Kreditinstitutsgruppe erstellten Vergütungsbestimmungen Anwendung.[846] Die Z 7 lit b des Anhangs zu § 39b BWG, wonach *„die gesamte variable Vergütung die Fähigkeit des Kreditinstituts zur Verbesserung seiner Eigenmittelausstattung nicht einschränken"* darf, ist so eine generelle Vergütungsbestimmung.

Aufgrund des Inhaltes der Vergütungsbestimmungen ist zwischen den **generellen**,[847] auf sämtliche Mitarbeiter des Kreditinstitutes und den **speziellen**,[848] bloß auf die ausdrücklich genannten Mitarbeiter anwendbaren **Bestimmungen zu unterscheiden**.[849] So ist etwa die Z 2 des Anhanges zu § 39b BWG, wonach die *„Vergütungspolitik [...] mit der Geschäftsstrategie, den Zielen, Werten und langfristigen Interessen des Kreditinstitutes in Einklang [steht] und [...] Vorkehrungen zur Vermeidung von Interessenkonflikten [beinhaltet]"*, ihrem Inhalt nach eine generelle, alle Mitarbeiter betreffende Vergütungsregelung. Unter Mitarbeiter versteht man alle natürlichen Personen, denen sich ein Kreditinstitut beim Betreiben von Bankgeschäften oder bei der Erbringung von Finanzdienstleistungen bedient, insbesondere aufgrund eines Arbeitsverhältnisses.

Hingegen sind vom speziellen Teil der Vergütungsregelungen des BWG gemäß § 39b BWG *„Mitarbeiterkategorien einschließlich der Geschäftsleitung, Risikokäufer, Mitarbeiter mit Kontrollfunktionen und Mitarbeiter, die derselben*

---

[844] Vgl FMA-Rundschreiben Stand Dezember 2012, Punkt 13.
[845] Vgl CEBS-Guidelines vom 10. Dezember 2010 Rz 27 und 28.
[846] Vgl CEBS-Guidelines vom 10. Dezember 2010 Rz 32.
[847] Z 1–6, 7 lit b – lit d, 9, 12 lit b – 13 des Anhanges zu § 39b BWG.
[848] Z 7 Abs 1 und lit a, 8, 10–12 lit a des Anhanges zu § 39b BWG.
[849] Vgl FMA-Rundschreibens Punkt 22 und 23; CEBS-Guidelines vom 10. Dezember 2010 Rz 6 *Kastner/Strau* in *Dellinger*, BWG Anlage zu § 39b BWG Rz 1; *Oppitz* in *Chini/Oppitz*, BWG § 39b Rz 8; *Waldherr/Zimmermann*, Beschränkungen für Bonuszahlungen durch das Bankwesengesetz – Vergütungspolitik der Kreditwirtschaft am Prüfstand, ÖBA 2012, 366 (369).

Vergütungsgruppe wie die Geschäftsleitung und Risikokäufer angehören und deren Tätigkeit sich wesentlich auf das Risikoprofil auswirkt", erfasst. Bei den von § 39b BWG ausdrücklich erfassten Personen handelt es sich somit um:
(i) Mitglieder der Geschäftsleitung,
(ii) Risikokäufer,
(iii) Mitarbeiter mit Kontrollfunktionen sowie um
(iv) Mitarbeiter, die derselben Vergütungsgruppe wie die Geschäftsleitung und Risikokäufer angehören.

Nach den Erläuterungen[850] zur BWG-Novelle 2010 soll die in § 39b BWG genannte Voraussetzung, dass sich die Tätigkeit der betroffenen Personen wesentlich auf das Risikoprofil auswirkt, auch für sonstige, nicht in § 39b BWG ausdrücklich genannte Mitarbeiterkategorien gelten. Dies folgt aus der Formulierung, wonach *„Kreditinstitute ausdrücklich dazu verpflichtet werden sollen, für alle Kategorien von Mitarbeitern, deren berufliche Tätigkeit sich wesentlich auf das Risikoprofil der Kreditinstitute auswirkt, eine Vergütungspolitik sowie Vergütungspraktiken festzulegen und anzuwenden, die mit einem wirksamen Risikomanagement vereinbar sind".* 282

Proportionalitätsgrundsatz: Die im Anhang zu § 39b BWG aufgezählten Grundsätze sind gemäß § 39b BWG von den Kreditinstituten *„in der Weise und in dem Umfang anzuwenden, wie es ihrer Größe, ihrer internen Organisation, der Art, dem Umfang und der Komplexität ihrer Geschäfte, den Mitarbeiterkategorien, der Art und der Höhe ihrer Vergütung sowie der Auswirkung ihrer Tätigkeit auf das Risikoprofil angemessen ist".* 283

Das damit statuierte Proportionalitätsprinzip führt zu einer **differenzierten bzw abgestuften Anwendung**[851] **der generellen und speziellen Grundsätze**[852] sowohl auf Ebene der Kreditinstitute bzw Kreditinstitutsgruppe als auch auf Ebene der einzelnen Mitarbeiter.[853] Im Zuge dieser Abwägung kann im Wege der Einzelfallbetrachtung sowohl die Anwendung strengerer, anspruchsvollerer Standards als auch die Anwendung einfacherer Vergütungs-Standards erforderlich sein.[854]

Dies kann unter Umständen **sogar zur Neutralisierung**, dh einer gänzlichen Nichtanwendung **bestimmter Vergütungsgrundsätze bzw -bestimmungen**[855] führen, wenn das mit dem Risikoprofil, der Risikobereitschaft und der Strategie des Institutes vereinbar ist. Es handelt sich dabei um die Bestimmungen der Z 11 (**Bezahlung in Form unbarer Instrumente**), Z 12 (**Zurückstellung eines Teils der variablen Vergütung**) und Z 12 lit a (hinsichtlich der „**ex-post Risikoadjustierung**" bei Auszahlung) der Anlage zu § 39b BWG.[856]

---
[850] Vgl ErläutRV 922 BlgNR 24. GP; AB 1001 BlgNR 24. GP 1.
[851] Vgl *Kastner/Strau* in Dellinger, BWG § 39b BWG Rz 3.
[852] Vgl CEBS-Guidelines vom 10. Dezember 2010 Rz 19; FMA-Rundschreiben Punkt 32.
[853] Vgl AB 1001 BlgNR 24. GP 2.
[854] Vgl CEBS-Guidelines vom 10. Dezember 2010 Rz 19; FMA-Rundschreiben Punkt 32.
[855] Welche Vergütungsgrundsätze im Speziellen unter welchen Voraussetzungen „neutralisierbar" sind, ist in Anhang 2 der CEBS-Leitlinien bei den jeweiligen Vergütungsgrundsätzen jeweils angemerkt und ersichtlich.
[856] Gemäß Rz 20 CEBS-Guidelines vom 10. Dezember 2010 wäre an sich auch das Erfordernis der Einrichtung eines Vergütungsausschusses „neutralisierbar". In Österreich ist die Ein-

Die Mindestquoten, also die in den Vergütungsgrundsätzen der Anlage zu § 39b BWG enthalten Prozentsätze und Fristen, können hierbei immer nur entweder anwendbar sein oder zur Gänze entfallen.[857] Die übrigen Grundsätze können in Anwendbarkeit des Proportionalitätsprinzips bloß abgeschwächt werden.[858] **Jedenfalls erforderlich für eine Abschwächung oder Neutralisierung ist jeweils eine transparente, nachvollziehbare und fundierte Dokumentierung der Gründe und herangezogenen Kriterien, die zu diesem Ergebnis geführt haben.**[859]

Im Rahmen der Anwendung des Proportionalitätsprinzips ist zwischen der zuerst zu prüfenden Proportionalität zwischen verschiedenen Arten bzw Dimensionen von Kreditinstituten und im nächsten Schritt hinsichtlich der Mitarbeiterkategorien innerhalb des Kreditinstituts zu unterscheiden. Die erstgenannte Prüfung ist sowohl für die Frage der Anwendbarkeit der generellen Bestimmungen als auch der speziellen Bestimmungen relevant.[860] Die Prüfung auf Ebene der Mitarbeiter hat nur Bedeutung für die Anwendbarkeit der speziellen Vergütungsgrundsätze und deren Abstufung.[861]

Diese Beurteilungen haben die betroffenen Kreditinstitute, die die Vergütungsbestimmungen anzuwenden haben, im Wege einer **Selbsteinschätzung** eigenverantwortlich vorzunehmen[862] und – wie bereits erwähnt – zu dokumentieren und zu begründen. Je mehr Grundsätze neutralisiert (dh zur Gänze nicht angewendet) werden, desto ausführlicher ist dies zu begründen.[863]

284 **Beurteilung betreffend das Kreditinstitut:** Jedes Kreditinstitut hat sein Risikoprofil selbst zu ermitteln und über die Art und Intensität der Anwendung der Vergütungsgrundsätze zu entscheiden. Das Ergebnis der Beurteilung im Rahmen des Proportionalitätsprinzips bestimmt im ersten Schritt die erforderliche Intensität der Anwendung der Vergütungsgrundsätze bis hin zu deren Neutralisierung.

---

richtung eines solchen jedoch in § 39c BWG bei Vorliegen bestimmter Voraussetzungen zwingend vorgeschrieben.
[857] Vgl CEBS-Guidelines vom 10. Dezember 2010 Rz 19; FMA-Rundschreiben Punkt 34.
[858] Vgl CEBS-Guidelines vom 10. Dezember 2010 Rz 20; *Kastner/Strau* in Dellinger, BWG § 39b BWG Rz 3; *Waldherr/Zimmermann*, Beschränkungen für Bonuszahlungen durch das Bankwesengesetz – Vergütungspolitik der Kreditwirtschaft am Prüfstand, ÖBA 2012, 366 (370).
[859] Vgl CEBS-Guidelines vom 10. Dezember 2010 Rz 19; FMA-Rundschreiben Punkt 35 und 46; AB 1001 BlgNR 24. GP 3; *Kastner/Strau* in Dellinger, BWG § 39b BWG Rz 3; *Waldherr/Zimmermann*, Beschränkungen für Bonuszahlungen durch das Bankwesengesetz – Vergütungspolitik der Kreditwirtschaft am Prüfstand, ÖBA 2012, 366 (370); Vgl *Höller/Puhm* in Dellinger, BWG § 39 Rz 39.
[860] Vgl CEBS-Guidelines vom 10. Dezember 2010 Rz 23.
[861] Vgl CEBS-Guidelines vom 10. Dezember 2010 Rz 23.
[862] Vgl CEBS-Guidelines vom 10. Dezember 2010 Rz 21; FMA-Rundschreiben, Stand Dezember 2012, Punkt 46; *Kastner/Strau* in Dellinger, BWG § 39b BWG Rz 3 f; *Waldherr/Zimmermann*, Beschränkungen für Bonuszahlungen durch das Bankwesengesetz – Vergütungspolitik der Kreditwirtschaft am Prüfstand, ÖBA 2012, 366 (370).
[863] FMA-Rundschreiben, Stand Dezember 2012, Punkt 46.

Die EBA[864] unterscheidet hierfür zwischen **komplexen und nicht-komplexen Instituten sowie internationalen und lokalen Instituten**. Bei nicht-komplexen Instituten kann die Beurteilung im Rahmen des Proportionalitätsprinzips bereits auf dieser Ebene der Prüfung zur **Neutralisierung der Grundsätze** der Z 11 (Bezahlung in Form unbarer Instrumente), Z 12 (Zurückstellung eines Teils der variablen Vergütung) und Z 12 lit a (hinsichtlich der „ex-post Risikoadjustierung" bei Auszahlung) **der Anlage zu § 39b BWG für das gesamte Institut führen**; dies unabhängig von der Kategorisierung und vom Risikoeinfluss einzelner Mitarbeiter.[865]

Freilich ist die Qualifizierung eines Kreditinstituts schlicht als komplexes oder nicht-komplexes Institut praktisch nicht der Regelfall, sondern liegt noch ein weiter Übergangsbereich an Instituten unterschiedlicher Komplexität dazwischen. Überdies unterscheidet auch die FMA schematisch zwischen mittelkomplexen Instituten, die die Vergütungsgrundsätze abgeschwächt anwenden können, und hochkomplexen Instituten, die zu einer vollständigen und detaillierten Anwendung der Vergütungsgrundsätze verpflichtet sein werden.[866] Als Kriterien für die Beurteilung im Rahmen des Proportionalitätsprinzips sind die Größe und interne Organisation eines Kreditinstitutes sowie Natur, Umfang und Komplexität der Geschäfte des Kreditinstitutes heranzuziehen.[867]

Die von der EBA aufgestellten Kriterien sind jedenfalls kumulativ anzuwenden und im Rahmen einer Gesamtbeurteilung gegeneinander abzuwägen. Liegt ein Kriterium – etwa die Größe – in besonders starker Ausprägung vor, kann unter Umständen auch dieses allein ausschlaggebend sein. Es handelt sich hierbei aber keinesfalls um eine bloß taxative Aufzählung, vielmehr sind im Einzelfall möglicherweise andere relevante Kriterien ebenfalls in die Beurteilung miteinzubeziehen.[868]

Beurteilung betreffend die Mitarbeiter: Nach Anwendung auf Ebene des Kreditinstitutes ist das Proportionalitätsprinzip sodann für die Beurteilung der Intensität der Anwendbarkeit der speziellen Vergütungsbestimmungen auf Ebene seiner – von diesen Bestimmungen erfassten – Mitarbeiter heranzuziehen.

Im Ergebnis sollen jene Mitarbeiter, die einen höheren Einfluss auf das Risikoprofil des Kreditinstitutes haben, den Vergütungsbestimmungen in strengerem Ausmaß unterliegen als jene mit vergleichsweise weniger großem Einfluss. Die Beurteilung auf dieser Ebene **kann ebenfalls zur Neutralisierung der Grundsätze der Z 11** (Bezahlung in Form unbarer Instrumente), **Z 12** (Zurückstellung eines Teils der variablen Vergütung) und **Z 12 lit a** (hinsichtlich der „ex-post Risikoadjustierung" bei Auszahlung) **der Anlage zu § 39b BWG führen**; dies hin-

---

[864] Vgl CEBS-Guidelines vom 10. Dezember 2010 Rz 24.
[865] Vgl Anhang 2 der CEBS-Guidelines vom 10. Dezember 2010; FMA-Rundschreiben Punkt 37; *Kastner/Strau* in Dellinger, BWG § 39b BWG Rz 5.
[866] Vgl FMA-Rundschreiben Punkt 38 f.
[867] Vgl CEBS-Guidelines vom 10. Dezember 2010 Rz 24; *Kastner/Strau* in Dellinger, BWG § 39b BWG Rz 6; *Waldherr/Zimmermann*, Beschränkungen für Bonuszahlungen durch das Bankwesengesetz – Vergütungspolitik der Kreditwirtschaft am Prüfstand, ÖBA 2012, 366 (370).
[868] Vgl CEBS-Guidelines vom 10. Dezember 2010 Rz 25; FMA-Rundschreiben Punkt 42.

sichtlich jener Mitarbeiter, die einen weniger großen Einfluss auf das Risikoprofil haben.[869] Umgekehrt sind für risikoreichere Mitarbeiter strengere Maßstäbe betreffend deren Vergütung zu setzen.[870]

Die Prüfung auf dieser Ebene kann jedoch nicht zur Gänze von jener auf Ebene des Kreditinstitutes getrennt erfolgen, sondern hat konsequenterweise auch deren Ergebnis zu berücksichtigen. Bei einem weniger komplexen Kreditinstitut wird ein bestimmtes Ausmaß an Einfluss auf das Risikoprofil als weniger bedenklich und risikobehaftet zu beurteilen sein, als ein ebensolches bei einem hochkomplexen Kreditinstitut.[871] Dem Gesetzeswortlaut des § 39b BWG entsprechend hat sich die Beurteilung an *„den Mitarbeiterkategorien, der Art und der Höhe ihrer Vergütung sowie der Auswirkung ihrer Tätigkeit auf das Risikoprofil"* zu orientieren. Die Berücksichtigung des Kriteriums der Mitarbeiterkategorie erfolgt im Wesentlichen bereits bei der Frage der Zuordnung zu einer in den Anwendungsbereich der speziellen Grundsätze fallenden Mitarbeiterkategorie bzw der Qualifizierung als *„identified staff"* oder als sonstiger Mitarbeiter. Hierbei wird bereits das Bestehen oder Nicht-Bestehen eines Risikoeinflusses orientiert an der Mitarbeiterkategorie festgestellt.[872]

286 **Übergangsbestimmungen im Bankwesengesetz und Anwendung auf Altverträge:** § 103o Z 1 BWG beinhaltet zu § 39b BWG sowie zur Anlage zu § 39b BWG folgende Übergangsbestimmung:

*„Die Kreditinstitute und ihre jeweils für den Abschluss von Verträgen und Betriebsvereinbarungen zuständigen Organe haben darauf **hinzuwirken**, dass bis zum 31. Dezember 2010 abgeschlossene vertragliche Vereinbarungen[873], die den Anforderungen der Anlage zu § 39b nicht entsprechen, **soweit rechtlich zulässig**, auf Grundlage einer objektiv nachvollziehbaren rechtskundigen Begutachtung der Rechtslage und unter Berücksichtigung der konkreten Erfolgsaussichten **angepasst werden**."*[874]

Gemäß der Übergangsbestimmung des § 103o Z 1 BWG bleiben aus 31. Dezember 2010 bestehende Verträge und Betriebsvereinbarungen vom Inkrafttreten der neuen Vergütungsbestimmungen des BWG grundsätzlich unberührt.[875] Die Kreditinstitute und ihre für den Abschluss von Verträgen und Betriebsvereinbarungen zuständigen Organe haben jedoch bei allen bestehenden Vereinbarungen

---
[869] Vgl Anhang 2 der CEBS-Guidelines vom 10. Dezember 2010; FMA-Rundschreiben Punkt 47.
[870] Vgl CEBS-Guidelines vom 10. Dezember 2010 Rz 19 und Rz 26.
[871] Vgl FMA-Rundschreiben Punkt 34 und 43.
[872] Vgl FMA-Rundschreiben Punkt 44.
[873] Gemeint sind sowohl Einzelverträge als auch Betriebsvereinbarungen.
[874] Hervorhebungen durch die Gutachtenverfasser.
[875] *G. Schima*, GesRZ 2011, 265 (281); Nicht richtig daher *Marhold/Osmanovic*, ASoK 2011, 130 (133), die diesen eine bloß Bemühungspflicht des für die Vereinbarung der Vergütung namens des Kreditinstitutes verantwortlichen Organs statuierenden Wortlaut ausblenden und von einer „Geltung" für vor dem 1.1.2011 geschlossene Verträge ausgehen, dabei aber anscheinend noch die nicht Gesetz gewordene Fassung des § 103o BWG-Ministerialentwurf im Auge haben (vgl zum MinE *G. Schima*, in Kalss/Kunz, Handbuch für den Aufsichtsrat (2010) Rz 12/109 und oben im Text.

mit Einfluss auf die Vergütungspolitik, seien es befristete oder unbefristete Verträge, darauf hinzuwirken, dass diese der neuen Rechtslage angepasst werden.[876]

§ 103o Z 1 BWG entspricht in seiner derzeit geltenden Fassung der nahezu inhaltsgleichen Bestimmung des § 14 der deutschen InstitutsVerV,[877] die wie folgt lautet:

„Das Institut hat darauf hinzuwirken, dass die mit Geschäftsleitern, Geschäftsleiterinnen, Mitarbeitern und Mitarbeiterinnen bestehenden Verträge sowie betriebliche Übungen, die mit dieser Verordnung nicht vereinbar sind, soweit rechtlich zulässig auf Grundlage einer für Dritte nachvollziehbaren fundierten juristischen Begutachtung der Rechtslage und unter Berücksichtigung der konkreten Erfolgsaussichten angepasst werden."

Die Vergütungsregelungen des BWG geben den Kreditinstituten – konkret: dem Aufsichtsrat gegenüber Vorstandsmitgliedern – keine eigenen Rechtsinstrumente für ihre Umsetzung in die Hand. Eine einseitige Anpassung der in Kreditinstituten vor dem Inkrafttreten der BWG-Vergütungsgrundsätzen bestehenden Vergütungsvereinbarungen ist daher nicht uneingeschränkt rechtlich zulässig. Den Kreditinstituten stehen vielmehr bloß die **üblichen arbeitsrechtlichen Anpassungsinstrumente** zur Verfügung, um die vom BWG vorgeschriebene Vergütungsgrundsätze umzusetzen. Die EU-Kommission führte im Vorfeld der CRD III-RL aus, dass mit Einführung dieser RL Eingriffe in die freie Vertragsgestaltung nicht gewollt sind.[878] **Im Ergebnis bildet daher das Arbeitsrecht die Grenze für die mögliche Umsetzung der BWG-Vergütungsgrundsätze.** Bei Vorstandsmitgliedern einer AG oder Sparkasse, die keine Arbeitnehmer sind, mag der Spielraum für einseitige Gestaltung durch die Gesellschaft größer sein, jedoch gilt das richtigerweise nur für die **vertraglich vorbehaltene, einseitige Gestaltung** durch die Gesellschaft. Einseitige Eingriffe in Verträge, die nicht vertraglich vorgesehen sind, stoßen auch bei Vorstandsmitgliedern auf unüberwindliche Grenzen des allgemeinen Zivilrechts.[879]

Dementsprechend statuiert § 103o Z 1 BWG **die Pflicht,** *„soweit rechtlich zulässig"*, **auf eine Anpassung** bereits bestehender Verträge mit Geschäftsleitern und Mitarbeitern, aber auch Betriebsvereinbarungen und betrieblicher Übungen, die mit den BWG-Vergütungsgrundsätzen nicht vereinbar sind, *„hinzuwirken"*. Erfasst sind dadurch jedenfalls Vergütungen für ab dem 1. Jänner 2011 – also nach dem Inkrafttreten der Vergütungsbestimmungen – erbrachte Leistungen.

Der Terminus *„rechtlich zulässig"* bezieht sich dabei nicht auf den Inhalt der Anpassung, sondern auf die Art und Weise des *„Hinwirkens"* bzw der Anpassung. Es darf daher im Rahmen des *„Hinwirkens"* kein ungerechtfertigter Druck oder Zwang im Sinne des § 870 ABGB angewendet werden. Die **Bemühungspflicht umfasst** dabei **jedenfalls den Versuch,** durch entsprechende Verhandlungen mit

---

[876] Vgl FMA-Rundschreiben Punkt 76 und 77.
[877] Institutsvergütungsverordnung (InstitutsVergV) – Verordnung über die aufsichtsrechtlichen Anforderungen an Vergütungssysteme von Instituten vom 16. Dezember 2013; in Kraft getreten am 1. Jänner 2014.
[878] Vgl MEMO/09/335, Capital Requirements Directive – Frequently Asked Questions, S 3.
[879] Vgl das „Manager-Pensionserkenntnis" des OGH 11.1.1989, 9 ObA 513/88 JBl 1989, 264.

den betroffenen Arbeitnehmern eine einvernehmliche Änderung in Form einer Anpassung der Vereinbarung an die neuen Vergütungsbestimmungen des BWG zu erreichen.[880]

Hat ein Kreditinstitut mangels entgegenstehender vertraglicher Bestimmungen die Möglichkeit, die neuen Vergütungsanforderungen des BWG ohne Eingriff in zum 1. Jänner 2011 bereits bestehende Vergütungsvereinbarungen umzusetzen, muss das Kreditinstitut dies auch tun. Insbesondere Ziel- und Bonusvereinbarungen, die ein Kreditinstitut jährlich neu mit seinen Mitarbeitern oder Geschäftsleitern trifft, kann und muss das Kreditinstitut im Zuge der turnusmäßigen Neuregelung an die neuen Vorgaben des BWG anpassen.[881] Es ist daher ausreichend, wenn das Kreditinstitut die BWG-Vergütungsgrundsätze bei der Festsetzung der Modalitäten der variablen Vergütung für den nächsten Zeitraum berücksichtigt.[882] Eine Änderung der Dienstverträge bzw von vorhandenen Betriebsvereinbarungen ist in einem solchen Fall dann nicht erforderlich.

Ob die Bemühungspflicht auch die Ausübung allenfalls in den abgeschlossenen Vereinbarungen enthaltener **einseitiger Gestaltungsrechte** des Kreditinstitutes umfasst, ist unter Heranziehung des Gesetzestextes, der Materialien sowie des Gesetzeszweckes zu beurteilen und vom Grundsatz her zu bejahen.

Im **Wortlaut des § 103o Z 1 BWG** findet die Pflicht des Kreditinstitutes zur Ausübung von Gestaltungsrechten jedenfalls Deckung, was folgende Textierung verdeutlicht:

„[...] haben darauf hinzuwirken, dass [...] Vereinbarungen [...] soweit rechtlich zulässig [...] angepasst werden".

Insbesondere der Terminus „*soweit rechtlich zulässig*" spricht für eine Ausnützung sämtlicher rechtlicher Möglichkeiten und damit auch für die Ausübung einseitiger Gestaltungsrechte. Die Wortfolge „*haben darauf hinzuwirken*" spricht sogar für eine Verpflichtung der Kreditinstitute, von der Möglichkeit der Ausübung einseitiger Gestaltungsrecht Gebrauch zu machen. Ein bloßes „*Können*", lässt sich dem Regelungsgehalt dieser Bestimmung nicht entnehmen.[883]

Nach den Materialien[884] liegt keine Gesetzesverletzung vor, „*wenn bestehende Verträge wegen absehbarer rechtlicher Erfolglosigkeit nicht geändert werden*". Im Umkehrschluss folgt daraus, dass bei Nichtanpassung einer Vereinbarung trotz Bestehens von „*Erfolgsaussichten*" jedenfalls eine Gesetzesverletzung vorliegt. Solange und soweit einseitige Gestaltungsrechte in den betroffenen Vereinbarungen vorgesehen sind, besteht damit auch eine rechtliche Möglichkeit, die Vereinbarung – je nach Umfang des Gestaltungsrechts ganz oder teilweise – an die neuen Vergütungsbestimmungen anzupassen. Das Vorliegen „*rechtlicher Erfolglosigkeit*" kann in einem solchen Fall nicht eingewendet werden. Im Ergebnis sprechen

---

[880] Vgl *Eypeltauer*, Änderung erfolgsabhängiger variabler Vergütungen für Mitarbeiter von Kreditinstituten, ecolex 2011, 544 (545).
[881] Vgl *Zürn/Böhm*, Neue Regeln für die Vergütung in Banken – Arbeitsrechtliche Umsetzung der Änderungen der Instituts-Vergütungsverordnung, BB 2014, 1271.
[882] Vgl *Zürn/Böhm*, BB 2014, 1271.
[883] So auch *Eypeltauer*, ecolex 2011, 544 (546).
[884] AB 1001 BlgNR 24. GP 4.

daher auch die **Materialien dafür, dass die Ausübung allfälliger, einseitiger Gestaltungsrechte von der Bemühungspflicht des § 103o Z 1 BWG umfasst ist.**

Betrachtet man den **Gesetzeszweck** näher, so fällt auf, dass dieser darin besteht, möglichst schnell einen den neuen BWG-Vergütungsgrundsätzen entsprechenden Zustand zu erreichen, damit diese ihre intendierte Wirkung entfalten können. Dies spricht ebenfalls für eine Verpflichtung, sämtliche rechtlich gegebenen Möglichkeiten, folglich auch allenfalls vereinbarte einseitige Gestaltungsrechte, zur Erreichung ebendieses Zieles zu nutzen.[885]

Nach dem Gesetzeswortlaut des § 103o BWG, den Materialien zur BWG-Novelle 2010, aber auch nach dem Gesetzeszweck selbst ist daher im Rahmen der Bemühungspflicht von einer Verpflichtung der Kreditinstitute bzw deren zuständiger Organe zur Ausübung allfälliger in zum 31. Dezember 2010 bereits bestandenen Vereinbarungen enthaltener Gestaltungsrechte auszugehen.

Als weitere Handlungsmöglichkeit bzw -verpflichtung im Rahmen der Bemühungspflicht kommt nach *Eypeltauer*[886] die Änderungskündigung in Frage, weil es sich bei dieser um eine letztlich auf eine einvernehmliche Änderung des Arbeitsvertrages abzielende, an sich legitime Maßnahme des Arbeitgebers handelt. Gegen das Erfordernis einer Änderungskündigung zur Anpassung von Vergütungen sprechen sich zu Recht *Zürn/Böhm*[887] aus, weil diese in der Praxis bloß eingeschränkt ein geeignetes Mittel ist, um Vergütungsregelungen in Arbeitsverträgen anzupassen und häufig zum Verlust von am Bankenmarkt gesuchten Spezialisten des Kreditinstitutes führt, was kontraproduktiv aus Sicht des betroffenen Kreditinstitutes ist.

Aus der Sicht des Aufsichtsrates des Kreditinstitutes (dieselbe Problematik ergibt sich aber auch für den Vorstand als „Dienstherr" der übrigen, von den Regeln des § 39b BWG erfassten Arbeitnehmer) stellt sich im Falle eines nicht § 39b BWG und der dazu bestehenden Anlage entsprechenden Vorstandsvertrages stets das Problem der **Abwägung** zwischen dem aus der Vertragsanpassung resultierenden Vorteil für das Kreditinstitut und den mit dem (gescheiterten) Versuch der Vertragsanpassung verbundenen Nachteilen. Diese Abwägung hat nach verantwortlichem Ermessen unter Beachtung der Sorgfalt eines ordentlichen Aufsichtsrates zu erfolgen. Die Entscheidung ist – weil § 103o Z 1 BWG eben nur eine Bemühungspflicht statuiert – keine gesetzlich gebundene, sondern eine **unternehmerische Entscheidung**, also ein Business Judgement, auf das § 84 Abs 1a AktG[888] iVm § 99 AktG zur Anwendung kommt.

---

[885] So auch *Zürn/Böhm,* BB 2014, 1271.
[886] Vgl *Eypeltauer,* ecolex 2011, 544 (546).
[887] Vgl *Zürn/Böhm,* BB 2014, 1272.
[888] Vgl zu dieser mit 1.1. 2016 in Kraft getretenen Bestimmung *G. Schima,* Reform des Untreue-Tatbestandes und gesetzliche Verankerung der Business Judgment Rule im Gesellschaftsrecht, RdW 2015, 288; *G. Schima,* Reform des Untreue-Tatbestandes und Business Judgment Rule im Aktien- und GmbH-Recht: Die Bedeutung der neuen Regelung, GesRZ 2015, 286.

289 Die Situation ist eine ganz ähnliche wie in Bezug auf die B-VV betreffend die Anpassung alter und der Schablonen-Verordnung nicht entsprechender Betriebspensionsregelungen für Vorstandsmitglieder (Geschäftsführer) in der Rechnungshofkontrolle unterliegenden Unternehmen (§ 3 Abs 2 B-VV).[889]

290 Kann eine einvernehmliche Änderung bzw Anpassung bis zum 31. Dezember 2010 abgeschlossener Vereinbarungen (Altverträge) betreffend variable Vergütungen nicht erreicht werden, so ist dies nachvollziehbar zu dokumentieren. Es muss das tatsächliche Bemühen um eine Änderung aus den Aufzeichnungen erkennbar sein. Daher sollten der Gang der Verhandlungen, allfällige Angebote und Gegenangebote und wohl auch die jeweils in Betracht kommenden Handlungsmöglichkeiten oder deren Nichtbestehen sowie die Gründe für das Scheitern der Bemühungen festgehalten werden.[890]

Im Rundschreiben[891] der **FMA** wird dazu wie folgt ausgeführt:

„Kann keine einvernehmliche Vertragsänderung herbeigeführt werden, ist dies nachvollziehbar zu dokumentieren. Aus der Dokumentation hat das Bemühen des Kreditinstituts um eine Vertragsänderung hervorzugehen (Behandlung im Aufsichtsrat, konkreter Änderungsvorschlag an den/die Mitarbeiter, Aufzeichnungen wie viele Mitarbeiter einer Vertragsänderung zugestimmt, wie viel eine solche abgelehnt haben). Bei Vorliegen einer solchen Dokumentation (und dem Fehlen gegenteiliger Hinweise) wird vom Erfüllen der Bemühungspflicht nach § 103 Abs 1 leg. cit. auszugehen sein."

Die Erfüllung der in § 103o Z 1 BWG festgelegten Bemühungspflicht wird bei Nichtzustandekommen einer Änderung bzw Anpassung nach dem Gesetzeswortlaut bloß dann angenommen, **wenn eine Änderung trotz Bemühens aufgrund rechtlicher Erfolglosigkeit nicht möglich war**. Andernfalls liegt eine Gesetzesverletzung durch die Kreditinstitute bzw deren verantwortliche Organe vor und sind die im BWG für den Fall der Verletzung der Vergütungsbestimmungen vorgesehenen Sanktionen zu setzen. An der Wirksamkeit der nicht den Vergütungsbestimmungen entsprechenden Vereinbarungen selbst ändert dies jedoch nichts.

291 Die zentralen **Vergütungsgrundsätze** sind in der mit *„Grundsätze der Vergütungspolitik und -praktiken"* betitelten Anlage zu § 39 b BWG enthalten.

Man kann diese Vergütungsgrundsätze getrost als Ausdruck qualifizierten gesetzgeberischen und vor allem durch die globale Finanzkrise 2008/2009 ausgelösten Misstrauens in die Fähigkeiten von Gesellschaftsorganen qualifizieren, die Vergütung des (Top-) Managements zumindest in Banken angemessen zu regeln.[892]

---

[889] G. *Schima*, GesRZ 2011, 265 (280); Zur Bemühungspflicht betreffend die Anpassung von nicht vertragsschablonenkonformen (Pensions-) Verträgen siehe oben Rz 201 ff.
[890] Vgl *Waldherr/Zimmerman*, BB 2014, 1271.
[891] Vgl Rundschreiben der Finanzmarktaufsichtsbehörde zu §§ 39 Abs 2, 39b und 39c BWG – Grundsätze der Vergütungspolitik und -praktiken, Stand Dezember 2012, Pkt 78.
[892] G. *Schima*, GesRZ 2011, 265 (280).

Das wesentliche Grundprinzip (in der Stammfassung) der Vergütungsregelungen besteht darin, dass erfolgsbezogene Vergütungen nicht mehr auf einmal und zur Gänze bar ausbezahlt werden dürfen, sondern zu einem erheblichen Teil in unbaren Instrumenten wie Aktien, gleichwertigen Beteiligungen oder wandlungsfähigem hybridem Kapital gem § 23 Abs 4a Z 6 BWG zu bestehen haben und ein beträchtlicher Anteil der Vergütung, nämlich mindestens 40 % und bei „besonders hohen" variablen Vergütungen mindestens 60 %, nicht auf einmal (also wie weitgehend üblich, nach Feststellung des Jahresabschlusses der Gesellschaft) ausbezahlt werden darf, sondern vielmehr über einen mindestens fünf-jährigen Zeitraum[893] pro rata temporis gestreckt ausbezahlt werden muss, wobei die Auszahlung in jedem Folgejahr durch Erfüllung bestimmter Erfolgskriterien „erdient" zu werden hat.

Hinzu kam im Jahr 2013 auch die Einführung einer **oberen Begrenzung für die variable Vergütung** mit grundsätzlich 100 % der Festvergütung und bei Beschluss der Aktionäre mit qualifizierter Mehrheit mit 200 % der festen Vergütung.

Z 7 der Anlage zu § 39b BWG schreibt als zentralen, mittlerweile auch in § 78 Abs 1 AktG Eingang gefunden Grundsatz vor, dass die für die Bemessung der variablen Vergütung maßgebende Leistungsbeurteilung „*in einem mehrjährigen Rahmen*" zu erfolgen hat. Damit soll gewährleistet werden, dass die Beurteilung auf die längerfristige Leistung abstellt und die tatsächliche Auszahlung erfolgsabhängiger Vergütungskomponenten über einen Zeitraum verteilt wird, der den zugrundeliegenden Geschäftszyklus des Unternehmens Rechnung trägt (Z 7 lit a der Anlage).[894] Z 7 lit a regelt spezielle Grundsätze, die also nur für Mitarbeiter gelten, deren Tätigkeit sich auf das Risikoprofil des Kreditinstitutes unter Anwendung des Proportionalitätsprinzips wesentlich auswirkt. Dies gilt auch für das – unten zu erörternde – Rückstellungserfordernis der Z 12 der Anlage, sodass sich eine zulässige Neutralisierung des Vergütungsgrundsatzes gem Z 7 lit a bei nicht komplexen Instituten dahingehend auswirkt, dass auch der Grundsatz nach Z 12 (Rückstellungserfordernis) neutralisiert werden darf.[895]

Eine **garantierte variable Vergütung** gestattet Z 7 lit c der Anlage als grundsätzlich „*nicht in Einklang mit solidem Risikomanagement oder dem Prinzip leistungsorientierter Vergütung*" stehend nur ausnahmsweise im Zusammenhang mit der Einstellung neuer Mitarbeiter, wenn sie auf **das erste Jahr der Beschäftigung** beschränkt ist und das Kreditinstitut über eine solide und ausreichende Eigenmittelausstattung verfügt.

Damit wird einer auch in Vorstandsverträgen nicht ganz unverbreiteten Praxis Rechnung getragen, die den Umstand berücksichtigt, dass neu in eine Unternehmen eintretende Führungskräfte (Vorstandsmitglieder) nicht selten auf solche „Garantie-Bonifikationen" Wert legen, weil sie die wirtschaftlichen Gegebenheiten noch nicht genau kennen und damit auch nicht ausreichend verlässlich ab-

---

[893] Die RL schreibt diesbezüglich nur einen mindestens dreijährigen Zeitraum vor; die strengere österreichische Umsetzung beruhte auf einem politischen Kompromiss der Regierungsparteien.
[894] Vgl dazu *Kastner/Strau*, in Dellinger, BWG Anl zu § 39b BWG Rz 32 ff.
[895] Zutr *Kastner/Strau*, in Dellinger, BWG Anl zu § 39b BWG Rz 36 f.

schätzen können, welches tatsächliche finanzielle Potential eine möglicherweise komplexe erfolgsorientierte Bonusregelung hat.

294 Z 8 der Anlage bringt das zum Ausdruck, was in der Praxis als von den Initiatoren des gesamten Regelwerks für Bonifikationen in Kreditinstituten wohl kaum intendierter, aber bei Beachtung marktwirtschaftlicher Grundsätze unausweichlicher Effekt eingetreten ist: Aufgrund der signifikanten Erschwernisse für die Gestaltung erfolgsbezogener Vergütungen in Kreditinstituten kam es in der gesamten Branche in den letzten Jahren zu einer – teilweise signifikanten – **Anhebung der festen Bezüge.**

In Z 8 der Anlage liest sich das so:

„Bei der Gesamtvergütung stehen fixe und variable Bestandteile in einem angemessenen Verhältnis, wobei der fixe Vergütungsanteil so hoch ist, dass eine flexible Politik in Bezug auf die variablen Vergütungskomponenten uneingeschränkt möglich ist und auch zur Gänze auf die Gewährung einer variablen Vergütung verzichtet werden kann."

Dass damit dem Kreditinstitut – und natürlich insbesondere den betroffenen Geschäftsleitern – ein Anreiz gesetzt wird, die fixen Gehälter nach oben zu korrigieren,[896] liegt auf der Hand.

295 2013 wurde auf europäischer Ebene – und national umgesetzt in Z 8 b der Anlage – schließlich eine **Obergrenze für variable Vergütungen in Abhängigkeit vom Festbezug** vorgeschrieben.

Kreditinstitute haben ein angemessenes Verhältnis zwischen fixer und variabler Komponente der Gesamtvergütung festzusetzen. Dabei darf der Betrag der variablen Vergütungskomponente den Betrag der fixen Vergütungskomponente nicht überschreiten (Z 8 a der Anlage).

Dies lässt sich, weil insbesondere an Kennzahlen geknüpfte Vergütungen theoretisch kein oberes Limit haben, naturgemäß nur durch Einziehung einer betraglichen bzw prozentmäßigen Obergrenze („cap") bewerkstelligen.

An sich haben derartige Regelungen in Österreich durchaus Tradition. Denn lange bevor über diese Fragen auch nur ansatzweise diskutiert wurde, enthielten zB in den 90er Jahren die Vorstandsverträge der in der ÖIAG zusammengefassten verstaatlichten Industrie meist die Regelung, dass die variable Vergütung (Bonus, Remuneration etc) mit 50 % des Festbezuges gedeckelt war. Später wurden diese Obergrenzen tendenziell – teilweise signifikant – hinaufgesetzt.

296 Z 8 b der Anlage erlaubt die Anhebung der Obergrenze für variable Vergütungen von 100 % auf 200 % der fixen Vergütung, wenn folgende Voraussetzungen erfüllt sind:
– Der Beschlussfassung hat eine umfangreiche Empfehlung des Kreditinstitutes voranzugehen, welche die Gründe für die erhöhte variable Vergütung und dessen Umfang einschließlich der Anzahl der betroffenen Mitarbeiter, deren Funktionen sowie die zu erwarteten Ausübungen in Bezug auf den Erhalt einer soliden Eigenmittelausstattung des Kreditinstitutes darlegt.

---

[896] *Kastner/Strau* in Dellinger, BWG Anl zu § 39b BWG Rz 59.

III. Der Vorstands-Anstellungsvertrag

- Das Kreditinstitut hat die FMA umgehend über die abgegebene Empfehlung zu informieren. Diese Information hat insbesondere die vorgeschlagene Erhöhung der variablen Vergütungskomponente und deren Begründung zu enthalten. Weiters ist darzulegen, dass durch diese Erhöhung keine Beeinträchtigung der Einhaltung der Verpflichtungen eines betroffenen Kreditinstitutes aufgrund der Verordnung (EU) Nr 575/2013 oder des BWG, einschließlich der zwingenden Eigenmittelanforderungen, entsteht.
- Die Aktionäre oder sonstigen Gesellschafter sind vom Kreditinstitut unter Einhaltung einer angemessenen Frist im Voraus über die geplante Beschlussfassung in Kenntnis zu setzen.
- Die **zur Ermöglichung der Anhebung der Obergrenze erforderliche Beschlussfassung der Gesellschafter** erfordert die Anwesenheit von mindestens der Hälfte des stimmberechtigten Kapitals und eine **Stimmenmehrheit von 66 %**. Abweichend davon kann ein wirksamer Beschluss bei Nichterreichen des erforderlichen Anwesenheitsquorums durch eine Stimmenmehrheit von 75 % gefasst werden. Mitarbeiter eines Kreditinstitutes, die direkt von einer Erhöhung der variablen Vergütungskomponente betroffen sind, sind sowohl von der direkten als auch der indirekten Stimmrechtsausübung ausgeschlossen.
- Das Kreditinstitut hat die FMA umgehend über den gefassten Beschluss zu informieren. Diese Information hat insbesondere das erhöhte Maximalverhältnis zwischen fixer und variabler Vergütungskomponente zu enthalten. Die FMA analysiert die nationale Vergütungspraxis anhand dieser Information und übermittelt das Ergebnis dieser Analyse jährlich an die EBA.

Z 9 der Richtlinie normiert, dass **Zahlungen im Zusammenhang mit der vorzeitigen Beendigung eines Vertrages** den langfristigen Erfolg widerspiegeln und so gestaltet sind, dass sie Misserfolg nicht belohnen.
Die Zwei-Jahres-Vergütungs-Regel der EU-Kommissionsempfehlung[897] fand sich zwar im Entwurf der CEBS-Guidelines, nicht aber in deren endgültiger Fassung.[898]
Die C-Regel 27a des österreichischen Corporate Governance-Kodex enthält die Empfehlung, im Falle vorzeitiger Beendigung von Vorstandsverträgen ohne wichtigen Grund eine Vergütung von maximal zwei Gesamtjahresbezügen zu zahlen.[899]
Eine Zwei-Jahres-Vergütungs-Begrenzung gilt nach Z 9 der Anlage zu § 39b BWG nicht, mag aber als Richtschnur dienen können.[900] Bei börsenotierten und

297

---

[897] Vgl die Empfehlung der Kommission zur Ergänzung der Empfehlungen 2004/913/EG und 2005/162/EG zur Regelung der Vergütung von Mitgliedern der Unternehmensleitung börsennotierter Gesellschaften vom 30.4.2009, 2009/385/EG, ABl L 2009/120, 28.
[898] *Kastner/Strau* in Dellinger, BWG Anl zu § 39b BWG Rz 61.
[899] Diese Empfehlung im CG-Kodex geht – von den Kodex-Verfassern ganz bewusst gewollt – über die EU-Kommissionsempfehlung hinaus, weil in letzterer *zwei* feste Jahresbezüge als Obergrenze empfohlen werden und diese den Kodex-Verfassern zu unflexibel erschien (Vgl dazu *G. Schima*, Vorstandsvergütung als Corporate-Governance-Dauerbaustelle, in Schenz/Eberhartinger, Corporate Governance in Österreich (2012) 246 (256); *G. Schima*, in FS M. Binder (2010) 817 ff; zu C-Regel 27a CG-Kodex siehe im Text Rz 336.
[900] Vgl *Kastner/Strau* in Dellinger BWG Anl zu § 39b BWG Rz 61.

in der Rechtsform der AG betriebenen Kreditinstituten, die sich dem CG-Kodex unterworfen haben, hat die Empfehlung natürlich Bedeutung.

Übernimmt ein Kreditinstitut als Teil der Gesamtvergütung Zahlungen, die anlässlich einer vorzeitigen Vertragsbeendigung eines Mitarbeiters aufgrund vertraglicher Verpflichtung durch den betroffenen Mitarbeiter an ein anderes Unternehmen zu leisten wären, so müssten diese Zahlungen gem Z 9a der Anlage in Einklang mit den langfristigen Interessen des Kreditinstituts, einschließlich Zurückbehaltungs-, Zurückstellungs- sowie Leistungs- und Rückforderungsvereinbarungen, stehen.

Diese nicht ganz leicht verständliche Regelung zielt zB auf Fälle ab, in denen ein Kreditinstitut anlässlich der Aufnahme eines Vorstandsmitgliedes/Mitarbeiters finanzielle „Altlasten" im Zusammenhang mit dessen vorzeitiger Beendigung eines davor abgeschlossenen Dienstverhältnisses übernimmt. Gemeint sein können damit – wenngleich etwas über den Wortlaut hinausgehend – auch zB Pönalezahlungen im Zusammenhang mit der Verletzung von nachvertraglichen Wettbewerbsverboten etc.

Nicht verständlich ist, warum Z 9a der Anlage derartige nicht mit dem Erfolg des Geschäftsleiters bzw Mitarbeiters und dessen Risikoverhalten zusammenhängende und eher den Charakter von „Antrittsprämien" bzw „sign on-Bonifikationen" aufweisende Zahlungen dem Erfordernis von Zurückhaltungs-, Zurückstellungs- sowie Leistungs- und Rückforderungsvereinbarungen unterstellt.

298   Im Zusammenhang mit dem **vorzeitigen Ausscheiden von Vorstandsmitgliedern** eines Kreditinstitutes stellt sich in der Praxis regelmäßig das Problem, dass beide Seiten (sofern es sich nicht um ein streitiges Szenario mit Gerichtsverfahren handelt) typischerweise das Interesse an endgültiger Regelung aller Themen und **kalkulierbarer Abwicklung aller an das Vorstandsmitglied zu leistender Zahlungen** haben, diesem Anliegen aber insbesondere das Rückstellungserfordernis gem Z 12 der Anlage zu § 39b BWG entgegenzustehen scheint. Besteht nämlich grundsätzlich (unter dem Vorbehalt des oben erörterten Proportionalitätsgrundsatzes) die Verpflichtung, die Bonifikation auf mindestens fünf Jahre zu strecken, wobei die jährlichen „Raten" keine solchen sind, sondern ebenfalls durch Erfüllung bestimmter Kriterien verdient werden müssen, dann darf dieses Geld eben nicht auf einmal ausbezahlt werden.

Dennoch sind **Vertragsgestaltungen mE zulässig, mit denen ausständige Bonifikationen – und zwar nicht nur solche, die ihren Ursprung im laufenden Geschäftsjahr haben, sondern auch Restzahlungen aus vergangenen Jahren – bei Ausscheiden des Vorstandsmitgliedes in einer Einmalzahlung erledigt werden**.

Dafür sprechen zumindest zwei Erwägungen: Erstens ist es dem Aufsichtsrat nicht untersagt, bei aufrechtem Vertrag durch Vereinbarung mit dem Vorstandsmitglied variable Vergütungen in feste umzuwandeln. Derartiges können Aufsichtsrat und betroffenes Vorstandsmitglied unabhängig von einem Trennungsszenario zB als Ausdruck einer geänderten Vergütungspolitik vereinbaren, deren wesentlicher Inhalt es zB ist, deutlich stärker auf Festbezüge abzustellen und Bonifikationen in den Hintergrund zu drängen. Es besteht kein Grund, Derartiges nicht auch ad hoc aus Anlass einer vorzeitigen Trennung von einem Vorstandsmitglied zuzulassen, um klar abschätzen zu können, wie hoch die finanzielle Belastung der Gesellschaft ist und welchen Anspruch das ausscheidende Vorstandsmitglied hat. Zweitens spricht für die Zulässigkeit einer solchen Vorgangsweise der Umstand, dass ein ausscheidendes Vorstandsmitglied (dies gilt für alle anderen unter § 39b BWG fallenden Mitarbeitergruppen in gleicher Weise) in seinem Risikoverhalten nicht mehr durch Vergütungsanreize welcher Art auch immer beeinflusst werden kann. Es fallen daher jene Erwägungen weg, die für die Entstehung der komplizierten Bonifikationsregelungen in Kreditinstituten ausschlaggebend waren.

Ein wesentlicher Bestandteil der Regelungen für erfolgsbezogene Vergütungen in Kreditinstituten ist der in Z 11 der Anlage niedergelegte Grundsatz, dass die **Vergütung nicht zur Gänze in bar ausbezahlt werden darf.** Z 11 der Anlage zufolge muss ein erheblicher, mindestens 50 % der variablen Vergütungskomponenten betragender Anteil aus einem angemessenen Verhältnis von **unbaren Instrumenten** bestehen, nämlich Aktien, gleichwertigen Beteiligungen in Abhängigkeit von der Rechtsform des betroffenen Kreditinstitutes mit Anteilen verknüpften Instrumenten oder gleichwertigen unbaren Zahlungsinstrumenten bei nicht börsenotierten Kreditinstituten, sofern die genannten Instrumente ausgegeben wurden und diese verbrieft und handelbar sind. Ebenso kommen in Betracht Kapitalinstrumente, die den Kriterien des Art 52 oder 63 der Verordnung (EU) Nr 575/2013 entsprechen oder andere Instrumente, die vollständig in Kapitalinstrumente gem Art 52 der Verordnung (EU) Nr 575/2013 umgewandelt oder wertmäßig abgeschrieben werden können und die Bonität des Kreditinstitutes hinreichend widerspiegeln sowie als variable Vergütungsinstrumente geeignet sind.[901]

Naturgemäß stößt die Anwendung dieser Regel bei nicht börsenotierten Kreditinstituten auf Probleme. Diese hat auch die FMA frühzeitig erkannt. Es besteht kein Zwang des Kreditinstitutes, den von § 39b BWG erfassten Mitarbeitern eine „Beteiligung an sich selbst" einzuräumen.[902]
Nach zutreffender Ansicht der FMA **steht die Anwendung der Z 11** *„unter dem Vorbehalt, dass solche Instrumente ausgegeben wurden und dass diese verbrieft und handelbar sind. Nach den Bestimmungen des BWG müssen Kreditinstitute daher nicht eigens Instrumente ausgeben, um die Ziffer 11 anzuwenden. Dies gilt sowohl für nicht komplexe als auch für komplexe Institute."*[903]
Darüber hinaus ist der Grundsatz der Z 11 der Anlage zu § 39b BWG ein spezieller Vergütungsgrundsatz, also nur auf dem § 39b BWG unterliegende Mitarbeiter und außerdem unter Anwendung des Proportionalitätsgrundsatzes anzuwenden. Bei sehr geringem Risiko kann es zur vollständigen Nichtanwendbarkeit (Neutralisierung) der Z 11 kommen, wobei dies transparent, nachvollziehbar und fundiert zu begründen ist.[904]

Die in Z 11 der Anlage grundsätzlich vorgeschriebenen unbaren Vergütungsinstrumente unterliegen einer geeigneten „Zurückstellungspolitik", die darauf ab-

---

[901] G. Schima, GesRZ 2011, 265 (280); Marhold/Osmanovic, ASoK 2011, 130 (134 f).
[902] So aber Marhold/Osmanovic, ASoK 2011, 130 (135) knapp nach dem Inkrafttreten der gesetzlichen Regelung und ohne nähere Reflexion.
[903] FMA-Rundschreiben, Stand Dezember 2012, Pkt 55.
[904] FMA-Rundschreiben, Stand Dezember 2012, Pkt 54.

stellt, die Anreize an den längerfristigen Interessen des betreffenden Kreditinstitutes auszurichten. Diese „Rückstellungspolitik" bezieht sich auf die **Normierung von Halte- und Sperrfristen** und ist von der Zurückstellung gemäß Z 12 der Anlage zu § 39b BWG (dazu unten Rz 301 ff) zu unterscheiden. Im Falle der auf fünf Jahre gestreckten Verteilung der Bonusauszahlung gem Z 12 der Anlage ist der Anspruchserwerb grundsätzlich ein (auflösend) bedingter, weil die Vergütung entfallen kann, wenn die mittels der Bonifikation prämierte Leistung sich als nicht nachhaltig erweist oder die Finanz- und Ertragslage des Kreditinstitutes die Auszahlung nicht zulässt. Demgegenüber ist der von Halte- bzw Sperrfristen im Einklang mit Z 11 der Anlage betroffene Mitarbeiter bereits Eigentümer der Vergütungsinstrumente, darf sie aber noch nicht veräußern.[905]

301 Der wohl bedeutsamste und die Praxis variabler Vergütung in Kreditinstituten (aber auch schon darüber hinaus) in den letzten Jahren am meisten beeinflussende Vergütungsgrundsatz ist in Z 12 der Anlage zu § 39b BWG enthalten: danach muss ein mindestens 40 % betragender „*erheblicher Anteil*" **während eines mindestens fünfjährigen Zeitraums zurückgestellt** und ordnungsgemäß auf die Art der Geschäftstätigkeit, ihre Risiken sowie die Beschäftigung der betreffenden Mitarbeiter ausgerichtet werden. Innerhalb dieses fünfjährigen „Zurückstellungszeitraumes" darf die Vergütung nur auf proportionaler Basis (also pro rata temporis) ausbezahlt werden.[906]

Macht die Vergütung einen „*besonders hohen Betrag*" aus, so muss gemäß Z 12 der Anlage die Auszahlung von mindestens 60 % des Betrages zurückgestellt werden.

Weder die Richtlinie noch das österreichische Gesetz definieren den „*besonders hohen Betrag*", und auch in den Gesetzesmaterialien zu § 39b BWG und dessen Anlage befinden sich keinerlei Andeutungen.[907]

Die FMA meint in ihrem Rundschreiben,[908] dass von einem besonders hohen Betrag variabler Vergütung dann auszugehen sei, „*wenn diese 100 % des fixen Jahresgehaltes oder EUR 150.000 brutto übersteigt*".

Die FMA geht also von einer absoluten und einer relativen Grenze aus. Der Gedanke dahinter ist zwar nachvollziehbar, seine Gesetzeskonformität jedoch fragwürdig. In Anbetracht der Entstehungsgeschichte des gesamten Regelwerkes auf europäischer Ebene liegt es nahe, keine relativen (also im Verhältnis zur festen Vergütung definierten) Größen heranzuziehen, sondern nur auf absolute Grö-

---

[905] FMA-Rundschreiben, Stand Dezember 2012, Pkt 59.
[906] Im Einklang mit Z 12 der Anlage steht daher eine Auszahlungsabfolge 20 %/20 %/20 %/20 %/ 20 %. Ebenso gesetzeskonform ist eine Auszahlung nach dem Schema 10 %/10 %/10 %/30 %/ 40 %. Unzulässig wäre hingegen eine Auszahlung in der Abfolge 10 %/20 %/30 %/40 %/0 % und ebenso 10 %/20 %/40 %/20 %/10 %. Die Formulierung in Pkt 63 des FMA-Schreibens, Stand Dezember 2012, wonach „*jedes Jahr höchstens ein Fünftel des zurückgestellten Betrages*" erworben werden darf, ist *so* daher nicht korrekt. Wenn nämlich zB in den ersten drei Jahren entsprechend weniger als jeweils ein Fünftel erworben wird, kann im vierten Jahr der Anspruchserwerb natürlich entsprechend mehr als ein Fünftel betragen (siehe die Zahlenbeispiele).
[907] *Marhold/Osmanovic*, ASoK 2011, 130 (134).
[908] FMA- Rundschreiben, Stand Dezember 2012, Pkt 64.

ßenordnungen abzustellen. Denn es ging und geht letztlich um die Bekämpfung exzessiver Vergütungen (wie sie in Österreich in Wahrheit auch vor der Finanzkrise kaum vorkamen). Es ist nicht recht einzusehen, warum ein Vorstandsmitglied eines Kreditinstitutes, das zB über ein sehr moderates festes Gehalt von nur EUR 100.000 jährlich verfügt, aber eine Bonifikation von EUR 170.000 erhält, diesem erhöhten Rückstellungserfordernis unterworfen sein sollte. EUR 170.000 jährlich ist nicht im entferntesten ein Betrag von jener Größenordnung, die der Gesetzgeber auf europäischer Ebene als exzessive und zu unangemessenem Risikoverhalten verleitende Bonifikationen vor Augen haben konnte.

Der englische Ansatz, die angehobene Rückstellungsgrenze von 60 % bei variablen Vergütungen von mehr als GBP 500.000 eingreifen zu lassen, überzeugt da deutlich mehr. Beträge dieser Größenordnung oder auch von zB EUR 500.000 wären ein deutlich sachnäherer Grenzwert als der von der FMA angenommene. Noch weniger adäquat als der Ansatz der österreichischen FMA ist freilich die in Deutschland vorherrschende Sichtweise, bei Geschäftsleitern sowie Mitarbeitern der nachgelagerten Führungsebene *generell* anzunehmen, dass das Kreditinstitut mindestens 60 % der variablen Vergütung zurückzustellen hat.[909]

Schließlich steht der Anspruchserwerb oder die Auszahlung der variablen Vergütung einschließlich des zurückgestellten Anteiles gem Z 12 der Anlage zu § 39b BWG unter einem weiteren Vorbehalt: gem Z 12 lit a darf nämlich der Anspruchserwerb oder die **Auszahlung der variablen Vergütung einschließlich des zurückgestellten Anteiles nur dann erfolgen, wenn sie angesichts der Finanzlage des Institutes insgesamt tragbar** und nach der Leistung des Kreditinstitutes, der betreffenden Geschäftsabteilung und Person gerechtfertigt ist.

Und weiter heißt es in Z 12 lit a der Anlage: *„Unbeschadet allgemeiner Grundsätze des Zivil- und Arbeitsrechts, wird die gesamte variable Vergütung erheblich beschränkt, wenn es zu einer erheblichen Verschlechterung der Finanz- oder Ertragslage des Kreditinstitutes kommt. Hierbei sind sowohl aktuelle Entgelte als auch verminderte Auszahlungen kürzlich verdienter Beträge einschließlich jener aufgrund von Malus- und Rückforderungsübereinkommen zu berücksichtigen; Malus- oder Rückforderungsübereinkommen können bis zur Höhe des Gesamtbetrages der variablen Vergütungskomponente abgeschlossen werden. Dabei haben die Kreditinstitute genaue Kriterien für die Anwendung der Malus- und Rückforderungsregeln festzusetzen. Diese Kriterien haben insbesondere Situationen zu berücksichtigen, in denen Mitarbeiter an Handlungen, welche zu erheblichen Verlusten geführt haben, teilgenommen haben oder für diese verantwortlich waren, sowie Situationen mit einzubeziehen, in denen Mitarbeiter die einschlägigen fachlichen Eignungs- oder persönlichen Zuverlässigkeitsanforderungen nicht erfüllt haben.“*

Diese „**Auszahlungssperre**" bzw „Vergütungskürzung" bei Verschlechterung der wirtschaftlichen Lage des Kreditinstitutes wirft diverse Rechtsfragen auf.[910]

---

[909] Vgl § 20 Abs 2 Institutvergütungsverordnung; *Marhold/Osmanovic,* ASoK 2011, 130 (134).
[910] Vgl *Marhold/Osmanovic,* ASoK 2011, 130 (135); *Oppitz* in Chini/Oppitz, BWG § 39b Rz 15: *„Eigenwillig formulierte Regelung".*

Unterschieden werden muss mE zwischen der bloßen „Auszahlungssperre" in Z 12 lit a, *erster* Satz der Anlage zu § 39b BWG und der „Vergütungsbeschränkung" gemäß Z 12 lit a, *zweiter* Satz der Anlage.

Im ersten Fall handelt es sich bloß um eine vorübergehende Blockierung der Auszahlung, die nach Besserung der Finanzlage des Institutes wieder aufgehoben wird, im zweiten Fall hingegen um eine *nachhaltige* Verschlechterung der Finanz- oder Ertragslage des Kreditinstitutes, die zu einer tatsächlichen Kürzung der Vergütung führt.

Die FMA blendet diesen auf zwei unterschiedliche Arten von Rechtsfolgen hindeutenden Wortlaut von Z 12 lit a, erster und zweiter Satz der Anlage hingegen aus und geht in ihrem Rundschreiben davon aus, dass dann, wenn eines der Kriterien in Z 12 lit a der Anlage erfüllt ist, die Auszahlung der zurückgestellten Anteile zu „*entfallen*" hat.[911]

Insofern ist es konsequent, wenn die FMA außerdem auf dem Standpunkt steht, dass bei Entfall der Auszahlung zurückgestellter variabler Vergütungen in einem oder mehreren Jahren die Nachzahlung in späteren Jahren, zB nach einer wirtschaftlichen Erholung des Institutes, unzulässig sei.[912] Wenn nämlich der Anspruch entfällt im Sinne von erlischt, kann später kein Anspruch auf Nachzahlung bestehen.

Diese Ansicht überzeugt aber gerade dann nicht, wenn die Auszahlung nur wegen einer (vorübergehend) schlechten wirtschaftlichen Lage des Kreditinstitutes unstatthaft ist. Natürlich darf durch die nachgeholte Auszahlung nicht das Kreditinstitut wieder in eine Lage kommen, in der eine Zahlung nicht gerechtfertigt ist; abgesehen von diesem Fall ist es aber in keiner Weise interessenadäquat und vom Gesetzeswortlaut her nicht verlangt, den endgültigen Entfall vorzusehen, wenn trotz Erfüllung sämtlicher Leistungskomponenten die wirtschaftliche Lage des Kreditinstitutes nur vorübergehend der Auszahlung entgegensteht.

303 Eine wesentliche Frage ist, ob die in Z 12 lit a der Anlage angeordnete Nicht-Auszahlung bzw Beschränkung der Vergütung „selbsttätig" wirkt oder der (anstellungs-)vertraglichen Verankerung eines Gestaltungsrechtes bedarf.[913]

---

[911] FMA- Rundschreiben, Stand Dezember 2012, Pkt 66.
[912] FMA- Rundschreiben, Stand Dezember 2012, Pkt 67 unter Verweis auf Rz 36 der Guidelines on Remuneration.
[913] Ersteres scheinen *Marhold/Osmanovic* (ASoK 2011, 130 [135]) anzunehmen, wenn sie meinen die Bestimmung deute darauf hin, „*dass sogar aufgrund des wirtschaftlichen Unvermögens des Kreditinstituts dieses durch einseitige Erklärung sogar auch aufgrund der Erfüllung sämtlicher Parameter und Voraussetzungen verdienten Anspruch eines Mitarbeiters beseitigen könnte.*" Weiter heißt es freilich bei den genannten Autoren: „*Diese Vorgehensweise würde in Widerspruch zur geltenden Rechtsprechung stehen, weshalb entsprechende Vereinbarungen im Hinblick auf die schlechte wirtschaftliche Lage schon im Vorfeld mit den Mitarbeitern zu schließen wären, um so dieser Bestimmung besser entsprechen zu können.*"; Vgl auch *Oppitz* in Chini/Oppitz, BWG § 39b Rz 15, der die Formulierung „*unbeschadet allgemeiner Grundsätze des Zivil- und Arbeitsrechts*" mE aber missversteht als „***Ausblendung** allgemeiner Grundsätze des Zivil- und Arbeitsrechts*", was jedoch schon semantisch nicht zutrifft und der Gesetzgeber offenkundig gerade nicht gemeint hat.

An der gesetzlichen Formulierung in Z 12 lit a der Anlage zeigt sich deutlich, dass deren erster und zweiter Satz auch in den Rechtsfolgen Unterschiedliches meinen und die oben geschilderte Auffassung der FMA nicht zutreffend ist. Denn die Formulierung *„unbeschadet allgemeiner Grundsätze des Zivil- und Arbeitsrechts"* findet sich eben nur beim *zweiten* Satz, nicht hingegen beim ersten. Dies deutet sehr klar darauf hin, dass der erste Satz von Z 12 lit a der Anlage eine (bloß vorübergehende) Auszahlungssperre ohne endgültigen Anspruchsverlust meint, deren Aktivierung auch keiner vertraglichen Regelung im Vorfeld bedarf, wohingegen die *„erhebliche Beschränkung"* der Vergütung nach dem zweiten Satz von Z 12 lit a der Anlage gerade **nicht ex lege eintritt**, sondern der **anstellungsvertraglichen Verankerung eines** dem Kreditinstitut zukommenden, einseitigen **Gestaltungsrechtes** bedarf,[914] dann aber auch zu einer endgültigen Kürzung des Anspruches führt.

Kreditinstitute sind berechtigt – und wohl auch gut beraten –, zumindest das Kriterium der *„verschlechterten oder negativen Finanz- oder Ertragslage des Kreditinstitutes"* näher (in Kennzahlenform) zu definieren. Freilich ist die tatsächliche Ausübung eines vertraglich eingeräumten Gestaltungsrechtes der gerichtlichen Überprüfung nicht entzogen.

Z 12 lit a der Anlage zu § 39b BWG verpflichtet – entgegen einer in der österreichischen Praxis schon vertretenen Auffassung – das Kreditinstitut nicht dazu, in Bonifikationsvereinbarungen einen Unverbindlichkeitsvorbehalt zu machen.[915]

Grundsätzlich ist es so, dass der OGH zwar in seiner Rechtsprechung zu § 1 Abs 3 Z BPG Unverbindlichkeitsvorbehalte in der Weise anerkannt hat, dass solche einen Rechtsanspruch (in concreto: auf betriebliche Pensionsleistungen) gar nicht entstehen lassen und der Arbeitgeber die Leistung daher grundsätzlich jederzeit und nur an das Willkürverbot gebunden faktisch einstellen kann,[916] doch ist die Verankerung eines solchen Vorbehaltes kein von Z 12 lit a der Anlage vorgeschriebenes Mittel, um den in Z 12 lit a festgelegten Grundsätzen gerecht werden zu können. Denn die vertragliche Verankerung einseitiger Gestaltungsrechte reicht dafür aus, zumal die Ausübung nach „billigem Ermessen" im Sinne der stRsp[917] durch die Vorgaben in Z 12 lit a der Anlage ja konkretisiert wird und bei deren Erfüllung mE jedenfalls der Einwand versagt, die Ausübung sei nicht nach billigem Ermessen erfolgt.

Zum anderen darf nicht vergessen werden, dass die variable Vergütung in Verträgen solcher Mitarbeiter/Geschäftsleiter, die unter § 39b BWG fallen, einen erheblichen Teil der Gesamtvergütung ausmachen kann, weshalb ein – wenngleich vom OGH grundsätzlich anerkannter – Unverbindlichkeitsvorbehalt in einer solchen Situation wohl sittenwidrig wäre.[918]

Die **Rechtsfolge eines Verstoßes** gegen die in § 39b BWG und der Anlage dazu enthaltenen Vergütungsgrundsätze ist zutreffender Ansicht zufolge **nicht die**

---

[914] Vgl *G. Schima,* GesRZ 2011, 265 (281 f).
[915] Vgl *G. Schima,* GesRZ 2011, 265 (281 f).
[916] Vgl OGH 9 ObA 141/93 SZ 66/94; *G. Schima,* Betriebspensionsrecht Rz 16.
[917] Vgl OGH 9 ObA 512/88 DRdA 1990, 111 (*Grillberger*).
[918] Vgl *G. Schima,* GesRZ 2011, 265 (282).

absolute Nichtigkeit der Vereinbarung, sondern das Eingreifen **aufsichtsbehördlicher Sanktionsinstrumente**.[919]

Dafür spricht der europarechtliche Hintergrund der gesetzlichen Regelungen, deren erklärtes Ziel es ist, eine rasche und wirksame Durchsetzung zu gewährleisten, indem die zuständigen Behörden finanzielle oder nicht-finanzielle Sanktionen oder andere Maßnahmen verwenden bzw anwenden dürfen, wenn gegen eine Anforderung der Richtlinie verstoßen wird. Die Sanktionen sollen wirksam, verhältnismäßig oder abschreckend sein.

Wie *Mazal*[920] zutreffend anmerkt, setzt das in den RL zum Ausdruck kommende Konzept im Spannungsfeld zwischen privatautonomer Gestaltung der Vergütungsregelungen spezifischer Mitarbeiter und Organmitglieder von Kreditinstituten einerseits und im öffentlichen Interesse an einer den wirtschaftlichen Gegebenheiten entsprechenden Ausgestaltung dieser Vergütungen andererseits auf ein Zusammenspiel mehrerer Instrumente, nämlich auf Verhaltenspflichten der zuständigen Organe, auf Transparenz und letztlich auf aufsichtsbehördliche Maßnahmen.

Dies alles spricht dafür, nicht § 879 ABGB als Sanktion eingreifen zu lassen, sondern aufsichtsbehördliche Maßnahmen.

Wenn man sich die durch die Vergütungsgrundsätze der Anlage zu § 39b BWG statuierten Eingriffe in die Vertragsgestaltungsfreiheit vergegenwärtigt, verstärkt sich dieser Befund. Der Kerninhalt der Regelungen betrifft die Statuierung unbarer Vergütungsinstrumente und die Zurückstellung von Vergütungsteilen über einen mindestens fünfjährigen Zeitraum, innerhalb dessen proportional verteilt ausbezahlt werden kann. Diese Beschränkungen richten sich nicht per se gegen die Höhe der Vergütung; die Nichtigkeitssanktion wäre in so einem Fall inadäquat und überschießend und würde zu einem völligen Entfall der variablen Vergütung führen.

Vor diesem Hintergrund kann man allenfalls fragen, ob die prozentmäßige Begrenzung der variablen Vergütung mit grundsätzlich 100 % und bei qualifizierter Aktionärszustimmung 200 % des Festbezuges in Z 8a und 8b der Anlage zu § 39b BWG diesbezüglich anders zu behandeln ist. Bei einem Überschreiten des „Cap" wäre das Eintreten von Teilnichtigkeit der variablen Vergütung im übersteigenden Teil technisch einfach zu bewerkstelligen und mit dem Regelungszweck auch leichter argumentierbar.

f) Fringe benefits

305 Neben den monetären Vergütungsbestandteilen bieten Gesellschaften ihren Vorstandsmitgliedern häufig diverse Sachbezüge und sonstige Nebenleistungen an, wie zB einen privat nutzbaren Dienstwagen, eine Dienstwohnung, Zuschüsse zu Versicherungen, Vergünstigungen beim Bezug von Waren oder Dienstleistun-

---

[919] Überzeugend *Mazal*, Variable Entgeltgestaltung – individualarbeitsrechtliche Analyse, in *Brodil*, Entgeltliches im Arbeitsrecht, Rechtsprobleme von Entgeltgestaltung und -abwicklung, Wiener Oktobergespräche 2011 (2013), 1 (16 ff).
[920] *Mazal* in *Brodil*, Entgeltliches im Arbeitsrecht (2013), 1 (17).

gen etc. Aus Sicht des Aufsichtsrates bzw der Gesellschaft empfiehlt es sich, die diversen Leistungen genau vertraglich zu regeln, insbesondere im Hinblick auf die Beendigung der Vorstandtätigkeit oder die Widerruflichkeit.[921] Der Aufsichtsrat hat außerdem zu beachten, dass „Nebenleistungen jeder Art"[922] dem Angemessenheitsgebot des § 78 Abs 1 AktG unterliegen. Die Angemessenheit bezieht sich zwar auf die Gesamtvergütung, sodass einzelne Bestandteile im Hinblick auf die gesetzlich angeführten Parameter (Aufgaben & Leistungen des Vorstandsmitglieds, Lage der Gesellschaft und Üblichkeit der Vergütung) unangemessen sein dürfen. Insgesamt muss aber die Angemessenheit der Gesamtbezüge gewährleistet sein. Um ein übertriebenes Beispiel zu geben: Ein Vorstandsmitglied, dem die Gesellschaft fünf „Dienstwägen" mit Chauffeur zur Verfügung stellt, die auch die Familienmitglieder uneingeschränkt privat nützen dürfen, darf nicht zusätzlich ein enorm hohes Entgelt beziehen.[923]

Vorstandsmitglieder etwas größerer Unternehmen haben regelmäßig einen auch privat nutzbaren Dienstwagen. Dessen genauerer Umschreibung im Vertrag widmen manche Manager mehr Aufmerksamkeit als der Gestaltung Ihrer Beendigungsansprüche – ein manchmal verhängnisvoller Fehler. Dass das Vorstandsmitglied jene Lohnsteuer trägt, die sich aus dem für die Privatnutzung anzusetzenden Sachbezugswert[924] ergibt, versteht sich von selbst, wird aber in den Verträgen meist ausdrücklich festgehalten. Im Übrigen lassen sich auch Dienstwagen-Regelungen zelebrieren und inhaltlich auf jede Eventualität wie genaue Definition der von der Gesellschaft zu übernehmenden Kosten (wichtiger) und präzises Verhalten im Schadensfall (weniger wichtig) ausdehnen. Nicht schaden kann es aus der Sicht des Vorstandsmitgliedes, klarzustellen, dass auch der Ehe- oder Lebenspartner das Fahrzeug privat nutzen darf. Dies regeln die Verträge typischerweise nicht. Um spätere Auseinandersetzungen zu vermeiden, sollte jedenfalls geregelt werden, unter welchen Bedingungen die Gesellschaft dem Vorstandsmitglied das Fahrzeug entziehen kann (etwa bei Dienstfreistellung).[925] Ein Ankaufsrecht des Managers bei Ausscheiden des Vorstandsmitglieds ist ebenfalls ein häufiger Bestandteil von Vorstandsanstellungsverträgen – dies wird aber häufig auch in einer Auflösungsvereinbarung zur Beendigung des Dienstvertrages mit dem Vorstandsmitglied vereinbart. Wegen der niedrigen vertraglichen Begrenzung des steuerlichen Sach-

---

[921] *Runggaldier/G. Schima*, Manager-Dienstverträge⁴ 81.
[922] Die aufgezählten Leistungen zählen zu den Nebenleistungen iSd Gesetzes, vgl *Kort* in GroßKommAktG⁵ § 87 Rz 44 ff; *Ch. Nowotny* in Doralt/Nowotny/Kalss, AktG² § 78 Rz 5.
[923] Vgl dazu ausführlich *Kalss*, Die Vergütung der Vorstandsmitglieder der Aktiengesellschaft, in FS Reich-Rohrwig (2014) 253 (257).
[924] Vgl die Novelle der Sachbezugswerteverordnung (BGBl II 2015/243), die mit Wirksamkeit ab 1.1.2016 eine Erhöhung der bisherigen Sachbezugswerte von 1,5 % auf 2 % der tatsächlichen Anschaffungskosten, dh maximal EUR 960 vorsieht, und außerdem Vergünstigungen für Fahrzeuge mit niedrigem CO_2-Ausstoß bzw einen Sachbezugswert von Null für Fahrzeuge ohne CO_2-Emissionen, dh Elektrofahrzeuge. Vgl dazu überblicksartig Sachbezugsverordnung – Kfz-Sachbezug, BBi 2015 H 10, 4.
[925] Ist im Vertrag dazu nichts geregelt, trifft die Gesellschaft uU die Verpflichtung, dem Vorstandsmitglied bei Entzug des Dienstwagens während der Dienstfreistellung den Entgang der Privatnutzung zu ersetzen (vgl *Runggaldier/G. Schima*, Manager-Dienstverträge⁴ 82).

bezugswertes mit monatlich EUR 960,–, EUR 720,[926]– bzw bei emissionslosen Autos sogar EUR 0,– sind Dienstwagenklauseln steuerlich ebenso interessant wie die Zurverfügungstellung von Dienstwohnungen.

307 Die Gesellschaft hat bei Dienstwohnungen darauf zu achten, dass kein Schutz nach dem MRG begründet wird, was bei entsprechender Vertragsgestaltung aber nicht schwierig ist.[927] Der Dienstvertrag muss Vertragsgrundlage des Mietvertrages sein, was nicht unbedingt bedeutet, dass das Vorstandsmitglied bei Beendigung des Dienstverhältnisses die Wohnung räumen muss.[928] Seltener und durch die BAWAG-Affäre ins Gerede gekommen ist die Einräumung von Kaufoptionen[929] im Zusammenhang mit Dienstwohnungen. Ergibt sich aufgrund der Festlegung von für das Vorstandsmitglied besonders günstigen Konditionen ein Vermögensvorteil in Höhe der Differenz zwischen Verkehrswert und Kaufpreis, liegt ein lohnsteuerpflichtiger Vorteil aus dem Dienstverhältnis vor;[930] erfolgt die Veräußerung an Familienangehörige, ist ein lohnsteuerpflichtiger Bezug mE nur dann denkbar, wenn dadurch das (Ex-)Vorstandsmitglied von einer (Unterhalts-)Verpflichtung entlastet wurde.

308 Üblicher Standard in Vorstandsverträgen sind private Kranken-, Unfall- und Lebensversicherungen, wobei das Vorstandsmitglied idR berechtigt wird, den oder die Begünstigten für den Todesfall zu bestimmen. Dies ist nicht unbedeutend, weil Lebensversicherungsverträge, denen zufolge im Ablebensfalle die Versicherungssumme an eine bestimmte Person (Begünstigter) ausgezahlt werden soll, nach überwiegender Ansicht nicht in den Nachlass fallen.[931]

g) Vertragliche Abfertigung und BMSVG

309 Vorstandsmitglieder unterlagen mangels Arbeitnehmereigenschaft nicht dem System der „Abfertigung alt" des § 23 AngG. Für Arbeits-Verträge, die nach dem 31.12.2002 abgeschlossen wurden, gilt das neue Abfertigungsregime des BMSVG (Betriebliches Mitarbeiter- und Selbständigenvorsorge Gesetz), in das auch Vorstandsmitglieder und freie Dienstnehmer seit 1.1.2008 einbezogen werden (§ 1 Abs 1a BMSVG). Spannend bzw (steuer-)rechtlich anspruchsvoll können Fragen im Zusammenhang mit alten Verträgen sein, oder mit Abfertigungsansprüchen

---

[926] Diese Beträge liegen weit unter jenen monatlichen Kosten, die für die Anschaffung bzw das Leasing inklusive Versicherung und Unterhaltung selbst eines Mittelklasse-PkW à la Audi A4, 3er-BMW oder C-Klasse Mercedes anfallen.
[927] Dazu genauer *Runggaldier/G. Schima*, Manager-Dienstverträge⁴ 84 ff.
[928] *Prader*, MRG$^{4.09}$ § 1 E 180, E 193/1.
[929] Bei Dienstfahrzeugen kommt sie dagegen immer wieder vor, weil Vorstandsmitglieder sich – vor allem für den Fall des Eintritts in den Ruhestand – gerne das Recht einräumen lassen, das Auto, an das sie gewöhnt sind, zu definierten Konditionen bei Ausscheiden käuflich erwerben zu können.
[930] Vorstandsmitglieder einer AG werden – obwohl im arbeitsrechtlichen Sinne keine Arbeitnehmer – steuerlich als Dienstnehmer behandelt, sofern sie die Beteiligungsgrenze des § 22 Z 2 EStG (25 %) nicht überschreiten. Im Detail *Runggaldier/G. Schima*, Manager-Dienstverträge⁴ 73 ff.
[931] Vgl §§ 166 Abs 2, 167 Abs 2 Satz 2 VersG; *Welser* in Rummel/Lukas, ABGB⁴ § 531 Rz 11 ; *Zankl*, Lebensversicherung und Nachlaß, NZ 1985, 82 f; OGH 25.6.1986, 1 Ob 555/86, JBl 1987, 46 (48); RIS-Justiz RS0007845, zuletzt in OGH 23.04.2015, 1 Ob 61/15z.

von ehemaligen Arbeitnehmern, die bei der Bestellung zu Vorstandsmitgliedern nicht ausbezahlt wurden.

Bei Vorstandsmitgliedern, die aufgrund eines vor dem 1. Jänner 2003 geschlossenen und daher noch nicht unter die Geltung des BMSVG fallenden Arbeitsvertrages Arbeitnehmer der Gesellschaft geworden und später zum Vorstandsmitglied bestellt worden sind, gilt weiterhin Folgendes: Die in der Praxis übliche Durchrechnung der Abfertigung, also das Unterbleiben einer Auszahlung samt Berücksichtigung der Vorstandszeiten (und der damit idR einhergehenden Entgelterhöhung) ist möglich und mit § 40 AngG vereinbar, weil sie für den Betroffenen günstiger ist als die Auszahlung der Abfertigung bei Bestellung zum Vorstandsmitglied.[932] Wurde der Arbeitsvertrag des später zum Vorstandsmitglied Bestellten dagegen nach dem 31. Dezember 2002 geschlossen, ist eine solche Regelung klarerweise hinfällig.

310

In solchen Fällen stellt sich daher besonders die Frage, ob es im Vorstandsvertrag eine Abfertigungsregelung geben soll und bejahendenfalls welche. In der Praxis ist es nach wie vor üblich, Abfertigungen nach dem Vorbild des alten § 23 AngG in den Vorstandsverträgen zu verankern; es gibt aber sehr wohl auch Vorstandsverträge ohne Abfertigungsregelung.

Die Vertragspartner sind – wie schon vor der Änderung des gesetzlichen Abfertigungsrechtes für Arbeitnehmer – nicht an die inhaltlichen Vorgaben des § 23 AngG gebunden. Die Abfertigung kann daher ohne weiteres zB als Vielfaches nur des monatlichen *Fest*bezuges ohne Einbeziehung von Tantiemen definiert werden, was bei Arbeitnehmern unter der Geltung von § 23 AngG unzulässig wäre. Bei der Regelung jener Beendigungsgründe, bei deren Vorliegen die Abfertigung nicht gebühren soll, sollte vor allem dem Fall der Beendigung des Vorstandsvertrages durch Fristablauf, dh plangemäße Beendigung der Mandatsperiode, Beachtung geschenkt werden. Gesellschaften wollen manchmal nicht, dass die Abfertigung auch dann zusteht, wenn dem Vorstandsmitglied eine Wiederbestellung zu mindestens gleich guten (finanziellen) Konditionen angeboten worden ist, das Vorstandsmitglied jedoch abgelehnt hat. Zustehen sollte die Abfertigung aber jedenfalls dann, wenn das Vorstandsmitglied zur Verlängerung bereit war, ihm diese jedoch ohne sein Verschulden vom Aufsichtsrat verweigert wird. Denn der erste Fall kommt wirtschaftlich einer Dienstnehmerkündigung, der zweite aber einer Dienstgeberkündigung gleich.

Freilich lässt sich einwenden, dass es eine nicht unbeträchtliche Einschränkung der Entscheidungsfreiheit von Vorstandsmitgliedern bedeuten kann und uU auch nicht im Interesse der Gesellschaft gelegen ist, wenn der sonst drohende Verfall einer vielleicht beträchtlichen Abfertigung darüber entscheidet, ob ein

---

[932] OGH 10.05.1989, 9 ObS 6/89 ZAS 1989, 205 (*G. Schima*) = GesRZ 1989, 221 = wbl 1989, 377; ausführlich *G. Schima*, Abfertigungsregelungen in Vorstandsverträgen, in *Runggaldier*, Abfertigungsrecht (1991) 409 ff; Für die Sicherung von Abfertigungsansprüchen von Arbeitnehmern, die später zu Organmitgliedern bestellt wurden, durch das Insolvenzausfallsgeld wird hingegen die zuletzt als Arbeitnehmer bezogene Entgelthöhe eingefroren und werden nur Zeiten berücksichtigt, in denen die Person nicht Organmitglied war (OGH 22.02.2007, 8 ObS 6/07a Arb 12.664 = ARD 5793/4/2007.

Vorstandsmitglied der Gesellschaft für eine weitere mehrjährige Periode zur Verfügung stehen möchte. Als Kompromiss zur adäquaten Lösung dieses Problems bietet sich an, den Verfall der Abfertigung bei Ablehnung einer vom Aufsichtsrat angebotenen Wiederbestellung zu gleich guten Konditionen nur dann eintreten zu lassen, wenn im Zeitpunkt des Ablaufs der Mandatsperiode das Vorstandsmitglied noch nicht eine bestimmte Mindestdauer (zB fünf oder zehn Jahre) absolviert oder die zu Ende gehende Mandatsperiode gemeinsam mit der vom Aufsichtsrat angebotenen eine bestimmte Höchstdauer nicht überschreitet und wenn außerdem das Verlängerungsangebot vom Aufsichtsrat nicht spätestens zB sechs Monate vor Ablauf der Mandatsperiode gemacht wurde.[933]

311 Vorstandsmitglieder[934] wurden mit Wirkung vom 1. Jänner 2008 – entgegen dem ursprünglichen, in die Begutachtung geschickten Entwurf[935] – ausdrücklich in den Geltungsbereich des BMSVG einbezogen.[936] Für Vorstandsmitglieder gilt nur der 1. und 2. Teil, sowie § 48 des BMSVG (Teil 1: Mitarbeitervorsorge [*„Beitragsrecht" „Auswahl der BV-Kasse" „Leistungsrecht"*] sowie Teil 2: [*„Betriebliches Vorsorgekassenrecht"* und die *„Unabdingbarkeitsklausel"* des § 48 BMSVG]). Grundsätzlich ist jedoch seit dem Inkrafttreten des BMSVG für Vorstandsmitglieder der BMSVG-Betrag an die Krankenkassen abzuführen.

Für die dem BMSVG nunmehr unterliegenden Dienstverhältnisse müssen Dienstgeber gemäß § 6 BMSVG (insofern kam es zu keiner Änderung der gesetzlichen Rechtslage) einen laufenden Beitrag in Höhe von 1,53 % des sozialversicherungspflichtigen Entgelts (§ 49 ASVG; Bruttomonatsgehalt)[937] zahlen, mit dem die Abfertigungszahlung finanziert wird. Nur Beiträge in diesem Ausmaß sind steuer- und sozialversicherungsfrei.[938] Die Höhe der Beiträge richtet sich gemäß § 6 Abs 5 BMSVG nach § 49 ASVG. Berechnungsgrundlage sind daher *alle* sozialversicherungspflichtigen Bezüge *unter Außerachtlassung der* Geringfügigkeitsgrenze und der *Höchstbeitragsgrundlage*.[939] Gerade für Arbeitnehmer mit Bezü-

---

[933] Vgl die Klausel in Pkt XI Abs 2 des Vorstands-Mustervertrages bei *Runggaldier/G. Schima,* Manager-Dienstverträge⁴ 241.
[934] Konkret sind in § 4 Abs 1 Z 6 ASVG genannt Vorstandsmitglieder (Geschäftsleiter) von Aktiengesellschaften, Sparkassen, Landes-Hypothekenbanken, sowie Versicherungsvereinen auf Gegenseitigkeit und hauptberufliche Vorstandsmitglieder (Geschäftsleiter) von Kreditgenossenschaften.
[935] In der in die Begutachtung geschickten Regierungsvorlage wurden Vorstandsmitglieder noch nicht in den Geltungsbereich des BMSVG einbezogen; vielmehr stellte der Gesetzgeber in seinem Erstentwurf auf das Vorliegen einer Versicherung gemäß § 4 Abs 4 ASVG ab, die für Vorstandsmitglieder eben *nicht* gilt. Auf Grund der Stellungnahme der Wirtschaftskammer Österreich vom 17. Oktober 2007, die die fehlende Einbeziehung der Vorstandsmitglieder unter das BMSVG monierte, wurde die Regierungsvorlage entsprechend ergänzt.
[936] Dazu ausführlich *G. Schima/Eichmeyer,* Einbeziehung von Vorstandsmitgliedern in das System der Abfertigung neu, RdW 2008, 154.
[937] Zum sozialversicherungsrechtlichen Entgeltbegriff vgl VwGH 22.10.1991, 90/08/0189; VwGH ÖJZ 1973, 193.
[938] *Schindler,* Ansprüche bei Beendigung des Arbeitsverhältnisses, in Mazal/Risak, Das Arbeitsrecht, Kap XX Rz 93 und 94.
[939] Bereits während des Begutachtungsverfahrens wurden Stimmen laut, dass diese Regelung die Dienstgeber bzw Vertragspartner von unselbständig Beschäftigten sowie nach den Bestimmungen des ASVG Versicherten gegenüber den GSVG-Versicherten in einer verfas-

gen über der Höchstbeitragsgrundlage (zu diesen werden Vorstandsmitglieder so gut wie immer zählen), müssen die gesamten Bezüge danach geprüft werden, ob sie Entgelt iSd § 49 ASVG sind (oder nicht, wie zB Aufwandsentschädigungen). § 49 Abs 1 ASVG erfasst alle Geld- und Sachbezüge im Zusammenhang mit dem beitragspflichtigen Dienstverhältnis.

Die Beiträge sind vom Arbeitgeber an den zuständigen Krankenversicherungsträger abzuführen, der diese an die Betriebliche Vorsorgekasse (BV-Kasse) weiterleitet. Die Abfuhr und die korrekte Höhe der Beiträge werden im Wege der Sozialversicherungsprüfung kontrolliert.

[940] § 73 BMSVG (neu) sieht vor, dass *„die §§ 1 samt Überschrift ... mit 1. Jänner 2008 in Kraft treten"*. Es handelt sich dabei grundsätzlich um eine Stichtagslösung, dh mit Wirkung vom 1. Jänner 2008 wurden auch die schon bestehenden Verträge und nicht nur ab diesem Zeitpunkt abgeschlossene Verträge (Neuverträge) einbezogen. Die erläuternden Bemerkungen fassen die Regelungen betreffend das Inkrafttreten wie folgt zusammen:

„Das BMSVG findet ab dem 1. Jänner 2008 auf alle, dh. auch auf zu diesem Zeitpunkt bestehende freie Dienstverhältnisse Anwendung. Mit dem Zeitpunkt der Geltung des BMSVG sind Beiträge nach Maßgabe des § 6 BMSVG zu leisten. Für zum Zeitpunkt des Inkrafttretens aufrechte freie Dienstverhältnisse besteht ab diesem Zeitpunkt eine Verpflichtung des Dienstgebers zur Beitragsleistung (unter Außerachtlassung des ersten beitragsfreien Monates nach § 6 Abs 1 BMSVG)."

Im gegebenen Zusammenhang sind folgende Übergangsbestimmungen (§ 73 Abs 7 BMSVG) von Bedeutung:
- Für die am 31. Dezember 2007 bestehenden freien Dienstverhältnisse von Personen iSd § 1 Abs 1a BMVG findet § 6 Abs 1 2. Satz BMSVG keine Anwendung. Das bedeutet, dass der erste Beitragsmonat (das wäre an sich der Jänner 2008) *nicht* beitragsfrei ist. Diese Regelung ist konsistent, hat doch die Beitragsfreiheit den Zweck, dem Umstand Rechnung zu tragen, dass üblicherweise ein Probemonat vereinbart wird.
- Die am 31. Dezember 2007 bestehenden freien Dienstverhältnisse sind dann nach wie vor vom Geltungsbereich des BMSVG ausgenommen (dh § 1 Abs 1a BMSVG findet auf zum 31. Dezember 2007 bereits bestehende freie Dienstverhältnisse keine Anwendung), wenn zwischen dem Dienstgeber und freien Dienstnehmer *vertragliche Abfertigungsansprüche* festgelegt wurden (§ 73

---

sungswidrigen Weise benachteilige. Denn während das BMSVG, wie gesagt, die Höchstbeitragsgrundlage des ASVG nicht berücksichtigt (§ 6 Abs 5 BMSVG), verweist § 52 Abs 3 BMSVG für die Beitragsgrundlage der GSVG-Versicherten auf die §§ 25, 26 sowie 35b GSVG und schließt somit die Höchstbeitragsgrundlage (§ 25 Abs 5 GSVG) mit ein. Dadurch werden in der Folge die nach den Bestimmungen des ASVG versicherten Dienstnehmer höhere Leistungen aus der BMSVG-Pensionskasse als die GSVG-Versicherten erhalten; eine sachliche Rechtfertigung dieser Differenzierung läßt sich hierfür mE nicht ins Treffen führen.

[940] Die folgenden Ausführungen über die Auslegung der Übergangsbestimmungen des § 73 BMSVG sind übernommen aus dem Aufsatz von *G. Schima/Eichmeyer*, Einbeziehung von Vorstandsmitgliedern in das System der Abfertigung neu, RdW 2008, 154.

Abs 7 BMSVG).⁹⁴¹ Mit anderen Worten: Vorstandsmitglieder, die am 31. Dezember 2007 in einem aufrechten freien Dienstverhältnis standen, und deren Anstellungsvertrag eine freiwillige Abfertigungsregelung enthält, bleiben weiterhin vom BMSVG ausgenommen und haben nach wie vor (nur) Anspruch auf die ihnen vertraglich zugesagte freiwillige Abfertigung. Diese Regelung korrespondiert mit den Bestimmungen des § 46 Abs 1 BMVG (alt), wonach das BMVG (alt) für jene Dienstverhältnisse *nicht* gilt, die der „Abfertigung alt", also den Bestimmungen des §§ 23 ff AngG unterliegen.⁹⁴² Da jedoch Vorstandsmitglieder (und freie Dienstnehmer generell) den gesetzlichen Abfertigungsvorschriften bis dato nicht unterlagen, ersetzt der Verweis auf „*ver-*

---

⁹⁴¹ Der genaue Wortlaut der Regelung lautet wie folgt:
„[…] § 1 Abs 1a findet auf zum 31. Dezember 2007 bestehende freie Dienstverhältnisse mit vertraglich festgelegten Abfertigungsansprüchen sowie auf unmittelbar nachfolgende mit demselben Dienstgeber oder einem Dienstgeber im Konzern (§ 46 Abs 3 Z 2) abgeschlossene freie Dienstverhältnisse mit solchen Abfertigungsansprüchen keine Anwendung."

⁹⁴² Dem auf der Homepage des Finanzministeriums veröffentlichten (und im Bericht des Ausschusses für Arbeit und Soziales vom 27. November 2007 berücksichtigten) Abänderungsantrag zur Regierungsvorlage betreffend das BMSVG ist zu der soeben erwähnten Ausnahmebestimmung folgende (steuerliche) Begründung zu entnehmen:
„Die noch in der Regierungsvorlage vorgesehene Einbeziehung der freien Dienstnehmer/innen in das BMSVG mittels einer Stichtagsregelung hätte für zum Zeitpunkt des In-Kraft-Tretens der Novelle zum BMVG bestehende freie Dienstverhältnisse mit vertraglich vereinbarten Abfertigungsansprüchen zur Folge gehabt, dass die daraus zustehenden freiwilligen Abfertigungen entsprechend § 67 Abs. 6 EStG nur noch anteilig für Zeiträume vor dem 1. Jänner 2008 mit 6 % besteuert würden. Nach dieser Bestimmung gilt der Steuersatz von 6 % nur für jene Zeiträume, für die keine Anwartschaften gegenüber einer BV-Kasse bestehen. Besteht eine Anwartschaft gegenüber einer BV-Kasse, ist die freiwillige Abfertigung mit dem vollen Steuersatz zu versteuern. Um in diese steuerrechtliche Behandlung von freiwilligen Abfertigungen von freien Dienstnehmern/innen nicht durch die vorgesehene Einbeziehung dieser Personengruppe mittels einer Stichtagsregelung unbeabsichtigt einzugreifen, sollen freie Dienstnehmer/innen mit vertraglich festgelegten Abfertigungen im wesentlichen nach dem Vorbild der für Arbeitnehmer/innen geltenden Übergangsregelungen in das BMSVG einbezogen werden. Dies bedeutet, dass derartige freie Dienstverhältnisse, die zum 31. Dezember 2007 bestehen, nicht dem BMSVG unterliegen. Weiters sollen freie Dienstverhältnisse mit Abfertigungsregelungen, die unmittelbar nach einem oder in zeitlicher Nähe zu einem zum 31. Dezember 2007 bestehenden freien Dienstverhältnis mit Abfertigungsregelungen mit demselben/derselben Dienstgeber/in abgeschlossen werden, nicht dem BMSVG unterliegen. Zeitliches Naheverhältnis bedeutet, dass der neue freie Dienstvertrag ohne zeitliche Unterbrechung an den bisherigen freien Dienstvertrag anschließt; ein solches zeitliches Naheverhältnis liegt aber auch dann vor, wenn zwischen den beiden freien Dienstverträgen eine zeitliche Unterbrechung liegt, aber schon im Zusammenhang mit der Beendigung des vorangehenden freien Dienstvertrages die bisherigen Vertragspartner/innen davon ausgehen, dass ein freier Dienstvertrag entweder mit demselben/derselben Dienstgeber/in oder mit einem/einer anderen Dienstgeber/in innerhalb des Konzerns abgeschlossen wird. Wird allerdings ein solches freies Dienstverhältnis mit einem/einer anderen Dienstgeber/in (ausgenommen ein/e andere/r Dienstgeber/in im Konzern des/der bisherigen Dienstgebers/in) abgeschlossen, findet die Übergangsregelung keine Anwendung mehr. Wird nach diesem freien Dienstverhältnis zu einem/einer anderen Dienstgeber/in anschließend neuerlich ein freies Dienstverhältnis mit einer Abfertigungsregelung zu dem/der Dienstgeber/in abgeschlossen, der/die Dienstgeber/in im Rahmen des zum 31. Dezember 2007 bestehenden freien Dienstverhältnisses war, findet das BMSVG Anwendung."

traglich festgelegte Abfertigungsansprüche" die Bezugnahme auf die „Abfertigung alt" des AngG.

Offen bzw nicht geregelt ist im Zusammenhang mit den vorstehend zitierten Übergangsbestimmungen, ob es für das *„Bestehen"* eines Dienstverhältnisses zum 31. Dezember 2007 iSd § 73 Abs 7 BMSVG auf den *Vertragsabschluss*, oder aber auf den *vertraglich festgelegten Arbeitsbeginn* ankommt. Ein Blick auf die Parallelbestimmung des § 46 Abs 1 BMVG (alt) hilft insofern nicht weiter, als diese Bestimmung anders, nämlich klarer formuliert ist (*„Dieses Bundesgesetz tritt mit 1. Juli 2002 in Kraft und ist auf Arbeitsverhältnisse anzuwenden, deren vertraglich vereinbarter Beginn nach dem 31. Dezember 2002 liegt"*). Die Formulierung *„zum 31. Dezember 2007 bestehende freie Dienstverhältnisse"* wäre, würde man davon ausgehen, der Gesetzgeber habe – wenn auch mit einem anderen Wortlaut – eine inhaltlich dem § 46 Abs 1 BMVG (alt) entsprechende Regelung schaffen wollen, so zu lesen, dass Dienstverhältnisse, die erst am 1. Jänner 2008 (Arbeitsbeginn) in Vollzug gesetzt werden, jedenfalls dem BMSVG unterliegen, auch wenn sie bereits davor vereinbart wurden. Eine solche Auslegung wäre zwar denkbar, doch wäre es unverständlich, warum sich der Gesetzgeber im BMSVG für eine völlig andere Formulierung entschlossen haben sollte, wenn er in Wahrheit dasselbe gewollt und gemeint hat.

Die erläuternden Bemerkungen helfen hier nicht weiter, weil sie nur die (wie gesagt, unklare) gesetzliche Regelung wiedergeben (Seite 14 der EB zur RV: *„Das BMSVG findet ab dem 1. Jänner 2008 auf alle, dh auch auf zu diesem Zeitpunkt bestehende freie Dienstverhältnisse Anwendung. Mit dem Zeitpunkt der Geltung des BMSVG sind Beiträge nach Maßgabe des § 6 BMSVG zu leisten. Für zum Zeitpunkt des Inkrafttretens aufrechte freie Dienstverhältnisse besteht ab diesem Zeitpunkt eine Verpflichtung des/der Dienstgebers/in zur Beitragsleistung (unter Außerachtlassung des ersten beitragsfreien Monates nach § 6 Abs 1 BMSVG")*. Interessant ist in diesem Zusammenhang, dass zu § 47 Abs 3 Z 3 BMSVG, der die Übertragung von Altabfertigungsanwartschaften regelt, die Erläuternden Bemerkungen folgende Kommentierung dieser Übergangsbestimmung enthalten: *„§ 47 Abs 3 Z 3 in der Fassung des Bundesgesetzes BGBl. I Nr. XXX/2007 findet nur auf nach dem 31. Dezember 2007* **abgeschlossene***[943] Vereinbarungen gemäß § 47 Abs 3 Anwendung"*.

Der OGH[944] sprach bereits aus, dass für den Beginn des Versicherungsverhältnisses nach dem ASVG grundsätzlich die faktische Aufnahme der Tätigkeit (Eingliederungstheorie) das wesentliche Anknüpfungskriterium sei. Für arbeitsrechtliche Ansprüche[945] muss aber nach der jeweiligen Gesetzesbestimmung unterschieden werden, ob der Anspruch auf den *Vertragsabschluss*, den *vereinbarten Arbeitsbeginn* oder aber den *Dienstantritt* abstellt; grundsätzlich lehnt die Lehre die Eingliederungstheorie ab, im wesentlichen mit der Begründung, der

---

[943] Hervorhebung durch den Verfasser.
[944] OGH 25.6.2001, 8 Ob S 141/01w, DRdA 2002/14.
[945] Das System der Betrieblichen Mitarbeitervorsorge (Abfertigung neu) wird – trotz zahlreicher Verweisungen auf das ASVG – dem *Arbeitsrecht* zugeordnet; Vgl *Mayr* in Mayr/Resch, BMSVG Abfertigung neu (2009) § 1 Rz 2.

Arbeitsvertrag sei die rechtliche Basis des Arbeitsverhältnisses; das Arbeitsverhältnis bedeute sodann seine *Erfüllung*. Dem ist mE zu folgen: *Binder*[946] erläuterte vor 33 Jahren in einer Arbeit zum „Vor-Arbeitsstadium" überzeugend und in Übereinstimmung mit der hL, dass bereits zwischen Arbeitsvertragsabschluss und Arbeitsaufnahme ein echtes Arbeitsverhältnis existiert (mit den Worten des § 73 Abs 7 BMSVG: „*besteht*"). Aus dem Gesagten ergibt sich, dass der Gesetzgeber, sofern für das Entstehen von Ansprüchen auf die Arbeitsaufnahme oder den vertraglichen Beginn abzustellen ist, eine entsprechende Regelung in die gesetzliche Bestimmung aufgenommen hat. Eine solche Klarstellung (wie sie für das BMVG alt in § 46 Abs 1 für die Festlegung des Wirksamkeitsbeginns des Systems der „Abfertigung neu" geschaffen wurde) fehlt in der Neuregelung für die Einbeziehung freier Dienstnehmer.

316 Folgt man diesen Ausführungen, und stellt man daher für das „*Bestehen*" des Dienstverhältnisses (zum Zwecke der Definition des Geltungsbereiches der Ausnahmebestimmung des § 73 BMSVG) auf den Vertrags*abschluss* ab, so bleibt immer noch die – vom Gesetzgeber (wiederum) nicht näher geregelte – Frage offen, ob die „*vertraglich zugesagte freiwillige Abfertigung*" (iSd § 73 BMSVG) bei Vertragsabschluss, spätestens aber vor dem 1. Jänner 2008 vereinbart werden muss, damit das hiervon begünstigte Dienstverhältnis vom BMSVG ausgenommen wird bzw bleibt. Auch für die Beantwortung dieser Frage ist der Blick in die Erläuternden Bemerkungen wenig hilfreich, kommentieren sie doch die (erst nach Einbringung der Regierungsvorlage nachträglich ergänzte) Ausnahmebestimmung gar nicht. Der Gesetzeswortlaut „*am 31. Dezember 2007 bestehende freie Dienstverhältnisse mit vertraglich festgelegten Abfertigungsansprüchen*" ist, wie gesagt, unklar; mE lässt sich der Formulierung jedoch eine gewisse Tendenz entnehmen, dass die Ausnahmebestimmung nur dann gelten soll, wenn die vertragliche Abfertigung zwar nicht unbedingt bereits **bei** Vertrags*abschluss*, spätestens aber vor dem 1. Jänner 2008 vereinbart wurde (arg „*bestehend*[e] *[...] mit vertraglich festgelegten Abfertigungsansprüchen*"). Diese Auslegung ist auch überzeugend: Einerseits hätte der Gesetzgeber, wenn er auch eine später vereinbarte Abfertigungsregelung hätte genügen lassen wollen, dies entsprechend klarstellen müssen. Da es sich bei der Ausnahmeregelung um eine Bestimmung handelt, die dem von ihr erfassten Dienstnehmer einen wesentlichen materiellen Anspruch, nämlich die Einbeziehung in die zwingende Abfertigungsvorsorge, nimmt, ist sie eng auszulegen bzw kann eine Ausnahme nur dann angenommen werden, wenn dies dem Gesetzeswortlaut klar zu entnehmen ist (das trifft, wie gesagt, auf § 73 BMSVG nicht zu).

317 Es ist auch zu berücksichtigen, dass § 47 Abs 3 Z 3 BMSVG auf den Zeitpunkt des Abschlusses der entsprechenden Vereinbarung abstellt. Die Erläuternden Bemerkungen (Seite 14) führen dazu wie folgt aus: „*Die Neuregelung des § 47 Abs 3 Z 3* (BMSVG) *soll im Hinblick auf den Vertrauensschutz nur für jene Übertragungsvereinbarungen gelten, die nach dem 31. Dezember 2007 abgeschlossen werden.*" Der Vertrauensschutz ist aber auch bei der Übergangsbestimmung des § 73 BMSVG geboten und erforderlich. Die Parteien eines (freien)

---

[946] *Binder*, Auflösungsmöglichkeiten im „Vor-Arbeitsstadium", in FS Floretta (1983) 329 (338) mwN in FN 40.

Dienstverhältnisses gehen beim Vertragsabschluss von einer bestimmten, für sie geltenden Rechtslage aus. Die vertraglich vereinbarte Abfertigung trifft man bei freien Dienstverträgen – abgesehen von Vorstandsverträgen, wo dies ganz anders ist – nur sehr vereinzelt an. Dort wo sie existiert, wird sie aber wohl primär wegen der fehlenden Einbeziehung in den Geltungsbereich des BMVG (alt) vereinbart worden sein. Man muss davon ausgehen, dass der Dienstgeber seine Abfertigungszusage entweder gar nicht getätigt, zumindest aber anders (gemeint: für ihn billiger) gestaltet hätte, wenn er bereits von einer (dazu noch im Bereich des ASVG nicht mit der Höchstbeitragsgrundlage gedeckelten!) Verpflichtung zur Zahlung der BMSVG-Beiträge ausgehen müsste. Richtigerweise muss es daher darauf ankommen, ob der Dienstgeber die Abfertigungszusage in einem Zeitpunkt machte, in dem er von einer zwingenden Einbeziehung des Dienstverhältnisses ausgegangen ist bzw ausgehen musste. Die Ausnahmebestimmung des § 73 Abs 7 BMSVG soll mE daher nicht schon dann greifen, wenn das betroffene (freie) Dienstverhältnis vor dem 1. Jänner 2008 abgeschlossen wurde, sondern erst dann, wenn auch *die vertragliche Abfertigungszusage vor dem 1. Jänner 2008 erteilt* wurde.

Die betrieblichen Vorsorgekassen und die Finanz- sowie Sozialversicherungsbehörden müssen in die Lage versetzt werden, im Wesentlichen am 1. Jänner 2008 beurteilen zu können, welche Dienstverhältnisse dem BMSVG unterliegen (und welche nicht). Dieses Ziel wäre untergraben, wenn Vertragspartner durch nachträgliche Abfertigungsvereinbarungen Verträge, die dem Anwendungsbereich des BMSVG schon unterliegen, diesem wieder entziehen könnten.[947] Abgesehen davon würde sich, wenn man solche nachträglichen „Opting out-Vereinbarungen" zuließe, (wenngleich nicht bei Vorstandsmitgliedern, wo das Verhandlungsgleichgewicht idR besteht) ein Problem stellen, das sonst nicht auftritt: Die Frage eines Günstigkeitsvergleiches zwischen der vertraglichen Abfertigung und der BMSVG-Einbeziehung. Da der Gesetzgeber – wie noch zu zeigen sein wird – die Ausnahme aus dem BMSVG nicht davon abhängig machte, dass die vertraglich begründete Abfertigung ein bestimmtes finanzielles Niveau hat (oder gar dem System des § 23 AngG alt entspricht), könnten Vertragspartner von (wirtschaftlich schwachen) freien Dienstnehmern (deren Vertrag vor dem 1. Jänner 2008 geschlossen wurde) in Versuchung geraten, nachträglich eine finanziell ganz gering dimensionierte vertragliche Abfertigung zu vereinbaren, um dem BMSVG zu entkommen. Bei solchen Vereinbarungen wäre tendenziell eine Prüfung unter dem Blickwinkel des § 879 ABGB oder des Irrtumsrechtes angebracht.

In diesem Zusammenhang ist kurz auf eine besondere, nur bei Vorstandsmitgliedern (nicht aber sonstigen freien Dienstnehmern) auftretende Konstellation einzugehen: Es kommt in der Praxis alles andere denn selten vor, dass Vorstandsmitglieder zuerst durch den Aufsichtsrat bestellt werden und in diesem Zeitpunkt wohl eine grundsätzliche (teilweise schon in den Gesprächen mit dem Headhun-

---

[947] Ein Zustand, in dem zB der Dienstgeber von Jänner bis März 2008 BMSVG-Beiträge zahlt, ab April jedoch nicht mehr, weil er im April 2008 dem Dienstnehmer eine freiwillige Abfertigungszusage erteilt, wäre nicht nur kaum administrierbar, sondern würde auch dazu führen, dass die einbezahlten Beiträge idR in der Kasse – für den freien Dienstnehmer vorerst völlig nutzlos – verblieben (weil die Auszahlung erst nach einer zumindest dreijährigen „Wartezeit" möglich ist).

ter fixierte) Einigung über die wichtigsten Eckdaten des Vorstandsdienstvertrages getroffen, der Vorstandsvertrag selbst aber erst Wochen oder gar Monate später schriftlich mit allen „Ingredienzien" abgeschlossen wird. Erfolgte die Bestellung des Vorstandsmitgliedes vor dem 31. Dezember 2007, wurde jedoch der Vorstandsdienstvertrag erst nach dem 1. Jänner 2008 abgeschlossen, stellt sich die Frage, ob das BMSVG anzuwenden ist (oder nicht). Der Umstand, dass schon die Bestellung als Vorstandsmitglied und deren Annahme richtiger, wenn auch nicht unbestrittener Ansicht zufolge Vertragscharakter hat,[948] hilft nicht unbedingt weiter. Denn die Bestellung selbst würde dann zwar als freier Dienstvertrag betrachtet werden können (den der schriftliche Anstellungsvertrag nur ergänzt),[949] aber eben als einer ohne Abfertigungsregelung. Es ist indes in der Praxis kaum denkbar, dass im Bestellungszeitpunkt nicht zumindest eine – wenn auch nicht schriftlich fixierte und wenn auch noch nicht durch einen Beschluss des Personalausschusses/Präsidiums/Remuneration committee formell genehmigte, aber idR mit dem Aufsichtsratsvorsitzenden mündlich getroffene oder über den vom Aufsichtsrat beauftragten Headhunter an das Vorstandsmitglied kommunizierte, die wesentlichen Eckdaten (zu denen eine freiwillige Abfertigung ohne Zweifel gehört) beinhaltende Vergütungsabrede besteht. Der inhaltliche Konsens darüber, ob und bejahendenfalls in welcher Beschaffenheit es eine vertragliche Abfertigung gibt, ist in aller Regel[950] im Bestellungszeitpunkt schon erzielt. Dass der Vergütungsabrede aus den gerade erörterten Gründen (Fehlen einer aktienrechtlich gültigen Willenserklärung auf Seiten der Gesellschaft) im Bestellungszeitpunkt möglicherweise (vgl aber Rz 137 ff) noch die aktienrechtlich unmittelbar verpflichtende Kraft fehlt,[951] sollte mE nicht die entscheidende Bedeutung haben, dh der Anwendung der Ausnahme aus dem BMSVG nicht entgegenstehen, wenn Bestellung (und – wenngleich nur konkludente – Annahme!) und „Entgelt-Grundkonsens" noch vor dem 1. Jänner 2008 erfolgten. Dafür spricht auch, dass nach herrschender und überzeugender Meinung die Vertragspartner im Falle einer wirksamen Vorstandsbestellung und Fehlen eines Anstellungsvertrages oder dessen Unwirksamkeit verpflichtet sind, die Anstellungsbedingungen in fairer Weise zu regeln.[952] Was fair ist, hat sich bei Unwirksamkeit des Anstellungsvertrages (wegen Willensmangels)[953] grundsätzlich an dem zu orientieren, was die Parteien

---

[948] Dafür *Runggaldier/G. Schima*, Führungskräfte (1991) 59; *Runggaldier/G. Schima*, Manager-Dienstverträge⁴ 33 f; dagegen zB *Strasser,* Die Leitung der Aktiengesellschaft durch den Vorstand (Teil I), JBl 1990, 477 (480); *Strasser* in Jabornegg/Strasser, AktG⁵ §§ 75, 76 Rz 5.

[949] Vgl dazu auch die Kritik an einer ungehemmten „Trennungsthese" bei *Floretta*, Zum Vorstandsverhältnis bei Aktiengesellschaften und Sparkassen, in FS Schwarz (1991) 475.

[950] Die durch zweifellos auch vorkommende Ausnahmen bestätigt wird – Vorstandsmitglieder sind manchmal erstaunlich sorglos im Umgang mit eigenen Vertragsangelegenheiten.

[951] Der OGH hat (mit einer für die AG dort recht unangenehmen Konsequenz) wiederholt ausgesprochen, dass der Aufsichtsratsvorsitzende allein ohne beschlussmäßige Deckung bzw Bevollmächtigung durch den Aufsichtsrat die Gesellschaft gegenüber Vorstandsmitgliedern nicht wirksam vertreten kann (zB OGH 28.9.2007, 9 Ob A 28/07v, DRdA 2009, 497 [*Jabornegg*]).

[952] Grundlegend *Baums,* Der Geschäftsleitervertrag 52 f, 160, 201, 204 f; diesem folgend *Runggaldier/G. Schima*, Führungskräfte 65 f mwN.

[953] Bei einer (ausnahmsweisen) Unwirksamkeit wegen krassen Verstoßes gegen das Angemessenheitsgebot des § 78 Abs 1 AktG bzw wegen Kollusion zB zwischen Vorstandsmitglied

vereinbaren wollten. Fehlt ein Anstellungsvertrag bei aufrechter Bestellung und ergibt sich aus den Umständen auch nicht, dass (ausnahmsweise, zB im Konzernverbund) Unentgeltlichkeit bedungen sein sollte, dann besteht ein Anspruch auf angemessene Entgeltregelung schon nach § 1152 ABGB. Wurde konkret über eine vertragliche Abfertigung gesprochen (und bildete ua deren Inaussichtstellung zB in Gesprächen mit einem vom Aufsichtsrat beauftragten Headhunter oder mit dem Aufsichtsratsvorsitzenden selbst) eine der Grundlagen der Bereitschaft des Betroffenen, die Bestellung anzunehmen, dann kann die Gesellschaft – wie immer man den rechtsdogmatischen Weg dorthin beschreibt – sich letztlich der Umsetzung einer solchen Zusage mE nicht entziehen. Richtigerweise wird man einen nach einer mündlichen Einigung zB mit dem Aufsichtsratsvorsitzenden über das Entgelt vom Aufsichtsrat gefassten, aber auf die Vergütungsabrede nicht weiter Bezug nehmenden Bestellungsbeschluss ohnehin so *auszulegen* haben, dass die vom Vorsitzenden zugesagte Vergütung Vertragsinhalt geworden ist (vgl näher Rz 142).

Dieser (inhaltlich und idR auch zeitlich) enge Konnex von Bestellung, Erzielung einer formlosen Einigung über die wesentlichen Anstellungsvertragsbedingungen und formellem Anstellungsvertragsabschluss rechtfertigt es mE, bei Vorstandsverträgen – etwas abweichend von der nach der hier vertretenen Ansicht sonst geltenden Grundregel – davon auszugehen, dass das BMSVG auch dann nicht anwendbar ist, wenn nur die körperschaftsrechtliche Bestellung (samt deren Annahme) vor dem 1. Jänner 2008 erfolgten, der eine vertragliche Abfertigung beinhaltende Anstellungsvertrag aber erst nach dem 31. Dezember 2007 abgeschlossen (unterfertigt)[954] wurde. In dieser Fallkonstellation greifen auch die oben erörterten und als Abstützung für die Meinung, auch die vertragliche Abfertigung müsse vor dem 1. Jänner 2008 vereinbart worden sein, verwendeten Einwände nicht: Weder besteht die Gefahr der unsachlichen Übervorteilung des Vorstandsmitgliedes noch die eines administrativen Chaos, denn idR wird der Anstellungsvertrag betreffend eine knapp vor dem Jahreswechsel 2007/2008 erfolgte Bestellung (wenn nicht ohnehin gleichzeitig, so doch) knapp nach diesem Jahreswechsel abgeschlossen werden.

Zusammenfassend liest sich die Übergangsbestimmung des § 73 Abs 7 BMSVG so, dass jene Vorstandsmitglieder vom BMSVG auch nach dem 1. Jänner 2008 ausgenommen sind, deren freies Dienstverhältnis durch Abschluss eines entsprechenden Anstellungsvertrages vor dem 31. Dezember 2007 begründet wurde und denen eine vertraglich vereinbarte Abfertigung zugesagt wurde. Die vertraglich vereinbarte Abfertigung muss spätestens aber vor dem 31. Dezember 2007 vereinbart worden sein, wobei aber der im Zusammenhang mit der Bestellung und deren Annahme typischerweise getroffene Grundkonsens über die Entgeltfragen mit oder ohne vertragliche Abfertigung ausreicht und der formelle Abschluss des Anstellungsvertrages auch nach dem 31. Dezember 2007 erfolgt sein darf, ohne

---

und Aufsichtsratsvorsitzenden (vgl dazu *Graf*, Rechtsfolgen unzulässig hoher Vorstandsbezüge, RdW 2007, 515) hat genau *das* natürlich *nicht* zu gelten.
[954] An sich gibt es für Vorstandsanstellungsverträge kein Schriftformgebot (vgl *Runggaldier/ G. Schima*, Führungskräfte 68), doch sind *bewusst* mündliche Anstellungsverträge in der Praxis so gut wie inexistent.

dass (bei Existenz einer vertraglichen Abfertigung) eine Anwendung des BMSVG begründet wird.

321 Das Gesetz stellt im Übrigen nicht darauf ab, *wie* die vertragliche Abfertigungsregelung des Vorstandsmitgliedes genau beschaffen ist. *Jede* Abfertigungsregelung, dh auch eine im Niveau hinter § 23 AngG alt (weit) zurückbleibende[955] Regelung, schließt daher die Anwendung des BMSVG aus. Dem Gesetzgeber schien das Problem nicht regelungsbedürftig zu sein, weil bei der Aushandlung von Vorstandsverträgen typischerweise ein annähernd gleich starkes Verhandlungsgewicht auf beiden Seiten besteht und es daher nicht realistisch ist, dass es der Gesellschaft gelingt, dem Vorstandsmitglied zwecks Vermeidung der Beitragspflicht nach BMSVG eine „Abfertigung" schmackhaft zu machen, die zB in der Zahlung eines Fixbetrages von EUR 1.000,– für jedes Dienstjahr besteht und damit nur einen winzigen Bruchteil einer „Abfertigung alt" ausmacht. Auszugehen ist davon, dass im Streitfall und in bestimmten Konstellationen die Unwirksamkeit einer ausschließlich zu Umgehungszwecken bzw auf Grund einer Ungleichgewichtslage getroffenen, den Dienstnehmer stark benachteiligenden Regelung (das wäre eine kurz vor dem Inkrafttreten des BMSVG vereinbarte und weit hinter den Ansprüchen gemäß §§ 23 f AngG zurückbleibende, vertragliche Abfertigungsregelung, die in der Folge die Einbeziehung des Dienstnehmers in das BMSVG verhindert) durch die Arbeits- und Sozialgerichte festgestellt werden könnte (§ 879 ABGB bietet hierfür eine ausreichende Rechtsgrundlage). Nicht ankommen kann es freilich auf die Bezeichnung des Anspruches im Vertrag. Auch wenn die Parteien nicht das Wort *„Abfertigung"* verwenden (sondern zB *„Abgangsentschädigung"*), aber einen einer Abfertigung funktionsgleichen Bezug vertraglich verankern, kommt § 73 Abs 7 BMSVG zur Anwendung und unterliegt der Vorstandsvertrag nicht dem BMSVG.

322 Für Anstellungsverträge im Anwendungsbereich des StellenbesG (dazu im Detail oben Rz 186 ff) enthält die SchablonenVO gewisse Beschränkungen für die Vereinbarung von vertraglichen Abfertigungen. Gem § 2 Abs 3 Z 14 SchablonenVO darf eine vertragliche Abfertigung nur so ausgestaltet werden, dass sie die im AngG geregelte maximale Abfertigung nicht übersteigt (lit a). Nur im Falle einer Weiterbestellung (wohl als Wiederbestellung und damit verbundene Vertragsverlängerung gemeint) können alte, also aus der Zeit vor Inkrafttreten der Verordnung begründete, das Ausmaß des AngG übersteigende Abfertigungszusagen in den neuen Anstellungsvertrag übernommen werden (lit b). Findet auf den Anstellungsvertrag jedoch das BMSVG Anwendung, darf zusätzlich gar keine vertragliche Abfertigung mehr vereinbart werden (lit c).[956] Vorstandsmitglieder, die erst ab dem 1.1.2008 eine Funktion in einem rechnungshofkontrollierten Unternehmen

---

[955] Praktische Relevanz hat dieser Umstand in Bezug auf Vorstandsverträge insbesondere hinsichtlich der dort nicht unüblichen Regelung (vgl *Runggaldier/G. Schima*, Manager-Dienstverträge[4] 241, 257 f), dass in die Bemessung der Abfertigung nur der feste Bezug, nicht aber eine Bonifikation oder ein sonstiger erfolgsbezogener Vergütungsbestandteil, einbezogen wird. Eine solche Bestimmung verstieße bei Arbeitnehmern gegen § 23 Abs 1 AngG (im Sinne der stRsp des OGH zu dieser Norm).
[956] Diese letzte Bestimmung trat mit der Veröffentlichung im BGBl II 66/2011 am 24.2.2011 in Kraft.

begonnen haben und daher Beiträge nach dem BMSVG abführen, dürfen in ihren Anstellungsverträgen somit keine zusätzliche vertragliche Abfertigung vereinbaren. Die oben genannten Altverträge, die schon vor dem 1.1.2008 eine freiwillige Abfertigung enthielten, unterliegen gem § 73 Abs 7 BMSVG eben nicht der Abfertigung neu, und die vertragliche Abfertigung ist daher auch nach dem StellenbesG und der SchablonenVO zulässig vereinbart worden.

h) Change of Control-Klauseln

Change of Control-Klauseln in Anstellungsverträgen von Vorstandsmitgliedern gehören in Österreich nicht gerade zum vertraglichen „Standardprogramm", kommen aber durchaus – und in zunehmendem Maße – vor. Solche Vertragsbestimmungen sind auch nicht auf Aktiengesellschaften oder gar nur börsenotierte Aktiengesellschaften beschränkt, sondern finden sich auch in GmbH-Geschäftsführerverträgen gelegentlich.[957] In ihrer in Österreich überwiegend auffindbaren Ausprägung sieht eine Change of Control-Klausel meist folgendermaßen aus: Dem Vorstandsmitglied/Geschäftsführer wird das Recht eingeräumt, binnen einer bestimmten, sich üblicherweise zwischen drei und sechs Monaten bewegenden Frist ab Eintritt eines (sinnvollerweise möglichst exakt zu definierenden)[958] Eigentümer- bzw Kontrollwechsels[959] durch einseitige Erklärung (also Rücktritt) die ebenfalls unter Einhaltung einer Frist zu erfolgen hat, das Mandat und den Anstellungsvertrag zu beenden, wobei die finanziellen Konsequenzen in der in der Praxis am ehesten üblichen Gestaltungsform im Ergebnis den Rechtsfolgen bei einer Beendigung des Mandats und des Anstellungsvertrages durch die Gesellschaft ohne Verschulden des Organmitgliedes angenähert sind.

Solche Klauseln können daher zB bei auf unbestimmte Zeit abgeschlossenen GmbH-Geschäftsführerverträgen bloß darin bestehen, dem Geschäftsführer die Abfertigung nach altem Recht (§ 23 AngG) und eine Kündigungsentschädigung für ein paar Monate zu sichern; es kann aber auch bei einem zB noch drei oder vier Jahre dauernden Vorstandsvertrag die Vergütung für die Restlaufzeit samt Abfertigung auszuzahlen sein. Der für Deutschland gelegentlich getroffene Befund, Change of Control-Klauseln sähen in größeren Aktiengesellschaften *zusätzlich* zur Auszahlung des Anstellungsvertrages eine Abfindung in Höhe von ein

---

[957] Vgl *Runggaldier/G. Schima*, Manager-Dienstverträge⁴ 138; *G. Schima* in FS Binder 817 (836 ff); Vgl für Deutschland zB *Dreher,* Change of Control-Klauseln bei Aktiengesellschaften, AG 2002, 214; *Fonk* in Semler/v. Schenck, ARHdb⁴ § 10 Rz 178 ff, der Change in Control-Klauseln bei erstmaligem Kontrollerwerb in einer bis dahin unabhängigen Gesellschaft und Change of Control-Klauseln bei Kontrollwechsel unterscheidet. Gut formulierte Klauseln sollten *beide* Fälle abdecken.

[958] Darauf verweist auch zu Recht *Fonk* in Semler/v. Schenck, ARHdb⁴ § 10 Rz 180.

[959] In Anbetracht der in Österreich mit der ÜbG-Novelle 2006 vollzogenen Ersetzung eines materiellen Kontrollbegriffes durch einen formellen (grundsätzlich ab 30 % eingreifenden) Kontrollbegriff ist es aus der Sicht des Vorstandsmitgliedes einer börsenotierten Aktiengesellschaft *nicht empfehlenswert,* den Kontrollwechsel anstellungsvertraglich an den übernahmegesetzlichen Kontrollwechseltatbestand zu knüpfen. Denn wie auch die österreichische Praxis seit der Novelle zeigt, lassen sich börsenotierte Aktiengesellschaften bei entsprechendem Streubesitz und in Anbetracht der niedrigen Hauptversammlungs-Präsenz auch mit (uU deutlich) unter 30 % beherrschen.

bis drei Jahresgehältern vor,[960] kann für Österreich – soweit ich dies überblicke – nicht ganz bestätigt werden. Nicht unüblich (und von mir in Vorstandsverträgen schon öfters verankert) ist zB eine Change of Control-Klausel, die bei Kontrollwechsel die Auszahlung des Vorstandsvertrages mit einer Deckelung von zB zwei Jahresbezügen (zzgl allfälliger vertraglicher Abfertigung), mindestens aber eine bestimmte Vergütung (zB einen Jahresbezug) bei kürzerer Laufzeit zusichert. Nach einer als Reaktion auf die „Bonifikations-Vertrauenskrise" im Zuge der Wirtschaftskrise zu verstehenden Empfehlung der EU-Kommission vom 30. April 2009 soll bei der vorzeitigen Beendigung von Vorstandsmandaten in börsenotierten Gesellschaften die an das Vorstandsmitglied zu zahlende Abfindung mit zwei festen Jahresvergütungen nach oben gedeckelt sein. Diese (unverbindliche) Regelung ist mE in ihrer Verallgemeinerung beanspruchenden Form problematisch, und der Österreichische Arbeitskreis für Corporate Governance hat gut daran getan, in der im Jänner 2010 in den ÖCGK eingefügten C-Regel 27a[961] diese Empfehlung nur „schaumgebremst" umzusetzen und auf zwei Gesamt-Jahresvergütungen abzustellen.[962]

325 Das „Mannesmann-Urteil" des BGH hat in Deutschland die Diskussion um die (Grenzen der) Zulässigkeit von Change of Control-Klauseln neu entfacht.[963]

Wenn man nach möglichen Zulässigkeitsgrenzen von Change of Control-Klauseln fragt, kommt man nicht umhin, deren wirtschaftlichen Hintergrund zu erforschen. Dabei erkennt man schnell, dass es einen *einheitlichen* Regelungszweck nicht gibt und in Anbetracht der Vielfalt der Sachverhalte auch nicht geben kann. Bei der börsenotierten AG besteht der Sinn und Zweck von Change of Control-Klauseln vor allem auch darin, dem Vorstandsmitglied die unbefangene Beurteilung eines Übernahmeversuches zu ermöglichen, es also davon abzuhalten, gegen den neuen Groß- oder Mehrheitsaktionär nur deshalb Stellung zu beziehen, weil das Vorstandsmitglied den Amtsverlust und die Ersetzung durch eine von neuen Eigentümern bestellte Geschäftsführung zu fürchten hat.[964]

---

[960] *Kort*, „Change of Control"-Klauseln nach dem „Mannesmann-Urteil" des BGH: zulässig oder unzulässig? AG 2006, 106, unter Berufung auf einen Artikel in der FAZ vom 14. Mai 2005, 18; Vgl auch *Hoffmann-Becking*, Rechtliche Anmerkungen zur Vorstands- und Aufsichtsratsvergütung, ZHR 169 (2005) 155 (171), der davon spricht, dass Change of Control-Klauseln üblicherweise die – „*ohnehin erforderliche*" – Auszahlung der Restlaufzeit vorsehen und *zusätzlich* die Gewährung einer Abfindung von „*ein bis mehreren*" Jahresbezügen.
[961] Vgl zu den Hintergründen dieser Regelung *G. Schima* in Schenz/Eberhartinger, Corporate Governance 246 (255 ff).
[962] In der Tat kann es (zu Lasten des Vorstandsmitgliedes) unangemessen sein, wenn ein erfolgreich agierendes Vorstandsmitglied mit vergleichsweise niedrigem Fixgehalt, aber hohem Bonus vom Aufsichtsrat wegen persönlicher Auffassungsunterschiede nicht mehr gewollt wird und der Vertrag für diesen Fall – selbst bei einer noch drei- oder vierjährigen Restlaufzeit die Abfindung mit zwei festen Jahresentgelten begrenzt. Denn das kann bei entsprechender Gestaltung des Verhältnisses von fixen und variablen Entgeltbestandteilen uU nur einem halben Gesamtjahresbezug entsprechen.
[963] Vgl *Kort*, AG 2006, 106; *Fonk* in Semler/v. Schenck, ARHdb[4] § 10 Rz 179.
[964] Zutr *Hoffmann-Becking*, ZHR 169 (2005) 155 (170); *Kort*, AG 2006, 108; *Fonk* in Semler/v. Schenck, ARHdb[4] § 10 Rz 178.

Daneben verfolgte aber die Change of Control-Klausel schlicht auch den Zweck, dem Vorstandsmitglied einen finanziell gut gepolsterten Ausstieg zu ermöglichen, wenn sich gleichsam die Identität seines Ansprechpartners in einer vom Vorstandsmitglied möglicherweise als unangenehm empfundenen Form ändert. Neue Eigentümer bestellen üblicherweise neue Aufsichtsratsmitglieder und jedenfalls fast immer ein neues Präsidium, sodass der Vorstand einen neuen „Sparring-Partner" bekommt.

In nicht börsenotierten Aktiengesellschaften oder GmbHs tritt der vorhin als erstes genannte Zweck bei Change of Control-Klauseln etwas mehr in den Hintergrund, weil sich der Eigentümerwechsel ja zumindest von Rechts wegen ohne jedes Zutun des Vorstandes/der Geschäftsführung, ja selbst ohne deren vorangehende Information, ereignen kann.[965] Dennoch besteht auch in solchen Fällen idR ein Interesse von Verkäufer und Käufer, dass das Management der Zielgesellschaft kooperiert – man denke an dessen nicht unwichtige Rolle iZm einer Due Diligence.

An der grundsätzlichen Zulässigkeit von Change of Control-Klauseln in Anstellungsverträgen kann mE nicht gezweifelt werden. Gewisse Kautelen sind aber schon zu beachten. Auch die Mannesmann-E des BGH sollte zumindest aus österreichischer Sicht keinen Anlass für allzu große Nervosität bilden.

Denn zu messen sind auch solche Klauseln letztlich (nur, aber immerhin) am *Angemessenheitsgebot* des § 78 Abs 1 AktG (bzw § 87 Abs 1 dAktG). Wenn *Martens*[966] meint, auch im ursprünglichen Anstellungsvertrag vereinbarte Change of Control-Klauseln seien heikel, weil ihre Existenz die Befürchtung begründe, die Vorstandsmitglieder würden einen derart begünstigten Kontrollwechsel zumindest unterstützen, um sich die Abfindungsprämie zu sichern, so weist auch dieser Ansatz bloß auf das aktienrechtlich verankerte Angemessenheitsgebot hin. Denn es ist eben eine Maßfrage, ob die gerade erwähnten Bedenken begründet sind und der Aufsichtsrat sich einer Pflichtwidrigkeit schuldig macht. Dies wird bei Change of Control-Klauseln der in Österreich üblichen Prägung, aber auch wenn bei einem zB noch drei Jahre laufenden Vorstandsvertrag diese Laufzeit abgegolten und dazu noch ein Jahresbezug gezahlt wird, mE mit an Sicherheit grenzender Wahrscheinlichkeit zu verneinen sein.[967]

Nicht gefolgt werden kann daher der Meinung, wonach im Allgemeinen die Gewährung von über die Auszahlung des Anstellungsvertrages hinausgehenden Vergütungen im Wege einer Change of Control-Klausel nicht gerechtfertigt sei.[968]

---

[965] Prominente Beispiele dafür gibt es auch in der österreichischen Wirtschaftsgeschichte. So erfolgten zumindest der Medienberichterstattung zufolge die Verkäufe von Billa durch Herrn Wlaschek an die deutsche REWE-Gruppe ohne vorangehende Information des damaligen Vorstandsvorsitzenden von Billa und ähnlich soll es sich bei der Veräußerung von Steyr an die Magna-Gruppe zugetragen haben.

[966] *Martens*, Die Vorstandsvergütung auf dem Prüfstand, ZHR 169 (2005) 124 (139 ff).

[967] Vgl *Fonk* in Semler/v. Schenck, ARHdb[4] § 10 Rz 178, der – fast schon zu optimistisch – meint, die Gefahr, dass die Change of Control-Klausel dem Vorstand einen Anreiz gebe, den Kontrollwechsel zu fördern, sei als „*äußerst unwahrscheinlich*" zu qualifizieren.

[968] IdS *Lutter*, Aktienrechtliche Aspekte der angemessenen Vorstandsvergütung, ZIP 2006, 733 (737).

Anders verhält es sich ohne Zweifel, wenn der Aufsichtsrat einem 40-jährigen Vorstandsmitglied in einer Change of Control-Klausel als Abfindung den Barwert seines erwarteten, künftigen Erwerbseinkommens bis zum Pensionsantritt zuerkennt. In einem solchen Fall kommt zur offenkundigen Ermessensüberschreitung durch den Aufsichtsrat in der Tat der Aspekt hinzu, dass ein solcher Art bedachtes Vorstandsmitglied gar nicht anders „kann" als den ein Übernahmeangebot unterbreitenden Aktionär bedingungslos zu unterstützen, mag dessen Angebot für die Aktionäre oder auch für den Bestand der Gesellschaft noch so fragwürdige Konsequenzen haben. Derartige Klauseln fallen freilich bereits in die Kategorie der „Golden Parachutes" nach US-amerikanischem Vorbild und verstoßen regelmäßig nicht nur gegen das aktienrechtliche Angemessenheitsgebot, sondern uU auch gegen das übernahmerechtliche Verhinderungsverbot (§ 12 ÜbG für Ö, § 33 Abs 1 WpÜG für D).[969]

328 Zumindest unter dem Blickwinkel der Mannesmann-E des BGH sind solche Change of Control-Klauseln heikler, die erst nachträglich oder dann vertraglich verankert werden, wenn ein Übernahmeversuch sich bereits abzeichnet[970] oder gar schon erfolgt ist.[971]

Eine *generelle* Unzulässigkeit solcher nachträglich implementierten Change of Control-Klauseln kann man mE aber selbst aus dem Mannesmann-Erkenntnis nicht einmal dann ableiten, wenn die Klausel bei einem sich schon abzeichnenden Übernahmeversuch vereinbart wird. Denn auch in einer solchen Situation kann ein ganz konkretes und zukunftsbezogenes Interesse der Zielgesellschaft und ihrer Aktionäre darin bestehen, dass der Vorstand in dieser heiklen Phase möglichst frei von überwiegend finanziell motivierten Ängsten um seine berufliche Zukunft agiert.[972] Freilich muss der Aufsichtsrat in derartigen Fällen besonders besonnen und sorgfältig vorgehen und sollte – diesen Ratschlag kann man nach dem Mannesmann-Urteil nur drei Mal unterstreichen und allen Aufsichtsräten ins Stammbuch schreiben – auch seine Erwägungen entsprechend schriftlich dokumentieren. Gerade bei der nachträglich verankerten Change of Control-Klausel – aber auch als generelle Leitlinie für solche Vertragsbestimmungen in Anstellungsverträgen – gilt es, die im Kontrollwechselfall vereinbarte Vergütung so zu dimensionieren, dass die Attraktivität des Ausstiegs (bei erfolgtem Kontrollwechsel) und die Attraktivität einer weiteren Bekleidung des Vorstandsamtes (die nur bei gescheitertem Kontrollwechsel gesichert ist) einander ungefähr die Waage halten. Dies lässt sich natürlich nicht arithmetisch exakt errechnen.

329 Wenngleich im gegebenen Zusammenhang schon aus Platzgründen das Thema nicht zu sehr vertieft werden kann, muss darauf hingewiesen werden, dass der Aufsichtsrat insbesondere einer börsenotierten AG bei der Entscheidung, ob er

---

[969] Vgl *Fuchs* in Fleischer, Handbuch des Vorstandsrechts § 22 Rz 147; *Fonk* in Semler/v. Schenck, ARHdb⁴ § 10 Rz 178 FN 577.
[970] Diesbezüglich ohne Bedenken *Fonk* in Semler/v. Schenck, ARHdb⁴ § 10 Rz 179 mwN.
[971] Vgl *Kort*, AG 2006, 108; auch diesbezüglich ohne Bedenken dagegen *Hoffmann-Becking*, ZHR 169 (2005), 155 (171).
[972] *Fonk* (in Semler/v. Schenck, ARHdb⁴ § 10 Rz 179) und *Hoffmann-Becking* (ZHR 169 [2005] 155 [171]) betonen, dass gerade in einer solchen Konstellation der Zweck der Change of Control-Klausel besonders einleuchtend sei.

Change of Control-Klauseln in Anstellungsverträgen akzeptiert, auch den Aspekt einer Vermeidung der Führungslosigkeit der Gesellschaft im Auge behalten muss. Dies verbietet es zwar nicht generell, *sämtlichen* Mitgliedern des Kollegialorgans Vorstand eine Change of Control-Klausel zuzugestehen; sehr wohl pflichtwidrig wäre es aber, wenn der Aufsichtsrat nicht nur dem gesamten Vorstand solche Klauseln bewilligt, sondern darüber hinaus so kurze (oder gar überhaupt keine) Fristen für den Rücktritt vorsieht, dass selbst ein über entsprechende personelle Ressourcen und einen konkreten Businessplan verfügender Erwerber damit nicht umgehen kann. Darin könnte uU auch ein Verstoß gegen das übernahmerechtliche Verhinderungsverbot (§ 12 ÜbG) liegen. Eine Drei-Monats-Frist für die Ausübung des Rücktrittsrechts wird wohl die Untergrenze sein; besser sind sechs Monate.[973]

Börsenotierte Aktiengesellschaften sind verpflichtet, den Bestand und wesentlichen Inhalt von Entschädigungsvereinbarungen zwischen der Gesellschaft und ihren Vorstands- und Aufsichtsratsmitgliedern für den Fall eines öffentlichen Übernahmeangebots im Lagebericht offenzulegen (§ 243a Abs 1 Z 9 UGB). Change of Control-Klauseln zählen zu diesen veröffentlichungspflichtigen Vereinbarungen. Offenzulegen sind die begünstigten Personen, die Bedingungen der Beendigung der Tätigkeit und die Höhe der Entschädigung.[974] Diese Angaben im Lagebericht ermöglichen potenziellen Bietern, sich über die Folgen und Risiken der Übernahme ein vollständiges Bild zu machen. **330**

i) Nachlaufklauseln

Anstellungsverträge von Vorstandsmitgliedern in einer AG müssen von Gesetzes wegen befristete Verträge sein (§ 75 Abs 1, letzter Satz, AktG). Theoretisch könnte es daher passieren, dass ein Vorstandsmitglied vom Aufsichtsrat erst am letzten Tag der Mandatsdauer erfährt, dass es nicht wiederbestellt werden soll. Dies entspricht zwar nicht der Praxis und schon gar nicht guter Personalplanung im Aufsichtsrat (und würde von den meisten Vorstandsmitgliedern auch nicht hingenommen werden); jedenfalls kann aber auch bei einer nicht so knapp vor Mandatsablauf mitgeteilten Nichtverlängerung das Vorstandsmitglied vor dem Problem stehen, relativ wenig Zeit für die Suche einer anderen Beschäftigung zur Verfügung zu haben. Demgegenüber sehen Anstellungsverträge von Führungskräften, die keine AG-Vorstandsmitglieder sind, regelmäßig mehrmonatige Kündigungsfristen vor. Sechs Monate oder auch länger ist diesbezüglich durchaus vertraglicher Standard in Österreich. **331**

Um dem Vorstandsmitglied ein wirtschaftliches Äquivalent zu einer Kündigungsfrist zu geben, sehen Anstellungsverträge manchmal vor, dass das Vorstandsmitglied Anspruch auf Fortzahlung seiner Bezüge nach Beendigung des Mandats für einen bestimmten Zeitraum (zB sechs Monate oder ein Jahr) hat, wenn der Aufsichtsrat das Mandat (trotz entsprechender Bereitschaft des Vorstandsmitgliedes) nicht verlängert, die Entscheidung der Nichtverlängerung aber nicht bis spä- **332**

---

[973] *Runggaldier/G. Schima*, Manager-Dienstverträge⁴ 141.
[974] *Geirhofer* in U. Torggler, UGB § 243a Rz 13.

testens zu einem im Anstellungsvertrag fixierten Termin (zB sechs Monate vor Mandatsablauf) bekanntgegeben hat.[975]

333 Solche „Nachlaufklauseln" waren in Österreich – soweit überblickbar – noch nicht Gegenstand der Rechtsprechung und finden auch im Schrifttum kaum Beachtung.

Jene Stimmen in Deutschland, die Bedenken gegen die Zulässigkeit solcher Klauseln wegen angeblicher „Beschränkung der Entschlussfreiheit des Aufsichtsrates" anmelden,[976] verkennen mE erstens den Sinn und Zweck solcher Regelungen und geraten außerdem in unlösbare Wertungswidersprüche zu diversen anderen Vergütungsbestandteilen, gegen deren grundsätzliche Zulässigkeit bisher zu Recht kein Einwand erhoben wurde (zB den gerade behandelten Change of Control-Klauseln oder Pensionsregelungen). Gewiss kann einem Vorstandsmitglied nicht die Verlängerung des Anstellungsvertrages über die nach AktG höchstzulässige Grenze von fünf Jahren hinaus *unabhängig* von einer Wiederbestellung durch den Aufsichtsrat gültig zugesagt werden.[977] Darauf kann aber eine Unzulässigkeit von „Nachlaufklauseln" keineswegs gestützt werden. Im Übrigen ist die Einschätzung weltfremd, ein Aufsichtsrat (insbesondere einer größeren Gesellschaft) ließe sich in der Wahl für oder gegen die Wiederbestellung eines Vorstandsmitgliedes dadurch beeinflussen, dass bei Nichtwiederbestellung das Vorstandsmitglied Anspruch auf eine Zahlung von sechs oder zwölf Monatsentgelten hat.[978] Sähe man dies so, dann wäre jede anstellungsvertraglich vorgesehene Vergütung für den Beendigungsfall – zB eine Pensionszusage an sich – rechtlich bedenklich, weil die „Entschlussfreiheit" des Aufsichtsrates beeinträchtigt sein könnte. Letztlich geht es ausschließlich um die Frage der Angemessenheit iSd § 78 AktG bzw § 87 dAktG.[979]

Der OGH hat sich zu solchen Klauseln bislang noch nicht geäußert; schon in Anbetracht der in der E vom 11. Juni 2008 (7 Ob 58/08t, „Hirsch Servo") eingenommenen Sichtweise kann aber kaum ein Zweifel daran bestehen, dass das

---

[975] *Fonk* in Semler/v. Schenck, ARHdb[4] § 10 Rz 216 beschreibt hingegen Klauseln, in denen sich die Gesellschaft „verpflichtet", bis zu einem bestimmten Tag vor Ablauf des Mandats über die Wiederbestellung zu entscheiden. Damit wäre keine Rechtspflicht der Gesellschaft verbunden, sondern es handle sich um eine reine Absichtserklärung. Bei Fristversäumnis oder widersprüchlichem Handeln des Aufsichtsrates kommen Schadenersatzansprüche des Vorstandsmitglieds in Betracht. Wirksamer, weil mit konkreten finanziellen Konsequenzen verbunden ist sicherlich die hier beschriebene Art der Nachlaufklausel.

[976] Vgl *Spindler* in MünchKommAktG[4] § 84 Rz 78, der aber gegen die hier behandelten Vereinbarungen nichts einzuwenden haben dürfte.

[977] Vgl dazu zB *Runggaldier/G. Schima*, Führungskräfte 70; *Strasser* in Jabornegg/Strasser, AktG[5] §§ 75, 76 Rz 78 ff (verwirrend jedoch Rz 82, wo der Autor die anstellungsvertragliche Verlängerungsklausel unter der Bedingung der Wiederbestellung als „*als solche unwirksam*" bezeichnet, die Klausel aber im selben Satz „*ohne weiteres als bindender, an die aufschiebende Bedingung der Wiederbestellung gebundener neuer Anstellungsvertrag mit dem gleichen Inhalt wie bisher*" anerkennt. Nichts anderes sagt die seit jeher hM (vgl schon BGH II ZR 126/52 BGHZ 10, 187; *Hefermehl* in Gessler/Hefermehl/Eckardt/Kropff, AktG § 84 Rz 42; *Kastner/Doralt/Nowotny*, Gesellschaftsrecht[5] 222 insb FN 21).

[978] Ähnlich *Fonk* in Semler/v. Schenck, ARHdb[3] § 9 Rz 132; Vgl dazu auch Rz 68.

[979] Zutr *Fonk* in Semler/v. Schenck, ARHdb[3] § 9 Rz 132.

Höchstgericht gegen die Zulässigkeit von „Nachlaufklauseln" keine Bedenken hegt – wenn diese einigermaßen maßvoll gestaltet sind.

j) Barabfindung der Restlaufzeit

In wirtschaftlicher Hinsicht den Charakter eines „Golden Handshake" annehmen kann auch die bloße Auszahlung der Restlaufzeit eines noch längere Zeit laufenden Vorstandsvertrages bei vorzeitigem Ausscheiden in Form einer (allenfalls abgezinsten) Barabfindung. Bei einem noch drei oder vier Jahre laufenden Vertrag geht es dann idR um beträchtliche Beträge. **334**

Eine solche Vorgangsweise kann man insofern nur bedingt den „anstellungsvertraglich vorgesehenen" Golden Handshakes zurechnen, weil hier das Zugeständnis der Gesellschaft darin besteht, dass diese richtiger Ansicht zufolge von der Anrechnung anderweitig erzielten oder absichtlich versäumten Erwerbseinkommens gem § 1155 ABGB Gebrauch machen könnte[980] und die Barabfindung der (gesamten) Restlaufzeit einen Verzicht auf dieses Recht bedeutet. Dieser Verzicht kann auch im Anstellungsvertrag bereits vorgesehen sein, was meinen Erfahrungen zufolge in der österreichischen Praxis aber fast nie vorkommt und in Anbetracht der jüngsten Entwicklungen und der internationalen und öffentlichen Kritik an der Praxis von Vorstandsvergütungen größerer Gesellschaften auch in Zukunft kaum vorkommen wird, weil ein Aufsichtsrat (zumindest einer börsenotierten AG) idR da sehr vorsichtig agieren wird, um später nicht im Kreuzfeuer der Kritik zu stehen, wenn ein wirtschaftlich erfolgloses oder sich gar als unfähig erweisendes Vorstandsmitglied, das aber keine groben Pflichtverletzungen begangen hat, nach kurzer Zeit teuer verabschiedet werden muss. Gleichwohl begegnet mE auch die anstellungsvertraglich vorgesehene Barabfindung der Restlaufzeit im Fall einer vom Vorstandsmitglied nicht verschuldeten Abberufung (zB wegen eines zwar nicht offenbar unsachlichen, aber unverschuldeten Vertrauensentzugs durch die Hauptversammlung) keinen rechtlichen Bedenken, selbst wenn die in einer im Jahr 2009 herausgegebenen Empfehlung der EU-Kommission[981] enthaltene Begrenzung von zwei (festen) Jahresvergütungen für Vorstandsmitglieder börsenotierter Aktiengesellschaften im Einzelfall (selbst deutlich) überschritten ist. **335**

Der österreichische CG-Kodex ist, wie schon erwähnt, hier mit mehr Augenmaß vorgegangen, indem die C-Regel 27a für anstellungsvertraglich vorgesehene Abfindungszahlungen vorschreibt, dass diese nicht mehr als die Restlaufzeit und gegebenenfalls nicht mehr als zwei Jahresgesamtvergütungen vorsehen dürfen. Man muss sich mE den Zusammenhang zwischen der in § 70 AktG verankerten Unabhängigkeit und Weisungsfreiheit des Vorstandes als eines wesentlichen Bauelementes der Aktiengesellschaft und der Gestaltung des Anstellungsvertrages sowie den – ohnehin begrenzten – Abberufungsschutz vor Augen halten. Dies wird in der Diskussion meinem Dafürhalten nach leicht übersehen. Denn Unabhängig- **336**

---

[980] Vgl ausführlich *Runggaldier/G. Schima*, Führungskräfte 179 ff; *G. Schima*, ecolex 2006, 456 (458).
[981] Empfehlung der Kommission zur Ergänzung der Empfehlungen 2004/913/EG und 2005/162/EG zur Regelung der Vergütung von Mitgliedern der Unternehmensleitung börsennotierter Gesellschaften vom 30.4.2009, 2009/385/EG.

keit und Weisungsfreiheit muss man „sich leisten können". Wer es befürwortet, dass in Vorstandsverträgen Kündigungsklauseln mit einer kurzen Kündigungsfrist verankert werden, und wer gar einer Abschaffung der rechtlichen Bekämpfbarkeit von Abberufungsbeschlüssen das Wort redet,[982] der sollte sich dessen bewusst sein, dass dann auch die – in Unternehmungsverbindungen ohnehin oft nur auf dem Papier stehende – Unabhängigkeit des Vorstandes sich ganz zu verflüchtigen droht.

337 Üblich sind solche schon im Anstellungsvertrag zugesagten Barabfindungen der Restlaufzeit *ohne Anrechnung* – wie gesagt – in Österreich nicht. Die Praxis hält hier meinen Erfahrungen nach durchaus Maß. Vor allem bei längeren als zweijährigen Restlaufzeiten akzeptieren Gesellschaften auch bei einer vom Vorstandsmitglied in keiner Weise verschuldeten Trennung eine „sang- und klanglose" Barabfindung in aller Regel nicht, sondern treten in Verhandlungen über eine Reduktion des Betrages. Das Druckmittel der Gesellschaft besteht in solchen Fällen ja noch immer darin, an das abberufene (Ex-)Vorstandsmitglied Monat für Monat die vertraglichen Bezüge zu zahlen, diese aber zB nach einem halben Jahr unter Berufung auf „absichtliches Versäumen des Erwerbs" iSd § 1155 ABGB einzustellen (vgl dazu Rz 420 ff). Abgesehen davon, dass die Beweislast dafür jedoch die Gesellschaft trägt,[983] hängt es insbesondere vom Alter des betroffenen Vorstandsmitgliedes ab, welche Chancen eine Berufung auf § 1155 ABGB hat.

338 Es gibt daher auch *keine generelle Verpflichtung* des Aufsichtsrates, bei einer (vom Vorstandsmitglied unverschuldeten) Trennung von der Anrechnungsregel des § 1155 ABGB Gebrauch zu machen.[984] Pflichtwidrig handeln kann ein Aufsichtsrat uU dann, wenn er konkret weiß, dass ein abberufenes Vorstandsmitglied bereits anderswo mit entsprechendem Einkommen tätig ist (und dies auch nachweisbar ist) und der Aufsichtsrat dennoch eine mehrjährige Restlaufzeit abgilt. Eine solche Vorgangsweise wäre nicht bloß unter Zugrundelegung der (überaus problematischen) Sichtweise des BGH in der „Mannesmann-E" höchst bedenklich. Mit der grundsätzlichen Zulässigkeit einer bereits anstellungsvertraglich vereinbarten Barabfindungsklausel (bei der auch im Falle sofortigen Antritts einer anderen Tätigkeit gezahlt werden müsste) lässt sich die im konkreten Wissen um die bereits erfolgte Annahme einer anderen und gleich oder ähnlich gut entlohnten Tätigkeit gewährte Barabfindung nicht rechtfertigen. Denn im ersteren Fall wird ex ante unter typischerweise gleich starken Partnern[985] eine Vereinbarung ausverhandelt und fließt die Möglichkeit des „Doppelbezuges" in die vom Aufsichtsrat

---

[982] So *Reich-Rohrwig*, ecolex 2008, 928 in einer Anm zur E des OGH vom 11.6.2008, 7 Ob 58/08t, GesRZ 2008, 378 (*Kalss/Zollner*) = wbl 2008, 598 (*U. Torggler*) = GeS 2008, 356 (*Schopper/Kapsch*).

[983] Vgl *Krejci*, in Rummel, ABGB³ I § 1155 Rz 30 mwN.

[984] In diese Richtung aber tendenziell *Hohenstatt/Naber*, Die Abfindung der „Restlaufzeit" bei der vorzeitigen Auflösung von Vorstandsverträgen, in FS J. H. Bauer (2010) 447 (454 f, 462 mwN zur Gegenmeinung 455 FN 45).

[985] Insoweit ist *Martens* (Die Vorstandsvergütung auf dem Prüfstand, ZHR 169 [2005] 124 [128 f]) Recht zu geben; allein die Schlussfolgerungen, die er – gleichsam als zentraler wissenschaftlicher Ideengeber für die „Mannesmann-E" des BGH – daraus zieht, überzeugen nicht (dazu Rz 341 ff).

angestellten Äquivalenzüberlegungen ein; im zweitgenannten Fall macht der Aufsichtsrat dagegen ein Geschenk.

k) Anerkennungsprämien (appreciation awards)

Es kommt in der Praxis vor, dass der Aufsichtsrat einem Vorstandsmitglied bei aufrechtem Anstellungsvertrag eine Vergütung für eine entweder schon erbrachte oder noch zu erbringende, aufgrund bestimmter Umstände bevorstehende Leistung zuerkennt, die ohne eine solche spezielle Vergütungsabrede mit der im Anstellungsvertrag bereits vereinbarten Vergütung abgegolten wäre. Dabei handelt es sich in der Praxis zB und insbesondere um Vergütungen für die Mitwirkung an einem gut abgewickelten Verkauf entweder des Unternehmens der Gesellschaft selbst, einer Tochtergesellschaft oder eines Unternehmensteiles.

Aus (aktien-)rechtlicher Sicht sind mE die beiden Fälle der nach und vor Leistungserbringung zugesagten Vergütung gleich zu behandeln.

Der BGH hatte in seiner „Mannesmann-E"[986] bekanntlich vor allem den Fall einer nach Leistungserbringung (vehemente Gegenwehr im Übernahmekampf mit der Konsequenz eines drastischen Anstiegs des Aktienkurses) vom Personalausschuss des Aufsichtsrates gewährten (sehr hohen) „Anerkennungsprämie" („appreciation award") zu beurteilen. Das deutsche Höchstgericht vertrat dabei – knapp zusammengefasst – folgende Ansicht: Sei im Dienstvertrag vereinbart, dass eine an einen Geschäftserfolg gebundene einmalige oder jährlich wiederkehrende Prämie als variabler Bestandteil der Vergütung gezahlt werde, dürfe sie nach Ablauf des Geschäftsjahres nachträglich zuerkannt werden. Der weite Beurteilungs- und Ermessensspielraum der Präsidiumsmitglieder sei als Ausfluss ihrer Vermögensbetreuungspflicht nur insoweit eingeschränkt, als die Gesamtbezüge des bedachten Vorstandsmitgliedes gem § 87 Abs 1 Satz 1 dAktG in einem angemessenen Verhältnis zu seinen Aufgaben und zur Lage der Gesellschaft stehen müssten.

Auch bei fehlender Rechtsgrundlage im Dienstvertrag sei die Bewilligung einer nachträglichen Anerkennungsprämie zulässig, wenn und soweit dem Unternehmen gleichzeitig Vorteile zuflössen, die in einem angemessenen Verhältnis zu der mit der freiwilligen Zusatzvergütung verbundenen Minderung des Gesellschaftsvermögens stünden. Dies komme insbesondere in Betracht, wenn die freiwillige Sonderzahlung entweder dem begünstigten Vorstandsmitglied selbst oder zumindest anderen aktiven oder potenziellen Führungskräften signalisiere, dass sich außergewöhnliche Leistungen lohnten, von ihr also eine für das Unternehmen vorteilhafte *Anreizwirkung* ausginge. Unter dem Gesichtspunkt einer Anreizwirkung für Dritte erscheine die Zuwendung einer freiwilligen Anerkennungsprämie auch an ein Vorstandsmitglied denkbar, das demnächst aus der Gesellschaft ausscheide. In all diesen Fällen werde aber dem Angemessenheitsgebot des § 87 Abs 1 Satz 1 dAktG besondere Bedeutung zukommen. Welche Grenzen sich daraus für die Höhe einer Prämie ergäben, entziehe sich – so der BGH – generalisierender Betrachtung und bedürfe angesichts der Besonderheiten des zu entscheidenden Falles keiner näheren Erörterung.

---

[986] BGH 21.12.2005, BB 2006, 323 ff = ZIP 2006, 72 ff.

Eine im Dienstvertrag nicht vereinbarte Sonderzahlung für eine geschuldete Leistung, die ausschließlich belohnenden Charakter habe und der Gesellschaft keinen zukunftsbezogenen Nutzen bringen könne – dafür verwendete der BGH die Bezeichnung „*kompensationslose Anerkennungsprämie*" – sei dem gegenüber als treupflichtwidrige Verschwendung des anvertrauten Gesellschaftsvermögens zu bewerten. Sie sei *bereits dem Grunde nach unzulässig*, ohne dass es auf die Frage ankomme, ob die Gesamtbezüge des begünstigten Vorstandsmitgliedes unter Einschluss der Sonderzahlungen nach den Grundsätzen des § 87 Abs 1 Satz 1 dAktG der Höhe nach noch als angemessen beurteilt werden könnten.

341 Die in der aktienrechtlichen Literatur im Gegensatz dazu vertretene Auffassung, eine freiwillige Sonderzahlung sei zur Belohnung einer in der Vergangenheit erbrachten besonderen Leistung – unabhängig von einer Anreizwirkung oder einem sonstigen für die Gesellschaft eintretenden Vorteil generell dann zulässig, wenn die Gesamtvergütung des Begünstigten den Grundsätzen über die Höhe der Bezüge der Vorstandsmitglieder nach § 87 Abs 1 Satz 1 dAktG entspreche,[987] lehnte der BGH ausdrücklich ab.

Auch den unter Zugrundelegung dieses Begründungsansatzes theoretisch möglichen Ausweg einer einvernehmlichen Abänderung des Anstellungsvertrages ließ der BGH nicht zu. Denn dann läge – so das Höchstgericht – die Verletzung der Vermögensbetreuungspflicht eben gerade in der freiwilligen Änderung des Dienstvertrages, der der Gesellschaft keinen Nutzen brächte. Dies gelte im Übrigen unabhängig davon, ob die Vertragsänderung zivilrechtlich wirksam sei oder nicht.

Auch der Einwand, dass eine besonders erfolgreiche Tätigkeit nachträglich besser beurteilt werden könne als bei Abschluss des Dienstvertrages, könne nicht überzeugen, denn es bestünden vielfältige Gestaltungsmöglichkeiten bei Abschluss des Dienstvertrages, um eine leistungsgerechte Vergütung des Vorstandsmitgliedes sicherzustellen. Darüber hinaus sei der „*Erfolg einer geschuldeten Tätigkeit für sich allein kein rechtfertigender Grund dafür, das im ursprünglichen Dienstvertrag von den Parteien als angemessen bewertete Verhältnis von Leistung und Gegenleistung nachträglich einseitig zum Nachteil der Gesellschaft abzuändern.*"[988] Immerhin habe die Gesellschaft umgekehrt das Vertragsrisiko auch dann zu tragen, wenn das Vorstandsmitglied die in es gesetzten Erwartungen nicht erfülle.

Aus der grundsätzlichen Zulässigkeit einer sogenannten „Ermessenstantieme" könne die Zulässigkeit einer „*kompensationslosen Anerkennungsprämie*" wie im

---

[987] Vgl *Hüffer,* Beilage 7 zu BB 2003, 18 ff; *Baums,* Anerkennungsprämien für Vorstandsmitglieder, Johann Wolfgang Goethe-Universität Frankfurt am Main, Institut für Bankrecht Nr 121, 2 ff; *Fonk,* NZG 2005, 248; *Liebers/Hoefs,* Anerkennungs- und Abfindungszahlungen an ausscheidende Vorstandsmitglieder, ZIP 2004, 97; *Hoffmann-Becking,* ZHR 169 (2005) 155 (161 ff); *Kort,* NJW 2005, 333. Dass sich der BGH von dieser „Phalanx" ziemlich unbeeindruckt zeigte, dürfte zumindest auch darauf zurückzuführen sein, dass es sich dabei zum überwiegenden Teil um Auftragsarbeiten (zB für die Deutsche Bank) handelte, was freilich die Überzeugungskraft diverser, dem BGH widersprechender Argumente nicht schwächt.

[988] Der BGH beruft sich dabei auf *Martens,* ZHR 169 (2005) 124 (128 ff), dessen Sichtweise freilich in Deutschland bislang vereinzelt geblieben ist (*Fonk* in Semler/v. Schenck, ARHdb⁴ § 10 Rz 145).

Fall Mannesmann nicht abgeleitet werden. Die innerhalb eines Geschäftsjahres ausbezahlte Ermessenstantieme zeichne sich gerade dadurch aus, dass sie eine dienstvertragliche Stütze habe und ihre Höhe nach pflichtgemäßem Ermessen vom Präsidium des Aufsichtsrates oder dessen Vorsitzenden festgesetzt werde. Von einer solchen Tantieme gehe regelmäßig auch eine Anreizwirkung aus, besondere Leistungen zu erbringen.

Die Kritik an der Mannesmann-E kann und soll hier nicht in vollem Umfang wiederholt bzw vertieft werden. Die folgenden Ausführungen enthalten daher nur eine Zusammenfassung der mE wesentlichen Argumente. Der BGH errichtet für den Aufsichtsrat der AG strafrechtlich bewehrte Schranken für die Vorstandsentlohnung, die mit der in Österreich durch § 78 Abs 1 AktG (und in Deutschland durch § 87 Abs 1 dAktG) geprägten Rechtslage nicht in Einklang zu bringen sind. Die Konsequenzen der Richtigkeit der Auffassung des BGH wären gravierend, ja für die Praxis geradezu desaströs. Dem Aufsichtsrat wäre dann nämlich jede im Nachhinein, also nach Erbringung der Leistung zuerkannte Vergütung von Vorstandsmitgliedern untersagt, wenn durch die Vergütung nicht entweder das begünstigte Vorstandsmitglied selbst zu weiteren Leistungen motiviert wird, was bei dessen nahendem Ausscheiden unmöglich ist – oder die Vergütung nicht zumindest einen Anreiz für andere Vorstandsmitglieder oder Führungskräfte des Unternehmens entfaltet, was deren Publizierung voraussetzt. Der Aufsichtsrat würde sich dann in vielen, sehr „unspektakulären" Fallkonstellationen mit einem Bein im Kriminal bewegen. Denn „kompensationslose" Anerkennungsprämien sind laut BGH ja *„schon dem Grunde nach unzulässig"*; auf ihre Höhe kommt es nicht an. Entscheidet also der Personalausschuss des Aufsichtsrates bei Ausscheiden eines verdienten Vorstandsmitgliedes spontan, diesem den von ihm benutzten Dienstwagen zu schenken, wäre dies auf Grundlage der Mannesmann-E genauso pflichtwidrig wie die Ausrichtung einer größeren Verabschiedungsfeier für ein langjährig tätiges Vorstandsmitglied auf Gesellschaftskosten. EUR 30.000,– müssten nämlich auf der Grundlage der Meinung des BGH genauso Untreue sein wie EUR 30 Mio. Dagegen, solches zu kriminalisieren, sperrt sich schon der Hausverstand, freilich nicht nur dieser.

342

Kardinaler Fehler der Mannesmann-E ist das *Ignorieren des aktiengesetzlichen Angemessenheitsgebotes*. Wie der OGH in der E vom 11. Juni 2008[989] zutreffend ausführte, gibt es kein dem § 78 Abs 1 AktG bei der Bemessung der Vorstandsbezüge gleichsam „vorgelagertes" Unternehmensinteresse/Unternehmenswohl; vielmehr ist § 78 Abs 1 AktG nichts anderes als die spezifische Ausprägung der in § 70 AktG vorgegebenen Leitmaxime. Das aktienrechtliche Angemessenheitsgebot als spezifische gesetzliche Ausprägung eines interessengerechten Handelns in der Kapitalgesellschaft behandelt nämlich sowohl die Frage nach dem „Ob" der Vergütungszusage als auch nach dem „Wie" bzw dem „Wie hoch".[990] Die Sichtweise des BGH verkennt einfach, dass die ordnungsgemäße und sorgfaltskonforme Wahrnehmung der Aufsichtsratsaufgabe zur Regelung der Vorstandsvergütung es dem Aufsichtsrat selbstverständlich gestattet, die im Anstellungsvertrag verein-

343

---

[989] OGH 7 Ob 58/08t GesRZ 2008, 378 (*Kalss/Zollner*) = wbl 2008, 598 (*U. Torggler*) = ecolex 2008, 926 (*Reich-Rohrwig*) = GeS 2008, 356 (*Schopper/Kapsch*).
[990] So treffend *Dittrich*, Untreuestrafbarkeit (2007) 98.

barte Vergütung *nachträglich* an vom Vorstandsmitglied erbrachte überobligationsgemäße, also durch die festgelegte Vergütung nach verantwortlichem Ermessen des Aufsichtsrates nicht abgegoltene[991] Leistungen (nach oben) *anzupassen*, ohne deshalb auf für die Gesellschaft damit verbundene zukünftige Vorteile blicken zu müssen. *Peltzer*[992] hat zu Recht darauf hingewiesen, dass das höchste Ziel jeder Rechtsordnung die Herstellung von Gerechtigkeit und die Verhinderung von Äquivalenzstörungen ist und das geltende Zivilrecht – dies gilt für Deutschland gleichermaßen wie für Österreich – diverse Rechtsbehelfe zur Verfügung stellt, um dieses Ziel so weit wie möglich zu erreichen. Warum der Aufsichtsrat dies nicht tun dürfen soll, ist rätselhaft.

344 Zumindest für den österreichischen Rechtsbereich kommt hinzu, dass § 78 Abs 1 AktG anerkanntermaßen dem Aufsichtsrat bei der ordnungsgemäßen Wahrnehmung der Vergütungsverantwortung eine *dynamische Betrachtungsweise* abverlangt.[993] Zumindest bei der bis vor der Novellierung durch das VorstAG gültigen Fassung des § 87 Abs 1 dAktG wird dagegen nach hA die Verpflichtung zur Gewährung angemessener Bezüge statisch auf den Zeitpunkt ihrer Festsetzung bezogen,[994] was aber nichts daran ändert, dass auch nach deutschem Aktienrecht dem Aufsichtsrat die laufende Überprüfung der Angemessenheit der Vorstandsbezüge keineswegs verwehrt ist.[995]

345 Der BGH übersieht auch, dass er den Aufsichtsrat bei der Zuerkennung von Vorstandsvergütungen – noch dazu strafrechtlichen – Schranken unterwirft, die für den Vorstand selbst bei der Festlegung der Vergütung leitender oder sonstiger Angestellter anerkanntermaßen nicht gelten. Soweit ersichtlich, ist bislang noch nicht bestritten worden, dass ein Arbeitgeber (bei einer AG also vertreten durch deren Vorstand) einem Arbeitnehmer außerhalb des vereinbarten Dienstvertrages zusätzliche Leistungen gewähren darf, ohne sich strafbar zu machen und dies selbst dann, wenn das Ausscheiden des Mitarbeiters bevorsteht oder der Mitarbeiter ausgeschieden ist bzw die Vergütung anlässlich des Ausscheidens gewährt wird. Warum sollte der Aufsichtsrat dem Vorstand Vergütungen nicht zuerkennen dürfen, die der Vorstand rechtlich unbedenklich den ihm unterstellten Mitarbeitern gewähren darf?[996]

Die vom BGH ausgemachte „Anreizwirkung" für andere Führungskräfte ist nichts anderes als eine Fiktion vermögensmäßiger Kompensation. Dieses vom Höchstgericht gefundene – man ist fast versucht zu sagen, erfundene – Kriterium

---

[991] Nur zur Vermeidung von Missverständnissen: Dies bedeutet nicht, dass es sich um eine Situation handeln muss, in der das Vorstandsmitglied – zB im Wege ergänzender Vertragsauslegung – ein durchsetzbares *Recht* auf ein Mehrentgelt haben muss; dabei geht es bei der Angemessenheitsbeurteilung nicht.

[992] *Peltzer*, ZIP 2006, 205 (207).

[993] Vgl *G. Schima*, RdW 1990, 448 (452); OGH 7 Ob 58/08t, GesRZ 2008, 378 (*Kalss/Zollner*) = wbl 2008, 598 (*U. Torggler*) = ecolex 2008, 926 (*Reich-Rohrwig*) = GeS 2008, 356 (*Schopper/Kapsch*).

[994] Vgl zB *Mertens* in KölnKommAktG² § 87 Rz 1; vgl auch *Dittrich*, Untreuestrafbarkeit 101 und Fn 418.

[995] Mittlerweile wurde § 87 dAktG ja – wie gesagt – durchgreifend geändert.

[996] Zutr *Hoffmann-Becking*, NZG 2006, 129.

entzieht sich rationaler Einordnung weitgehend.[997] Gerade für Zwecke des Strafrechtes ist ein derart schwammiges Kriterium wie die Entfaltung eines Leistungsanreizes gegenüber Dritten rechtsstaatlich unerträglich.

Weiters verleitet die Mannesmann-E zu dem Schluss, dass Leistungen an Vorstandsmitglieder, bei denen der Fürsorgecharakter im Vordergrund steht, erst recht verboten sein müssen. Dies überzeugt aber ebenfalls in keiner Weise. *Schünemann*[998] meint, niemand hätte von Untreue gesprochen, wenn Herr Esser sich im Abwehrkampf gegen Vodafone gesundheitlich ruiniert, er einen Schlaganfall erlitt und der Aufsichtsrat ihm daraufhin eine Anerkennungsprämie in bedeutender Höhe zuerkannt hätte. In der Begründungslogik des Mannesmann-Urteils wäre aber auch das Untreue, und wäre sie das nicht, müsste man gerade darin einen Beleg für die Willkürlichkeit der erzielten Ergebnisse und der Sichtweise des BGH erblicken.

Richtigerweise ist auch die nachträgliche Zuerkennung von Vergütungen, bei denen nicht eine besondere Leistung des Vorstandsmitgliedes, sondern der Fürsorgegedanke im Vordergrund steht, nicht per se pflichtwidrig, sondern kann sich sehr wohl im Rahmen verantwortlichen Aufsichtsratsermessens bewegen. Erleidet ein verdientes und langjährig tätiges Vorstandsmitglied einen Schlaganfall, so kann die spontane Zuerkennung einer bislang nicht geregelten Berufsunfähigkeitspension trotz der damit für die Gesellschaft verbundenen, uU beträchtlichen finanziellen Belastung zulässig sein und jedenfalls die Unzulässigkeit nicht allein daraus gefolgert werden, dass sich nach dem Sachverhalt die Annahme einer Anreizwirkung für den Betroffenen ebenso verbietet wie für andere Führungskräfte, weil diese ja nicht die Honorierung einer besonderen Leistung registrieren.

Der Kern der Kritik gegen die Mannesmann-E liegt freilich darin, dass sich der BGH mit der Schaffung der seltsamen Rechtsfigur der *„kompensationslosen Anerkennungsprämie"* in Wahrheit *vor der Angemessenheitsprüfung drücken* wollte. Das und nur das wäre aber der methodologisch richtige Weg gewesen, denn – wie *Peltzer*[999] ganz zutreffend schreibt, ist wohl auch die in der Hauptverhandlung von einem der Verteidiger geäußerte Einschätzung zutreffend, dass *„kein Hahn gekräht"* (oder gar „Untreue" gerufen) hätte, wenn an Herrn Esser nicht DM 30 Mio, sondern nur DM 3 Mio gezahlt worden wären, und sei es auch zur Gänze als *„kompensationslose Anerkennungsprämie"*.[1000]

Dem Strafsenat des BGH waren offenkundig die gezahlten Vergütungen zu hoch; er wollte sich aber partout nicht auf das Minenfeld der Angemessenheitsbeurteilung begeben.[1001]

---

[997] Vgl *Peltzer*, ZIP 2006, 208, der davon spricht, damit werde die Gefahr heraufbeschworen, sich *„schrittweise ins Reich der Absurditäten"* zu begeben, weil man zB die Verteidigung in einem Strafverfahren damit veranlasse, in der Gerichtsverhandlung Führungskräfte des Unternehmens aufmarschieren zu lassen, die darüber aussagen sollten, ob sie sich durch die Zahlungen an ein Vorstandsmitglied motiviert fühlten oder nicht.

[998] *Schünemann*, Der Bundesgerichtshof im Gestrüpp des Untreuetatbestandes, NStZ 2006, 196 (199).

[999] *Peltzer*, ZIP 2006, 208.

[1000] *Peltzer*, ZIP 2006, 208.

[1001] Ein Minenfeld wäre dies gewiss gewesen. Denn das Gericht hätte zB in Bezug auf Herrn Esser zu beurteilen gehabt, ob ein Teil der „Anerkennungsprämie" mit der von Herrn Esser

348 Nicht zuletzt ist auch auf die Rechtsunsicherheit zu verweisen, die (in Deutschland) die Mannesmann-E hinterlassen hat. Denn der Aufsichtsrat muss nun versucht sein, für die Abgeltung ganz besonderer und nicht vorhersehbarer Leistungen eine taugliche und anstellungsvertragliche Grundlage zu schaffen. Dabei kann der Aufsichtsrat in ein seltsames Dilemma geraten. Ist er nämlich bestrebt, möglichst viel Handlungsspielraum zu behalten, wird er – durchaus im Interesse der Gesellschaft – von der Verankerung von „Ankündigungsklauseln" tendenziell absehen. Tut er dies, setzt er sich jedoch – unter Zugrundelegung des BGH – sogar der Gefahr strafrechtlicher Verantwortlichkeit aus, wenn er nach tatsächlicher Erbringung einer außergewöhnlichen Leistung dem Vorstandsmitglied eine Sondervergütung bewilligt, die im Anstellungsvertrag nicht einmal grundsätzlich umschrieben wird.[1002] Welche Art von Vertragsklausel für den BGH ausreichend ist, als anstellungsvertragliche „*Anspruchsgrundlage*" anerkannt zu werden, lässt das Höchstgericht offen und produziert damit große Rechtsunsicherheit.[1003] Vielleicht führt die Mannesmann-E zumindest in Deutschland tatsächlich zu einer „Renaissance der Ermessenstantieme"[1004], die in den letzten Jahren sowohl in Deutschland als auch in Österreich zunehmend aus der Mode kam.

349 Ganz unabhängig davon ist es aber jedenfalls untragbar, die Pflichtgemäßheit bzw Pflichtwidrigkeit oder gar die Strafbarkeit von Vorstandsvergütungen davon abhängig zu machen, ob sich im Anstellungsvertrag eine – in verschiedenen Varianten im deutschen Schrifttum schon vorgeschlagene – formularmäßige Klausel findet, dass der Aufsichtsrat bei besonderen Leistungen besondere Vergütungen gewähren kann, oder ob diese Klausel – vielleicht irrtümlich – vergessen wurde.[1005]

Ob der Aufsichtsrat die Vergütung für eine „Sonderleistung" dem Vorstandsmitglied vor oder nach Leistungserbringung gewährt, kann weder für die aktienrechtliche noch und schon gar nicht für die strafrechtliche Beurteilung einen Unterschied machen, denn es geht letztlich (nur) um Äquivalenz und Angemessenheit. Die Sichtweise des BGH führt letztlich dazu, dass ein Vorstandsmitglied, das seine finanziellen Interessen stärker in den Vordergrund stellt, gleichsam „un-

---

geleistete und durch die anstellungsvertraglichen Vergütungen nicht adäquat abgegoltene Aufbauarbeit in der Telekommunikationssparte zu rechtfertigen war und welcher Teil auf den Abwehrkampf entfiel. Hinsichtlich der Vergütung für die Leistungen im Abwehrkampf – und das stand nach den Urteilsfeststellungen ja deutlich im Vordergrund – hätte das Gericht zu berücksichtigen gehabt, ob die Verschaffung von finanziellen Vorteilen gegenüber Aktionären – freilich nur denen, die zum richtigen Zeitpunkt verkauften, bevor die Aktienkurs-Spekulationsblase wieder zusammenfiel – solche Vergütungen rechtfertigte und wie in dieser Rechnung der enormen Kosten des Abwehrkampfes zu berücksichtigen waren, die Mannesmann zu tragen hatte (*Peltzer*, ZIP 2006, 208). Bei Anstellung einer diese Aspekte berücksichtigenden Betrachtung wäre das vom BGH erzielte Ergebnis mE durchaus zu rechtfertigen gewesen, denn in dem Fall passierten ganz offenkundig gleich mehrere schwere Ermessensfehler (zutr *Schünemann*, Der BGH im Gestrüpp des Untreuetatbestandes, NStZ 2006, 196 [199]).

[1002] Vgl *Fonk* in Semler/v. Schenck, ARHdb[4] § 10 Rz 146 ff.
[1003] Vgl *Fonk* in Semler/v. Schenck, ARHdb[4] § 10 Rz 146 ff.
[1004] So *Fonk* in Semler/v. Schenck, ARHdb[4] § 9 Rz 115.
[1005] Vgl *Hoffmann-Becking*, NZG 2006, 130.

verschämter" verhandelt und sich rechtzeitig *vor* einer Unternehmensübernahme um eine entsprechende Prämienvereinbarung kümmert, besser gestellt ist als jenes Vorstandsmitglied, das eine (wenn auch vom Vorstand grundsätzlich geschuldete, so doch außergewöhnliche) Leistung einfach im Vertrauen darauf erbringt, der Aufsichtsrat werde ihm vielleicht nach erfolgreichem Abschluss eine Prämie zuerkennen. Auch gegen eine solche Differenzierung sträubt sich nicht allein der Hausverstand.

l) Zahlungen für geräuschlose Trennung

Die vorzeitige Auflösung von Vorstandsmandat und Anstellungsvertrag ist meist ein heikles Unterfangen, sowohl für das Vorstandsmitglied als auch für die Gesellschaft. Die Gründe für einen Wechsel im Management der AG sind mannigfaltig; nicht immer sind handfeste wichtige Gründe, wie etwa grobe Pflichtverletzungen des Vorstandsmitglieds vorhanden, die eine Abberufung rechtfertigen würden. Um Rechtsstreitigkeiten oder auch einen medialen Schlagabtausch im Zusammenhang mit einer Abberufung zu vermeiden, streben Gesellschaften und Manager oft einvernehmliche Lösungen an. Man darf nicht vergessen, dass ein Umbau in der Führung der Gesellschaft oft eine starke – negative wie positive – Wirkung haben kann, auf Kunden, Geschäftspartner, Finanzierer und Aktionäre. Eine gütliche Einigung hat daher für beide Seiten einen gewissen Preis. In Situationen, in denen das Vorstandsmitlied die besseren Karten in der Hand hat, sieht sich die Gesellschaft nicht selten veranlasst, das Vorstandsmitglied durch eine Zahlung für die „geräuschlose Trennung" zur Mandats- und Vertragsbeendigung zu bewegen.

Solche Zahlungen sind ebenfalls Bestandteil der Vergütung und unterliegen daher dem Angemessenheitsgebot des § 78 AktG. Eine besondere Leistung wird mit solchen Zahlungen üblicherweise nicht vergütet, sondern sie soll die Unsicherheiten für beide Seiten ausgleichen, die mit einer Anfechtungsklage gegen eine Abberufung verbunden wären. Im Hinblick auf den zukunftsgerichteten Nutzen für die Gesellschaft werden solche Zahlungen besonders kritisch hinterfragt.

Auch die Rsp musste sich in der schon mehrfach erwähnten E des OGH[1006] vom 11. Juni 2008 mit einer Zahlung für geräuschlose Trennung auseinandersetzen. In dem der Entscheidung zugrundeliegenden Sachverhalt ging es nicht (primär) um die Vergütung von „Leistungen", sondern der Aufsichtsrat gewährte zwei knapp davor suspendierten Vorstandsmitgliedern im Zuge des Ausscheidens neben der Auszahlung des noch etwas weniger als ein Jahr laufenden Anstellungsvertrages „*freiwillige Abfertigungen*" in Höhe von jeweils etwas über EUR 500.000,– bzw über EUR 600.000,– nur dafür, dass die beiden Vorstandsmitglieder sich ohne größeres Aufsehen verabschiedeten und in eine einvernehmliche Auflösung einwilligten. Der E ist nicht zu entnehmen, in welcher Relation die gezahlten freiwilligen Abfertigungen zu einem Jahresbezug standen, was für die Beurteilung der Angemessenheit iSd § 78 Abs 1 AktG natürlich nicht ohne Belang ist. Da es sich bei der betroffenen Gesellschaft (Hirsch Servo AG) aber um eine verhältnismäßig kleine börsenotierte Gesellschaft handelt, muss man davon ausgehen, dass die freiwillige

---

[1006] 7 Ob 58/08t – Hirsch Servo.

Abfertigung in beiden Fällen wohl deutlich über einer Jahresvergütung lag. Dass der OGH den Umstand, dass der Bilanzgewinn der Gesellschaft unter Berücksichtigung der Zahlung der freiwilligen Abfertigungen mit rund EUR 700.000,– nur wenig mehr als die Hälfte der Summe der beiden Abfertigungen betrug, als für die „Noch-Angemessenheit" der Abfindungen heranzog, befremdet ebenso wie die Bezugnahme auf die offenbar nach Verabschiedung der beiden Vorstandsmitglieder eingetretene Steigerung des Börsenkurses.[1007]

353   Unabhängig davon hätte der OGH, wie oben schon angedeutet, aber die Frage mE zumindest aufwerfen sollen, ob ein Aufsichtsrat überhaupt befugt ist, bei der Trennung von einem Vorstandsmitglied *über die Auszahlung des gesamten Vertrages hinaus* geldwerte Leistungen nur dafür zu erbringen, dass das Vorstandsmitglied in eine einvernehmliche Trennung einwilligt und keine „Schmutzwäsche gewaschen" wird. ME kann diese Frage zumindest nicht generell mit Nein beantwortet werden; insofern würde ich dem OGH – der das Problem nicht reflektierte – vorsichtig zustimmen. Es ist aber auch richtig, wenn *Kalss/Zollner*[1008] die unreflektierte Bezugnahme auf „Prozessvermeidung" und „Verhinderung von Reputationsschaden" als *„schablonenhaftes Totschlagargument"* bezeichnen.

In Wahrheit vermag man auf der Basis der dürftigen Angaben im Urteil mE nicht verlässlich zu beurteilen, ob der Aufsichtsrat bei der Vereinbarung der Konditionen für das Ausscheiden der beiden suspendierten Vorstandsmitglieder das ihm eingeräumte – durchaus beträchtliche (da ist dem OGH zuzustimmen) – Ermessen wirklich in verantwortlicher Weise ausgeübt hat. Denn man fragt sich hier ja (und erfährt es nicht), wofür dieses Geld wirklich genau gezahlt wurde. Wenn der Aufsichtsrat es dafür bewilligte, dass er (möglicherweise fälschlich; siehe Rz 552) meinte, sich damit eine ad hoc-Meldung über die erfolgten Suspendierungen ersparen zu können, ist dies keine korrekte Vorgangsweise.[1009] Bei Lektüre der E gewinnt man auch den Eindruck, nicht wirklich alles über die Hintergründe der Vorgangsweise des Aufsichtsrates zu erfahren. Möglicherweise war es doch so, dass der Aufsichtsrat (oder auch der Mehrheitsaktionär, dessen Repräsentant und Aufsichtsratsvorsitzender der Gesellschaft sich freilich formell von den Zahlungen distanzierte) die Befürchtung hatte, die beiden suspendierten Vorstandsmitglieder würden bei Bekanntwerden der Suspendierung im Wege einer ad hoc-Mitteilung zu einer öffentlichen Verteidigung gegen die damit verbundene Rufschädigung ansetzen und dabei vielleicht Unternehmensinterna oder auch Umstände preisgeben, an deren Bekanntwerden dem Aufsichtsrat oder dem Mehrheitsaktionär nicht gelegen war. Dass ein Aufsichtsrat, um so etwas zu verhindern, in den Verhandlungen mit Vorstandsmitgliedern gewisse Flexibilität an den Tag legen darf, sollte dem Grunde nach anerkannt sein. Es kommt aber eben schon auf die konkrete Interessenlage an. Und es ist dabei zugleich zu bedenken, dass die kapitalmarktrechtlichen Offenlegungspflichten sich eben nicht auf die Verbreitung von für das Unternehmen positiven Nachrichten beschränken.

[1007] Irritiert darüber auch *Kalss/Zollner*, GesRZ 2008, 378 (385).
[1008] GesRZ 2008, 378 (385).
[1009] IdS auch *Kalss/Zollner*, GesRZ 2008, 378 (384).

Naheliegend ist mE in Anbetracht einschlägiger Erfahrungen, dass der Aufsichtsrat die freiwilligen Abfertigungen vor allem auch vor dem Hintergrund folgender Umstände gewährte, die mE eine nicht allzu professionelle – wenn auch nicht notwendigerweise haftungsbegründende – Vorgangsweise erkennen lassen: Offenbar hatte man mit der Untersuchung durch eine Wirtschaftsprüfungsgesellschaft Anhaltspunkte für gewisses Missmanagement gefunden, die aber als Abberufungsgrund der groben Pflichtverletzung anscheinend nicht ausreichten. Dessen ungeachtet ließ sich der Aufsichtsrat zum „Schnellschuss" einer Suspendierung hinreißen, die zwar ihrer Natur nach eine vorläufige Maßnahme ist, de facto aber die Einbahnstraße in die Beendigung des Mandats bedeutet.[1010] Nun stand der Aufsichtsrat vor dem Problem, dass bei einer Abberufung wegen grober Pflichtverletzung ein Gerichtsverfahren mit entsprechender Publizitätswirkung wohl unausweichlich war, die Abberufung nach Fassung eines Misstrauensvotums durch die Hauptversammlung (die nach der Sachlage und in Anbetracht der Rsp des OGH[1011] zweifellos rechtlich „wasserdicht" zu bewerkstelligen gewesen wäre) in einer börsenotierten Gesellschaft ebenfalls mit negativer Publizität verbunden ist und – meiner Erfahrung gemäß – so gut wie immer unterbleibt, weil der Öffentlichkeit, den Aktionären und dem Kapitalmarkt nicht erklärt werden kann, dass ein zur Abberufung berechtigendes Misstrauensvotum keinerlei Pflichtverletzung und nicht einmal erfolgloses Wirtschaften durch den Vorstand voraussetzt. Somit hatte sich der Aufsichtsrat mit der Suspendierung in eine Sackgasse manövriert, weil die kommentarlose Rücknahme der Suspendierung mit der Folge einer „Weiterarbeit wie bisher" aufgrund des zerrütteten Vertrauensverhältnisses ebenfalls ausschied. In dieser Situation hatten die beiden Vorstandsmitglieder in der Tat ein Druckmittel, in den Verhandlungen Zahlungen durchzusetzen, die sogar über die Auszahlung des Anstellungsvertrages hinausgingen. Denn sie mussten ja nur argumentieren, dass sie einfach weiter ihr Amt ausüben wollten, was den Aufsichtsrat dazu gezwungen hätte, entweder die Suspendierungen zurückzunehmen oder nach spätestens ein paar Wochen (eine Suspendierung länger aufrecht zu erhalten ist rechtlich höchst problematisch)[1012] die Suspendierung in eine Abberufung wegen grober Pflichtverletzung mit der Konsequenz eines Rechtsstreites überzuleiten oder durch Einberufung einer Hauptversammlung und Fassung eines Misstrauensvotums die Öffentlichkeit gleichsam „erste Reihe fußfrei" an den Auseinandersetzungen teilnehmen zu lassen.

Der Fehler wurde allem Anschein nach schon dadurch begangen, dass man bereits bei Durchführung der Untersuchung durch die Wirtschaftsprüfungskanzlei sich nicht überlegte, ob man im Falle entsprechender Ergebnisse auch bereit sein würde, den Vorstand streitig zu verabschieden, also zu entlassen.

Letztlich muss man auch bedenken, dass es nicht unbedingt ein nur negatives Signal am Kapitalmarkt sein muss, wenn ein Aufsichtsrat gegen einen schlecht wirtschaftenden Vorstand nötigenfalls hart durchgreift. Die hier von den verant-

---

[1010] Zutr *Kalss/Zollner*, GesRZ 2008, 378 (383 f).
[1011] Vgl OGH 1 Ob 294/97k RdW 1998, 461; OGH 1 Ob 191/02y RdW 2003, 140.
[1012] Vgl *G. Schima*, ecolex 2006, 456: idR maximal drei Monate (zu streng *Krieger*, Personalentscheidungen 153, und *Merten/Cahn* in KölnKommAktG³ § 84 Rz 189: höchstens einen Monat).

wortlichen Organmitgliedern eingenommene Sichtweise, dass es besser sei, den Konflikt „unter den Teppich zu kehren", entspricht zwar einer in Österreich nur allzu oft beobachteten „Lösung", ist aber unter Transparenzgründen problematisch.

Dass diese alles in allem nicht sehr professionelle Vorgangsweise des Aufsichtsrates auch die Haftung der für die freiwilligen Abfertigungen stimmenden Mitglieder auslöste, halte ich dennoch für zweifelhaft, auf der Grundlage der dürftigen Sachverhaltsinformationen freilich für nicht verlässlich beurteilbar.[1013] Denn der Aufsichtsrat verhielt sich zwar nicht geschickt und er beurteilte wohl auch die kapitalmarktrechtlichen Offenlegungspflichten unrichtig; immerhin sahen aber drei von vier Rezensenten der E des OGH vom 11. Juni 2008 darin anscheinend ebenfalls kein Problem. Entschuldbaren Rechtsirrtum könnte man dem Aufsichtsrat daher diesbezüglich uU zubilligen, wenn man nicht ohnehin der Auffassung ist, eine Aufschiebung sei hier vertretbar gewesen, weil der Erfolg der Trennungsverhandlungen durch die öffentliche Bekanntgabe der Suspendierungen gefährdet gewesen wäre. Freilich käme dann allemal noch eine Haftung für die geleisteten Abfindungen in Betracht – so etwa, wenn diese in Wahrheit deshalb gezahlt wurden, weil der Aufsichtsrat auch das Bekanntwerden eigener (Kontroll-)Versäumnisse auf diese Weise verhindern wollte. Der E kann dies nicht entnommen werden, und dass der OGH sich mit dem lapidaren und nicht begründeten Verweis der Aufsichtsratsmitglieder begnügt, sie hätten angenommen, eine nicht gütliche Trennung von den beiden Vorstandsmitgliedern hätte der Gesellschaft einen die Zahlung der Abfertigungen noch übersteigenden Schaden zufügen können, ist das eigentlich Problematische an dem Erk des Höchstgerichtes.

m) D&O-Versicherung

356   D&O-Versicherungen[1014] sind Vermögensschadens-Haftpflichtversicherungen für Manager mit idR gut dimensionierter Rechtsschutzversicherung. Sie wirken zu Gunsten des Managers (versicherte Person),[1015] kommen jedoch auch in gewisser Weise der Gesellschaft (Versicherungsnehmer) zu Gute und sichern ihr (bzw ihren Gläubigern) einen Haftungsfonds. Die D&O-Versicherung ist eine Versicherung für fremde Rechnung iSd §§ 74 ff VersVG.[1016] Versicherungsnehmer und Prämienschuldner ist die Gesellschaft, Versicherter der betroffene Manager bzw eine Gruppe von Managern. Nicht selten kommt es vor, dass das Management einer ganzen Unternehmensgruppe versichert ist; als Versicherungsnehmer tritt dann meist, aber nicht immer die Konzernobergesellschaft auf. Einbezogen sind in aller Regel auch die Mitglieder des Aufsichtsrates. Die begünstigten Personen werden nicht namentlich in die Polizze aufgenommen, sondern pauschal umschrieben: ZB

[1013] Für eine Haftung aber anscheinend *Kalss/Zollner*, GesRZ 2008, 378 (384 f).
[1014] Vgl *Kort*, Voraussetzungen der Zulässigkeit einer D&O-Versicherung von Organmitgliedern, DStR 2006, 799 (802 f); siehe die ausführliche Darstellung von *Fleischer*, Handbuch des Vorstandsrechts § 12 Rz 1 ff; für Ö *Gruber/Wax*, Wer ist für den Abschluss einer D&O-Versicherung zuständig? wbl 2010, 169.
[1015] Üblicherweise erfassen D&O-Versicherungen Vorstandsmitglieder, Geschäftsführer, leitende Angestellte sowie Aufsichtsratsmitglieder.
[1016] Vgl *Dreher*, Die Rechtsnatur der D&O-Versicherung, DB 2005, 1669 (1670); *Olbrich*, Die D&O-Versicherung² (2007) 53.

aktuelle und ehemalige Mitglieder des Führungsorgans und des Überwachungsorgans der Gesellschaft und deren Tochtergesellschaften.[1017]

Die Versicherung deckt das Risiko von Organmitgliedern ab, aufgrund von Fehlhandlungen bei der Ausübung ihrer Organtätigkeit[1018] entweder der Gesellschaft gegenüber (Innenhaftung) oder Dritten (Außenhaftung) verantwortlich zu werden.[1019] Gedeckt sind Vermögensschäden, also Schäden, die weder Personenschäden[1020] noch Sachschäden[1021] sind oder sich aus solchen Schäden ableiten.[1022] **357**

Der Schutz des Managers umfasst – kurz gefasst – zwei Komponenten: Erstens den **Abwehrschutz**, also die notwendigen Verteidigungs- und Beratungskosten im Zusammenhang mit der Abwehr unberechtigter Schadenersatzansprüche (dh Rechtsanwaltskosten, aber auch außergerichtliche Kosten).[1023] Die zweite Komponente ist die **Freistellung** von berechtigten Schadenersatzansprüchen durch den Versicherer. Der Versicherer hat die geltend gemachten Haftungsansprüche zu prüfen und vorerst die Wahl, ob er die Abwehr finanziert, oder die erhobenen Ansprüche befriedigt.[1024] Ist ein Schadenersatzanspruch der Gesellschaft oder eines Dritten durch rechtskräftiges Urteil, Anerkenntnis oder Vergleich festgestellt, hat der Manager den Anspruch gegen die Versicherung, ihn von der Verbindlichkeit zu befreien, dh an den Anspruchsberechtigten zu leisten.[1025] **358**

Die D&O-Versicherung funktioniert nach dem sogenannten „**claims made-Prinzip**", also dem Anspruchserhebungsprinzip (im Gegensatz zu dem in der Haftpflichtversicherung sonst geltenden Verstoßprinzip). Wird während der Dauer des Versicherungsvertrages (idR ein Jahr mit automatischer Verlängerung, falls nicht gekündigt wird[1026]) ein versicherter Manager von der Gesellschaft oder einem Dritten ernsthaft auf Schadenersatz in Anspruch genommen, tritt der Versicherungsfall ein und der Versicherer ist zur Leistung verpflichtet.[1027] Die versicherten Personen treffen eine Reihe von Obliegenheiten, wie etwa die rechtzeitige Meldung der Inanspruchnahme. Es kommt daher nicht darauf an, wann die schädigende Handlung oder der Schadenseintritt erfolgten. Die Schädigung kann auch aus einer Zeit vor Abschluss des Versicherungsvertrages stammen,[1028] solange im Zeitpunkt der Geltendmachung des Schadenersatzanspruchs der Versicherungsvertrag (bzw eine allfällige Nachmeldefrist) aufrecht ist, der Anspruch geltend gemacht wird und noch nicht verjährt ist und es sich um eine vom Versicherungs- **359**

[1017] *Lange*, D&O-Versicherung und Managerhaftung (2014) § 6 Rz 3 ff.
[1018] *Gruber/Mitterlechner/Wax*, D&O-Versicherung mit internationalen Bezügen (2012) § 4 Rz 8.
[1019] *Gruber/Wax*, wbl 2010, 169.
[1020] Tod, Verletzung oder Gesundheitsschädigung eines Menschen.
[1021] Zerstörung, Beschädigung, Verlust einer Sache.
[1022] Ausführlich *Gruber/Mitterlechner/Wax*, D&O-Versicherung § 4 Rz 23.
[1023] *Gruber/Mitterlechner/Wax*, D&O-Versicherung § 6 Rz 6 ff.
[1024] *Lange*, D&O-Versicherung § 14 Rz 5; *Gruber/Mitterlechner/Wax*, D&O-Versicherung § 6 Rz 4.
[1025] *Gruber/Mitterlechner/Wax*, D&O-Versicherung § 6 Rz 5.
[1026] *Kersten v. Schenck*, Handlungsbedarf bei der D&O-Versicherung, NZG 2015, 494 (498).
[1027] *Gruber/Mitterlechner/Wax*, D&O-Versicherung § 4 Rz 2, § 6 Rz 93 ff.
[1028] Die bei Abschluss des Vertrages bekannten Schäden muss die Gesellschaft offenlegen – für sie besteht kein Versicherungsschutz (*v. Schenck*, NZG 2015, 494 [496]).

vertrag umfasste Person und Schädigung handelt. Die D&O-Versicherung enthält eine unbegrenzte Rückwärtsversicherung.[1029] Nach Ende des Versicherungsvertrages kann eine oft mehrjährige Nachmeldefrist vereinbart werden, binnen derer weitere Schäden gemeldet werden können, die sich während der Laufzeit der Versicherung ereignet haben.[1030]

360   Im gegebenen Zusammenhang interessiert eine vor allem in Deutschland mittlerweile sehr kontroversiell beantwortete Frage: Ist die finanzielle Tragung von Prämien zu einer den Vorstand der AG versichernden D&O-Versicherung durch die Gesellschaft Entgelt iSd § 78 Abs 1 AktG, oder handelt es sich dabei gar um eine so überwiegend im Gesellschaftsinteresse gelegene Leistung, dass von einem Entgelt nicht gesprochen werden kann? Es liegt auf der Hand, dass unter dem Blickwinkel des *Mannesmann*-Urteiles der Gestaltungsspielraum der (durch den Aufsichtsrat vertretenen) Gesellschaft bei vertraglichen Vereinbarungen betreffend die Übernahme der Versicherungsprämien ungleich größer ist, wenn man den Entgeltcharakter der Prämienzahlung durch die Gesellschaft verneint. Liegt kein Entgelt vor, könnte man auf die Idee verfallen, dem Vorstand selbst die Entscheidung darüber zu überlassen, ob und in welchem Ausmaß eine derartige Versicherung von der Gesellschaft abgeschlossen wird.[1031]

361   Als weitgehend gesichert darf gelten, dass sich eine Verpflichtung zum Abschluss einer D&O-Versicherung für Deutschland *nicht* aus der in § 91 Abs 2 dAktG verankerten Verpflichtung zur Einrichtung eines Risikomanagements ableiten lässt. Dasselbe hat für Österreich in Bezug auf die fast gleichzeitig mit § 91 Abs 2 dAktG mit dem Insolvenzrechtsänderungsgesetz 1997 eingeführte Verpflichtung zur Installierung eines sogenannten internen Kontrollsystems (IKS) in § 82 AktG zu gelten.

362   In Deutschland hat die Meinung, die Übernahme der Versicherungsprämien aus einer D&O-Versicherung durch die Gesellschaft sei *kein* Entgelt,[1032] vor allem auch dadurch Auftrieb erhalten, dass die deutsche Finanzverwaltung den Entgeltcharakter und damit eine Lohnsteuerpflicht abgelehnt und dies unter anderem damit begründet hat, dass der Abschluss der Versicherung im überwiegenden Inter-

---

[1029] *Gruber/Mitterlechner/Wax*, D&O-Versicherung § 6 Rz 98 und im Detail Rz 123 ff; *Lange*, D&O-Versicherung und Managerhaftung § 10 Rz 25 ff.

[1030] Ausführlich *Lange*, D&O-Versicherung § 10 Rz 54 ff, der zwischen Nachhaftungsfrist und Nachmeldefrist unterscheidet. Bei letzterer steht die Nachhaftung unter der Bedingung, dass die Versicherungsfälle während der Nachhaftungszeit eintreten und gemeldet werden.

[1031] Die Beantwortung dieser Frage hat aber auch in Bezug auf den Aufsichtsrat eine wesentliche kompetenzrechtliche Auswirkung. Da Gesellschaften – was schon aus Kostengründen sinnvoll ist – üblicherweise nicht nur ihr gesamtes Management, sondern auch den Aufsichtsrat in eine D&O-Versicherung einbeziehen, löst die Bejahung des Entgeltcharakters betreffend den Aufsichtsrat die zwingende Zuständigkeit der Hauptversammlung gemäß § 98 Abs 1 AktG aus. Denn nur diese ist sowohl in Deutschland als auch in Österreich ausschließlich für die Festsetzung der Aufsichtsratsvergütung zuständig (§ 113 dAktG; § 98 AktG); eine durch den Vorstand gewährte Aufsichtsratsvergütung – die bei Annahme des Entgeltcharakters im Abschluss der Versicherung durch den Vorstand zu erblicken ist – wäre unwirksam.

[1032] So *Wiesner* in MünchHdbGesR[4] IV § 26 Rz 76; *Fleischer*, Handbuch des Vorstandsrechts § 12 Rz 12; *Dreher*, Der Abschluß von D&O-Versicherungen und die aktienrechtliche Zuständigkeitsordnung, ZHR 165 (2001), 293 (304); *Hüffer/Koch*, AktG[11] § 93 Rz 58.

esse der Gesellschaft läge.¹⁰³³ Teile der Lehre in Deutschland bejahen jedoch noch den Entgeltcharakter der Prämienübernahme.¹⁰³⁴

Der OGH hat vor etwa siebzehn Jahren eine strenge Haltung eingenommen, aus der die in Ö hM¹⁰³⁵ – mE zu Recht – ableitet, dass Prämien für eine gesellschaftsfinanzierte D&O-Versicherung Entgelt iSd § 78 Abs 1 AktG sind. Das Höchstgericht billigte die fristlose Entlassung eines für Finanzen zuständigen Vorstandsmitgliedes eines Kaufhausunternehmens, das ohne Zustimmung des Aufsichtsrates (genau genommen: nachdem ein solches Ansinnen vom Aufsichtsratsvorsitzenden in den Verhandlungen über den Anstellungsvertrag sogar abschlägig beschieden worden war) eine Rechtsschutzversicherung¹⁰³⁶ mit einer Jahresprämie von damals ATS 69.000,– auf Kosten der Gesellschaft abschloss.¹⁰³⁷ Der OGH anerkannte in seiner Entscheidungsbegründung gerade *nicht* das Argument, der Abschluss der Versicherung läge auch im Interesse der Gesellschaft, weil im Schadensfall die Einbringlichkeit von Ersatzansprüchen besser gesichert sei – ein Argument, mit dem gerade in der deutschen Diskussion von manchen der fehlende Entgeltcharakter untermauert wird. Vielmehr sei – so der OGH – die Versicherung des das Vorstandsmitglied treffenden Haftungsrisikos allein dessen Angelegenheit und daher vom Vorstandsmitglied zu finanzieren, soweit die Gesellschaft nicht durch vertragliche Zusage die Finanzierung übernehme. Ein (Aufwandersatz-)Anspruch des Vorstandsmitgliedes aus § 1014 ABGB sei abzulehnen.¹⁰³⁸

An der Meinung, dass die Zusage der Finanzierung von Prämien für eine D&O-Versicherung, die zumindest *auch* den Vorstand erfasst, Entgelt iSd § 78 Abs 1 AktG ist, sollte festgehalten werden. Denn sie hat die besseren Gründe für sich.¹⁰³⁹

---

¹⁰³³ Vgl dazu *Kort* in GroßKommAktG⁵ § 87 Rz 154.
¹⁰³⁴ Differenzierend *Spindler*, MünchKommAktG⁴ § 87 Rz 25 ff, der darauf abstellt, ob die Versicherung nur den Vorstand erfasst (dann Entgelt iSd § 87 dAktG) oder ob es sich um eine „Fürsorgecharakter" tragende Gruppenversicherung handelt, die auch die leitenden Angestellten der Gesellschaft/Unternehmensgruppe erfasst (im letzteren Fall soll die Angelegenheit in die Geschäftsführungsbefugnis des Vorstandes fallen).
¹⁰³⁵ Vgl *G. Schima*, Organ-Interessenkonflikte und Corporate Governance, GesRZ 2003, 199 (208); *Griehser*, Versicherungsmöglichkeit von Vorstands- und Aufsichtsratsmitgliedern – Anpassung der Director's and Officer's Liability Insurance in Österreich, RdW 2006, 133 (136); *Hochedlinger*, D&O-Versicherung für den Stiftungsvorstand, ecolex 2008, 143; *U. Torggler* in Artmann/Rüffler/Torggler, Organhaftung, 52 ff; aM *Gruber/Mitterlechner/Wax*, D&O-Versicherung § 5 Rz 26 ff; auch schon *Gruber/Wax*, wbl 2010, 169 (173 ff) und aM (außer für den Fall einer individuell auf Vorstandsmitglieder zugeschnittenen D&O-Versicherung) auch *Kalss* in Kalss/Nowotny/Schauer, Gesellschaftsrecht Rz 3/453 für den Vorstand und Rz 3/505 für den Aufsichtsrat, die *Gruber/Wax* (wbl 2010, 174 FN 68) zu Unrecht der den Entgeltcharakter vertretenden Meinung zuordnet.
¹⁰³⁶ Die damals zu beurteilende Versicherung bestand primär in einer Manager-Rechtsschutzversicherung, was dem (dem Verfasser im Detail bekannten und damals mitbetreuten) Fall aber – wie man auch aus der Art der Begründung des OGH ablesen kann – nicht seine Einschlägigkeit nimmt (aM offenbar *Gruber/Wax*, wbl 2010).
¹⁰³⁷ OGH 30.6.1999, 9 Ob A 68/99m, RWZ 1999, 360.
¹⁰³⁸ Vgl auch *G. Schima*, Gestaltungsfragen bei Vorstandsverträgen in der AG, ecolex 2006, 452 (454) FN 21.
¹⁰³⁹ AM *Kalss* in Kalss/Nowotny/Schauer, Gesellschaftsrecht Rz 3/453. Auch in Deutschland angestellte Untersuchungen belegen ziemlich deutlich, dass die Hauptmotivation für den Abschluss von D&O-Versicherungen im Interesse der Organmitglieder liegt, ihr persönli-

Für das Vorliegen eines Entgeltbestandteiles spricht der nicht zu leugnende Umstand, dass das Bestehen einer solchen Vermögensschadens-Haftpflichtversicherung sehr wohl wesentlich vor allem den Interessen des versicherten Vorstandsmitgliedes dient, kann es doch bei Vorhandensein einer solchen Versicherung – dies zeigt die Praxis – mit hoher Wahrscheinlichkeit damit rechnen, zumindest *im Ergebnis* nicht zum Schadenersatz herangezogen zu werden. Im Übrigen ist der Entgeltcharakter einer Zuwendung nicht dadurch ausgeschlossen, dass an ihrer Erbringung Vorstand *und* Gesellschaft ein geteiltes Interesse haben. Sonst könnte man auf die Idee verfallen, aus dem zweifellos gegebenen geschäftlichen Interesse der AG, dass ihr Vorstand angemessen und möglichst nahe vom Unternehmen logiert und ein Auto mit Fahrer zur jederzeitigen Verfügung hat, das ihm die Arbeit auch unterwegs gestattet und Arbeitsunfälle im übermüdeten Zustand verhindert, abzuleiten, darin lägen keine Entgeltleistungen, und der Vorstand sei vielleicht sogar befugt, sich solche Zuwendungen selbst zu bewilligen.

365 Nichts an diesem Befund ändert mE das in der Praxis zu beobachtende Phänomen, dass die Existenz einer D&O-Versicherung nicht selten erst dazu führt, dass Schadenersatzansprüche der Gesellschaft gegenüber Organmitgliedern geltend gemacht werden, die sonst gar nicht zum Gegenstand einer gerichtlichen Auseinandersetzung gemacht worden wären. Das liegt nicht zuletzt daran, dass die potentiellen Schäden, die Vorstandsmitglieder durch pflichtwidriges Handeln heutzutage verursachen können, die Liquidität und das Vermögen selbst überdurchschnittlich gut verdienender Manager bei weitem übersteigen. Bei großen deutschen Unternehmen beliefen sich die Schadenssummen in bekannten Haftungsfällen der letzten Jahre auf dreistellige Millionenbeträge.[1040] Da die Gesellschaft, idR vertreten durch den Aufsichtsrat (vgl Rz 585 ff), bei der Abwägung, ob sie die Ersatzansprüche gerichtlich verfolgt, auch die Einbringlichkeit von Schadenersatzforderungen berücksichtigen muss, ist die Existenz einer hohen Deckungssumme einer D&O-Versicherung sicherlich ein Anreiz. Außerdem kann ein Aufsichtsrat die Nichtgeltendmachung von zumindest einigermaßen aussichtsreichen Schadenersatzansprüchen bei Existenz einer gut dotierten D&O-Versicherung im Hinblick auf seine eigene Verantwortung und Haftung noch weniger leisten. Richtig ist zwar, dass die D&O-Versicherung sich solchermaßen de facto als ein für das Vorstandsmitglied sogar „beschwerliches Instrument" erweisen kann, doch kann daraus nichts gegen den Entgeltcharakter abgeleitet werden. Denn die Tatsache, dass ohne D&O-Versicherung – zumindest bislang in Ö – kaum je geklagt wurde, mit D&O-Versicherung aber sogar regelmäßig, hat Gründe, die für die Einordnung der Prämienzahlung nichts Entscheidendes hergeben. Das Unterbleiben gerichtlicher Geltendmachung wird zwar oft mit mangelnder Einbringlichkeit begründet, doch verbirgt sich dahinter nicht selten Unwillen (des Aufsichtsrates/der Aktionäre), mittels Schadenersatzprozesses öffentliches Aufsehen zu erregen. Eine solche

---

ches Haftungsrisiko zu minimieren. Demgemäß akzeptiert heute zumindest in Deutschland, mittlerweile aber auch weitgehend in Österreich kaum ein Manager eines größeren – oder gar an der Börse notierten oder beaufsichtigten – Unternehmens eine Vorstandsposition ohne entsprechend dimensionierte D&O-Versicherung.

[1040] Vgl nur die Darstellung bei *Rahlmeyer/Fassbach*, Vorstandshaftung und Prozessfinanzierung, GWR 2015, 331 (332).

Vorgangsweise ist – im Lichte der durch die ARAG-Garmenbeck-E des BGH[1041] – geschärften Meinung zum gebundenen Ermessen des Aufsichtsrates bei der Geltendmachung von Schadenersatzansprüchen gegen Vorstandsmitglieder kaum pflichtgemäß. Der von der D&O-Versicherung ausgehende Klagedruck wiederum ist dadurch bedingt, dass – zumal wenn es sich um börsenotierte Gesellschaften handelt – die verantwortlichen Organmitglieder (Aufsichtsrat) es im Lichte ihrer eigenen Haftung vor den Aktionären schwer rechtfertigen können, nicht einmal den Versuch zu unternehmen, die D&O-Versicherung als Haftungsfonds in Anspruch zu nehmen, der Versicherer aber oft die Einleitung eines Rechtsstreites verlangt, weil er eine „freundliche Inanspruchnahme" fürchtet, die allein auf seinem Rücken ausgetragen wird.

Ob Prämien für D&O-Versicherungen „*Versicherungsentgelte*" iSd § 78 Abs 1 AktG sind, ist entgegen *Gruber/Wax*[1042] schon wegen der eindeutig bloß *demonstrativen* Aufzählung der Entgeltbestandteile in § 78 Abs 1 AktG[1043] sekundär.

366

In der Diskussion wird die Frage der Vertrags-Abschlusskompetenz mit der nach dem Entgeltcharakter teilweise vermengt, was nicht zur Klarheit beiträgt.[1044] Dagegen, dass der Vorstand namens der AG einen D&O-Versicherungsvertrag abschließt, in dem (zumindest auch) die Vorstandsmitglieder versichert sind, spricht nicht nur nichts, sondern dies ergibt sich aus der Vertretungsmacht des Vorstandes gemäß § 71 Abs 1 AktG.[1045] *Pflichtgemäß* handelt der Vorstand aber nur, wenn der Aufsichtsrat in Wahrnehmung seiner in § 75 Abs 1 iVm § 78 Abs 1 AktG verankerten, exklusiven Kompetenz dem Vorstand eine entsprechende – inhaltlich zumindest ausreichend bestimmte[1046] – Zusage gemacht hat, dass die Gesellschaft die Prämien zahlt.[1047] Entgeltcharakter und Vertragsabschlusskompetenz des Vorstandes schließen daher einander keineswegs aus. Darin ist auch keine Besonderheit zu erblicken: Sagt der Aufsichtsrat dem Vorstandsmitglied zB die Zurverfügungstellung einer Dienstvilla mit einer bestimmten Mietzins-Obergrenze zu, dann kann selbstverständlich (richtigerweise: *nur*) der Vorstand das Haus namens der Gesellschaft anmieten,[1048] ohne dass deshalb am Entgeltcharakter (iSd § 78

[1041] BGH 21.4.1997, II ZR 175/95, BGHZ 135, 244.
[1042] *Gruber/Wax*, wbl 169 (170).
[1043] Zutr *Strasser* in Jabornegg/Strasser, AktG⁵ §§ 77–84 Rz 139, 144.
[1044] Deutlich wird dies zB beim Beitrag von *Gruber/Wax*, wbl 2010, 169 ff.
[1045] *Griehser*, RdW 2006, 133 (136), der sogar meint, es stünde „*außer Zweifel*", dass für den Abschluss des Versicherungsvertrages „*in jedem Fall der Vorstand zuständig*" sei; wie hier auch *Lutter/Krieger*, Rechte und Pflichten des Aufsichtsrates⁵ § 7 Rz 435.
[1046] Darin sollte zumindest die Versicherungssumme geregelt sein.
[1047] Zutr *Lutter/Krieger*, Rechte und Pflichten des Aufsichtsrates⁵ § 7 Rz 435; vgl auch *Griehser*, RdW 2006, 133 (136), der es vor ein paar Jahren sogar noch als „*unstrittig*" bezeichnete, dass ein zugunsten des Vorstandes abgeschlossener Versicherungsvertrag vom Aufsichtsrat genehmigt werden müsste. Zumindest *das* gilt mittlerweile nicht mehr.
[1048] Der Hauseigentümer wird eine Vertragsunterzeichnung durch den Aufsichtsrat in solchen Fällen auch gar nicht akzeptieren, weil er Zweifel haben muss, ob der Aufsichtsrat dafür überhaupt Vertretungsmacht besitzt. Eine solche Vertretungsmacht ist für „Drittgeschäfte", mit denen anstellungsvertragliche Zusagen des Aufsichtsrates bloß *umgesetzt* werden, mE in der Tat zu verneinen.

Abs 1 AktG) der von der Gesellschaft übernommenen Mietzinszahlungen gezweifelt werden könnte.

367 Unabhängig von der Einstufung der Prämienübernahmezusage als Vorstandsentgelt wird oft geraten, einen *Selbstbehalt*[1049] in die Versicherung aufzunehmen. In der Praxis unterbleibt bzw unterblieb dies freilich deshalb oft, weil – anders als zB bei der Kfz-Versicherung – sich Selbstbehalte kaum prämiendämpfend auswirken, also diese der Gesellschaft keine relevante Kostenersparnis bescheren.[1050]

Für die Ratsamkeit eines Selbstbehaltes wird meist ins Treffen geführt, dass ohne einen solchen der Vorstand de facto von einer Haftung für unternehmerische Fehlleistungen freigestellt wird, was mit dem aktienrechtlichen Haftungsregime (vgl insb § 84 Abs 4 AktG) in ein nicht zu übersehendes Spannungsverhältnis gerät.[1051] Dies hat den Gesetzgeber in Deutschland 2009 dazu veranlasst, in § 93 Abs 2, dritter Satz dAktG einen Selbstbehalt für D&O-Versicherungen zwingend vorzuschreiben, nachdem der DCGK einen solch (freilich eher unbestimmt in „angemessener" Höhe) schon davor empfohlen hatte. Die Höhe des Selbstbehaltes beträgt 10 % der Schadenssumme, mindestens aber das Eineinhalbfache der dem Vorstandsmitglied zugesagten festen Jahresbezüge.[1052] Umgehungsfest ist auch diese Regelung nicht, denn das Vorstandsmitglied kann sich auf die Höhe des Selbstbehaltes versichern und mit der Gesellschaft sogar – im Wege höherer Bezüge – die Übernahme der dafür zu leistenden Prämien aushandeln.[1053]

In Österreich gibt es keine aktienrechtliche Verpflichtung zur Verankerung eines Selbstbehaltes in der D&O-Versicherung. Da Haftung verhaltenssteuernde Wirkung hat,[1054] ist ein Selbstbehalt vom Aufsichtsrat aber mE sorgfältig abzuwägen.

368 Unabhängig davon, wer nun für den Abschluss eines D&O-Versicherungsvertrages für die Gesellschaft zuständig ist; die Verantwortlichen sind gut beraten, sich die Polizzen sehr genau anzusehen, bevor sie sich für ein Produkt entscheiden. Die am Markt erhältlichen D&O-Versicherungspakete unterscheiden sich in vielerlei Hinsicht; die Bedingungen sind oft verhandelbar.[1055] Besonderes Augenmerk ist auf die Risikoausschlüsse zu legen, die einerseits für gewisse Tätigkeiten und Arten von Ansprüchen, andererseits bei Vorliegen bestimmter subjektiver Voraussetzungen des Managers gelten (zB Deckungsausschluss bei vorsätzlicher Schädigung bzw bewusster Pflichtverletzung). So wäre es denkbar ungünstig (in der Praxis kommt so etwas aber durchaus vor!), wenn die D&O-Versicherung ei-

---

[1049] *Fleischer*, Handbuch des Vorstandsrechts § 12 Rz 20.
[1050] Vgl *Kort*, Voraussetzungen der Zulässigkeit einer D&O-Versicherung von Organmitgliedern, DStR 2006, 799 (802 f).
[1051] Zutr *Kort*, DStR 2006, 803.
[1052] Vgl näher zB *Thüsing*, AG 2009, 517 (526 f).
[1053] *Thüsing*, AG 2009, 517 (527), der auch darauf hinweist, dass das Unterbleiben eines „Selbstbehalts-Versicherungsverbots" im Gesetz bewusst erfolgte, weil im Gesetzgebungsprozess auf das Problem ausdrücklich hingewiesen worden sei und deshalb eine Korrektur dieses bewussten Schweigens des Gesetzgebers durch ein „Umgehungsverbot" nicht in Betracht komme.
[1054] Für alle *Thüsing*, AG 2009, 517 (526).
[1055] *v. Schenck*, NZG 2015, 494 (497).

ner Bank einen Deckungsausschluss für Schäden aus Kreditvergabe enthielte, wo doch diese Tätigkeit zu den Hauptgeschäftsfeldern der Gesellschaft gehört und außerdem eine hohe Schadensgeneigtheit damit verbunden ist.

Die beiden wichtigsten Ausschlussgründe sind die folgenden: So gut wie immer enthalten die Polizzen einen Ausschluss für Strafen, Geldbußen mit Strafcharakter sowie Vertragsstrafen.[1056] Die vorweg vereinbarte Übernahme von Strafen würde die general- und spezialpräventive Funktion des (Verwaltungs-)Strafrechts und von Vertragsstrafen aushebeln, weil die versicherten Personen dann keine negativen Folgen ihrer Handlungen mehr befürchten müssten. Eine für die Zukunft geschlossene Vereinbarung über den Ersatz solcher Strafen verstößt gegen die guten Sitten und ist nichtig (vgl auch Rz 390 ff).[1057]

369

Auf derselben Begründung basiert der subjektive Ausschlussgrund für wissentliche oder vorsätzlich begangene Pflichtverletzungen bzw Schädigungen. Eine Person, die wissentlich oder vorsätzlich einen Schaden herbeiführt, ist nicht schutzwürdig und soll die Folgen ihres Handelns selbst tragen. Dabei ist bei Auswahl der Versicherungspolizze darauf zu achten, welche Vorsatzform die Versicherungsdeckung ausschließt und ob der Ausschluss schon bei Verdacht einer vorsätzlich/wissentlich begangenen Pflichtverletzung besteht, oder es auf eine rechtskräftige Feststellung der subjektiven Voraussetzungen ankommt.

370

Vor allem in der deutschen Praxis findet man durchaus unterschiedlich formulierte Vorsatz-Ausschlussklauseln. Aus Sicht des Versicherungsnehmers und der versicherten Person anzustreben ist eine Regelung, bei der nur der **direkte Vorsatz** (dolus directus), nicht aber bedingter Vorsatz (dolus eventualis) ausgeschlossen ist. Bedingter Vorsatz liegt bereits dann vor, wenn eine Person einen Schadenseintritt oder ein sonstiges Ereignis für möglich hält und sich mit ihm abfindet.[1058] Je nach Formulierung der Versicherungsbedingungen kann sich der Ausschlusstatbestand auf Vorsatz betreffend den Schadenseintritt oder betreffend die Pflichtverletzung beziehen[1059] – dh der Manager hält zB den Verstoß gegen ein Gesetz für möglich und findet sich damit ab (Anknüpfung an die Pflichtverletzung), oder er hält es für möglich, dass sein Handeln einen Schaden zur Folge haben wird und findet sich damit ab (Anknüpfung an die Schadensverursachung).

371

Dolus eventualis ist die schwächste Vorsatzform und ein entsprechender Ausschlusstatbestand beschränkt den Versicherungsschutz wesentlich. Besser wäre es, einen Ausschluss nur für direkten Vorsatz (dolus directus bzw Wissentlichkeit) zu vereinbaren, also für Fälle, in denen der Schädiger die negativen Folgen seiner Handlung oder Unterlassung nicht nur für möglich hält, sondern sie für gewiss hält bzw weiß, dass sie sicher eintreten werden.[1060] Weitere mögliche Ausschlusstatbestände sind daher die **wissentliche Pflichtverletzung**, bei der der Manager wissen

372

[1056] *Gruber/Mitterlechner/Wax*, D&O-Versicherung § 7 Rz 6 f.
[1057] Vgl *G. Schima/Liemberger/Toscani*, Der GmbH-Geschäftsführer 148 f, die speziell auf die Unzulässigkeit einer vorweg vereinbarten Übernahme von Verwaltungsstrafen durch die Gesellschaft eingehen.
[1058] *Koziol*, Haftpflichtrecht I³ Rz 5/27.
[1059] *Gruber/Mitterlechner/Wax*, D&O-Versicherung § 7 Rz 47 ff, 56 f.
[1060] *Koziol*, Haftpflichtrecht I³ Rz 5/27.

muss, dass er eine Norm verletzt, aber nicht unbedingt mit dem Schadenseintritt rechnet.[1061] Oder die **vorsätzliche Schadensverursachung**, bei der sich der bedingte Vorsatz auf den Schadenseintritt und nicht bloß auf die Pflichtverletzung beziehen muss.[1062] Der Ausschlussgrund der wissentlichen Pflichtverletzung bedeutet den größten Schutz für die versicherte Person, gefolgt von der vorsätzlichen Schadensverursachung und dem ungünstigsten Ausschlusstatbestand, der vorsätzlichen Pflichtverletzung.[1063]

373   Üblicherweise verpflichtet sich der Versicherer in den Bedingungen dazu, die Verteidigungskosten in einem Strafverfahren oder die Vertretungskosten in einem Zivilverfahren auch für den Fall vorzustrecken, dass der gegenüber der versicherten Person erhobene strafrechtliche Vorwurf bzw Schadenersatzanspruch mit einer wissentlichen oder vorsätzlichen Handlung begründet wird. Bis zur (rechtskräftigen) Feststellung des Vorliegens der Ausschlussvoraussetzungen durch Urteil, Anerkenntnis/Geständnis oder Vergleich ist der Versicherer daher zur Leistung verpflichtet; ab diesem Zeitpunkt entfällt der Versicherungsschutz rückwirkend, und die versicherte Person muss die Leistungen zurückerstatten. Zumindest ein Anbieter in Deutschland hat aber mittlerweile in seinen Bedingungen schon auf die Rückforderungsmöglichkeit bei strafrechtlicher Verurteilung wegen einer Vorsatztat verzichtet.

374   Der Ausschluss für Vorsatztaten ist noch in einem weiteren Zusammenhang von Bedeutung:

D&O-Versicherungspolizzen enthalten häufig zusätzlich einen Strafrechtsschutz, der durch die nähere Ausgestaltung der Polizze jedoch oft fast völlig entwertet wird. Die in Österreich verwendeten Standardbedingungen beinhalten für den Strafrechtsschutz, dh die vorläufige Abwehrdeckung für Strafverfahren, eine Klausel, dass der Strafrechtsschutz (nur) dann besteht, wenn das Strafverfahren zumindest auch über Verstöße geführt wird, die einen unter den Versicherungsschutz fallenden (zivilrechtlichen) Ersatzanspruch zur Folge haben können. Das führt dazu, dass der Versicherer auf der Basis dieser Standard-Klausel, deren rechtliche Zulässigkeit indes überhaupt fraglich ist, spätestens dann, wenn gegen eine versicherte Person eine Anklageschrift eingebracht wird, die sich ausschließlich auf Vorsatzdelikte stützt, die vorläufige Abwehrdeckung entzieht. Dies wird mit dem Argument begründet, dass im Falle eines Freispruches gar keine Pflichtverletzung vorläge, und eine Verurteilung wegen des Ausschlusses „vorsätzlicher Pflichtverletzungen" nicht zu einem unter den Versicherungsschutz fallenden Ersatzanspruch führen könne.[1064] Da die „typischen Managerdelikte" fast durchwegs Vorsatz-Straftatbestände sind" (insbes Untreue gem § 153 StGB oder Bilanzfälschungsdelikte gem § 163a StGB), wird auf der Grundlage solcher (möglicherweise indes gar nicht wirksamen) Klauseln und mit dieser Argumentation der strafrechtliche Abwehrschutz weitestgehend entwertet. In Deutschland

---

[1061] *Gruber/Mitterlechner/Wax*, D&O-Versicherung § 7 Rz 50.
[1062] *Gruber/Mitterlechner/Wax*, D&O-Versicherung § 7 Rz 56 f.
[1063] *Lange*, D&O-Versicherung und Managerhaftung § 11 Rz 17; *Gruber/Mitterlechner/Wax*, D&O-Versicherung § 7 Rz 58.
[1064] Vgl die Kritik bei *Runggaldier/G. Schima*, Manager-Dienstverträge⁴ 214 ff.

wird die Meinung vertreten, dass die versicherten Personen auch bei Verdacht auf reine Vorsatztaten Versicherungsschutz genießen müssten, damit sie mit Hilfe der Rechtsschutzfunktion der D&O-Versicherung ihre Unschuld beweisen könnten.[1065]

Um dieses Problem zu umgehen, ist daher anzuraten, D&O-Zivilrechtsschutz **375** und Strafrechtsschutz in getrennten Polizzen und auch bei getrennten Versicherern einzudecken. Die Deckung in ein- und derselben Versicherungspolizze schafft beim Versicherer einen immanenten Interessenkonflikt: Dieser muss ja geradezu daran interessiert sein, dass der Versicherte wegen eines Vorsatzdeliktes verurteilt wird.

Die Höhe der **Versicherungssumme** spielt ebenfalls eine wichtige Rolle, insbesondere **376** wenn die Mitglieder mehrerer Organe und uU noch leitende Angestellte der Gesellschaft und ihrer Tochtergesellschaften zu den versicherten Personen zählen. Die Versicherungssumme muss ua an die Größe des Unternehmens, die Branche und die Anzahl der versicherten Personen angepasst werden. Die Versicherungssumme bildet die Grenze für einen Schadensfall, aber auch für sämtliche Versicherungsfälle innerhalb einer Versicherungsperiode (idR ein Jahr).[1066] Werden zB zwei Vorstands-, drei Aufsichtsratsmitglieder und ein Prokurist gemeinsam auf Schadenersatz in Anspruch genommen, muss der Versicherer uU die Rechtsberatungskosten für fünf Personen tragen. In komplizierten Fällen kann rasch ein sechs- bzw siebenstelliger Betrag zusammenkommen, der die Versicherungssumme aufzehrt.[1067] In solchen Situationen führt der allen Versicherten gemeinsam zustehende und dadurch begrenzte Versicherungsschutz zu Interessenkonflikten zwischen den belangten Managern, meist den Vorstands- und Aufsichtsratsmitgliedern, zumal jede Pflichtverletzung des Vorstands eine potentielle Pflichtverletzung des Aufsichtsrates bedeutet.[1068] Die Gesellschaft läuft ebenfalls Gefahr, selbst im Falle der erfolgreichen Geltendmachung eines Haftungsanspruchs nicht alles ersetzt zu bekommen, wenn die Versicherungssumme durch die Abwehrkosten „weggeschmolzen" ist und für die Deckung des Freistellungsanspruchs nicht mehr genug übrig bleibt.[1069]

Auch der Versicherer steht bei den üblichen Sammelpolizzen in einem Inte- **377** ressenkonflikt, da er jeder versicherten Person vollen Schutz und Unterstützung schuldet, die Personen aber teilweise entgegengesetzte Interessen haben. Beim Versicherer laufen nämlich sämtliche Informationen der versicherten Personen zusammen, die er vertraulich behandeln muss. Der Versicherer kann sich in komplexen Haftungs-Konstellationen unter Beteiligung mehrerer versicherter Organmitglieder relativ leicht in der Situation finden, nicht mehr verlässlich beurteilen zu können, wem gegenüber welche Informationen offenzulegen, einzufordern oder geheimzuhalten sind. Ein in Deutschland entwickeltes, neues Produkt, das solchen Interessenkonflikten zum Teil entgegenwirken soll, ist die „Two Tier Trigger Poli-

---

[1065] Vgl *Gruber/Mitterlechner/Wax*, D&O-Versicherung § 7 Rz 83 ff mwN.
[1066] *Gruber/Mitterlechner/Wax*, D&O-Versicherung § 6 Rz 22.
[1067] Ähnlich *v. Schenck*, NZG 2015, 494 (497).
[1068] *v. Schenck*, NZG 2015, 494 (497 f).
[1069] Abgesehen davon, dass die Schadenssummen die Deckungssummen selbst gut dotierter Versicherungspolizzen meist weit übersteigen, vgl *Rahlmeyer/Fassbach*, GWR 2015, 331 (332).

cy". Mit dieser Versicherungspolizze soll dem Umstand Rechnung getragen werden, dass gerichtlich in Anspruch genommene Vorstandsmitglieder nicht selten Interesse daran haben, anderen (insbes noch im Unternehmen befindlichen) Organmitgliedern, v.a. den Mitgliedern des Aufsichtsrates, den Streit zu verkünden und sie in das Verfahren hineinzuziehen. Die Two Tier Trigger Policy statuiert die Streitverkündigung als eigenen Versicherungsfall und beinhaltet quasi eine Auffangdeckung für den Aufsichtsrat in einer solchen Interessenkonfliktsituation. Neben der Streitverkündigung deckt dieses neue Versicherungsprodukt zB auch den Fall ab, dass die Versicherungsbedingungen vom Versicherer wegen unrichtiger Angaben bei Vertragsabschluss angefochten werden, und wo der Aufsichtsrat, der in den Versicherungsabschluss gar nicht involviert war, ohne Deckung dastünde, wenn die Bedingungen vom Versicherer erfolgreich angefochten werden. Schließlich dient die Two Tier Trigger Policy auch für den Fall der Summenausschöpfung (Deckungskonkurs).

378 Generell ist es jedoch aus Sicht des Vorstands, aber auch im Interesse des Aufsichtsrates, für die Organmitglieder getrennte Polizzen abzuschließen, um die genannten Interessenkonflikte zu vermeiden.[1070]

379 Da der Versicherungsvertrag zwischen dem Versicherer und der Gesellschaft als Vertragsparteien abgeschlossen wird und die versicherten Personen nur begünstigt sind, haben sie persönlich auch keinen Einfluss auf die Ausgestaltung, Abänderung oder Kündigung der Versicherungsbedingungen bzw des gesamten Vertrages. Insbesondere nach dem Ausscheiden aus dem Unternehmen besteht keinerlei Möglichkeit des Managers, einen guten Versicherungsschutz zu seinen Gunsten aufrechtzuerhalten.[1071] Aus Sicht des Vorstandsmitglieds ist es daher essentiell, im Anstellungsvertrag eine sogenannte D&O-Verschaffungsklausel bzw Absicherungsklausel zu vereinbaren. In dieser Klausel sagt die Gesellschaft dem Vorstandsmitglied zu, einen bestimmten Versicherungsschutz aufrechtzuerhalten oder den Manager allenfalls dafür zu entschädigen, wenn dieser Schutz nicht gewährt ist.

380 Die Absicherungsklausel sollte daher die Verpflichtung der Gesellschaft beinhalten, nach Ausscheiden des Vorstandsmitglieds den Versicherungsschutz zumindest für die Dauer der aktienrechtlichen Verjährungsfrist für Schadenersatzansprüche aufrecht zu erhalten (fünf Jahre ab Kenntnis von Schaden und Schädiger gem § 84 Abs 6 AktG).[1072] Dies kann die Gesellschaft auch dadurch bewirken, dass sie zwar den Versicherungsvertrag kündigt, aber eine mehrjährige Nachmeldefrist vereinbart. Zu beachten ist jedoch, dass für die Nachhaftungsperiode mangels anderwertiger Vereinbarung nur noch die aus dem letzten Versicherungsjahr übrig gebliebene Versicherungssumme zur Verfügung steht.[1073]

381 Gegen eine nach dem Ausscheiden, aber auch während des aufrechten Mandats verfügte Verschlechterung der Versicherungsbedingungen kann sich das

---

[1070] *v. Schenck*, NZG 2015, 494 (500).
[1071] *Runggaldier/G. Schima*, Manager-Dienstverträge⁴ 216 f; *v. Schenck*, NZG 2015, 494 (498).
[1072] *Runggaldier/G. Schima*, Manager-Dienstverträge⁴ 216 f.
[1073] *Lange*, D&O-Versicherung § 10 Rz 61 ff.

Vorstandsmitglied durch eine „Kontinuitätsgarantie-Klausel" absichern.[1074] Diese Klausel bewirkt, dass dann, wenn der Versicherungsschutz durch Reduktion der Versicherungssumme oder zusätzliche Ausschlüsse eingeengt wird, dies nur für nach den Änderungen begangene Pflichtverletzungen gilt.[1075]

Außerdem empfiehlt es sich, dem versicherten Vorstandsmitglied/Geschäftsführer auch explizit Informations- und Einschaurechte einzuräumen, die es ihm ermöglichen, jederzeit den Bestand und Umfang des Versicherungsschutzes zu erfahren. Derartige anstellungsvertragliche „Verschaffungsklauseln"[1076] sind in Österreich bisher weithin unüblich, haben aber aus Manager-Sicht große Bedeutung, und diese wird in den nächsten Jahren sicher noch steigen.

§ 382

n) Aktienoptionen

Bis vor 20 Jahren nicht nur in Österreich, sondern auch in Deutschland praktisch unbekannt, sind Aktienoptionen heute ein Vergütungsinstrument, ohne das viele börsenotierte Gesellschaften nicht auskommen zu können meinen.[1077] Aktienoptionen sollen einen *Gleichklang zwischen Manager- und Aktionärsinteressen* herstellen und damit den „principal-agent-Konflikt" einebnen.[1078]

§ 383

Zumindest in der Anfangsphase von Aktienoptionen sowohl in Deutschland als auch in Österreich war zu beobachten, dass diese Interessengleichschaltung nicht immer gelungen war, ja oft gar nicht ernsthaft versucht wurde. Denn um den Optionsbegünstigten in die Position des Aktionärs zu bringen (was ja der Ur-Idee solcher in den USA entwickelten Vergütungsmodelle entspricht), ist es erforderlich, dass der begünstigte Manager wie ein Aktionär auch das *Risiko von Kursverlusten* trägt. Der Fall ist dies bei den sogenannten *„Phantom Stocks"*,[1079] einer schuldrechtlichen Nachbildung von Aktienoptionen, bei denen – anders als bei den *„Stock Appreciation Rights"*[1080] – der Begünstigte auch das Kursrisiko trägt, ihm dafür aber auch Dividenden zugeschrieben werden.

In den vergangenen Jahren hat hier freilich ein Umdenken eingesetzt und mehren sich Aktienoptionsmodelle, bei denen die Ausübungshürden entweder nur zum Teil oder überhaupt nicht an den Aktienkurs geknüpft sind, sondern (nur) an Ertragskennzahlen. Daimler-Chrysler bewerkstelligte diese Modellumstellung schon vor mehr als zehn Jahren, 2004, aber auch in Österreich

---

[1074] *Runggaldier/G. Schima*, Manager-Dienstverträge⁴ 216 f.
[1075] Ähnlich *v. Schenck*, NZG 2015, 494 (499 f).
[1076] Vgl dazu *Fassbach*, Die „D&O-Verschaffungsklausel" für Aufsichtsräte, Der Aufsichtsrat 2013, Heft 10, 142f.
[1077] Vgl dazu *G. Schima*, Aktienoptionen für Aufsichtsratsmitglieder – ein Schritt auf dem Weg in Richtung Board-System? GesRZ-Sonderheft 2001, 19 ff; *G. Schima,* Gestaltungsfragen bei Aktienoptionen, GesRZ-Sonderheft 2001, 61 ff.
[1078] In Österreich ist seit dem am 1. Mai 2001 in Kraft getretenen Aktienoptionengesetz (AOG) – anders als in Deutschland, wo der BGH Aktienoptionen für Aufsichtsratsmitglieder untersagte (vgl BGH 16.02.2004, II ZR 316/02, BGHZ 158, 122 = AG 2004, 265) – auch die Ausgabe von Aktienoptionen an Mitglieder des Aufsichtsrates erlaubt und ohne den Umweg über Wandelschuldverschreibungen möglich.
[1079] Vgl dazu zB *Spindler* in MünchKommAktG³ § 87 Rz 59 mwN.
[1080] Vgl dazu *Spindler* in MünchKommAktG³ § 87 Rz 59 mwN.

gehört es mittlerweile zum best practice-Standard börsenotierter Unternehmen (zumal solcher, die im ATX notieren), dass Aktienoptionsmodelle nicht einfach Kurssteigerungen belohnen, sondern deren Ausmaß zwar die potentielle Entlohnungshöhe bestimmt, im übrigen aber an Parameter/Ausübungshürden geknüpft sind, die den nachhaltigen Erfolg der Gesellschaft abbilden sollen. Freilich wird auch dadurch noch nicht bewirkt, dass der aus dem Optionsprogramm Begünstigte das einem Aktionär vergleichbare Risiko trägt. (Nur) soweit Optionsmodelle ein *verpflichtendes Eigeninvestment* der begünstigten Manager vorsehen, trifft diese in der Tat ein entsprechendes Risiko. Die vom Risikogleichgang her sauberste Alternative zu Aktienoptionsmodellen, nämlich die Verschaffung von Aktien der Gesellschaft zu einem unter dem Börsekurs liegenden Preis mit Verankerung einer mehrjährigen – sinnvollerweise fünf Jahre nicht übersteigenden – Verkaufssperre ist steuerlich leider unattraktiv, weil es zu einer Steuerlast ohne Liquiditätszufluss beim Begünstigten kommt. Im ÖCGK wurde mit der Novellierung 2010 in C-Regel 28 Satz 3 die Empfehlung aufgenommen, auf die Dauer des Programms, längstens aber bis zur Beendigung der Vorstandstätigkeit, einen „*angemessenen Eigenanteil*"[1081] an Aktien zu halten.[1082] Damit ging der ÖCGK in diesem Punkt über die Empfehlungen der EU-Kommission[1083] hinaus, die Derartiges eigenartiger Weise (in gewisser Verkennung der Ratio von Aktienoptionsmodellen) nicht vorschreiben, obwohl sie sonst teilweise „überkorrekte" Regelungen enthalten, über deren Sinnhaftigkeit man sehr diskutieren kann (wie zB der Abfindungs-Cap mit zwei *festen* Jahresvergütungen – eine Empfehlung, die der ÖCGK bewusst und zu Recht etwas flexibler gestaltet hat;[1084] vgl dazu oben Rz 324).

Wesentlicher Bestandteil eines Aktienoptionsmodells – zumindest wenn der Aktienkurs nicht nur die Vergütungshöhe bestimmt, sondern auch als Ausübungshürde dient – sollte das sog „**Benchmarking**" sein. Dabei wird die Kursentwicklung der Gesellschaft in Relation zu vergleichbaren Marktteilnehmern gesetzt, um zu verhindern, dass in Zeiten boomender Börsen das Management uU sogar dann hohe Gewinne lukriert, wenn die Kurssteigerungen bei der eigenen Gesellschaft hinter dem Vergleichsumfeld (deutlich) zurückbleiben.[1085]

384 Bei nachträglicher Lockerung bzw Neufestsetzung von Ausübungshürden nach Feststehen oder sich Abzeichnen der Verfehlung der bisherigen Hürden („Repricing") besteht im Lichte der „Mannesmann-Entscheidung" des BGH (siehe Rz 342 ff) ein erhöhtes Pflichtwidrigkeitsrisiko. Die Repricing-Praxis sollte aber unabhängig davon jedenfalls unterbleiben und allenfalls in Ausnahmefällen

---

[1081] Der Begriff „*Eigeninvestment*" wurde deshalb nicht verwendet, weil zum Ausdruck gebracht werden sollte, dass das Vorstandsmitglied die Aktien auch schon *vor* Einräumung der Optionen bzw der begünstigten Übertragung von Aktien angeschafft haben kann.
[1082] Vgl *G. Schima*, GesRZ 2011, 265 (279).
[1083] Vgl dazu *Link*, Die Empfehlung zur Regelung der Vergütung von Mitgliedern der Unternehmensleitung börsenotierter Gesellschaften im Lichte der Rechtslage in Deutschland und Frankreich, GPR 2009, 229.
[1084] *G. Schima*, GesRZ 2011, 265 (278).
[1085] *G. Schima*, GesRZ 2011, 265 (279).

mit qualifizierter HV-Zustimmung zugelassen werden (vgl C-Regel 28 Satz 2 ÖCGK).[1086]

8. Vergütungen von dritter Seite und transaktionsbezogene Vergütungen

Es kommt in der Praxis vor, dass Vorstandsmitglieder eine AG (aber auch Geschäftsführer einer GmbH) Entgelt nicht nur von der Gesellschaft selbst, sondern auch von dritter Seite erhalten. Auf die Problematik der sogenannten „Drittanstellung" wurde oben (Rz 144 ff) bereits hingewiesen. Im gegenständlichen Zusammenhang geht es indes um Vergütungen, die ein Geschäftsleiter neben seinem von der Gesellschaft bezogenen Entgelt für die Leitungstätigkeit von dritter Seite erhält. Die Ausgestaltungen in der Praxis können dabei sehr unterschiedlich sein. Eine „Drittvergütung" liegt zB vor, wenn die Konzernobergesellschaft oder ein einzelner (Groß-)Aktionär dem Geschäftsleiter durch zusätzliche Vergütungen einen besonderen Erfolgsanreiz bietet möchte. Solche Vergütungen sind naturgemäß variabel, dh erfolgsbezogen und können zB auch in der Gewährung von Aktienoptionen bestehen.[1087]

385

Drittvergütungen können aber nicht nur „von oben" gewährt werden. Möglich ist vielmehr auch, dass ein Vorstandmitglied einer Obergesellschaft von diversen konzernangehörigen Tochtergesellschaften gesonderte Vergütungen für die Ausübung von Geschäftsführer- oder Aufsichtsratsmandaten erhält. Üblicherweise beugen Gesellschaften solchen Vergütungen nachgeordneter Konzerngesellschaften oder überhaupt von Konzerngesellschaften durch sog Konzernmandatsklauseln vor. Diese ordnen regelmäßig an, dass das Vorstandsmitglied/der Geschäftsführer verpflichtet ist, in zumutbarem Ausmaß Mandate in konzernverbundenen Gesellschaften zu übernehmen und dass hierfür kein Anspruch auf gesondertes Entgelt besteht bzw allfällige derartige Ansprüche an die Gesellschaft, die den Geschäftsleiter beschäftigt, abzutreten sind.[1088]

Soweit eine „Konzernmandatsklausel" mit Entgeltabführungspflicht des Geschäftsleiters fehlt, stellt sich die Frage, ob die (unbeschränkte) Berechtigung besteht, solche zusätzlichen Vergütungen von Konzerngesellschaften entgegenzunehmen. Vor allem aber ist zu fragen, ob der Geschäftsleiter der Zustimmung eines anderen Organs (insb des Aufsichtsrates) bedarf, um solche Vergütungen empfangen zu dürfen.[1089]

Die Frage, ob die Zustimmung des Aufsichtsrates in der AG – in der GmbH jene der Gesellschafter als des „Anstellungsvertragspartners" der Geschäftsführer – erforderlich ist, stellt sich bei „Drittvergütungen" freilich generell.

[1086] Vgl *G. Schima*, GesRZ 2011, 265 (279).
[1087] Vgl dazu jüngst *Kalb/Fröhlich*, die Drittvergütung von Vorständen, NZG 2014, 167.
[1088] Vgl zu solchen Klausel *Runggaldier/G. Schima*, Manager-Dienstverträge⁴ (2014) 42 ff, 236, 248 f mit Musterklausel.
[1089] In Österreich wurde der Fall eines ehemaligen Bank-Vorstandsvorsitzenden bekannt, der neben seiner (nicht unbeträchtlichen) Vergütung von diversen konzernverbundenen Gesellschaften Zusatzvergütungen in sehr beträchtlicher Höhe erhalten hatte, ohne dass dies dem Vernehmen nach mit dem Aufsichtsrat abgestimmt worden war.

Einen Sonderfall bilden transaktionsbezogene Vergütungen für Geschäftsleiter, dh Zahlungen bzw Leistungen, die dem Geschäftsleiter für den erfolgreichen Verkauf der von ihm selbst geleitenden Gesellschaft versprochen werden. Hier stellt sich die Frage, ob solche Zusagen überhaupt von der (Ziel-)Gesellschaft gemacht, dh die Vergütungen aus deren Vermögen geleistet werden dürfen und ob bzw unter welchen Voraussetzungen dafür gewährte Vergütungen von dritter Seite (dh insb von den verkaufenden Gesellschaftern) zulässig sind.

Transaktionsbezogene Vergütungen, die den Verkauf nachgeordneter Unternehmen/Gesellschaften oder von Unternehmensteilen der vom Geschäftsleiter geführten Gesellschaft betreffen, interessieren in diesem Zusammenhang nur, wenn sie von dritter Seite kommen (s.o.). Denn dass die Gesellschaft selbst dem Vorstandsmitglied/Geschäftsführer dafür eine Vergütung versprechen darf, dass eine Tochtergesellschaft erfolgreich verkauft wird, versteht sich an sich von selbst.[1090]

386 Fragt man danach, ob in der AG der Aufsichtsrat dazu berufen ist, Vergütungen des Vorstandsmitgliedes von dritter Seite die Zustimmung zu erteilen (oder aber eben zu verweigern), stellt sich als erstes die Frage nach Sinn und Zweck des aktienrechtlichen Angemessenheitsgebotes (dazu oben Rz 238 ff).

Sieht man den Sinn und Zweck von § 78 Abs 1 AktG allein darin, die Gesellschaft vor einer unangemessenen Schmälerung des Gesellschaftsvermögens zu schützen,[1091] dann liegt es nahe, in der Gewährung einer Drittvergütung keinen Eingriff in die Vergütungskompetenz des Aufsichtsrates zu erblicken.[1092] Denn wenn Zuwendungen von Dritten nicht aus dem Gesellschaftsvermögen erbracht werden, wäre unter dieser Prämisse die Vergütungskompetenz des Aufsichtsrates gem § 78 Abs 1 öAktG bzw § 87 Abs 1 dAktG gar nicht betroffen.

Auch nach dieser Ansicht besteht aber dann eine Zustimmungskompetenz des Aufsichtsrates, wenn zwischen dem Dritten und der Gesellschaft Vereinbarungen bestehen, nach denen bei wirtschaftlicher Betrachtungsweise die Aktiengesellschaft die Vergütung trägt.[1093]

[1090] Vgl diesbezüglich aber die nunmehr abweichende Rechtslage in der Schweiz aufgrund der sogenannten „Minder-Initiative", die in Art 95 Abs 3 lit b) der Bundesverfassung umgesetzt werden soll. Die Bestimmung soll dem Schutz der Volkswirtschaft, des Privateigentums und der Aktionärinnen und Aktionäre sowie einer nachhaltigen Unternehmensführung dienen. Organmitglieder einer Aktiengesellschaft erhalten danach keine Abgangs- oder andere Entschädigung, keine Vergütung im Voraus, keine Prämien für Firmenkäufe und -verkäufe und keinen zusätzlichen Berater- oder Arbeitsvertrag von einer anderen Gesellschaft der Gruppe. Mit der Änderung der Bundesverfassung soll auch eine Revision des Aktienrechts einhergehen. Der Schweizer Bundesrat erließ auf Grund der Volksinitiative die Verordnung gegen übermäßige Vergütungen bei börsenotierten Aktiengesellschaften (VegüV). Diese ist seit 1.1.2015 auf alle Schweizer Aktiengesellschaften verbindlich anzuwenden.

[1091] So für die vergleichbare deutsche Vorschrift des § 87 Abs 1 AktG *Kalb/Fröhlich*, NZG 2014, 167 (169); ebenso *v. Werder/Braun/Fromholzer* in Eilers/Koffka/Mackensen, Private Equity[2] (2012) 198; *Lutter/Krieger/Verse*, Rechte und Pflichten des Aufsichtsrates[6] (2014), § 7 Rz 395; *Traugott/Grün*, Finanzielle Anreize für Vorstände börsennotierter Aktiengesellschaften bei Private Equity-Transaktionen, AG 2007, 761.

[1092] So auch *Reuter*, Die aktienrechtliche Zulässigkeit von Konzernanstellungsverträgen, AG 2011, 274; *Traugott/Grün*, AG 2007, 761.

[1093] So *Kalb/Fröhlich*, NZG 2014, 167 (169).

Dieser Ansicht ist so freilich nicht zu folgen. In Österreich fehlen dazu Stellungnahmen in Lehre und Judikatur – soweit überblickbar – völlig. In Deutschland wird die Anwendung von § 87 Abs 1 dAktG auf Vergütungen von dritter Seite ua mit Z 4.2.3 Abs 1 Satz 1 des deutschen Corporate Governance-Kodex begründet, demzufolge auch Leistungen von Dritten der Gesamtvergütung zuzurechnen sind und daher bei der Bezugsfestlegung vom Aufsichtsrat zu berücksichtigen seien.[1094]

Hingewiesen wird im Schrifttum auch darauf, dass Zweck des § 87 dAktG auch die Gewährleistung der Angemessenheit der Vergütung für jedes einzelne Vorstandsmitglied sei, weshalb nicht darauf abgestellt werden könne, ob die Vergütung aus Gesellschaftsmitteln gezahlt würde.[1095]

Kann man die Bezugnahme auf den Corporate Governance-Kodex noch allenfalls damit abtun, dass es sich dabei nicht um Gesetzesrecht (und schon gar nicht um zwingendes) handle, greift der Verweis auf die Angemessenheitskontrolle auch innerhalb des Vorstandes sehr wohl. § 78 Abs 1 AktG, der 2012 in Anlehnung an die in Deutschland schon einige Jahre davor geschehene Novellierung geändert wurde, verpflichtet den Aufsichtsrat darüber hinaus aber auch zu einen horizontalen Fremdvergleich (also einem Vergleich mit dem „Markt").[1096] Selbst wenn man mit der zutreffenden hM einen vertikalen Vergleich, dh den Vergleich zur übrigen Belegschaft, dem Gesetz – jedenfalls in Österreich (und ungeachtet des Materialien-Verweises) – nicht mit hinreichender Deutlichkeit entnehmen kann,[1097] spricht schon der gebotene horizontale Fremdvergleich und der Vergleich innerhalb des Vorstandes klar dagegen, Vorstandsvergütungen von dritter Seite von vornherein aus der Aufsichtsratskompetenz auszuklammern.

Betrachtet man nun konkrete Interessenlagen und konkrete Drittvergütungs-Konstellationen, so fällt auf, dass die in Deutschland geführte Diskussion iZm Drittvergütungen fast ausschließlich um Fallgestaltungen kreist, die mit Transaktionen/Unternehmensverkäufen zu tun haben und die Argumente va darauf zugeschnitten sind. Bei solchen Vergütungen geht es in der Tat darum, sicherzustellen, dass ein Vorstandsmitglied (oder auch Geschäftsführer) nicht durch eine spezielle Form der Vergütung einseitig die Interessen eines oder einiger Aktionäre zu Lasten des Gesellschaftsinteresses wahrnimmt.

Auch die Vertreter jener Ansicht, die eine Aufsichtsrats-Zustimmungspflicht bei Drittvergütungen grundsätzlich bejahen, schränken das Gebot einer Einschaltung des Aufsichtsrates indes auf Fälle ein, in denen eine zumindest **abstrakt gegebenen Möglichkeit einer Interessenkollision** besteht.[1098]

[1094] Vgl *Mayer-Uellner*, Zur Zulässigkeit finanzieller Leistungen Dritter an die Mitglieder des Vorstands, AG 2011, 193; *Weber* in *Hölters*, AktG (2011) § 87 Rz 13; *J. H. Bauer/Arnold*, Vorstandsverträge im Kreuzfeuer der Kritik, DB 2006, 260; *Selzer*, Drittvergütungen in der Übernahme, AG 2013, 818.

[1095] Vgl *Diekmann*, Die Drittvergütung von Mitgliedern des Vorstands einer Aktiengesellschaft, FS Georg Maier-Reimer (2010) 81 f.

[1096] Vgl *Haberer/Kraus*, GeS 2012, 15; für Deutschland vgl *Fleischer*, NZG 2009, 801 (802); *Dauner-Lieb*, Der Konzern 2009, 583. Vgl dazu oben Rz 239 ff.

[1097] Vgl *Haberer/Kraus*, GeS 2010, 10 (15); *Seibt* in K. Schmidt/Lutter, AktG³ § 87 Rz 10 f.

[1098] Deutlich zB *Lutter/Krieger/Verse*, Rechte und Pflichten des Aufsichtsrates⁶ (2014) § 7 Rz 405.

Aus dieser – richtigen – Überlegung folgt, dass Drittvergütungen „von unten", dh von nachgeordneten Konzernunternehmen, in denen das Vorstandsmitglied zB Geschäftsführer- oder Aufsichtsratsmandate bekleidet, die Vergütungskompetenz des Aufsichtsrates schon deshalb betreffen, weil das Vorstandsmitglied solche Vergütungen ja typischerweise (wenn auch nicht in allen Fallkonstellationen) für (entsprechende Zeit in Anspruch nehmende) Tätigkeiten erhält, die sich mit der ihn als Mitglied des Leitungsorgans der Obergesellschaft treffenden Konzernüberwachungs- und -leitungspflicht zumindest überschneiden. Anders und plastischer ausgedrückt: Solche Vergütungen durch nachgeordnete Konzerngesellschaften bedeuten tendenziell eine (uU signifikante) Gehaltserhöhung zugunsten des Vorstandsmitglieds für „dieselbe" Tätigkeit.

Der Umstand, dass die Übernahme von Konzern-Mandaten nicht unter die Aufsichtsratsgenehmigungspflicht nach § 79 Abs 1 AktG im Zusammenhang mit dem gesetzlichen Wettbewerbsverbot fällt, bedeutet nicht im Umkehrschluss, dass Vorstandsmitglieder solche Mandate nicht nur schrankenlos übernehmen, sondern sich auch dafür schrankenlos ohne Aufsichtsratszustimmung entlohnen lassen dürfen.

Dies ist vielmehr keineswegs der Fall. Ein Vorstandsmitglied, das – weil durch keine entsprechende Konzernmandatsklausel im eigenen Anstellungsvertrag gehindert – diesbezügliche Vergütungsexzesse mit nachgeordneten Konzerngesellschaften betreibt (deren Geschäftsführungen dem Vorstandsmitglied gegenüber uU weisungsunterworfen sind) kann dadurch mE auch den Abberufungsgrund der groben Pflichtverletzung begehen.

Anderes gilt hingegen für Vergütungen von dritter Seite, insbesondere solche „von oben", dh von einer Konzernobergesellschaft oder einem Großaktionär, die die Gefahr eines Interessenkonfliktes nicht heraufbeschwören, sondern zB darin bestehen, dem Vorstandsmitglied Optionen auf Aktien der von ihm geführten Gesellschaft einzuräumen, die bei Erreichung bestimmter Erfolgskriterien entsprechend werthaltig sind. Wenn die vorgegebenen Vergütungs-Kriterien mit der Interessenausrichtung der Leitungspflicht des Vorstandsmitgliedes im Gleichklang stehen, dann besteht hier die Gefahr eines Interessenskonfliktes nicht. Selbst wenn man den Aufsichtsrat in diesem Fall als zuständig dafür qualifizierte, seine Zustimmung zu erteilen, wäre er mE idR dazu gehalten, dies auch tatsächlich zu tun – vorausgesetzt, die Gesamtvergütung des Vorstandsmitgliedes hält sich noch innerhalb des durch § 78 Abs 1 AktG gezogenen Rahmens.

388 Beim Verkauf bzw der Übernahme einer Gesellschaft besteht in der Praxis nicht selten ein praktisches Bedürfnis (primär der verkaufenden Gesellschafter), den Geschäftsleitern der Zielgesellschaft eine besondere Vergütung zukommen zu lassen, wenn der Verkauf besonders erfolgreich abgewickelt, insbesondere ein besonderer Kaufpreis erzielt oder überschritten wird.[1099]

Daraus können sich heikle Fragen ergeben, weil der Interessenkonflikt offenkundig ist. Ausgangspunkt ist die Überlegung, dass Tätigkeiten, die üblicherweise mit einem Unternehmensverkauf verbunden sind, wie die Organisation und Über-

---

[1099] Vgl *G. Schima/Liemberger/Toscani*, Der GmbH-Geschäftsführer (2015) 84 f mwN.

wachung einer Due-Diligence-Prüfung, sich idR aus den Geschäftsleiterpflichten ergeben und daher mit dem anstellungsvertraglichen Entgelt abgegolten sind. Gewährt daher die **Zielgesellschaft selbst** ihren Geschäftsleitern Vergütungen iZm der (erfolgreichen) Abwicklung des Verkaufes der Gesellschaft erhebt sich unweigerlich die Frage, ob damit nicht in Wahrheit Leistungen abgegolten werden, die die Geschäftsleiter zugunsten der verkaufenden Gesellschafter erbringen. Damit stehen solche Leistungen zumindest dann, wenn die Gesellschafter natürliche Personen sind, und über ihr eigenes Vermögen disponieren können, zwar nicht unter Untreueverdacht, wohl aber unter der möglichen Vermutung eines Verstoßes gegen das Einlagenrückgewährverbot des § 82 GmbHG bzw § 52 AktG.[1100] Werden die Geschäftsleiter dafür entlohnt, dass sie zB Verhandlungen für die Verkäufer führen, oder dass der Kaufpreis ein bestimmtes Maß überschreitet, handelt es sich mE sehr wohl um Leistungen an die Gesellschafter, sodass eine Bestreitung solcher Vergütungen aus Gesellschaftsmitteln den Tatbestand der Einlagenrückgewähr erfüllt.[1101] Ein Verstoß gegen das Einlagenrückgewährverbot kann nach ganz unbestrittener Ansicht auch durch Zustimmung sämtlicher Gesellschafter gesellschaftsrechtlich nicht saniert werden.[1102]

Um diese Probleme zu vermeiden, bietet sich grds der Abschluss von Vergütungszusagen zwischen Geschäftsleitern und verkaufenden Gesellschaftern an. In einer AG bedarf Derartiges der Zustimmung des Aufsichtsrates, weil dieser einerseits die Angemessenheit der Vergütung nach § 78 Abs 1 AktG zu prüfen hat und andererseits gerade bei derartigen Gestaltungen die Möglichkeit eines Interessenkonfliktes keineswegs ausgeschlossen werden kann (vgl oben Rz 387). Soweit solche Vergütungen nicht für Tätigkeiten gewährt werden, die von der Geschäftsleitertätigkeit abgrenzbar sind (dies träfe zB auf die Führung von Verhandlungen namens der Verkäufer zu), stellt sich aber die Frage, ob die Geschäftsleiter nicht gem § 1009 ABGB die Vergütung an die Gesellschaft herauszugeben haben.[1103] Von dieser Herausgabepflicht kann die Gesellschaft den Geschäftsleiter freilich entbinden. In der AG ist dafür mE der Aufsichtsrat zuständig (und nicht etwa die Aktionäre), in der GmbH aber ohne Zweifel die Gesellschafter als „dienstrechtliche Ansprechpartner" des Geschäftsführers. Ausreichend ist dafür mE ein Mehrheitsbeschluss.

389

Letztlich könnte man sich aber auch hinsichtlich der Vergütung von über die gewöhnliche Geschäftsführer- bzw Vorstandstätigkeit hinausgehenden Aktivitäten durch Zahlungen von Seiten der verkaufenden Gesellschafter fragen, ob hier nicht Leistungen abgegolten werden, die in Wahrheit die Gesellschaft an die Gesellschafter erbringt. Wenn die Geschäftsleiter dafür ihre Erfahrung und ihr Wissen aufgrund der bekleideten Position verwerten, dann könnte die Annahme gerecht-

---

[1100] In Österreich wird es praktisch so gut wie nicht thematisiert: Vgl zB *Brugger*, Unternehmenserwerb Rz 554ff, für den eine solche Konstellation anscheinend keine Bedenken erweckt.
[1101] Vgl *G. Schima/Liemberger/Toscani*, Der GmbH-Geschäftsführer (2015) 85..
[1102] Vgl OGH 19.11.2002 3 Ob 287/02f, GesRZ 2004, 57; *Kalss*, ecolex 2014, 96 (498); *G. Schima* in *FS Reich-Rohrwig*, 161 (179f); *Karollus* in *Leitner*, Handbuch verdeckte Gewinnausschüttung (2010) 19; *Koppensteiner/Rüffler*, GmbHG³ § 20 Rz 9.
[1103] Vgl *G. Schima/Liemberger/Toscani*, Der GmbH-Geschäftsführer (2015) 85.

fertigt sein, hier hätten die Geschäftsleiter geldwerte Leistungen der Gesellschaft erbracht. Solche würden nur dann nicht gegen das Verbot der Einlagenrückgewähr verstoßen, wenn die begünstigten Gesellschafter an die Gesellschaft (und nicht an die Geschäftsführer bzw Vorstandsmitglieder) ein marktkonformes Entgelt entrichten.[1104]

9. Ersatz von Strafen, Verteidigungs- und Vertretungskosten

390 Vorstandsmitglieder sind im Rahmen ihrer Leitungsfunktion verpflichtet, dafür zu sorgen, dass die Gesellschaft und ihre Mitarbeiter sämtliche relevante Rechtsvorschriften einhalten. Als Mitglieder des Vertretungsorgans der AG können sie im Falle eines Verstoßes auch strafrechtlich und verwaltungsstrafrechtlich zur Verantwortung gezogen werden (vgl zB § 9 VStG). Sie trifft daher eine persönliche Haftung, was im Verwaltungsstrafrecht zur Verhängung von teilweise empfindlich hohen Geldstrafen führt, die das Vorstandsmitglied an und für sich aus dem eigenen Vermögen bezahlen muss.

391 Aus Sicht des Vorstandsmitglieds, das zwar die persönliche Verantwortung trägt, aber nicht den wirtschaftlichen Erfolg jener unternehmerischen Tätigkeit lukriert, bei deren Ausübung die Verwaltungsübertretung begangen wurde, ist es daher interessant, wenn die Gesellschaft verhängte Strafen übernehmen würde. Der OGH beurteilt jedoch Vereinbarungen, mit denen eine Gesellschaft einem Vorstandsmitglied oder Geschäftsführer vorweg oder pauschal die Übernahme von Verwaltungsstrafen zusagt, wegen der damit verbundenen *„Untergrabung der Autorität von Verwaltungsstrafnormen"* als nach § 879 ABGB sittenwidrig und damit nichtig.[1105] Es ist daher rechtlich nicht möglich, dass sich das Vorstandsmitglied im Anstellungsvertrag von der Gesellschaft versprechen lässt, von allfälligen Verwaltungsstrafen freigestellt zu werden.

392 Eine *vor* Begehung der strafbaren Handlung zwischen dem Täter und einem Dritten abgeschlossene Vereinbarung, in der sich der Dritte zum Ersatz der über den Täter zu verhängenden Strafe verpflichtet (den Straferkenntnissen lagen meist Verstöße gegen Arbeitnehmerschutzbestimmungen und gegen das Ausländerbeschäftigungsgesetz zugrunde), verstößt nach ständiger Rechtsprechung gegen Grundsätze des Strafrechts und gegen die guten Sitten.[1106] Die Begründung des OGH lautet, die für die Einhaltung der gesetzlichen Bestimmungen verantwortlichen Personen sollten durch die Strafdrohung zu einem gesetzeskonformen Verhalten veranlasst werden. Diesem Gesetzeszweck würden die Bestimmungen aber nur dann gerecht, wenn der Verantwortliche durch die unmittelbare Auswirkung einer über ihn verhängten Strafe betroffen sei. Es liefe dem Zweck des Gesetzes, das die Einhaltung der Normen durch Androhung von Strafen gegen die Personen erreichen will, die hiezu nach dem Gesetz und der betrieblichen Organisation

---

[1104] Vgl *G. Schima/Liemberger/Toscani*, Der GmbH-Geschäftsführer (2015) 85, die darauf hinweisen, dass diese Frage in Literatur und Judikatur noch gar nicht thematisiert worden sein dürfte.
[1105] OGH 6 Ob 281/02w, RIS-Justiz RS0016830; *Krejci* in Rummel/Lukas, ABGB⁴ § 879 Rz 202.
[1106] OGH 23.2.1955, 3 Ob 96/55; OGH 18.5.1955, 3 Ob 264/55; OGH 16.12.1992, 9 Ob A 284/92; OGH 15.10.1997, 3 Ob 2400/96d; OGH 11.9.2003, 6 Ob 281/02w; RIS-Justiz RS0016830.

verpflichtet sind, zuwider, wenn jemand anderer im Vorhinein wirksam die Verpflichtung zur Zahlung von Strafen übernehmen könnte. Auf diese Weise wäre der Verantwortliche von den wesentlichen Unrechtsfolgen befreit, und es bestünde daher für ihn eine geringere Motivation, sich dem Gesetz gemäß zu verhalten. Das Übel der Strafe soll nach dem Gesetz denjenigen treffen, der den Verstoß gegen die unter Strafsanktion bestehende Bestimmung zu vertreten hat.

Eine *nach* der Tat zustande gekommene Vereinbarung über den Ersatz der dem Täter entstandenen Vermögensnachteile in einem konkreten Fall wird hingegen von der Rechtsprechung als zulässig und wirksam angesehen.[1107] Dieser Auffassung ist beizutreten. Für gerichtliche Strafen kann es ohnehin keinem Zweifel unterliegen, dass eine generelle Übernahme von Strafen durch einen Dritten nicht zulässig sein darf.[1108] Aber auch die generelle Freistellung von Verwaltungsstrafen begegnet gravierenden, wenn auch vom OGH vielleicht ein wenig zu kategorisch vorgetragenen Bedenken. Ob der OGH diese fallen lassen würde, wenn Gesellschaft und Vorstandsmitglied eine Vereinbarung schließen, die den Ersatz von Verwaltungsstrafen zB daran knüpft, dass das Vorstandsmitglied gemäß dem behördlichen Erkenntnis kein grobes Verschulden trifft, niemand konkret gefährdet wurde, die Übertretung nicht gegen Unternehmensinteressen verstieß und im konkreten Fall die Verweigerung eines Ersatzes *„unbillig"* wäre, bezweifle ich. Die Zulässigkeit solcher Vereinbarungen wäre aber sehr wohl zu erwägen. Richtig ist, dass die Rsp (bis hinauf zum VwGH) bei der Prüfung des Nachweises bzw der Glaubhaftmachung mangelnden Verschuldens bei „Ungehorsamsdelikten" iSd § 5 VStG so streng ist, dass der Nachweis so gut wie nie gelingt. Es kann daher vorkommen, dass ein Vorstandsmitglied zwar pflichtwidrig im Sinne des Verwaltungsstrafrechts gehandelt hat, aber gleichzeitig seine Sorgfaltspflichten gegenüber der Gesellschaft erfüllt hat.[1109] Dies ist auch der Fall, wenn Vorstandsmitglieder eine für die Gesellschaft günstige, vertretbare Rechtsansicht annehmen, der die Behörde aber nicht folgt.[1110]

Gerade der Vorstand einer AG (bzw jedes geschäftsführende Organ einer Körperschaft) kann dieses persönliche Risiko aber entscheidend durch ein möglichst lückenloses Netz der Bestellung von „verantwortlichen Beauftragten" minimieren und sollt dies auch tun.[1111] Jeder Aufsichtsrat ist gut beraten, das zu kontrollieren und zu hinterfragen, ob alle relevanten Bereiche mit geeigneten Personen abge-

---

[1107] *Runggaldier/G. Schima*, Manager-Dienstverträge⁴ 77 ff; OGH 3 Ob 96/55 SZ 28/56; vgl auch OGH 9 Ob 284/92, wbl 1993, 157; *Krejci* in Rummel/Lukas, ABGB⁴ § 879 Rz 202.
[1108] In D wurde eine derartige Vereinbarung früher sogar als Verstoß gegen § 257 dStGB und damit als Verwirklichung des Straftatbestands der *Begünstigung* durch den Arbeitgeber qualifiziert (so die ältere Rsp und zB *Mayr-Maly* in MünchKommBGB³ [1993] § 134 Rz 52; anders aber BGH 2 StR 439/90, NJW 1991, 990 (992) und diesem folgend *Mayer-Maly/Armbrüster* in MünchKommBGB⁴ [2001] § 134 Rz 59 und *Armbrüster* in MünchKommBGB⁶ [2012] § 134 Rz 59).
[1109] So *G. Schima/Liemberger/Toscani*, Der GmbH-Geschäftsführer 149.
[1110] *Kalss*, Die Übernahme von verwaltungsrechtlichen Geldstrafen durch die Gesellschaft, GesRZ 2015, 78 (89).
[1111] Vgl zu den Bestellungsformalitäten und Voraussetzungen (in Bezug auf den GmbH-Geschäftsführer, für den dieselben Vorschriften gelten) ausführlich *G. Schima/Liemberger/Toscani*, Der GmbH-Geschäftsführer 275.

deckt sind. Im Einzelfall kann die Verweigerung des Strafersatzes gegenüber dem Vorstandsmitglied in der Tat unzulässige Rechtsausübung sein. Das wird dann der Fall sein, wenn das Vorstandsmitglied im Unternehmensinteresse zB durch Anordnung von nicht mehr mit dem AZG vereinbarer Mehrarbeit es ermöglicht, dass ein für das Unternehmen wichtiger Auftrag zeigerecht abgewickelt und die Gesellschaft vor hohen Pönalezahlungen bewahrt wird.

395   Hier ist die Problematik der sog *„nützlichen Gesetzesverletzung"* angesprochen. Auch eine solche ändert nichts an der Rechtswidrigkeit, doch spricht mE nichts dagegen, bei der schadenersatzrechtlichen Behandlung einer solchen Konstellation nicht nur die der Gesellschaft zugefügten Nachteile, sondern auch die ihr durch das rechtswidrige Verhalten des Vorstandes verschafften Vorteile zu berücksichtigen.[1112] Das bedeutet mutatis mutandis, dass die Verweigerung des Ersatzes der wegen Verletzung des AZG über das Vorstandsmitglied – uU in beträchtlicher, aber nur einen Bruchteil der drohenden Pönalezahlung ausmachenden – verhängten Geldstrafe in so einem Fall mE rechtsmissbräuchlich wäre.

396   Für *vorsätzliche* Gesetzesverletzungen kommt aus den oben erörterten Gründen eine Übernahme der Strafe durch die Gesellschaft nicht in Frage.[1113]

397   Die Entscheidung, ob Vorstandsmitgliedern eine verhängte Geldstrafe im Nachhinein ersetzt wird, obliegt dem Aufsichtsrat. Dies ergibt sich mE aus der Kompetenz des Aufsichtsrates zum Abschluss des Anstellungsvertrages (vgl oben Rz 137 ff), weil die Übernahme der Strafe ein geldwerter Vorteil ist. Der Aufsichtsrat hat die Entscheidung nach pflichtgemäßem Ermessen zu treffen und stets das Unternehmenswohl zu beachten. Denn der Aufsichtsrat ist hier Verwalter fremden Vermögens. Liegt die Übernahme der Strafe nicht im eindeutigen und überwiegenden Interesse der Gesellschaft, wird der Aufsichtsrat selbst schadenersatzpflichtig.[1114] Bei Gesellschaften, die der Aufsicht der FMA unterliegen, ist besondere Vorsicht geboten: Die Behörde hat in einem (nicht öffentlich zugänglichen, aber in interessierten Kreisen bekannten) Schreiben an die Wirtschaftskammer vom 8.3.2011 ihre Rechtsansicht dargelegt, dass Gesellschaftsorgane, die die Übernahme einer Geldstrafe gegen das Unternehmenswohl bewilligen, Untreue gem § 153 StGB begehen können und dass die FMA in solchen Fällen Anzeige erstatten würde. Untreue sei verwirklicht, wenn die Erstattung der Geldstrafe bereits vor der Tat zugesagt würde, wenn der Aufsichtsrat sein Ermessen pflichtwidrig ausgeübt hätte oder wenn die Tat vorsätzlich begangen wurde und dennoch eine Erstattung erfolgte.[1115] Der Aufsichtsrat ist jedenfalls gut beraten, die Entscheidung und die ihr zugrundeliegende Interessenabwägung zu dokumentieren.[1116]

[1112] *G. Schima*, Business Judgment Rule und Verankerung im österreichischen Recht, GesRZ 2007, 93 (96 f); ausführlich zur „nützlichen Gesetzesverletzung" *G. Schima/Liemberger/Toscani*, GmbH-Geschäftsführer (2015) 222 f mwN.
[1113] *Schrank*, Übernahme von Strafen durch die Gesellschaft. Ein Fall fürs Strafgericht? CFO aktuell 2013, 59.
[1114] Vgl *G. Schima/Liemberger/Toscani*, Der GmbH-Geschäftsführer 149 FN 835.
[1115] Vgl die Wiedergabe des Inhalts des Schreibens bei *Kalss*, GesRZ 2015, 78; und *Schrank*, CFO aktuell 2013, 59.
[1116] *Runggaldier/G. Schima*, Manager-Dienstverträge[4] 80.

III. Der Vorstands-Anstellungsvertrag 398 – 402

Zulässig ist im Lichte des Gesagten daher nur eine Klausel im Anstellungs- **398** vertrag, in der sich die Gesellschaft verpflichtet, im Falle der Verhängung einer Geldstrafe durch das zuständige Organ prüfen zu lassen, ob im konkreten Fall die Übernahme der Strafe durch die Gesellschaft gerechtfertigt ist. Die Klausel kann auch die Kriterien enthalten, nach denen das Organ zu entscheiden hat, sowie die Klarstellung, unter welchen Voraussetzungen eine Übernahme ausgeschlossen ist.[1117]

Im Sinne der vorstehenden Ausführungen vertritt ein Teil der Lehre[1118] die Auf- **399** fassung, dass eine Haftungsfreistellung bei einer Schadenersatzverpflichtung auf Grund Handelns für die Gesellschaft *ohne gesonderte Vereinbarung* nur soweit bestehen könne, soweit das Handeln nicht gleichzeitig pflichtwidrig gegenüber der Gesellschaft gewesen sei. Da jedoch strafbares Verhalten eines Vorstandsmitglieds stets auch eine Verletzung von Organpflichten bedeute, komme ein Anspruch auf Übernahme von Geldstrafen und Geldbußen nicht in Betracht. Demgegenüber vertritt *Kalss*,[1119] dass ein Manager auch ohne eine ausdrückliche Vereinbarung Anspruch auf Ersatz einer gegen ihn verhängten Geldstrafe hat, allerdings nur unter bestimmten Voraussetzungen: Die Übernahme der Strafe sei zB dann geboten, wenn Strafe eigentlich unberechtigt oder völlig unerwartet verhängt worden sei, unverhältnismäßig sei oder bei unklarer Rechtslage das Vorstandsmitglied einer vertretbaren Rechtsansicht gefolgt wäre. Außerdem sei für den Ersatzanspruch erforderlich, dass das Vorstandsmitglied ausschließlich im Interesse der Gesellschaft gehandelt habe.

Im Übrigen ist zu beachten, dass auch eine zulässige Übernahme von (Ver- **400** waltungs-) Strafen einen lohnsteuerpflichtigen Vorteil aus dem Dienstverhältnis begründet,[1120] unabhängig davon, ob die Gesellschaft dies freiwillig tut oder dazu verpflichtet ist.

Wird ein Vorstandsmitglied im Zusammenhang mit seiner beruflichen Tätig- **401** keit mit straf-, verwaltungsstraf- oder zivilrechtlichen Vorwürfen bzw Verfahren konfrontiert, hat es grundsätzlich gemäß § 1014 ABGB einen *Anspruch* gegenüber der Gesellschaft auf Ersatz (Übernahme) der mit einer *angemessenen* rechtlichen Vertretung und Verteidigung verbundenen (uU beträchtlichen) Kosten und nach der zitierten Gesetzesstelle auch Anspruch auf eine angemessene *Bevorschussung* dieser Ausgaben.[1121] Dies gilt für Zivil- gleichermaßen wir für Verwaltungsstraf- und gerichtliche Strafverfahren.

Zu beachten ist jedoch, dass dieser Aufwandsersatzanspruch auflösend bedingt **402** mit der Verurteilung des Vorstandsmitgliedes im Verfahren ist. Eine Aufwandsersatzpflicht besteht demnach nicht, wenn das Verhalten des Vorstandsmitgliedes,

---

[1117] Vgl die Ausführungen bei *G. Schima/Liemberger/Toscani*, Der GmbH-Geschäftsführer 149.
[1118] *Thüsing* in Fleischer, Handbuch des Vorstandsrechts § 4 Rz 80.
[1119] *Kalss*, Gesellschaftsrechtliche Folgen strafrechtlich relevanten Handelns, Jahrbuch Wirtschaftsrecht und Organverantwortlichkeit (2011) 131 (153 ff).
[1120] LohnsteuerRL 2002 Rz 659.
[1121] Vgl *Runggaldier/G. Schima*, Manager-Dienstverträge[4] 80; OGH 9 ObA 326/99b, SZ 73/20; *Zankel*, Ersatz von Strafverteidigerkosten nach § 1014 ABGB, DRdA 2009, 59 (60 f); *Radner*, Prozesskostenersatz durch den Arbeitgeber bei „erfolgreicher" Schadensabwehr? DRdA 2009, 54 (57).

das Anlass des Verfahrens ist, als schuldhafter Pflichtverstoß gegenüber der Gesellschaft zu qualifizieren ist.[1122] Die Voraussetzung dafür, dass dem Vorstandsmitglied die Übernahme bzw Bevorschussung der Vertretungs- und Verfahrenskosten auch endgültig zu Gute kommt, ist daher ein *Freispruch* bzw die *Einstellung des Verfahrens* bei strafrechtlichen Ermittlungen/Verfahren bzw die Abweisung einer zivilrechtlichen Schadenersatzklage gegen das Vorstandsmitglied. Andernfalls kommt es bei geleisteter Bevorschussung durch die Gesellschaft zu einer Rückforderung gegenüber dem Vorstandsmitglied. Wird ein Vorstandsmitglied hingegen nur wegen fahrlässiger Schädigung (zur Haftung) verurteilt, kann die Gesellschaft im Nachhinein entscheiden, ob sie die Verteidigungskosten nach den oben beschriebenen Ermessenskriterien dennoch endgültig trägt.[1123]

403 Der OGH anerkannte im „Aschenglut-Fall"[1124] die Ersatzfähigkeit von Verteidigerkosten auch im Falle einer strafgerichtlichen Verurteilung. Konkret ging es um die Verurteilung einer Arbeitnehmerin wegen fahrlässiger Herbeiführung einer Feuersbrunst. Das Höchstgericht begründete dies mit dem Umstand, dass die Prozessführung wegen der Abwehransprüche des Arbeitgebers in Folgeprozessen auch in dessen Interesse gelegen sei. Verallgemeinert man diesen Gedanken, wird eine ähnliche Konstellation freilich in nicht wenigen, gegen Manager geführten Wirtschaftsstrafprozessen vorliegen. Das ergibt sich zum einen aus der seit ein paar Jahren aufgrund der Bestimmungen des VerbandsverantwortlichkeitsG in Betracht kommenden, aber an die Voraussetzung strafbaren Verhaltens von Organen oder Entscheidungsträgern geknüpften strafrechtlichen Verantwortung juristischer Personen und zum anderen daraus, dass die Existenz zivilrechtlicher Ansprüche Dritter gegen die Gesellschaft davon abhängen kann, ob Organmitglieder oder „Repräsentanten" rechtswidrig bzw deliktisch gehandelt haben. Der Ansicht, dass bei *diversioneller Erledigung* eines Strafverfahrens iSd §§ 198 ff StPO ein Ersatz der Verfahrenskosten generell nicht in Betracht komme,[1125] ist mE nicht zu folgen. Denn es mag zwar sein, dass die Diversion zu keiner *„Entkriminalisierung"* des Verhaltens führt; es kann aber ebenso wenig davon die Rede sein, dass *„jedenfalls eine Rechtsverletzung stattgefunden haben muss"*.[1126] Damit wird zumindest die praktische Anwendung dieses Instruments außer Acht gelassen. Letztlich geht es um einen „Deal" zwischen Staatsanwaltschaft und Beschuldigtem.[1127] Dass diesen die Behörde nicht anbieten darf, wenn sie nicht von der Schuld überzeugt ist, steht auf einem anderen Blatt, ändert aber nichts daran, dass bei diversioneller Erledigung gerade *nicht* behördlich festgestellt wird, dass ein strafbares und schuldhaftes Verhalten vorliegt.

404 Auch für die Übernahme und Bevorschussung von Verteidigungskosten können das Vorstandsmitglied und die Gesellschaft im Anstellungsvertrag Vorsorge

---

[1122] Ausdrücklich *Kort* in GroßkommAktG[5] § 84 Rz 407 mwN.
[1123] Vgl *Kalss*, GesRZ 2015, 78 (90 f).
[1124] OGH 8 ObA 2051/96t, ZAS 1997, 111 (*Tomandl*) = EvBl 1997/4.
[1125] So *Zankel*, DRdA 2009, 61.
[1126] So *Zankel*, DRdA 2009, 61.
[1127] Die Einwilligung in einen solchen wird das beschuldigte Vorstandsmitglied uU *auch* davon abhängig machen, ob die Gesellschaft zusagt, die bevorschussten Verteidigerkosten nicht zurückzufordern.

treffen. Solche Vereinbarungen sind vor allem dann relevant, wenn die Gesellschaft (noch) keine D&O-Versicherung für ihre Manager abgeschlossen hat, weil üblicher Weise Rechtsanwaltskosten im Zusammenhang mit der Abwehr von Schadenersatzansprüchen oder strafrechtlichen Ermittlungen von dieser Versicherung gedeckt sind (vgl Rz 358).

10. Urlaub

Es wurde bereits festgehalten (siehe Rz 163 ff), dass Vorstandsmitglieder mangels Arbeitnehmereigenschaft nicht in den Anwendungsbereich des Urlaubsgesetzes fallen. Dennoch ist die gängige Feststellung, dass für Vorstandsmitglieder einer AG das Urlaubsgesetz schlichtweg nicht gilt,[1128] in dieser Allgemeinheit zu hinterfragen und kann zu Missverständnissen Anlass geben. Denn bei einem „freien" Dienstvertrag, bei dem sich der Dienstverpflichtete zur hauptberuflichen Zurverfügungstellung seiner ganz persönlichen Arbeitskraft ohne Vertretungsrecht und in einem über die gesetzliche Normalarbeitszeit für Arbeitnehmer uU weit hinausgehenden Ausmaß verpflichtet, liegt die analoge Anwendung des UrlG doch nicht allzu fern.[1129] Zumindest das Bestehen eines Freistellungsanspruchs in einer am UrlG angenäherten Höhe zwecks Regenerierung wird man dem Vorstandsmitglied auch ohne spezifische vertragliche Regelung zuzugestehen haben (vgl dazu auch näher Rz 173). Damit ist freilich noch nichts darüber gesagt, ob der Freistellungsanspruch ein *bezahlter* zu sein hat oder nicht.

405

Die Anstellungsverträge regeln das Thema fast immer explizit und räumen Vorstandsmitgliedern meist sogar einen sechswöchigen Urlaubsanspruch ein, den viele Manager nicht annähernd verbrauchen. Selbst bei vorsichtiger Bejahung einer teilweisen Analogie zum UrlG sind die Vertragspartner sicher nicht sklavisch an das Reglement des UrlG gebunden. Dies betrifft insb die Frage der Anspruchsverjährung und die Regelung der Abgeltung von bei Vertragsbeendigung nicht verbrauchtem Urlaub. Wenngleich dem Vorstandsmitglied – wie gesagt – ein Urlaubsanspruch dem Grunde nach zustehen muss, ist eine Vertragsgestaltung mE rechtlich nicht zu beanstanden, die vorsieht, dass der Urlaub im Jahr des Entstehens zu verbrauchen ist und offener Urlaub bei Ausscheiden entweder überhaupt nicht abgegolten oder zB mit einem Jahresurlaub begrenzt wird.[1130]

406

Vermieden werden sollten unklare Formulierungen – die leider in der Praxis ständig vorkommen – wie zB folgende Regelung: „*Dem Vorstandsmitglied gebührt ein jährlicher Urlaub in der im Urlaubsgesetz geregelten Höhe.*" Hier bleibt offen, ob die Anwendung des Gesetzes – worauf der Wortlaut hinzudeuten scheint – nur für das Urlaubs*ausmaß* oder eben auch für Fragen der Verjährung, Abgeltung bei Beendigung, etc Anwendung finden soll. Man kann sich dann manchmal nur mit der sog „Unklarheitenregel" des § 915 ABGB behelfen. Besonders gilt das Ge-

---

[1128] Vgl für alle *Runggaldier/G. Schima*, Manager-Dienstverträge⁴ 253.
[1129] Vgl *Kuderna*, UrlG² § 1 Rz 14; auf Grund der bisher ergangenen Jud eher zurückhaltend *Gruber*, Freier Dienstvertrag und Arbeitsrecht (Teil II) ASoK 2000, 344 mwN. Die Rsp verneint durchwegs die analoge Anwendung des Urlaubsgesetzes auf freie Dienstnehmer: RIS-Justiz RS0021758, zB OGH 9 ObA 133/08m, ARD 5976/4/2009.
[1130] *Runggaldier/G. Schima*, Manager-Dienstverträge⁴ 253.

bot der Regelungsklarheit bei der Frage, ob dem Vorstandsmitglied offener Urlaub bei Beendigung der Tätigkeit ausbezahlt werden soll oder nicht. Aus dem Unterbleiben einer subsidiären Anwendung des UrlG im Anstellungsvertrag kann bei grundsätzlicher Einräumung eines vertraglichen Anspruches auf bezahlten Urlaub in bestimmter Höhe (zumindest *das* steht in so gut wie jedem Vorstandsvertrag) noch nicht unbedingt abgeleitet werden, dass nicht verbrauchter Urlaub nicht finanziell abzugelten ist. Denn die im UrlG enthaltenen Regelungen sind ja grundsätzlich nur Ausdruck allgemein-bereicherungsrechtlicher Grundsätze, sodass bei Fehlen der ausdrücklichen Anordnung, dass offener Urlaub bei Ausscheiden *nicht* abzugelten ist,[1131] das Vorstandsmitglied auf die Idee verfallen könnte, eine „Urlaubsersatzleistung" aus dem Titel der *Bereicherung* zu verlangen.

Umgekehrt empfiehlt sich aus Vorstandssicht die ausdrückliche vertragliche Klarstellung, *dass* offener Urlaub – und sei es mit einer unter dem durch das UrlG gewährleisteten Niveau liegenden Begrenzung nach oben[1132] – abgegolten wird. Denn sehr häufig entspricht das ohnehin dem Willen beider Vertragspartner, doch kann es bei unfriedlicher Trennung schon vorkommen, dass sich die Gesellschaft – rechtlich beraten – plötzlich auf den – für das Vorstandsmitglied völlig überraschenden – Standpunkt stellt, eine Abgeltung offenen Urlaubes gebühre nicht, weil das UrlG nicht anwendbar und im Anstellungsvertrag von einer Urlaubsersatzleistung nicht die Rede sei.

11. Nachvertragliches Wettbewerbsverbot

407 Für Vorstandsmitglieder einer AG gelten die §§ 36, 37 AngG nicht unmittelbar. Eine analoge Anwendung der Bestimmungen kommt richtigerweise nicht in Betracht, doch ändert dies nichts daran, dass nachvertragliche Wettbewerbsverbote in Vorstandsverträgen an die Grenzen des § 879 ABGB gebunden sind.[1133] Die Bestimmungen des AngG können bei der Formulierung eines nachvertraglichen Wettbewerbsverbots als lose Vorgabe dienen.[1134]

408 Die in § 36 AngG vorgesehene Höchstdauer von einem Jahr kann wohl zulässigerweise überschritten werden, doch ist bei erheblich längeren Wettbewerbsbeschränkungen mE zwecks Vermeidung einer groben Äquivalenzstörung die Leistung entsprechender *Vergütungen* durch die Gesellschaft zu fordern. Darüber hinaus kann auch ein Wettbewerbsverbot sittenwidrig sein, dessen Dauer noch nicht zu beanstanden wäre, das aber das Vorstandsmitglied umfassend von jeglichem Wettbewerb abschneidet.[1135]

[1131] Eine derartige Klausel ist bei AG-Vorstandsmitgliedern jedenfalls zulässig: *Runggaldier/G. Schima*, Manager-Dienstverträge[4] 253.

[1132] Vgl die Vertragsklausel Pkt VIII. im Anstellugnsvertrag für Vorstandsmitglieder bei *Runggaldier/G. Schima*, Manager-Dienstverträge[4] 238: Begrenzung der Urlaubsersatzleistung mit einem Jahresurlaub.

[1133] Vgl näher *Runggaldier/G. Schima*, Führungskräfte 161 f mwN; *Kalss* in MünchKommAktG[4] § 88 Rz 70 mwN; für D *Spindler* in MünchKommAktG[4] § 88 Rz 49 ff.

[1134] *Kalss* in MünchKommAktG[4] § 88 Rz 70 mwN.

[1135] Vgl zB OLG Düsseldorf, BB 2001, 956.

Nicht gebunden ist die Gesellschaft jedenfalls an die – von Arbeitgebern als **409** große Einschränkung empfundene und nachvertragliche Wettbewerbsverbote in der Praxis oft völlig entwertende – Vorschrift des § 37 Abs 3 AngG. Sie kann daher im Vertrag *kumulativ* die Unterlassung konkurrenzierenden Verhaltens und Schadenersatz – zB in Form einer Konventionalstrafe – verlangen.[1136]

Bei der vertraglichen Verankerung einer Konkurrenzklausel sollte auch genau **410** definiert werden, bei welchen Fällen der Beendigung des Vertrages die Klausel zur Anwendung kommt. Hier stellt sich ein ähnliches Problem wie bei der vertraglichen Abfertigung (vgl Rz 309 ff). Auch hier entspricht es üblicher und interessengerechter Praxis, bei Beendigung des Vertrages aufgrund Fristablaufes der Gesellschaft die Rechte aus der Konkurrenzklausel nur dann zu belassen, wenn sie dem Vorstandsmitglied eine Verlängerung (mit einer bestimmten Mindestdauer) zu mindestens gleich guten Konditionen einige Zeit vor Ablauf der Mandatsdauer angeboten, das Vorstandsmitglied diese Verlängerung aber ausgeschlagen hat. Im umgekehrten Fall sollte das Vorstandsmitglied frei sein, es sei denn, die Gesellschaft verpflichtet sich zu einer besonderen *„Karenzentschädigung"*, wie dies auch dem Grundgedanken des § 37 AngG entspricht. Bestimmungen in nachvertraglichen Wettbewerbsverboten, denen zufolge das Verbot auch gelten soll, wenn die Mandats- bzw Anstellungsvertragsbeendigung von der Gesellschaft ungerechtfertigt vorgenommen wurde (also zB eine auf grobe Pflichtverletzung gestützte Abberufung, die sich als ungerechtfertigt erweist) oder Mandat und Anstellungsvertrag durch das Vorstandsmitglied aus wichtigem, von der Gesellschaft zu vertretenden oder gar verschuldeten Grund beendet wurden, sind mE sittenwidrig und unwirksam. Zu erwägen ist eine Zulässigkeit – zumindest im erstgenannten Fall –, wenn die Gesellschaft sich in der Klausel verpflichtet, während des Beschränkungszeitraumes das Entgelt weiter zu zahlen.

12. Beendigungsklauseln

a) Kündigungsklauseln

Der Anstellungsvertrag des Vorstandsmitgliedes einer AG muss laut § 75 Abs 1, **411** letzter Satz AktG ein *befristeter*[1137] sein. Ist der Vertrag dennoch auf unbestimmte Zeit abgeschlossen, gilt er als auf Bestellungsdauer (maximal fünf Jahre) geschlossen.

Die Befristung steht aber nach hM[1138] nicht der Verankerung von Kündigungs- **412** klauseln im Wege, die der Gesellschaft im Falle einer berechtigten (jedoch nicht

---

[1136] Vgl zu dieser Frage im Anwendungsbereich des AngG *Runggaldier/G. Schima*, Manager-Dienstverträge⁴ 113 f.
[1137] Vgl *Strasser* in Jabornegg/Strasser, AktG⁵ §§ 75, 76 Rz 78; *Runggaldier/G. Schima*, Führungskräfte 69 f; *Ch. Nowotny* in Doralt/Nowotny/Kalss, AktG² § 75 Rz 10, 16; *Kastner/Doralt/Nowotny*, Gesellschaftsrecht⁵ 218 f; OGH 1 Ob 11/99w, GesRZ 1999, 254 = RdW 1999, 595; *G. Schima*, ecolex 2006, 457.
[1138] Vgl *Runggaldier/G. Schima*, Führungskräfte 177 f; BGH II ZR 126/80, WM 1981, 759; *Strasser* in Jabornegg/Strasser, AktG⁵ §§ 75, 76 Rz 86; *Wiesner* in MünchHdbGesR³ § 21 Rz 80; allgemein *Engelbrecht* in Mazal/Risak, Arbeitsrecht I Kap XVI Rz 19 ff; *Runggaldier/G. Schima*, Manager-Dienstverträge⁴ 133 ff mwN zur ö Rsp.

auf grobe Pflichtverletzung des Vorstandsmitgliedes gestützten) Abberufung die Möglichkeit einräumen, den Anstellungsvertrag unter Einhaltung einer zB sechsmonatigen Kündigungsfrist aufzulösen. Damit wird das finanzielle Risiko der Gesellschaft uU erheblich begrenzt. Für rechnungshofkontrollierte Unternehmen ist die Verankerung von Kündigungsklauseln in Anstellungsverträgen von Organmitgliedern sogar in § 2 Abs 3 Z 1 lit b SchablonenVO verpflichtend vorgeschrieben (siehe Rz 186 ff). Wendet man die im Arbeitsrecht geltenden und von der jüngeren Rsp aufgestellten Kriterien für sogenannte *„Höchstbefristungen"* an,[1139] kann grundsätzlich nicht zweifelhaft sein, dass die Kombination eines Fünfjahresvertrages (oder auch eines auf drei oder vier Jahre befristeten Vertrages) mit einer Kündigungsfrist unter Einhaltung einer drei- bis sechsmonatigen Frist zum Quartalsende diesen Kriterien entspricht.

Die Frage ist freilich, ob man die arbeitsrechtlichen Maßstäbe bei Vorstandsmitgliedern so unbesehen heranziehen kann. Denn nicht übersehen werden sollte, dass die Existenz eines Vorstandsvertrages mit einer im Falle unverschuldeter Abberufung guten finanziellen Absicherung ein gewisses **Korrelat der** vom österreichischen AktG ausdrücklich vorgesehenen und bewusst gewollten **Unabhängigkeit und Weisungsfreiheit des Vorstandes** bei der Unternehmensführung bildet. Unabhängig agieren kann typischerweise nur der, der zumindest finanziell (wenn auch nicht arbeitsplatzmäßig, denn dies kommt bei Vorstandsmitgliedern nicht in Betracht) entsprechend abgesichert ist. Aus dieser eher rechtspolitischen Anmerkung kann man zwar mE nicht die Unzulässigkeit von Kündigungsklauseln folgern, doch sollte die obige Erwägung einen vernünftig handelnden und an einem eigenverantwortlich agierenden Vorstand interessierten Aufsichtsrat dazu veranlassen, die Sinnhaftigkeit von Kündigungsklauseln zu überdenken und deren Implementierung zumindest nicht zu sehr auszureizen.

413 Eine Kündigungsklausel zugunsten der Gesellschaft für Fälle der berechtigten Abberufung des Vorstandsmitglieds kann, muss aber mE nicht mit einer spiegelbildlichen Kündigungs- und Rücktrittsmöglichkeit für das Vorstandsmitglied verbunden werden.[1140]

b) Koppelungsklauseln

414 Auch die sogenannten *„Koppelungsklauseln"*[1141] sollten im Lichte des gerade Gesagten nur mit Augenmaß in Vorstandsverträgen verwendet werden. Diese sehen vor, dass im Falle einer – auch unverschuldeten – Beendigung des Vor-

---

[1139] Vgl aus früherer Zeit OGH 4 Ob 124/78, SWK 1979, B I 96; OGH 4 Ob 105/85, DRdA 1986, 323 (*Petrovic*) = JBl 1986, 331; aus der jüngeren Rsp OGH 9 ObA 43/03v, ZAS 2004, 288; OGH 9 ObA 88-90/94, ZAS 1995, 22 (*Reissner*); vgl auch *Kramer*, Hauptprobleme des befristeten und resolutiv bedingten Arbeitsverhältnisses, DRdA 1973, 162; *Marhold*, Die Wirkung ungerechtfertigter Entlassungen – eine Kritik des sogenannten Schadenersatzprinzips, ZAS 1978, 13; *Löschnigg*, Bestandschutz und befristetes Dienstverhältnis, DRdA 1981, 18; *Krejci* in Rummel, ABGB³ I §§ 1158–1159c Rz 43d; *Geist*, Kündigungsklauseln bei befristeten Arbeitsverhältnissen, ÖJZ 2002, 405.
[1140] Vgl *Runggaldier/G. Schima*, Manager-Dienstverträge⁴ 135.
[1141] Zu diesen näher *Runggaldier/G. Schima*, Führungskräfte 181 ff mwN; *Strasser* in Jabornegg/Strasser, AktG⁵ §§ 75, 76 Rz 87; *Nowotny* in Doralt/Nowotny/Kalss, AktG² § 75 Rz 32;

III. Der Vorstands-Anstellungsvertrag

standsmandats der Anstellungsvertrag entweder automatisch erlischt, oder von der Gesellschaft ohne Frist aufgelöst werden kann. Wenn diese Klausel im Ergebnis dazu führt, dass die Gesellschaft zur fristlosen Beendigung des Rechtsverhältnissen ohne Fortzahlung jedweder Bezüge selbst bei Fehlen eines wichtigen Grundes berechtigt ist, verstößt diese Gestaltung mE gegen den Grundsatz, dass auch freie Dienstverträge, bei denen der Dienstnehmer seine persönliche Arbeitskraft zur Verfügung stellt (und sich nicht einmal vertreten lassen kann), nicht fristlos ohne wichtigen Grund aufgelöst werden dürfen.[1142] Eine derartige Klausel ist daher *sittenwidrig* und nichtig. Dies verkennt die gegenteilige Auffassung von *Slezak*[1143], der die Zulässigkeit solcher Klauseln mit dem Verlust der zwingenden Wirkung der arbeitsrechtlichen Schutzvorschriften bei analoger Anwendung auf freie Dienstnehmer begründete; selbst wenn man dies – anders als der OGH zumindest bei den Kündigungsfristregelungen des ABGB – so sieht, wird dabei aber viel zu schematisierend „der freie Dienstvertrag" dem Arbeitsvertrag gegenübergestellt und übersehen, dass es innerhalb des Typus „freier Dienstvertrag" Verträge gibt, mit denen sich eine natürliche Person zur Zurverfügungstellung ihrer (gesamten) Arbeitskraft zur Bestreitung des Lebensunterhaltes verpflichtet. Hier gebieten spezielle Wertungsgesichtspunkte, Klauseln die Wirksamkeit zu versagen, die den zur Dienstleistung verpflichteten von einem Tag auf den anderen ohne Vorliegen eines wichtigen Grundes von jeder Entgeltzahlung abschneiden. Derartige Wertungsgesichtspunkte treffen zB auf den freien Dienstvertrag einer Steuerberatungs GmbH, die sich zur Übernahme von Buchhaltungsarbeiten verpflichtet, nicht zu. Darauf, ob auf Verstandsverträge auch § 1164 ABGB analog anwendbar ist, kommt es entgegen *Slezak*[1144] somit gar nicht entscheidend an. Eine fristlos und entschädigungslos selbst bei Fehlen eines wichtigen Aufklärungsgrundes wirkende Koppelungsklausel ist vielmehr (auch) sittenwidrig. Gebührt dem Vorstandsmitglied in einem solchen Fall freilich eine anderweitige finanzielle Abfindung – so zB in Form eines Pensionsvertrages –, die einer angemessenen Kündigungsfrist wirtschaftlich gleichkommt, dann ist die Klausel rechtlich zulässig.[1145]

Unzulässige Koppelungsklauseln werden außerdem – so der BGH – in Klauseln mit angemessener Kündigungsfrist umgedeutet werden können.[1146] Auch der OGH hat Koppelungsklauseln in einem obiter dictum vom Grundsatz her anerkannt und – unter Berufung auf deutsche Meinungen und die Ansicht des Verfassers –

Slezak, Koppelungsklauseln in Vorstandsverträgen (2014); in D Gleichlaufklauseln genannt: *Spindler* in MünchKommAktG⁴ § 84 Rz 193 ff; *Wiesner* in MünchHdbGesR⁴ IV § 21 Rz 28.

[1142] Vgl *Runggaldier/G. Schima,* Führungskräfte 182. Auch in D wird die Zulässigkeit von Gleichlaufklauseln für Fälle bezweifelt, in denen die Mandatsbeendigung von der Gesellschaft ausgeht: *Wiesner* in MünchHdbGesR⁴ IV § 21 Rz 28.

[1143] *Slezak*, Koppelungsklauseln 319 ff, 326.

[1144] *Slezak*, Koppelungsklauseln 319 ff, 326.

[1145] So auch *G. Schima,* ecolex 2006, 456 und *Runggaldier/G. Schima,* Manager-Dienstverträge⁴ 138.

[1146] In diesem Sinne BGH II ZR 220/88 NJW 1989, 2683 für den Fall der Abberufung des Vorstandsmitgliedes wegen eines unverschuldeten Misstrauensvotums; allgemein *Spindler* in MünchKommAktG⁴ § 84 Rz 194 mwN; anders noch *Runggaldier/G. Schima*, Führungskräfte 182, die hier Teilnichtigkeit annahmen.

deren Sittenwidrigkeit nur für den Ausnahmefall angenommen.[1147] In einer zweiten Entscheidung[1148] hat sich der OGH der soeben zitierten Rechtsansicht des deutschen BGH[1149] im Ergebnis angeschlossen. Die vertragliche Vereinbarung, den Anstellungsvertrag bei Abberufung vom Mandat automatisch enden zu lassen, sei zwar grundsätzlich zulässig, dürfe aber nicht dazu führen, dass der (freie) Dienstnehmer den gesetzlichen Mindestschutz der §§ 1159 ff ABGB gänzlich verliere, indem sämtliche Ansprüche unverzüglich erlöschen. Endet das Mandatsverhältnis wegen Abberufung nach einem Vertrauensentzug durch die Hauptversammlung und hat das Vorstandsmitglied kein schuldhaftes Verhalten gesetzt, das zur Entlassung berechtigen würde, endet das Anstellungsverhältnis aufgrund der Koppelungsklausel deshalb nicht sofort, sondern erst nach Ablauf der gesetzlichen oder ordentlichen Frist zum nächstmöglichen Kündigungstermin. Ein automatisches Erlöschen des Anstellungsvertrages wäre demnach nur bei Vorliegen eines wichtigen Grundes von der Schwere eines Entlassungsgrundes zulässig. Koppelungsklauseln, die diese Differenzierung nicht vorsehen, sind gegebenenfalls so auszulegen, dass der Vertrag erst zum nächsten Kündigungstermin und nach Ablauf der jeweiligen Kündigungsfrist erlischt. Die „gesetzliche" Kündigungsfrist bei Vorstandsmitgliedern richtet sich laut OGH nach der analog anwendbaren Vorschrift des § 1159a Abs 1 ABGB und beträgt daher gerade einmal vier Wochen.

416 An dieser mE de lege lata letztlich doch überzeugenden Entscheidung des OGH sieht man besonders deutlich, dass Koppelungsklauseln in einem krassen Spannungsverhältnis zur im Aktiengesetz normierten Unabhängigkeit des Vorstands stehen.[1150] Ein weiser Aufsichtsrat wird sie daher nicht unter Ausnutzung des gesetzlichen bzw von der Rsp herangezogenen Mindestschutzes in Form einer bloß vierwöchigen Kündigungsfrist selbst bei unverschuldeter Abberufung verwenden, sondern sie so gestalten, dass das Vorstandsmitglied sich seine Unabhängigkeit auch „leisten kann" und nicht bei jeder Meinungsverschiedenheit mit dem Aufsichtsrat oder den Aktionären der Gesellschaft eine Abberufung aufgrund Misstrauensvotums und damit den Verlust seiner vertraglichen Rechte und seiner Existenzgrundlage fürchten muss. Vorstandsmitglieder sollten Koppelungsklauseln nicht akzeptieren und diesem Punkt in den Vertragsverhandlungen besondere Aufmerksamkeit schenken.

c) Vertragliches Rücktrittsrecht

417 Selten, aber für das Vorstandsmitglied möglicherweise sinnvoll und rechtlich zulässig, sind Regelungen, die einen nicht an wichtige Gründe gebundenen, aber unter Einhaltung einer angemessenen Frist erklärten Rücktritt ermöglichen. Mit dem IRÄG 1997 wurde zwar in § 16a GmbHG der Rücktritt eines GmbH-

---

[1147] OGH 3 Ob 251/07v, GeS 2008, 110 = NZ 2008, 277 (279) – freilich ohne nähere Behandlung der für die Abgrenzung relevanten Aspekte.
[1148] OGH 1 Ob 190/09m SZ 2010/7 = RdW 2010, 407 = wbl 2010,300/117 (*Grillberger*) = ecolex 2010, 683 = ARD 6059/3/2010. Zu dieser Entscheidung auch *Slezak*, Koppelungsklauseln in Vorstandsverträgen (2014) 171 ff.
[1149] BGH II ZR 220/88 NJW 1989, 2683.
[1150] *Runggaldier/G. Schima*, Manager-Dienstverträge[4] 138.

Geschäftsführers einer ausdrücklichen Regelung unterworfen,[1151] nicht aber der Rücktritt des Vorstandsmitglieds einer AG, obwohl der Regelungsbedarf dort sogar noch größer ist als in der GmbH. GmbH-Geschäftsführer haben nämlich idR unbefristete Anstellungsverträge, die ohnehin ordentlich kündbar sind, sodass ein Rücktritt durch synchrone Kündigung des Anstellungsvertrages auch ohne § 16a GmbHG problemlos möglich war. Die zwingend befristeten Vorstands-Anstellungsverträge enthalten – wie erörtert – jedoch selten Kündigungsklauseln. Gegen die Verankerung eines fristgebundenen Rücktrittsrechtes sollte die AG keinen Einwand haben, weil die Bindung eines an der weiteren Amtsausübung nicht interessierten Vorstandsmitgliedes nicht im Interesse des Unternehmens gelegen sein kann.

Eine andere Frage ist es, welche finanziellen Konsequenzen der Vertrag für den Fall des Rücktrittes ohne wichtigen Grund vorsieht. Ein völliger Verfall von Beendigungs- bzw Pensionsansprüchen scheint nur dann adäquat zu sein, wenn das Vorstandsmitglied nur kurze Zeit tätig war; legt ein Spitzenmanager nach acht oder zehn Jahren in der obersten Führung eines größeren Unternehmens sein Amt zurück (weil er sich anderen Herausforderungen widmen will), ist es hingegen nicht unangemessen, wenn die Gesellschaft trotzdem entsprechende Abfindungen zu zahlen hat.

In der Praxis werden Rücktritts- und Kündigungsrechte manchmal auch erst im Wege einer Zusatzvereinbarung neu in den Vertrag aufgenommen, etwa wenn in der Gesellschaft größere strukturelle oder wirtschaftliche Veränderungen bevorstehen, die das Vorstandsmitglied nicht auf Dauer mittragen möchte. ZB könnte ein Rücktritts- und Sonderkündigungsrecht zugunsten eines Vorstandsmitglieds vereinbart werden, wenn die Gesellschaft einen Geschäftszweig zu schließen oder zu verkaufen plant und damit eine der Kernaufgaben des Vorstandsmitglieds wegfallen würde. Das Vorstandsmitglied hat so die Möglichkeit, entweder ab dem Entschluss, die Maßnahme umzusetzen, seinen Rücktritt zu erklären, oder auch innerhalb einer bestimmten Frist ab Umsetzung der Maßnahme, also nach einer Orientierungsphase in der neuen Situation. Anhand der Umstände des Einzelfalles muss der Aufsichtsrat hier abwägen, welche finanziellen Folgen die Beendigung für das Vorstandsmitglied haben soll, also ob und in welcher Höhe eine Vergütung (Abfindung, Zahlungen während einer Kündigungsfrist etc) gebührt.

d) Anrechnung anderweitigen Verdienstes

Hat sich das Vorstandsmitglied in den Vertragsverhandlungen mit seiner Ablehnung von Kündigungs- bzw Koppelungsklauseln durchgesetzt, ist damit im Falle einer vorzeitigen Abberufung ohne Verschulden (als Folge eines – für die Aktionärsmehrheit jederzeit relativ einfach zu bewerkstelligenden[1152] – Vertrau-

---

[1151] Vgl dazu G. *Schima*, Der Rücktritt des GmbH-Geschäftsführers nach dem Entwurf des IRÄG 1997, RdW 1997, 60.
[1152] Vgl für Österreich erstmals OGH 1 Ob 294/97k, ecolex 1998, 639 = RdW 1998, 461 = wbl 1998, 411; für Deutschland grundlegend BGH II ZR 211/53 BGHZ 13, 188 und die Folgejudikatur; vgl auch *Nowotny*, Suspendierung und vorzeitige Abberufung eines in eine Tochtergesellschaft entsandten Vorstands, DRdA 1989, 429.

ensentzugs in der Hauptversammlung) der *„Golden Handshake"* im Falle einer langen Restlaufzeit des Vertrages freilich noch nicht gesichert. Denn die Gesellschaft ist nach erfolgter und bei geschicktem Vorgehen auch anfechtungsresistenter Abberufung nicht schlechthin verpflichtet, an das Vorstandsmitglied das für die gesamte Restlaufzeit des Vertrages entfallende Entgelt – und gar kapitalisiert auf einmal – auszuzahlen.[1153] Das ABGB enthält Bestimmungen darüber, was ein Dienstnehmer erhalten soll, wenn er zur Dienstleistung bereit ist, aber der Arbeitgeber die Dienste nicht annimmt bzw aus Umständen, die aus der Sphäre des Dienstgebers stammen, die Dienstleistung nicht zustande kommt. Der Dienstgeber ist grundsätzlich verpflichtet, das Entgelt weiter zu zahlen, allerdings muss sich der Dienstnehmer das anrechnen (dh abziehen) lassen, was er sich durch Unterbleiben der Dienstleistung erspart hat, was er anderweitig verdient oder zu verdienen absichtlich versäumt hat (vgl § 1155 ABGB).

421 § 1155 ABGB gilt analog auch für freie Dienstverträge im Allgemeinen und für Vorstandsverträge im Besonderen.[1154] Die Ausübung der Vorstandstätigkeit ist nach der Abberufung, die jedenfalls vorläufig wirksam ist (vgl § 75 Abs 4 AktG), trotz Leistungsbereitschaft des Vorstandsmitgliedes naturgemäß nicht mehr möglich, und der Grund für das Unterbleiben der Dienstleistung ist dem Dienstgeber/ der Gesellschaft zuzurechnen. Die Gesellschaft ist also grundsätzlich verpflichtet, dem abberufenen Vorstandsmitglied sein vertragliches Entgelt fortzuzahlen. Der Vergütungsanspruch ist aber in analoger Anwendung von § 1155 ABGB insofern eingeschränkt, als sich das Vorstandsmitglied *anrechnen* lassen muss, was es sich infolge des Unterbleibens der Dienstleistung erspart oder durch *anderweitige Verwendung erworben* oder *zu erwerben absichtlich versäumt* hat.

422 Für die Geltendmachung der Anrechnung ist der Dienstgeber, dh die Gesellschaft, behauptungs- und beweispflichtig,[1155] was vor allem beim Nachweis anderweitig erzielten Einkommens zu Beweisschwierigkeiten führen kann. Die Gesellschaft muss nämlich konkret substantiieren, aufgrund welcher Tätigkeit das ehemalige Vorstandsmitglied Einkünfte erzielt hat. Während eine neue Tätigkeit als Organmitglied zB anhand des Firmenbuches leicht zu ermitteln sein wird, ist die konkrete Höhe der Einkünfte nur schwer nachweisbar. Handelt es sich beim neuen Dienstgeber um eine börsenotierte Aktiengesellschaft, gibt der Corporate Governance Bericht Auskunft über die Höhe der Bezüge der einzelnen Vorstandsmitglieder (siehe oben Rz 5). Die Lehre geht außerdem von einer Auskunftspflicht des ausgeschiedenen Vorstandsmitglieds aus.[1156] Diese Auskunftspflicht ist jedoch nach Ansicht des OGH nur eine Auskunftsobliegenheit und darf nicht überspannt werden: *„Zwar kann aus der arbeitsvertraglichen Treuepflicht und der Beweisnähe des Arbeitnehmers eine Auskunftsobliegenheit abgeleitet werden, die aber nicht zur Umkehr der Beweislast führt. Stellt der Dienstnehmer in Abrede, aufgrund*

[1153] Vgl zum Thema *Zöllner*, Lohn ohne Arbeit bei Vorstandsmitgliedern, in FS Koppensteiner (2001) 291.
[1154] Vgl ausführlich *Runggaldier/G. Schima*, Führungskräfte 179 ff mwN; *Rebhahn/Ettmayer* in Kletečka/Schauer, ABGB-ON[1.02] § 1155 ABGB Rz 5; *G. Schima*, Umgründungen im Arbeitsrecht 228, jüngst auch OGH 9 Ob A 153/14m, ARD 6448/7/2015.
[1155] *Krejci* in Rummel, ABGB[3] I § 1155 Rz 30.
[1156] *Krejci* in Rummel, ABGB[3] I § 1155 Rz 30.

des Unterbleibens der Dienstleistung Einkünfte erzielt zu haben, und gelingt dem Dienstgeber der ihm obliegende Beweis nicht, bleibt es bei der Fälligkeit des ungekürzten Entgeltanspruchs."[1157] Ob hier ein pauschales Abstreiten von Einkünften ausreicht, ist zu bezweifeln. Der Dienstnehmer hatte im konkreten Fall Urkunden vorgelegt (eine Stellungnahme des Steuerberaters), die die Einkommenslosigkeit belegten.

§ 1155 Abs 1 letzter Fall ABGB ordnet auch die Anrechnung des Einkommens an, das das Vorstandsmitglied durch die Ausübung anderer Tätigkeiten *hätte* erzielen *können*, die es aber *absichtlich*[1158] ausgeschlagen oder versäumt hat. Das Vorstandsmitglied ist mit (auch bei unberechtigter Abberufung gemäß ausdrücklicher Anordnung in § 75 Abs 4 AktG zumindest *vorläufig*) wirksamer Abberufung seines Amtes enthoben und daher frei für eine Tätigkeit im Dienste anderer Unternehmen. Die Gesellschaft kann dem ehemaligen Vorstandsmitglied daher auch andeuten, dass zwar zunächst das Entgelt monatlich fortgezahlt, im Übrigen aber vom Vorstandsmitglied erwartet wird, dass es einer anderweitigen Tätigkeit nachgeht und dass das daraus verdiente Einkommen angerechnet wird. Unterlässt das Vorstandsmitglied *zumutbare* Anstrengungen zur Erlangung einer neuen Tätigkeit, kann die Gesellschaft unter Berufung auf § 1155 ABGB auch das *fiktiv erzielbare* Einkommen anrechnen.

Im Schrifttum werden gegen die Anwendung der Anrechnungsvorschriften des § 1155 ABGB Bedenken[1159] erhoben, wenn die Dienstverhinderung vom Arbeitgeber selbst – und gar „vorsätzlich" oder zumindest „schuldhaft" – bewirkt wurde. Gegen die Entgeltfortzahlungspflicht des Arbeitgebers spricht in diesen Fällen natürlich nichts (im Gegenteil), doch scheint eine Verpflichtung zur Anrechnung, dh zur Entgeltschmälerung unangebracht.[1160] Diese Bedenken greifen hier jedoch nicht. Man mag darüber streiten, ob bei rein willkürlicher Dienstfreistellung eines

---

[1157] Zitat aus OGH 8 ObA 11/13w Arb 13.123.

[1158] Unter *„absichtlich"* ist richtiger Ansicht zufolge nicht qualifizierter Vorsatz im Sinne strafrechtlicher Absichtlichkeit (vgl § 5 Abs 2 StGB) zu verstehen. Vielmehr genügt einfacher, ja auch bedingter Vorsatz (idS offensichtlich auch *Rebhahn/Ettmayer* in Kletečka/Schauer, ABGB-ON[1.02] § 1155 Rz 40, die zutr meinen, wegen des Naheverhältnisses der Säumnisanrechnung mit der Sittenwidrigkeit müsse es ausreichen, wenn der Arbeitnehmer die Umstände kenne, die die Sittenwidrigkeit begründeten, sodass es zur Anrechnung komme, wenn der Arbeitnehmer um die Zumutbarkeit der anderweitigen Tätigkeit wusste und dennoch nicht tätig wurde). Jene Rsp, die darauf abzustellen scheint, dass es dem Arbeitnehmer gerade darauf ankam, die Anrechnung zu vermeiden, ist daher abzulehnen (so auch *Rebhahn/Ettmayer* in Kletečka/Schauer, ABGB-ON[1.02] § 1155 Rz 40).

[1159] Vgl zB zu vom Arbeitgeber schuldhaft herbeigeführter Dienstverhinderung: *Marhold/Friedrich*, Arbeitsrecht² 199; 8 ObA 2046/96, ZAS 1997, 168 (*Risak*); *Gerhartl*, Anrechnung bei Entgeltfortzahlung wegen Arbeitsausfall aus Umständen in der Arbeitgebersphäre, wbl 2007, 14; zu vorsätzlicher Herbeiführung der Dienstverhinderung: OGH 9 ObA 115/03g, DRdA 2005, 164 (*Eypeltauer*); *Holzer*, Verschuldeter Annahmeverzug des Arbeitgebers und Anrechnung anderweitig absichtlich versäumten Verdienstes, DRdA 1983, 7 (8); dazu auch *Rebhahn/Ettmayer* in Kletečka/Schauer, ABGB-ON[1.02] § 1155 Rz 36.

[1160] Der OGH (9 ObA 81/10t, SZ 2010/116) verneint die Verpflichtung zur Anrechnung, wenn der Anrechnungseinwand des Arbeitgebers rechtsmissbräuchlich ist. Selbst ein vorsätzliches Unterbinden der Arbeitsleistung durch den Arbeitgeber begründe jedoch per se noch keinen Rechtsmissbrauch. Es bedarf vielmehr weiterer, die sachlichen Motive überwiegender un-

Arbeitnehmers die Anwendung der Anrechnungsbestimmungen des § 1155 ABGB indiziert ist; hat der Arbeitgeber dafür aber einen sachlichen Grund, kann an der Anwendbarkeit des § 1155 ABGB zumindest bei (ausdrücklich verfügter oder sich aus den Umständen konkludent ergebender) Unwiderruflichkeit der Dienstfreistellung nicht ernsthaft gezweifelt werden. Jedenfalls für den Fall, dass das Vorstandsmitglied tatsächlich bereits ein anderers Einkommen erzielt, ist eine Anrechnung selbst dann geboten, wenn die Gesellschaft die Abberufung „willkürlich" verursacht hat. Denn eine Bereicherung des ehemaligen Vorstandsmitglieds durch einen doppelten Bezug will das Gesetz mit dieser Bestimmung gerade verhindern.[1161]

425   Hat der Aufsichtsrat das Vorstandsmitglied abberufen, gelangt § 1155 ABGB selbst dann zur Anwendung, wenn das Vorliegen eines Abberufungsgrundes zweifelhaft ist und die Abberufung vom Vorstandsmitglied deshalb bekämpft wird. Das ergibt sich nicht nur, aber auch aus der gesetzlichen Anordnung in § 75 Abs 4 AktG, dass die Abberufung vorläufig wirksam ist, selbst wenn sie gerichtlich angefochten wird. In vielen Fällen wird außerdem dem gegen den Abberufungsbeschluss klagenden Vorstandsmitglied in Anbetracht der Restlaufzeit und der üblichen Dauer von Gerichtsverfahren nur allzu bewusst sein, dass es die Wiedereinsetzung ins Vorstandsamt gar nicht erreichen *kann* und schon deshalb beruflich frei zu disponieren vermag.[1162]

426   Das Vorstandsmitglied trifft nur die Obliegenheit, *zumutbare* Erwerbsgelegenheiten zu verfolgen. Um die Anrechnung zu bewirken, muss sich die Absicht des Dienstnehmers sowohl auf das Entstehen dieser Obliegenheit, als auch auf das Versäumen der Erwerbsgelegenheit beziehen. Der hypothetische Verdienst ist daher grundsätzlich nur anzurechnen, wenn der Dienstnehmer die Zumutbarkeit der alternativen Tätigkeit kennt und dennoch die Tätigkeit ablehnt bzw ihr nicht nachgeht.[1163] Soweit angebotene Tätigkeiten dem ehemaligen Vorstandsmitglied nach Treu und Glauben zumutbar sind,[1164] kann ein Ausschlagen von Angeboten zur Anrechnung gemäß § 1155 ABGB führen und der Vergütungsanspruch um die Höhe des angebotenen Entgelts reduziert werden (gegebenenfalls bis auf Null, sofern dem ehemaligen Vorstandsmitglied eine andere Tätigkeit bei gleicher oder gar höherer Vergütung angeboten wird).

---

lauterer Motive des Arbeitgebers, um eine Anrechnung wegen Rechtsmissbrauches auszuschließen. Vgl auch *Tomandl/Schrammel,* Arbeitsrecht II[6] 156 ff mit weiteren Gedanken.

[1161] So ausdrücklich OGH 9 ObA 81/10t, SZ 2010/116 im Anschluss an *Rebhahn* in Zeller, Kommentar zum Arbeitsrecht[2] § 1155 ABGB Rz 49 ff, 54 ff.

[1162] Zur Vermeidung von Missverständnissen sei gesagt, dass selbst dann, wenn man – entgegen der hier vertretenen Ansicht – die Anrechnung gem § 1155 ABGB bei einer vom Aufsichtsrat beschlossenen und sich später als unberechtigt erweisenden Abberufung nicht anwendet, es wegen des dispositiven Charakters der zitierten Gesetzesbestimmung unbedenklich ist, in den Anstellungsvertrag eine Bestimmung aufzunehmen, gemäß der § 1155 ABGB ausdrücklich für anwendbar erklärt wird. Der im Hinblick auf § 879 ABGB zu Gunsten des Arbeitnehmers unantastbare „Kernbereich" der Vorschrift (vgl dazu zB *Rebhahn/Ettmayer* in Kletečka/Schauer, ABGB-ON[1.02] § 1155 Rz 4; *Pfeil* in Schwimann ABGB[3] § 1155 Rz 4) ist bei Vorstandsmitgliedern ohnehin noch kleiner als bei Arbeitnehmern und in Konstellationen wie der hier erörterten sicher nicht berührt.

[1163] *Rebhahn/Ettmayer* in Kletečka/Schauer, ABGB-ON[1.02] § 1155 Rz 40.

[1164] *Krejci* in Rummel, ABGB[3] I § 1155 Rz 25.

Dieses Druckmittel nützen Gesellschaften in der Praxis verhältnismäßig selten **427** aus; seine Wirksamkeit hängt auch von verschiedenen Faktoren ab, wie insb dem Alter und den Arbeitsmarktchancen des abberufenen Vorstandsmitgliedes, die für die Beurteilung der Zumutbarkeit der alternativen Tätigkeit maßgeblich sind. Eine *generelle* Verpflichtung des Aufsichtsrates, von der Anrechnung Gebrauch zu machen, gibt es richtigerweise nicht.[1165]

Bei der Prüfung der *Zumutbarkeit* ist darauf abzustellen, welche Tätigkeiten **428** bisher verrichtet und vertraglich geschuldet wurden, und inwiefern diese mit den am Arbeitsmarkt angebotenen Tätigkeiten vergleichbar sind. Nur das Ausschlagen von Beschäftigungsmöglichkeiten, die dem bisherigen Tätigkeitsfeld des Vorstandsmitglieds, seiner Ausbildung und Qualifikation zumindest ungefähr entsprechen, führen zur Anrechnung. Besonders wenn die Gesellschaft dem ehemaligen Vorstandsmitglied eine andere Position *im selben* Unternehmen anbietet, kann die Anrechnung gemäß § 1155 ABGB nur greifen, wenn die angebotene Beschäftigung grundsätzlich gleichwertig ist.[1166]

Die Gesellschaft kann nämlich die Anrechenbarkeit anderweitigen Verdiens- **429** tes auch dadurch zu beeinflussen versuchen, dass sie selbst dem Ex-Vorstandsmitglied – allenfalls bei einem Konzernunternehmen – eine Tätigkeit mit einem entsprechenden Einkommen anbietet. Der Nachweis eines absichtlich versäumten fiktiven Einkommens kann in diesem Fall sogar leichter erbracht werden. Hier stellt sich verstärkt die Frage der Zumutbarkeit. Wenngleich sich ein Grundsatz, dass Vorstandsmitgliedern auch künftig nur Vorstandstätigkeiten zumutbar sind, in dieser Form sicher nicht aufstellen lässt,[1167] wird man einem ehemaligen Vorstandsmitglied aber zumindest nicht zumuten können, für *dieselbe* Gesellschaft künftig in der zweiten Ebene und vielleicht unter der Leitung eines früheren, nun zum Vorstandsmitglied aufgestiegenen „Untergebenen" zu arbeiten.[1168]

Neben dem Inhalt der Tätigkeit hat auch die *Höhe der angebotenen Vergütung* **430** Bedeutung für die Zumutbarkeit der alternativen Erwerbsgelegenheit. Auf den ersten Blick mag die Höhe der Vergütung keine Rolle spielen, weil das ehemalige Vorstandsmitglied ohnehin den auf § 1155 ABGB gegründeten Anspruch auf Fortzahlung der vollen Vergütung(-sdifferenz) gegen die Gesellschaft hat. Aus einer alternativen, inhaltlich gleichwertigen, aber schlechter bezahlten Tätigkeit würde daher „unterm Strich" keine finanzielle Schlechterstellung entstehen. Dennoch kann eine *massive Entgeltreduktion* eine an sich gleichwertige Tätigkeit unzumutbar machen: Es ist nicht von der Hand zu weisen, dass die Höhe des Entgelts bei Topmanagern gleichsam zum Renommee ihrer Tätigkeit gehört. Die Annahme einer beruflichen Position für ein deutlich niedrigeres Entgelt (zB 60 % des vorherigen Gehalts) kann einen nicht unbedeutsamen Karriereknick bedeuten, der es dem

---

[1165] Diesbezüglich strenger *Hohenstatt/Naber* in FS J. H. Bauer (2010) 447 ff, 454 f, 462.
[1166] *Krejci* in Rummel, ABGB³ I § 1155 Rz 25.
[1167] *G. Schima*, Umgründungen im Arbeitsrecht (2004) 230; vgl auch *Baums*, Geschäftsleitervertrag 343 mwN.
[1168] Vgl zu alledem *G. Schima*, Umgründungen im Arbeitsrecht 229 f; *Grünwald*, Die Rechtsfolgen der Verschmelzung von Aktiengesellschaften auf die Funktion eines Vorstands- bzw Aufsichtsratsmitgliedes, ZAS 1993, 196 (201); *Baums*, Der Geschäftsleitervertrag 343 mwN; *Bayer* in Lutter/Winter, UmwG³ I § 87 Rz 10.

Manager bei späteren Bewerbungen erschwert, sein früheres Gehaltsniveau erneut durchzusetzen. So kann eine alternative Erwerbsgelegenheit (beim selben oder einem fremden Arbeitgeber) mE auch bei Gleichwertigkeit der Tätigkeit dann unzumutbar sein, wenn die angebotene Bezahlung signifikant unter dem bisherigen Gehaltsniveau liegt, unabhängig davon, dass die betreffende Person nach § 1155 ABGB weiterhin von der Gesellschaft die Aufzahlung bis zur Höhe der vollen Vergütung verlangen kann. Die Zumutbarkeit der angebotenen Tätigkeit ist daher mE unter Berücksichtigung sowohl des Inhalts der Tätigkeit als auch der angebotenen Vergütung zu messen.

431 Die aus Vorstandssicht optimale Vertragsgestaltung besteht freilich darin, die Anrechnung gem § 1155 ABGB ausdrücklich auszuschließen – die Bestimmung ist dispositiv – oder überhaupt vertraglich festzulegen, dass im Falle vorzeitiger, vom Vorstandsmitglied unverschuldeter Beendigung durch die Gesellschaft eine bestimmte Abfindungssumme (im Idealfall für das Vorstandsmitglied: alle auf die Restlaufzeit entfallenden Bezüge mit einem Abzinsungsfaktor) ausbezahlt wird, über deren Kürzung wegen anderweitigen Verdienstes dann nicht mehr diskutiert werden muss. Ein Aufsichtsrat, der dies – gar bei einem Fünfjahresvertrag – bewilligt, begibt sich aber auf heikles Terrain und handelt uU nicht sorgfaltskonform.[1169] In der österreichischen Vertragspraxis sind Klauseln, in denen die Gesellschaft auf eine Anrechnung zugunsten des Vorstandsmitgliedes verzichtet, nur höchst selten

---

[1169] Besonders krass ist es, wenn ein Aufsichtsrat einen (zweiköpfigen) Vorstand, der wegen massiver Kostenüberschreitungen bei einem Großbauprojekt in die Kritik geraten ist, deshalb um die aktienrechtliche Höchstlaufzeit verlängert und zwar keinen Anrechnungsverzicht vertraglich verankert, aber immerhin auch keinerlei Kündigungsklauseln in den Anstellungsverträgen vorsieht (wie sie in concreto durch die Vertragsschablonen-VO sogar rechtlich geboten gewesen wären), um den Anschein eines „Schuldeingeständnisses" (gemeint offenbar: des Eingeständnisses *eigener* Verantwortung des Aufsichtsrates, der den Kostenausweitungen jahrelang tatenlos zugesehen und sie in diversen Sitzungen zur Kenntnis genommen hatte) zu vermeiden. Genau *so* lagen die Dinge bei der börsenotierten, zu je 20 % im Eigentum der Bundesländer Wien und Niederösterreich stehenden Flughafen Wien AG, als im Frühjahr 2009 die Mandate und Anstellungsverträge von zwei Vorstandsmitgliedern um weitere fünf Jahre verlängert wurden, in deren Amtszeit sich die Kosten für den Terminal „Skylink" gegenüber den geplanten Kosten von rund € 400 Mio ungefähr verdoppelten. Diese Form von qualifiziert sorgfaltswidriger Vertragsgestaltung erwies sich dann auch nur eineinhalb Jahre später als nachteilig, als der Aufsichtsrat – unter immer stärkerem öffentlichem Druck und wohl auch als Folge von wechselseitig und gegen den jeweiligen „politischen Gegner" gerichteten PR-Kampagnen, die das Image von Vorstand, Aufsichtsrat und Gesamtunternehmen zusätzlich schwer beschädigten – versuchte, den gesamten Vorstand möglichst billig loszuwerden. In Anbetracht der Vertragsgestaltung gelang das natürlich nicht, sondern die Beendigung (in einem Fall) bzw Verkürzung (in zwei Fällen) der Mandate musste den Vorstandsmitgliedern durch entsprechend dotierte „Konsulentenverträge" abgegolten werden. Die Öffentlichkeit konnte an diesem Geschehen und der Vorgangsweise des Aufsichtsrates deshalb so intensiv teilhaben, weil die handelnden Personen gegenüber den Medien alles andere denn zurückhaltend agierten und jemand sogar das Protokoll aus der Aufsichtsratssitzung, in der die Verlängerung der Vorstandsmandate um fünf Jahre beschlossen wurde, dem „Kurier" zugespielt hatte (vgl dazu *G. Schima*, Die Bestellung von Aufsichtsratsmitgliedern zu Vertretern verhinderter Vorstandsmitglieder, GeS 2011, 259).

bis gar nicht anzutreffen.[1170] Das liegt mE nicht zuletzt daran, dass die meisten Vorstandsmitglieder – selbst wenn sie rechtlich beraten sind – an dieses Problem gar nicht denken.

Bei börsenotierten Gesellschaften und einer entsprechend langen Vertragsdauer käme man damit uU auch in Konflikt mit der C-Regel 27a des Corporate Governance Kodex, die auf einer Empfehlung der EU-Kommission[1171] aufbaut und der zufolge Regelungen in Vorstandsverträgen vorsehen sollen, dass bei vorzeitiger Ablöse als Abfindung nicht mehr als zwei Jahresvergütungen gezahlt werden.

13. Schiedsklauseln

Gerichtliche Auseinandersetzungen zwischen Aktiengesellschaft und Vorstandsmitglied sind nicht selten dazu geeignet, „Kollateralschäden" auf beiden Seiten anzurichten. Da sie so gut wie immer nach Beendigung des Mandats und Anstellungsvertrages geführt werden, steht gegenseitige Rücksichtnahme nicht mehr auf der Tagesordnung. Neben (weiteren) Reputationsverlusten besteht auch die Gefahr des Bekanntwerdens betrieblicher Interna – oder gar echter Geschäftsgeheimnisse – an deren allgemeiner Verbreitung vor allem die Gesellschaft (und der den Rechtsstreit betreibende Aufsichtsrat) keinerlei Interesse hat. Diese Gefahr geht freilich in erster Linie von der Austragung von Streitigkeiten vor staatlichen Gerichten aus, denn die Teilnahme an Verhandlungen ist öffentlich (steht daher auch Medienvertretern, Repräsentanten von Mitbewerbern etc uneingeschränkt zu), und die gesetzlichen Voraussetzungen für den Ausschluss der Öffentlichkeit sind sehr streng und werden im Regelfall nicht verwirklicht sein.

Dieses Problem stellt sich in einem Schiedsgerichtsverfahren nicht, denn die Teilnahme daran ist nicht öffentlich. Daneben bietet das Schiedsverfahren in komplexen Auseinandersetzungen mit Vorstandsmitgliedern – das zeigt langjährige Erfahrung – typischerweise die besseren Voraussetzungen für zügige und kompetente Verhandlungsführung. Denn bei der Wahl der Schiedsrichter können und werden die Parteien darauf Bedacht nehmen, nur Personen mit einschlägiger juristischer und sinnvollerweise auch praktischer Expertise zu wählen, wohingegen vor einem staatlichen Gericht schon wegen der Seltenheit derartiger Rechtsstreitigkeiten die Wahrscheinlichkeit hoch ist, dass der Erstrichter noch nie davor mit einem derartigen Prozess befasst war. Die Überprüfungsmöglichkeit der Beurteilung des vielleicht unerfahrenen Erstrichters durch zumindest eine, möglicherweise aber zwei Instanzen (die das Schiedsverfahren nicht kennt) ist ein gewisser, aber mE kein vollständiger Ausgleich dafür. Denn jede Rechtsrüge hat vom festgestellten Sachverhalt auszugehen, und jeder Prozesspraktiker weiß, wie selten es gelingt,

---

[1170] Dem Verfasser ist in den letzten Jahren eine solche Vertragsgestaltung nur zwei Mal untergekommen, wobei einmal ein Fall offenkundiger Treuwidrigkeit vorlag, weil nämlich das dadurch begünstigte Vorstandsmitglied den den Vertrag unterschreibenden Aufsichtsratsvorsitzenden getäuscht und diesem gegenüber den Eindruck erweckt hatte, der Anstellungsvertrag folge exakt dem Vertrag des Vorgängers (der eine solche Vertragsklausel *nicht* beinhaltet hatte).

[1171] Vgl die Empfehlung der Kommission zur Ergänzung der Empfehlungen 2004/913/EG und 2005/162/EG zur Regelung der Vergütung von Mitgliedern der Unternehmensleitung börsennotierter Gesellschaften vom 30.4.2009, 2009/385/EG, ABl L 2009/120, 28.

selbst schwache und wenig schlüssig aus den Beweisergebnissen abgeleitete bzw den Prozessstoff nicht vollständig erledigende Sachverhaltsfeststellungen der ersten Instanz erfolgreich in zweiter Instanz zu bekämpfen.

435 Billiger ist das Schiedsverfahren uU nicht, denn die bei hohen Streitwerten in Österreich geradezu prohibitiven, keine Deckelung nach oben aufweisenden und mit jeder Instanz trotz drastisch sinkenden Verfahrensaufwands weiter ansteigenden (daher mE verfassungswidrig gestalteten) Gerichtsgebühren werden zumindest bei Dreier-Schiedsgerichten (und vor allem bei ad hoc-Schiedsgerichten) durch die Schiedsrichterhonorare oft kompensiert oder überkompensiert.[1172]

436 Dennoch liegt es nahe, die Vereinbarung einer Schiedsgerichtsklausel im Anstellungsvertrag zumindest zu überlegen. Die Frage, ob eine Schiedsklausel im Anstellungsvertrag eines Vorstandsmitglieds überhaupt wirksam vereinbart werden kann, oder ob – wie bei Arbeitnehmern und Verbrauchern – die Zuständigkeit eines Schiedsgerichts erst nach Entstehen einer konkreten Streitigkeit vereinbart werden darf, ist aufgrund der unglücklich komplizierten Rechtslage jedoch nicht so einfach zu klären und bedarf einer genauen Erörterung.

437 Die Rechtslage betreffend die Zulässigkeit von Schiedsklauseln in Vorstands- und Geschäftsführerverträgen hat sich allein in den letzten fünfzehn Jahren nämlich mehrmals geändert. Bis zur Novellierung des zivilgerichtlichen Verfahrens im Jahr 2002 ordnete § 9 ASGG für alle Arbeitsrechtssachen (zu denen auch Streitigkeiten mit arbeitnehmerähnlichen Personen zählen) an, dass Schiedsklauseln nur für „*entstandene Streitigkeiten*" vereinbart werden konnten. Vorstandsmitglieder einer AG unterlagen daher keinerlei gesetzlichen Beschränkungen, weil der OGH seit 1996 judiziert, dass Vorstandsmitglieder – außer in ganz speziellen Fällen, die bisher noch nicht vorkamen und für die der OGH keine Kriterien aufstellte – auch nicht arbeitnehmerähnlich sind. Mit der ZVN 2002[1173] erhielt § 9 Abs 2 ASGG eine Ausnahmebestimmung für Geschäftsführer und Vorstandsmitglieder. Dadurch konnten neben den Vorstandsmitgliedern auch GmbH-Geschäftsführer schon in ihren Anstellungsverträgen Schiedsklauseln frei vereinbaren, selbst wenn sie im konkreten Fall Arbeitnehmer waren.[1174]

438 Das SchiedsRÄG 2006[1175] schließlich brachte Verwirrung, weil der Gesetzgeber es verabsäumte, § 9 ASGG einerseits und die §§ 617, 618 ZPO andererseits hinsichtlich ihrer (Nicht-)Anwendung auf Organmitglieder juristischer Personen aufeinander abzustimmen. Mit der Novelle 2006 wurden nämlich Schutzvorschriften im Zusammenhang mit Schiedsvereinbarungen zwischen Verbrauchern und Unternehmern in die ZPO eingefügt. § 617 Abs 1 ZPO bestimmt, dass Schiedsvereinbarungen zwischen diesen Parteien nur für bereits entstandene Rechtsstreitigkeiten wirksam abgeschlossen werden können. Ergebnis der Novelle ist also, dass genau jene Einschränkung, von der § 9 Abs 2 ASGG Vorstandsmitglieder und

---

[1172] Vgl zu diesen Abwägungsfragen *G. Schima/Eichmeyer*, Zur (Un-)Zulässigkeit von Schiedsklauseln in Geschäftsführer- und Vorstandsdienstverträgen nach dem SchiedsRÄG 2006, RdW 2008, 723 (723 f).
[1173] BGBl I 2002/76, in Kraft seit 1. Jänner 2003.
[1174] Vgl *G. Schima,/Eichmeyer*, RdW 2008, 723.
[1175] BGBl I 2006/7 vom 13. Jänner 2006.

Geschäftsführer explizit ausgenommen hat, mit den neuen Verbraucherschutzvorschriften der §§ 617 ff ZPO für Vorstandsmitglieder wieder eingeführt wurde.[1176] Geht man nämlich davon aus, dass Vorstandsmitglieder und Geschäftsführer – wenn sie nicht wesentlich beteiligt sind – *Verbraucher* sind bzw meist sein werden[1177] und wendet man die zitierten Bestimmungen wörtlich an, dann käme man zu dem grotesken Ergebnis, dass GmbH-Geschäftsführer, die aufgrund ihres Arbeitnehmerstatus *höheren* gesetzlichen Schutz genießen (und verdienen), in punkto Schiedsgerichtsklausel *weniger* geschützt wären als Vorstandsmitglieder einer AG, die weder Arbeitnehmer noch arbeitnehmerähnlich sind.[1178]

Da zwar die speziellen Anforderungen an Schiedsklauseln in § 617 Abs 2 bis 8, 10 und 11 ZPO (Vorliegen einer gesonderten Vereinbarung, schriftliche Rechtsbelehrung an den Verbraucher bzw Arbeitnehmer, Beschränkungen hinsichtlich der Wahl des Schiedsortes etc) für arbeitsrechtliche Individualstreitigkeiten gemäß § 50 Abs 1 ASGG sinngemäß und damit auch für GmbH-Geschäftsführer gelten, greift für letztere wegen der Ausnahme in § 9 Abs 2 ASGG und des sich nicht auch auf § 617 Abs 1 ZPO beziehenden Verweises in § 618 ZPO nicht die Anordnung des § 617 Abs 1 ZPO, wonach Schiedsklauseln zwischen Unternehmern und Verbrauchern (wie im Verhältnis Arbeitgeber – Arbeitnehmer, mit Ausnahme von Organmitgliedern) nur für bereits entstandene Streitigkeiten vereinbart werden können. Demgegenüber gilt für Vorstandsmitglieder einer AG mangels Arbeitnehmereigenschaft und (laut OGH) Arbeitnehmerähnlichkeit § 618 ZPO nicht, sodass bei rein wortlautbezogener Auslegung bei der Anwendung der gesamten Konsumentenschutzbestimmung und damit auch des Schiedsklauseln auf bereits entstandene Streitigkeiten beschränkenden § 617 Abs 1 ZPO bliebe.[1179]

Um dieses kuriose und vom Gesetzgeber mit Sicherheit nicht gewollte Ergebnis zu vermeiden, bedarf es einer *teleologischen Reduktion* des in § 617 Abs 1 ZPO verankerten Verbraucherbegriffes in der Weise, dass dieser Vorstandsmitglieder einer AG nicht erfasst, die weder Arbeitnehmer noch arbeitnehmerähnlich sind.[1180] Das lässt sich mit dem im SchiedsRÄG 2006 klar zum Ausdruck kommenden Willen des Gesetzgebers begründen, einen Gleichlauf zwischen den arbeitsrechtlichen (in § 9 ASGG bzw § 618 ZPO enthaltenen) und den konsumentenschutz-

---

[1176] Zu den Mängeln der Gesetzestechnik, die diesen Widerspruch geschaffen haben, vgl im Detail *Riegler*, Wirtschafts- versus Verbraucherstreitigkeiten vor Schiedsgerichten, ecolex 2011, 882 (884).
[1177] Vgl *Reich-Rohrwig/Lahnsteiner*, Schiedsvereinbarungen mit einem als Arbeitnehmer oder Verbraucher zu qualifizierenden GmbH-Geschäftsführer, ecolex 2008, 740 (742 f); *G. Schima/Eichmeyer*, RdW 2009, 723. Es kommt bei Organmitgliedern juristischer Personen dabei auf die Beteiligung (zB durch Aktien) an der Gesellschaft an und ob damit ein relevanter Einfluss auf die Geschäftsführung verbunden ist (*Apathy* in Schwimann/Kodek, ABGB⁴ § 1 KSchG Rz 8), sodass das Organmitglied aufgrund der Interessenidentität mit der Gesellschaft in Wahrheit selbst unternehmerisch tätig wird. Vgl für den GmbH-GF zuletzt OGH 29.1.2015, 6 Ob 170/14i. Beim Abschluss des eigenen Anstellungsvertrages kommt eine Unternehmereigenschaft des Vorstandsmitglieds jedoch kaum in Betracht.
[1178] *G. Schima/Eichmeyer*, RdW 2008, 723 (728).
[1179] *G. Schima/Eichmeyer*, RdW 2008, 723 (728).
[1180] *G. Schima/Eichmeyer*, RdW 2008, 723 (728). Dies erwägt auch *Riegler*, ecolex 2011, 882 (885), der jedoch meint, dass damit das Problem keinesfalls umfassend gelöst sei. Er plädiert daher – richtigerweise – für eine Korrektur des § 617 ZPO durch den Gesetzgeber.

rechtlichen Schutzbestimmungen betreffend Schiedsklauseln herzustellen.[1181] ME sind daher Schiedsklauseln in Anstellungsverträgen mit Vorstandsmitgliedern entgegen dem ausdrücklichen Wortlaut von § 617 Abs 1 ZPO sehr wohl zulässig.

441 Abgesehen davon sind bei diesen vorweg vereinbarten Schiedsklauseln in Vorstandsanstellungsverträgen die restlichen Absätze des § 617 ZPO zum Schutz von Verbrauchern sehr wohl anzuwenden.[1182] Dem Gesetzgeber des SchiedsRÄG 2006 würde sonst unterstellt, § 9 Abs 2 ASGG übersehen zu haben, obwohl diese Vorschrift sogar mit dem SchiedsRÄG 2006 mit novelliert wurde. Die in § 617 Abs 2 bis 7 (jetzt 11)[1183] ZPO enthaltenen besonderen Formvorschriften und Beschränkungen für Schiedsklauseln gab es bis dahin für Arbeitsrechtssachen gar nicht. Dem Gesetzgeber kann nicht zugesonnen werden, Ausnahmen von Formvorschriften für einen Rechtsbereich aufrechterhalten zu wollen, die dort zuvor gar nicht existent waren.[1184]

442 Daraus ergibt sich, dass auch in Anstellungsverträgen mit Vorstandsmitgliedern einer AG Schiedsklauseln vereinbart werden können (es also nicht einer schon entstandenen Streitigkeit bedarf), dass aber die Vorschriften des § 617 Abs 2 bis 11 ZPO anzuwenden sind. Die Schiedsklausel muss also in einer *gesonderten Urkunde* vereinbart und *eigenhändig unterschrieben* werden (Abs 2); das Vorstandsmitglied hat eine *schriftliche Rechtsbelehrung* über die wesentlichen Unterschiede zwischen einem Schiedsverfahren und einem staatlichen Gerichtsverfahren zu erhalten (Abs 3), die einfach, aber dennoch aussagekräftig und genau formuliert sein muss; hinsichtlich des Schiedsortes bestehen Beschränkungen zugunsten des Vorstandsmitgliedes (Abs 4 und 5). Fehlt es an der schriftlichen Rechtsbelehrung, bildet dies sogar einen zusätzlichen Aufhebungsgrund für die Aufhebung des Schiedsspruchs gem § 611 ZPO (Abs 7). Für Verbraucher (und Arbeitnehmer) wurde außerdem der dreigliedrige Instanzenzug (erste Instanz Landesgericht, zweite Instanz Oberlandesgericht, dritte Instanz OGH) beibehalten (Abs 8), der für alle übrigen Verfahren mit dem SchiedsRÄG 2013 abgeschafft wurde. Außer in Verbraucher- und Arbeitsrechtssachen ist für die Aufhebungsklage, die Klage auf Feststellung des Bestehens oder Nichtbestehens eines Schiedsspruchs und für Klagen im Zusammenhang mit der Zusammensetzung des Schiedsgerichts seit 1.1.2014 als erste und letzte Instanz der OGH zuständig.[1185]

IV. Die Beendigung der Vorstandsfunktion

A. Abberufung

1. Wichtiger Grund und Aufsichtsratsverantwortung

443 Vorstandsmitglieder einer Aktiengesellschaft können nur aus wichtigem Grund vorzeitig abberufen werden. Das Aktiengesetz nennt in § 75 Abs 4 AktG beispiel-

---

[1181] G. Schima/Eichmeyer, RdW 2008, 723 (729).
[1182] Gegenteilig Reich-Rohrwig/Lahnsteiner, ecolex 2008, 740 ff, 742 f.
[1183] Vgl die mit dem SchiedsRÄG 2013 neu eingeführten Absätze 8-11.
[1184] Vgl G. Schima/Eichmeyer, RdW 2008, 723 (729).
[1185] Vgl zu den Änderungen durch das SchiedsRÄG 2013 kurz Schwab, Neues im Zivilverfahrensrecht – Änderungen seit dem Budgetbegleitgesetz 2011, JAP 2013/2014/6, 35 (37).

haft drei wichtige Gründe: Grobe Pflichtverletzung, Unfähigkeit zur ordnungsgemäßen Geschäftsführung und Entziehung des Vertrauens durch die Hauptversammlung (Misstrauensvotum), es sei denn das Vertrauen wurde aus offenbar unsachlichen Gründen entzogen (zu den einzelnen Abberufungsgründen siehe weiter unten).[1186] Die gesetzliche Aufzählung ist eine *demonstrative*. Dennoch bereitet es in der Praxis große Schwierigkeiten, Gründe zu finden und zu kategorisieren, die *neben* den im Gesetz genannten drei Gründen in Betracht kommen. Mit der Feststellung, es müsse sich um einen den aufgezählten Gründen *gleichwertigen* Grund handeln,[1187] ist nicht viel gewonnen. Denn die drei gesetzlichen Gründe sind von so unterschiedlicher Ausprägung und Bedeutung, dass die Gleichwertigkeitsprüfung schwer fällt. Die gemeinsame Klammer muss richtiger Ansicht zufolge aber auch hier – ähnlich wie beim Arbeitsverhältnis im Zusammenhang mit der Prüfung von Entlassungsgründen – das Kriterium der *Unzumutbarkeit der Weiterbeschäftigung* sein.

In Betracht kommen werden als zusätzliche, nicht im Gesetz genannte Gründe **444** primär solche, die eine fristlose Auflösung des Anstellungsvertrages nicht erlauben. Zu denken ist zB an gravierende Zerwürfnisse im Vorstand, bei denen die Suche nach dem/n „Schuldigen" nicht gelingt oder gar nicht gelingen kann (vgl dazu ausführlich Rz 132 ff), aber auch schwerwiegende Konflikte eines Vorstandsmitgliedes mit einem besonders wichtigen Kunden oder Abnehmer, sodass ein Verbleib des Vorstandsmitgliedes eine für die Gesellschaft wirtschaftlich essentielle Geschäftsbeziehung gefährden würde. Fraglich ist auch, ob die Abberufung auf ein sachlich gerechtfertigtes Bestreben der Gesellschaft gestützt werden kann, das Vorstandsgremium zu verkleinern, etwa weil Geschäftsbereiche eingestellt oder verkauft werden sollen (vgl Rz 475). Daneben kommt zB die Weigerung des Vorstandsmitgliedes in Betracht, mündlich vor der Bestellung besprochene Vertragsbedingungen nach Bestellung schriftlich zu fixieren (vgl Rz 154) oder die ungerechtfertigte Verweigerung der Übernahme von Konzernmandaten (vgl dazu ausführlich Rz 209).

Ein gutes Beispiel für einen „anderen wichtigen Grund" ist mE auch der vor einiger Zeit in Deutschland die Gemüter so bewegende „Fall Sarrazin". Es kann kaum einem Zweifel unterliegen, dass – handelte es sich um eine Aktiengesellschaft – der Aufsichtsrat in Anbetracht der mit dem öffentlichen Auftreten und den – auch in Buchform geäußerten – Thesen des Vorstandsmitglieds Sarrazin verbundenenen Reputationsverlusts und öffentlichen Diskussionen zu einer vorzeitigen Abberufung berechtigt wäre, um das Unternehmen und seine Respräsentanten aus der Schusslinie zu bringen. Eine fristlose Auflösung des Anstellungsvertrages wäre mE dagegen nicht gerechtfertigt, weil das auch verfassungsrechtlich geschützte Recht der Freiheit der Meinungsäußerung hier den Vorrang genießen

---

[1186] *G. Schima*, Beendigung von Vorstandsrechtsverhältnissen, ecolex 2006, 456.

[1187] Vgl *Strasser* in Jabornegg/Strasser, AktG⁵ §§ 75, 76 Rz 40, der unter Berufung auf den OGH (6 Ob 517/95 EvBl 1995/182 = wbl 1995, 423 = ecolex 1995, 725 = RdW 1995, 342 = GesRZ 1996, 112 = SZ 68/98) meint, der nicht im Gesetz ausdrücklich genannte Grund dürfe gegenüber den genannten Gründen „*kein Minus darstellen*"; vgl dagegen *Mertens/Cahn* in KölnKommAktG³ § 84 Rz 121, die zu Recht auf *Unzumutbarkeit* der Weiterbeschäftigung abstellen.

muss, so lange es nicht in einer Weise missbraucht wird, die in einer demokratischen Gesellschaftsordnung nicht mehr tolerabel ist.

445 Der Widerruf der Bestellung ist eine *empfangsbedürftige* Mitteilung;[1188] er ist wirksam, solange über seine Unwirksamkeit nicht rechtskräftig abgesprochen wurde. Diese vorläufige Wirksamkeit ordnet § 75 Abs 4 AktG aus Verkehrsschutzgründen und zur Vermeidung einer Ungewissheit über die – aktuelle – Zusammensetzung des Vorstandes ausdrücklich an.[1189] Sie gilt aber richtiger Ansicht zu Folge nicht, wenn es nicht am Vorliegen eines wichtigen Grundes fehlt, sondern der Abberufungsbeschluss an formellen Mängeln leidet, die zur Unwirksamkeit des Beschlusses führen (zB fehlerhafte Einberufung; Abstimmung über einen nicht angekündigten Tagesordnungspunkt).[1190] Bei fehlerhaft zustandegekommen Abberufungs-Beschlüssen kommen die oben in Rz 87 ff geschilderten Grundsätze über die Nichtigkeit von Aufsichtsratsbeschlüssen zur Anwendung: Die Nichtigkeit des Beschlusses kann mittels Feststellungsklage (je nach Schweregrad des Formfehlers nur zeitlich begrenzt) geltend gemacht werden. Klageberechtigt sind all jene, die ein rechtliches Interesse an der Feststellung haben – allen voran das „abberufene" Vorstandsmitglied.[1191] Währenddessen ist das Vorstandsmitglied weiterhin im Amt.

446 Die Abberufung eines Vorstandsmitglieds zählt zu den besonders verantwortungsvollen Aufgaben des Aufsichtsrates, weil von der Qualität der Geschäftsführung regelmäßig das Schicksal des Unternehmens abhängt.[1192] Die Untätigkeit des Aufsichtsrates gegenüber ungewöhnlich leichtfertigen Maßnahmen des Vorstandes wurde bereits als Verletzung der Aufsichtspflichten qualifiziert.[1193] Der Aufsichtsrat haftet auch für eine verspätete Abberufung von Vorstandsmitgliedern.[1194] Ob ein wichtiger Grund zur Abberufung vorliegt, ist nach hA keine Ermessensfrage, sondern gerichtlich nachprüfbar.[1195] Wenn hingegen ein wichtiger Grund vorhanden ist, liegt es im Ermessen des Aufsichtsrates zu beurteilen, ob die Abberufung des Vorstandsmitglieds im Interesse des Unternehmens ist.[1196] Der Aufsichtsrat ist insbesondere zuständig und gefragt, ein Mitglied des Vorstandes einer Aktiengesellschaft unabhängig von der Laufzeit der Bestellung dann

---

[1188] Diesbezüglich gilt Dasselbe wie beim Zugang der Bestellung: eine bloß zufällige Kenntnisnahme, zB durch Mitteilung von „Kollegen", die davon gehört haben, bewirkt keinen Zugang. Erforderlich ist vielmehr eine der Gesellschaft zurechenbare Mitteilung. Als Bote kann natürlich mit Billigung des Aufsichtsrates Jedermann fungieren – auch ein anderes Vorstandsmitglied, wenngleich das nicht von Fingerspitzengefühl des Aufsichtsrates zeugt.
[1189] *Nowotny* in Doralt/Nowotny/Kalss, AktG² § 75 Rz 26; *Hüffer/Koch*, AktG¹¹ § 84 Rz 39 mwN.
[1190] *Hüffer/Koch*, AktG¹¹ § 84 Rz 39; *Spindler* in MünchKommAktG⁴ § 84 Rz 142; *Mertens/Cahn* in KölnKommAktG³ § 84 Rz 1116 ff; *Wiesner* in MünchHdbGesR IV⁴ § 20 Rz 62; OLG Stuttgart AG 1985, 193; LG München I AG 1986, 142 f; LG Berlin WM 1991, 809.
[1191] *Kort* in GroßKommAktG⁵ § 84 Rz 182 ff, 187 ff.
[1192] *Hoffmann*, Der Aufsichtsrat³ Rz 200.
[1193] BGH II ZR 150/75 BGHZ 69, 207, 214 = NJW 1977, 2311.
[1194] *Strasser* in Jabornegg/Strasser, AktG⁵ §§ 98, 99 Rz 35.
[1195] *Spindler* in MünchKommAktG⁴ § 84 Rz 127; *Kort* in GroßKommAktG⁵ § 84 Rz 145.
[1196] *Kort* in GroßKommAktG⁵ § 84 Rz 146; *Spindler* in MünchKommAktG⁴ § 84 Rz 127; aA *Wiesner* in MünchHdbGesR IV⁴ § 20 Rz 61.

vorzeitig abzuberufen, wenn das Vorstandsmitglied grob pflichtwidrig gehandelt hat.[1197] Er hat die Verpflichtung, den Vorstand von unerlaubten Handlungen oder gesellschaftsschädlichen Geschäften mit allen ihm zur Verfügung stehenden Mitteln, notfalls durch Abberufung, abzuhalten.[1198] Dabei kommt dem Aufsichtsrat ein eingeschränktes Ermessen zu, das heißt, der Aufsichtsrat ist verpflichtet, eine derartige Abberufung unverzüglich vorzunehmen, falls durch den Weiterverbleib des Vorstandsmitgliedes in seiner Funktion der Gesellschaft Schaden droht.[1199]

Nach hM kann das Recht zur Abberufung eines Vorstandsmitgliedes aus wichtigem Grund wegen eines einmaligen Vorfalls durch Untätigkeit des Aufsichtsrats verwirkt werden.[1200] Dies gilt für den Widerruf der Organfunktion zwar nicht mit derselben Schärfe wie für die vorzeitige Auflösung des Dienstverhältnisses. Eine Verwirkung ist aber dann anzunehmen, wenn der Aufsichtsrat trotz Kenntnis des Vorfalls (zunächst) nicht reagiert und das Vorstandsmitglied unverändert im Amt belässt, ohne auch nur in irgendeiner Form Maßnahmen zu setzen, um den Sachverhalt zur Entscheidungsfindung aufzubereiten.[1201] Dabei muss jedoch beachtet werden, dass einem aus mehreren Personen bestehenden Aufsichtsrat, dessen Mitglieder die Aufsichtsratstätigkeit – wie im AktG vorgesehen – nicht hauptberuflich ausüben, eine bestimmte Zeit eingeräumt werden muss, innerhalb der der Aufsichtsrat zusammentritt, seine Willensbildung organisiert und zu einer Entscheidung gelangt.

2. Grobe Pflichtverletzung

Mit „*grober Pflichtverletzung*" umschreibt § 75 Abs 4 AktG Verhaltensweisen, die im Rahmen des Dauerschuldverhältnisses Vorstandsmandat und Vorstands-Anstellungsvertrag generell den Charakter eines Auflösungsgrundes für die Gesellschaft haben, weil unter solchen Umständen die weitere Vertragsfortführung der Gesellschaft nicht zumutbar ist.[1202] Der Tatbestand der „*groben Pflichtverletzung*" berechtigt daher nach so gut wie unbestrittener Auffassung die Gesellschaft idR auch dazu, den mit dem Vorstandsmitglied üblicherweise geschlossenen Anstellungsvertrag fristlos aufzulösen, wenn auch in bestimmten Grenzfällen zwar der Widerrufsgrund der groben Pflichtverletzung nach den aktienrechtlichen Vorschriften vorliegen könnte, dieser jedoch (noch) nicht für eine außerordentliche Auflösung des Vorstandsvertrages ausreichen würde. Ein solcher Fall ist aber kaum denkbar, weil an das Verhalten selbst leitender Angestellter, und umso mehr an das Verhalten von Vorstandsmitgliedern ein strenger(er) Maßstab anzulegen

---

[1197] *Kort* in GroßKommAktG⁵ § 84 Rz 147; *Spindler* in MünchKommAktG⁴ § 84 Rz 130.
[1198] *Semler* in MünchKommAktG² § 116 Rz 108.
[1199] Bzw umgekehrt: Wenn die Abberufung der Gesellschaft mehr Schaden brächte als die Weiterbeschäftigung, hat die Abberufung im Gesellschaftsinteresse zu unterbleiben. Dies muss der Aufsichtsrat abwägen (*Kort* in GroßkommAktG⁵ § 84 Rz 150).
[1200] *Strasser* in Jabornegg/Strasser, AktG⁵ §§ 75, 76 Rz 45 f; *Kort* in GroßkommAktG⁵ § 84 Rz 198; *Wiesner* in MünchHdbGesR IV⁴ § 20 Rz 65; BGH II ZR 211/53 BGHZ 13, 188 (194 f).
[1201] *Strasser* in Jabornegg/Strasser, AktG⁵ §§ 75, 76 Rz 45.
[1202] *Hüffer/Koch*, AktG¹¹ § 84 Rz 34 mwN; OLG Stuttgart AG 2003, 211, 212.

ist.[1203] Der Abberufungsgrund der groben Pflichtverletzung für Vorstandsmitglieder ist daher gleichsam das aktienrechtliche Pendant eines Entlassungsgrundes.[1204]

Der Vorstand hat das von der Gesellschaft betriebene Unternehmen unter eigener Verantwortung so zu leiten, wie es dem Wohl des Unternehmens unter Berücksichtigung der Interessen der Aktionäre, der Arbeitnehmer und des öffentlichen Interesses entspricht.[1205] Als Unternehmensleiter muss der Vorstand private Interessen hinter jene der Gesellschaft stellen. Bei der Beurteilung einer Pflichtverletzung ist daher zu berücksichtigen, dass der Rechtsbeziehung zwischen einem Vorstandsmitglied und der Aktiengesellschaft ein *besonderes Vertrauensverhältnis* zu Grunde liegt, weil der Vorstand einer Aktiengesellschaft fremdes Vermögen verwaltet und es sich um Fremd- bzw Drittorganschaft handelt.[1206]

449 Die Abberufung aus wichtigem Grund ist dann gerechtfertigt, wenn der Gesellschaft nicht zugemutet werden kann, das Vorstandsmitglied bis zum Ablauf seiner Amtszeit weiter in der Funktion zu belassen; dabei ist vorrangig auf die Interessenlage der Gesellschaft abzustellen.[1207] Nach ganz hA ist an den Pflichtengrad von Vorstandsmitgliedern ein hoher Maßstab anzulegen; dies gilt nicht nur für die erforderlichen Fachkenntnisse und den gebotenen persönlichen Einsatz bei der Leitung des Unternehmens, sondern insbesondere für das Ausmaß an Loyalität und Interessenzuwendung, welches ein Vorstandsmitglied „seiner" Gesellschaft schuldet.[1208] Dieser hohe Maßstab hat seine Ursache darin, dass der Vorstand das Unternehmen unter eigener Verantwortung, das heißt frei von Weisungen, leitet und damit einen erheblichen Einfluss hat, aufgrund seiner umfassenden Kenntnisse des Unternehmens und des Marktumfeldes bzw der Produktionsbedingungen das Unternehmensgeschehen zu steuern, ohne dass die Aktionäre oder der Aufsichtsrat dem Unternehmensinteresse zuwiderlaufende Maßnahmen sofort bemerken und verhindern könnten. Dieses hohe Maß an *„fiduciary duties"* verlangt vom Vorstandsmitglied insbesondere, dass es bei Konflikten seine Interessen jenen der Gesellschaft unterzuordnen hat.[1209] Eine Geschäftschance, die sich für die Gesellschaft eröffnet, darf das Vorstandsmitglied, selbst wenn das Konkurrenzverbot nicht direkt eingreifen sollte, nicht von sich aus und eigennützig an sich ziehen, sondern es muss der Gesellschaft die Möglichkeit geben, diese Chance nach Prüfung und Abwägung aller dafür maßgeblichen Umstände selbst in Anspruch zu nehmen (siehe dazu ausführlich oben Rz 231 ff).

[1203] Vgl zu leitenden Angestellten *Sonntag* in Mazal/Risak, Das Arbeitsrecht – System und Praxiskommentar, Kap XVII Rz 37.
[1204] *Strasser* in Jabornegg/Strasser, AktG⁵ § 70 Rz 61; § 75 Rz 88 ff.
[1205] *Strasser* in Jabornegg/Strasser, AktG⁵ § 70 Rz 17 ff.
[1206] *Strasser* in Jabornegg/Strasser, AktG⁵ § 75 Rz 42.
[1207] Vgl dazu näher *G. Schima*, GesRZ 2011, 265 (271). Die Interessen des Vorstandsmitglieds sind jedoch zumindest gegen die der Gesellschaft abzuwägen: *Hüffer/Koch*, AktG¹¹ § 84 Rz 34; *Fonk* in Semler/v. Schenck, ARHdb⁴ § 10 Rz 301; *Grumann/Gillmann*, Abberufung und Kündigung von Vorstandsmitgliedern einer AG, DB 2003, 770.
[1208] *Fleischer*, Zur organschaftlichen Treuepflicht der Geschäftsleiter im Aktien und GmbH-Recht, WM 2003, 1045, insbesondere 1049 ff in Bezug auf Interessenkonflikte.
[1209] *Fleischer*, WM 2003, 1049.

Dies bedeutet umgekehrt auch, dass bei allen Entscheidungen, die im Unternehmen zu treffen sind, das Vorstandsmitglied allein und ausschließlich an das Wohl der Gesellschaft zu denken hat und seine Interessen, auch wenn dies für seine Vermögenssphäre nachteilig sein sollte, hintanstellen muss. Wenn ihm dies nicht mehr erträglich erscheint, so bleibt immer noch die Konsequenz, dass es seine Funktion zurücklegt, weil nach hA kein Vorstandsmitglied rechtlich gezwungen ist, die Funktionsperiode, für die eine Bestellung ausgesprochen worden ist, bis zum „bitteren" Ende abzudienen.

Auf der Grundlage der Position, die das Aktienrecht dem Vorstandsmitglied zuerkennt, ist eine besondere Treuebindung gegenüber der Gesellschaft heute anerkannt, die das Vorstandsmitglied zur besonderen Loyalität gegenüber den Interessen der Gesellschaft verpflichtet: **450**

„Die dem Vorstand verliehene Machtfülle einerseits und die damit korrespondierende Verpflichtung auf das Wohl und Interesse der von ihm repräsentierten Gesellschaft zu achten andererseits, erzeugen ein spezifisches Vertrauensverhältnis zwischen Vorstandsmitglied und Aktiengesellschaft. Wichtige konkrete Ausprägungen der Treuepflicht des Vorstandsmitgliedes sind die Verschwiegenheitspflicht, das Wettbewerbsverbot und die Pflicht, Vorteile, die dem Vorstandsmitglied im Zusammenhang mit dem Abschluss von Geschäften der AG von Dritten gewährt werden, an die Gesellschaft herauszugeben. Die Treuepflicht gebietet es dem Vorstandsmitglied darüber hinaus, in allen die Gesellschaft berührenden Angelegenheiten, deren Wohl und nicht den eigenen Nutzen im Auge zu haben. Es darf und muss daher Erwerbschancen nicht für sich, sondern nur für die Gesellschaft ausnutzen."[1210]

Dies hat auch Reflexwirkungen auf die Wertung jener Umstände, die in Folge einer Pflichtverletzung zur vorzeitigen Abberufung führen. Der Ausdruck „grobe" Pflichtverletzung darf dabei nicht darüber hinwegtäuschen, dass der anzuwendende Standard bereits vorweg sehr hoch ist, so dass auch Pflichtverletzungen, die außerhalb des aktienrechtlichen Gefüges als „lässliche Sünde" erscheinen mögen, besonderes Gewicht beizumessen ist:

„Von entscheidender Bedeutung ist die dem Organmitglied zuzumessende Vorbildfunktion in der Gesellschaft. Insoweit unterliegt die Beurteilung seines Verhaltens strengeren Maßstäben, als sie bei Mitarbeitern anzulegen sind. Dem Aufsichtsrat ist dringend anzuraten, nicht den bequemen Weg der unvertretbaren Toleranz zu gehen, erst recht nicht den des Zuwartens".[1211]

Auch ein Verhalten, durch das der Gesellschaft kein unmittelbarer Vermögensschaden zugefügt wird, ist als wichtiger Abberufungsgrund zu qualifizieren, wenn dadurch mittelbar der gute Ruf der Gesellschaft geschädigt wird.[1212] **451**

Bei Verletzung der Treue- und Loyalitätspflichten des Vorstandsmitglieds gegenüber der Gesellschaft ist es daher irrelevant, ob die Gesellschaft geschädigt

---

[1210] *Thüsing* in Fleischer, Handbuch des Vorstandsrechts § 4 Rz 39; vgl *Wiesner* in MünchHdbGesR IV⁴ § 25 Rz 41.
[1211] *Fonk* in Semler/v. Schenck, ARHdb⁴ § 9 Rz 302.
[1212] *Spindler* in MünchKommAktG⁴ § 84 Rz 131; BGH WM 1956, 865.

wurde;¹²¹³ maßgeblich ist bloß die Unzumutbarkeit der Fortsetzung des mit dem Vorstandsmitglied eingegangenen Vertragsverhältnisses.¹²¹⁴ Es kommt, anders gesagt, auf ein grob schuldhaftes Handeln oder Unterlassen des Vorstandsmitgliedes im Rahmen der Ausübung seiner Leitungsfunktion an, wobei für die Rechtmäßigkeit der Abberufung der Eintritt eines Schadens bei der Gesellschaft nicht erforderlich ist.¹²¹⁵ Ein Vorstandsmitglied, das sich anlässlich eines Vertragsabschlusses von Dritten Provisionen versprechen lässt oder Vorzugspreise für sich aushandelt, handelt treuwidrig; für den Treuepflichtverstoß spielt es dabei keine Rolle, ob der Gesellschaft durch das Verhalten ihres Vorstandsmitglieds ein Schaden entstanden ist oder nicht.¹²¹⁶ Dasselbe gilt für ein Vorstandsmitglied, das, um eine es selbst treffende Verpflichtung loszuwerden, mit seinem Gläubiger (das kann eine Bank sein, die sowohl mit dem Vorstandsmitglied dessen private Kredit- oder Veranlagungsgeschäfte abwickelt oder ein Lieferant von Büromöbeln, bei dem das Vorstandsmitglied eine Wohnzimmereinrichtung gekauft, aber nicht bezahlt hat) vereinbart, dass dieser Gläubiger bei der Abwicklung von Geschäften mit der Gesellschaft überhöhte Entgelte verrechnet, um den Ausfall der Forderung gegen das Vorstandsmitglied zu kompensieren.¹²¹⁷ Im Übrigen besteht richtiger Ansicht zufolge ein Beweis des Anscheins dafür, dass das betreffende Geschäft ohne die Zuwendung mit anderem Inhalt, insbesondere mit einer höheren Gegenleistung für die Gesellschaft zustande gekommen wäre und der Gesellschaft damit zumindest ein Schaden in der Höhe des gewährten Vorteils entstanden ist.¹²¹⁸

452 Rechtsprechung und Lehre qualifizieren ua folgende Umstände als wirksamen Abberufungsgrund¹²¹⁹: Handeln zum Nachteil der Gesellschaft;¹²²⁰ Missbrauch von Gesellschaftsvermögen für eigene Zwecke,¹²²¹ selbst wenn dies zur Sicherung etwaiger künftiger Ansprüche gegen die Gesellschaft erfolgt;¹²²² die Annahme einer vom Vorstand privat erlangten, auch für die Gesellschaft vorteilhaften Geschäftschance;¹²²³ Missachtung aktienrechtlicher Zustimmungsvorbehalte;¹²²⁴ illoyales Verhalten,¹²²⁵ das zur Gefährdung der Interessen der Gesellschaft durch das Verhalten des Geschäftsleiters führt (die grobe Pflichtverletzung liegt nicht

---

1213 *Fleischer*, Handbuch des Vorstandsrechts § 5 Rz 19 mwN; *Eckert*, Die Abberufung des GmbH-Geschäftsführers 41 mwN.
1214 BGH 8.5.1967, AG 1967, 327; BGH II ZR 126/65 BGHZ 1967, 679; *Spindler* in MünchKommAktG⁴ § 84 Rz 131; *Terlitza*, Zur Abberufung des Vorstandsmitglieds einer AG aus wichtigem Grund, GesRZ 2003, 270 ff; *Höhn*, Die Geschäftsleitung der GmbH 216 f.
1215 *Terlitza*, GesRZ 2003, 270 ff.
1216 *Fleischer*, Handbuch des Vorstandsrechts § 9 Rz 42 f mit weiteren Judikaturnachweisen.
1217 Vgl *G. Schima*, GesRZ 2007, 95 mwN in FN 20.
1218 *Fleischer*, Handbuch des Vorstandsrechts § 9 Rz 43 mwN in FN 207.
1219 Vgl mwN *Höhn*, Die Geschäftsleitung der GmbH 218 f; *Hüffer/Koch*, AktG¹¹ § 84 Rz 36 mwN; *Thüsing* in Fleischer, Handbuch des Vorstandsrechts § 5 Rz 20; *Nowotny* in Doralt/Nowotny/Kalss, AktG² § 75 Rz 21; *Strasser* in Jabornegg/Strasser, AktG⁵ §§ 75, 76 Rz 41; *Grumann/Gillmann*, DB 2003, 771
1220 *Terlitza*, GesRZ 2003, 270 ff.
1221 BGH WM 1984, 29.
1222 BGH NJW 1995, 2850 = AG 1996, 32.
1223 BGHZ 1985, 1484, 1485.
1224 Vgl *Spindler* in MünchKommAktG⁴ § 84 Rz 131; OLG München DB 2009, 1231, 1233.
1225 BGH NJW 2000, 1683 = NZG 2000, 546.

IV. Die Beendigung der Vorstandsfunktion

erst in der Beeinträchtigung der Gesellschaftsinteressen!); Einsatz von Mitarbeitern und Mitteln der Gesellschaft für private Angelegenheiten;[1226] Ausnutzung von *corporate opportunities*;[1227] die Entgegennahme von Schmiergeld (kick backs);[1228] schwere charakterliche Mängel sowie Missbrauch der Vertretungsmacht. Auch bloße Unredlichkeit kann genügen.[1229] Ebenso gehen verbotene Insichgeschäfte regelmäßig mit Vertrauensunwürdigkeit einher.[1230]

In der Lehre wird darüber hinaus vertreten, dass ein unheilbares Zerwürfnis oder dauernder Unfriede zwischen den Vorstandsmitgliedern, der ein gedeihliches Zusammenarbeiten gefährdet,[1231] in schweren Fällen ein wichtiger Grund iSd § 75 Abs 4 AktG sein kann.[1232] Dabei wird aber idR nicht der Abberufungsgrund der groben Pflichtverletzung, sondern ein „anderer wichtiger Grund" verwirklicht sein (siehe im Folgenden). Die Aufzählung in § 75 Abs 4 AktG ist ja nur demonstrativ. Ebenso wurden als grobe Pflichtverletzung qualifiziert: Die vorsätzliche Täuschung von Vorstandskollegen über geschäftserhebliche Tatsachen,[1233] falsche oder eindeutig unvollständige Berichterstattung,[1234] wiederholte Übergriffe in den Kompetenzbereich anderer Vorstandsmitglieder oder sonstige persönliche Unverträglichkeit in der kollegialen Zusammenarbeit.[1235] Bloße Meinungsverschiedenheiten zwischen Vorstandsmitgliedern reichen aber für eine (grobe) Pflichtverletzung (grundsätzlich) nicht aus.[1236] Dabei ist, erstreckt sich der Zwist auf mehrere Vorstandsmitglieder, eine sachgerechte Auswahl zu treffen;[1237] überhaupt ist dem Aufsichtsrat ein Ermessen eingeräumt, wenn in der Person eines anderen Vorstandsmitglieds vergleichbare Umstände vorliegen, die auch dessen Abberufung rechtfertigen würden, welches von mehreren Vorstandsmitgliedern in einer derartigen Situation abberufen werden soll.[1238] Der Aufsichtsrat muss bei „unheilbarer"

[1226] OLG Düsseldorf AG 2012, 511, 512; OLG Wien 4.7.2013, 5 R 22/13m.
[1227] BGH WM 1956, 865; BGH NJW 1986, 585.
[1228] OLG München AG 2007, 361, 363.
[1229] OGH 6 Ob 656/82 GesRZ 1982, 253; OGH 4 Ob 515/73 GesRZ 1974, 27; OLG Wien 6 R 133/91, NZ 1992, 273.
[1230] OGH 8 Ob 563/89 GesRZ 1990, 225.
[1231] BGHZ 1998, 519 ff, 520.
[1232] *Wiesner* in MünchHdbGesR IV[4] § 20 Rz 53; *Spindler* in MünchKommAktG[4] § 84 Rz 132 mwN, ua BGH WM 1984, 29 f.
[1233] OLG Düsseldorf DB 1983, 1036 (fristlose Kündigung eines Bankvorstandes) = AG 1982, 225; BGH AG 1998, 519.
[1234] *Hefermehl* in Geßler/Hefermehl/Eckhardt/Kropff, AktG § 90 Rz 30; *Wiesner* in MünchHdbGesR IV[3] § 20 Rz 46 mwN; *Mertens/Cahn* in KölnKommAktG[3] § 84 Rz 125; OLG München AG 2005, 131: Die Abgabe einer falschen oder offenbar unvollständigen Berichterstattung nach Abmahnung.
[1235] *Mertens* in KölnKommAktG[3] § 84 Rz 125; *Wiesner* in MünchHdbGesR IV[4] § 20 Rz 53; *Raguß*, Der Vorstand einer Aktiengesellschaft 190 ff. Vgl auch *Hüffer/Koch*, AktG[11] § 84 Rz 36 mwN; *Kort* in GroßkommAktG[5] § 84 Rz 158 mwN, die diesen Umstand jedoch unter den Tatbestand der Unfähigkeit zur ordnungsgemäßen Geschäftsführung subsumieren.
[1236] BAG AG 1998, 5129, 520; LG Stuttgart AG 2003, 53; BGH ZIP 1992, 760, 761.
[1237] *Thüsing* in Fleischer, Handbuch des Vorstandsrechts § 5 Rz 24 mwN; *Wiesner* in MünchHdbGesR IV[4] § 20 Rz 56.
[1238] *Spindler* in MünchKommAktG[4] § 84 Rz 132; OLG Stuttgart AG 2003, 211, 212; *Kort* in GroßkommAktG[5] § 84 Rz 149.

Verfeindung nicht notwendigerweise den „Schuldigen" abberufen; er kann sich vielmehr auch für den Fähigeren entscheiden.[1239]

454 Der Verlust des Vertrauens in den Vorstand durch den Aufsichtsrat ist – wie der OGH auch schon klarstellte[1240] – für sich genommen kein aktienrechtlicher Abberufungsgrund iSd § 75 Abs 4 AktG,[1241] womit aber nicht sehr viel ausgesagt ist, weil es ja darauf ankommt, *weshalb* der Aufsichtsrat das Vertrauen verloren hat. Denn sehr wohl kann zB *mangelnde Offenheit gegenüber dem Aufsichtsrat* den Tatbestand der groben Pflichtverletzung verwirklichen,[1242] ebenso wie unüberbrückbare Differenzen oder Zerwürfnisse[1243] zwischen Vorstand und Aufsichtsrat über grundsätzliche Fragen der Unternehmenspolitik.[1244] Ein Abberufungsgrund liegt auch vor, wenn nach den Umständen berechtigte Zweifel daran bestehen können, dass das Vorstandsmitglied nach dem Wechsel der Zusammensetzung der Aktionäre oder des Aufsichtsrates sein Leitungsermessen unter loyaler Berücksichtigung unternehmenskonformer Interessen der neuen Mehrheit ausüben wird. Der Aufsichtsrat kann von sich aus zu der Überzeugung gelangen, dass eine gedeihliche Verfolgung von Unternehmensinteressen nicht zu erwarten ist, wenn zwischen einem Mehrheitsaktionär oder einer Mehrheitsaktionärsgruppe und dem Vorstandsmitglied kein Vertrauensverhältnis mehr besteht oder sogar Konflikte über die Ausrichtung der Unternehmenspolitik absehbar sind.[1245] Auch *illoyales Verhalten* gegenüber dem (alleinigen) Gesellschaftseigner berechtigt zur Abberufung aus wichtigem Grund.[1246]

455 Eine *Missachtung von Genehmigungs- oder Zustimmungsvorbehalten*, die dem Aufsichtsrat zustehen, liegt dann vor, wenn der Vorstand bzw einzelne Mitglieder die erforderlichen Genehmigungsbeschlüsse gemäß § 95 Abs 5 AktG – insbesondere unter Berücksichtigung der Erweiterungskompetenz in § 95 Abs 5 letzter Satz AktG – nicht einholen. Liegt ein zustimmungspflichtiges Geschäft vor, hat der Vorstand dem Aufsichtsrat im Vorhinein schriftlich die für eine fundierte Entscheidung notwendigen Unterlagen zu übermitteln (Vorlagebericht). Je nach Komplexität und Tragweite der Entscheidung hat der Vorstand gegebenenfalls von sich aus oder auf Verlangen des Aufsichtsrats entscheidungserhebliche zusätzliche Informationen nachzubringen; bei Verletzung dieser Pflichten ist der Vorstand im äußersten Fall abzuberufen.[1247] Ist der Aufsichtsrat nicht ausreichend informiert (diese Annahme drängt sich zB dann auf, wenn der Aufsichtsrat dem Erwerb ei-

---

[1239] *Wiesner* in MünchHdbGesR IV⁴ § 20 Rz 56; *Spindler* in MünchKommAktG⁴ § 84 Rz 132; BGH AG 1998, 519, 520; BGH ZIP 1002, 760, 761; OLG Koblenz ZIP 1987, 1120, 1124.
[1240] OGH 6 Ob 517/95 wbl 1995, 423.
[1241] Für viele: *Thüsing* in Fleischer, Handbuch des Vorstandsrechts § 5 Rz 26 mwN.
[1242] OGH 1 Ob 11/99w wbl 2000, 37.
[1243] *Mertens* in KölnKommAktG³ § 84 Rz 126 mwN; *Thüsing* in Fleischer, Handbuch des Vorstandsrechts § 5 Rz 24 mwN; OGH 6 Ob 517/95, wbl 1995, 423 = ecolex 1995, 725 = RdW 1995, 342 = AnwBl 1996, 148 = GesRZ 1996, 112 = SZ 68/98.
[1244] Abwägend *Wiesner* in MünchHdbGesR IV⁴ § 20 Rz 56; *Spindler* in MünchKommAktG⁴ § 84 Rz 132.
[1245] So ausdrücklich *Mertens/Cahn* in KölnKommAktG³ § 84 Rz 128; zweifelnd *Spindler* in MünchKommAktG⁴ § 84 Rz 135; aA *Kort* in GroßKommAktG⁵ § 84 Rz 178.
[1246] BGH NJW 2000, 1638; *Thüsing* in Fleischer, Handbuch des Vorstandsrechts § 5 Rz 20 mwN.
[1247] *Kalss* in Doralt/Nowotny/Kalss, AktG² § 95 Rz 93.

ner Beteiligung auf der Grundlage von Prognoseentscheidungen zustimmt, wobei letztere kurze Zeit später bereits massiv nach unten korrigiert werden müssen), liegt zwar ein prima vista gültiger und wirksamer (wenn und weil unter Einhaltung der formellen Willensbildungsregeln zustande gekommener) Aufsichtsratsbeschluss vor, bei dem sich aber für das Vorstandsmitglied dennoch das Problem der Verletzung aktienrechtlicher Vorbehalte und Zustimmungsrechte stellt. Mit anderen Worten: Da der Vorstand eine ihn entlastende Zustimmung des Aufsichtsrats nur dann erhalten kann, wenn er über das geplante Geschäft im Vorhinein, vollständig und richtig berichtet,[1248] können gravierende Mängel im Bericht an den Aufsichtsrat dazu führen, dass ein vom Aufsichtsrat „genehmigtes" Geschäft dennoch unter Verletzung der dem Aufsichtsrat obliegenden Zustimmungsrechte geschlossen wird, weil sich der Vorstand auf eine unter Angabe unrichtiger oder in wesentlichen Punkten unvollständiger Informationen erteilte Genehmigung des Aufsichtsrates nicht berufen kann.

Eine Verletzung der gesetzlichen oder satzungsmäßigen Zustimmungsvorbehalte liegt im Übrigen auch dann vor, wenn Genehmigungen zwar eingeholt, in der Umsetzung in der Folge – ohne den Aufsichtsrat neuerlich zu befassen – aber überschritten werden (zB es werden Freigaben von finanziellen Mitteln für den Erwerb oder die Sanierung einer maroden Beteiligungsgesellschaft im Ausmaß von EUR 3 Mio getätigt, obwohl der Aufsichtsrat nur EUR 1 Mio genehmigt hat).[1249]

In Lehre und Rsp wird die *Missachtung aktienrechtlicher Zustimmungsvorbehalte* einhellig als Abberufungsgrund qualifiziert.[1250] Das ergibt sich schon daraus, dass die Rsp grundsätzlich Verletzungen organschaftlicher Kernpflichten (hierzu gehören die in § 84 AktG aufgezählten Pflichten des Vorstands) als grob pflichtwidrig ansieht.[1251] Ebenso streng geht die Rsp bei Verletzung der Pflichten eines Vorstandsmitglieds gegenüber anderen Organen vor, so zB in Fällen *mangelnder Offenheit gegenüber dem Aufsichtsrat*.[1252] In seiner Entscheidung vom 14. Juli 2005 judizierte das OLG München,[1253] dass die Unterfertigung eines Vertrages im Namen einer Aktiengesellschaft durch ein Vorstandsmitglied „*unter Mißachtung jeglicher Beteiligungsvorschriften und damit ohne Zustimmung des Aufsichtsrats [...], der in seinem Umfang weit über die in den genannten Bestimmungen gegebenen Ermächtigungen hinausging (Verpflichtungen bis zu EUR 150.000,–)*", klar zu erkennen gebe, dass dem Vorstandsmitglied „*jegliche handlungseinschränkenden Bestimmungen, sei es vertraglicher oder gesetzlicher Natur, gleichgültig sind*", wodurch das Vorstandsmitglied „*bereits aus diesem Grunde*" eine grobe Pflichtverletzung begangen habe, dies unabhängig von der Frage, welche konkreten Auswirkungen der Vertrag auf die AG und deren Geschäftstätigkeit hatte.

[1248] *Kalss* in Doralt/Nowotny/Kalss, AktG² § 95 Rz 93.
[1249] BGH 13.7.1997, II ZR 131/97, AG 1998, 519.
[1250] Vgl *Spindler* in MünchKommAktG⁴ § 84 Rz 131; BGH 26.3.1956, II ZR 57/55; BGHZ 20, 239, 246; BGH 13.7.1998, II ZR 131/97, AG 1998, 519; OLG München AG 2005, 776; *Kalss* in Kalss/Nowotny/Schauer, Gesellschaftsrecht Rz 3/304.
[1251] *Seibt* in Schmidt/Lutter, AktG³ § 84 Rz 49a mwN.
[1252] OGH 1 Ob 11/99w wbl 2000, 37; OLG München 7 U 681/11, AG 2012, 753, 755.
[1253] OLG München 14.7.2005, AG 2005, 776.

458 Der BGH ging in seiner Entscheidung vom 13. Juli 1998[1254] nicht weniger streng mit einem Vorstandsmitglied um, das das Kollegialitätsprinzip mehrmals verletzt, wiederholt in die Kompetenzbereiche des Mitvorstandes eingegriffen und sowohl gegen das Offenheitsgebot als auch gegen die Zustimmungsvorbehalte zu Gunsten des Aufsichtsrates verstoßen hatte. Letzteres erfolgte dadurch, dass das Vorstandsmitglied Leasing-, Miet- und Wartungsverträge über EDV-Anlagen im Wert von DM 2,95 Mio nicht über den Ausgabentitel „EDV", sondern über die „allgemeine Lieferantenliste" gebucht hatte; weitere Wartungsverträge wurden überhaupt nicht aktenmäßig erfasst. Das abberufene Vorstandsmitglied tat dies deshalb, weil der Aufsichtsrat für den relevanten Zeitraum eine Investitionsgrenze von DM 1,3 Mio gesetzt und somit Zustimmungsvorbehalte beschlossen hatte; tatsächlich hatte das Vorstandsmitglied insgesamt EDV-Ausgaben im Umfang von DM 5 Mio zu verantworten. Als weiterer Übergriff in die Kompetenzen des Aufsichtsrates wurde gleichsam gewertet die beantragte (und erfolgte) Genehmigung der Anschaffung eines Elektroofens, wobei das Vorstandsmitglied dem Aufsichtsrat verschwiegen hatte, dass die Leasinggesellschaft die beantragte Leasingfinanzierung noch vom Jahresabschluss der AG abhängig gemacht hatte; der Aufsichtsrat hätte auf Grund der ungesicherten Finanzierung seine Zustimmung nicht erteilt. Darüber hinaus habe das Vorstandsmitglied gegenüber dem Aufsichtsrat den Inhalt des Vertrages mit einem Handelsvertreter verschleiert und dabei eine verfälschte Vertragsfassung vorgelegt. Auf die vorstehenden Gründe konnte die Aktiengesellschaft die vom Aufsichtsrat beschlossene Abberufung sowie Entlassung des Vorstandsmitglieds nach (berechtigter) Meinung des Gerichtes stützen.

459 Die Aussage bzw Ansicht, dass die Missachtung von Genehmigungsvorbehalten des Aufsichtsrates durch den Vorstand bzw Vorstandsmitglieder eine Abberufung wegen grober Pflichtverletzung rechtfertigt, bedarf gewisser Relativierung. Gewiss ist die grobe Pflichtverletzung nicht erst bei Vorsatz verwirklicht, also bewusster oder zumindest bedingt vorsätzlicher Hinwegsetzung über Genehmigungserfordernisse. Jedoch rechtfertigt auch nicht jeder leicht fahrlässige oder im Einzelfall sogar schuldlose Verstoß gleich eine Abberufung. Zum einen muss bedacht werden, dass schon die Auslegung der Genehmigungstatbestände, die in Umsetzung des § 95 Abs 5 AktG regelmäßig die Geschäftsordnungen für den Aufsichtsrat bzw den Vorstand beinhalten, im Einzelfall gewisse Schwierigkeiten bereiten und nicht immer ganz eindeutig gesagt werden kann, *ob* bestimmte Geschäftsfälle genehmigungspflichtig sind oder nicht.[1255] Es ist darüber hinaus auch denkbar, dass die Überschreitung von Genehmigungsgrenzen im Einzelfall keinen Vorwurf gegen den Vorstand begründet, der gleich eine Abberufung rechtfertigt – so zB, wenn bei einer nicht genehmigungspflichtigen Investition nachträglich eine – die Genehmigungspflicht auslösende – Kostenüberschreitung eintritt, die der Vorstand deshalb nicht bemerkt, weil ihm der verantwortliche Mitarbeiter falsche Berechnungen liefert, die nicht gleich als unrichtig erkennbar sind.

[1254] BGH 13.7.1997, II ZR 131/97, AG 1998, 519.
[1255] So kann bei nicht sehr umfassend und subtil formulierten Geschäftsordnungen – um nur ein Bsp zu nennen – der Tatbestand der „Kreditgewährung" durchaus Anlass zu Zweifeln geben, nämlich zB ob und ab wann darunter die Gewährung von Lieferantenzielen oder das „Stehenlassen" von Forderungen gegenüber Konzerngesellschaften fällt.

Während die rechtlichen Folgen der Missachtung von Zustimmungs- und **460**
Genehmigungsvorbehalten durch ein Vorstandsmitglied, sofern sie wichtige und
für die Gesellschaft bedeutende Angelegenheiten betreffen, im wesentlichen
durch Rsp und hL relativ einhellig beurteilt werden (Schadenersatzpflicht bzw
Haftung des Vorstandsmitglieds; Abberufung sowie Entlassung auf Grund grober Pflichtverletzung), sind die rechtlichen Folgen der *Erstattung und der Vorlage
von unrichtigen Informationen an den Aufsichtsrat* (Prognosen, Budgets und Bewertungen) differenzierter und insbesondere vor dem Hintergrund der Berichterstattungspflicht gemäß § 81 AktG zu sehen.

Gemäß § 81 AktG hat der Vorstand dem Aufsichtsrat mindestens einmal jähr- **461**
lich über grundsätzliche Fragen der künftigen Geschäftspolitik zu berichten; mindestens quartalsmäßig hat er über den Gang der Geschäfte und die Lage der Gesellschaft im Vergleich zur Vorschaurechnung zu berichten (periodische Berichte: Jahresbericht, Budget, Mehrjahresplanung wie zB Finanz-, Investitions- oder Personalplanung). Bei wichtigem Anlass (Geschäfte von erheblicher Bedeutung) ist dem Vorsitzenden des Aufsichtsrats unverzüglich zu berichten.[1256] Dazu zählen zB der Erwerb oder die Veräußerung eines Betriebs oder einer Beteiligung; die Aufnahme eines größeren Auftrags; die Durchführung größerer Investitionen; die Expansion in neue Geschäftsfelder, Märkte oder Beteiligungen. Für die Berichtspflicht ist es ausreichend, wenn eine erhebliche Bedeutung *potentiell möglich* erscheint, wofür eine „vernünftige kaufmännische Prognose" anzustellen ist. Die Berichtspflicht ist nicht auf Geschäfte beschränkt, die zustimmungspflichtig sind;[1257] über solche ist aber *jedenfalls* zu berichten.

Die Berichte des Vorstands haben einer „gewissenhaften und getreuen Rechenschaft zu entsprechen, und vollständig, aktuell, aussagekräftig, übersichtlich überprüfbar, vergleichbar und informationsökonomisch"[1258] zu sein. Dabei ist dem Sinn und Zweck der Berichtspflicht Rechnung zu tragen: Der Aufsichtsrat muss in die Lage versetzt werden, seiner Überwachungsaufgabe nachzukommen und zu beurteilen, ob das Risikoüberwachungssystem sachgerecht gehandhabt wird.[1259] Dazu gehört – neben klarer Gliederung, dem erforderlichen Detaillierungsgrad, aktuellen und richtigen Zahlen sowie dem Budget – auch, dass Tatsachen und Wertungen klar zu trennen sind; Meinungsverschiedenheiten innerhalb des Vorstands dürfen nicht kaschiert werden.[1260] In Bezug auf die Berichterstattung heißt dies, dass der Vorstand nicht bloß wahrheitsgemäß und vollständig zu berichten hat, sondern dass er darüber hinaus auch in Wahrnehmung der Interessen der AG für diese gleichsam weiterdenken und auf diese Weise auf Ursachen und Auswirkungen (der gegebenen Geschäftslage und des Geschäftsganges) und auf näheren

---

[1256] Vgl zB *Ch. Nowotny* in Doralt/Nowotny/Kalss, AktG² § 81 Rz 7; *Krieger/Sailer-Coceani* in Schmidt/Lutter, AktG³ § 90 Rz 26 ff.
[1257] Vgl *Krieger/Sailer-Coceani* in Schmidt/Lutter, AktG³ § 90 Rz 26 ff.
[1258] *Krejci* in FS G. Frotz 367, 379 f; *Nowotny* in Doralt/Nowotny/Kalss, AktG² § 81 Rz 8; *Krieger/Sailer-Coceani* in Schmidt/Lutter, AktG³ § 90 Rz 51 f.
[1259] *Spindler* in Fleischer, Handbuch des Vorstandsrechts § 90 Rz 50; *Krieger/Sailer-Coceani* in Schmidt/Lutter, AktG³ § 90 Rz 52.
[1260] *Hüffer/Koch*, AktG¹¹ § 90 Rz 13; *Hefermehl* in Geßler/Hefermehl, AktG § 90 Rz 47; *Spindler* in Fleischer, Handbuch des Vorstandsrechts § 90 Rz 49 f.

Aufschluss gebende Vergleichsindizes eingehen muss; dies ist der allgemeine Ausfluss der Fremdinteressenwahrungspflicht eines Fremdvermögensverwalters.[1261]

462 Der Aufsichtsrat hat eine eigenständige Pflicht, zu prüfen, ob der Vorstand seiner Pflicht zur sorgfaltsgemäßen Berichterstattung ordnungsgemäß und gewissenhaft nachkommt. Sofern dies nicht der Fall ist, liegt hierin nach einhelliger Meinung der Lehre ein schwerer Pflichtverstoß, der den Aufsichtsrat berechtigt, die betreffenden Vorstandsmitglieder jedenfalls nach, in schweren Fällen auch ohne Abmahnung aus wichtigem Grund abzuberufen.[1262] Nach hL ist daher insbesondere mangelhafte Berichterstattung ein Abberufungsgrund.[1263] *Spindler*[1264] nennt (stellvertretend für die dt Lehre) ausdrücklich die *„Verletzung der Berichtspflicht gemäß § 90 dAktG (entspricht § 81 öAktG), wie die Weigerung zur Abgabe oder die Abgabe einer falschen oder offensichtlich unvollständigen Berichterstattung"*. *Mertens* meint, dass bei der Beurteilung des Ausmaßes der Pflichtverletzung als erschwerend anzusehen ist, wenn das Vorstandsmitglied das Vertrauen anderer Organe missbraucht habe.[1265]

Kort[1266] führt (als einziger relativierend) aus, dass der Vorstand, der sich weigert, Berichte an den Aufsichtsrat zu erstatten oder der nicht den Anforderungen gemäß § 90 dAktG (§ 81 öAktG) entsprechende Berichte liefert, grundsätzlich abberufen und entlassen werden könne, dies aber nur dann der Fall sei, wenn der Fehler bei der Berichterstattung einen wichtigen Grund bilde; das sei nur bei *„gravierenden Verstößen gegen § 90 dAktG (§ 81 öAktG) der Fall"*.

463 Vor diesem Hintergrund ist davon auszugehen, dass grob und wiederholt unrichtige Berichterstattung eines Vorstandsmitglieds (wozu zB auch die Vorlage von unrichtigen Prognosen oder Budgetzahlungen an den Aufsichtsrat zählt) als grobe Pflichtwidrigkeit qualifiziert werden kann und einen Abberufungsgrund iSd § 75 Abs 4 AktG bildet. Denn unter die Kategorie der groben Pflichtverletzung fallen alle Arten der schwerwiegenden Verletzung von Pflichten, die dem Vorstandsmitglied kraft seines Amtes (also gesetzlich) oder kraft seines Anstellungsvertrages auferlegt sind.[1267] Es versteht sich von selbst, dass die Berichtspflicht eines Vorstandsmitglieds eine der wichtigsten Verpflichtungen des Vorstands ist, bildet sie doch die Grundlage für das Funktionieren des für die Aktiengesellschaft vorgesehenen Leitungs- und Überwachungsregimes. Dass eine erhebliche Verletzung der dem Vorstandsmitglied auferlegten Berichtspflichten vom Gesetzgeber

---

[1261] *Strasser* in Jabornegg/Strasser, AktG⁵ §§ 77–84 Rz 12.
[1262] *Spindler* in Fleischer, Handbuch des Vorstandsrechts § 90 Rz 48; *Hüffer/Koch*, AktG¹¹ § 90 Rz 15; *Hefermehl* in Geßler/Hefermehl/Eckhardt/Kropff, AktG § 90 Rz 46; *Wiesner* in MünchHdbGesR⁴ IV § 25 Rz 94; *Lutter*, Information und Vertraulichkeit Rz 242; *Semler* in Semler/v. Schenck, ARHdb⁴ § 1 Rz 108; *Krieger/Sailer-Coceani* in Schmidt/Lutter, AktG³ § 90 Rz 60; *Strasser* in Jabornegg/Strasser, AktG⁵ §§ 77–84 Rz 13.
[1263] *Hefermehl* in Geßler/Hefermehl/Eckhardt/Kropff, AktG § 90 Rz 30; *Wiesner* in MünchHdbGesR IV⁴ § 20 Rz 53 mwN; *Nowotny* in Doralt/Nowotny/Kalss, AktG¹⁰ § 81 Rz 10; *Spindler* in Fleischer, Handbuch des Vorstandsrechts § 90 Rz 63.
[1264] *Spindler* in Fleischer, Handbuch des Vorstandsrechts § 84 Rz 120 mwN.
[1265] *Mertens* in KölnKommAktG² § 84 Rz 131.
[1266] *Kort* in GroßkommAktG⁵ § 90 Rz 188 ohne weitergehende Nachweise.
[1267] Für viele *Kort* in GroßkommAktG⁵ § 84 Rz 491 mwN.

jedenfalls als schwerwiegend angesehen wird, ergibt sich auch aus § 163a StGB (vor 1.1.2016[1268] war diese Bestimmung in § 255 Abs 1 Z 5 AktG geregelt), der eine Strafbarkeit von Mitgliedern des Vorstandes anordnet,[1269] die *„in einem Jahres- oder Konzernabschluss, einem Lage- oder Konzernlagebericht oder einem anderen an die Öffentlichkeit, an die Gesellschafter oder die Mitglieder, an ein aufsichtsberechtigtes Organ oder dessen Vorsitzenden gerichteten Bericht"* ... *„die Vermögens-, Finanz- oder Ertragslage des Verbandes betreffende oder für die Beurteilung der künftigen Entwicklung der Vermögens-, Finanz- oder Ertragslage bedeutsame wesentliche Information (§ 189a Z 10 UGB), einschließlich solcher Umstände, die die Beziehung des Verbandes zu mit ihm verbundenen Unternehmen betreffen, in unvertretbarer Weise falsch oder unvollständig"* darstellen. Die Strafbarkeit ist nur dann gegeben, wenn „dies geeignet ist, einen erheblichen Schaden für den Verband, dessen Gesellschafter, Mitglieder oder Gläubiger oder für Anleger herbeizuführen. Die unrichtige oder fehlende Berichterstattung des Vorstands an den Aufsichtsrat ist daher unter Voraussetzung der „Wesentlichkeit" der Falschdarstellung sogar strafbar. Eine grobe Pflichtverletzung, die die Gesellschaft zur Abberufung des Vorstandsmitglieds berechtigt, wird in solchen Fällen wohl immer vorliegen.

Inwieweit bei permanent unrichtiger oder unvollständiger Berichterstattung auch der Abberufungsgrund der *Unfähigkeit zur ordnungsgemäßen Geschäftsführung* verwirklicht sein könnte, ist strittig. In Österreich gibt es zu diesem Abberufungsgrund, wie oben angeführt, kaum Rechtsprechung; die Lehre sieht darin idR einen verschuldensunabhängigen, meist krankheitsbedingten Abberufungsgrund (dazu ausführlich in Rz 465 ff). Fehlen dem Vorstandsmitglied überhaupt die für das Vorstandsamt erforderlichen Kenntnisse bzw die Fähigkeit zur Bewältigung von Unternehmenskrisen, *könnte* nach der in Deutschland teilweise vertretenen Auffassung ein Fall der (verschuldeten oder nicht verschuldeten)[1270] Unfähigkeit zur ordnungsgemäßen Geschäftsführung vorliegen, der die Aktiengesellschaft zu einer (gerechtfertigten, wenn auch nicht in jedem Falle automatisch verschuldeten) Abberufung des Vorstandsmitglieds berechtigen kann.[1271] Beim einmaligen Scheitern des Vorstandsmitglieds ist aber die Unfähigkeit zu ordnungsgemäßer Geschäftsführung noch nicht anzunehmen.[1272] Da die Abberufung die *dauerhafte* Entfernung aus dem Amt anstrebt, muss es sich ebenfalls um eine *dauerhafte* Unfähigkeit handeln.[1273] Vor diesem Hintergrund ist der bloße Nichteintritt von Prognosen oder auch die (einmalige) Verfehlung von Budgetzahlen (zB bei Umsatz oder Ergebnis) noch kein Abberufungsgrund in Form der (dauerhaften, habituellen) Unfähigkeit des Vorstandsmitglieds, „seine" Aktiengesellschaft gemäß den

---

[1268] Geändert mit BGBl I 2015/112.
[1269] Der Strafrahmen beträgt Freiheitsstrafe bis zu zwei Jahren, bei börsenotierten Gesellschaften bis zu drei Jahren.
[1270] *Spindler* in MünchKommAktG⁴ § 84 Rz 132; *Kort* in GroßkommAktG⁵ § 84 Rz 492.
[1271] OLG Stuttgart 9.10.1956, 2 W 69/56, GmbHR 1957, 59, 60; *Wiesner* in MünchHdbGesR IV³ § 20 Rz 46; aA OLG Köln 16.3.1988, 6 U 38/87, WM 1988, 974, 979.
[1272] OLG Köln NJW-RR 1989, 352 = WM 1988, 974, 979 = ZIP 1988, 1122; *Wiesner* in MünchHdbGesR IV³ § 20 Rz 46; *Lutter* in Lutter/Hommelhoff, GmbHG § 38 Rz 20.
[1273] *Thüsing* in Fleischer, Handbuch des Vorstandsrechts § 5 Rz 22; *Kort* in GroßkommAktG⁵ § 84 Rz 158.

aktienrechtlichen Vorgaben zu leiten. In diesem Fall würde es daher insbesondere (noch) an der „dauerhaften" Unfähigkeit mangeln, das Vorstandsamt ordnungsgemäß auszuüben.

Fehlende Kenntnisse *können* hingegen – nach der in Deutschland vertretenen Rechtsmeinung – dann einen Widerrufsgrund bilden, wenn sie zB zur Bewältigung von Sonderlagen (wie erhöhter Konkurrenzdruck oder Sanierungsfälle) benötigt werden (und fehlen).[1274]

Richtigerweise kann der Abberufungsgrund der fehlenden Kenntnisse (bzw zB der unrichtigen Prognosenerstellung) aber nur dann zum Tragen kommen, wenn die Unfähigkeit des Vorstandsmitglieds, die Aktiengesellschaft ordnungsgemäß zu leiten, von ihm nicht (schuldhaft) zu verantworten ist (im letzteren Fall läge nämlich bereits eine [grobe] Pflichtverletzung vor). Zu verantworten hätte das Vorstandsmitglied – wie vorstehend ausgeführt – nicht nur unrichtige Berichte, deren Unrichtigkeit bzw Unvollständigkeit es selbst erkannte oder hätte erkennen müssen, sondern auch dann, wenn das Vorstandsmitglied die für die Erstellung und Überprüfung der Berichte und Prognosen erforderliche, ihm persönlich fehlende *Expertise nicht eingeholt* hat. Mit anderen Worten: Das Vorstandsmitglied muss natürlich nicht allwissend sein und jede fehlende Kenntnis verantworten. Es muss aber für eine angemessene Selbstinformation sorgen, zu der zB auch der Einsatz unternehmensexternen Sachverstands gehört,[1275] um seinen (Berichts- und Leitungs-) Pflichten nachkommen zu können.

3. Unfähigkeit zur ordnungsgemäßen Geschäftsführung

465 Dieser im AktG ausdrücklich vorgesehene Abberufungsgrund zeigt, dass für den Widerruf der Bestellung nicht immer ein Verschulden entscheidend bzw erforderlich ist. Das Unvermögen des Vorstandsmitgliedes muss über eine bloße Untüchtigkeit oder einen einmaligen wirtschaftlichen „Misserfolg" hinausgehen; es bedeutet die *habituelle Unfähigkeit*, das Vorstandsamt auszuüben (zB auf Grund einer schweren Erkrankung).[1276] Sie ist daher nicht schon bei einmaligem Scheitern des Vorstandsmitgliedes im Hinblick auf Führungsaufgaben anzunehmen, sehr wohl aber bei einer dauerhaft wesentlich beeinträchtigten Leistungsfähigkeit. Alkohol-, Medikamenten- oder Drogenabhängigkeit können die Unfähigkeit zur ordnungsgemäßen Geschäftsführung ebenfalls bewirken.[1277] Eine Überschuldung oder Insolvenz des Vorstandsmitglieds können ein Zeichen für die mangelnde Fähigkeit zur Unternehmensführung sein,[1278] genauso wie gewerberechtliche Unzuverlässigkeit.[1279]

466 Strittig ist in der dt Lehre, ob der Wegfall von Eignungsvoraussetzungen, die die *Satzung* vorschreibt, den Aufsichtsrat zum Widerruf der Bestellung (wegen

---

[1274] *Wiesner* in MünchHdbGesR IV⁴ § 20 Rz 55; *Kort* in GroßKommAktG⁵ § 84 Rz 158; *Hüffer/Koch*, AktG¹¹ § 84 Rz 36; OLG Stuttgart 9.10.1956, 2 W 69/56, GmbHR 1957, 59, 60.
[1275] *Fleischer* in Fleischer, Handbuch des Vorstandsrechts § 7 Rz 44 mwN.
[1276] *Nowotny* in Doralt/Nowotny/Kalss, AktG² § 75 Rz 22.
[1277] *Seibt* in Schmidt/Lutter, AktG³ § 84 Rz 49a mwN.
[1278] *Wiesner* in MünchHdbGesR IV⁴ § 20 Rz 55.
[1279] *Seibt* in Schmidt/Lutter, AktG³ § 84 Rz 49a mwN.

Unfähigkeit) berechtigt.[1280] Dies wird je nach den Umständen des Einzelfalles anders zu beurteilen sein.

Schließlich ist das Verlangen der Aufsichtsbehörde einer der Aufsicht unterliegenden Aktiengesellschaft (zB ein Abberufungsverlangen der FMA bei einem Kreditinstitut) geeignet, diesen personenbedingten Widerrufsgrund zu begründen.[1281] Im Gegensatz zu den satzungsmäßigen Eignungsvoraussetzungen sind die von der Aufsichtsbehörde überwachten Voraussetzungen gesetzlich vorgeschrieben. ME ist eine Aufforderung einer Aufsichtsbehörde (zB der FMA gegenüber einem Kreditinstitut gem § 70 Abs 4 Z 1 BWG), Vorstandsmitglieder abzuberufen (etwa weil die Eignungsvoraussetzungen gem § 5 Abs 1 BWG nicht vorliegen) kein zwingender Anlass für den Aufsichtsrat, die Abberufung sofort durchzuführen. Vielmehr hat der Aufsichtsrat abzuwägen, ob der Bescheid der Aufsichtsbehörde erfolgreich bekämpft werden kann und ob es im Interesse des Unternehmens liegt, diesen (zeit- und kostenintensiven) Schritt zu setzen.[1282] Liegen die von der FMA vorgehaltenen Mängel in der Person des Vorstandsmitglieds jedoch vor, hat der Aufsichtsrat die Abberufung, gestützt auf den wichtigen Grund der Unfähigkeit zur ordnungsgemäßen Geschäftsführung, grundsätzlich durchzuführen – innerhalb der von der Behörde gesetzten Frist, um eine Zwangsstrafe für die Gesellschaft zu vermeiden. Hält der Aufsichtsrat die Vorgangsweise der FMA mit guten Gründen für unberechtigt oder zumindest für in einem rechtsförmlichen Verfahren für überprüfenswert, kommt auch die Möglichkeit in Betracht, von einer Abberufung zumindest vorläufig Abstand zu nehmen und in ausreichender Anzahl Geschäftsleiter zu bestellen, in deren Person keine aufsichtsbehördlichen Bedenken begründet sind. Der FMA ist es richtiger Ansicht zufolge wegen der Geltung des Grundsatzes der Anwendung des jeweils gelindesten Mittels nicht gestattet, in so einem Fall dem Kreditinstitut die Konzession zu entziehen; vielmehr wäre die Aufsichtsbehörde darauf verwiesen, dem Geschäftsleiter die Geschäftsführung bescheidmäßig zu untersagen.[1283] In der Praxis trauen sich dies Kreditinstitut bzw deren Aufsichtsräte fast nie; unter dem Blickwinkel des Rechtsschutzes wäre es aber wichtig, so eine Vorgangsweise gelegentlich zu wählen, denn nur auf diese Weise kann in Anbetracht der – wenngleich verfehlten[1284] – Rsp des VwGH, wonach bei Befolgung des Abberufungsverlangens im Rechtsmittelverfahren die Beschwer und damit Rechtsmittellegitimation wegfallen soll, die Vorgangsweise des FMA überhaupt im Instanzenzug auf Rechtmäßigkeit überprüft werden.

467

[1280] Dafür: *Spindler* in MünchKommAktG[4] § 84 Rz 132; *Seibt* in Schmidt/Lutter, AktG[3] § 84 Rz 49a; dagegen *Mertens/Cahn* in KölnKommAktG[3] § 84 Rz 126 und 10, die nur nach den Umständen des Einzelfalls einen Abberufungsgrund verwirklicht sehen und berücksichtigen wollen, ob der Aufsichtsrat vom Fehlen der Eignungsvoraussetzung wusste oder nicht. Dem ist grundsätzlich zuzustimmen.
[1281] *Thüsing* in Fleischer, Handbuch des Vorstandsrechts § 5 Rz 22 f mwN; *Kort* in GroßKommAktG[5] § 84 Rz 172 mwN; *Mertens/Cahn* in KölnKommAktG[3] § 84 Rz 130.
[1282] *Kort* in GroßKommAktG[5] § 84 Rz 172 mwN.
[1283] Vgl zu alledem ausführlich *G. Schima/Sindelar*, Aufgetragene Abberufung von Geschäftsleitern, Untersagung der Ausübung der Geschäftsführung und Konzessionsentzug bei Kreditinstituten, ÖBA 2015, 908.
[1284] *G. Schima/Sindelar*, ÖBA 2015, 908 (912f).

4. Entziehung des Vertrauens durch die Hauptversammlung

468 Sofern einem Vorstandsmitglied nicht der Vorwurf einer groben Pflichtverletzung iSd § 75 Abs 4 1. Fall AktG zu machen ist, bleibt als Abberufungsgrund idR nur der Vertrauensentzug durch die Hauptversammlung. Dieser setzt ein Tätigwerden der Hauptversammlung voraus, wobei nach der Rechtsprechung des OGH die inhaltliche Schwelle für ein solches Misstrauensvotum keine hohe ist. Denn es genügt, dass der Vertrauensentzug durch die Hauptversammlung *„nicht aus offenbar unsachlichen Gründen"* erfolgte.[1285] Wie der OGH in seiner diesbezüglichen Leitentscheidung aus dem Jahr 1998 aussprach, ist auch ein *„seiner sachlichen Berechtigung nach zweifelhaftes"* Misstrauensvotum ein tauglicher Abberufungsgrund für den Aufsichtsrat, sofern nicht offenbare Unsachlichkeit vorliegt.[1286]

Die etwas zu eng geratene Fassung des dritten im Gesetz genannten Abberufungsgrundes verhindert nach *Strasser*[1287] eine auf die Generalklausel des wichtigen Grundes gestützte Abberufung durch den Aufsichtsrat aus dem Grunde eines Vertrauensentzuges/Vertrauensverlustes durch den Aufsichtsrat selbst. Der *Vertrauensverlust des Aufsichtsrates* ist damit der in § 75 Abs 4 AktG genannten Entziehung des Vertrauens durch die Hauptversammlung nicht gleichzuhalten und daher per se kein Abberufungsgrund.[1288] Das ist zwar richtig, liefert aber – wie gesagt – keine weiteren Erkenntnisse, sondern bedeutet nur, dass der Aufsichtsrat bei der Begründung „seines" Vertrauensverlustes deutlich höheren Anforderungen als die Hauptversammlung unterliegt. Gründe, aus denen der Aufsichtsrat berechtigt sein Vertrauen verliert, können sehr wohl Abberufungsgründe sein, und wegen der bloß demonstrativen Aufzählung der Gründe in § 75 Abs 4 AktG muss es sich dabei nicht unbedingt um ein als *„grobe Pflichtverletzung"* einordenbares Verhalten handeln.

469 Die inhaltlichen Voraussetzungen für einen Vertrauensentzug durch eine darauf gestützte Abberufung zu erfüllen, ist nach alledem nicht schwer. Die *praktische Anwendung* dieses Abberufungsinstruments hängt freilich sehr stark davon ab, ob die Gesellschaft börsenotiert ist. Bei einer börsenotierten Gesellschaft kommt es in der Praxis fast nie vor, dass ein Vorstandsmitglied über ein Misstrauensvotum aus der Gesellschaft „entfernt" wird, weil die dafür in der Regel nötige Einberufung einer außerordentlichen Hauptversammlung (wenn nicht gerade die ordentliche Hauptversammlung ansteht) und die Ankündigung des geplanten Vertrauensentzugs als Tagesordnungspunkt beim Publikum und damit auch bei aktuellen und potentiellen Investoren Verunsicherung hervorzurufen geeignet ist und den Aktienkurs negativ beeinflussen kann. Der juristisch nicht näher kundigen Öffentlichkeit kann nämlich nicht überzeugend nahegebracht werden, dass ein Vertrauensentzug überhaupt nichts mit Verschulden, ja nicht einmal ansatzweise etwas mit „Missmanagement" zu tun haben muss, sondern nach nahezu einhelliger aktienrechtlicher Lehrmeinung und Rechtsprechung Meinungsverschieden-

---

[1285] *Nowotny* in Doralt/Nowotny/Kalss, AktG² § 75 Rz 23; *Thüsing* in Fleischer, Handbuch des Vorstandsrechts § 5 Rz 26 ff; *Hüffer/Koch*, AktG¹¹ § 84 Rz 37 mwN.

[1286] OGH 1 Ob 294/97k, RdW 1998, 461; vgl auch OGH 1 Ob 191/02y, ecolex 2003, 178 = GesRZ 2003, 38 = RdW 2003, 140 = ARD 5434/7/2003.

[1287] *Strasser* in Jabornegg/Strasser AktG⁵ §§ 75, 76 Rz 42.

[1288] OGH 1 Ob 11/99w, GesRZ 1999, 253 = RdW 1999, 595 = wbl 2000, 37.

heiten in grundsätzlichen Fragen für ein Misstrauensvotum ebenso genügen wie zB ein nicht anders zu lösender Konflikt innerhalb des Vorstandes.

Nach Lehre[1289] und Rechtsprechung[1290] ist es Aufgabe des abberufenen Vorstandsmitgliedes, das seine Abberufung gerichtlich anficht, nachzuweisen, dass das Misstrauensvotum aus offenbar unsachlichen Gründen erfolgt ist, also zB in keinerlei Zusammenhang mit seiner Tätigkeit steht oder – das ist der in der Literatur regelmäßig angeführte Paradefall – das Vorstandsmitglied von den Aktionären dafür „bestraft" werden soll, dass es sich für die Einhaltung einer rechtmäßigen Vorgangsweise eingesetzt hat. Die Gesellschaft muss – weil anderenfalls dieser ohnehin mehr als schwierige Nachweis vom Vorstandsmitglied nie geführt werden könnte – die Gründe, die die Hauptversammlung zum Entzug des Vertrauens bewegt haben, offenlegen,[1291] weshalb es in der Praxis anzuraten ist, in der über den Vertrauensentzug entscheidenden Hauptversammlung auch über die Erwägungen, die zum Vertrauensentzug führen, entsprechend zu beraten und dies zumindest in geraffter Form im Protokoll zu dokumentieren. *„Nachhaltige Erfolglosigkeit"* genügt als nicht offenbar unsachlicher Grund bei einem Vorstandsmitglied in einer seit vielen Jahren Verluste schreibenden Gesellschaft, auch wenn das betroffene und für den Bereich Finanzen zuständige Vorstandsmitglied erst rund eineindreiviertel Jahre im Amt war.[1292] Hat die Hauptversammlung dem Vorstand die Entlastung erteilt, kann sich ein späteres Misstrauensvotum nicht auf Umstände stützen, in deren Kenntnis die Entlastung erteilt wurde – dies wäre missbräuchlich bzw ist offenbar unsachlich.[1293]

470

Hat die Hauptversammlung dem Vorstandsmitglied mit Beschluss das Vertrauen entzogen, ist der Aufsichtsrat gefordert, über die Abberufung zu entscheiden. Gebunden ist der Aufsichtsrat an den Entzug des Vertrauens nicht; es steht vielmehr in seinem pflichtgemäßen Ermessen, die Abberufung zu beschließen oder nicht,[1294] was idR zu einer Abberufung führen wird, weil der Aufsichtsrat nicht gut beraten ist, ein Vorstandsmitglied zu halten, das das Vertrauen aller oder der Mehrheit der Aktionäre verloren hat. Sehr wohl ist der Aufsichtsrat aber verpflichtet, das Misstrauensvotum der Hauptversammlung eingehend zu beraten.[1295] Der Aufsichtsrat kann sich auf das Misstrauensvotum allein stützen, um die Abberufung zu begründen. Es bedarf keiner weiteren wichtigen Gründe.[1296]

471

Unzulässig und unwirksam ist ein Abberufungsbeschluss, der sich auf einen zukünftigen oder möglichen Vertrauensentzug durch die Hauptversammlung stützt.

472

[1289] *Nowotny* in Doralt/Nowotny/Kalss, AktG² § 75 Rz 23; *Kort* in GroßkommAktG⁵ § 84 Rz 209.

[1290] OGH 1 Ob 294/97k RdW 1998, 461; OGH 1 Ob 191/02y GesRZ 2003, 38 (40 f); OGH 1 Ob 190/09m RWZ 2010, 137 (*Wenger*).

[1291] OGH 1 Ob 294/97k RdW 1998, 461; *Kort* in GroßkommAktG⁵ § 84 Rz 166 mwN.

[1292] OGH 1 Ob 294/97k RdW 1998, 461.

[1293] *Mertens/Cahn* in KölnKommAktG³ § 84 Rz 127 mwN; *Kort* in GroßkommAktG⁵ § 84 Rz 166a.

[1294] *Nowotny* in Doralt/Nowotny/Kalss, AktG² § 75 Rz 23.

[1295] *Mertens/Cahn* in KölnKommAktG³ § 84 Rz 129; *Fonk* in Semler/v. Schenck, ARHdb⁴ § 10 Rz 306.

[1296] OGH 1 Ob 294/97k SZ 71/77; 2 Ob 285/04g GesRZ 2005, 86.

„Der Abberufung muß ein bereits erfolgter Vertrauensentzug durch die Aktionäre zugrundeliegen. Ein ohne diese Voraussetzung gefaßter Aufsichtsratbeschluß kann von der Hauptversammlung nicht nachträglich genehmigt werden."[1297] Hat der Aufsichtsrat ein Vorstandsmitglied wegen eines anderen wichtigen Grundes abberufen und ist sich später nicht mehr sicher, ob dieser Grund einer gerichtlichen Überprüfung standhält, kann er einen Vertrauensentzug durch die Hauptversammlung anregen und – falls dieser erfolgt – darauf mit einem weiteren Beschluss die neuerliche Abberufung stützen. UU ist dann aber auch nur diese zweite Abberufung wirksam – was bei großem zeitlichem Auseinanderfallen der beiden Abberufungsbeschlüsse zu erheblichem finanziellem Mehraufwand für die Gesellschaft führen kann, wenn sie dem Vorstandsmitglied das bis zur wirksamen zweiten Abberufung gebührende Entgelt zahlen muss.

5. Sonstige Abberufungsgründe

473 Der Katalog der Abberufungsgründe in § 75 Abs 4 AktG ist, wie gesagt, nicht abschließend formuliert. Sonstige wichtige Umstände, die unter keinen der drei aufgezählten Gründe zu subsumieren sind, müssen dennoch der zwingenden Voraussetzung genügen, dass sie ein Beibehalten des Vorstandsmitglieds für die Gesellschaft unzumutbar machen.[1298] Ein Verschulden des Vorstandsmitglieds an den Umständen ist nicht erforderlich. Es ist nach hM unzlässig, in der Satzung oder durch Vereinbarung mit dem Vorstandsmitglied Widerrufsgründe zu normieren, die ohne jegliche Überprüfung zur Abberufung des Vorstandsmitlieds berechtigten.[1299] Das Kriterium der Unzumutbarkeit der Weiterbeschäftigung muss bei sonstigen Abberufungsgründen stets erfüllt sein. In Frage kommen hier die Zugehörigkeit zu einer radikalen Partei,[1300] anhaltende Kritik von Seiten einer Behörde, Kreditgebern, Vertragspartnern etc,[1301] eine Änderung des Unternehmensgegenstandes, die zur Folge hat, dass das Vorstandsmitglied nicht mehr die notwendigen Kenntnisse und Fähigkeiten aufweist.[1302] Zu erwägen ist auch die Zulässigkeit der Verankerung ganz konkreter „Misserfolgsparameter" als besonderer Abberufungsgrund (zB die zweimalige Verfehlung von bestimmten Budgetvorgaben oder nachhaltige Unter- bzw Überschreitung bestimmter Kennzahlen).[1303] Damit könnte insbesondere in börsenotierten Gesellschaften, wo Vorstandsmitglieder wegen der de facto-Unanwenbarkeit des Misstrauensvotums als Abberufungsgrund viel fester im Sattel sitzen,[1304] das Problem gelöst werden, auch unfähigen Vorstandsmitgliedern, um sie los zu werden, hohe Abfindungen in Form der Auszahlung der Vertragsrestlaufzeit zahlen zu müssen.[1305]

[1297] OGH 6 Ob 517/95 SZ 68/98; 1 Ob 11/99w SZ 72/90.
[1298] Vgl *G. Schima*, GesRZ 2011, 265 (271).
[1299] *Seibt* in K. Schmidt/Lutter, AktG³ § 84 Rz 48.
[1300] *Kort* in GroßKommAktG⁵ § 84 Rz 170 mwN.
[1301] *Kort* in GroßKommAktG⁵ § 84 Rz 172a.
[1302] *Kort* in GroßKommAktG⁵ § 84 Rz 174a.
[1303] Dafür grs *G. Schima* in Schenz/Eberhartinger, Corporate Governance 246 (278).
[1304] Vgl zu dieser „Zweiklassengesellschaft" *G. Schima*, GesRZ 2011, 265 (271 f).
[1305] *G. Schima*, GesRZ 2011, 265 (272), *G. Schima* in Schenz/Eberhartinger, Corporate Governance 246 (278).

Für jeden dieser Abberufungsgründe ist gesondert zu prüfen, ob dabei auch **474**
ein wichtiger Grund zur Auflösung des Anstellungsvertrages verbunden ist (dazu
unten Rz 489 ff). Bei einer Änderung des Unternehmensgegenstandes, die das
Vorstandsmitglied „ungeeignet" werden lässt, ist mE kein Entlassungsgrund verwirklicht; die Gesellschaft hat den Abberufungsgrund hier selbst verursacht.

Eine Abberufung wegen geplanter Verkleinerung des Vorstandsgremiums ist **475**
kein wichtiger, in der Person des Vorstandsmitglieds gelegener Grund für eine Abberufung.[1306] Selbst ein genereller, groß angelegter Personalabbau liefert keinen
wichtigen Grund, auch das Vorstandsgremium zu verkleinern.[1307] Basiert die Verkleinerung des Vorstands hingegen nicht nur auf der Initiative des Aufsichtsrates,
sondern ist sie Folge einer grundlegenden Umstrukturierung des Unternehmens,
kann dies ein wichtiger sonstiger Abberufungsgrund sein.[1308] Die Abgrenzung
scheint schwierig – es kommt auf die Umstände im Einzelfall an.

Ist ein Vorstandsmitglied anstelle eines anderen, abberufenen Vorstandsmit- **476**
glieds bestellt worden und dringt dieses mit seiner gerichtlichen Anfechtung der
Abberufung vor Ablauf der Mandatsdauer durch, tritt das ehemalige Vorstandsmitglied wieder in den Vorstand ein. Ist für die Gesellschaft eine doppelte Vorstandsbesetzung untragbar, kann sie – nach einer Meinung – das neue Vorstandsmitglied
aus diesem sonstigen wichtigen Grund abberufen.[1309] Dieser Fall ist jedoch nur
unter äußerst raren Umständen denkbar, weil Anfechtungsverfahren idR länger
dauern als die restliche Mandatslaufzeit des abberufenen Vorstandsmitglieds.

6. Unverzügliche Geltendmachung, Nachschieben von Abberufungsgründen, Rechtsschutz

a) Zur Verfristung des Abberufungsrechts

Nach herrschender Meinung kann das Recht zur Abberufung eines Vorstands- **477**
mitgliedes aus wichtigem Grund wegen eines einmaligen Vorfalls durch Untätigkeit des Aufsichtsrats untergehen.[1310] Sofern das Substrat des Abberufungsgrundes in einem einmaligen Vorfall besteht (anders bei Dauertatbeständen), muss der
Aufsichtsrat daher **von seinem Abberufungsrecht unverzüglich** bei sonstiger
Verwirkung seines Rechts **Gebrauch machen**. Eine angemessene Zeit zur Befassung des Plenums, zur Überlegung, uU auch zur näheren Sachverhaltsermittlung
und nicht zuletzt zur Bewältigung aller notwendigen Verfahrensschritte (zB Einholung der Zustimmung der Mehrheit der Kapitalvertreter) steht aber dem Aufsichtsrat selbstverständlich zur Verfügung. Dabei ist insbesondere zu beachten,
dass einem aus mehreren Personen bestehenden Aufsichtsrat, dessen Mitglieder
die Aufsichtsratstätigkeit – wie im Aktiengesetz vorgesehen – nicht hauptberuf-

---

[1306] *Spindler* in MünchKommAktG[4] § 84 Rz 132; *Kort* in GroßKommAktG[5] § 84 Rz 174a, 175a.
[1307] So der Fall des ehemaligen Personalvorstands der deutschen Commerzbank, LG Frankfurt 3-05 O 8/14, BB 2014, 1223.
[1308] *Kort* in GroßKommAktG[5] § 84 Rz 175, 175a.
[1309] *Mertens/Cahn* in KölnKommAktG[3] § 84 Rz 133; aA *Seibt* in K. Schmidt/Lutter, AktG[3] § 84 Rz 55, *Spindler* in MünchKommAktG[4] § 84 Rz 151.
[1310] *Strasser* in Jabornegg/Strasser, AktG[5] §§ 75, 76 Rz 45 f; *Kort* in GroßkommAktG[5] § 84 Rz 198; *Wiesner* in MünchHdbGesR[3] IV § 20 Rz 55; BGH II ZR 211/53 BGHZ 13, 188, 194 f.

lich ausüben, eine bestimmte Zeit eingeräumt werden muss, innerhalb der der Aufsichtsrat zu einer (außerordentlichen) Aufsichtsratssitzung zusammen kommen kann. Innerhalb einer Woche nach Kenntniserlangung durch den Aufsichtsrat sollte dieser aber eine Entscheidung treffen und umsetzen. Bei vorauszusehender Langwierigkeit ist von der Möglichkeit einer Suspendierung Gebrauch zu machen (dazu Rz 182 ff).

478 Verwirkung ist dann anzunehmen, wenn das Vorstandsmitglied nach Treu und Glauben objektiv nicht mehr mit einer Abberufung rechnen musste.[1311] In Ausnahmefällen kann in einer längeren Untätigkeit des Aufsichtsrats auch ein der AG zuzurechnender Verzicht des Aufsichtsrats oder bei vom Vorstandsmitglied verschuldeten Gründen eine ebensolche Verzeihung durch den AR erblickt werden. Überhaupt kommt es im Zusammenhang mit Abberufungstatbeständen immer auf den Wissensstand des Aufsichtsrates, genauer seines Vorsitzenden an.[1312] Eine Verwirkung ist daher immer dann anzunehmen, wenn der Aufsichtsrat trotz Kenntnis des Vorfalls (zunächst) nicht reagiert und das Vorstandsmitglied unverändert im Amt belässt, ohne auch nur in irgendeiner Form Maßnahmen zu setzen, um den Sachverhalt zur Entscheidungsfindung aufzubereiten.[1313]

b) Das Nachschieben von Abberufungsgründen

479 In der Praxis kommt es immer wieder vor, dass nach bereits erfolgter Abberufung eines Vorstandsmitgliedes aus einem wichtigen, von ihm verschuldeten Grund die Gesellschaft – zB im Rahmen einer durch den Aufsichtsrat beauftragten Sonderprüfung gem § 95 Abs 3 AktG – Untersuchungen anstellt, um etwaige zusätzliche Pflichtverletzungen des abberufenen Vorstandsmitglieds aufzudecken. Nicht selten werden hier forensische Experten hinzugezogen, die elektronische Daten durchforsten und Mitarbeiterbefragungen durchführen. So werden dem Aufsichtsrat oft weitere Verfehlungen des (bereits abberufenen) Vorstandsmitgliedes bekannt, die zum Zeitpunkt der ersten Abberufung noch nicht bekannt waren. In diesen Fällen stellt sich die Frage, ob die Gesellschaft die (später entdeckten) Abberufungsgründe im Gerichtsverfahren über die Abberufung geltend machen (nachschieben) kann.

480 Das Nachschieben von Gründen für die außerordentliche (vorzeitige) Auflösung von Dienstverhältnissen ist nach völlig hM unabhängig davon zulässig, ob die Auflösung ein befristetes oder unbefristetes Dienstverhältnis (vorzeitig) beendet. Der Auflösungsgrund muss dem Erklärenden zum Zeitpunkt der Auflösung nicht bekannt sein; er muss nur *objektiv vorgelegen* haben.[1314] Nach ständiger Rechtsprechung des OGH können nach Ausspruch einer vorzeitigen Auflösung weitere Gründe für ihre Rechtfertigung herangezogen werden, selbst wenn der Erklärende erst nachträglich von diesen Kenntnis erlangt.[1315]

[1311] So auch *Mertens/Cahn* in KölnKommAktG³ § 84 Rz 140.
[1312] *Strasser* in Jabornegg/Strasser, AktG⁵ §§ 75, 76 Rz 45.
[1313] *Strasser* in Jabornegg/Strasser, AktG⁵ §§ 75, 76 Rz 45 mwN.
[1314] *Pfeil* in Zeller, Kommentar zum Arbeitsrecht² § 25 AngG Rz 12.
[1315] OGH 19.1.1954, 4 Ob 239/53; OGH 4 Ob 105/63 Arb 7843; OGH 4 Ob 30/65 Arb 8037; OGH 9 ObA 54/87 DRdA 1989, 41 (*Wachter*); RIS-Justiz RS0029144.

481 Die vorstehenden Ausführungen zur Beendigung des Anstellungsvertrages gelten grundsätzlich auch für eine (organschaftliche) Abberufung von Vorstandsmitgliedern. Bei diesen ist nicht anders als bei Geltendmachung eines Entlassungsgrundes zu verfahren; ein Nachschieben von Abberufungsgründen ist jederzeit möglich, sofern der Abberufungsgrund vor der Abberufung entstanden und zum Zeitpunkt der Abberufung nicht bekannt war.[1316]

482 Die hM und Rsp[1317] verlangt bei nachgeschobenen Abberufungsgründen aber einen *neuerlichen Abberufungsbeschluss*. Dies wurzelt im Vertretungsregime des Aktienrechts: Es soll stets der Aufsichtsrat und nie der Vorstand sein, der darüber entscheidet, welche Sachverhalte zum Gegenstand einer Abberufung eines Vorstandsmitgliedes gemacht werden und auf welche Fakten sich die Gesellschaft daher in einem Gerichtsverfahren zur Rechtfertigung einer Abberufung stützt. Eine Einschränkung insofern, als das Nachschieben nur dann zulässig sein sollte, wenn eine Wiedereinführung des abberufenen Vorstandsmitglieds in sein Amt noch möglich sei, ist nicht angezeigt.[1318] Vielmehr darf die Gesellschaft später entdeckte Abberufungsgründe nicht nur verwerten, wenn es ihr unzumutbar ist, das abberufene Vorstandsmitglied weiter zu beschäftigen. Der Gesellschaft ist es ebenso unzumutbar, einem nicht wirksam abberufenen Vorstandsmitglied die Bezüge bis zum Vertragsende zu zahlen und darauf hätte das Vorstandsmitglied auch ohne Wiedereinsetzung in die Funktion bei unrechtmäßiger Abberufung einen Anspruch. Daher darf und muss die Gesellschaft bei Entdeckung neuer grober Verfehlungen des Vorstandsmitglieds die später entdeckten Abberufungsgründe in einem anhängigen Verfahren geltend machen, solange sie nicht verfristet sind.

483 Die nachgeschobenen Gründe werden ohnehin nur dann gerichtlich geprüft, wenn der erste Abberufungsgrund nicht hält, dh die Abberufung allein nicht zu stützen vermag. So vielschichtig die Vorgänge im Wirtschaftsleben sind, so komplex sind auch die Vorwürfe, die einem Vorstandsmitglied gemacht werden, um dessen Abberufung zu begründen. Auch wenn der Sachverhalt noch so gut (anwaltlich) aufbereitet ist, lassen sich nicht immer alle Vorwürfe (insbesondere die subjektive Seite) vor Gericht beweisen bzw teilt das Gericht nicht immer die vertretene Rechtsansicht. Es kann daher von Vorteil sein, mehrere (gute) Abberufungsgründe im Verfahren geltend zu machen.

484 Ob und inwieweit auch beim Nachschieben der Unverzüglichkeitsgrundsatz gilt, ist nicht hinreichend geklärt. Überzeugend ist es, der Gesellschaft auch beim Nachschieben in einem laufenden Verfahren nicht unbegrenzt Zeit nach der Entdeckung zu geben, den weiteren Grund ins Spiel zu bringen; da aber beim Nachschieben das Klarstellungsinteresse des ohnehin bereits aus dem Amt entfernten Vorstandsmitgliedes deutlich weniger Rolle spielt, ist es angebracht, hier in puncto Verfristung weniger streng zu sein.

[1316] *Thüsing* in Fleischer, Handbuch des Vorstandsrechts § 5 Rz 16; *Hüffer/Koch*, AktG[11] § 84 Rz 42; OGH 1 Ob 11/99w SZ 72/90 = wbl 2000, 37; OGH 1 Ob 294/97k RdW 1998, 461

[1317] OGH 1 Ob 11/99w SZ 72/90 = wbl 2000, 37 = AG 2001, 100; OGH 28.02.2001, 9 Ob 47/01d; *Mertens/Cahn* in KölnKommAktG[3] § 84 Rz 140 mwN.

[1318] *Thüsing* in Fleischer, Handbuch des Vorstandsrechts § 5 Rz 16.

c) Rechtsschutz gegen die Abberufung

485 Ein Vorstandsmitglied kann die – vorläufig wirksame – Abberufung mittels Anfechtungsklage gem § 75 Abs 4 AktG bekämpfen und vorbringen, dass kein wichtiger Grund vorliegt. Beklagte ist die Gesellschaft, vertreten durch den Vorstand.[1319] Das Klagebegehren ist ein Rechtsgestaltungsbegehren, weil die Unwirksamerklärung der Abberufung beantragt wird und damit die Wiedereinsetzung in die Vorstandsfunktion. Sollte das abberufene Vorstandsmitglied noch vor Ablauf der Mandatsdauer das Verfahren gewinnen, tritt es daher rückwirkend wieder in das Mandat ein.[1320] Meist dauern allerdings die Gerichtsverfahren länger als die restliche Laufzeit des Mandats, sodass ein Wiedereintritt bis zur rechtskräftigen Beendigung des Verfahrens faktisch gar nicht mehr möglich ist. Das Klagebegehren ist in so einem Fall auf Kosten einzuschränken.[1321]

486 Für die Einbringung der Klage kennt das Gesetz keine explizite Frist, doch ist allgemein anerkannt, dass damit nicht unangemessen lange zugewartet werden darf. Dies ergibt sich schon aus dem Klarstellungsinteresse der Gesellschaft, dem eine „Aufgriffsobliegenheit" des abberufenen Vorstandsmitgliedes gegenüber steht.[1322] Immerhin geht es um die Klärung der Frage der Zusammensetzung des Geschäftsführungs- und Vertretungsorgans der AG. Klagen, die innerhalb eines Monats nach Mitteilung (und damit idR vorläufiger Wirksamkeit) der Abberufung eingebracht werden, sind jedenfalls rechtzeitig. Manche halten eine bis zu dreimonatige Frist für zulässig.[1323] Eine starre Grenze läßt sich nicht ziehen, zumal es mE auch darauf ankommen kann, ob das abberufene Vorstandsmitglied der Gesellschaft signalisiert, den Aufsichtsratsbeschluss jedenfalls anfechten zu wollen,

---

[1319] *Strasser* in Jabornegg/Strasser, AktG[5] § 97 Rz 79 mwN zur Gegenmeinung. In D ist hingegen der Aufsichtsrat zuständig (vgl § 112 dAktG: „Vorstandsmitgliedern gegenüber vertritt der Aufsichtsrat die Gesellschaft gerichtlich und außergerichtlich.").

[1320] *Ch. Nowotny* in Doralt/Nowotny/Kalss, AktG[2] § 75 Rz 26.

[1321] OGH 6 Ob 517/95 SZ 68/98: Auch eine Umstellung des Klagebegehrens auf Feststellung der Unwirksamkeit der Abberufung kommt in Betracht, wobei das Gestaltungsbegehren ein entsprechendes Feststellungsbegehren auf Feststellung der Unwirksamkeit der Abberufung als minus mitumfasst (OGH 1 Ob 11/99w). Die Frage musste in der E des OGH 6 Ob 517/95 nicht geklärt werden, weil der Kläger ein Feststellungsbegehren als Eventualbegehren gestellt hatte.

[1322] Dies ist bei insofern völlig vergleichbarer Interessenlage im Zusammenhang mit arbeitsrechtlichen Bestandschutzstreitigkeiten von der Rsp des OGH längst anerkannt (zB darf mit der Klage, den aufrechten Bestand eines Arbeitsverhältnisses zum Erwerber wegen behaupteten Betriebsübergangs oder einer betriebsübergangsbedingten und damit unwirksamen Kündigung nicht zehn Monate zugewartet werden (OGH 30.6.1999, 9 ObA 160/99s, DRdA 2000, 311 [*Binder*]; vgl zur Aufgriffsobliegenheit des Arbeitnehmers *G. Schima*, Umgründungen im Arbeitsrecht [2004] 172f). Da es bei der Abberufung von Vorstandsmitgliedern um Mitglieder des gesetzlichen Geschäftsführungs- und Vertretungsorgans geht, ist freilich eine etwas weniger großzügige Betrachtungsweise geboten und muss eine Klageerhebung nach sechs Monaten, die bei arbeitsrechtlichen Sachverhalten in Übertragung der Wertungen des § 1162d ABGB bzw § 34 AngG (vgl *Krejci*, Betriebsübergang [1972] 83; *Holzer*, DRdA 1995; *Binder*, AVRAG[2] [2010] § 3 Rz 96 und für ausnahmsweise Verkürzungen Rz 97; *G. Schima*, Umgründungen 172f) gerade noch tolerabel sein dürfte, generell als verspätet qualifiziert werden.

[1323] Vgl *Krieger*, Personalentscheidungen des Aufsichtsrates 129 ff.

aber wegen eines komplexen Sachverhaltes und schwieriger Rechtsragen etwas mehr Zeit zu benötigen.

Neue Abberufungsgründe kann die Gesellschaft im Verfahren, wie gesagt, nur unter Mitwirkung des Aufsichtsrates nachschieben. **487**

Die Beweislast für das Vorliegen des wichtigen Grundes trägt die Gesellschaft – der Beweis, dass ein von der Gesellschaft nachgewiesenes, als Grund für die Abberufung herangezogenes Misstrauensvotum der Hauptversammlung *offenbar unsachlich* war, ist hingegen vom Vorstandsmitglied zu erbringen.[1324] Dazu muss die Gesellschaft freilich erst offenlegen, auf welchen Grund der Vertrauensentzug durch die Hauptversammlung gestützt war (siehe oben in Rz 470).[1325] **488**

7. Auflösung des Anstellungsvertrages

Verwirklicht der Abberufungsgrund gleichzeitig einen Entlassungstatbestand, was bei „*grober Pflichtverletzung*" immer der Fall ist, kann der Anstellungsvertrag fristlos aufgelöst werden.[1326] Die sofortige Beendigung des Anstellungsvertrages ist nämlich dann zulässig, wenn der Gesellschaft auch die anstellungsvertragliche Weiterbeschäftigung des Vorstandsmitglieds unzumutbar ist (sinngemäße Anwendung von § 1162 ABGB bzw § 27 AngG). Bei einem vom Vorstandsmitglied schuldhaft gesetzten Entlassungsgrund verliert das Vorstandsmitglied sämtliche Ansprüche ab dem Tag der Entlassung[1327] und ist uU zum Schadenersatz an die Gesellschaft verpflichtet. Auch der meist unverschuldete Abberufungsgrund der „Unfähigkeit zur ordnungsgemäßen Geschäftsführung" berechtigt die Gesellschaft in sinngemäßer Anwendung von § 27 Z 2 AngG uU zur fristlosen Auflösung des Anstellungsvertrages, jedoch behält das Vorstandsmitglied jene Ansprüche aus dem Anstellungsvertrag, die nur bei verschuldeter Entlassung verfallen, wie zB den Anspruch auf Abfertigung.[1328] Die Beendigungsansprüche hängen sehr stark von der individuellen Ausgestaltung des Anstellungsvertrages ab, weil bei Vorstandsmitgliedern ein großer Gestaltungsspielraum besteht. **489**

Für die Beendigung des Anstellungsvertrages ist ebenfalls der Aufsichtsrat zuständig, auch wenn dies in § 75 Abs 1 bzw 4 AktG nicht ausdrücklich geregelt ist.[1329] Die Kündigung oder Entlassung des Anstellungsvertrages ist eine empfangsbedürftige Willenserklärung, die mit Zugang an das Vorstandsmitglied ihre Wirksamkeit entfaltet. Die Beendigungserklärung kann der Aufsichtsrat im Abberufungsbeschluss abgeben. Der Aufsichtsrat sollte die Beendigungserklärung für den Anstellungsvertrag möglichst explizit behandeln, sowohl in entsprechenden Beschluss, als auch in der Erklärung gegenüber dem Vorstandsmitglied. Die Abbe- **490**

[1324] *Kort* in GroßKommAktG[5] § 84 Rz 209. Für die Beweislastverteilung bei Vertrauensentzug RIS-Justiz RS0110177.
[1325] *Runggaldier/G. Schima*, Manager-Dienstverträge[4] 132.
[1326] Vgl *Runggaldier/G. Schima*, Manager-Dienstverträge[4] 131.
[1327] Nicht jedoch entlassungsunabhängige Ansprüche wie zB die Ersatzleistung für die bis zur Beendigung des Vertrages nicht verbrauchten Urlaubstage (sofern dieses Recht vertraglich vereinbart ist); Bonifikationen, die für vergangene Leistungsperioden gebühren, aber noch nicht zur Auszahlung fällig sind etc.
[1328] *Runggaldier/G. Schima*, Manager-Dienstverträge[4] 131.
[1329] Vgl *Nowotny* in Doralt/Nowotny/Kalss, AktG[2] § 75 Rz 32.

rufungserklärung kann jedoch im Einzelfall auch als Beendigung des Anstellungsvertrags gedeutet werden.[1330]

491 Der Anstellungsvertrag des Vorstandsmitgliedes einer AG muss laut § 75 Abs 1 letzter Satz AktG ein *befristeter sein*.[1331] Ist der Vertrag dennoch auf unbestimmte Zeit abgeschlossen, gilt er als auf Bestellungsdauer (maximal fünf Jahre) geschlossen.[1332] Die Befristung steht nach hM[1333] nicht der Verankerung von *Kündigungsklauseln* im Wege, die der Gesellschaft im Falle einer berechtigten (jedoch nicht auf grobe Pflichtverletzung des Vorstandsmitgliedes gestützten) Abberufung die Möglichkeit einräumen, den Anstellungsvertrag unter Einhaltung einer zB sechsmonatigen Kündigungsfrist aufzulösen (siehe oben Rz 411 ff). Damit wird das finanzielle Risiko der Gesellschaft uU erheblich begrenzt.

492 Die Gesellschaft darf trotz Kündigungsklausel das Vorstandsmitglied nur kündigen, wenn sie zuerst die Hürde des wichtigen Abberufungsgrundes nimmt. Mit anderen Worten: Von der Kündigungsklausel Gebrauch machen kann die Gesellschaft nur im Falle einer Abberufung des Vorstandsmitgliedes, die letztlich auch einer allfälligen gerichtlichen Bekämpfung (durch Anfechtungsklage gemäß § 75 Abs 4 AktG) standhält. Damit ist der Kündigung des Vorstandsvertrags eine klare Schranke eingezogen: Wenn nämlich die Kündigung des Anstellungsverhältnisses durch die Gesellschaft dank entsprechender anstellungsvertraglicher Vereinbarung möglich ist, ist sie dennoch nur nach erfolgter Abberufung aus der organschaftlichen Stellung als Vorstandsmitglied zulässig. Zwar bedarf die ordentliche Kündigung des Anstellungsvertrages als solche wegen der herausgehobenen Vertrauensstellung des Vorstandsmitglieds keiner inhaltlichen Rechtfertigung,[1334] der Gleichlauf von Bestellung und Anstellung gebietet aber, dass eine ordentliche Kündigung des Anstellungsvertrags nur bei ihr vorangehender oder gleichzeitiger Beendigung der Bestellung möglich ist. Da die Bestellung ihrerseits nur aus wichtigem Grund widerrufen werden kann, ist eine ordentliche Kündigung des Anstellungsvertrages in der Regel nur dann möglich, wenn ein wichtiger Grund für den Widerruf der Bestellung vorliegt. Angesichts dessen bedarf somit letztlich auch die ordentliche Kündigung des Anstellungsverhältnisses regelmäßig eines wichtigen Grundes.[1335]

493 Dass diese Hürde beim Vertrauensentzug durch die Hauptversammlung gemäß § 75 Abs 4 3. Fall AktG keine hohe ist, weil die Abberufung nicht auf Verschulden des Vorstandsmitgliedes beruhen muss (dann wäre die Entlassung möglich),

---

[1330] OGH 8 Ob 134/10d, GeS 2011, 442 unter Berufung auf *Strasser* in Jabornegg/Strasser, AktG[5] §§ 75, 76 Rz 89.
[1331] *Strasser* in Jabornegg/Strasser, AktG[5] §§ 75, 76 Rz 78; *Runggaldier/G. Schima*, Führungskräfte 69 f; *Nowotny* in Doralt/Nowotny/Kalss, AktG[2] § 75 Rz 10 ff; *Kastner/Doralt/Nowotny*, Gesellschaftsrecht[5], 218 f; OGH 1 Ob 11/99w SZ 72/90 = wbl 2000, 37 = AG 2001, 100 f, 101. Siehe dazu ausführlich Rz 156.
[1332] *Hüffer/Koch*, AktG[11] § 84 Rz 20 mwN.
[1333] Vgl *Runggaldier/G. Schima*, Führungskräfte 177 f; BGH II ZR 126/80, WM 1981, 759; *Strasser* in Jabornegg/Strasser, AktG[5] §§ 75, 76 Rz 86; *Wiesner* in MünchHdbGesR[3] IV § 21 Rz 84; allgemein *Engelbrecht*, Die Beendigung des Arbeitsvertrages, in Mazal/Risak, Das Arbeitsrecht I Rz 19 ff; *Runggaldier/G. Schima*, Manager-Dienstverträge[4] 133 ff.
[1334] *Kort* in GroßkommAktG[5] § 84 Rz 477.
[1335] So auch LG München AG 2005, 131.

vermag daran nichts zu ändern. Für ein solches „Misstrauensvotum" bedarf es nämlich – wie oben schon näher erörtert – keinerlei Fehlverhaltens des Vorstandsmitgliedes; vielmehr bildet dieses auch dann einen tauglichen Abberufungsgrund, wenn – wie der OGH in einer Entscheidung aus dem Jahr 1998[1336] in Übernahme der vom deutschen BGH geprägten Rechtsprechung aussprach – es *„seiner sachlichen Berechtigung nach zweifelhaft"* ist, sofern nicht *„offenbare Unsachlichkeit"* vorliegt (dazu weiter Rz 468 ff).

Nicht immer ist in der Praxis klar, *ob* in concreto eine Kündigungsklausel gilt oder nicht. Schwierige Auslegungsprobleme können sich zB in folgender Konstellation stellen: Ein leitender Angestellter der AG wird zu deren Vorstandsmitglied bestellt und der Aufsichtsrat schließt mit diesem keinen eigenen Anstellungsvertrag ab, sondern verfügt im Bestellungsbeschluss bloß, *„dass der bisherige Dienstvertrag für die Dauer der Vorstandsbestellung weiter gilt"*. Wenn der bisherige Dienstvertrag – wie dies idR der Fall ist – ein auf unbestimmte Zeit abgeschlossener Vertrag war, für dessen Kündigung das AngG gilt, dann erhebt sich natürlich die Frage, ob nun für die Zeit des Vorstandsmandates ein zwar befristeter Vertrag Wirkung entfaltet, der aber unter Einhaltung der Bestimmungen des AngG (und auch vom Vorstandsmitglied) gekündigt werden kann.[1337]

B. Rücktritt

Der Rücktritt des Vorstandsmitgliedes wird im AktG – anders als bei der GmbH – nicht behandelt. In § 16a GmbHG hat der Gesetzgeber im Zuge des IRÄG 1997 den Rücktritt des Geschäftsführers erstmals geregelt.[1338] Danach kann der Geschäftsführer unbeschadet von Entschädigungsansprüchen der Gesellschaft aus bestehenden Verträgen den Rücktritt erklären. Liegt ein wichtiger Grund vor, ist der Rücktritt sofort wirksam; fehlt ein Grund, tritt die Wirksamkeit erst nach Ablauf von 14 Tagen ein. Dass der Gesetzgeber den Rücktritt bloß punktuell für die GmbH geregelt hat, ist systemwidrig und logisch nicht konsistent. Damals standen insolvenzrechtliche Überlegungen im Vordergrund: Die 14-tägige Frist sollte nach Meinung der Entwurfsverfasser[1339] dem Schutz der Gläubiger und der Gesellschaft vor „fluchtartigem Verlassen des Amtes" bei in Schwierigkeiten befindlichen Gesellschaften und der Ermöglichung einer rechtzeitigen Neubestellung eines Geschäftsführers dienen.[1340] Da es ungleich weniger Aktiengesellschaften als GmbHs gibt, erstere typischerweise größere Unternehmen betreiben und daher schon statistisch viel weniger Aktiengesellschaften insolvent werden als

---

[1336] OGH 1 Ob 294/97k, RdW 1998, 461; vgl auch OGH 1 Ob 191/02y, ecolex 2003, 178 = GesRZ 2003, 38 = RdW 2003, 140 = ARD 5434/7/2003.

[1337] Der Fall kann natürlich variiert werden. Wenn der Angestellten-Dienstvertrag eine spezifische, vom AngG abweichende Kündigungsregelung enthielt, dann lässt sich tendenziell leichter argumentieren, dass diese Regelung nun auch für das Vorstandsmandat gelten soll.

[1338] Vgl dazu *G. Schima*, Der Rücktritt des GmbH-Geschäftsführers nach dem Entwurf des IRÄG 1997, RdW 1997, 60. Vgl außerdem ausführlich *G. Schima/Liemberger/Toscani*, Der GmbH-Geschäftsführer 115 ff.

[1339] Vgl die Erläuterungen zum Ministerialentwurf IRÄG 1997, 210.

[1340] § 16a GmbHG ist nicht sehr geglückt: Vgl *G. Schima*, RdW 1997, 61; *Runggaldier/G. Schima*, Manager-Dienstverträge[4] 142 ff.

GmbHs, hielt der Gesetzgeber das Rücktrittsthema in der AG anscheinend nicht für regelungsbedürftig.

496 Ungeachtet der Nicht-Regelung im AktG ist der Rücktritt des Vorstandsmitgliedes als Form der Mandatsbeendigung seit jeher anerkannt. Er ist auch (siehe Rz 417 ff) anstellungsvertraglich gestaltbar, dh dem Vorstandsmitglied kann ein Rücktrittsrecht im Anstellungsvertrag eingeräumt und dieses näher geregelt werden.[1341] Aus wichtigem Grund, der die Fortführung der Vorstandtätigkeit unzumutbar erscheinen lässt, kann das Vorstandsmitglied immer und im Extremfall auch ohne Einhaltung einer Frist zurücktreten;[1342] nach ganz herrschender und zutreffender Meinung ist aber selbst ein *ungerechtfertigter Rücktritt wirksam*,[1343] wenngleich er uU Schadenersatzansprüche der Gesellschaft auslöst, denn die Gesellschaft und der Rechtsverkehr dürfen nicht im Unklaren darüber sein, wer die AG rechtsgültig vertreten kann.[1344]

497 Die Wirksamkeit des ungerechtfertigten Rücktritts erfolgt *sofort* mit (wirksamem) Zugang der Erklärung (es sei denn, das Vorstandsmitglied erklärt den Rücktritt mit Wirksamkeit zu einem bestimmten Datum). Eine Analogie zu § 16a GmbHG ist nicht zu befürworten, weil der mit der dort vorgesehenen zeitlichen Verzögerung um zwei Wochen beim ungerechtfertigten Rücktritt verfolgte Zweck mit der Norm ohnehin nicht erreicht werden kann,[1345] bei analoger Anwendung man aber ins Aktienrecht ohne Not die durch § 16a GmbHG bewirkte Rechts-

---

[1341] Vgl *Strasser* in Jabornegg/Strasser, AktG⁵ §§ 75, 76 Rz 53.
[1342] Vgl *Strasser* in Jabornegg/Strasser, AktG⁵ §§ 75, 76 Rz 53.
[1343] *Schiemer*, AktG² Anm 5.2. zu § 23, Anm 9.4. zu § 75; ausführlichst *Runggaldier/G. Schima*, Führungskräfte 165 ff mwN; *G. Schima*, RdW 1997, 61; *Weigand*, Zur aktienrechtlichen Wirksamkeit der Rücktrittserklärung eines Vorstandsmitgliedes gegenüber einem einzelnen Aufsichtsratsmitglied, GeS 2004, 381; *G. Schima*, ecolex 2006, 457; *Nowotny* in Doralt/Nowotny/Kalss, AktG² § 75 Rz 27; *Kalss* in Kalss/Nowotny/Schauer, Gesellschaftsrecht Rz 3/313; *Strasser*, in Jabornegg/Strasser, AktG⁵ §§ 75, 76 Rz 53 f; für D zB *Mertens/Cahn* in KölnKommAktG³ § 84 Rz 199; *Baums*, Geschäftsleitervertrag 404, 408 ff; etwas unklar OGH 7 Ob 504/77, GesRZ 1977, 143 (weil nicht deutlich wird, ob der wichtige Grund nur als Zulässigkeits- oder auch als Wirksamkeitsvoraussetzung qualifiziert wird); nicht einschlägig, weil zum Notgeschäftsführer einer GmbH und keine Aussage zum hier interessierenden Problem beinhaltend die von *Strasser* (ebenda) zitierte E des OGH 6 Ob 3/94 SZ 67/30 = EvBl 1994/168 = ecolex 1994, 472 = RdW 1994, 174 = RZ 1995, 67 = wbl 1994, 312; abweichend *Kastner/Doralt/Nowotny*, Gesellschaftsrecht⁵ 226, die bei einem ungerechtfertigten Rücktitt die Annahme durch den Aufsichtsrat fordern.
[1344] *Runggaldier/G. Schima*, Führungskräfte 165 f; idS auch prägnant *Mertens/Cahn* in KölnKommAktG³ § 84 Rz 199.
[1345] Ein Geschäftsführer in den ganz offensichtlich den Verfassern des IRÄG 1997 vorschwebenden Fallkonstellationen, der – wie das in der Praxis bei gefährdeten und nicht sehr geordnet geführten Unternehmen immer wieder vorkommt – zwecks (wenn auch nur vermeintlicher) Vermeidung persönlicher Haftung für Steuern und Sozialversicherungsbeiträge „die Reißleine zieht", wird das tun und sich nicht um Fristen und Termin kümmern, sondern im schlimmsten Fall ab dem nächsten Tag nicht mehr erscheinen. Gläubiger- und Gesellschaftsschutz lässt sich mit der verzögerten Wirksamkeit ungerechtfertigter Rücktritte also nicht verwirklichen. Freilich wird eine solche Vorgangsweise keinen wichtigen Grund für sich in Anspruch nehmen können, sodass beim GmbH-Geschäftsführer ein darauf gestützter Rücktritt erst mit zweiwöchiger Verzögerung wirksam wird. Das kann zusätzliche persönliche Haftungen des Geschäftsführers auslösen.

unsicherheit hineintragen würde. Diese Erwägung spricht auch dagegen, einem „offensichtlich rechtmissbräuchlichen" oder „zur Unzeit" erklärten Rücktritt ausnahmsweise selbst die Wirksamkeit zu versagen.[1346] Denn die Abgrenzungsprobleme zwischen einem unzeitigen bzw einem offenkundig rechtmissbräuchlichen und einem zwar unberechtigten, aber noch nicht rechtmissbräuchlichen Rücktritt sind ganz ähnliche wie zwischen unberechtigtem und berechtigtem Rücktritt.

Dass das Vorstandsmitglied nur bei Vorliegen eines wichtigen Grundes berechtigt ist, das Mandat zurückzulegen, ergibt sich daraus, dass es in einem befristeten Dauerschuldverhältnis steht, dessen grundlose Auflösung vor Fristablauf rechtswidrig ist.[1347] Dies gilt auch, wenn ein Anstellungsvertrag – so zB im Unternehmensverbund – fehlt und/oder die Mandatsausübung unentgeltlich erfolgt, es sei denn, die Vertragspartner hätten anderes vereinbart.[1348]

Beim Spektrum der wichtigen Rücktrittsgründe helfen arbeitsrechtliche Erwägungen und eine Anlehnung an § 26 AngG nur sehr bedingt weiter. Hilfreich ist sicher der Gedanke, dass der Rücktritt bei *Unzumutbarkeit der weiteren Mandatsausübung* in Betracht kommt. Zu denken ist zunächst einmal an eine Kategorie von Rücktrittsgründen, die vor allem die anstellungsvertragliche Sphäre betreffen und damit eine gewisse „arbeitsrechtliche Affinität" aufweisen,[1349] wie zB die Vorenthaltung des vereinbarten Entgelts durch die Gesellschaft, die willkürliche Blockierung von Urlaubswünschen durch den Aufsichtsrat, der vertragswidrige Entzug des Dienstwagens oder benötigter Sachausstattung, die vertragswidrige Kündigung einer zugesagten D&O-Versicherung[1350] etc. Weiters gibt es Gründe, die Mandats- *und* Anstellungsvertragssphäre berühren können. Dazu zählen zB ehrverletzende Äußerungen über das Vorstandsmitglied, die willkürliche Untersagung von nicht abträglichen Nebentätigkeiten oder angeblich, aber nicht wirklich konkurrenzierender Beschäftigungen.[1351] Die Verweigerung der Entlastung bildet keinen Rücktrittsgrund, sofern die Gesellschaft sie nicht auf diskriminierende oder ehrenrührige Weise erklärt oder kommuniziert.[1352]

Daneben[1353] kommen aber Rücktrittsgründe in Betracht, die sich aus den speziellen Gegebenheiten der Vorstandstätigkeit erklären und keine arbeitsrechtlichen Parallelen aufweisen. Dazu gehören rechtswidrige und mit § 70 Abs 1 AktG unvereinbare Eingriffe des Aufsichtsrates (dem gemäß ausdrücklicher Anordnung in § 95 Abs 5 Satz 1 AktG Maßnahmen der Geschäftsführung nicht übertragen

---

[1346] So aber *Kalss* in Kalss/Nowotny/Schauer, Gesellschaftsrecht Rz 3/313. Für D *Spindler* in MünchKommAktG⁴ § 84 Rz 204; *Hüffer/Koch*, AktG¹¹ § 84 Rz 44 f; OLG Düsseldorf DStR 2000, 454; ausdrücklich offen lassend BGH ZIP 1993, 430 (432).
[1347] *Runggaldier/G. Schima*, Führungskräfte 166 mwN.
[1348] *Runggaldier/G. Schima*, Führungskräfte 166.
[1349] Vgl *Runggaldier/G. Schima*, Führungskräfte 166.
[1350] Zu dieser Problematik *Spindler* in MünchKommAktG⁴ § 84 Rz 198.
[1351] *Runggaldier/G. Schima*, Führungskräfte 167.
[1352] *Runggaldier/G. Schima*, Führungskräfte 167; für den GmbH-Geschäftsführer bei abweichender Rechtslage *Neumayr,* Die Entlastung des Geschäftsführers, JBl 1990, 273 (287 f).
[1353] Die hier verwendete Dreiteilung erhebt keinen Anspruch auf dogmatische Ausgefeiltheit; die Gruppen weisen auch Überschneidungen auf (vgl *Runggaldier/G. Schima*, Führungskräfte 167, wo wir unzulässige Eingriffe in die Geschäftsführung des Vorstandes der zweiten Gruppe zurechneten).

werden können)[1354] in die Geschäftsführung des Vorstandes.[1355] Inhaltlich damit verwandt sind auch die oben bei der Behandlung des Vorstandsvorsitzenden (vgl Rz 124 ff) erörterten beiden Fälle, dass in einem Vorstand nachträglich der Vorstandsvorsitzende ein Alleinentscheidungsrecht eingeräumt bekommt oder in einem Zweier-Vorstand das andere Vorstandsmitglied (Vorstandsvorsitzender) nachträglich mit einem Dirimierungsrecht ausgestattet wird.[1356] Damit wird nämlich ein Über- und Unterordnungsverhältnis im Vorstand geschaffen. Wenn man dieses schon mit der hM und entgegen der hier vertretenen Ansicht für mit § 70 Abs 1 AktG vereinbar und für durch Satzungsgestaltung herstellbar hält, muss man dem erst nach Amtsantritt damit konfrontierten Vorstandsmitglied mE jedenfalls die Möglichkeit geben, das Mandat und den Vertrag vorzeitig zu beenden. Dafür spielt es keine Rolle, ob die nachträgliche Einräumung eines Alleinentscheidungsrechts oder eines Dirimierungsrechtes im Zweier-Vorstand durch einen *Willensakt des Aufsichtsrates*, also dadurch geschieht, dass der Aufsichtsrat nachträglich ein Vorstandsmitglied zum Vorstandsvorsitzenden bestellt oder ob eine *Satzungsänderung* dafür ausschlaggebend ist.[1357]

501 Auch das Verhalten der Aktionäre ist im Verhältnis zum Vorstandsmitglied der Gesellschaft zurechenbar. Rücktrittswürdige Umstände können auch darin bestehen, dass ein anderes Vorstandsmitglied in die Zuständigkeiten des Vorstandsmitgliedes eingreift und der Aufsichtsrat diesen Zustand trotz Verständigung nicht abstellt.[1358] In solchen und anderen Konstellationen ergibt sich das Interesse des Vorstandsmitgliedes auch aus der besonderen und mit einem Arbeitnehmer nicht entfernt vergleichbaren Haftungs- und Verantwortlichkeitssituation von Vorstandsmitgliedern. Da mehrere Vorstandsmitglieder solidarisch haften, ist jedes Mitglied durch pflichtwidriges Verhalten eines anderen Vorstandsmitglieds akut in seiner Rechtsposition betroffen.[1359] Verletzt ein Vorstandsmitglied seine Pflichten und nehmen dies die anderen Mitglieder in Erfüllung der sie ressortübergreifend treffenden Überwachungs- und Kontrollpflicht[1360] wahr, dann bleibt nur der Aufsichtsrat als Instanz, wenn es innerhalb des Vorstandes nicht gelingt, den Defiziten abzuhelfen. Für den Aufsichtsrat kann es im Einzelfall schwierig sein, zu unter-

---

[1354] Vgl *Kalss* in Doralt/Nowotny/Kalss, AktG² § 95 Rz 39.
[1355] Vgl zB *Spindler* in MünchKommAktG⁴ § 84 Rz 198.
[1356] Beides halte ich – wie oben ausführlich begründet – für ohnehin *unzulässig*. Wenn man es aber mit der hM erlaubt, dann muss die Konsequenz der nachträglichen Einführung mE die Einräumung eines Rücktritts- und Austrittsrechts sein, weil sich die Umstände der Amtsausübung damit für die anderen Vorstandsmitglieder fundamental ändern.
[1357] Vgl zum – nicht unähnlichen – Fall der nachträglichen Einengung der Geschäftsführungsbefugnisse eines Vorstandsmitgliedes durch die Satzung oder den Aufsichtsrat *Spindler* in MünchKommAktG⁴ § 84 Rz 198, der zutr meint, Derartiges könne nach Lage des Falles einen Rücktrittsgrund abgeben.
[1358] Vgl *Kort* in GroßkommAktG⁵ § 84 Rz 224a, der aber zu Recht darauf hinweist, dass eine Pflichtverletzung der Gesellschaft bzw eines ihrer Organe oder Organmitglieder für einen wichtigen Grund gar nicht erforderlich ist.
[1359] Vgl *Runggaldier/G. Schima*, Führungskräfte 167.
[1360] Vgl zur Haftung bei Ressortverteilung und zur wechselseitigen Kontrollpflicht *Kastner/Doralt/Nowotny*, Gesellschaftsrecht⁵ 382, 394 f; *Runggaldier/G. Schima*, Führungskräfte 234 ff; *Kalss* in Kalss/Nowotny/Schauer, Gesellschaftsrecht Rz 3/345 und 3/425; *Strasser* in Jabornegg/Strasser, AktG⁵ §§ 77–84 Rz 104; 3 Ob 536/77, GesRZ 1978, 36.

scheiden, ob ein Vorstandsmitglied sich tatsächlich pflichtwidrig verhält oder ob Pflichtwidrigkeiten bloß vorgeschoben werden, hinter denen sachlich und fachlich begründete Meinungsverschiedenheiten stehen und der Vorstand in Wahrheit ein missliebiges Mitglied loswerden möchte. In der Praxis ist ein Rücktritt aus solchen Gründen idR nur in jenen Fällen eine ernsthaft diskutierte Option, wo der Aufsichtsrat (oder maßgebende Teile) in missbräuchlicher Ausnutzung seiner Befugnisse es offen duldet, dass zB ein einzelnes Vorstandsmitglied (das auch der Aufsichtsrat loswerden möchte) vom Informationsfluss abgeschnitten, in sein Ressort eingegriffen wird, etc.

Die besondere Situation, in der sich Vorstandsmitglieder befinden, wirft zwei **502** Fragen auf: Muss der Rücktritt auch in Fällen, wo das nach arbeitsrechtlichen Grundsätzen nicht geboten wäre, *angedroht* werden und gebietet es die Sicherstellung einer ordnungsgemäßen Vertretung der Gesellschaft bzw die Aufrechterhaltung von deren voller Handlungsfähigkeit zumindest in besonderen Fällen, den Rücktritt nicht fristlos zu erklären, sondern eine – wenn auch kurze – *Frist* zu setzen?

Beide Fragen hängen, wie man unschwer erkennen kann, zusammen: Eine Warnung der Gesellschaft mit Androhung des Rücktrittes kann die spätere Fristsetzung bei Rücktritt entbehrlich machen, weil beide Institute grundsätzlich demselben Zweck dienen. Beide Fragen sind mE vorsichtig zu bejahen. Unterscheiden muss man die Frage der Warnobliegenheit zunächst von der Konstellation, in der eine Information an den Aufsichtsrat überhaupt Voraussetzung dafür ist, dass der Aufsichtsrat vom Bestehen eines Rücktrittsgrundes erfährt. Hier ist die Information an den Aufsichtsrat in Wahrheit Tatbestandsmerkmal des Rücktrittsgrundes; dieser liegt eben erst vor, wenn der Aufsichtsrat ein Vorstandsmitglied – durch Unterlassung von Maßnahmen nach Kenntnis der Situation nicht davor schützt, dass ein anderes Mitglied zB laufend Übergriffe in ein anderes Ressort tätigt. Die Warnobliegenheit des rücktrittswilligen Vorstandsmitgliedes ist aber auch in jenen Fällen unproblematisch und unbedingt zu bejahen, in denen längere Zeit ein an sich rechtswidriger bzw zum Rücktritt berechtigender Zustand hingenommen wurde, das Vorstandsmitglied diesen Zustand aber nun nicht mehr hinnehmen will. Das folgt aus den auch im Arbeitsrecht geltenden und von der Rsp seit langem entwickelten Grundsätzen.[1361]

Daneben gibt es aber eine große Vielfalt von praktisch denkbaren Szenarien, **503** in denen mE die Gestattung eines vorwarnungslosen *und* fristlosen Rücktrittes die Interessen der Gesellschaft zu stark beeinträchtigen würde, ohne durch überwiegende Interessen des Vorstandsmitgliedes geboten zu sein. Das kann selbst in so „banal" anmutenden Fällen wie der Nichtzahlung des Entgelts eine Rolle spielen. Bleibt das monatliche Gehalt aus, dann darf das Vorstandsmitglied nicht wie ein Arbeitnehmer mit Austritt reagieren,[1362] sondern muss zunächst die Gründe erfor-

---

[1361] Vgl zB OGH 14 Ob 215/86, DRdA 1990, 131 ff (*Eypeltauer*) betreffend den Fall der Hinnahme von länger dauernden Entgeltrückständen.
[1362] Auch ein Arbeitnehmer darf nicht unbedingt bei einer einmaligen Nichtzahlung für einen gewissen Zeitraum sofort austreten, doch gibt es durchaus Fälle, in denen die Rsp dies gestattet; vgl näher zB *Sonntag* in Mazal/Risak, Arbeitsrecht XVII Rz 126 f mwN.

schen. Dies gilt vor allem deshalb, weil der Aufsichtsrat als reines Kontroll- und Überwachungsorgan, dessen Mitglieder nicht laufend im Unternehmen präsent sind, auch keine Ingerenz über Konten und Zahlungsflüsse hat, so dass das Ausbleiben geschuldeter Entgeltzahlungen prima vista eher auf primär in die Verantwortung des Vorstandes selbst fallende Versäumnisse zurückzuführen sein wird. Das gilt natürlich nicht, wenn der Aufsichtsrat die Nichtzahlung angekündigt und sich zB darauf berufen hat, dass der Gesellschaft Schadenersatzansprüche zustehen, mit denen gegen die Entgeltansprüche aufgerechnet werde.[1363]

Mehr Relevanz haben die komplexen und in der Praxis immer wieder auftretenden (wenn auch nur höchst selten zu gerichtlichen Auseinandersetzungen führenden) Fallkonstellationen, die dadurch gekennzeichnet sind, dass Aufsichtsrat und Vorstand bzw deren Mitglieder zueinander die von Gesetz, Satzung und Geschäftsordnung vorgegebene Kompetenztrennung nicht beachten.[1364] Der Fall des „starken" Aufsichtsratsvorsitzenden, der völlig ungeniert selbst Vertragsverhandlungen (*statt* des Vorstandes) in wichtigen Projekten führt und sich „Einmischungen" des geschäftsführenden Organs „verbietet",[1365] gehört ebenso dazu wie Fälle, in denen ein Vorstandsmitglied die Geschäftsordnung bzw Geschäftsverteilung verletzt, zB in ein anderes Ressort eingreift, die Mitarbeiter eines anderen Vorstandsmitgliedes für ressortfremde Zwecke heranzieht oder ein anderes Vorstandsmitglied über Aktivitäten im eigenen Ressort beharrlich nicht informiert. Da sich in derartigen Fällen manchmal schwierige Sachverhaltsermittlungs- und Abgrenzungs- sowie Auslegungsfragen stellen und es außerdem um die Sicherstellung einer geordneten Führung der Gesellschaft geht, ist dem Vorstandsmitglied mE deutlich mehr als einem Arbeitnehmer zuzumuten, nicht überfallsartig zurückzutreten, sondern einen solchen Schritt anzukündigen und/oder selbst im Falle des Bestehens eines wichtigen Rücktrittsgrundes gegebenenfalls eine – wenn auch kurze – Frist einzuhalten. Der Unzumutbarkeitsgedanke steht einer solchen Vorgangsweise nicht entgegen, und selbstverständlich verzichtet das Vorstandsmitglied durch die Einhaltung einer Frist nicht auf den wichtigen Grund. Das ist auch bei Arbeitsverhältnissen zumindest für den umgekehrten Fall anerkannt, wo

---

[1363] § 7 DHG steht, weil unanwendbar, einer solchen Vorgangsweise nicht entgegen. Wenn die behaupteten Schadenersatzansprüche auf einer zumindest gut vertretbaren Argumentation beruhen, dann wird das Vorstandsmitglied gar keinen Rücktritts- und Austrittsgrund haben, weil insofern der auch im Arbeitsrecht geltende Grundsatz zur Anwendung kommt, dass bloß objektive Rechtswidrigkeit, dh die Nichtzahlung wegen Vertretung einer anderen – vertretbaren – Rechtsmeinung, den Tatbestand des § 26 Z 2 AngG nicht erfüllt (vgl OGH 8 ObA 74/97h, RdW 1997, 683; *Sonntag* in Mazal/Risak, Arbeitsrecht XVII Rz 125 mwN).

[1364] Vgl auch den hochinteressanten und oben (Rz 52 FN 178) im Zusammenhang mit den Bestellungsverboten bzw -hindernissen und Eignungserfordernissen für Vorstandsmitglieder erörterten Fall bei OGH 6 Ob 97/02m, GesRZ 2003, 41, wo einem Aufsichtsratsmitglied „ganz offiziell" Vorstandsaufgaben übertragen waren, was der OGH zu Recht als unzulässige Umgehung des in § 90 AktG verankerten Trennungsprinzips qualifizierte.

[1365] Derartiges klingt für den Theoretiker wie Science Fiction; es ist aber Teil der Unternehmensrealität, und ich war selbst vor ein paar Jahren mit dem Fall einer Gesellschaft befasst, wo Derartiges System hatte und der Aufsichtsrat mit einem Vorstandsmitglied über dessen Bonus (in diesem Fall auch vor Gericht) streitet, den letzteres angeblich nicht verdient hätte, weil es sich dabei um ein in die Zuständigkeit des Aufsichtsrates (!) fallendes Projekt gehandelt hätte.

der OGH[1366] schon vor langem aussprach, dass der Arbeitgeber – ohne sich seines Entlassungsrechts zu begeben – die Entlassung zumindest dann, wenn dies dem Arbeitnehmer zum Vorteil gereicht, auch mit Setzung einer Frist aussprechen kann. In einem solchen Fall eines gerechtfertigten, aber aus Rücksichtnahme auf die Gesellschaft befristet ausgesprochenen Rücktritts kann das Vorstandsmitglied auch den Anstellungsvertrag (für dessen fristlose Auflösung es bei Bestehen eines Rücktrittsgrundes immer einen ausreichenden Grund gibt)[1367] mit synchroner Frist auflösen. Der Austrittsgrund geht dadurch nicht verloren.

Im Verhältnis zum Vorstandsmitglied sind der AG Verhaltensweisen nicht nur des Aufsichtsrates und von Aufsichtsratsmitgliedern, sondern auch von Aktionären sowie von anderen Vorstandsmitgliedern zuzurechnen. Freilich muss man hier schon differenzieren. Wenn zB ein einzelnes Aufsichtsratsmitglied sich Befugnisse anmaßt, die ihm nicht zustehen, also zB Mitarbeiter des Vorstandsmitgliedes ohne speziellen rechtfertigenden Grund befragt und damit gegen das „Organisationsgefälle" verstößt,[1368] kann das Vorstandsmitglied nicht einfach vorwarnungslos austreten, sondern muss zunächst – wenn sich die Sache nicht in einem Zweier-Gespräch rasch aus der Welt schaffen lässt – den Aufsichtsrat – sinnvollerweise in Gestalt des Vorsitzenden – kontaktieren und um Abhilfe ersuchen. Erst wenn das Vorstandsmitglied aus dem darauffolgenden Verhalten des Aufsichtsrates bzw dessen Nicht-Reaktion den Eindruck gewinnen muss, dass die Übergriffe geduldet (oder gar gebilligt) werden, kommt ein berechtigter Rücktritt und Austritt in Betracht, der auch die Ansprüche aus dem Anstellungsvertrag wegen berechtigten Austritts sichert. Bei Übergriffen von einzelnen Vorstandsmitgliedern verhält es sich ähnlich, wie schon oben skizziert. Erst wenn der Aufsichtsrat ein rechtswidriges Verhalten eines Vorstandsmitgliedes nicht unterbindet bzw deckt (und damit zumindest konkludent sogar billigt), ist ein Rücktrittstatbestand verwirklicht. Etwas anders liegen die Dinge bei Übergriffen von (Groß-)Aktionären.[1369] Solchen gegenüber kommen dem Aufsichtsrat keine „Disziplinierungsmittel" zu; sein Amt hängt vielmehr von deren Wohlwollen ab. Daraus ergibt sich, dass das Vorstandsmitglied zwar auch in solchen Fällen gut beraten sein kann, den Aufsichtsrat zu verständigen, dass aber von ihm nicht verlangt werden kann, sich damit zufrieden zu geben, dass der Aufsichtsrat seine „Missbilligung" zum Ausdruck bringt, ohne dass jedoch der Großaktionär seinen Druck lockert und von seinem rechtswidrigen Vorgehen Abstand nimmt. Hier kommt vielmehr der Rücktritt schon aus

---

[1366] OGH 4 Ob 81/82, DRdA 1985, 200 ff (*Csebrenyak*); vgl auch *Kuderna*, Die befristete Entlassung, DRdA 1972, 53; *Eypeltauer*, Bedingte und befristete Entlassung, DRdA 1985, 319.
[1367] Dies ergibt sich daraus, dass andernfalls (dh wenn es berechtigte Rücktritte gäbe, die keinen Austrittsgrund in Bezug auf den Anstellungsvertrag verwirklichen) die Gesellschaft als Reaktion auf einen berechtigten (!) Rücktritt das Vorstandsmitglied wegen Vertragsverletzung (es *kann* nach dem Rücktritt ja nicht mehr als Vorstandsmitglied arbeiten) berechtigt fristlos entlassen könne. Eine solche Konsequenz wäre absurd (so schon *Runggaldier/G. Schima*, Führungskräfte 167 f).
[1368] Vgl dazu *Krejci*, Der neugierige Aufsichtsrat, GesRZ 1993, 2 ff.
[1369] Zu denken ist zB an Versuche von Großaktionären, sich gesellschaftsfremde Sondervorteile iSd § 100 AktG zu verschaffen oder zB Maßnahmen, die als flagranter Verstoß gegen das Einlagenrückgewährverbot zu interpretieren sind, wie krass überhöhte „Konzernumlagen" oder die Aufzwingung von einem Fremdvergleich nicht standhaltenden Verträgen, etc.

Gründen der sonst eintretenden Haftung des Vorstandsmitgliedes selbstverständlich in Betracht. In all diesen Fällen kann die „Verprobung" unter Heranziehung des Unzumutbarkeitsgrundsatzes helfen. Es ist eben unzumutbar, klar rechtswidrigen, haftungsbegründenden Zugriffen des Mehrheitsaktionärs ausgesetzt zu sein, wohingegen das geschäftsordnungswidrige Verhalten eines einzelnen Aufsichtsratsmitgliedes, das im Aufsichtsrat keinen Rückhalt hat, dem Vorstandsmitglied die weitere Amtsausübung eben typischerweise *nicht* unzumutbar macht.

505 Der Rücktritt ist *formfrei*,[1370] kann daher auch mündlich erklärt werden (was schon aus Beweisgründen und wegen der konstitutiven Wirkung der Erklärung[1371] nicht ratsam ist). Er ist *empfangsbedürftig*, muss also der Gesellschaft zugehen. An der Meinung, dass der Rücktritt nicht nur gegenüber dem gesamten Aufsichtsrat und gegenüber dessen Vorsitzenden/Stellvertreter, sondern auch gegenüber jeder zu passiven Vertretung befugten Person, dh insb gegenüber jedem (auch kollektiv zeichnungsberechtigten) Vorstandsmitglied (aber auch Prokuristen) erklärt werden kann,[1372] ist festzuhalten.[1373] Es stimmt zwar, dass es beim Rücktritt um ein Rechtsverhältnis geht, für dessen Begründung auf Seiten der AG ausschließlich der Aufsichtsrat zuständig ist,[1374] doch gerade darauf kommt es bei der passiven Vertretungsbefugnis ja nicht an. Da letztlich unabhängig davon jedes Vorstandsmitglied und jeder Prokurist, der eine Rücktrittserklärung eines Vorstandsmitgliedes erhält, verpflichtet ist,[1375] diese unverzüglich an den Aufsichtsrat(svorsitzenden) weiter zu leiten (und dies auch regelmäßig tun wird), reduziert sich die praktische Relevanz des Meinungsstreites auf die Frage, auf wessen Risiko und Gefahr die Erklärung auf dem Weg zwischen Vorstandsmitglied/Prokurist und Aufsichtsrat „reist".

506 Rücktritt vom Mandat und vorzeitiger Austritt aus dem Anstellungsvertrag sind zwar – der „Trennungsthese" entsprechend – begrifflich und rechtlich voneinander zu unterscheiden, *können* aber natürlich gemeinsam erklärt werden. Wie schon gesagt, muss der gerechtfertigte Rücktritt ex definitione immer einen Austrittsgrund bilden, weil es sonst zum unlösbaren Wertungswiderspruch käme, dass die Gesellschaft auf einen berechtigten Rücktritt mit ebenso berechtigter Entlassung reagieren könnte, vermag doch das Vorstandsmitglied mit Zugang des Rücktritts sein Amt nicht mehr auszuüben.[1376] Anders als bei der GmbH, wo sich bei unklaren Erklärungen stets das Problem stellt, ob nur Rücktritt vom Mandat oder auch Austritt aus dem Anstellungsvertrag gemeint ist,[1377] wird *dieses* Problem beim Rücktritt des Vorstandsmitgliedes einer AG kaum auftreten. Da der Rücktritt –

[1370] *Runggaldier/G. Schima*, Führungskräfte 169; *Strasser* in Jabornegg/Strasser, AktG⁵ §§ 75, 76 Rz 54.

[1371] Die Firmenbucheintragung wirkt nur deklarativ, ist also insb für die Begrenzung des Haftungszeitraumes grs irrelevant.

[1372] *Schiemer*, AktG² Anm 9.4. zu § 75; *Runggaldier/G. Schima*, Führungskräfte 169.

[1373] Gegenteilig *Strasser* in Jabornegg/Strasser, AktG⁵ §§ 75, 76 Rz 54; *Ch. Nowotny* in Doralt/Nowotny/Kalss, AktG² § 75 Rz 27; *Weigand*, GeS 2004, 381 f; offenbar auch *Kalss* in Kalss/Nowotny/Schauer, Gesellschaftsrecht Rz 3/314.

[1374] *Strasser* in Jabornegg/Strasser, AktG⁵ §§ 75, 76 Rz 54.

[1375] *„Besonderer Umstände"* bedarf es für die Annahme einer solchen Verpflichtung entgegen *Strasser* (in Jabornegg/Strasser, AktG⁵ §§ 75, 76 Rz 54) nicht.

[1376] *Runggaldier/G. Schima*, Führungskräfte 167 f.

[1377] Vgl näher *Runggaldier/G. Schima*, Führungskräfte 187 f.

anders als beim GmbH-Geschäftsführer – stets eines wichtigen Grundes bedarf, muss man mE im Zweifel davon ausgehen, dass mit der Niederlegung des Mandats auch der Anstellungsvertrag vorzeitig aufgelöst werden soll. Bei vertraglicher Einräumung eines – dann regelmäßig an eine Frist gebundenen – Rücktrittsrechtes (siehe Rz 417 ff) gilt das mutatis mutandis in der Weise, dass bei befristetem Ausspruch des Rücktritts im Zweifel von einer synchron erklärten Kündigung des Anstellungsvertrages auszugehen ist.

Welche finanziellen Ansprüche das Vorstandsmitglied bei berechtigtem Rücktritt und Austritt aus dem Anstellungsvertrag hat, ergibt sich primär aus diesem.[1378] Vorbehaltlich einer abweichenden vertraglichen Regelung besteht ein Anspruch auf Fortzahlung des bedungenen Entgelts für die Restlaufzeit des Vertrages in analoger Anwendung des § 29 AngG und nach (in dieser Norm ja abgebildeten)[1379] schadenersatzrechtlichen Grundsätzen nur dann, wenn die Gesellschaft ein *Verschulden* am vorzeitigen Rücktritt und Austritt trifft.[1380] Hier kommt daher der Verschuldensfrage und der Verhaltenszurechnung wesentliche Bedeutung zu. Grundsätzlich hat zu gelten, dass – wie schon oben gesagt – rechtswidriges und schuldhaftes Verhalten sowohl von Aufsichtsrats- als auch von Vorstandsmitgliedern und auch von wesentlichen Aktionären der Gesellschaft zuzurechnen ist. Für die Verschuldensfrage spielt auch die schon angesprochene Problematik der Warnung des Aufsichtsrates bzw der Rücktrittsandrohung eine Rolle. Je vorsichtiger diesbezüglich das zurücktretende Vorstandsmitglied agiert, desto weniger wird der Einwand der Gesellschaft greifen, sie bzw ihre Organe träfe am Rücktritt kein Verschulden. Ist im Anstellungsvertrag eine Kündigungs- oder gar Koppelungsklausel (dazu Rz 414 ff) verankert, dann werden dadurch mE die Ansprüche des Vorstandsmitgliedes auf Fortzahlung des Entgelts bis zum fiktiven Ende des befristeten Vorstandsvertrages durch Fristablauf nicht begrenzt. Denn der im Arbeitsrecht geltende Grundsatz, dass die Kündigungsentschädigung beim Austritt der Fortzahlung des Entgelts (nur) bis zu jenem Zeitpunkt entspricht, zu dem der Arbeitgeber das Arbeitsverhältnis hätte ordnungsgemäß kündigen können,[1381] greift hier nicht, weil die Gesellschaft erst die Hürde des wichtigen Abberufungsgrundes übersteigen müsste, um von der Kündigungs- oder Koppelungsklausel Gebrauch machen zu können. Dieser Kausalverlauf ist aber bei der Berechnung des Schadenersatzanspruches des Vorstandsmitgliedes nicht zu unterstellen.

C. Einvernehmliche Auflösung

Die einvernehmliche Auflösung des Vorstandsmandats ist im AktG wie der Rücktritt nicht geregelt. Ihre Zulässigkeit – und die Zulässigkeit der damit idR korrespondierenden einvernehmlichen Auflösung des Anstellungsvertrages ergibt sich schon aus der Privatautonomie. Von praktischer Relevanz sind die Zuständigkeitsfragen. Da die einvernehmliche Auflösung eine Willenserklärung (auch)

[1378] *Runggaldier/G. Schima*, Führungskräfte 168.
[1379] Die sogenannte Kündigungsentschädigung ist dogmatisch ein Schadenersatzanspruch (vgl *Löschnigg*, Arbeitsrecht[12] (2015) 678, 708; *Jabornegg* in FS Koziol (2010), Zur Rechtsnatur der Kündigungsentschädigung 176 mwN).
[1380] *Runggaldier/G. Schima*, Führungskräfte 168.
[1381] Vgl *Löschigg*, Arbeitsrecht[12] (2015) 708.

der Gesellschaft voraussetzt, mit der diese ihr Einverständnis dazu gibt, dass eine bestimmte Person nicht mehr Vorstandsmitglied sein soll, können für die Vertretung der Gesellschaft mE nur dieselben Grundsätze gelten wie für die Entscheidung über die Abberufung. Betrachtet man mit der hM (die hier nicht geteilt wird; vgl ausführlich Rz 43 ff) ausschließlich das Aufsichtsratsplenum als zuständig, dann kann auch nur dieses über die einvernehmliche Beendigung entscheiden. Das ist auch ganz herrschende, wenn nicht einhellige Meinung in Deutschland,[1382] und dagegen kann nicht eingewendet werden, diese Sichtweise werde in Deutschland auf den in § 107 Abs 3 Satz 2 dAktG zum Ausdruck kommenden Gedanken gestützt,[1383] der im öAktG keine Entsprechung finde. Denn genau einen solchen ungeschriebenen Grundsatz leitet die hA (wenn auch in concreto wenig überzeugend) ja auch für die österreichische Rechtslage ab. Man kann auch nicht sagen, die einvernehmliche Auflösung des Mandats sei „weniger wichtig" als die Abberufung.

509 Für die Auffassung, die Gesellschaft werde bei der einvernehmlichen Auflösung des Mandats wie bei der Entgegennahme einer Rücktrittserklärung durch den *Aufsichtsratsvorsitzenden* vertreten, und es bedürfte keines Aufsichtsratsbeschlusses, *„weil das Vorstandsmitglied jederzeit auch einseitig zurücktreten könnte",*[1384] fehlt jede Rechtsgrundlage. Der Vorsitzende des Aufsichtsrates ist aus eigenem Recht, dh ohne Bevollmächtigung, zur aktiven Vertretung der Gesellschaft grundsätzlich nicht befugt.[1385] Nach der hier vertretenen Auffassung, wonach die Bestellung und Abberufung auch einem (freilich mitbestimmten) Ausschuss überantwortet werden kann, müsste ein solcher in die einvernehmliche Mandatsbeendigung einwilligen. Man kann sich diesem Erfordernis auch nicht dadurch einfach entziehen, dass man nur auf die in der Praxis meist im Vordergrund stehenden Verhandlungen über die Regelung der aus dem Anstellungsvertrag resultierenden finanziellen Ansprüche abstellt und die Sache als Angelegenheit des § 92 Abs 4 letzter Halbsatz AktG bzw § 110 Abs 4 Satz 2 ArbVG *(„Beziehungen zwischen der Gesellschaft und Vorstandsmitgliedern")* betrachtet. Denn es ist von der Gesellschaft eben *nicht nur* über den Anstellungsvertrag, sondern über den *Bestand des Mandats* zu entscheiden. Es geht auch nicht an, hinsichtlich der Zuständigkeit danach zu differenzieren, ob die Initiative für die Trennung vom Vor-

---

[1382] Vgl nur *Hüffer/Koch*, AktG[11] § 84 Rz 47; *Spindler* in MünchKommAktG[4] § 84 Rz 158; *Hoffmann-Becking* in FS Stimpel (1985) 589 ff, 593; *Fleischer* in Spindler/Stilz, AktG § 84 Rz 143; BGHZ 79, 38 ff, 43 f = NJW 1981, 757.

[1383] Letzteres ist natürlich zutreffend.

[1384] So *Ch. Nowotny* in Doralt/Nowotny/Kalss, AktG[2] § 75 Rz 29, der sich außerdem zu Unrecht auf *Strasser* (in Jabornegg/Strasser, AktG[5] §§ 75, 76 Rz 87; in der Vorauflage wurde nichts anderes gesagt) beruft, der diese Meinung gar nicht vertritt, sondern nur den Fall der einvernehmlichen Auflösung des Anstellungsvertrages behandelt, dabei aber auch nicht dem Aufsichtsratsvorsitzenden die Vertretungsbefugnis zuweist.

[1385] So ausdrücklich auch OGH 9 ObA 28/07v, DRdA 2009, 497 ff, 500 *(Jabornegg)*. Ausnahmen sind nur beim Abschluss von Rechtsgeschäften anzuerkennen, die der Aufsichtsratsvorsitzende in Ausübung seiner Befugnis zur Koordinierung und Organisation der Willensbildung des Kollegialorgans Aufsichtsrat abschließt (zB Anmietung von Räumlichkeiten für eine Sitzung: Vgl *Lutter/Krieger/Verse*, Rechte und Pflichten des Aufsichtsrates[6] § 11 Rz 681.

standsmitglied oder von der Gesellschaft ausgegangen ist (in der Praxis lässt sich das nicht selten schon mehr oder weniger klar feststellen).

Die Praxis folgt dem oben Gesagten meiner Erfahrung nach in aller Regel nicht. Einvernehmliche Trennungen von Vorstandsmitgliedern werden so gut wie nie vom Aufsichtsratsplenum behandelt, oft nicht einmal von nicht mitbestimmten Ausschüssen, sondern vielmehr vom *Aufsichtsratspräsidium* (oder gar nur vom Aufsichtsratsvorsitzenden) entschieden. Dabei behilft man sich gelegentlich damit, dass das zum Ausscheiden entschlossene Vorstandsmitglied seinen Rücktritt erklärt, dies aber nur vor dem Hintergrund einer davor mit dem Aufsichtsratsvorsitzenden bzw dem Aufsichtsratspräsidium getroffenen finanziellen Einigung über die Behandlung der anstellungsvertraglichen Ansprüche tut. Diese Lösung ist zwar pragmatisch, aber rechtlich auch nicht ganz sauber. Denn es handelt sich genau genommen wieder nur um eine verdeckte einvernehmliche Beendigung der Vorstandsfunktion, für die auf Seiten der Gesellschaft der Aufsichtsrat in jener Besetzung zu agieren hätte, die auch bei Bestellung und Abberufung erforderlich ist (nach hA also das Plenum, nach der hier vertretenen Auffassung ein mitbestimmter Ausschuss). 510

D. Suspendierung

Die Suspendierung sieht das AktG nicht ausdrücklich vor (nur das Genossenschaftsgesetz enthält dazu eine explizite Regelung[1386]), sie ist aber zu Recht überwiegend anerkannt.[1387] Der Aufsichtsrat ist berechtigt, zur näheren Überprüfung von Vorwürfen, die gegen ein Vorstandsmitglied im Raum stehen, dieses Mitglied zu suspendieren[1388] und somit seiner Pflichten als Vorstandsmitglied vorübergehend zu entheben,[1389] damit mit der erforderlichen Sorgfalt geprüft werden kann, ob im Raum stehende Abberufungsumstände tatsächlich bestehen und – dies wird der Regelfall sein – sich der zur Abberufung führende Vorwurf der groben Pflichtwidrigkeit erhärtet. 511

Aus den gesetzlich verankerten Voraussetzungen für die Abberufung eines Vorstandsmitglieds ergibt sich, dass auch für die Suspendierung ein *wichtiger Grund* vorliegen muss; an diesen sind aber nicht dieselben Anforderungen wie an eine Abberufung zu stellen.[1390] Außerdem darf die Suspendierung als bloß vorü- 512

[1386] Vgl *Runggaldier/G. Schima*, Manager-Dienstverträge⁴ 155.
[1387] Vgl *Nowotny,* DRdA 1989, 427 ff mwN; *Runggaldier/G. Schima*, Führungskräfte 169 ff mwN; *Nowotny* in Doralt/Nowotny/Kalss, AktG² § 75 Rz 30; *G. Schima*, Vorzeitiges Ausscheiden von Vorstandsmitgliedern und Aufsichtsratssorgfalt, RdW 1990, 448; *G. Schima*, ecolex 2006, 456 (457); differenzierend und nicht ganz klar *Strasser* in Jabornegg/Strasser, AktG⁵ §§ 75, 76 Rz 65 ff; aM *Egermann*, Zur Suspendierung eines Vorstandsmitgliedes, RdW 2006, 69 ff
[1388] *G. Schima*, RdW 1990, 448 ff.
[1389] Zur Möglichkeit der Dienstfreistellung auch OGH 3.2.2005, 2 Ob 285/04g mit ausführlicher Darstellung der Lehre; *Schuhmacher*, Enthebung verdächtiger Vorstandsmitglieder, ecolex 1992, 774 ff mwN; *Wolf*, Mißbrauch von Insiderinformationen: Abberufung und Entlassung von Vorstandsmitgliedern, ecolex 2003, 741 ff.
[1390] Vgl *Runggaldier/G. Schima,* Manager-Dienstverträge⁴ 125 ff, die davon ausgehen, dass der wichtige Grund „*naturgemäß*" kein Abberufungsgrund zu sein brauche, sondern vielmehr das Vorliegen „*gewichtiger Verdachtsmomente*" für ausreichend halten.

bergehende und nicht mit dem Entzug der Vertretungsbefugnis verbundene, daher auch nicht ins Firmenbuch einzutragende Maßnahme nur für verhältnismäßig *kurze Zeit* ausgesprochen werden. Suspendierungen, die deutlich über einen Monat hinausgehen, sind zumindest problematisch und nur in besonderen Fällen gerechtfertigt.[1391]

513 Die *Zuständigkeit zur Suspendierung* ist – ebenfalls – nicht unumstritten. Dafür, dass die Suspendierung eines Vorstandsmitgliedes nicht dem Plenum vorbehalten ist, sondern auch in einem Aufsichtsratsausschuss ohne Belegschaftsvertreter beschlossen werden darf, gibt es einen evident sachlichen Grund. Die Suspendierung ist eine vorläufige, oft sehr *eilbedürftige Maßnahme*, bei der in ganz besonderem Maße das Erfordernis der Diskretion zu beachten ist, kann doch Ergebnis einer Suspendierung eines Vorstandsmitgliedes einerseits die Abberufung oder zumindest eine gravierende Abmahnung, andererseits aber auch die Rehabilitierung des Vorstandsmitglieds sein. Bei einer Suspendierung besteht daher ein massives Interesse der Gesellschaft und/oder des betroffenen Vorstandsmitgliedes daran, die Angelegenheit gerade dann, wenn sich der Verdacht bewahrheitet, diskret und ohne Abberufung und damit ohne ein mit einer solchen regelmäßig verbundenes Gerichtsverfahren zu erledigen. Die Involvierung von Personen (Belegschaftsvertretern im Aufsichtsrat) in die Suspendierungsentscheidung, die in ihrer Eigenschaft als Arbeitnehmer dem betroffenen Vorstandsmitglied dienstrechtlich unterstellt sind, ist geeignet, dessen Autorität irreparabel zu untergraben. Schon deshalb sprechen die besseren, sachlichen Gründe dafür, eine Suspendierung als Eilmaßnahme, bei der es geboten sein kann, zu großes Aufsehen zu vermeiden auch durch einen Ausschuss, zB das Aufsichtsratspräsidium, zuzulassen.[1392] Es ist aber mE auch die Gesetzeslage eindeutig und stützt dieses Ergebnis. Die Verlagerung der Suspendierung in einen – im Hinblick auf § 92 Abs 4 AktG mitbestimmungsfreien – Ausschuss des Aufsichtsrates ist jedenfalls und selbst dann zulässig, wenn man[1393] für die Bestellung und Abberufung von Vorstandsmitgliedern einen Plenumsbeschluss fordert. § 92 Abs 4 AktG spricht nämlich davon, dass Ausschüsse dann ohne Belegschaftsvertreter gebildet werden, wenn es um *„die Beziehungen zwischen der Gesellschaft und Vorstandsmitgliedern"* geht.[1394] Von *„schuldrecht-*

[1391] Vgl *Ch. Nowotny* in Doralt/Nowotny/Kalss, AktG² § 75 Rz 30 sowie *Runggaldier/G. Schima,* Manager-Dienstverträge⁴ 125f mwN, die einen Zeitraum von einem Monat bis zu drei Monaten als zulässig ansehen.

[1392] Vgl *G. Schima,* ecolex 2006, 456. Das ergibt sich auch aus § 92 Abs 4 AktG, der als „Ausnahme von der Ausnahme", dh als Durchbrechung des Grundsatzes, dass Ausschüsse, die Vorstandsbeziehungen abhandeln, mitbestimmungsfrei sind, nur drei Fälle nennt: Die Bestellung von Vorstandsmitgliedern, deren Abberufung und die Gewährung von Aktienoptionen an Vorstandsmitglieder. Die letztgenannte „Gegenausnahme" wurde mit dem Aktienoptionengesetz 2001 (in Kraft seit 1. Mai 2001) eingefügt, also zu einem Zeitpunkt, wo dem Gesetzgeber der Umstand längst geläufig war, dass die im AktG nirgendwo geregelte Suspendierung in Lehre und Judikatur allgemein anerkannt ist. Wenn der Gesetzgeber trotzdem *nicht* anordnete, dass Suspendierungen nur in einem mitbestimmten Ausschuss verfügt werden dürfen, dann kann dieses „beredte Schweigen" nur so verstanden werden, dass der Gesetzgeber eine derartige Anordnung eben bewusst nicht treffen *wollte.*

[1393] Was ebenfalls fraglich und nicht überzeugend ist, vgl ausführlich zur Gegenmeinung *Runggaldier/G. Schima,* Führungskräfte 56 ff mwN und oben im Text Rz 49 f.

[1394] *Nowotny,* DRdA 1989, 427 ff mwN.

lichen Beziehungen" im Sinne von Angelegenheiten, die den Anstellungsvertrag, nicht aber das Mandat betreffen, ist im Gesetz aber nirgendwo die Rede. Eine Suspendierung kann daher – mangels Gegenausnahme in § 92 Abs 4 AktG, wie für Bestellung und Abberufung – in einem *Ausschuss ohne Belegschaftsvertreter* beschlossen werden.[1395] Voraussetzung dafür ist natürlich, dass vom Aufsichtsratsplenum ein Ausschuss gebildet wurde, der für die Suspendierung explizit oder zumindest durch ausreichend klare, implizite Umschreibung der Aufgabenbereiche zuständig gemacht worden ist. Eine „automatische" Ausschusszuständigkeit für Suspendierungen gibt es klarer Weise nicht.

Bei einer zu lange aufrechterhaltenen oder grundlos ausgesprochenen Suspendierung kann das Vorstandsmitglied Mandat und Anstellungsvertrag – dies wohl aber erst nach kurzfristiger Vorwarnung des Aufsichtsrates – aus wichtigem Grund mit den sich daraus ergebenden finanziellen Konsequenzen vorzeitig auflösen.[1396]

Erfolgt die Suspendierung wegen des Verdachts grober Pflichtverletzungen und erweist sich dieser Verdacht später als gerechtfertig und mündet in eine berechtigte Abberufung und Entlassung aus dem Anstellungsvertrag, dann ist die Gesellschaft nicht gehalten, dem Vorstandsmitglied für die Dauer der Suspendierung das Entgelt zu zahlen bzw darf gezahltes Entgelt zurückgefordert werden. Denn in solchen Fällen unterbleibt die Dienstleistung aus in der Person des Vorstandsmitgliedes gelegenen Gründen. Dass dessen Fehlverhalten uU längere Zeit geheim gehalten werden konnte und komplexe Untersuchungen durch von der Gesellschaft Beauftragte erforderlich macht, darf sich nicht zu Gunsten des pflichtwidrig handelnden Vorstandsmitgliedes auswirken.[1397]

E. Beendigung als Folge von Umgründungen

Zuletzt sollen noch diejenigen Fälle erörtert werden, bei denen sich die Beendigung der Vorstandsfunktion nicht durch Willensakt der Parteien, sondern kraft gesetzlicher (wenn auch nicht ausdrücklicher) Anordnung ergibt. Die gesellschaftsrechtlichen Maßnahmen zur Umstrukturierung (Umgründung) von Gesellschaften haben meist direkte Auswirkungen auf den Bestand der Vorstands- und Geschäftsführermandate. Sie werfen Fragen und Probleme über die gegenseitigen Rechte und Pflichten von Gesellschaft und Vorstandsmitglied nach erfolgter Umgründung auf, von denen die wichtigsten hier kurz beleuchtet werden. Dabei liegt der Fokus auf vermögensübertragenden und formwechselnden Umwandlungen, während rein betriebsverfassungsrechtliche Umgründungsmaßnahmen außer Betracht bleiben, weil sie keinerlei Auswirkungen auf die Rechtsbeziehung der Gesellschaft zu ihren Vorstandsmitgliedern haben.[1398]

[1395] *Runggaldier/G. Schima,* Manager-Dienstverträge[4] 106 ff; *G. Schima,* ecolex 2006, 457; aM *Kalss,* Die Zuständigkeit für die Suspendierung eines Vorstandsmitglieds, Aufsichtsrat aktuell 4/2006, 4; *Kalss* in Kalss/Nowotny/Schauer, Gesellschaftsrecht Rz 3/311.
[1396] *Runggaldier/G. Schima,* Manager-Dienstverträge[4] 125 ff.
[1397] Vgl *G. Schima,* Dienstfreistellung auch ohne Entgelt möglich, Die Presse/Rechtspanorama vom 6. Dezember 2015.
[1398] Vgl *G. Schima,* Umgründungen im Arbeitsrecht (2004) 221.

517 Die vermögensübertragenden (rechtsträgerübergreifenden) Umgründungen können in zwei Gruppen unterteilt werden: Umgründungen mit und ohne Untergang eines Rechtsträgers. Erstere führen zum Erlöschen der Mandate der Vertretungsorgane und somit zur Frage über die möglichen Auswirkungen auf den Anstellungsvertrag. Bei Umwandlungen mit Fortbestand des übertragenden Rechtsträgers bleiben die Mandate hingegen aufrecht. In diesem Zusammenhang kann allerdings die Zuordnung der Vertragsverhältnisse zum übertragenden oder übernehmenden Rechtsträger Probleme bereiten und die Frage auftreten, ob das Vorstandsmitglied bei tiefgreifenden Veränderungen von seinem Mandat zurücktreten kann.

1. Umgründungen mit Untergang eines Rechtsträgers

518 Zu dieser Art der Umgründungsmaßnahmen zählen zB die (grenzüberschreitende) Verschmelzung zur Aufnahme oder Neugründung,[1399] die Aufspaltung zur Aufnahme oder Neugründung gem § 1 Abs 2 Z 1 SpaltG, und Umwandlungen nach dem UmwG. Mit Wirksamkeit des Umgründungsvorgangs (regelmäßig mit Eintrag im Firmenbuch) erlischt die übertragende Gesellschaft und erlöschen mit ihr auch die Organmandate,[1400] deren Bestand notwendigerweise an die Existenz des Rechtsträgers gebunden ist.

519 Der übernehmenden Gesellschaft steht es natürlich frei, die ehemaligen Vorstandsmitglieder des untergegangenen Rechtsträgers in ihren Vorstand oder ihre Geschäftsführung zu bestellen.

520 Ein Rechtsanspruch des ehemaligen Vorstandsmitglieds, in ein Organ der übernehmenden Gesellschaft berufen zu werden, ist insbesondere für die AG als übernehmende Gesellschaft mit der ganz herrschenden Meinung abzulehnen. Der zwingende Charakter der aktienrechtlichen Bestimmungen verbietet jegliche (vertragliche) Einschränkung der Beschluss- und Entschlussfreiheit des Aufsichtsrates bei der Bestellung des Vorstands.[1401] Aus dem Vorstandsvertrag erwächst nämlich kein Erfüllungsanspruch auf die tatsächliche Bestellung in den Vorstand.[1402] Auch eine vertragliche Vereinbarung, die eine Person außerhalb der Stellung eines Vorstandsmitgliedes nur zur Ausübung von „Vorstandstätigkeiten" (im Sinne einer weisungsfreien Geschäftsführung im Innen- und Außenverhältnis) berechtigt, wäre mit dem Aktiengesetz unvereinbar, weil so ein zusätzliches „Organ" der Gesellschaft geschaffen würde.[1403]

521 Die Anstellungsverträge der Vorstandsmitglieder erfahren jedoch nach der in Österreich und Deutschland vorherrschenden *Trennungsthese* ein vom Mandat

---

[1399] Die Verschmelzung ist geregelt in den §§ 219-233 AktG; die grenzüberschreitende Verschmelzungen auch im EU-VerschG.
[1400] Für die Verschmelzung bei der AG: *Kalss,* Verschmelzung – Spaltung – Umwandlung² (2010) § 225a AktG Rz 29; *Szep* in *Jabornegg/Strasser*, AktG II⁵ § 225a Rz 29.
[1401] OGH 16.07.2002, 4 Ob 163/02b, GeS 2002, 81 = wbl 2003/18 = ecolex 2003/348 = ÖJZ 2002/197 = RdW 2003/168.
[1402] RIS-Justiz RS0116595, OGH 16. 07. 2002, 4 Ob 163/02b.
[1403] RIS-Justiz RS0116596, OGH 16. 07. 2002, 4 Ob 163/02b.

unabhängiges Schicksal:[1404] Sie gehen im Wege der Gesamtrechtsnachfolge auf die übernehmende Gesellschaft über,[1405] es sei denn, es wäre anderes vertraglich vereinbart.[1406] So könnte der Anstellungsvertrag mittels Koppelungsklausel (siehe Rz 414 ff) an den Bestand des Mandats gebunden sein und bei dessen Beendigung erlöschen;[1407] oder der Vertrag enthält eine Kündigungsklausel, die die Parteien (dh die Gesellschaft, die den Vertrag übernommen hat) zur Beendigung des Anstellungsvertrages (durch eigene Erklärung) unter Einhaltung der vereinbarten Kündigungsfrist berechtigt.

Gibt es keine vertraglichen Beendigungsmöglichkeiten, sind sämtliche Rechte des Vorstandsmitglieds aus dem Anstellungsvertrag, insb der Vergütungsanspruch, aufrecht. Die übernehmende Gesellschaft muss den Vertrag erfüllen, auch wenn das ehemalige Vorstandsmitglied bei ihr (vorerst) weder eine Vorstandsfunktion innehat, noch eine andere Tätigkeit ausübt. Denn § 1155 ABGB gilt auch für freie Dienstverträge[1408] (siehe dazu Rz 420 ff). Die Fortzahlungspflicht der übernehmenden Gesellschaft umfasst nicht nur die festen Bezüge, sondern auch *erfolgsabhängige Tantiemen, Bonifikationen oder Leistungsprämien in durchschnittlicher Höhe*, weil auch die Unmöglichkeit der Erbringung der Leistungen, von denen die variablen Bezüge abhängen, nicht in die Risikosphäre des ehemaligen Vorstandsmitglieds fällt.[1409]

522

Es ist aber grundsätzlich zulässig, im Anstellungsvertrag zu *vereinbaren*, dass bei Erlöschen des Mandats aufgrund einer Umgründungsmaßnahme und in Ermangelung einer Bestellung in den Vorstand des neu entstandenen (oder übrig gebliebenen) Rechtsträgers – der Entgeltfortzahlungsanspruch automatisch auf die festen Bezüge reduziert wird. Derartige Klauseln sind in der Praxis selten, weil daran beim Verfassen der Verträge idR nicht gedacht wird. Deutlich häufiger hingegen treten sie im Zusammenhang mit einer unverschuldeten und den Anstellungsvertrag daher idR aufrecht lassenden Abberufung auf, wo sich dasselbe Problem stellt. Hätte man es mit Arbeitnehmern zu tun, dann bestünden gegen derartige Klauseln zumindest nicht unbeträchtliche Bedenken, wird dadurch doch dem

523

[1404] G. Schima, Umgründungen im Arbeitsrecht (2004) 222.
[1405] *Kalss*, Verschmelzung – Spaltung – Umwandlung² (2010) § 225a AktG Rz 30; *G. Schima*, Umgründungen im Arbeitsrecht 225; *Szep* in *Jabornegg/Strasser*, AktG II⁵ § 225a Rz 29; bei der Verschmelzung und der Umwandlung gibt es nur eine übernehmende Gesellschaft bzw bei der Umwandlung auf den Hauptgesellschafter, diesen. Bei Spaltungen ist für den Übergang der Verträge die Zuordnung im Spaltungsplan bzw im Spaltungs- und Übernahmsvertrag maßgeblich. Kann die Zuordnung durch Auslegung nicht ermittelt werden, bestimmt sie sich nach der Auffangregelung gem § 2 (1) Z 11 SpaltG (*Kalss*, Verschmelzung – Spaltung – Umwandlung² [2010] § 14 SpaltG Rz 71).
[1406] *G. Schima*, Vorstandsverträge bei Verschmelzung und Einbringung nach § 8a KWG, ÖBA 1992, 242; für Deutschland: *Grunewald* in *Lutter*, UmwG⁴ (2009) § 20 Rz 28.
[1407] Der Untergang des Mandats ist hier auf einen Umstand zurückzuführen, der nicht auf einem schuldhaften Verhalten des Vorstandsmitglieds beruht, weshalb ein automatisches Erlöschen des Anstellungsvertrages nicht in Frage kommt, sondern im Sinne der Rsp des OGH der Vertrag erst mit Ablauf der Kündigungsfrist zum nächsten Kündigungstermin beendet wird.
[1408] Vgl für alle *Runggaldier/G. Schima*, Führungskräfte 179 ff mwN.
[1409] *G. Schima*, Umgründungen im Arbeitsrecht 231; für Deutschland: *Grunewald* in *Lutter*, UmwG⁴ I § 20 Rz 28.

Arbeitgeber/der Gesellschaft ein einseitig ausübbares[1410] Gestaltungsrecht eingeräumt, dessen Ausübung nicht von einem schuldhaften Verhalten des Arbeitnehmers abhängt und die daher nach stRsp[1411] nur im Rahmen „billigen Ermessens" zulässig wäre. Machen die variablen Bezüge einen wesentlichen Teil des Gesamteinkommens des Arbeitnehmers aus, würde die arbeitsrechtliche Rechtsprechung wohl in aller Regel – selbst bei deutlich überdurchschnittlichem Festbezug – die Zulässigkeit der einseitigen Entgeltreduktion verneinen. Bei Vorstandsmitgliedern kann man davon hingegen nicht ausgehen, und der OGH dürfte mit solchen Klauseln schon deshalb kein Problem haben, weil er auch gegen „Koppelungsklauseln" keine Bedenken hegt, mit denen es der Gesellschaft ermöglicht wird, im Falle einer selbst unverschuldeten Abberufung den gesamten Anstellungsvertrag bloß unter Einhaltung der gesetzlichen Kündigungsfrist von vier Wochen (§ 1159 ABGB) zu lösen.[1412]

524 In gewissen Ausnahmefällen, in denen die Verschmelzung oder Spaltung ganz überwiegend auf der Initiative des Vorstands der übertragenden Gesellschaft basiert, könnte vertreten werden, dass die Unmöglichkeit der weiteren Erbringung der Dienstleistung nicht in der Sphäre der Gesellschaft, sondern in der des Vorstands selbst liege, was einen Vergütungsanspruch nach § 1155 ABGB entfallen ließe. Dabei ist aber zu beachten, dass sowohl die Durchführung der Verschmelzung, als auch die der Spaltung und der Umwandlung von der Zustimmung der Hauptversammlung abhängt, der Vorstand bei solchen Maßnahmen auch in aller Regel zu Ausführung verpflichtet ist[1413] und dass sehr spezielle Umstände vorliegen müssten, um diesen Eigentümerbeschlüssen einen derart rein „formellen Charakter" zuzusprechen, dass die Umgründungsmaßnahme nicht der Sphäre der Gesellschaft, sondern überwiegend der des Vorstands zuzurechnen wäre.[1414]

525 Es hängt vom Vertragsinhalt ab, der gegebenenfalls mittels ergänzender Vertragsauslegung ermittelt werden muss, ob das ehemalige Vorstandsmitglied verpflichtet ist, für die aufnehmende Gesellschaft – wenn auch nicht als Vorstandsmitglied, sondern in einer anderen Position – tätig zu werden. So könnte zB ein leitender Angestellter der Gesellschaft, der ohne entsprechende Vertragsanpassung zum Vorstandsmitglied bestellt wurde, nach dem Erlöschen des Mandats verpflichtet sein, in der neuen Gesellschaft wieder Tätigkeiten unterhalb der Vor-

---

[1410] Das gilt sowohl für die Abberufung, die vom Aufsichtsrat beschlossen wird, als auch für Umgründungsmaßnahmen, denn dabei spielt der Vorstand in der Praxis zwar manchmal eine tragende und initiative Rolle; *de iure* ist er aber nur Handlanger der Eigentümer und nach ganz hM daher zB auch verpflichtet, bei einer von den Aktionären beschlossenen Verschmelzung den Verschmelzungsvertrag zu unterschreiben (vgl *G. Schima*, Umgründungen im Arbeitsrecht 229).

[1411] Vgl zB OGH 14.12.1988, 9 ObA 512/88 (RIS-Justiz RS0017784); OGH 30.9.1992, 9 ObA 1062/92; OGH 3.3.2010, 9 ObA 35/09a und aus dem Schrifttum zB *Krejci*, Grenzen einseitiger Entgeltbestimmung durch den Arbeitgeber untersucht am Beispiel steiermärkischer Primararztverträge, ZAS 1983, 203; *Kietaibl*, Flexibilisierungsmöglichkeiten im Arbeitsverhältnis Arbeit auf Abruf – Widerrufs- und Änderungsvorbehalte – Unverbindlichkeitsvorbehalte – Befristung von Arbeitsbedingungen, ASoK 2008, 370.

[1412] Vgl Ob 190/09m SZ 2010/7 = RdW 2010, 407; OGH 3 Ob 251/07v, NZ 2008, 277, Rz 415.

[1413] Siehe oben und *G. Schima*, Umgründungen im Arbeitsrecht 229, FN 1052.

[1414] *G. Schima*, Umgründungen im Arbeitsrecht 229.

standsebene zu verrichten.[1415] Eine solche Verpflichtung wird in der Praxis vor allem dann anzunehmen sein, wenn ein Fall der „Drittanstellung" vorliegt und der Anstellungsvertrag des Vorstandsmitgliedes nicht mit der AG selbst geschlossen ist, sondern zB mit einer Konzernobergesellschaft, wo das Organmitglied die Tätigkeit als leitender Angestellter ausübt.[1416]

Ist das ehemalige Vorstandsmitglied vertraglich nicht verpflichtet, andere als Vorstandstätigkeiten für die übernehmende Gesellschaft auszuüben, heißt das nicht, dass der Anspruch auf Fortzahlung der Vergütung bis zum Auslaufen der Restvertragsdauer *uneingeschränkt* besteht. § 1155 ABGB sieht vor, dass tatsächlich erzieltes Einkommen und Einkünfte aus Erwerbsgelegenheiten, die absichtlich versäumt wurden, auf den Entgeltanspruch angerechnet werden. Aus der Anwendung von § 1155 ABGB ergibt sich daher eine Obliegenheit[1417] zur Verfolgung alternativer zumutbarer Erwerbsgelegenheiten – wozu auch eine Stelle bei der übernehmenden Gesellschaft zählen kann, bei deren Nichterfüllung das ehemalige Vorstandsmitglied die negativen Folgen der Anrechnung zu tragen hat (siehe Rz 420 ff). **526**

2. Formwechselnde Umgründungen

Bei der formwechselnden Umwandlung einer AG in eine GmbH oder umgekehrt (§§ 239 bis 253 AktG) kommt es nicht zum Untergang der umgewandelten Gesellschaft. Sie bleibt als Rechtsperson mit all den sie betreffenden Rechtsverhältnissen bestehen (kein Fall der Gesamtrechtsnachfolge). Nach der Umwandlung ist aber das neue Gesellschaftsrecht – je nachdem AktG oder GmbHG – anwendbar. Trotz dieser Kontinuität erlöschen mit der Eintragung der formwechselnden Umwandlung ins Firmenbuch die Mandate der Mitglieder des Vertretungsorgans. Ein bestellungsloses Hinüberwechseln von Vorstandsmitgliedern in die Funktion als Geschäftsführer[1418] oder umgekehrt ist gesetzlich nicht vorgesehen. Dies ergibt sich *e contrario* aus § 240 Abs 1 erster Satz, § 241 letzter Satz und § 246 Abs 2 letzter Satz AktG. Es bedarf also in beiden Fällen der formwechselnden Umwandlung eines neuen Bestellungsaktes durch den Aufsichtsrat bzw die Generalversammlung.[1419] **527**

Die Anstellungsverträge der Mitglieder des geschäftsführenden Organs bleiben jedoch aufrecht. Wird ein ehemaliges Organmitglied im Zuge der Umwandlung zum Vorstandsmitglied oder Geschäftsführer bestellt, kommt es idR mit der (stillschweigenden) Annahme der Bestellung zu einer inhaltlichen Anpassung des Vertrages. Bei der Umwandlung einer AG in eine GmbH bedeutet dies die Zustimmung des ehemaligen Vorstandsmitglieds, statt als weisungsfreies und unabhän- **528**

[1415] Vgl dazu OGH 16.07.2002, 4 Ob 163/02b, GeS 2002, 81 = wbl 2003/18 = ecolex 2003/348 = ÖJZ 2002/197 = RdW 2003/168.
[1416] Vgl zur Drittanstellung und ihren vor allem aktienrechtlichen Grenzen *Runggaldier/G. Schima*, Führungskräfte 98 ff; *Runggaldier/G. Schima*, Manager-Dienstverträge⁴ 17 ff.
[1417] *Rebhahn/Ettmayer* in Kletečka/Schauer, ABGB-ON[1.02] § 1155 Rz 34.
[1418] *Szep* in Jabornegg/Strasser, AktG II⁵ § 239 Rz 17.
[1419] *G. Schima*, Umgründungen im Arbeitsrecht (2004) 222.

giges Vorstandsmitglied von nun an als Geschäftsführer der Gesellschaft tätig und den Weisungen der Gesellschafter unterworfen zu sein.[1420]

529 Die Umwandlung einer AG in eine GmbH hat außerdem die Begründung des Arbeitnehmerstatus der Mitglieder des Vertretungsorgans zur Folge,[1421] sofern die ehemaligen Vorstandsmitglieder an der Gesellschaft nicht so beteiligt sind, dass sie beherrschenden Einfluss auf die Beschlussfassung der Gesellschafter ausüben können.[1422] Dies entspricht der in Österreich herrschenden Meinung und der Judikatur des OGH und kann zu nicht unproblematischen Kollisionen von Klauseln des Anstellungsvertrages mit für Arbeitnehmer zwingenden gesetzlichen Bestimmungen führen. Insbesondere nachvertragliche Wettbewerbsverbote, die über die Begrenzung der §§ 36, 37 AngG hinausgehen, sowie Klauseln, die den Verfall nicht verbrauchten Urlaubs vorsehen oder gewisse Koppelungsklauseln sind mit dem Arbeitnehmerstatus nicht vereinbar. Bei der Annahme der Bestellung als Geschäftsführer werden Vertragsklauseln, die gegen zwingendes Recht verstoßen, unwirksam, und der Anstellungsvertrag ist in diesem Umfang teilnichtig. So wäre zB das für zwei Jahre vereinbarte nachvertragliche Wettbewerbsverbot des Vorstandsmitglieds für die neue Funktion als GmbH-Geschäftsführer auf ein Jahr zu reduzieren oder statt der anstellungsvertraglichen Koppelungsklausel die Geltung der Kündigungsfrist nach § 20 AngG anzunehmen.[1423]

530 Probleme ergeben sich auch dann, wenn ein ehemaliges Organmitglied die Bestellung durch die „neue" Gesellschaft nicht annimmt. Es wird kein Mandat begründet, der Anstellungsvertrag besteht aber weiter und das Organmitglied hat gem § 1155 ABGB grundsätzlich einen Anspruch auf Vergütung gegen die Gesellschaft. Eine Verpflichtung zu anderweitigen Tätigkeiten für die Gesellschaft besteht nur, wenn sich dies aus dem Vertrag ergibt (siehe soeben Rz 428 f). Besteht diese nicht, so stellt sich insbesondere die Frage, ob die Gesellschaft dem Vergütungsanspruch des Organmitglieds die Anrechnung des *fiktiven Einkommens* gem § 1155 Abs 1 letzter Fall ABGB entgegenhalten könnte, weil mit der Ablehnung der Bestellung uU eine andere Erwerbsgelegenheit *absichtlich versäumt* wurde. Zur Anrechnung kann es nur kommen, wenn die angebotene Tätigkeit *zumutbar* gewesen wäre. Das heißt einerseits, dass die Gesellschaft dem Organmitglied eine Weiterbeschäftigung nach der Umwandlung zu wenigstens ungefähr vergleichbaren vertraglichen Konditionen anbieten muss, um ein *zumutbares* Angebot zu stellen. Andererseits ist das Rechtsverhältnis der Gesellschaft zu ihren Organen bei AG und GmbH zum Teil durch zwingende gesetzliche Regeln ausgestaltet, die

---

[1420] G. *Schima*, Umgründungen im Arbeitsrecht (2004) 223.
[1421] G. *Schima*, Umgründungen im Arbeitsrecht (2004) 224.
[1422] Dies schließt die Arbeitnehmereigenschaft aus, vgl ausführlich G. *Schima/Liemberger/Toscani*, Der GmbH-Geschäftsführer 127 ff.
[1423] G. *Schima*, Umgründungen im Arbeitsrecht (2004) 234; im Lichte der jüngsten Entscheidung des OGH ist auch bei freien Dienstnehmern wie Vorstandsmitgliedern eine Koppelungsklausel, die den Anstellungsvertrag ohne Vorliegen eines wichtigen Grundes erlöschen lässt, so auszulegen, dass der Vertrag erst zum nächsten Kündigungstermin und nach Ablauf der gesetzlich für eine ordentliche Kündigung vorgesehenen Kündigungsfrist endet (OGH Ob 190/09m, RdW 2010, 407 = wbl 2010, 300/117 (*Grillberger*) = *Aschauer*, ASoK 2010, 279 = ecolex 2010, 683 = ARD 6059/3/2010). Siehe oben Rz 415.

für das Organmitglied im Vergleich zur jeweils vorher bekleideten Position jedenfalls eine Veränderung und uU auch eine unzumutbare Verschlechterung bedeuten.

Bei der Umwandlung einer GmbH in eine AG wird der ehemals weisungsgebundene und jederzeit abberufbare (§ 16 Abs 1 GmbHG) Geschäftsführer nach dem Formwechsel als weisungsfreies (§ 70 AktG) und nur aus wichtigem Grund abberufbares (§ 75 Abs 4 AktG) Vorstandsmitglied tätig. Aus diesem gesetzlich vorbestimmten Unterschied im Organschaftverhältnis allein ist sicher nicht die Unzumutbarkeit der Tätigkeit abzuleiten, zumal der Gewinn an Unabhängigkeit durchaus als „Verbesserung" gesehen werden kann. Zu beachten sind indes andere, sich aus dem Arbeitnehmerstatus des GmbH-Geschäftsführers ergebende Rechte (zB Abfertigung oder die Begrenzung von nachvertraglichen Wettbewerbsverboten gem §§ 36, 37 AngG), die die Gesellschaft wohl weiterhin zusichern müsste, damit sich die Tätigkeit als Vorstandsmitglied für den ehemaligen Geschäftsführer nicht als unzumutbar erweist. Berücksichtigt die Gesellschaft dies in ihrem Angebot und ändern sich mit der Umwandlung auch die Aufgaben des Geschäftsführers nicht gravierend, würde die Ablehnung der Bestellung zum Vorstandsmitglied daher zur Anrechnung des so versäumten Erwerbseinkommens auf den Entgeltanspruch und gegebenenfalls zu dessen gänzlichem Entfall führen, wenn die Gesellschaft (was wahrscheinlich ist) Bezüge in gleicher Höhe anbietet.

Umgekehrt fallen bei der Umwandlung einer AG in eine GmbH genau diese Veränderungen betreffend die Weisungsgebundenheit und Abberufbarkeit bei der Beurteilung der Zumutbarkeit ins Gewicht. Dennoch kann dieser Umstand allein mE nicht die Unzumutbarkeit der Tätigkeit als Geschäftsführer für ein ehemaliges AG-Vorstandsmitglied begründen. Gerade in Konzernen entfernt sich die gelebte Realität oft nicht unwesentlich vom gesetzlich statuierten Prinzip der Unabhängigkeit des Vorstandes.[1424]

3. Umgründungen ohne Untergang eines Rechtsträgers

Vermögensübertragende Umwandlungen unter Fortbestand des übertragenden Rechtsträgers sind insb die Abspaltung zur Neugründung oder zur Aufnahme gem § 1 Abs 2 Z 2 SpaltG. Hierbei werden ein oder mehrere Vermögensteile einer Kapitalgesellschaft auf eine oder mehrere (allenfalls neu zu gründende) Kapitalgesellschaften übertragen, wobei die übertragende Gesellschaft als „Rest-" oder „Rumpfgesellschaft" bestehen bleibt.[1425] Die Mandate und die Anstellungsverträge der Vorstandsmitglieder der übertragenden Gesellschaft bleiben von der Maßnahme grundsätzlich unberührt.

Die Vermögensübertragung erfolgt *uno actu*, jedoch nicht für das Vermögen als Ganzes, sondern je nach der Zuordnung im Spaltungsplan (Abspaltung zur Neugründung) bzw im Spaltungs- und Übernahmevertrag (Abspaltung zur Aufnahme) für einen bestimmten Teil des Gesellschaftsvermögens (partielle Gesamtrechtsnachfolge). Es herrscht Spaltungsfreiheit, dh dass die Zuordnung der einzel-

---

[1424] Vgl die E des OGH 9 ObA 28/07v, DRdA 2009, 497 (500) (*Jabornegg*) zur Üblichkeit von Konzernweisungen und dem „*beträchtlichen Interesse der Wirtschaft an funktionierenden Konzernen*".

[1425] Vgl *Kalss*, Verschmelzung – Spaltung – Umwandlung² § 1 SpaltG Rz 12.

nen Vermögensgegenstände und Rechtsverhältnisse nicht an den Übergang von Betrieben oder Betriebsteilen gebunden ist, sondern fast völlig frei erfolgen kann (eine Grenze bildet zB der Grundsatz der Kapitalerhaltung).[1426] Eine möglichst genaue Beschreibung der zu übertragenden Vermögenswerte ist unabdinglich für den reibungslosen Ablauf der Abspaltung, sie bildet auch die rechtsgeschäftliche Grundlage für die Vermögensübertragung.[1427] § 2 (1) Z 11 SpaltG schreibt die Formulierung einer Auffangregelung im Spaltungsplan vor, um all jene Gegenstände zuordnen zu können, die nicht explizit bedacht worden sind und deren Zuordnung sich nicht durch Auslegung des Spaltungsplans ermitteln lässt.[1428]

535 Vertragspartner der Gesellschaft haben weder Zustimmungs- noch Widerspruchsrechte; die Gesellschaft hat bei der Aufteilung des Vermögens und der Vertragsverhältnisse Verfügungsfreiheit.[1429] Fraglich ist jedoch, ob die übertragende Gesellschaft die Anstellungsverträge der Vorstandsmitglieder auf die übernehmende Gesellschaft abspalten kann, obwohl die Mandatsverhältnisse bei ihr aufrecht bleiben. Trotz der herrschenden „Trennungsthese" darf nicht vergessen werden, dass der Anstellungsvertrag eng mit dem Mandat zusammenhängt und meistes eigens wegen der Berufung in den Vorstand geschlossen wird. Es gibt auch Fälle, in denen ein Angestellter der Gesellschaft zum Vorstand bestellt wird, ohne dass eine entsprechende Anpassung des Arbeitsvertrags erfolgt, oder Konstellationen im Konzern, in denen der Vertrag mit einer Gesellschaft besteht, das Mandat aber bei einer anderen ausgeübt wird. In all diesen Fällen stellt sich die Frage nach der Zulässigkeit der Aufspaltung von Rechtsverhältnissen, vor allem ohne die Zustimmung des betroffenen Vertragspartners.[1430] Das Spaltungsrecht ermöglicht zwar die zustimmungslose Übertragung von Rechtsverhältnissen, nicht aber die zustimmungslose inhaltliche Umgestaltung.[1431] Es kommt daher wohl auf die vertragliche Gestaltung im Einzelfall an, ob eine Übertragung ohne Zustimmung zulässig ist, oder nicht.[1432]

536 Eine „Übertragung" der Anstellungsverträge samt Mandatsverhältnis ist weder bei der Abspaltung zur Neugründung, noch zur Aufnahme möglich. Vielmehr ist das Vorstandsmitglied in der übertragenden Gesellschaft abzuberufen und vom Aufsichtsrat der neu gegründeten bzw der aufnehmenden Gesellschaft in den Vorstand zu bestellen. Dieser körperschaftsrechtliche Akt kann nicht durch den Spaltungsplan bzw -vertrag umgangen werden.

537 Im Regelfall bleiben also Mandatsverhältnis und Anstellungsvertrag des Vorstandsmitgliedes bei der übertragenden Gesellschaft aufrecht. Auch hier können jedoch Fragen im Zusammenhang mit den Aufgaben der Vorstandsmitglieder nach vollzogener Spaltung aufkommen: Im Falle einer „Aushöhlung" der Gesellschaft ändern sich auch die Aufgaben des Vorstands, wenn zB wesentliche Teile des

---

[1426] Vgl *Kalss*, Verschmelzung – Spaltung – Umwandlung² § 1 SpaltG Rz 8, § 2 SpaltG Rz 60.
[1427] Vgl *Kalss*, Verschmelzung – Spaltung – Umwandlung² § 2 SpaltG Rz 57.
[1428] Vgl *Kalss*, Verschmelzung – Spaltung – Umwandlung² § 2 SpaltG Rz 67.
[1429] Vgl *Kalss*, Verschmelzung – Spaltung – Umwandlung² § 2 SpaltG Rz 59.
[1430] Vgl *G. Schima*, Umgründungen im Arbeitsrecht (2004) 227; vgl zu den Grenzen der Zuordnungsfreiheit *Kalss*, Verschmelzung – Spaltung – Umwandlung² § 2 SpaltG Rz 61 f.
[1431] Vgl *Kalss*, Verschmelzung – Spaltung – Umwandlung² § 2 SpaltG Rz 61.
[1432] Vgl *G. Schima*, Umgründungen im Arbeitsrecht (2004) 227.

bisherigen (operativen) Geschäfts abgespalten, und nur noch Holdingfunktionen oder ein sehr reduzierter operativer Tätigkeitsumfang in der Rumpfgesellschaft bestehen bleiben. Je nach vertraglicher Gestaltung kann dies bedeuten, dass dem Vorstandsmitglied dadurch ein wichtiger Grund zur vorzeitigen Mandatsniederlegung entsteht, wenn nämlich sein Tätigkeitsumfang so wesentlich geändert oder eingeschränkt wird, dass ihm die weitere Ausübung unzumutbar ist.[1433] Denkbar ist eine Vertragsgestaltung, die allgemein, oder auch speziell für diese Fälle ein Rücktrittsrecht vorsieht (s Rz 419); aber auch ohne entsprechende vertragliche Regelung ist bei den befristeten Anstellungsverträgen von Vorstandsmitgliedern eine Mandatsniederlegung aus wichtigem Grund anerkannt (s Rz 495 ff). Liegt in der abspaltungsbedingten Änderung der Tätigkeit solch ein wichtiger Grund, kann das Vorstandsmitglied sowohl das Mandat, als auch den Anstellungsvertrag fristlos auflösen, allerdings unter Wahrung seiner vertraglichen Rechte (Kündigungsentschädigung).

F. Veränderungen im Vorstand und ad hoc-Publizität

Veränderungen im Vorstand einer börsenotierten Aktiengesellschaft können kursrelevant sein. Auch dem die Wirtschaftsseiten von Zeitschriften nur gelegentlich durchblätternden Leser fällt das zumindest in den spektakulären Fällen auf, wenn ein Vorstandsvorsitzender/CEO als Folge eines die Öffentlichkeit stark beschäftigenden Unternehmensskandals abtritt.[1434] Die Emittenten von Finanzinstrumenten haben *Insider-Informationen* iSd § 48a Abs 1 Z 1 BörseG, die sie unmittelbar betreffen, unverzüglich der Öffentlichkeit bekannt zu geben (§ 48d Abs 1 BörseG). Dabei handelt es sich um eine *öffentlich nicht bekannte, genaue Information*, die *direkt* oder *indirekt* einen oder mehrere *Emittenten* von Finanzinstrumenten oder ein oder mehrere *Finanzinstrumente* betrifft und die, wenn sie öffentlich bekannt würde, geeignet wäre, den *Kurs* dieser Finanzinstrumente oder den Kurs sich darauf beziehender derivativer Finanzinstrumente *erheblich zu beeinflussen*, weil sie ein verständiger Anleger wahrscheinlich als Teil der Grundlage seiner Anlageentscheidungen nutzen würde.

538

[1433] Vgl *G. Schima*, Umgründungen im Arbeitsrecht (2004) 226; zum Kriterium der Unzumutbarkeit vgl *Strasser* in Jabornegg/Strasser, AktG II^5 §§ 75, 76 Rz 88.
[1434] Jüngstes und eindringlichstes Beispiel war der Rücktritt des Volkswagen Vorstandsvorsitzenden *Martin Winterkorn* am 23. September 2015, nur wenige Tage nach Bekanntwerden des Skandals über die großflächige Manipulation von Abgaswerten bei Fahrzeugtests. Der Aktienkurs brach bei Publikwerden der Ereignisse zuerst um 20 % ein, um sich nach der Verkündung der Beendigung der Vorstandsfunktion durch Winterkorn wieder zu erholen (VW-Aktie rast nach Winterkorn-Rücktritt an die DAX Spitze – mögliche Sammelklagen, finanzen.net. 24.9.2015). Auch der Abgang von *Tony Hayward*, CEO von *BP*, im Juli 2010 als Resultat der Deepwater Horizon-Katastrophe, in deren Verlauf ungefähr vier Mio Barrel Öl in den Golf von Mexico geflossen waren – zwar „nur" rund ein Drittel des im Zuge des ersten Irak-Krieges ausgeflossenen Öls, aber dennoch ein Umweltdesaster ersten Ranges. Der Börsekurs von BP stieg nach der Rückzugsnachricht um rund 5 % an – und das obwohl der Rücktritt von *Hayward* alles andere denn überraschend kam, sondern wochenlang in den Medien darüber spekuliert und der Schritt erwartet worden war, so dass man eigentlich hätte meinen können, er sei in den Kursen bereits eingepreist; vgl aber auch den Rücktritt des CEO von *Hewlett Packard*, als Reaktion auf das Bekanntwerden von an eine ihm nahestehende Frau ohne Gegenleistungen gezahlten Honoraren.

Auch wenn die Praxis und Rechtsanwendung – nicht zuletzt durch den Fall *Daimler Chrysler/Schrempp* oder *Volkswagen/Winterkorn* in Deutschland[1435] – vor allem auf die Konstellation des *Ausscheidens* von Vorstandsmitgliedern (insbesondere des Vorstandsvorsitzenden) fokussiert ist, kann auch der *Eintritt* eines neuen Vorstandsmitgliedes die Bekanntgabepflicht nach § 48d Abs 1 BörseG auslösen.[1436]

539 Wegen der mit der Unterlassung einer gebotenen ad hoc-Mitteilung nach der in Österreich ganz herrschenden,[1437] wenn auch nicht unproblematischen[1438] Ansicht verbundenen Haftungsfolgen kommt der Beantwortung der Frage nach dem Bestehen einer Meldepflicht in einem konkreten Fall der personellen Veränderung im Vorstand große Bedeutung für die Beteiligten zu.[1439]

540 Nicht jeder Wechsel im Vorstand unterliegt der ad hoc-Publizität;[1440] unter bestimmten zusätzlichen Voraussetzungen sind aber Änderungen der Zusammenset-

---

[1435] BGH 25.2.2008, II ZB 9/07, AG 2008, 380 und BGH Beschluss vom 23. 4. 2013 – II ZB 7/09.

[1436] Dass auch ein solcher erheblich kursrelevant sein kann, lässt sich ebenfalls anhand diverser Fälle belegen. Als vor Jahren der damalige Europa-Chef von Goldman Sachs, *Dr. Paul Achleitner* (ein Österreicher) zum CFO der deutschen Allianz SE (damals Allianz AG) bestellt wurde, stieg der Aktienkurs um nicht weniger als 8 % an (was auf die Börsekapitalisierung des riesigen Unternehmens umgelegt einem Milliardenbetrag entsprach).

[1437] Vgl *Kalss,* Anlegerinteressen (2002) 327, 334; *Kalss/Oppitz* in Hopt/Voigt, Prospekt- und Kapitalmarktinformationshaftung in Europa (2005) 813 ff, 857; *Hausmaninger,* Insider Trading (1997) 365 ff, 409; *Brandl/Hohensinner,* Die Haftung des Vorstands für Verletzungen der Ad-Hoc-Publizität nach § 82 Abs 6 BörseG, ecolex 2002, 92 (95); *Gruber,* Ad-hoc-Publizität, ÖBA 2003, 239 (248 f); *Kalss/Oppitz/Zollner,* Kapitalmarktrecht I (2005) § 14 Rz 53

[1438] *Rüffler,* ÖBA 2009, 724 (727) und FN 36 weist zu Recht darauf hin, dass sich aus den Erwägungsgründen der Marktmissbrauchs-RL gerade keine individuellen Schadenersatzansprüche von Anlegern ergeben (die RL diesem Intrument daher eigentlich ablehnend gegenübersteht) und man fragen könnte, ob der auf „*kollektiven Marktschutz"* zielende Zweck der Regelung nicht Schadenersatzansprüche einzelner geschädigter Anleger ausschließe; vgl demgegenüber die aktuelle Rechtslage in Deutschland, wo die §§ 37b Abs 2 und 37c Abs 2 WpHG eine Emittentenhaftung bei vorsätzlich und grob fahrlässigem Verhalten vorsehen, nachdem davor der Gesetzgeber in § 15 Abs 6 WpHG eine Schadenersatzpflicht wegen der von ihm angenommenen rechtspolitischen Sinnlosigkeit ausdrücklich ausgeschlossen hatte (davor war nämlich für die Vorgängerbestimmung von § 15 WpHG, § 44a dBörseG, der Schutzgesetzcharakter in der Lehre bejaht worden: vgl *Kümpel* in Assmann/Schneider, WpHG² § 15 Rz 187 mwN). Allein dieser legistische Zickzack-Kurs in Deutschland zeigt die Brisanz und kontroversielle Natur der Problematik.

[1439] Bei einem vorsätzlichen Verstoß, der die Voraussetzungen des § 163a StGB (ehemals § 255 AktG) erfüllt, sind Haftungsfolgen darüber hinaus aus dieser – Schutzgesetzcharakter iSd § 1311 ABGB aufweisenden (noch zur alten Rechtslage *Ch. Nowotny,* Anlegerhaftung des Vorstandes und des Aufsichtsrates bei Kursverlusten? RdW 1995, 132; *Kalss,* Anlegerinteressen 334; *Kalss* in Doralt/Nowotny/Kalss, AktG² § 255 Rz 38 ff, 49; *Jabornegg/Geist* in Jabornegg/Strasser, AktG⁵ § 255 Rz 4; *Brandl/Hohensinner,* ecolex 2002, 92 ff, 96; *Gruber,* ÖBA 2003, 239 ff, 250) – Strafnorm abzuleiten.

[1440] Vgl *Fleischer,* Ad hoc-Publizität beim einvernehmlichen vorzeitigen Ausscheiden des Vorstandsvorsitzenden, NZG 2007, 401 (403); *Frowein* in Habersack/Mülbert/Schlitt, Handbuch Kapitalmarktinformation § 10 Rz 51 f; *Assmann* in Assmann/Schneider, WpHG⁶ § 15 Rz 89.

zung des Vorstandes sehr wohl meldepflichtig.[1441] Wesentlich für die Beurteilung der Meldepflicht ist bei der Trennung zwischen Gesellschaft und Vorstandsmitglied in erster Linie, wie bedeutsam das ausscheidende Vorstandsmitglied das Unternehmen geprägt hat. Beim Vorstandsvorsitzenden/CEO wird man idR davon auszugehen haben, dass diese Prägung in einer für die vom Gesetz geforderte Kursrelevanz ausreichenden Weise gegeben ist.[1442] Typischer-, wenn auch nicht unbedingt notwendigerweise kann das aber auch zB beim für den Finanzbereich zuständigen Vorstandsmitglied (CFO) der Fall sein – wobei hier die Branche eine Rolle spielen wird. Verliert ein Vorstand gleich mehrere Mitglieder auf einmal, ist an der Meldepflicht meist schon wegen der dadurch ausgelösten Marktirritation nicht zu zweifeln.[1443] Bekannt zu geben ist daher auch, wenn in einem Dreier-Vorstand zwei Vorstandsmitglieder vom Aufsichtsrat suspendiert werden.[1444]

Beim Eintritt von Vorstandsmitgliedern kommt es vor allem darauf an, wie bekannt/prominent das Mitglied am Markt bereits ist, ob sich das Unternehmen in einer schwierigen bzw einer Umbruchsphase befindet und ob dem Bestellten am Markt ein hohes Maß an Veränderungs- oder Sanierungspotential zugeschrieben wird.[1445] Ein relevantes Kriterium für das Bestehen einer Meldepflicht ist aber auch, wie *überraschend* das Ausscheiden bzw der Eintritt des Vorstandsmitgliedes (manchmal sind beide Ereignisse miteinander kombiniert) ist.[1446] Dass in einer sehr „aufgeladenen" Atmosphäre und bei besonderer Anteilnahme der Öffentlichkeit am Geschehen auch ein schon Wochen davor quasi tagtäglich erwarteter Rückzug eines CEO beträchtliche Kursrelevanz haben kann, beweist der bereits erwähnte Fall *BP/Hayward*. Auch der frühere Vorstandsvorsitzende von *Daimler Chrysler*, *Jürgen Schrempp*, war schon lange vor seinem tatsächlichen Ausscheiden (vor allem wegen der seit der Fusion von Daimler mit Chrysler eingetretenen, gigantischen Börsewertvernichtung) sehr umstritten; als er dann wirklich ging, stieg der Aktienkurs dennoch zeitweise um nicht weniger als 10 %![1447]

Schließlich spielen die Umstände des Ausscheidens eine Rolle. Eine Abberufung wegen grober Pflichtverletzung wird – auch wenn das betroffene Vorstandsmitglied vielleicht nicht so „prägend" war – ceteris paribus höhere Kursrelevanz

---

[1441] Vgl *Kalss/Oppitz/Zollner*, Kapitalmarktrecht I (2005) § 14 Rz 6 f; *G. Schima* in FS Binder (2010) 817 ff, 829 ff; *Rüffler*, ÖBA 2009, 724 ff; BGH 25.2.2008, II ZB 9/07, AG 2008, 380 – *Daimler Chrysler/Schrempp*.
[1442] Vgl *Rüffler*, ÖBA 2009, 728; *G. Schima* in FS Binder 830. Im Fall *Daimler Chrysler/Schrempp* wurde *dieser* Umstand im Verfahren auch nie angezweifelt.
[1443] Vgl *Rüffler*, ÖBA 2009, 724 (728 FN 50) unter Verweis auf *Möllers*, NZG 2005, 460 (461).
[1444] *G. Schima* in FS Binder 830: So lagen die Dinge im Fall Hirsch Servo: OGH 7 Ob 58/08t, GesRZ 2008, 378 (*Kalss/Zollner*).
[1445] Vgl *Fleischer*, NZG 2007, 401 ff, 403; *Rüffler*, ÖBA 2009, 724 (728).
[1446] Vgl *Fleischer*, NZG 2007, 401 ff, 403, 406 f; *Rüffler*, ÖBA 2009, 724 (728); *G. Schima* in FS Binder 830.
[1447] Vgl zum Sachverhalt näher OLG Stuttgart ZIP 2007, 481 und OLG Stuttgart ZIP 2009, 962 ff.

haben¹⁴⁴⁸ als ein Ausscheiden aus Altersgründen.¹⁴⁴⁹ Ähnliches wie für die Abberufung wegen Pflichtverletzung gilt für eine Suspendierung, die ja idR mit der Untersuchung aufklärungsbedürftiger Vorgänge einhergeht.¹⁴⁵⁰

543 In der Praxis stellt sich beim Ausscheiden von Vorstandsmitgliedern immer wieder das Problem, dass dieses manchmal „scheibchenweise" erfolgt. Das gilt für von der Gesellschaft wie vom Vorstandsmitglied initiiertes Ausscheiden gleichermaßen.¹⁴⁵¹ Bis es zur definitiven Beendigung des Amtes kommt, läuft manchmal ein mehraktiger Vorgang ab: Dieser beginnt zB mit einem Ersuchen des Vorstandsvorsitzenden an den Aufsichtsratsvorsitzenden, Mandat und Anstellungsvertrag zu lösen, woraufhin Verhandlungen über die Trennungsmodalitäten einsetzen, die schließlich in den Abschluss einer Trennungsvereinbarung münden.¹⁴⁵² Umstritten ist bei ungewissen oder mehrstufigen Ereignissen bzw „gestreckten Sachverhalten"¹⁴⁵³ vor allem, ab wann das Tatbestandselement der „*genauen Information*" iSd § 48a Abs 1 Z 1 BörseG vorliegt: Die *genaue* (bzw nach dem Wortlaut der RL *präzise*¹⁴⁵⁴) Information ist einerseits *bestimmt* (*spezifisch*¹⁴⁵⁵) genug, um auf die Auswirkungen eines (bevorstehenden) Ereignisses auf den Börsekurs schließen zu können; andererseits muss dieses Ereignis, das Inhalt der genauen Information ist, entweder bereits eingetreten sein (unproblematisch) oder *mit hin-*

---

¹⁴⁴⁸ *Rüffler*, ÖBA 2009, 724 (728). Dabei fragt sich freilich, was die Gesellschaft alles *zusätzlich* zum Umstand der Mandatsbeendigung bekannt geben muss und – da gerade bei behaupteten Verfehlungen als Trennungsgrund auch datenschutz- und persönlichkeitsrechtliche Aspekte betroffen sind – was sie überhaupt alles bekannt geben *darf*.

¹⁴⁴⁹ Vgl *Fida*, Zur Ad-hoc-Publizität bei personellen Veränderungen im Vorstand, FS Nowotny (2015) 639 (644): Das Auslaufen des Mandats ohne Wiederbestellung bei einem Vorstandsmitglied nach Erreichen des Pensionsalters ist idR auch nicht *unvorhersehbar*.

¹⁴⁵⁰ *Rüffler*, ÖBA 2009, 724 (728). Die grundsätzliche Meldepflichtigkeit der Suspendierung der beiden Vorstandsmitglieder im Fall *Hirsch Servo* (OGH 7 Ob 58/08t, GesRZ 2008, 378) bezweifelte auch der OGH offenbar nicht, ging aber – ohne auf die (in concreto wohl sogar vorliegenden; siehe unten) Aufschiebungsvoraussetzungen im BörseG einzugehen – unrichtig davon aus, die ad hoc-Meldung hätte durch die gewählte Vorgangsweise vermieden werden können.

¹⁴⁵¹ Bei einem früheren Vorstandsvorsitzenden der Telekom Austria AG unternahm der Hauptgesellschafter nicht weniger als *drei* Anläufe, den CEO loszuwerden. Schwierig war das deshalb, weil es keine Verfehlungen gab, wegen der Börsenotiertheit der Gesellschaft man aber – und das ist in der Praxis so gut wie immer so – vor einem Misstrauensvotum zurückschreckte, weil ein solches am Markt und von den Anlegern leicht fehlinterpretiert wird, wissen diese doch nicht, dass für einen „*nicht offenbar unsachlichen*" Vertrauensentzug keinerlei Fehlverhalten des Vorstandsmitgliedes nötig ist und auch kein Fall von Untüchtigkeit oder zu geringem Erfolg vorliegen muss (vgl dazu Rz 469).

¹⁴⁵² Vgl *Rüffler*, ÖBA 2009, 724 (727).

¹⁴⁵³ Ob man zwischen diesen Konstellationen unterscheidet, ist – wie *Rüffler* (ÖBA 2009, 728 f) zutr schreibt – primär eine „Geschmacksfrage", weil das Gesetz keine Terminologie vorgibt. Es geht jedenfalls stets um einen Sachverhalt, wo eine bestimmte Maßnahme erst bei Zusammenwirken von zumindest zwei oder mehreren Umständen endgültig wirksam wird.

¹⁴⁵⁴ Dies ist die Diktion der RL 2003/124/EG der Kommission vom 22.12.2003 zur Durchführung der RL 2003/6/EG des Europäischen Parlaments und des Rates betreffend die Begriffsbestimmung und die Veröffentlichung von Insider-Informationen und die Begriffsbestimmung der Markmanipulation, ABl L 339/70 vom 24.12.2003, 70, auf der § 48a Abs 1 Z 1 lit a BörseG basiert.

¹⁴⁵⁵ Wortlaut der 1. Marktmissbrauchs- Durchführungs-RL.

IV. Die Beendigung der Vorstandsfunktion

reichender Wahrscheinlichkeit eintreten. Genau hier liegt die spannende Frage, ob die Meldepflicht eine sehr hohe, deutlich überwiegende Eintrittswahrscheinlichkeit voraussetzt,[1456] oder ob – wie dies der BGH in Deutschland 2008 vertrat[1457] – eine bloß mehr als 50 %ige Eintrittswahrscheinlichkeit ausreicht.

Der EuGH hat in einer E vom 28.6.2012[1458] im Zusammenhang mit einer Schadenersatzklage eines Aktionärs gegen die Daimler AG aufgrund eines Vorlageantrags des deutschen BGH eben diese Fragen zu beurteilen gehabt: Ob im Zusammenhang mit dem Ausscheiden eines Vorstandsmitglieds[1459] erst die Endentscheidung, oder bereits Vorbereitungen/Zwischenschritte dazu die ad hoc-Meldepflicht auslösen können, und wann, also ab welchem Grad der Wahrscheinlichkeit, eine ad hoc-meldepflichtige *präzise Information* vorliegt. **544**

Der EuGH stellte klar, dass bei einem zeitlich gestreckten Vorgang wie der Trennung von einem Vorstandsmitglied nicht nur das Endergebnis, sondern auch jeder Zwischenschritt eine *präzise Information* sein kann. Voraussetzung ist, dass das Endergebnis oder der Zwischenschritt entweder schon eingetreten ist oder sein Eintritt *hinreichend wahrscheinlich* ist und gleichzeitig eine *ausreichende Kursspezifität* gegeben ist.[1460] Mit *Kursspezifität* (in § 48a BörseG wird dieses Merkmal mit dem Wort „bestimmt" umschrieben) ist die Eignung einer Information gemeint, aus ihr Schlüsse auf die mögliche Entwicklung des Aktienkurses zu ziehen.[1461] *Hinreichende Wahrscheinlichkeit* des Eintritts eines Ereignisses liegt nach Ansicht des EuGH dann vor, wenn das Eintreten eines künftigen Ereignisses „*tatsächlich erwartet werden kann*".[1462] Dh, dass nur Ereignisse, deren Eintritt tatsächlich erwartet werden kann, die spezifisch sind und die zusätzlich *Kursrelevanz* haben, als ad hoc-meldepflichtige Ereignisse in Frage kommen. Kursrelevanz bedeutet, dass eine Information bei ihrer Veröffentlichung geeignet ist, den Kurs von Finanzinstrumenten und Derivaten erheblich zu beeinflussen, weil sie ein verständiger Anleger wahrscheinlich zur Grundlage seiner Anlageentscheidung machen würde.[1463] Welche konkreten Zwischenschritte zur Vorbereitung des Rücktritts des Vorstandsvorsitzenden im Anlassfall die Qualität einer *genauen Information* hatten, musste der EuGH nicht prüfen.[1464]

Im Lichte dieser Entscheidung des EuGH ist also nicht nur das Endereignis, sondern bereits jeder einzelne Zwischenschritt auf seine Eignung als ad hoc-mel- **545**

[1456] So *Assmann/Schneider*, WpHG¹ (1995) § 13 Rz 36; *Assmann*, Rechtsanwendungsprobleme des Insiderrechts, AG 1997, 50 (51); abweichend jedoch bereits wenig später *Assmann/Schneider*, WpHG² (1999) § 13 Rz 36, wo die Eintrittswahrscheinlichkeit als Frage des Kursbeeinflussungspotentials gesehen wird; so auch in der aktuellen Auflage s Assmann/Schneider, WpHG⁶ (2012) § 13 Rz 25.
[1457] BGH II ZB 9/07, AG 2008, 380 = BB 2008, 855 (*Widder*) = ZFR 2009, 24 (*Zollner*).
[1458] EuGH 28.6.2012, C-19/11, *Geltl*.
[1459] Der erwähnte damalige Daimler-Vorstandsvorsitzende *Jürgen Schrempp*.
[1460] Vgl die Zusammenfassung der E von *Fida* in FS Nowotny 647.
[1461] Art 1 Abs 1 RL 2003/124/EG.
[1462] EuGH 28.6.2012, C-19/11, *Geltl*, Rz 49.
[1463] Art 1 Abs 2 RL 2003/124/EG.
[1464] Der BGH hob nach Einlangen der EuGH-E das Urteil des OLG Stuttgart mit Beschluss vom 23.4.2013, II ZB 7/09 zum Zwecke der ergänzenden Sachverhaltsermittlung im Lichte der Auslegungserkenntnisse des EuGH auf.

depflichtige *genaue bzw präzise Information* zu prüfen. Diese ist dann gegeben, wenn das (Zwischen-)Ereignis entweder eingetreten ist oder die hinreichende Wahrscheinlichkeit seines Eintritts vorliegt, kursspezifisch und kursrelevant ist. Eine bloße Eintrittswahrscheinlichkeit des Ereignisses von nur 50 % oder weniger begründet keine *präzise Information*.[1465] Keinem Zweifel kann mE unterliegen, dass bei einer Suspendierung, sofern sie überhaupt meldepflichtig ist,[1466] die Eintrittswahrscheinlichkeit in Bezug auf die Auflösung des Mandats auch den Anforderungen der hinreichenden Wahrscheinlichkeit iSe „*tatsächlichen Erwartbarkeit*" genügt, weil es sich dabei in der Praxis regelmäßig um eine Einbahnstraße Richtung Amtsverlust handelt.[1467]

546 Dass ein Vorgang für die Gesellschaft *unangenehm* ist, weil das (bevorstehende) Ausscheiden eines Vorstandsmitgliedes zB wegen von diesem zu verantwortender Fehlinvestitionen oder gar finanzieller Unregelmäßigkeiten erfolgt (und der Markt die in solchen Fällen manchmal vorgeschobenen „*Auffassungsunterschiede*" oder die „*Neuorientierung*" nicht glauben wird), ist selbstredend *kein* Grund dafür, die Meldung zu unterlassen. Ad hoc-Publizität zwingt eben auch – und geradezu wesensgemäß – zur Veröffentlichung *unangenehmer* Tatsachen.[1468] Auch ein an den Aufsichtsrat(svorsitzenden) gerichtetes Ersuchen des Vorstandsmitgliedes, Mandat und Anstellungsvertrag aufzulösen, kann nach allen Erfahrungen in der Praxis nur in eine – möglicherweise etwas hinausgeschobene – Trennung münden (so dass selbst bei enger Auslegung der Schluss auf das Ausscheiden geboten ist), weil kein vernünftiger Aufsichtsrat einen amtsmüden Vorstand (Vorstandsvorsitzenden) im Amt belassen bzw unter Hinweis auf den befristeten und nicht vorzeitig ohne wichtigen Grund auflösbaren Vertrag ans Amt binden wird.[1469]

547 Anderes kann nur dann gelten, wenn ganz spezielle Umstände vorliegen, die eine Beendigung nicht tatsächlich erwarten lassen, wie zB das Fehlen eines „logischen Nachfolgers" samt einer in der Geschäftsordnung für den Aufsichtsrat (oder gesetzlich: Vgl § 31 Abs 2 MitbestG) vorgesehenen Zwei-Drittel-Mehrheit für die Annahme von Auflösungsanboten von Vorstandsmitgliedern sowie der Möglichkeit *jedes* einzelnen Aufsichtsratsmitgliedes, die Absetzung des Tages-

---

[1465] In diesem Sinne EuGH 28.6.2012, C-19/11, *Geltl*, Rz 48; *Fida* in FS Nowotny 648.

[1466] Das wird einerseits davon abhängen, ob die Maßnahme ein Vorstandsmitglied betrifft, dessen Ausscheiden an sich in der rechtlich geforderten Weise potentiell kursbeeinflussend ist. Andererseits kann die Suspendierung eine Meldepflicht nach § 48d Abs 1 BörseG auch dann auslösen, wenn eine *reibungsfreie* Trennung von diesem Vorstandsmitglied *kein* Fall der ad hoc-Publizität gewesen wäre, wenn und weil der Suspendierung in concreto vermutetes Fehlverhalten oder ein desaströser Wirtschaftsprüferbericht zugrunde liegt (vgl das Beispiel bei OGH 7 Ob 58/08t, GesRZ 2008, 378 [*Kalss/Zollner*] = wbl 2008, 598 [*U. Torggler*]).

[1467] IdS auch *Kalss/Zollner*, GesRZ 2008, 384; *G. Schima* in FS Binder 830.

[1468] Das hat der OGH in der *Hirsch Servo-E* (7 Ob 58/08t, GesRZ 2008, 378) nicht ausreichend erkannt bzw gewürdigt: *Kalss/Zollner*, GesRZ 2008, 384; *G. Schima* in FS Binder 831.

[1469] *G. Schima* in FS Binder 831. In fünfundzwanzigjähriger Beratungstätigkeit habe ich nur *einen* derartigen Fall erlebt, der die Besonderheit aufwies, dass im Hintergrund eine Auseinandersetzung zwischen dem Topmanagement zweier konkurrierender Bankengruppen stand, von denen die eine der anderen schon in der Vergangenheit Manager abgeworben hatte, weshalb man nun ein „Exempel statuieren" und ein zum Wechsel entschlossenes Vorstandsmitglied unbedingt halten wollte.

ordnungspunktes zu verlangen und damit eine Beschlussfassung (über die einvernehmliche Trennung) zu verhindern.[1470] Dennoch kann auch unabhängig von der Eintrittswahrscheinlichkeit des Endergebnisses der Zwischenschritt allein (zB die Suspendierung oder der Wunsch des Vorstandsmitglieds, sein Amt bald zurückzulegen) aus anderen Gründen kursrelevant sein und damit die ad hoc-Meldepflicht auslösen.[1471]

548 Aus § 48a Abs 1 Z 1 lit BörseG iVm der in § 48d Abs 2 BörseG vorgesehenen Befreiungsmöglichkeit ergibt sich – mE unabhängig von der Klarstellung durch den EuGH – grundsätzlich klar, dass die „Endgültigkeitstheorie"[1472] bei gestreckten Sachverhalten/mehrstufigen Ereignissen obsolet ist und der Gesetzgeber sich für die „Wahrscheinlichkeitstheorie"[1473] entschieden hat.[1474] Es kann also nicht einfach unter Verweis auf die Organisationsverfassung der österreichischen AG mit ihrer Unterscheidung zwischen Vorstand und Aufsichtsrat argumentiert werden, Entscheidungen, die einem Zusammenwirken *beider* Organe bedürften,[1475] seien auf jeden Fall erst publizitätspflichtig, wenn die endgültige Genehmigung, dh der zeitlich letzte Zustimmungsakt gesetzt werde. Schon die Befreiungsmöglichkeit in § 48d Abs 2 Z 1 lit b BörseG spricht ganz klar gegen eine solche Sichtweise, wenn auch das Spannungsverhältnis zwischen AG-Organisationsverfassung und ad hoc-Meldepflicht nicht verkannt werden soll und in einem two tier-System zweifellos noch akzentuierter zu Tage tritt als im Board-System.[1476]

549 Im Hinblick auf die E des EuGH steht daher mittlerweile fest, dass auch ein Erst- oder Zwischenereignis (also zB das Ersuchen des Vorstandsvorsitzenden an den Aufsichtsratsvorsitzenden, einer Mandatsbeendigung zuzustimmen, die Anberaumung einer Sitzung des Aufsichtsrates mit dem Tagesordnungspunkt „Trennung vom Vorstandsmitglied X", etc) *als solches* publizitätspflichtig ist bzw sein kann.[1477] Steht also der Eintritt eines Zwischenereignisses bereits fest, oder ist der Eintritt *hinreichend wahrscheinlich*, kommt es für die ad hoc-Meldepflicht nur noch auf die Kursspezifität und die Kursrelevanz an.[1478] Vage und allgemeine Informationen, die keinen Schluss auf die Auswirkungen auf den Börsekurs zulassen, sind nicht *spezifisch*. Nach einer neuen E des EuGH kommt es außerdem nicht

---

[1470] Vgl den Fall *Daimler Chrysler/Schrempp* BGH 25.2.2008, II ZB 9/07, AG 2008, 380 = BB 2008, 855 (*Widder*) = ZFR 2009, 24 (*Zollner*); davor schon die vom BGH später aufgehobene E des OLG Stuttgart ZIP 2007, 481 und die nach der Aufhebung durch den BGH gefällte E des OLG Stuttgart ZIP 2009, 962.
[1471] Vgl BGH 23.4.2013, II ZB 7/09 Rz 30.
[1472] Nach dieser kommt es auf den Abschluss des Entscheidungsprozesses an: So vor der BörseG-Novelle im Wesentlichen *Altendorfer/Kalss/Oppitz* in Aicher/Kalss/Oppitz, Grundfragen des neuen Börserechts (1998) 144 ff.
[1473] Danach ist auf die Eintrittswahrscheinlichkeit hinsichtlich der endgültigen Maßnahme abzustellen: So zB *Gruber*, ÖBA 2003, 239 (243).
[1474] *Rüffler*, ÖBA 2009, 724 (729).
[1475] Man denke zB an die zustimmungspflichtigen Geschäfte und Maßnahmen nach § 95 Abs 5 AktG.
[1476] Vgl zu der Problematik auch jüngst OLG Stuttgart ZIP 2009, 962 (965 f).
[1477] Vgl schon OLG Frankfurt ZIP 2009, 563.
[1478] *Kalss/Hasenauer*, Aktuelles zur Ad-hoc-Publizität bei Beteiligungs- und Unternehmenstransaktionen, GesRZ 2014, 269 (270 f).

darauf an, ob aus den Informationen eine eindeutige Kurstendenz abzuleiten ist.[1479] Auch mehrdeutige Signale, aus denen der verständige Anleger nicht ableiten kann, in welche Richtung sich der Kurs entwickelt, sind spezifisch iSd RL.[1480] Ist das (eingetretene oder tatsächlich zu erwartende) Zwischenereignis auch kursspezifisch, ist die *Kursrelevanz* zu prüfen: Nicht jedes Zwischenereignis ist nämlich für sich genommen geeignet, bei Bekanntwerden Auswirkungen auf den Kurs zu haben. Manche Zwischenschritte sind eben nur im Zusammenhang mit der Wahrscheinlichkeit des Endergebnisses überhaupt kursrelevant oder kursspezifisch.[1481]

So wird ein verständiger Anleger wohl nicht schon den Umstand zur Grundlage seiner Anlageentscheidung machen, dass der Betriebsrat dem Aufsichtsrat seine große Unzufriedenheit mit dem Vorstandsvorsitzenden mitteilt und dessen Abberufung fordert, sondern die Wahrscheinlichkeit, dass der Aufsichtsrat diesem Ersuchen tatsächlich nachkommt, wird bedeutsamer sein. Dh, dass der Umstand (Zwischenschritt) allein noch nicht kursrelevant und daher nicht ad hocmeldepflichtig ist. Die Beurteilung muss – wie immer – anhand der Umstände im Einzelfall erfolgen, denn wenn in einem Unternehmen die Belegschaft sehr stark ist, mit Streiks regelmäßig den Betrieb zum Erliegen bringt und schon in der Vergangenheit Entscheidungen beim Aufsichtsrat oder Vorstand erwirkt hat, kann die Ankündigung des Betriebsrates per se schon kursrelevant sein, weil die Eintrittswahrscheinlichkeit des Endergebnisses (Abberufung des Vorstands) hinreichend wahrscheinlich ist.

Ist das Vorstandsmitglied einseitig (und damit jedenfalls *wirksam*) zurückgetreten, ohne eine Einigung über die anstellungsvertraglichen Belange erzielt zu haben (ein in der Praxis eher selten vorkommender Fall), dann ist der Rücktritt natürlich unverzüglich zu veröffentlichen (sofern die Voraussetzung zutrifft, dass das Vorstandsmitglied in seiner Bedeutung für das Unternehmen die Annahme der Kursrelevanz des Ausscheidens rechtfertigt); es muss mE aber der Umstand, dass noch keine Vereinbarung über die finanziellen Fragen der Trennung geschlossen wurde, in aller Regel nicht zusätzlich kommuniziert werden. Denn *dieser* Tatsache fehlt es selbst bei beträchtlichen Trennungsentschädigungen meist an der erforderlichen Kursrelevanz.

550   Liest man § 48a Abs 1 Z 1 lit a BörseG, so könnte man bei sehr wortlautbezogener Auslegung die Bestimmung so verstehen, als sei bei einem mehrstufigen Prozess, wo der Eintritt des Erstereignisses das Endereignis „*hinreichend wahrscheinlich*" macht, bereits das *Endereignis* zu publizieren – so als wäre dieses schon eingetreten. Vielmehr muss jedoch das Bevorstehen des Endereignisses publik gemacht werden, wenn dessen Eintritt „tatsächlich erwartet werden kann".[1482] Bei mehrstufigen Ereignissen bzw gestreckten Sachverhalten kann wie gesagt auch ein Teilereignis, das für sich allein genommen die Kriterien des § 48a Abs 1

[1479] EuGH 11.3.2015, C-628/13, *Lafonta*, Rz 30 ff.
[1480] Vgl *Nicolussi*, Insider-Information: Zur Auslegung des Kriteriums der „präzisen" Information iSd Art 1 Z 1 der Marktmissbrauchsrichtlinie, GesRZ 2015, 127 (129).
[1481] *Kalss/Hasenauer*, GesRZ 2014, 269 (271).
[1482] *Fida* in FS Nowotny 646; *Kalss/Hasenauer*, GesRZ 2014, 269 (270 f).

Z 1 BörseG erfüllt, die Veröffentlichungspflicht begründen, allenfalls mit einem Hinweis auf die sich daraus ergebenden Konsequenzen.[1483]

Hat also der Vorstandsvorsitzende den Aufsichtsratsvorsitzenden um Auflösung seines Vorstandsvertrages und Mandatsbeendigung ersucht, dann ist vor rechtsverbindlicher Einwilligung nicht das (erfolgte) Ausscheiden bekannt zu geben, sondern die Tatsache, dass der CEO um die Auflösung gebeten hat (und allenfalls eine Begründung).[1484]

Ab 3. Juli 2016 tritt die neue Marktmissbrauchs-Verordnung[1485] in Kraft, die die bisherige Marktmissbrauchs-RL und die Durchführungs-RL, sowie die nationalen Rechtsvorschriften zur Umsetzung dieser RL ersetzt. Unter Anderem wird in der Definition von Insider-Information bei noch nicht eingetretenen Ereignissen das Vorliegen einer *präzisen Information* dann bejaht, wenn deren Eintritt *vernünftiger Weise erwartet* werden kann. Außerdem enthält die VO eine Definition des Begriffs „zeitlich gestreckter Sachverhalt". Die Änderungen kodifizieren die Erkenntnisse der EuGH-E *Geltl*.[1486]

§ 48d Abs 2 BörseG gibt dem Emittenten die Möglichkeit, die **Bekanntgabe der Insider-Information** *aufzuschieben*, wenn die Bekanntgabe seinen berechtigten Interessen schaden könnte, sofern diese Unterlassung nicht geeignet ist, die Öffentlichkeit irrezuführen, und der Emittent in der Lage ist, die Vertraulichkeit der Information zu gewährleisten. „*Berechtigte Interessen*" liegen insbesondere vor bei „*laufenden Verhandlungen oder damit verbundenen Umständen, wenn das Ergebnis oder der normale Ablauf dieser Verhandlungen von der Veröffentlichung wahrscheinlich beeinträchtigt werden würden*" (§ 48d Abs 2 lit a Satz 1 BörseG). Diese Voraussetzungen können (und werden mE sogar typischerweise) bei Trennungen von Vorstandsmitgliedern, uU aber auch bei der Neubestellung eines Vorstandsmitgliedes gegeben sein.[1487] So war auch im schon mehrfach erwähnten „Hirsch Servo-Fall" es mE durchaus denkbar, dass die Voraussetzungen für eine Aufschiebung der Veröffentlichung vorlagen: Wenn der Aufsichtsrat zwei Vorstandsmitglieder suspendiert und mit ihnen gleichzeitig Verhandlungen über eine gütliche Trennung führt, dann ist die – mit einem beträchtlichen Reputationsverlust verbundene – Bekanntgabe der Suspendierung (deren negatives Kommunikationspotential nach den Erfahrungen der Praxis die Bekanntgabe einer Abberufung noch deutlich übersteigt, sofern diese nicht auf grobe Pflichtverletzung gestützt wird) dazu geeignet, die Verhandlungen über die gütliche Auflösung von Mandat und Anstellungsvertrag zu beiderseits akzeptierten finanziellen Bedingun-

---

[1483] Dass freilich auch eine solche Mitteilung für das Publikum problematisch sein kann, hat der Gesetzgeber in § 48d Abs 2 Z 1 lit b BörseG angesprochen: Danach kann die Veröffentlichung ua dann aufgeschoben werden, wenn bei einer Entscheidung des Vorstandes, die noch der Aufsichtsratszustimmung bedarf, die Veröffentlichung der Vorstandsentscheidung mit dem Zusatz, dass die Genehmigung des Aufsichtsrates noch ausständig sei, „*die korrekte Bewertung der Informationen durch das Publikum gefährden würde*".

[1484] *G. Schima* in FS Binder 830 f; so ähnlich offenbar auch *Rüffler,* ÖBA 2009, 724 (730).

[1485] Verordnung (EU) 596/2014 des Europäischen Parlaments und des Rates vom 16.4.2014 über Marktmissbrauch und zur Aufhebung der RL 2003/6/EG und der RL 2003/124/EG, 2003/125/EG und 2004/72/EG, ABl L 173/1 vom 12.6.2014, 1.

[1486] Vgl dazu *Fida* in FS Nowotny 658 f.

[1487] So grs auch *Rüffler*, ÖBA 2009, 724 (731 ff).

gen zu torpedieren, weil das betroffene Vorstandsmitglied/die Vorstandsmitglieder in Versuchung geraten, gegen die Gesellschaft rechtlich vorzugehen, um sich reinzuwaschen.[1488]

553 Dass die Suspendierung als solche ein abgeschlossenes und „*nicht mehr verhandlungsfähiges*" Ereignis ist, spielt keine Rolle. § 48d Abs 2 BörseG greift ja von vornherein nur dann ein, wenn eine bereits ad hoc-meldepflichtige Insider-Tatsache vorliegt, was sowohl bei bereits eingetretenen als auch bei „nur" *hinreichend wahrscheinlichen* Umständen der Fall sein kann. Sähe man das anders, würde man die Vorschrift ihres Sinnes entkleiden und praktisch unanwendbar machen.[1489]

554 Die gegen eine Aufschiebung bei Veränderungen im Vorstand sprechenden Bedenken knüpfen mE eher an den Umstand an, dass es dem Emittenten in der Praxis meist sehr schwer fallen wird, die „*Vertraulichkeit der Information zu gewährleisten*", wie dies § 48d Abs 2, erster Satz BörseG verlangt.[1490] Den Vorstand betreffende Personalfragen sind nämlich solche, an denen die Öffentlichkeit und die Medien ein besonderes Interesse haben.

555 Neben dem Fall des § 48d Abs 2 Z 1 lit a BörseG (laufende Verhandlungen) kommt auch der Tatbestand in lit b bei Veränderungen im Vorstand für eine Aufschiebung der Veröffentlichung grundsätzlich in Betracht:[1491] Die fehlende Zustimmung eines anderen Organs des Emittenten, sofern eine Bekanntgabe der Information vor der Zustimmung, zusammen mit der Ankündigung über die fehlende Zustimmung die korrekte Bewertung der Information durch das Publikum gefährden würde. Wohl erfasst dieser Tatbestand seinem (wenn auch abstrakter formulierten) Wortlaut nach nur Fälle, in denen der Vorstand eine Entscheidung getroffen oder einen Vertrag abgeschlossen hat, die bzw der noch der Zustimmung des Aufsichtsrates bedarf und passt daher nicht unmittelbar auf die Bestellung oder das Ausscheiden von Vorstandsmmitgliedern, wie die „*Causa Schrempp*" oder verwandte Sachverhalte. Die gesetzliche Wertung ist mE aber auch auf Konstellationen übertragbar, in denen generell erst ein Zusammenwirken von Vorstand(smitglied) und Aufsichtsrat zum endgültigen Ereignis führt.[1492] Das kann auch bei der Bestellung von Vorstandsmitgliedern eine Rolle spielen: Hat zB der Nominierungsausschuss des Aufsichtsrates mit Beschluss eine an das Plenum gerichtete Empfehlung für einen bestimmten Vorstandskandidaten abgegeben, dann können bis zur Entscheidung des Gesamtaufsichtsrates die Voraussetzungen für eine Aufschiebung der Veröffentlichung wegen der Gefährdung „*berechtigter Interessen*" gegeben sein – immer vorausgesetzt, dass auch die übrigen Voraus-

---

[1488] *G. Schima* in FS Binder 832; aM *Kalss/Zollner,* GesRZ 2008, 384.
[1489] *G. Schima* in FS Binder 832.
[1490] *G. Schima* in FS Binder 832; insofern ist – gerade bezogen auf Suspendierungen – *Kalss/Zollner* (GesRZ 2008, 384) Recht zu geben. Dies räumt auch *Rüffler,* ÖBA 2009, 724 (733) ein.
[1491] So auch *Rüffler,* ÖBA 2009, 724 (732).
[1492] Wie *Rüffler* (ÖBA 2009, 732) zutr ausführt, geht es bei § 48d Abs 2 Z 1 lit b BörseG und der ihre Basis bildenden RL-Bestimmung nicht um die Wahrung der Entscheidungsautonomie des Aufsichtsrates, sondern darum, zu verhindern, dass das Publikum ein Ereignis trotz (man könnte auch sagen: gerade *wegen*) des Hinweises auf seine Vorläufigkeit falsch bewertet.

setzungen des § 48d Abs 2 Satz 1 BörseG vorliegen, dh die Unterlassung nicht geeignet ist, die Öffentlichkeit irrezuführen und der Emittent in der Lage ist, die Vertraulichkeit der Information zu gewährleisten. Die Erfüllung der letztgenannten Voraussetzung ist – wie erwähnt – bei Vorstands-Personalentscheidungen besonders problematisch.

Die Aufschiebungsentscheidung des Emittenten bedarf nicht mehr eines konstitutiven Aktes der Aufsichtsbehörde, sondern ist selbstverantwortlich zu treffen (Grundsatz der Selbstbefreiung). Es bedarf nach richtiger Ansicht *nicht einmal einer bewussten Entscheidung*, die Veröffentlichung aufzuschieben.[1493] Die Finanzmarktaufsicht[1494] und die Lehre[1495] sind jedoch anderer Meinung; die FMA verlangt einen Beschluss des Emittenten, der zu Beweiszwecken dokumentiert werden sollte. Die Übermittlung des Beschlusses über den Aufschub der Veröffentlichung ist, wie gesagt, keine Wirksamkeitsvoraussetzung für den Aufschub, doch ist das Unterlassen der Mitteilung über den Aufschub gesondert strafbewehrt.[1496]

Die Wahrnehmung der Verpflichtungen aus der ad hoc-Publizität ist in der AG grundsätzlich Sache des Vorstandes als des zur Vertretung nach außen berufenen Organs (§ 9 Abs 1 VStG).[1497] Für die Mitteilung nach § 48d Abs 1 BörseG ist *bei Veränderungen im Vorstand* aber mE **ausschließlich der Aufsichtsrat zuständig**.[1498] Das ergibt sich zwingend daraus, dass es um Ereignisse geht, bei denen nur der Aufsichtsrat die AG vertritt und vertreten kann und wo auch keinerlei Meinungsverschiedenheit über eine konkurrierende Kompetenz von Vorstand und Aufsichtsrat und Vorstand besteht wie bei § 97 AktG. Es ist in den Fällen des Ausscheidens und Neueintritts von Vorstandsmitgliedern daher auch allein am Aufsichtsrat, zu beurteilen, ob in einer verständigen ex ante-Betrachtung das Ereignis kursbeeinflussend sein wird. Denn die Kursrelevanz kann und wird sich nicht zuletzt aus Faktoren ergeben, deren Einschätzung nur dem Aufsichtsrat obliegt (strategische Neuausrichtung des Vorstandes, Zuweisung bestimmter Ressorts, etc). Gäbe man einem neuen Vorstandsmitglied (im Verein mit dem Gesamtvorstand) die Möglichkeit, sich selbst quasi als „ausreichend wichtig" einzuschätzen, um

---

[1493] Zutr OLG Stuttgart ZIP 2009, 962, das darauf hinweist, dass – selbst wenn man eine bewusste Entscheidung für die Aufschiebung verlangte – die gerechtfertigte *faktische* Nicht-Veröffentlichung schon wegen mangelnder Risikoerhöhung gegenüber rechtmäßigem Alternativverhalten nicht haftungsbegründend sein könne.
[1494] Rundschreiben der Finanzmarktaufsichtsbehörde vom 19.6.2013 betreffend Melde- und Veröffentlichunspflichten von Emittenten („Emittentenleitfaden") 68 f.
[1495] *Fida* in FS Nowotny 655 unter Berufung auf *Schopper/Walch*, Ad-hoc-Publizität bei zeitlich gestreckten Sachverhalten – zugleich eine Besprechung von VwGH 2012/17/0554, ZFR 2014/164, 255 (260), die dies ua aus dem Gesetzeswortlaut ableiten.
[1496] „Emittentenleitfaden" der FMA vom 19.6.2013, 69.
[1497] *Kalss/Oppitz/Zollner*, Kapitalmarktrecht I (2005) § 14 Rz 50.
[1498] *G. Schima* in FS Binder 832 FN 61; *Kalss* in Doralt/Nowotny/Kalss, AktG² § 97 Rz 11; *Fida* in FS Nowotny 657; anscheinend aM OGH 7 Ob 58/08t, GesRZ 2008, 378 (381), der davon spricht, dass die Mitteilungspflicht den Nebenintervenienten auf Seiten der Klägerin als verbleibendes Vorstandsmitglied oder das neu hinzugekommene Vorstandsmitglied getroffen hätte; nicht ganz klar, aber wohl auch noch aM *Kalss/Zollner*, GesRZ 2008, 384, die meinen, der Aufsichtsrat hätte es ihrer Meinung nach „*verabsäumt, auf die Offenlegung zu dringen.*"

eine Kursrelevanz der Bestellung und damit eine Meldepflicht zu bejahen, bedeutete dies einen Eingriff in die Personalautonomie des Aufsichtsrates in punkto Vorstandsbestellung. Bei letzterer kann es sich im Einzelfall sogar so verhalten, dass der restliche Vorstand davon zunächst gar nicht erfährt, wenn das Ereignis einen größeren zeitlichen Vorlauf und der Aufsichtsrat Grund für Diskretion hat. Gäbe man dem Vorstand die Zuständigkeit für ad hoc-Meldungen betreffend Veränderungen im Vorstand, könnte außerdem das Vorstandsmitglied (um das von ihm gewollte und finanziell gut abgefederte Ausscheiden zu erzwingen) den Aufsichtsrat unter Druck setzen, indem es sein Rücktrittsgesuch gleich postwendend an die APA oder Bloomberg schickt und damit den Aufsichtsrat quasi zwingt, die Trennungsverhandlungen möglichst rasch zu führen und abzuschließen. Richtig ist zwar, dass bei Aufsichtsratszuständigkeit der Aufsichtsrat theoretisch eine ähnliche Möglichkeit vorfindet, doch gilt das vorhin geäußerte Bedenken nicht spiegelbildlich. Zum einen bedarf es für eine einseitige Trennung durch die Gesellschaft eines wichtigen Grundes, der im AktG geregelt ist. Zum anderen verdient das Interesse der (durch den Aufsichtsrat vertretenen) Gesellschaft an „Kommunikationshoheit" über die Zusammensetzung des Vorstandes schon deshalb mehr Schutz als das Interesse des letzteren, weil bei einer ungerechtfertigten Abberufung das Vorstandsmitglied ohnehin – je nach Vertragslage uU beträchtliche – finanzielle Ansprüche gegen die Gesellschaft hat, wohingegen bei einem ungerechtfertigten (und dennoch nach ganz hM wirksamen; vgl Rz 496) Rücktritt solche Ansprüche der Gesellschaft regelmäßig am Nachweis eines konkreten Vermögensschadens scheitern werden.

558 In der neuen Marktmissbrauchs-VO gelten dieselben Voraussetzungen für einen Aufschub der ad hoc-Mitteilung, doch muss die Aufsichtsbehörde erst nach der Offenlegung der Insider-Information vom Aufschub in Kenntnis gesetzt werden.[1499]

V. Die Geltendmachung von Ersatzansprüchen gegen Vorstandsmitglieder

A. Untersuchungen durch den Aufsichtsrat

1. Beauftragung von Sachverständigen

559 Trägt sich der Aufsichtsrat mit dem Gedanken, Schadenersatzansprüche gegen Vorstandsmitglieder geltend zu machen – wozu er im Falle eines darauf lautenden Hauptversammlungsbeschlusses verpflichtet ist (§ 134 Abs 1 AktG) – bedarf es zur Entscheidungsfindung meist näherer Untersuchungen und Prüfungen im Unternehmen. § 95 Abs 3 AktG gestattet dem Aufsichtsrat ausdrücklich ein auf Unterlagen und Vorgänge bezogenes Einsichts- und Prüfungsrecht. Dieses Recht tritt zur Befugnis der Berichtseinholung gem § 95 Abs 2 AktG als Kontrollmittel hinzu. Die im Wortlaut des § 95 Abs 3 AktG erfolgte Umschreibung des Gegenstandes dieser Befugnisse ist jedoch nach hL zu eng geraten.[1500] Das Gesetz nennt

---
[1499] Vgl die Zusammenfassung bei *Fida* in FS Nowotny 659 f.
[1500] *Kalss* in Doralt/Nowotny/Kalss, AktG² § 95 Rz 61.

nur die „*Bücher und Schriften*", sowie die „*Vermögensgegenstände*", und führt zur Erläuterung dieser zuletzt genannten Sachen demonstrativ die Gesellschaftskasse und die Bestände an Wertpapieren und Waren an. Von Sinn und Zweck dieser Befugnis her, vor allem aber wegen ihres instrumentalen Charakters in Bezug auf die allgemeine Überwachungsaufgabe, muss davon ausgegangen werden, dass auch faktische Vorgänge[1501] im Rahmen der Geschäftsführung auf geeignete Weise (zB durch Befragung nach § 95 Abs 3 AktG) untersucht werden können.[1502] § 95 Abs 3 AktG bietet daher die Rechtsgrundlage für ein umfassendes Informations- und Prüfungsrecht des Aufsichtsrates.

Der Aufsichtsrat ist berechtigt, bei Bedarf für die Prüfung und Durchleuchtung konkreter Einzelangelegenheiten externe Sachverständige zu bestellen.[1503] So kann der Aufsichtsrat – trotz der gesetzlichen Einschränkung auf die Wahrnehmung bestimmter Aufgaben – zB EDV-Sachverständige beiziehen, um eine Gesamteinsicht in die EDV zu bekommen.[1504] Da der Aufsichtsrat oft (nur) auf externe Informationsquellen angewiesen ist, wird die im Gesetz erwähnte „*Befugnis*", externe Sachverständige zu beauftragen, im Sinne pflichtgemäßen Ermessens zur *Pflicht*. So sind zB für börsenotierte Gesellschaften regelmäßig Analysten für bestimmte Geschäftseinheiten oder Branchenkenner heranzuziehen, weil nur diese in der Lage sind, benchmarks des eigenen Unternehmens im Vergleich zum Markt und zu Wettbewerbern zu setzen und zu analysieren. Für einzelne Fragen oder Projekte sind darüber hinaus Sachverständige aus technischen, ökonomischen oder rechtlichen Spezialgebieten zu Rate zu ziehen.[1505]

Die Beziehung eines Sachverständigen darf nicht pauschal vorgenommen werden; vielmehr bedarf es einer konkret zu untersuchenden Einzelangelegenheit; die Beauftragung muss daher zeitlich und gegenständlich beschränkt sein und darf nicht dazu führen, dass der Aufsichtrat einen ständigen Berater erhält.[1506] Der Sachverständige hat den Sachverhalt zu untersuchen und darüber dem Aufsichtrat einen (schriftlichen) Bericht zu erstatten.[1507] Aus der Einschränkung der Prüfungsbefugnis auf einzelne bzw bestimmt bezeichnete, konkrete Angelegenheiten darf aber nicht geschlossen werden, dass der Aufsichtsrat nur „kleine" Gutachten in Auftrag geben kann. Wird zB der Erwerb einer (möglicherweise verlustreichen)

[1501] *Kittel*, Handbuch für Aufsichtsratmitglieder (2006) 257.
[1502] Das Einsichts- und Prüfungsrecht gem § 95 Abs 3 AktG ist – verweigert der Vorstand dem Aufsichtsrat die Prüfung gemäß § 95 Abs 3 AktG – gemäß § 258 Abs 1 AktG durch Zwangsstrafen erzwingbar.
[1503] *Strasser* in Jabornegg/Strasser, AktG[5] §§ 95-97 Rz 28; *Habersack* in MünchKommAktG[4] § 111 Rz 71 ff; *Hüffer/Koch*, AktG[11] § 111 Rz 23; *Kittel*, Handbuch für Aufsichtratsmitglieder 258.
[1504] *Zöllner* in Noack/Spindler, Unternehmensrecht und Internet (2001) 69 (84 FN 43).
[1505] *Kalss* in Doralt/Nowotny/Kalss, AktG[2] 95 Rz 66; *Hopt/Roth* in GroßkommAktG[4] § 111 Rz 423.
[1506] *Mertens/Cahn* in KölnKommAktG[3] § 111 Rz 63; *Hüffer/Koch*, AktG[11] § 111 Rz 23; *Pentz* in Fleischer, Handbuch des Vorstandsrechts § 16 Rz 93; *Hopt/Roth* in GroßkommAktG[4] § 111 Rz 424; *Hoffmann-Becking* in MünchHdbGesR IV[4] § 29 Rz 45; *Rodewig* in Semler/v. Schenck, ARHdb[4] § 8 Rz 184.
[1507] *Kalss* in Doralt/Nowotny/Kalss, AktG[2] § 95 Rz 66.

großen Beteiligung oder eines ausländischen Betriebes untersucht,[1508] so kann uU auch eine umfassende und kostspielige Due Diligence erforderlich und geboten sein; auch eine solche kann der Aufsichtsrat selbstverständlich in Auftrag geben, wenn er den Bericht für seine Entscheidung benötigt. Dasselbe gilt für die Untersuchung der Verantwortlichkeit einzelner Vorstandsmitglieder oder des gesamten Vorstandes im Zusammenhang mit bestimmten Geschäftsfällen. Derartiges kann extrem komplex und umfangreich sein.

562 Die Rechte gemäß § 95 Abs 3 AktG sollten nach der früheren Rsp und Lehre nur funktionsbezogen ausgeübt werden; teilweise wurde vertreten, ihre Inanspruchnahme sollte nur als *ultima ratio* angesehen werden[1509] und die Beiziehung eines Sachverständigen nur dann rechtens sein, wenn sie und die damit verbundene Kostenbelastung der Gesellschaft sachlich gerechtfertigt wäre.[1510]

563 Eine solche Sichtweise ist jedoch zu eng:[1511] Die Einsichts- und Prüfrechte gemäß § 95 Abs 3 AktG sind Hilfsmittel der Aufsichtsratstätigkeit, von denen nach pflichtgemäßem Ermessen Gebrauch zu machen ist. Angesichts der Betonung der weitreichenden Überwachungspflicht des Aufsichtrats in jüngerer Zeit[1512] ist zwar bei der Beauftragung externer Sachverständiger durch den Aufsichtsrat Zurückhaltung geboten,[1513] doch kommt es darauf an, ob die Bestellung zur sachgerechten Informationsbeschaffung bzw Prüfung im Einzelfall angezeigt war.[1514] Falls eine sachgerechte Beschlussfassung und die ordnungsgemäße Wahrnehmung der Aufsichtsaufgaben dies erfordert, sind externe Sachverständige beizuziehen.[1515]

Dabei ist – unter Wahrung des Verhältnismäßigkeitsgrundsatzes – die Notwendigkeit einer effizienten Überwachung mit den möglicherweise nachteiligen Folgen für die Gesellschaft, wie zB die Störung des Vertrauensverhältnisses zwischen Vorstand und Aufsichtsrat, die Beeinträchtigung des Ansehens der Vorstandsmitglieder innerhalb der Gesellschaft etc abzuwägen.[1516] Demnach bedarf es zur Einleitung aufschenerregender Maßnahmen, die als Ausdruck eines Zerwürfnisses

---

[1508] *Kalss* in Doralt/Nowotny/Kalss, AktG² § 95 Rz 66.
[1509] Vgl die Nachweise *Pentz* in Fleischer, Handbuch des Vorstandsrechts § 16 Rz 89 ff in FN 158.
[1510] *Frotz*, ÖZW 1978, 48; BGHZ 85, 293, 296 f = NJW 1983, 991.
[1511] *Pentz* in Fleischer, Handbuch des Vorstandsrechts § 16 Rz 89; *Hoffmann-Becking* in MünchHdbGesR IV⁴ § 29 Rz 47.
[1512] *Hopt/Roth* in GroßkommAktG⁴ § 111 Rz 62 mwN.
[1513] *Mertens/Cahn* in KölnKommAktG³ § 111 Rz 62.
[1514] Ausdrücklich *Pentz* in Fleischer, Handbuch des Vorstandsrechts § 16 Rz 94; *Hopt/Roth* in GroßkommAktG⁴ § 111 Rz 424 f.
[1515] *Kastner/Doralt/Nowotny*, Gesellschaftsrecht⁵ 253 FN 78; eingehend *Marhold*, Aufsichtsratstätigkeit und Belegschaftsvertretung 221 ff; OGH 5 Ob 306/76 EvBl 1978/4 = HS 11.314 – *AWB/Krauland*.
[1516] *Hoffmann-Becking* in MünchHdbGesR IV⁴ § 29 Rz 47; vgl auch *Rodewig* in Semler/v. Schenck, ARHdb⁴ § 8 Rz 194: Der Aspekt der Wahrung der Autorität des Vorstandes und einer Hintanhaltung der Schmälerung seines Ansehens im Unternehmen spielt vor allem dann eine Rolle, wenn Mitarbeiter vom Aufsichtsrat als Auskunftspersonen beigezogen werden sollen, wie das in der Praxis regelmäßig passiert. Geht es aber um Untersuchungen *gegen den Vorstand*, muss dieser Aspekt in den Hintergrund treten.

verstanden werden können, eines berechtigten Anlasses.[1517] Die möglichen (negativen) Folgen der Entscheidung, einen externen Sachverständigen zu bestellen, sind (sofern über die Bestellung zumindest grundsätzlich ein Konsens zwischen dem Aufsichtsrat und dem Vorstand besteht) jedoch begrenzt: Zwar fallen bei einer Beauftragung Honorarforderungen an; diese werden jedoch regelmäßig, gemessen am Gesamtgutachten, wirtschaftlich zu vernachlässigen sein oder jedenfalls nicht entscheidend ins Gewicht fallen.[1518]

Die Befugnisse nach § 95 Abs 3 AktG stehen allein dem *Plenum* zu. Die einzelnen Organmitglieder besitzen dieses Recht nicht, sie können aber, gleich ob sie Aktionärs- oder Arbeitnehmervertreter sind, durch Beschluss des Aufsichtsrates mit der Untersuchung betraut werden. Über die Beiziehung von sachverständigen Beratern entscheidet daher grundsätzlich[1519] der Gesamtaufsichtsrat mit Beschluss.[1520] Ein Ausschuss kann aber zur Beauftragung in bestimmten Fällen bzw für bestimmte Materien vom Plenum zuständig gemacht werden.[1521] Verlangen eines einzelnen Aufsichtsratsmitgliedes oder einer Minderheit von Aufsichtsratsmitgliedern begründen *keine Pflicht* des Vorsitzenden zur Beiziehung von Sachverständigen. Eindeutig nicht zulässig ist mE die Beauftragung von Vorstandsmitgliedern (so insb des Vorstandsvorsitzenden) mit der Durchführung von Untersuchungen oder gar Überwachungsmaßnahmen gegenüber anderen Vorstandsmitgliedern.[1522] Denn selbst dann wenn der Ausgewählte von den den Gegenstand der Untersuchung bildenden Vorwürfen in keiner Weise betroffen scheint, fehlt einem Mitglied des Vorstandes eindeutig die Unbefangenheit. Ein Mitglied des überwachten Organs kann nicht mit der Überwachung eines anderen Mitgliedes dieses Organs beauftragt werden. Dies wäre auch denkbar schlechte Corporate Governance.[1523] Startet ein Vorstandsmitglied (dafür kommt in praxi nur der Vorsitzende in Betracht) solche Untersuchungen gar auf eigene Faust und ohne Aufsichtsratskonsens, begeht er eine grobe Pflichtverletzung, die zur Abberufung führen kann.[1524]

564

Der Vorstand hat keinen Anspruch, vor Bestellung des Sachverständigen gehört zu werden oder an der Bestellung mitzuwirken. Die Auswahl obliegt allein dem Aufsichtsrat. Dies gilt umso mehr, wenn es mögliches Fehlverhalten des Vorstandes zu klären gilt. Auch die Abgrenzung des dem Sachverständigen erteilten Auftrages bedarf keiner Abstimmung zwischen Aufsichtsrat und Vorstand.[1525] Klar

565

[1517] *Mertens/Cahn* in KölnKommAktG³ 111 Rz 52.
[1518] *Mutter*, Unternehmerische Entscheidungen und Haftung des Aufsichtsrates der AG (1994) 144 f.
[1519] In Ausnahmefällen kann auch ein Ausschuss die Beauftragung eines Sachverständigen für eine bestimmte Aufgabe im Rahmen der Ausschussarbeit beschließen und ihm den Auftrag erteilen; *Rodewig* in Semler/v. Schenck, ARHdb⁴ § 8 Rz 191.
[1520] *Kalss* in Doralt/Nowotny/Kalss, AktG² § 95 Rz 66; *Kittel*, Handbuch für Aufsichtsratsmitglieder (2006) 258, *Pentz* in Fleischer, Handbuch des Vorstandsrechts § 16 Rz 90 und 92; *Hopt/Roth* in GroßkommAktG⁴ § 111 Rz 426.
[1521] *Hopt/Roth* in GroßkommAktG⁴ § 111 Rz 426.
[1522] *G. Schima*, GeS 2010, 260 (267 f).
[1523] Vgl *G. Schima*, GeS 2010, 260 (268) zum Fall HSH Nordbank, der in Deutschland großes Aufsehen erregte.
[1524] *G. Schima*, GeS 2010, 260 (268).
[1525] *Habersack* in MünchKommAktG³ § 111 Rz 66 f.

festgehalten werden sollte, dass der beigezogene Sachverständige allein die Feststellung von Tatsachen durch Einsicht und Prüfung vornimmt;[1526] der Aufsichtsrat hat sich mit dem Vorstand zu beraten. Dabei wird der Aufsichtsrat besonders darauf zu achten haben, dass er sich nicht in die Geschäftsführung des Vorstandes, für die nur dieser zuständig ist, einmischt. Dies hindert den Aufsichtsrat jedoch nicht daran, die ihm zustehenden Befugnisse in Anspruch zu nehmen, so zB nach (sachverständiger) Evaluierung der Kompetenzaufteilung im Vorstand die Geschäftsordnung zu ändern.

2. Überwachungsmaßnahmen betreffend Aufsichtsratsunterlagen und Informationsbeschränkungen

566 Vor allem dann, wenn der von einer Untersuchung betroffene und möglicherweise zum Adressaten von Schadenersatzansprüchen werdende Vorstand bzw das betroffene Vorstandsmitglied noch im Amt ist (in der Praxis eher selten), aber auch dann, wenn aus anderen Gründen die Gefahr von Indiskretionen und vorzeitigem Bekanntwerden von Untersuchungsergebnissen besteht, stellt sich die Frage, wie weit der Aufsichtsrat „Vertraulichkeitssperren" auch innerhalb des Kollegialorgans Aufsichtsrat errichten, also zB Unterlagen codieren[1527] darf und – spezifischer – ob solche Maßnahmen in Bezug auf Belegschaftsvertreter im Aufsichtsrat an arbeitsrechtliche Grenzen stoßen.

567 § 96 Abs 1 Z 3 ArbVG bestimmt, dass die Einführung von Kontrollmaßnahmen und technischen Systemen zur Kontrolle der Arbeitnehmer, sofern diese Maßnahmen die Menschenwürde berühren, zu ihrer Rechtwirksamkeit der Zustimmung des Betriebsrates bedürfen. § 96 ArbVG gilt aber – wie alle betriebsverfassungsrechtlichen Bestimmungen – nur für Arbeitnehmer iSd § 36 ArbVG. Das bedeutet, dass diese Bestimmung auf Vorstands- und Aufsichtratsmitglieder nicht anzuwenden ist; im Übrigen setzt die Bestimmung ein aufrechtes Dienstverhältnis zum Dienstgeber voraus.

Wie beim Vorstandsmitglied ist auch beim Aufsichtsratmitglied zwischen zwei Rechtsbeziehungen zu „seiner" Gesellschaft zu unterscheiden, dem durch die Bestellung/Entsendung und deren Annahme entstehenden körperschaftlichen Rechtsverhältnis der Mitgliedschaft im Aufsichtsrat[1528] und einem möglichen, nur durch besonderen Vertragsschluss begründbaren vertraglichen Schuldverhältnis.[1529] Dies gilt auch bei Arbeitnehmervertretern, mit denen ein (dienst-)vertragliches Schuldverhältnis jedenfalls besteht; die Belegschaftsvertreter sind daher Arbeitnehmer iSd § 36 ArbVG.

568 Soweit ersichtlich, fehlen Lehrmeinungen zu der Frage, ob Kontrollmaßnahmen im Aufsichtsrat bzw die Überwachung der Aufsichtsratsmitglieder unter § 96 ArbVG fallen, wenn hiervon Arbeitnehmer (Belegschaftsvertreter) betroffen sind. Hierzu kann auf die (Wertungs-)Grundsätze im Zusammenhang mit dem Umfang der Haftung der Belegschaftsvertreter für ihre Tätigkeit im Aufsichtsrat zurückge-

---

[1526] *Pentz* in Fleischer, Handbuch des Vorstandsrechts § 16 Rz 95.
[1527] Vgl dazu ausführlich *G. Schima*, GeS 2010, 260 (269).
[1528] *Hüffer/Koch*, AktG[11] § 101 Rz 7.
[1529] *Strasser* in Jabornegg/Strasser, AktG[5] §§ 99 Rz 4.

griffen werden: Die hL vertritt zu Recht die Auffassung, dass das Dienstnehmerhaftpflichtgesetz (DHG), das die Haftpflicht der Dienstnehmer bei Schädigung des Arbeitgebers stark einschränkt, nicht für die Tätigkeit der Belegschaftsvertreter im Aufsichtsrat gilt.[1530] Die Entsendung in den Aufsichtsrat ist nicht als *„Erbringung der Dienstleitung"* iSd § 2 DHG zu qualifizieren. Die Aufsichtsratsfunktion ist eine außerhalb des Dienstvertrages, ausschließlich auf der Grundlage des Gesellschaftsrechts auszuübende und von Weisungen des Dienstgebers unabhängige Tätigkeit. Das Anliegen des § 96 ArbVG ist es aber (nur), dass durch den Betriebsrat (über die Mitbestimmung gemäß § 96 ArbVG) die Interessen der Arbeitnehmer in der „betrieblichen Sphäre" wahrgenommen werden.[1531]

Daraus ergibt sich, dass § 96 ArbVG *nicht auf Kontrollmaßnahmen gegenüber Aufsichtsratsmitgliedern anzuwenden* ist, auch wenn die Überwachung gegenüber den Arbeitnehmervertretern gesetzt bzw wirksam würde. Abgesehen davon, dass die Aufsichtsratsmitglieder mit Ausnahme der Belegschaftsvertreter, wie gesagt, keine Dienstnehmer sind, wurzelt die Aufsichtsratstätigkeit in körperschafts- bzw gesellschaftsrechtlichen Bestimmungen[1532] und kann keinesfalls der *„betriebliche Sphäre"* im Sinne der angeführten Lehrmeinungen zugerechnet werden.

Bei einer „Kennzeichnung" von Aufsichtsratsunterlagen mit dem Zweck, den „Lauf" der Unterlagen im Fall einer unberechtigten Weitergabe nachvollziehen zu können, liegen im übrigen die materiellen Voraussetzungen einer zustimmungspflichtigen Maßnahme nicht vor: Zustimmungspflichtig sind nur *generelle*, abstrakte Kontrollmaßnahmen. Einzelne *ad hoc*-Kontrollen in Verdachtssituationen können richtiger Ansicht zufolge durch den Arbeitgeber einseitig angeordnet werden, ohne den Betriebsrat damit zu befassen, und sollen diesem in „akuten" Anlassfällen ermöglichen, bei Verdachtsmomenten rasch Maßnahmen zu seinem Schutz zu ergreifen.[1533] Werden also nicht über einen längeren Zeitraum, sondern nur in dem einen oder anderen Anlassfall streng vertrauliche Unterlagen gekennzeichnet, liegt mE kein Fall einer generellen und abstrakten Überwachung vor.

Darüber hinaus ist zumindest die *offene*, dh für den Adressaten erkennbare Kennzeichnung der Unterlagen eine die Menschenwürde weder verletzende noch berührende Kontrollmaßnahme iSd § 96 Abs 1 Z 3 ArbVG: Zur ersten Kategorie zählen zB ständige Videoüberwachung, Telefonabhören, Leibesvisitationen oder Glasscheiben, die nur von einer Seite durchsichtig sind; zur zweiten Kategorie Telefonregistrieranlagen, Produktgraphen oder Fernsehkameras. Eine Stechuhr zur Arbeitszeitkontrolle oder eine Ausweispflicht im gesamten Betriebsareal berührt die Menschenwürde überhaupt nicht und ist daher zustimmungsfrei.[1534] Zieht man die vorstehenden Wertungen heran, wird deutlich, dass eine – jedenfalls offene (zur verdeckten siehe unten) – Kennzeichnung der Unterlagen, zu deren vertraulicher Behandlung das Aufsichtsratsmitglied ohnehin verpflichtet ist, die Intensität

---

[1530] *Strasser* in Jabornegg/Strasser, AktG⁵ §§ 98–99 Rz 42 mwN; *Preiss* in Cerny ua, ArbVG III § 110 Erl 34; *Windisch-Graetz* in Zeller, Kommentar zum Arbeitsrecht § 110 ArbVG Rz 24.
[1531] *Binder* in Tomandl, ArbVG § 96 Rz 55.
[1532] *Hopt/Roth* in GroßkommAktG⁴ § 101 Rz 141.
[1533] Einigungsamt Wien 16.3.1981 Arb 9955; *Binder* in Tomandl, ArbVG § 96 Rz 3 und die FN 8 zu § 96.
[1534] *Reissner* in Zeller, Kommentar zum Arbeitsrecht § 96 ArbVG Rz 24.

einer zustimmungspflichtigen Kontrollmaßnahme iSd § 96 ArbVG nicht erreicht. Dies ergibt sich auch daraus, dass die Kennzeichnung von ausschließlich betrieblichen Unterlagen nicht die private Sphäre des Dienstnehmers (und daher auch nicht seine Grundrechte) berührt. Es ist anerkannt, dass bei Vorliegen begründeter Interessen (wozu die Geheimhaltung vertraulicher Unterlagen zweifelsohne gehört) der Dienstgeber (nach Ankündigung) dienstliche e-Mails öffnen[1535] und stichprobenartig überwachen und bei Kontrolle der Internetnutzung prüfen kann, ob die anvisierten Internetseiten betriebsbezogen sind.[1536] Der Arbeitgeber ist berechtigt, über den Einsatz seiner Betriebsmittel bis hin zu einem Verbot zu disponieren.[1537]

571 Zu den (die Menschenwürde zwar berührenden, jedoch nicht verletzenden) Kontrollmaßnahmen iSd § 96 Abs 1 Z 3 ArbVG wird vertreten, dass der Einsatz von geheimem Personal „*tunlichst zurückzudrängen*" ist, wenn die routinemäßige Kontrolle durch ein in seiner Funktion wahrnehmbares, technisches Gerät erfolgen kann. Nur wenn ein sichtbares Kontrollmittel versagt, und ein schützenswertes, durch betriebliche Belange getragenes Interesse besteht, ist an eine „verdeckte" Vorgehensweise zu denken.[1538]

572 Daraus sind mE gewisse Schlussfolgerungen für die Zulässigkeit der verdeckten Kennzeichnung von Unterlagen auch außerhalb des Anwendungsbereiches des § 96 ArbVG zu ziehen, dh dann, wenn die Adressaten der Unterlagen nicht Arbeitnehmer der Gesellschaft sind, sondern Vorstands- oder Aufsichtsratsmitglieder (einschließlich Belegschaftsvertreter). Würde nämlich die Menschenwürde innerhalb des Anwendungsbereiches des § 96 Abs 1 Z 3 ArbVG zumindest „berührt", dann muss außerhalb dieses Anwendungsbereiches zumindest eine *Interessenabwägung* eingreifen.[1539] Ob eine geheime, den Aufsichtsratsmitgliedern nicht ersichtliche Markierung der Unterlagen (durch zB Verwendung einer „Codierung" in Form von bewussten und markierten, für jedes Exemplar unterschiedlichen Tipp- und Schreibfehlern) der Verhältnismäßigkeitsprüfung[1540] stand hält, hängt von verschiedenen Umständen ab. Das (grundsätzlich schützenswerte) Anliegen der Gesellschaft ist die Geheimhaltung der Unterlagen, die im Aufsichtsrat verteilt bzw erörtert werden. Eine *Weitergabe* der Unterlagen wird weder durch ihre versteckte noch durch eine offene Markierung verhindert. Wird es bei unzulässiger Weitergabe erforderlich sein, die „undichte Stelle" im Aufsichtsrat herauszufinden, so kann die „Herkunft" der Unterlagen auch bei einer offenen und den Aufsichtsratsmitgliedern offengelegten Kennzeichnung der Dokumente grundsätzlich

---

[1535] *Brodil* in Mazal/Risak, Arbeitsrecht X Rz 64 unterscheidet danach, ob der Arbeitgeber die private Nutzung von E-Mail-Accounts gestattet hat oder nicht. Habe der Arbeitgeber die private Nutzung von E-Mails generell ausgeschlossen, sei eine Überprüfung von Inhaltsdaten von E-Mails zulässig. Bei zulässiger Privatnutzung sei der Zugriff auf Inhaltsdaten der E-Mails hingegen jedenfalls rechtswidrig. Ausnahme könnten nur dort angenommen werden, wo die Gefahr (straf)rechtswidriger Verstöße durch Arbeitnehmer gegeben sei.
[1536] *Binder* in Tomandl, ArbVG § 96 Rz 84.
[1537] *Brodil* in Mazal/Risak, Arbeitsrecht X Rz 53.
[1538] *Binder* in Tomandl, ArbVG § 96 Rz 73.
[1539] *G. Schima*, GeS 2010, 260 (269).
[1540] OLG Graz 22.10.1994, 8 Ra 31/94 Arb 11.259.

nachgeprüft werden. Unter Präventionsgesichtspunkten ist die offene Kennzeichnung sogar besser geeignet. Die verdeckte Codierung kann man – überspitzt betrachtet – sogar als Maßnahme mit gewissem „agent provocateur-Einschlag" betrachten: Derjenige, der grundsätzlich willens ist, Geheimnisse zu verraten, wird sich bei verdeckter Kennzeichnung eher in Sicherheit fühlen und daher tendenziell vielleicht eher zur Geheimnispreisgabe bereit sein. Freilich wird die verdeckte oder offene Codierung wohl weniger Einfluss darauf haben, *ob* der Betroffene die vertrauliche Information an einen unbefugten Dritten weiter gibt, sondern eher bloß darauf, ob er Vorsichtsmaßnahmen dagegen trifft, dass der Dritte (häufig ein Massenmedium) die Unterlage als solche (faksimiliert) veröffentlicht.

Die Bedenken gegen die Zulässigkeit der verdeckten Codierung lassen sich mE nur dann einigermaßen ausräumen, wenn bereits Fälle von Indiskretionen vorgekommen sind und mit einer offenen Kennzeichnung von Unterlagen nicht das Auslangen gefunden werden konnte.[1541] Freilich ist der mögliche Vorteil verdeckter Codierung dann nicht erzielbar, wenn vor den Betroffenen nicht geheim gehalten werden kann, *dass* verdeckte Codierung erfolgt. Das gilt für die Konstellation, dass der Aufsichtsrat für seine eigenen Mitglieder bestimmte Unterlagen verdeckt kennzeichnen möchte. Denn darüber kann nicht etwa der Vorsitzende entscheiden und ein Ausschuss auch nur, wenn er vom Plenum dafür zuständig gemacht wurde. Dasselbe gilt, wenn der Vorstand für seine Mitglieder bestimmte Unterlagen verdeckt kennzeichnen möchte. Über die verdeckte Codierung von Unterlagen für den Vorstand muss der Aufsichtsrat den Vorstand – wenn die oben genannten Voraussetzungen vorliegen – nicht informieren. Ob der Vorstand berechtigt ist, für den Aufsichtsrat bestimmte Unterlagen verdeckt zu kennzeichnen, ohne den Aufsichtsrat zu informieren, ist mE zumindest fraglich. Dass hier das zu kontrollierende Organ das Kontrollorgan überwacht, greift als Argument gegen die Zulässigkeit freilich etwas kurz. Denn es geht ja nicht um die Kontrolle der inhaltlichen Tätigkeit des Aufsichtsrates, sondern um die mögliche Aufdeckung von Verletzungen der gesetzlichen Verschwiegenheitspflicht.

Zulässige Kontrollmaßnahmen dürfen nicht diskriminierend sein; sie müssen daher formal-egalitär für alle oder bestimmte Gruppen von Arbeitnehmern erfolgen.[1542] Dieser Grundsatz gilt ebenfalls im Aktienrecht: Wie beim Teilnahmenrecht im Zusammenhang mit den Ausschüssen des Aufsichtsrates, wo durch eine Satzungsbestimmung oder durch Anordnung des Aufsichtsratsvorsitzenden bestimmt werden kann, dass die nicht dem Ausschuss angehörigen AR-Mitglieder an den Ausschusssitzungen nicht teilnehmen oder dies nur unter bestimmten Auflagen oder nur in eingeschränktem Maße tun dürfen, ist eine unterschiedliche Behandlung von Aufsichtsratsmitgliedern nur aus sachlichen Gründen zulässig, widrigenfalls die benachteiligten Aufsichtsratsmitglieder einen Anspruch auf Gleichstellung haben.[1543] Der deutsche BGH sieht die individuell gleiche Berechti-

---

[1541] Vgl *G. Schima*, GeS 2010, 260 (269 f).
[1542] *Reissner* in Zeller, Kommentar zum Arbeitsrecht² § 96 Rz 26; *Löschnigg*, Arbeitsrecht¹² 952.
[1543] *Strasser* in Jabornegg/Strasser, AktG⁵ §§ 92–94 Rz 85; *Semler* in MünchKommAktG² § 113 Rz 30 ff; *Habersack* in MünchKommAktG⁴ § 113 Rz 38 f; *Hopt/Roth* in GroßkommAktG⁴ § 101 Rz 141.

gung und Verantwortung aller Aufsichtsratsmitglieder ohne Rücksicht darauf, wer sie berufen hat, als „*tragenden Grundsatz*" an.[1544]

Kontrollmaßnahmen bzw Informationsbeschränkungen im Aufsichtsrat, sofern solche erforderlich sind und eingeführt werden, müssen daher – von besonderen Ausnahmen in besonderen Fällen abgesehen – grundsätzlich gleichermaßen für alle Aufsichtsratsmitglieder eingeführt werden. Dabei ist insbesondere zu beachten, dass – mit Ausnahme einiger Sonderregelungen in punkto personelle Angelegenheiten des Vorstands – die Arbeitnehmervertreter im Aufsichtsrat dieselben Rechte und Pflichten wie die Kapitalvertreter haben.[1545]

574 Der Aufsichtsrat und jedes seiner Mitglieder sind gesetzlich verpflichtet, Geheimnisse der Gesellschaft zu wahren und vertrauliche Angaben sowie Unterlagen der Gesellschaft streng vertraulich zu behandeln.[1546] Eine Entscheidung über die Weitergabe unternehmensinterner Daten an die Öffentlichkeit (zB an die Medien) kann grundsätzlich nur der Vorstand treffen; der Aufsichtsrat kann hierzu Empfehlungen abgeben, aber keine Anweisungen geben.[1547]

Die Vertraulichkeit, die zu wahren der Vorstand verpflichtet ist, bestimmt sich nach dem Interesse der Gesellschaft an der Geheimhaltung der konkreten Information. Vorstandsmitglieder haben aber im Verhältnis zum Aufsichtsrat grundsätzlich keine Verschwiegenheitspflicht; der Vorstand ist vielmehr dem Aufsichtsrat zur unbedingten Offenheit verpflichtet.[1548] Dem Vorstand steht das Recht nicht zu, den Funktionsbezug angeforderter Informationen zur Überwachung des Aufsichtsrats zu überprüfen. Auf das Interesse des Unternehmens an der Geheimhaltung von Informationen und der Gefahr einer Verletzung der Verschwiegenheitspflicht einzelner Aufsichtsratsmitglieder kann daher eine Berichtsverweigerung nur in absoluten Ausnahmefällen, dh bei konkret zu befürchtendem Missbrauch zB durch bestimmte Aufsichtsratsmitglieder, gestützt werden.[1549] Der Vorstand darf mit Blick auf die Schweigepflicht des Aufsichtsrates[1550] grundsätzlich auf die Verschwiegenheit der Aufsichtsratsmitglieder vertrauen. Eine Grenze des freien Informationsflusses zum Aufsichtsrat findet sich (nur) im allgemeinen Missbrauchsverbot,[1551] zB dann, wenn ein Aufsichtsratmitglied den Mitbewerber mit vertraulichen Unterlagen „versorgt"[1552] oder wenn immer wieder vertrauliche Begebenheiten aus Aufsichtsratssitzungen in Massenmedien berichtet werden oder gar faksimilierte

---

[1544] *Hopt/Roth* in GroßkommAktG⁴ § 107 Rz 7 ff; BGHZ 64, 325, 330; BGHZ 83, 106, 112 f; BGHZ 83, 144, 154 f.
[1545] *Hoffmann-Becking* in MünchHdbGesR IV⁴ § 33 Rz 1; *Hüffer/Koch*, AktG¹¹ § 90 Rz 14; *Semler* in MünchKommAktG² § 116 Rz 29 f; *Nowotny* in Doralt/Nowotny/Kalss, AktG² § 86 Rz 45; *Hüffer/Koch*, AktG¹¹ § 101 Rz 12.
[1546] *Hoffmann-Becking* in MünchHdbGesR IV⁴ § 33 Rz 57 ff.
[1547] *Semler* in MünchKommAktG² § 116 Rz 373 ff.
[1548] *Ch. Nowotny* in Doralt/Nowotny/Kalss, AktG² § 84 Rz 14 mwN; *Spindler* in MünchKommAktG⁴ § 90 Rz 53 f; *Kort* in GroßkommAktG⁵ § 90 Rz 162 ff; *Pentz* in Fleischer, Handbuch des Vorstandsrechts § 16 Rz 97 mwN; *Hüffer/Koch*, AktG¹¹ § 90 Rz 3; *Hopt/Roth* in GroßkommAktG⁵ § 93 Rz 292 ff.
[1549] *Wiesner* in MünchHdbGesR IV⁴ § 25 Rz 92 f.
[1550] *Spindler* in MünchKommAktG⁴ § 90 Rz 54.
[1551] *Kort* in GroßkommAktG⁵ § 90 Rz 164.
[1552] *Wiesner* in MünchHdbGesR IV⁴ § 25 Rz 93.

Unterlagen dort abgedruckt sind, sowie generell zur Abwehr eines sonst drohenden gravierenden oder gar existenzbedrohenden Schadens.

Die Entscheidung über die Informationsverweigerung liegt daher nur im Falle von Informationsbegehren außerhalb der gesetzlich statuierten Berichtspflicht beim Vorstand. Begehrt der Aufsichtsrat vom Vorstand Informationen, die der Vorstand zu erteilen verpflichtet ist (§ 95 AktG), oder berichtet der Vorstand – pflichtgemäß – von sich aus über Angelegenheiten gemäß § 95 AktG, liegt die Entscheidung dagegen mit Blick auf dessen Kontrollfunktion nach hL[1553] beim Aufsichtsrat,[1554] dem der Vorstand (nur) mitzuteilen hat, *dass* Indiskretionsgefahr besteht[1555] (zur Entscheidungsbefugnis in den Aufsichtsratsausschüssen siehe sogleich). Grundsätzlich kann sich der Vorstand nicht darauf berufen, dass bei einzelnen Aufsichtsratmitgliedern die Geheimhaltung nicht gesichert sei;[1556] dies gilt auch für die Offenheit gegenüber „konfliktgefährdeten" Organmitgliedern.[1557] In extremen Fällen und bei *konkret* begründetem Misstrauen bzw der Gefahr drohenden Schadens für die Gesellschaft bei Offenlegung kann indes anderes gelten und zumindest temporäre Zurückhaltung gestattet sein. Dem Vorstand wird aber anzuraten sein, sich zumindest dem Aufsichtsratsvorsitzenden anzuvertrauen (sofern sich nicht gerade gegen dessen Person das konkrete Misstrauen richtet) und es dann dessen Beurteilung zu überlassen, wie mit der Information innerhalb des Aufsichtsrates umgegangen wird.

Ein aus der Sicht der Gesellschaft (die durch den Vorstand vertreten wird) bestehendes Geheimhaltungsbedürfnis rechtfertigt es nicht, berichtspflichtige Maßnahmen im (zB Jahres-) Bericht unberücksichtigt zu lassen oder wichtige Unterlagen nicht zu verteilen. Besteht die konkrete Befürchtung, dass Aufsichtsratsmitglieder ihrer Verschwiegenheitpflicht nicht nachkommen, ist es Sache des Aufsichtsrates, hierauf zu reagieren und zB die mit einer genaueren Information verbundene Vorberatung des Berichts einem Ausschuss zu übertragen bzw die Nichtaushändigung der Berichte an die Aufsichtsratmitglieder im Aufsichtsrat zu beschließen.[1558]

Dies ergibt sich bereits daraus, dass (betreffend die Einhaltung der Vertraulichkeit) nicht der Vorstand den Aufsichtsrat, sondern der Aufsichtsrat den Vorstand zu überwachen hat.[1559] Empfänger der Berichte und Unterlagen des Vorstands ist der Gesamtaufsichtsrat zu Handen des Aufsichtsratsvorsitzenden, der für die weitere Verteilung der Berichte innerhalb des Aufsichtsrates zuständig ist.

[1553] Nach *Hopt/Roth* ist für die Entscheidung, ob die Information wegen Missbrauchs zurückgehalten werden darf, bei Auskunftsverlangen des Gesamtaufsichtsrats dieser, und nur bei Auskunftsverlangen einzelner Aufsichtsratsmitglieder der Vorstand zuständig (*Hopt/Roth* in GroßkommAktG[5] § 93 Rz 293 mwN).
[1554] *Körber* in Fleischer, Handbuch des Vorstandsrechts § 10 Rz 32 mwN.
[1555] *Wiesner* in MünchHdbGesR IV[4] § 25 Rz 93.
[1556] *Kort* in GroßkommAktG[5] § 90 Rz 166; BGHZ 20, 239, 246; *Spindler* in MünchKommAktG[4] § 90 Rz 54; *Fleischer* in Spindler/Stilz, AktG § 90 Rz 53.
[1557] *Hüffer/Koch*, AktG[11] § 90 Rz 3.
[1558] Ausdrücklich *Pentz* in Fleischer, Handbuch des Vorstandsrechts § 16 Rz 65; *Kropff*, NZG 1998, 613 ff, 615 mwN.
[1559] *Pentz* in Fleischer, Handbuch des Vorstandsrechts § 16 Rz 25 ff mwN.

Jedes Aufsichtsratmitglied hat das Recht auf Kenntnisnahme von dem Bericht[1560] (oder einem Sitzungsprotokoll). Der Aufsichtsrat kann beschließen, dass die Aushändigung des Berichts zu unterbleiben hat, oder zB zeitlich zu beschränken ist; eine solche Beschlussfassung herbeizuführen, ist der Aufsichtsratsvorsitzende verpflichtet (und auch berechtigt), wenn es die Vertraulichkeit erfordert.[1561] Wenn auch der Aufsichtsratsvorsitzende einen nach pflichtgemäßem Ermessen wahrzunehmenden Spielraum hinsichtlich des Zeitpunktes sowie der Art und Weise der Information der übrigen Aufsichtsratmitglieder über die ihm vom Vorstand übermittelten Informationen hat, sind die Grenzen dieses Ermessensspielraumes eng: In aller Regel ist der Aufsichtsrat unverzüglich und vollständig zu informieren und sind die Unterlagen auszufolgen.[1562]

577 In einem gebildeten Ausschuss (Präsidium) kann der Ausschussvorsitzende bei Annahme eines Geheimhaltungsbedürfnisses einzelnen Aufsichtsratmitgliedern nicht nur die Teilnahme, sondern auch die Auskunft und Einsichtnahme in Unterlagen des Ausschusses verweigern, wenn dafür die (sachlich gerechtfertigte) Annahme der Geheimhaltungsbedürftigkeit zumindest vertretbar dargelegt wird; dies kommt insbesondere bei Behandlung von Personalangelegenheiten des Vorstandes in Betracht.[1563] Die Ausschließung von einzelnen Aufsichtsratmitgliedern, insbesondere von Arbeitnehmervertretern, ist daher grundsätzlich zulässig, muss jedoch sachlich gerechtfertigt und im Interesse der Gesellschaft geboten sein.[1564] Beschließt der Aufsichtsrat bzw der Aufsichtsratsvorsitzende ein Übermittlungs- bzw Verteilungsverbot, so kann der Beschluss vorsehen, dass nicht allen, sondern nur einzelnen Aufsichtsratmitgliedern die Übermittlung verwehrt werden soll, wenn für eine solche Ungleichbehandlung wichtige und sachliche Gründe vorliegen. Dies darf indes noch nicht angenommen werden, wenn nur eine abstrakte Befürchtung besteht, einzelne Aufsichtsratmitglieder (zB die Belegschaftsvertreter) würden die Aufsichtsratsunterlagen weitergeben.[1565]

578 Ist es aber grundsätzlich zulässig, aus sachlichen Gründen die Weitergabe von Unterlagen an die Aufsichtsratmitglieder zu beschränken bzw gar zu verweigern, so handelt der Aufsichtsrat, der, um eine vollständige Information und Berichterstattung an den Gesamtaufsichtsrat zu gewährleisten, zwar die Unterlagen unbeschränkt zur Verfügung stellt, diese jedoch – in einer erkennbaren Art und Weise – so kennzeichnet, dass die Nachverfolgung einer unzulässigen Weitergabe ermöglicht und erleichtert wird, keinesfalls pflichtwidrig. Eine solche Maßnahme erfüllt vielmehr die Anforderung, dass die (Informations-)Rechte der Aufsichtsratmitglieder nur in Ausnahmefällen, und dann mit möglichst gelinderen, schonenden Mitteln beschränkt werden sollen (dass der Fall der verdeckten, nicht offengelegten Kennzeichnung heikler ist, wurde bereits ausgeführt). Die Entscheidung, ob eine solche Kennzeichnung zu erfolgen hat und ob sie nur einzelne Aufsichtsratmitglieder oder den Gesamtaufsichtsrat trifft, obliegt aber nicht dem Vorstand,

---

[1560] *Hüffer/Koch*, AktG[11] § 90 Rz 14.
[1561] *Pentz* in Fleischer, Handbuch des Vorstandsrechts § 16 Rz 56.
[1562] *Kort* in GroßkommAktG[5] § 90 Rz 149 ff; *Mertens/Cahn* in KölnKommAktG[3] § 90 Rz 57 ff.
[1563] *Semler*, AG 1988, 60, 66; *Hopt/Roth* in GroßkommAktG[4] § 107 Rz 442.
[1564] *Hefermehl/Spindler* in MünchKommAktG[2] § 90 Rz 51 f.
[1565] *Kort* in GroßkommAktG[5] § 90 Rz 154 ff mwN.

sondern dem Aufsichtsrat über Anregung bzw Antrag des Aufsichtsratsvorsitzenden.[1566]

Die vorstehend genannten Grundsätze über die Berichterstattung an den Aufsichtsrat bzw die Zurverfügungstellung von vertraulichen Unterlagen an die Aufsichtsratsmitglieder gelten im Übrigen ebenfalls für interne Unterlagen, die in den Aufsichtsratssitzungen erstellt werden. So ist über die Verhandlungen und Beschlüsse des Aufsichtsrates eine Niederschrift (Protokoll) anzufertigen (§ 92 Abs 2 AktG). Dies begründet eine entsprechende Verpflichtung des Aufsichtsratsvorsitzenden, selbst das Protokoll zu führen oder für eine entsprechende Führung durch ein anderes Aufsichtsratsmitglied oder – mit einhelliger Zustimmung des Aufsichtsrates – durch eine dazu befähigte Person Sorge zu tragen.[1567] Sofern nicht der gesetzliche Mindestinhalt des Protokolls betroffen ist, liegt die Ausgestaltung der Niederschrift im Ermessen des Aufsichtsratsvorsitzenden.[1568]

Alle Aufsichtsratsmitglieder haben Anspruch auf eine Abschrift des Protokolls (und nicht nur einen Anspruch auf Einsicht in das Protokoll; die schlichte Einsicht reicht nicht aus).[1569] Da die Aufsichtsratsmitglieder gesetzlichen Verschwiegenheitspflichten unterliegen (§ 84 iVm 99 AktG),[1570] besteht ihnen gegenüber keine Geheimhaltungspflicht.[1571] Dies gilt grundsätzlich auch für die Unterlagen der und Teilnahme an den Aufsichtsratsausschüssen. Sind jedoch einzelne Aufsichtsratmitglieder von der Teilnahme an den Ausschusssitzungen ordnungsgemäß ausgeschlossen, entfällt zwar nicht automatisch auch ihr Einsichts- und Aushändigungsrecht; dieses Recht kann jedoch analog zum Teilnahmerecht vom Aufsichtsratsvorsitzenden entzogen werden;[1572] hier gilt der Grundsatz, dass der Anspruch auf Erteilung einer Abschrift dann verloren geht, wenn die Erteilung dem Grund des Ausschlusses von der Sitzung zuwider laufen würde.[1573]

B. Geltendmachung durch den Aufsichtsrat

Sofern der Aufsichtsrat nicht durch einen Hauptversammlungsbeschluss zur Geltendmachung von Schadenersatzansprüchen gegen Vorstandsmitglieder gemäß § 134 Abs 1 AktG schlechthin verpflichtet ist, steht die Geltendmachung von Ersatzansprüchen gegen Vorstandsmitglieder in seinem verantwortlichen, freilich gebundenen Ermessen.

[1566] *Marsch-Barner* in Semler/v. Schenck, ARHdb³ § 12 Rz 34 mwN; *Hüffer*, AktG⁸ § 109 Rz 2.
[1567] *Strasser* in Jabornegg/Strasser, AktG⁵ §§ 92–94 Rz 36.
[1568] *Hopt/Roth* in GroßkommAktG⁴ § 107 Rz 181.
[1569] *Hüffer/Koch*, AktG¹¹ § 107 Rz 16.
[1570] *Strasser* in Jabornegg/Strasser, AktG⁵ §§ 98, 99 Rz 39; *Kalss* in Doralt/Nowotny/Kalss, AktG² § 99 Rz 21 ff mwN.
[1571] *Kalss* in Doralt/Nowotny/Kalss, AktG² § 92 Rz 62 ff mwN.
[1572] *Kalss* in Doralt/Nowotny/Kalss, AktG² § 93 Rz 48 mwN; *Hüffer/Koch*, AktG¹¹ § 109 Rz 6: Während die Teilnahme an Plenumssitzungen nur durch den Gesamtaufsichtsrat ausgeschlossen werden kann, wird der Ausschluss von der Teilnahme an Aufsichtsratsausschüssen (durch Aufsichtsratsmitglieder, die dem Ausschuss nicht angehören) durch den Aufsichtsratsvorsitzenden verfügt.
[1573] *Semler* im MünchKommAktG² § 107 Rz 204 ff.

581 Der Aufsichtsrat (als Organ) ist nicht als einziger dafür zuständig, Schadenersatzansprüche gegenüber Vorstandsmitgliedern geltend zu machen: Die Hauptversammlung kann gem § 134 Abs 2 AktG nämlich auch einen besonderen Vertreter für die Prozessführung bestellen. In diesen Fällen wird die Kompetenz des Aufsichtsrates verdrängt. Sonst richtet sich die Zuständigkeit nach § 97 AktG (vgl den Verweis in § 134 Abs 2 AktG), sodass der Aufsichtsrat nur dann zur Geltendmachung (Vertretung der Gesellschaft im Prozess gegen Vorstandsmitglieder) befugt ist, „wenn die Verantwortlichkeit eines seiner Mitglieder in Frage kommt" – diese Befugnis hat der Aufsichtsrat sowohl bei Fehlen eines als auch entgegen einem ausdrücklichen Hauptversammlungsbeschluss (§ 97 Abs 2 AktG).

Neben dem Aufsichtsrat hat auch der Vorstand (die nicht belangten Vorstandsmitglieder in vertretungsbefugter Zahl) die Kompetenz, Ersatzansprüche gegen Vorstandsmitglieder geltend zu machen.[1574] Sind sämtliche Vorstandsmitglieder in die Schädigung involviert oder nicht genügend unbetroffene Vorstandsmitglieder vorhanden, um die Gesellschaft zu vertreten, kann allerdings nur der Aufsichtsrat die Ersatzansprüche geltend machen, es sei denn, die HV bestellt einen besonderen Vertreter. Für die Verfolgung ehemaliger Vorstandsmitglieder ist ebenfalls der Vorstand zuständig,[1575] wobei hier mE ebenfalls die Kompetenz des Aufsichtsrates in Frage kommt, wenn die Hauptversammlung die Geltendmachung von Ersatzansprüchen anordnet oder der Aufsichtsrat oder einzelne Mitglieder sich selbst verantwortlich machen könnten, wenn sie die Klage unterlassen (§ 97 Abs 2 AktG).

582 Der Aufsichtsrat hat die Vertretungsbefugnis grundsätzlich als Plenum wahrzunehmen und entscheidet durch Beschluss; auch die Übertragung dieser Aufgaben an einen Ausschuss ist zulässig, was wiederum einen Beschluss des Plenums erfordert.[1576] Für die passive Vertretung muss eine Willenserkärung (oder auch zB ein Schriftsatz etc) jedem einzelnen Mitglied des Aufsichtsrates zugehen, um die entsprechenden Rechtswirkungen zu entfalten. Der Aufsichtsrat kann jedoch – und das ist zweckmäßig – per Beschluss eine Person (zB den Vorsitzenden) zur Empfangnahme von Erklärungen mit Wirkung für den gesamten Aufsichtsrat bevollmächtigen.[1577] Die Bevollmächtigung eines Ausschusses oder einer Person als passiven Vertretungsbefugten kann der Aufsichtsrat auch in seiner Geschäftsordnung bestimmen.[1578]

583 In Deutschland weicht die Rechtslage von der Regelung im öAktG ab: § 112 dAktG bestimmt, dass der Aufsichtsrat die Gesellschaft gegenüber Vorstandsmitgliedern gerichtlich und außergerichtlich vertritt. Diese generelle Vertretungsbefugnis des Aufsichtsrates wird weit verstanden und bezieht sich nach hM auch auf

---

[1574] *Feltl* in Ratka/Rauter (Hsg), Handbuch Geschäftsführerhaftung² Rz 9/383 ff; *Strasser* in Jabornegg/Strasser, AktG⁵ §§ 77-84 Rz 105; aA *Ch. Nowotny* in Doralt/Nowotny/Kalss, AktG² § 84 Rz 40; *Kalss* in Doralt/Nowotny/Kalss, AktG² § 97 Rz 16 f.
[1575] OGH 7 Ob 704/87 SZ 60/242.
[1576] Vgl *Strasser* in Jabornegg/Strasser, AktG⁵ § 97 Rz 66.
[1577] Vgl *Strasser* in Jabornegg/Strasser, AktG⁵ § 97 Rz 69; vgl *Kalss* in Doralt/Nowotny/Kalss, AktG² § 97 Rz 28 mwN, die den Zugang an bloß ein Mitglied des Aufsichtsrates für ausreichend hält.
[1578] So *Kalss* in Doralt/Nowotny/Kalss, AktG² § 97 Rz 32.

ausgeschiedene Vorstandsmitglieder.[1579] Die deutsche Literatur und Rsp befasst sich daher im Zusammenhang mit der Geltendmachung von Schadenersatzansprüchen naturgemäß mit den Pflichten des Aufsichtsrates.

Auch in Österreich wird oft der Aufsichtsrat mit der Frage befasst sein, ob Ersatzansprüche der Gesellschaft gegen Vorstandsmitglieder geltend gemacht werden sollen – ein Teil der Lehre spricht sich überhaupt dafür aus, dass dem Aufsichtsrat die ausschließliche Kompetenz hierfür zukommt.[1580]

Die folgenden Ausführungen beschäftigen sich – der Themenstellung des Buches entsprechend – daher mit der Verantwortung des Aufsichtsrates im Zusammenhang mit der Geltendmachung von Schadenersatzansprüchen gegen Vorstandsmitglieder. Die Überlegungen zu den erforderlichen Prüfungsschritten und zum Ermessensspielraum, der dem zuständigen Organ bei der Entscheidung über die Geltendmachung von Ersatzansprüchen zukommt, können jedenfalls auf den Vorstand und den Aufsichtsrat gleichermaßen angewendet werden. Beide Organe sind zur Wahrung des Unternehmenswohls verpflichtet, unterliegen einem hohen Sorgfaltsmaßstab und einer strengen Haftung. Beide Organe sind außerdem Verwalter fremden Vermögens und haben bei der Geltendmachung von Ersatzansprüchen, die der Wiederauffüllung des Gesellschaftsvermögens dienen, ausschließlich die Interessen der Gesellschaft zu verfolgen.

C. Gebundenes Ermessen des Aufsichtsrates

Die zu dieser Frage in Deutschland gefällte und auch in Österreich gerne zitierte Leitentscheidung, die – nicht ganz nachvollziehbarer Weise[1581] – gleichzeitig als „Grundsteinlegung" für die Anerkennung der – Jahre später in § 93 Abs 1 dAktG positivierte – *Business Judgment Rule* im deutschen Aktienrecht qualifiziert wird, ist die „*ARAG/Garmenbeck*-Entscheidung" des BGH vom 21. April 1997.[1582]

In dem der Entscheidung zugrunde liegenden Fall ging es um eine in der Rechtsform einer AG geführte Rechtsschutzversicherung, deren Tochtergesellschaften Geschäftsbeziehungen mit einer dubiosen Briefkastengesellschaft (deren geschäftsführender Direktor ein mehrfach vorbestrafter Elektroinstallateur war) eingegangen waren, wobei die Briefkastengesellschaft Kapital zu erheblich über dem Kapitalmarktniveau liegenden Zinsen entgegennahm und deutlich unterhalb des Marktniveaus verzinste Kredite gewährte. Es handelte sich um eine Art „Schneeball-System", das schließlich zusammenbrach, wodurch die Rechtsschutzversicherung und ihre Tochtergesellschaften einen Zinsausfallschaden von ca DM 421.000,00 und einen weiteren Schaden von DM 80 Mio erlitten. Denn die Rechtsschutzversicherung hatte Patronatserklärungen für die Rückführung von

---

[1579] Vgl nur *Hüffer/Koch*, AktG[11] § 112 Rz 2 ff.
[1580] *Ch. Nowotny* in Doralt/Nowotny/Kalss, AktG[2] § 84 Rz 40; *Kalss* in Doralt/Nowotny/Kalss, AktG[2] § 97 Rz 16 f mwN.
[1581] Vgl *Goette,* Aktuelle Entwicklungen im deutschen Kapitalgesellschaftsrecht im Lichte der höchstgerichtlichen Rechtsprechung, ÖBA 2009, 18 (25), der ganz zu Recht darauf verweist, dass die E des BGH eigentlich nichts enthält, was nicht schon davor der überwiegenden Rechtsüberzeugung aufgrund von Lehre und Rsp entsprach.
[1582] BGH II ZR 175/95 BGHZ 135, 244.

Bankkrediten übernommen. Die Patronatserklärungen waren ua vom Vorstandsvorsitzenden der beklagten AG unterfertigt. Um dessen Haftung ging es in der Folge. Die Kläger waren Mitglieder des Aufsichtsrates der Rechtsschutzversicherungs-AG und bekämpften mit der Klage zwei Aufsichtsratsbeschlüsse, mit denen mehrheitlich die Geltendmachung eines Schadenersatzanspruches gegen den Vorstandsvorsitzenden der beklagten Partei abgelehnt worden war.

Der BGH hob die die Klage (entgegen der Erstinstanz) abweisende Entscheidung des Berufungsgerichtes auf und verwies zur Verfahrensergänzung zurück.

587 Dass diese Entscheidung des BGH gleichsam als unmittelbarer Vorläufer und Anstoß der gesetzlichen Kodifizierung der Business Judgment Rule in § 93 Abs 1 dAktG angesehen wird,[1583] ist eher erstaunlich. Denn der BGH anerkannte in der *ARAG/Garmenbeck*-Entscheidung zwar – freilich mehr als obiter dictum – den dem Vorstand für die Leitung der Geschäfte der AG zuzubilligenden weiten Handlungsspielraum, ohne den unternehmerisches Handeln *„schlechterdings nicht denkbar"* sei, billigte aber im Anlassfall dem Aufsichtsrat – denn nur um die Überprüfung von *dessen* Entscheidung, Schadenersatzansprüche gegen den früheren Vorstandsvorsitzenden nicht geltend zu machen, ging es ja – bloß einen gegenüber dem bei unternehmerischen Entscheidungen des Vorstands bestehenden Ermessensspielraum nur *stark eingeschränkten Beurteilungsspielraum* zu.

588 Denn zunächst müsse der Aufsichtsrat bei der Prüfung, ob Schadenersatzansprüche gegen (frühere) Vorstandsmitglieder geltend zu machen seien, prüfen, ob solche Schadenersatzansprüche rechtlich bestünden. Dies erfordere die Feststellung des zum Schadenersatz verpflichtenden Tatbestandes in tatsächlicher wie rechtlicher Hinsicht sowie eine Analyse des Prozessrisikos und der Betreibbarkeit der Forderung. Dabei habe der Aufsichtsrat den dem Vorstand zuzubilligenden weiten Handlungsspielraum zu berücksichtigen. *„Gewinnt der Aufsichtsrat den Eindruck, dass dem Vorstand das nötige Gespür für eine erfolgreiche Führung des Unternehmens fehlt, er also keine glückliche Hand bei der Wahrnehmung seiner Leitungsaufgabe hat, kann ihm das Veranlassung geben, auf dessen Ablösung hinzuwirken"*;[1584] eine Schadenersatzpflicht könne daraus aber nicht abgeleitet werden. Eine solche komme vielmehr erst in Betracht, wenn die Grenzen, in denen sich ein von Verantwortungsbewusstsein getragenes, ausschließlich dem Unternehmenswohl orientiertes, auf sorgfältige Ermittlung der Entscheidungsgrundlagen beruhendes unternehmerisches Handeln bewegen müssen, *deutlich überschritten* seien, die Bereitschaft, unternehmerische Risiken einzugehen, in unverantwortlicher Weise überspannt worden sei oder das Verhalten des Vorstands aus anderen Gründen als pflichtwidrig gelten müsse.

[1583] Vgl *Hopt/Roth* in GroßkommAktG[5] § 93 Rz 22: *„Das jedenfalls mit der ARAG/Garmenbeck-Entscheidung vorliegende Richterrecht ist mit Abs 1 Satz 2 anders als in den USA kodifiziert."*

[1584] Dies ist mE eine hoch interessante Passage der E, denn die Einfügung eines solchen Verhaltens als Abberufungsgrund in den – wenngleich demonstrativen – Katalog des § 84 Abs 3 dAktG bzw des praktisch inhaltsgleichen § 75 Abs 4 öAktG wäre zumindest zu hinterfragen, weil das *„Fehlen einer glücklichen Hand"* für die Führung der Geschäfte zweifellos noch keine *„grobe Pflichtverletzung"* iSd beiden zitierten Gesetzesnormen ist und auch kaum die Unzumutbarkeit der weiteren Vorstandstätigkeit für die Gesellschaft begründet.

Bei der Prüfung des Bestehens von Schadersatzansprüchen und ihrer Durchsetzbarkeit komme aber, so der BGH, dem Aufsichtsrat kein die gerichtliche Nachprüfbarkeit beschränkendes Ermessen zu. Die Haltbarkeit und Richtigkeit seiner Beurteilung der Erfolgsaussichten unterliege vielmehr voller gerichtlicher Überprüfung, weil es hier nicht um Fragen des Handlungs- sondern des Erkenntnisbereiches gehe, für die allenfalls die Zubilligung eines „*begrenzten Beurteilungsspielraumes*" in Betracht kommen könne. **589**

Auch für die auf der nächsten Stufe zu treffende Entscheidung, ob bei Bestehen von Schadenersatzansprüchen der Aufsichtsrat gleichwohl von einer Verfolgung des Anspruchs und damit von einer Wiedergutmachung des der Gesellschaft entstandenen Schadens absehen könne, habe der Aufsichtsrat keinen autonomen unternehmerischen Ermessensspielraum. Da die Entscheidung allein dem Unternehmenswohl verpflichtet sei, das grundsätzlich die Wiederherstellung des geschädigten Gesellschaftsvermögens verlange, werde der Aufsichtsrat von der Geltendmachung voraussichtlich begründeter Schadenersatzansprüche gegen einen pflichtwidrig handelnden Vorstand nur dann ausnahmsweise absehen dürfen, wenn gewichtige Interessen und Belange der Gesellschaft dafür sprächen, den ihr entstandenen Schaden ersatzlos hinzunehmen. Diese Voraussetzungen würden im Allgemeinen nur dann erfüllt sein, wenn die Gesellschaftsinteressen und Belange, die gegen die Geltendmachung des Ersatzes sprächen, die dafür sprechenden Gesichtspunkte überwiegen würden oder ihnen annähernd gleichwertig seien. Dabei dürfe der Aufsichtsrat auf Gesichtspunkte wie negative Auswirkungen auf die Geschäftstätigkeit und Ansehen der Gesellschaft in der Öffentlichkeit, Behinderung der Vorstandsarbeit und Beeinträchtigung des Betriebsklimas Rücksicht nehmen. Gesichtspunkte wie die Schonung eines verdienten Vorstandsmitgliedes oder das Ausmaß der diesem durch die Betreibung dieses Schadenersatzanspruches zugefügten Nachteile und Unannehmlichkeiten dürften hingegen nur in Ausnahmefällen Beachtung finden.

Die Verfolgung von mit hoher Wahrscheinlichkeit bestehenden Schadenersatzansprüchen gegenüber einem Vorstandsmitglied müsse daher, so der BGH, „*die Regel sein*", ein Absehen von der Anspruchsverfolgung dagegen die Ausnahme.

Die Entscheidung stieß in Deutschland auf großes Interesse und im Ergebnis überwiegend und zu Recht auf Zustimmung.[1585] Sie enthält gleichwohl nichts Sensationelles, sondern im Grund nur eine Zusammenfassung der auch schon davor insbesondere in Deutschland im Schrifttum mehrfach vertretenen Auffassungen und der in der Rsp (verstreut) anzutreffenden Grundsätze[1586] und ergibt sich letztlich aus dem Umstand, dass eben nicht nur der Vorstand, sondern auch der Aufsichtsrat – jedenfalls dort, wo er die Gesellschaft vertreten kann – ein *treuhänderischer Verwalter fremden Vermögens* ist. Als Verwalter fremden Vermögens vermag der Aufsichtsrat daher auch „untreuefähig" iSd § 153 StGB bzw § 266 dStGB zu handeln. Hat man das vor Augen, ist klar, dass der Aufsichtsrat kein freies Ermessen bei der Entscheidung der Frage haben *kann*, ob er auf einen der Gesellschaft zustehenden Vermögenswert – nämlich einen (zumindest teilweise) **590**

[1585] Vgl *Peter Doralt/Walter Doralt* in Semler/v. Schenck, ARHdb⁴ § 14 Rz 185 ff mwN.
[1586] So zu Recht *Goette*, ÖBA 2009, 18 (25).

einbringlichen Schadenersatzanspruch – einfach *verzichtet*. Nichts anderes als einen Verzicht bedeutet die Nicht-Geltendmachung über einen längeren – letztlich die Verjährung bewirkenden – Zeitraum.

591 Der Aufsichtsrat hat daher eine sorgfältige Anspruchsprüfung und Analyse der haftungs- und deckungsrechtlichen Fragen durchzuführen, wenn es um die Entscheidung über die Verfolgung von Ansprüchen gegenüber Vorstandsmitgliedern geht.[1587]

592 Zuerst ist der relevante **Sachverhalt** zu ermitteln und **rechtlich zu würdigen**. Der Aufsichtsrat kann sowohl für die Sachverhaltsermittlung (zB forensische Untersuchung von Unterlagen und EDV-Daten, Befragung von Mitarbeitern etc) als auch für die rechtliche Analyse Sachverständige beiziehen (vgl oben Rz 559 ff Kapitel V.A.1.). Bei der rechtlichen Beurteilung sind die Anspruchsvoraussetzungen für den Schadenersatzanspruch der Gesellschaft zu prüfen: Also der Eintritt eines Schadens, der durch ein rechtswidriges und schuldhaftes (es reicht leichte Fahrlässigkeit) Verhalten des Vorstandsmitglieds kausal verursacht worden ist. Zu berücksichtigen ist außerdem die **Beweislastverteilung** des § 84 Abs 2 AktG, nach der die Gesellschaft den Schaden, sowie ein Verhalten des Vorstandsmitglieds beweisen muss, das objektiv sorgfaltswidrig ist oder nach der Lebenserfahrung zumindest einen Schluss auf ein objektiv-sorgfaltswidriges (also rechtswidriges) Verhalten des Vorstandsmitglieds zulässt.[1588] In Bezug auf die Kausalität muss die Gesellschaft nachweisen, dass ein Zusammenhang des Schadens mit dem objektiv-sorgfaltswidrigen Verhalten möglich ist.[1589] Das Vorstandsmitglied muss hingegen den Beweis erbringen, dass es nicht sorgfaltswidrig und schuldhaft gehandelt hat.[1590]

Der Schadenersatzanspruch darf außerdem nicht verjährt sein – die gesetzliche Verjährungsfrist (§ 84 Abs 6 AktG) beträgt fünf Jahre ab Kenntnis der Gesellschaft von Schaden und Schädiger.[1591] Es kommt daher wesentlich darauf an, zu welchem Zeitpunkt der Aufsichtsrat oder der Vorstand von diesen Umständen Kenntnis erlangt haben.

Der Aufsichtsrat hat anhand des aufgearbeiteten Sachverhalts also auch zu prüfen, ob sich die von der Gesellschaft darzulegenden Umstände auch mit Beweismitteln unterlegen lassen – also ob das Tatsachensubstrat ausreicht, um den Anspruch vor Gericht zu begründen und zu beweisen.[1592]

593 Die rechtliche Würdigung muss sich insbesondere bei der Prüfung der Pflichtwidrigkeit mit dem **Ermessensspielraum** auseinandersetzen, der Vorstandsmitgliedern bei unternehmerischen Entscheidungen zukommt (**Business Judgment Rule**). Denn nicht jede Entscheidung, die negative (schädigende) Folgen für die Gesellschaft hatte, ist gleichzusetzen mit einem Sorgfaltsverstoß des Vorstands-

---

[1587] Vgl die prägnante Darstellung bei *Rahlmeyer/Fassbach*, GWR 2015, 331 (332 ff).
[1588] Vgl *G. Schima/Liemberger/Toscani*, GmbH-Geschäftsführer 235; *Feltl* in Ratka/Rauter, Geschäftsführerhaftung² Rz 9/409 f.
[1589] *G. Schima/Liemberger/Toscani*, GmbH-Geschäftsführer 235.
[1590] *Feltl* in Ratka/Rauter, Geschäftsführerhaftung² Rz 9/411.
[1591] *Nowotny* in Doralt/Nowotny/Kalss, AktG² § 84 Rz 39.
[1592] Vgl *Rahlmeyer/Fassbach*, GWR 2015, 331 (333).

mitglieds.[1593] Handelt der Vorstand bei unternehmerischen Entscheidungen innerhalb des ihm offenstehenden Ermessensspielraums, handelt er nicht rechtswidrig und ist daher auch nicht zur Haftung verpflichtet.

Die Kriterien für die pflichtgemäße Ausübung unternehmerischen Ermessens sind seit 1.1.2016 in § 84 Abs 1a AktG geregelt:[1594] *„Ein Vorstandsmitglied handelt jedenfalls im Einklang mit der Sorgfalt eines ordentlichen und gewissenhaften Geschäftsleiters, wenn er sich bei einer unternehmerischen Entscheidung nicht von sachfremden Interessen leiten lässt und auf der Grundlage angemessener Information annehmen darf, zum Wohle der Gesellschaft zu handeln."* Auch schon vor dieser Kodifizierung war in Rsp und Lehre anerkannt, dass Vorstandsmitglieder und Geschäftsführer nur für die sorgfältige Vorbereitung von unternehmerischen Entscheidungen haften, nicht aber für deren wirtschaftlichen Erfolg.[1595] Nur bei eklatanten Überschreitungen des Ermessensspielraums kommt eine Haftung in Frage.[1596]

594

Ob die handelnden Vorstandsmitglieder im konkreten Fall die Kriterien der Business Judgment Rule erfüllen und daher mangels Rechtswidrigkeit ein wesentliches Tatbestandsmerkmal für den Schadenersatzanspruch der Gesellschaft fehlt, muss der Aufsichtsrat daher genau prüfen. Dies wird in den meisten Fällen die schwierigste Aufgabe bei der Anspruchsprüfung sein, weil höchstgerichtliche Rechtsprechung für die Vorstandshaftung eher dünn gesät ist und die zu beurteilenden wirtschaftlichen Vorgänge meist sehr komplex sind.

Wenn der Schadenersatzanspruch der Gesellschaft zu bejahen ist, muss der Aufsichtsrat noch die deckungsrechtlichen Fragen der Geltendmachung analysieren: Die Einbringlichkeit des Anspruches bei dem oder den belangten Vorstandsmitgliedern.[1597] Hier ist nicht nur das private Vermögen der Vorstandsmitglieder zu berücksichtigen, sondern insbesondere auch die Höhe der Deckungssumme einer allfälligen D&O-Versicherung (vgl dazu oben Rz 356 ff). Die Existenz einer D&O-Versicherung mag zwar aus Sicht der Gesellschaft im Hinblick auf die Einbringlichkeit einer hohen Schadenersatzforderung auf den ersten Blick vielversprechend wirken und für die Geltendmachung sprechen. Doch muss der Aufsichtsrat mehrere Punkte in die Evaluierung mit einbeziehen:

595

Erstens wird die Deckungssumme nicht unwesentlich geschmälert, wenn der Versicherer sich dazu entschließt, die Ansprüche erst gerichtlich abzuwehren. In diesem Fall trägt der Versicherer ja die Anwaltskosten sämtlicher versicherter Personen, was bei Inanspruchnahme Mehrerer schnell zu hohen Kosten führt. In der Regel werden nämlich wegen der Solidarhaftung[1598] von Vorstands- und Aufsichtsratsmitgliedern in Haftungsfällen mehrere Personen belangt. Je weniger von der

---

[1593] *Feltl* in Ratka/Rauter, Geschäftsführerhaftung² Rz 9/290.
[1594] Vgl zur Novellierung von § 84 AktG ausführlich *G. Schima*, Reform des Untreue-Tatbestandes und Business Judgment Rule im Aktien- und GmbH-Recht: Die Bedeutung der neuen Regelung, GesRZ 2015, 286 (289).
[1595] Vgl *Ch. Nowotny* in Doralt/Nowotny/Kalss, AktG² § 84 Rz 6.
[1596] Vgl OGH 1 Ob 144/01k, GesRZ 2002, 86; 7 Ob 58/08t GeS 2008, 356 (*Schopper/Kapsch*).
[1597] Vgl auch hierzu die Darstellung von *Rahlmeyer/Fassbach*, GWR 2015, 331 (333 f).
[1598] Vgl zB *Feltl* in Ratka/Rauter, Geschäftsführerhaftung² Rz 9/117.

Deckungssumme gegen Ende eines Prozesses übrig ist, desto weniger kann bzw muss der Versicherer von einem – selbst rechtskräftig festgestellten – Schadenersatzanspruch der Gesellschaft im Rahmen seiner Freistellungspflicht begleichen.[1599]

Zweitens enthalten D&O-Polizzen diverse Ausschlussgründe, bei deren Vorliegen der Versicherer leistungsfrei ist. Der klassische Fall ist der oben in Rz 368 ff behandelte Deckungsausschluss für vorsätzliche oder wissentliche Schädigungen. Stellt sich heraus, dass das belangte Vorstandsmitglied den Schaden (je nach Formulierung des Ausschlusstatbestands in der Polizze) vorsätzlich herbeigeführt hat, muss die Versicherung weder die Verteidigungskosten des Vorstandsmitglieds tragen noch – und das ist für die Gesellschaft und somit für die Entscheidung des sie vertretenden Aufsichtsrates maßgeblich – den Schaden ersetzen. In diesem Fall kann sich die Gesellschaft für die Befriedigung des Schadenersatzanspruches „nur" an das Vorstandsmitglied halten, das idR nicht über genug Privatvermögen verfügen wird, um hohe Schadenssummen zu begleichen.

596 Der Aufsichtsrat muss also am Ende dieser Risikoanalyse entscheiden, ob sich die Verfolgung der Schadenersatzansprüche für die Gesellschaft – selbst bei einem Erfolg der Klage – auch rechnet, also den entstandenen Schaden tatsächlich kompensiert.[1600] Ein Unterbleiben der Geltendmachung von Schadenersatzansprüchen kommt im Lichte der ARAG/Garmenbeck-E des BGH nur dann in Frage, wenn im Einzelfall gewichtige Zweifel an der Begründetheit oder Durchsetzbarkeit des Anspruchs bestehen oder sonst die Interessen der Gesellschaft dafür sprechen, den Schaden ersatzlos hinzunehmen.[1601] Andernfalls setzt sich der Aufsichtsrat selbst der Haftung gegenüber der Gesellschaft, oder sogar strafrechtlicher Verfolgung (§ 153 StGB) aus.

D. Generalbereinigungsvereinbarungen

1. Aktienrechtliche Verzichtssperre

597 In der Praxis kommt es oft vor, dass Vorstandsmitglied und Gesellschaft nach einer mehr oder weniger unfriedlichen Trennung – mit oder ohne Einleitung gerichtlicher Streitigkeiten – ihre Auseinandersetzung umfassend beenden wollen und dabei ein Ergebnis anstreben, wonach weder Gesellschaft noch Vorstandsmitglied (nach Entrichtung der in der geschlossenen Vereinbarung bedungenen Zahlungen) vom jeweils anderen Teil mehr etwas zu fordern haben. Das AktG schiebt derartigen Regelungen – soweit sie die endgültige Enthaftung des Vorstandsmitgliedes betreffen, freilich einen in der Praxis nur schwer bis gar nicht überwindbaren Riegel vor, der mE rechtspolitisch überzogen ist.[1602]

[1599] Vgl *Lange*, D&O-Versicherung § 15 Rz 18 ff.
[1600] *Rahlmeyer/Fassbach*, GWR 2015, 331.
[1601] *Lutter/Krieger/Verse*, Rechte und Pflichten des Aufsichtsrats § 13 Rz 994.
[1602] Die auch in Deutschland (wo die „Sperrfrist" nur drei Jahre beträgt) gelegentlich geäußerte rechtspolitische Kritik ist in letzter Zeit – offenkundig unter dem Eindruck vermehrter und teilweise spektakulärer Haftungsfälle – zunehmend verstummt. In Österreich wurde § 84 Abs 4 letzter Satz mit dem IRÄG 2010 (BGBl I 2010/58) dahingehend modifiziert und erweitert, dass die fünfjährige „Verzichtssperre" auch dann nicht gilt, wenn das Vorstandsmitglied *überschuldet* (nicht bloß zahlungsunfähig) ist und sich zur Abwendung von

§ 84 AktG (§ 93 dAktG) regelt die aus (körperschaftsrechtlichem) Mandat oder Vertrag resultierenden Schadenersatzansprüche der Gesellschaft *gegenüber* dem Vorstandsmitglied. Nicht umfasst sind jedoch Schadenersatzansprüche, die aus der Amtsführung von Vorstandsmitgliedern schlechthin entstehen und die etwa von Dritten geltend gemacht werden, und zwar gleichgültig, ob solche Schadenersatzansprüche aus Vertrag (der Gesellschaft mit einem Dritten) oder aus der Gesellschaft zurechenbarem Delikt des Vorstandsmitgliedes entstanden sind. Solche Ansprüche (und Verzichte auf ihre Geltendmachung) sind nach dem allgemeinen Schadensersatzrecht zu beurteilen.

Eine Freistellung von der Haftung des Vorstandsmitglieds gegenüber der Gesellschaft durch eine Vorwegvereinbarung[1603] – etwa im Anstellungsvertrag – ist gemäß § 84 Abs 4 AktG *unwirksam*. Die vertragliche Haftungsmilderung zu Lasten der Gesellschaft und zugunsten des Vorstandsmitglieds ist auch dann unzulässig, wenn die Schadenersatzansprüche der Gesellschaft zur Befriedigung der Gesellschaftsgläubiger in keiner Weise erforderlich sind.[1604]

Gemäß § 84 Abs 4 Satz 3 AktG darf eine Haftungsbefreiung durch Verzicht oder Vergleich der Gesellschaft mit dem Vorstandsmitglied frühestens nach Ablauf von fünf (§ 93 dAktG: drei) Jahren nach Entstehung des Ersatzanspruches der AG und auch dann nur erfolgen, wenn die Hauptversammlung zustimmt und nicht eine Minderheit von 20 % sich dagegen ausspricht. Die Fünfjahresfrist stellt auf die Entstehung des Anspruches und nicht auf den subjektiven Kenntnisstand der AG ab.[1605] Die Erwähnung des Verzichtes und des Vergleiches als rechtstechnische Mittel zur Haftungsbefreiung ist nicht taxativ zu verstehen. Jede der Sache nach eine gänzliche oder teilweise Aufgabe eines unter die Bestimmungen des § 84 AktG fallenden Ersatzanspruches der AG bewirkende Maßnahme außergerichtlicher oder gerichtlicher Art fällt unter dieses Verbot.[1606] Die Einschränkungen des § 84 Abs 4 AktG gelten für alle Ansprüche der Gesellschaft gegen ihre Vorstandsmitglieder; auf den Rechtsgrund kommt es nicht an,[1607] sofern nur ein innerer Zusammenhang mit der Organstellung besteht. Daher fallen mE nicht nur direkte Schadenersatzansprüche der Gesellschaft gegen das Vorstandsmitglied, sondern auch ihr Regressanspruch gegenüber dem Vorstandsmitglied aus dem § 84 AktG darunter, sofern die Gesellschaft (als der potentere Schuldner) von Dritten in Anspruch genommen wird.

§ 84 AktG gilt aber nicht für (unmittelbare) Schadenersatzansprüche der Aktionäre gegen Organmitglieder (dh solche, die nur das Vorstandsmitglied treffen

---

Zahlungsunfähigkeit oder Überschuldung mit seinen Gläubigern vergleicht. Das könnte der Praxis helfen, weil das Bestehen eines existenzbedrohenden Schadenersatzanspruches der Gesellschaft zur Überschuldung führt.

[1603] *Runggaldier/G. Schima*, Führungskräfte 224 ff.
[1604] *Runggaldier/G. Schima*, Führungskräfte 225.
[1605] *G. Schima*, Enthaftung des Vorstands (AR) durch Entlastungsbeschluss sämtlicher Aktionäre, GesRZ 1991, 185 (190); *Ch. Nowotny* in Doralt/Nowotny/Kalss, AktG² § 84 Rz 34.
[1606] *Runggaldier/G. Schima*, Führungskräfte 244; *Strasser* in Jabornegg/Strasser, AktG⁵ § 84 Rz 112 ff.
[1607] *Fleischer*, Handbuch des Vorstandsrechts § 11 Rz 104.

und die freilich selten bestehen).[1608] Andere als die durch § 84 Abs 4 AktG erfassten Rechtsgeschäfte über den Ersatzanspruch der Gesellschaft (zB Verpfändung, Zession) sind zulässig, soweit dadurch diese Bestimmungen nicht umgegangen werden, und der Gesellschaft ein adäquater Ersatz zufließt.[1609] Das Verbot der Haftungsbefreiung gemäß § 84 Abs 4 S 3 AktG bringt es ua auch mit sich, dass die während des fünfjährigen Verbotszeitraumes von der Hauptversammlung beschlossenen Entlastungen des Vorstandes und des Aufsichtsrats nicht als Haftungsbefreiung in Bezug auf die Gesellschaftsforderung gemäß § 84 AktG gedeutet werden können, und zwar auch die einstimmige Entlastung aller Aktionäre nicht.[1610]

601 Die Unterlassung der gerichtlichen oder außergerichtlichen Geltendmachung eines unter § 84 AktG fallenden Ersatzanspruches der Gesellschaft durch die zur Geltendmachung berufenen Organe während des Laufes der fünfjährigen Verjährungsfrist fällt nicht unter das Verbot nach § 84 Abs 4 S 3 AktG, was, wenn sich die zuständigen Organe entsprechend verhalten, auf einen faktischen Verzicht hinausläuft.[1611] Da ein derartiges Organverhalten jedoch unter der Schranke des pflichtgemäßen Ermessens und damit gleichfalls nach § 84 AktG zu beurteilen ist, erwächst der AG uU anstatt des durch Verjährung untergegangenen Ersatzanspruches ein gleichwertiger Ersatzanspruch gegen jene Organe, die pflichtwidrig die Geltendmachung des ursprünglichen Anspruches unterlassen haben.[1612] In der Regel *muss* nämlich – wie oben erläutert – ein Schadenersatzanspruch gegen ein Vorstandsmitglied auch verfolgt werden;[1613] nur selten wird dem Aufsichtsrat ein Entscheidungsermessen darüber zuzubilligen sein, ob der ausnahmsweise (aus übergeordneten Gründen) von der Durchsetzung eines voraussichtlich aussichtsreichen Schadenersatzanspruchs absehen möchte.[1614]

602 Das soeben Gesagte ist besonders zu beachten, wenn die handelnden Organe der Gesellschaft selbst Organmitglieder ihrer Aktionäre sind. Denn sie selbst haben ihre Organfunktionen in Übereinstimmung mit den (aktien-)rechtlichen sowie vertraglichen Vorgaben auszuüben; letztere erstrecken sich auch auf die Verwaltung allfälliger Beteiligungen bzw Tochtergesellschaften.

[1608] *Fleischer*, Handbuch des Vorstandsrechts § 11 Rz 104; *Mertens/Cahn* in KölnKommAktG³ § 93 Rz 167.

[1609] *Hopt/Roth* in GroßkommAktG⁵ § 93 Rz 530; *Spindler* in MünchKommAktG⁴ § 93 Rz 263

[1610] *G. Schima*, GesRZ 1991, 196 ff; *Runggaldier/Schima*, Manager-Dienstverträge⁴ 204; *Strasser* in Jabornegg/Strasser, AktG⁵ §§ 77-84 Rz 112; aA OGH 2 Ob 356/74 SZ 48/79; 6 Ob 28/08y, GesRZ 2008, 304 (*S. Schmidt*); *Kastner/Doralt/Nowotny*, Gesellschaftsrecht⁵ 239; *Frotz* in FS Wagner 153; *Nowotny* in Doralt/Nowotny/Kalss, AktG² § 84 Rz 34

[1611] In diesem Sinne auch *Hopt/Roth* in GroßkommAktG⁵ § 93 Rz 530; *Mertens* in KölnKommAktG² § 93 Rz 123.

[1612] *Strasser* in Jabornegg/Strasser, § 84 AktG⁵ Rz 112 ff.

[1613] *Kalss* in Kalss/Nowotny/Schauer, Gesellschaftsrecht 3/428; *Fleischer*, Handbuch des Vorstandsrechts § 11 Rz 110 mwN.

[1614] *Habersack* in MünchKommAktG⁴ § 116 Rz 42.

2. Haftungsfreistellung durch Stimmrechtsbindung der Aktionäre?

Wie vorstehend ausgeführt, kann die AG eine Haftungsfreistellung gegenüber „ihrem" Vorstandsmitglied gar nicht oder nur in sehr engen Schranken wirksam zusagen bzw vereinbaren. Denkbar wäre es daher zB, dass nicht die AG, sondern ihre Aktionäre gegenüber „ihrem" Vorstandmitglied auf die Geltendmachung von allfälligen Schadenersatzansprüchen verzichten, um somit den strengen Vorgaben des § 84 Abs 4 AktG zu entkommen.

Nach der in Deutschland vertretenen Auffassung sind auch Verzichte unwirksam, die zwar nicht von der AG selbst abgegeben werden, aber der Umgehung des § 84 Abs 4 AktG, insbesondere der darin festgelegten Verzichtssperre dienen.[1615] So ist eine Vereinbarung unwirksam, die ausdrücklich unter dem Vorbehalt der späteren (fristgemäßen) Einholung des Hauptversammlungsbeschlusses getroffen wird.[1616] Gleiches gilt auch für eine Stimmrechtsbindung der Aktionäre einer AG, die diese zur Zustimmung zu einem Verzicht auf die Geltendmachung von Schadenersatzansprüchen gegenüber dem Vorstandsmitglied verpflichten würde: Auch sie umgeht nach hL das Verbot des § 84 Abs 4 AktG und ist daher ebenfalls unwirksam.[1617] *Hopt/Roth*[1618] führen dazu mE zutreffend aus, dass § 93 Abs 4 dAktG zwar Dritte nicht erfasse; Stimmrechtsbindungen würden jedoch praktisch eine Disposition über den Anspruch der Gesellschaft vor Fristablauf bedeuten und seien daher als unzulässige Umgehung zu qualifizieren. *Mertens/Cahn*[1619] weisen darüber hinaus darauf hin, dass im Falle eines Aktionärswechsels derartige Stimmrechtsbindungen dem Organmitglied ohnehin nichts nutzen würden.

Judikatur gibt es dazu (in Deutschland und Österreich), soweit ersichtlich, nicht. Die vorstehend dargelegten Lehrmeinungen sind grundsätzlich überzeugend: Durch die Anordnung der zwingenden Verzichtssperre, die sonst im Zivilrecht (als Eingriff in die autonome Gestaltung der Privatrechtsverhältnisse) unüblich ist, bringt der Gesetzgeber zum Ausdruck, dass § 84 Abs 4 AktG eine unabdingbare Norm ist, die einerseits präventiven, andererseits aber auch Strafcharakter aufweisen soll und – zu ihrer Wirksamkeit – auch muss. Dieser Normzweck würde konterkariert werden, wenn es zwar der Gesellschaft verboten wäre, für die Dauer von fünf Jahren auf die Geltendmachung von Schadenersatzansprüchen zu verzichten, der Aktionärsmehrheit, der – wirtschaftlich – das vom Vorstand verwaltete Vermögen „gehört", hingegen erlaubt sein sollte, zu Lasten der Minderheit und der Gläubiger auf die Ansprüche gegen das Vorstandsmitglied zu verzichten. *Fleischer*[1620] führt dazu zutreffend aus: *„Die Rechtsverfolgung nach AktG ginge*

[1615] *Spindler* in MünchKommAktG⁴ § 93 Rz 263 ff.
[1616] *Haas* in Krieger/Schneider, Hdb Managerhaftung § 11 Rz 67 unter Verweis auf RGZ 133, 33, 38; AA *Hopt/Roth* in GroßkommAktG⁵ § 93 Rz 521; *Spindler* in MünchKommAktG⁴ § 93 Rz 261, 242; *Mertens/Cahn* in KölnKommAktG³ § 93 Rz 171 ua 374, 379 f.
[1617] Wörtlich *Haas* in Krieger/Schneider, Hdb Managerhaftung § 11 Rz 67; *Mertens/Cahn* in KölnKommAktG³ § 93 Rz 171; *Mertens* in FS Fleck, 1988 209, 213; *Spindler* in MünchKommAktG⁴ § 93 Rz 261; *Hopt/Roth* in GroßkommAktG⁵ § 93 Rz 532; in diesem Sinne auch *Bauer*, DB 2003, 811.
[1618] *Hopt/Roth* in GroßkommAktG⁵ § 93 Rz 532.
[1619] *Mertens/Cahn* in KölnKommAktG³ § 93 Rz 171.
[1620] *Fleischer*, Handbuch des Vorstandsrechts § 11 Rz 95 mwN.

ins Leere, wenn die Mehrheit ohne Rücksicht auf die Minderheit über die (zwingenden, Anm) *Ansprüche disponieren könnte."*

Es darf nämlich nicht übersehen werden, dass der Schutzzweck des § 84 Abs 4 AktG[1621] der *Schutz der Gesellschaftsgläubiger* sowie der *Minderheitsaktionäre*[1622] ist. Die Norm – das ergibt sich bereits aus der mehrjährigen Verzichtssperre – soll nicht nur die „aktuellen" Aktionäre schützen, sondern – innerhalb eines bestimmten Zeitraumes – auch die neu eintretenden und insbesondere (wie erwähnt) Minderheitsaktionäre sowie die Gesellschaftsgläubiger.[1623] Dieser Schutz wäre aber nicht verwirklicht, wenn bereits zu Beginn des fünfjährigen Zeitraumes gemäß § 84 Abs 4 AktG die Mehrheit in der Lage wäre, auf die Geltendmachung von Schadenersatzansprüchen der Gesellschaft (die auf diese unstrittig nicht verzichten kann) für alle Zukunft (und mit Wirkung gegenüber nachfolgenden Aktionären) und zu Lasten der Minderheit sowie der Gläubiger aufzugeben. Wird die Zustimmung der Mehrheit durch eine Verpflichtung aus einer Syndikatsvereinbarung erreicht, kann mE aber nichts anderes gelten. Da die Verzichtssperre, wie gesagt, nach hL und auch der soeben zitierten OGH-E nicht nur die (Minderheits-) Aktionäre, sondern auch das Gesellschaftsvermögen bzw die Gläubigerinteressen schützen soll, kann an der dargelegten Auffassung zB auch eine syndikatsähnliche Vereinbarung nichts ändern, die von *allen* Aktionären mitgetragen würde; auch diese ginge zu Lasten der Gesellschaftsgläubiger und verstieße somit gegen das Schutzanliegen des § 84 Abs 4 AktG.

605 Ein Dritter, zB ein Großaktionär, kann hingegen (auf vertraglicher Basis) das Organmitglied wirksam von Haftungsansprüchen freistellen[1624] bzw gegenüber dem Vorstandsmitglied die Garantie dafür übernehmen, dass die AG Ersatzansprüche nicht geltend macht.[1625] Eine solche Garantie könnte jedoch zur Schadenersatzpflicht zB des Großaktionärs (als die Garantie bestellenden Dritten) führen, wenn dieser in der Folge einen sachlich nicht gerechtfertigten Einfluss auf die AG ausübt, damit die AG bzw der Vorstand auf seine Veranlassung die Geltendmachung von Ansprüchen unterlässt.[1626]

606 In Deutschland behilft man sich daher beim Abschluss von Auflösungsvereinbarungen mit einer (problematischen) Abtretung der Innenhaftungsansprüche an einen Dritten, der den Vergleichsbeschränkungen nicht unterliegt.[1627] Dass eine solche Haftungsfreistellung insbesondere dann, wenn sie durch Repräsentanten

---

[1621] Vgl auch OGH 3.6.2009, 7 Ob 248/08h.
[1622] *Fleischer*, Handbuch des Vorstandsrechts § 11 Rz 95; *Hopt/Roth* in GroßkommAktG[5] § 93 Rz 503; *Fleischer* in Spindler/Stilz, AktG § 93 Rz 233 mwN; *Spindler* in MünchKommAktG[4] § 93 Rz 250; *Reese*, Die Haftung von „Managern" im Innenverhältnis, DStR 1995, 536.
[1623] Vgl eingehend zur Ratio der Vorschrift *G. Schima*, GesRZ 1991, 188 ff.
[1624] *Runggaldier/G. Schima*, Führungskräfte 229; *Runggaldier/G. Schima*, Manager-Dienstverträge[4] 188 f; *Spindler* in MünchKommAktG[4] § 93 Rz 262; *Mertens/Cahn* in KölnKommAktG[3] § 93 Rz 171.
[1625] *Mertens/Cahn* in KölnKommAktG[3] § 93 Rz 171.
[1626] Ausdrücklich *Mertens/Cahn* in KölnKommAktG[3] § 93 Rz 171.
[1627] *Fleischer*, Handbuch des Vorstandsrechts § 11 Rz 96; *Hopt/Roth* in GroßkommAktG[5] § 93 Rz 530; *Fleischer*, WM 2005, 909, 919.

V. Die Geltendmachung von Ersatzansprüchen

(Organmitglieder) des Dritten (zB einer Muttergesellschaft) abgegeben wird, im Hinblick auf die diese Vertreter treffende Verpflichtung zur verantwortlichen und ordnungsgemäßen Geschäftsführung problematisch sein kann,[1628] versteht sich von selbst. In Einzelfällen könnte eine solche, durch Dritte abgegebene Haftungsfreistellung sittenwidrig sein, wenn sie eine völlige Enthaftung des Vorstandsmitglieds bewirkt und somit eine nicht mehr tolerable Erleichterung sorgloser Ausübung des Vorstandsmandates ermöglicht bzw fördert.[1629]

Auf keinen Fall kann mittels *nachträglicher* Genehmigung – vor Ablauf der Fünfjahresfrist des § 84 Abs 4 AktG – der Aktionäre eine Enthaftung des Vorstandsmitgliedes bewirkt werden. Dies gilt auch für die Willenseinigung *aller* Aktionäre und zwar – entgegen einer vom OGH[1630] vor langem einmal vertretenen und im Schrifttum tw rezipierten[1631] Ansicht – nicht nur für informelle Übereinkünfte, sondern auch für formgültige Hauptversammlungsbeschlüsse, so insb für eine durch *alle* Aktionäre beschlossene *Entlastung*.[1632] Denn damit wird der Sinn und Zweck von § 84 Abs 4 AktG (siehe dazu auch oben) und der Umstand verkannt, dass der Hauptversammlung diesbezüglich keinerlei Vertretungsmacht für die Gesellschaft zukommt.[1633] Insbesondere sind Parallelen zum Fall der im Vorhinein erfolgten, informellen Billigung des Vorstands- oder Aufsichtsratshandelns durch alle Aktionäre nicht zu ziehen. Denn dort geht es um die Beurteilung eines Verhaltens als Vorweg-Zustimmung zu einem erst danach gesetzten Verhalten, dh um die Verhinderung eines rechtswidrigen Handelns mit der Konsequenz, dass Schadenersatzansprüche gar nicht entstehen können, hier aber um die *nachträgliche Beseitigung bereits entstandener Schadenersatzansprüche* der Gesellschaft mittels Verzichtes. Dafür bedarf es einer wirksamen Vertretungshandlung für die Gesellschaft. Das AktG bietet keinen Anhaltspunkt dafür, dass der Hauptversammlung diese Vertretungsmacht zukommt; im Gegenteil: Aus § 84 Abs 4 Satz 3 AktG geht mit nicht zu überbietender Deutlichkeit hervor, dass die Verzichtserklärung namens der Gesellschaft jedenfalls *nicht* die Hauptversammlung *abgeben* kann, sondern diese nur wirksam ist, wenn ihr die Hauptversammlung „*zustimmt*". Die hier kritisierte Meinung des OGH und von Teilen der Lehre lässt nicht nur Verzichts- und Zustimmungskompetenz gegen den Gesetzeswortlaut zusammen fallen, sondern ignoriert auch die fünfjährige (wenn auch rechtspolitisch kritikwürdige) Sperrfrist. Damit mutet man dem Gesetz etwas zu viel zu.[1634]

[1628] *Runggaldier/G. Schima*, Manager-Dienstverträge⁴ 189.
[1629] *Runggaldier/G. Schima*, Manager-Dienstverträge⁴ 189.
[1630] OGH 2 Ob 356/74 SZ 48/79 = Arb 9371 = EvBl 1976/66 = GesRZ 1976, 26 = HS 9602.
[1631] Dem OGH folgend zB *Kastner/Doralt/Nowotny*, Gesellschaftsrecht⁵ 239; *G. Frotz* in FS Wagner 153; *Nowotny* in Doralt/Nowotny/Kalss, AktG² § 84 Rz 34; *Kalss* in Kalss/Nowotny/Schauer, Gesellschaftsrecht Rz 3/419 ohne eigene Stellungnahme.
[1632] *Strasser* in Jabornegg/Strasser, AktG⁵ §§ 77–84 Rz 112, 115; *Runggaldier/G. Schima*, Führungskräfte 243 f; *G. Schima*, GesRZ 1991, 185 ff; *Runggaldier/G. Schima*, Manager-Dienstverträge⁴ 204.
[1633] *Runggaldier/G. Schima*, Führungskräfte 243 f; ausführlich *G. Schima*, GesRZ 1991, 185 ff; *Strasser* in Jabornegg/Strasser, AktG⁵ §§ 77–84 Rz 112.
[1634] Vgl näher *G. Schima*, GesRZ 1991, 185 ff.

3. Keine Haftungsfreistellung bei Pflichtverletzung gegenüber AG

608 Freistellungserklärungen der Gesellschaft sind im Hinblick auf § 84 Abs 4 AktG unzulässig, wenn sie ein Verhalten umfassen sollen, das auch als eine Pflichtverletzung gegenüber der Gesellschaft selbst qualifiziert werden muss.

Nur soweit dies nicht der Fall ist, sind sie unbedenklich. Gegenüber der Gesellschaft kann das Vorstandsmitglied von seiner Pflichterfüllung nicht befreit werden. Daher kann sich die Gesellschaft auch nicht verpflichten, die Schadenersatzverpflichtung eines Vorstandsmitglieds gegenüber Dritten zu übernehmen, die aus einer solchen Pflichtverletzung stammt.[1635] Auch Verfahrenskosten, die dem Vorstandsmitglied aus einer zivilrechtlichen Inanspruchnahme im Zusammenhang mit seiner Tätigkeit für die Gesellschaft erwachsen, können von der Gesellschaft nur erstattet werden, wenn keine schuldhafte Pflichtverletzung des Vorstands im Innenverhältnis zur Gesellschaft vorliegt.[1636]

Aus dem vorstehend Gesagten ergibt sich, dass eine vorweg getroffene Vereinbarung, wonach das Vorstandsmitglied zB für fahrlässige Schäden nicht haftet, unwirksam ist; dies gilt selbst dann, wenn eine Gefährdung der Gläubiger nicht einmal entfernt befürchtet werden muss und/oder wenn sämtliche Aktionäre der Regelung ihre Zustimmung erteilt haben.[1637]

609 Auch Haftungsfreistellungen gegenüber Dritten, zB Gesellschaftsgläubigern, sind daher nur zulässig, solange sie den eigenen Schadenersatzanspruch der Gesellschaft gegen ihr Vorstandsmitglied nicht berühren und das Vorstandsmitglied die es gegenüber der Gesellschaft treffenden Pflichten nicht verletzt(e). Freilich wird selten der Fall vorkommen, dass ein Vorstandsmitglied einem Dritten gegenüber schadenersatzpflichtig wird, ohne dabei die es treffenden aktienrechtlichen Pflichten zu verletzen, so dass im Regelfall bei einer Haftung gegenüber Dritten gleichzeitig Schadenersatzansprüche der Gesellschaft bestehen werden, von denen das Vorstandsmitglied durch die Gesellschaft nicht freigestellt werden kann.

[1635] *Mertens/Cahn* in KölnKommAktG³ § 84 Rz 90; *Hopt/Roth* in GroßkommAktG⁵ § 93 Rz 678; *Fleischer* in Spindler/Stilz AktG § 84 Rz 66 f.

[1636] *Mertens/Cahn* in KölnKommAktG³ § 84 Rz 90 f; *Thüsing* in Fleischer, Handbuch des Vorstandsrechts § 4 Rz 80 mwN. Vgl zur Problematik auch Rz 134 ff.

[1637] *Runggaldier/G. Schima*, Manager-Dienstverträge⁴ 185 f.